İlhan Arsel

„Frauen sind eure Äcker"

Frauen im islamischen Recht

Übersetzt und herausgegeben von Arzu Toker

Alibri Verlag
Aschaffenburg

2012

Prof. Dr. İlhan Arsel, geboren 1921 in Istanbul, studierte in Genf und promovierte in Verfassungsrecht. In Istanbul unterrichtete er über dreißig Jahre an der juristischen Fakultät. Nach dem Militärputsch 1960 war er an der Vorbereitung der neuen türkischen Verfassung beteiligt. Ab 1971 war er beratend und forschend an der Inter-University Associate, New York tätig. Er starb am 7. Februar 2010 und hinterließ über 15 islamkritische Bücher.

Arzu Toker lebt seit 1974 in Deutschland. Sie arbeitet als Journalistin, Schriftstellerin und Übersetzerin und hat zahlreiche Frauen- und Bildungsprojekte initiiert. 1985-1997 saß sie als „Ausländervertreterin" im Rundfunkrat des WDR. 1996 bekam sie den Abdi Ipekçi-Preis für Frieden und Freundschaft für das gemeinsam mit Niki Eideneier herausgegebene Buch *Kalimerhaba* (Romiosini Verlag).

Alibri Verlag
www.alibri.de
Aschaffenburg
Mitglied in der Assoziation Linker Verlage (aLiVe)

Erste Auflage 2012

Umschlaggestaltung: Claus Sterneck
Druck und Verarbeitung: Sowa, Warschau

ISBN 978-3-86569-027-2

Inhaltsverzeichnis

Das Bild war auf dem Cover der Erstausgabe zu sehen. (Foto: Privatbesitz Arsel)

Vorwort

Als ich 1974 nach Deutschland kam, liefen verkleidete Frauen durch die Fußgängerzone der Stadt Essen und schrien „Hätte Maria abgetrieben, wäre uns Jesus erspart geblieben". Eine Frauendemonstration. Ich war erschrocken und befürchtete das Schlimmste. Doch nichts passierte. Einige der Passanten klatschten, andere zeigten den Frauen den Vogel. Nonnen riefen vom Straßenrand: „Abtreibung ist Mord!" Ich stellte mir einen Moment lang vor, was passieren würde, wenn auf den Straßen von Istanbul eine Gruppe von Frauen diesen Satz – auf den Islam bezogen – geschrien hätten. Dieser Moment prägte mich und lehrte mich, die Gedanken- und Meinungsfreiheit in Deutschland zu schätzen.

Das Buch „Frauen sind eure Äcker" (Originaltitel: „Die Scharia und die Frau") von Prof. Dr. İlhan Arsel zeigt ein anderes Gesicht der Türkei, das der geistigen Freiheit, das in Europa zu wenig bekannt ist. Bemühungen um Rationalität im Denken und um Menschenrechte in der Türkei werden in Europa bis heute kaum wahrgenommen. Dabei ist die Liste der Persönlichkeiten lang, die sich nicht scheuen, sowohl die Religion als auch die islamistische Bewegung in der Türkei kritisch zu hinterfragen. Hier seien nur einige genannt, die ihre Aufrichtigkeit sogar mit dem Leben bezahlen mussten: der Journalist Abdi İpekçi (erm. 1.2.1979), der Juraprofessor für Jura Muammer Aksoy (erm. 31.1.1990), der Journalist Cetin Emeç (erm. 7.3.1990), der ehemalige Mufti und Journalist Turan Dursun (erm. 4.9.1990), die Historikerin Dr. Bahriye Üçok (erm. 6.10.1990), die unter anderem an der Theologischen Fakultät Ankara lehrte, oder der Journalist Uğur Mumcu (erm. 24.1.1993). Ganz zu schweigen von den vielen Menschen, die derzeit in Gefängnissen ihr Leben fristen.

Zu allen Zeiten sind Menschen, die Wissenschaft betrieben, die sich ihrer Vernunft bedienten, sich um geistigen Fortschritt bemühten und dabei der Religion in die Quere kamen, verfolgt und ermordet worden. Eine von ihnen, deren Geschichte mich besonders berührt, war Hypatia von

Alexandria, die um 400 n. Chr. lebte und Philosophie, Mathematik sowie Astronomie lehrte. Viele Jahre war sie der Mittelpunkt eines Kreises fortschrittlicher Gelehrter. Von den Christen wurde sie angefeindet, denn die gelehrte Griechin schätzte Naturgesetze höher als Glaubensdogmen und hatte Einfluss. Im Jahre 415 wurde Hypatia in einer Kirche heimtückisch ermordet und ihre Leiche geschändet.

In den letzten Jahren werden in der islamischen Welt vermehrt kritische Beiträge aus Literatur, Kunst und Wissenschaft an den Pranger gestellt. Das deutsche Fernsehpublikum bekommt brennende Flaggen zu sehen als islamische Antwort auf kritische Karikaturen und Zeitungsinterviews. Als Argument muss die „Verletzung der religiösen Gefühle" herhalten.

Die Bücher von Prof. Dr. İlhan Arsel sind ein Beweis für eine „andere Türkei", für fortschrittliche Kräfte, die zwar unterdrückt, zensiert, bekämpft werden, die aber doch existieren. Mit der Übersetzung dieses Buches ins Deutsche möchte ich dazu beitragen, dass diese in Deutschland lebenden türkischen und aus muslimischen Ländern eingewanderten progressiven Kräfte gestärkt bzw. dass sie nicht als radikale Nestbeschmutzer hingestellt werden. Statt immer neue runde Tische zum Auffinden von Gemeinsamkeiten in den Religionen aufzustellen, ist es wesentlich sinnvoller, einen gesellschaftlichen Diskurs mit diesen aufklärerischen Kräften zu führen, einen Diskurs, der auf die Basis gemeinsamer Werte wie die Menschenrechte und die Demokratie gestellt ist.

Vor dem Hintergrund einer grundsätzlichen und tiefgreifenden Untersuchung des Islams in Hinsicht auf die Menschenrechte, wie Prof. Dr. Ilhan Arsel sie vorlegt, ist ein solcher Diskurs geeignet, aufgeregte tagespolitische Diskussionen auf eine solidere Basis zu stellen.

Ich entdeckte das Buch „Die Scharia und die Frau" bei Recherchen zum Islam 1988, als die Re-Islamisierung der Migranten in Deutschland massiv zunahm. Dabei stellte ich schockiert fest, dass er, der Professor für Verfassungsrecht war, wegen wiederholter Morddrohungen im Ausland leben musste. Das Land, für das er tausende von Studenten das Recht gelehrt hatte, war nicht in der Lage, sein Leben zu schützen.

Es war für mich ein Muss, das vorliegende Werk zu übersetzen, ein Werk, das für die Menschenrechte, für unabhängiges Denken und für die Rechte der Frauen eintritt. Ebenso wie der Autor bin ich der Überzeugung, dass es nicht die Pflicht denkender Menschen sein kann, Toleranz gegenüber den menschenverachtenden Geboten der Religionen zu üben und diese gesellschaftsfähig zu machen. Ganz im Gegenteil. Es ist unsere Pflicht, die unmenschlichen Befehle von Personen, die als Propheten gelten, zu kritisieren und diese öffentlich zur Debatte zu stellen.

Mit dem Erscheinen von *Die Scharia und die Frau* wurde zum ersten Mal in der türkischen Geschichte die Stellung der Frau im Koran, in den Überlieferungen und den Werken islamischer Gelehrter kritisch beleuchtet und durch die genaue Darstellung geschichtlicher Entwicklungen und Zusammenhänge aufgezeigt,

- dass der Islam eine Kultur ist, die die Frau ihrer Freiheit und ihres politischen Einflusses beraubt,
- dass der Islam die persönliche Entfaltung und Entwicklung der Frau so weit verhindert, dass sie in vielen Ländern sogar nach Jahrzehnten der Demokratie immer noch an Leib und Leben gefährdet ist und ihr Daseinszweck allein die Befriedigung des Mannes und die Vermehrung der Muslime ist und
- dass das *Amt für Religiöse Angelegenheiten der Türkei* (Diyanet), das vom Staat finanziert wird, Inhalte verbreitet, die im Widerspruch zu demokratischen Grundwerten, wie auch im Widerspruch zum türkischen und deutschen Grundgesetz und zu den Menschenrechten stehen. Diese Inhalte wurden nicht nur die türkische Bevölkerung gelehrt, durch die Migrationsbewegung sind sie auch nach Deutschland getragen worden und führen hier durch die Veröffentlichungen des Diyanet zu einer Behinderung des Zusammenlebens von Muslimen und Nicht-Muslimen, da sie, neben der Gewalt über die Frau, strikte Abgrenzung und religiösen Chauvinismus lehren.

In seinem Vorwort zur 16. Auflage von „Die Scharia und die Frau" schrieb Prof. Dr. İlhan Arsel:

Dieses Buch, das 1987 erst veröffentlicht wurde, hat sich zwei Ziele gesetzt. Das erste Ziel ist, die die Frauen erniedrigenden und sie ihrer Freiheit beraubenden Befehle und Aspekte sowie Mohammeds Taten zu kritisieren und durch diese Kritik das Bewusstsein und den Kampfgeist unserer Frauen, ihre persönliche Würde und Freiheit zu stärken. Das zweite Ziel ist zu zeigen, dass die Angaben und Aussagen des Islams nicht unfehlbar sind und unbedingt den Filter des Intellekts brauchen. Alle Aussagen des Islams müssen enttabuisiert und öffentlich zur Debatte gestellt werden […] *Die Scharia-Anhänger haben Werte, die sich nicht an der Vernunft orientieren. Deshalb empfinden sie die kritische Betrachtungsweise dieses Buches als „Unglaube", als „Beleidigung der Religion und des Propheten", als „Verletzung der religiösen Gefühle" oder auch als „im Widerspruch zur wissenschaftlichen Objektivität" stehend. Es gibt jedoch nichts Natürlicheres als die rationale Betrachtung der Religion und der Personen, die als Propheten bekannt sind* [...] *Dieses Buch legt die menschenfeindlichen, Frauen beleidigenden Bestimmungen der Scharia offen, wobei ich die meisten der Zitate aus den Veröffentlichungen des „Amtes für Religiöse Angelegenheiten" (Diyanet) übernommen habe. Dieses Amt veröffentlichte nach einer Besprechung von Şeriat ve Kadın* [Die Scharia und die Frau] *in einer Tageszeitung eine Presseerklärung, in der es die Bevölkerung mit Unterstellungen wie das Buch sei ein „Angriff auf die Religion", oder der Frage „Wird eine neue Religion gesucht?" aufhetzte* [in bewusster Anlehnung an den Koran: „Wünschen sie sich etwa die Entscheidungsweise des Heidentums? Wer könnte für Leute, die (von der Wahrheit) überzeugt sind, besser entscheiden als Gott?" (Sure 5, Vers 50) Anm. d. Hrsg.]. *Der damalige Justizminister erhob Anklage gegen mich und ließ das Buch vom Markt nehmen. Ich habe jedoch lediglich die Bücher des Amtes für Religiöse Angelegenheiten zitiert. Nicht derjenige, der diese Aussagen zitiert, sollte bestraft werden, sondern wer sich diese Aussagen zu eigen macht, denn sie sind menschenverachtend.*

Nach der zweiten Auflage wurde das Buch von der Staatsanwaltschaft abermals verboten. Für Prof. Dr. İlhan Arsel war dies alles nicht neu. Derselbe Staatsanwalt hatte auch schon das Erscheinen seines Buches *Aydın ve „Aydın"* [Intellektueller und „Intellektueller"] zu verhindern versucht, in dem İlhan Arsel die Intellektuellen Europas mit denen, die sich in der Türkei Intellektuelle nennen, verglich. Doch als es um die Frauen ging, begnügte sich die Staatsanwaltschaft nicht mit einem Verbot, sondern erfand darüber hinaus ein Gutachten, das belegen sollte, auf welch falsche Behauptungen İlhan Arsel sein Buch stütze. İlhan Arsel wehrte sich und reichte am 7. September 1993 beim Justizministerium in Ankara Beschwerde gegen die Beschlagnahmung der ersten und zweiten Auflage von *Die Scharia und die Frau* ein. Er klagte gegen den Staatsanwalt wegen Amtsmissbrauchs und gegen die 2. Strafkammer von Istanbul wegen des Beschlusses zur Beschlagnahmung aufgrund haltloser und falscher Behauptungen.

Eine Klage wie die von İlhan Arsel war zum damaligen Zeitpunkt die erste ihrer Art in der türkischen Justizgeschichte. Tatsächlich wurde das Buch freigegeben. Es stellte sich heraus, dass das von der Staatsanwaltschaft zitierte Gutachten nicht existierte. Bis heute wurde das skandalöse Vorgehen der Staatsanwaltschaft und des Diyanet nicht weiter thematisiert. Das Buch *Die Scharia und die Frau* hat inzwischen die 18. Auflage erreicht.

Prof. Dr. İlhan Arsel starb im Februar 2010 in den USA. Er wollte nicht in der heutigen Türkei begraben werden. Seine folgenden Worte werden mir immer im Gedächtnis bleiben: „Die Männer müssen sich dem Islam widersetzen, um Mensch zu werden. Die Rechte, die sie meinen, durch den Islam zu bekommen, rauben ihnen nicht nur die freie eigene Entwicklung, sondern auch die Frau, welche ihre Freundin, ihre Lebensgefährtin, ihre Geliebte, die sie liebende Frau sein kann. Die Scharia beraubt die Menschen ihres natürlichen, menschlichen Seins."

Um das Werk den hiesigen Lesegewohnheiten anzupassen, habe ich es um ca. 200 Seiten gekürzt. Aufgrund der Kürzungen musste der Aufbau des Buches geändert werden. Es wurden einige Passagen erweitert, zusätzliche den Islam erklärende Fußnoten hinzugefügt und Anmerkungen, von denen manche auf aktuelle Entwicklungen und Geschehnisse auch in Deutschland hinweisen. Arabische und türkische Begriffe werden meist in einer dem deutschen Publikum zugänglicheren Schreibweise wiedergegeben. Sämtliche Änderungen erfolgten mit der Genehmigung von Prof. Dr. İlhan Arsel. Er hat auch zugestimmt, den in Deutschland bereits vergebenen Originaltitel in *Frauen sind eure Äcker* zu ändern.

Danken möchte ich Frau Arsel für Ihre großartige Unterstützung. Großen Dank verdient auch meine Lektorin, die mich unerbittlich zwang, sämtliche Fußnoten zu verifizieren und weitere hinzuzufügen, damit jede Aussage nach wissenschaftlichen Standards belegt ist und dieses Buch, das für eine türkische Leserschaft geschrieben war, auch für europäische Leser verständlich und nachvollziehbar wird.

In diesem Werk wurden viele Originalquellen aus der arabischen, englischen und französischen Sprache zitiert. Um diese Quellen fachgerecht wiedergeben zu können, konsultierte ich einige Persönlichkeiten, die in diesen Bereichen kompetent sind. Sie scheuten sich nicht, solidarisch zu helfen, zogen es jedoch vor, in stiller Freude einen Beitrag zur Aufklärung im Islam zu leisten und ungenannt zu bleiben.

Arzu Toker Frühjahr 2012

„Dieses Buch ist allen Menschen gewidmet, die sich für den Schutz der Würde der Frauen einsetzen. Es enthält eine Kritik der Scharia und ihrer Wertvorstellungen bezüglich der Frau. Die Leser werden wahrscheinlich staunen und glauben, dass der Autor gänzlich übertrieben oder alles frei erfunden hat.

Um solchen Zweifeln zu begegnen, lege ich großen Wert auf den Hinweis, dass sämtliche in diesem Buch verwendeten Zitate und Belege in erster Linie dem Koran und den grundlegenden islamischen Quellen entnommen wurden.

Dieselben Quellen werden vom staatlichen Amt für Religiöse Angelegenheiten der Türkei sowie von religiösen Oberhäuptern veröffentlicht und eingesetzt als religiöse Unterweisung, als ‘geistige Nahrung für Diesseits und Jenseits’ sowie für die ‘Erziehung unserer Bürger im Sinne der Scharia’.“

Ich bedanke mich bei meiner Frau Hepsen Arsel für ihre Unterstützung, ohne die ich meine Bücher niemals hätte schreiben können. Obwohl Ihr gesamtes Leben durch die Veröffentlichung dieser Bücher erschwert wurde, war sie mir stets eine solidarische Freundin und Begleiterin.

Prof. Dr. İlhan Arsel, Vorwort zur 16. Auflage

Einleitung

Bevor Sie beginnen, dieses Buch zu lesen, werfen Sie bitte noch einen Blick auf das Foto auf Seite 10, gegenüber dem Vorwort. Auf diesem Bild beten Menschen um Regen. Zweifellos wird es Sie nachdenklich machen, gar traurig stimmen, dass Menschen im Zeitalter der Technik und der Raumfahrt Hilfe bei übernatürlichen Kräften suchen, statt in Eigeninitiative die Möglichkeiten der Technik zu nutzen, um ihre Situation zu verbessern. Doch das eigentlich Traurige an diesem Bild ist die türkische Frau, die, in den schwarzen *çarşaf* [Körperschleier ähnlich dem Tschador. Anm. d. Hrsg.] gesteckt, wie ein Gespenst wirkt; hinter den Männern betend, fern jeder Menschenwürde, armselig und Mitleid erregend. Als Atatürk 1923 die Republik gründete, wurde die Frau zur Respektsperson erklärt, welche dem Mann gleichgestellt als Partnerin mitregieren sollte. Es ist beschämend, sie wieder in den Fängen der Scharia-Anhänger und in dieser erschütternden Lage zu sehen.

Diese Entwicklung – die die Frauen aus dem Zustand der Freiheit in den Zustand der Versklavung und Würdelosigkeit bringt – hat ihre Ursache in dem Verrat und dem Schweigen von uns, den sogenannten aufgeklärten Männern, die nicht in der Lage waren, „Nein" zur Scharia zu sagen. Auch wir brachten der Gesinnung der Scharia solch eine Wertschätzung entgegen, dass sie zu etwas Unantastbarem wurde, wohl wissend, dass sie die Frau der männlichen Ausbeutung überlässt und sie zum Mittel der Befriedigung seiner sexuellen Begierde macht. Durch unsere ekelerregende Selbstsucht haben wir Männer, ob gebildet oder ungebildet, die die Frauen erniedrigenden Verse des Korans und viele Befehle des „Propheten" ernst genommen und an diese als „Gebote Gottes" geglaubt. Viele Jahrhunderte stützten wir uns auf diese Gebote und nannten uns *efendi* [Herr] und *seyyid* [Nachkomme des Propheten], sahen uns als Erlauchte, als Herrscher über die Frauen und machten sie zu Leibeigenen und Konkubinen. Deutlich gesagt: Wir haben das System, das die Frauen zu einer niederen Klasse machte, heilig genannt und mit unvergleichlicher „Raffinesse“ dafür gesorgt, dass die Frauen dieses System akzeptieren und auch sie die Macht der Männer erhalten. Unser Verhalten hat bei uns Männern kein ungutes Gefühl hinterlassen, hat uns nicht gestört. Es ist uns nie eingefallen, dieses System der Erniedrigung und Ausbeutung in Frage zu stellen, es zu kritisieren und zu ändern. Wir waren nicht fähig, ein edles Verhalten – was bedeutet hätte, sich gegen die Scharia zu wenden und gegen dieses System zu kämpfen – an den Tag zu legen. Die einzige Reaktion, zu der wir es wagten uns durchzuringen, war die, dass wir behaupteten, *der Islam an sich* respektiere die Frauenrechte, werde aber in der *Anwendung* falsch interpretiert und die Scharia würde sich zum Positiven ändern, wenn der „wahre Islam“ sich durchsetzen könnte.

Trotz der Reformen Atatürks, der sich von der Scharia abwandte, hat sich die Situation der Frauen seither nicht wesentlich geändert. Noch heute vertreten auch viele intellektuelle, aufgeklärte Menschen die Auffassung, dass der Islam sich respektvoll gegenüber der Frau zeige und dass die im Islam festgelegten Frauenrechte so vollkommen seien, dass sie nicht einmal von denen unseres heutigen Zeitalters erreicht würden. Vor dem Islam seien die Frauen rechtlos und diskriminiert gewesen, bis der Islam der Frau Würde und Rechte gegeben habe. Erst mit der Zeit – durch die Fehlinterpretation des Islams, so heißt es – habe sich die Situation der Frau wieder verschlechtert. Einige Autoren erkennen zwar, dass der Islam den Männern die Macht über die Frauen gibt und die patriarchalische Familienstruktur stärkt, aber auch sie wenden ein, dass sich die Situation der Frau im Islam im Vergleich zur vorislamischen Gesellschaft wesentlich verbessert habe. Manche arabische Autoren führen die Erniedrigung der Frau durch den Islam nicht allein auf eine falsche Interpretation des Korans zurück, sondern machen die Türken und die Besetzung der arabischen Länder durch diese dafür verantwortlich.

All diese Behauptungen haben mit der Realität nicht das Geringste zu tun. Die erbärmliche Situation der Frau im Islam, dass sie durch den Mann versklavt und ihrer Freiheit beraubt wird, hat ihre Ursache weder in der falschen Interpretation des Islams noch in der Besetzung der arabischen Länder durch die Türken. Die Ursachen liegen allein in den religiösen Grundsätzen der Scharia. Und um es noch deutlicher zu sagen: Die eigentliche Verantwortung liegt bei dem Begründer dieser Religion, bei Mohammed selbst.

Der Verrat, die größte Sünde der „Intellektuellen“, der „Aufgeklärten“ besteht darin, dass sie diese Realität nicht offengelegt haben. Die Türken sind die Nachfahren derjenigen, die vor ihrer Islamisierung die Frau zu ihrer Königin, zu ihrem Staatsoberhaupt machten; die Frau lebte mit dem Mann auf Augenhöhe und besaß die gleichen Rechte. Wir aber schwiegen gegenüber einem System, das unsere Frauen versklavte, ihnen die Freiheit nahm, sie zu „Untergebenen" degradierte und genossen die Vorteile, die dieses System uns brachte. Das hat unsere Verantwortung, unsere Schuld vergrößert, aber es gibt auch Frauen, die ihren Anteil an dieser Entwicklung haben, die sich dem System der Scharia unterwerfen, welches uns Männer so großzügig bevorzugt, es als von Gott gegeben ansehen und als heilig anerkennen.

Ich möchte jedoch nicht versäumen, Beispiele für die Freiheitsbewegung der Frauen zu geben. Es gibt Frauen, die für die Würde und für die Frauenrechte ihr Leben riskieren und gegen die erniedrigenden Religionsgrundsätze voller Mut kämpfen. Sie sagen in ihrer unerschütterlichen Standhaftigkeit:

Ich glaube nicht, dass irgend ein Mensch jemals Gott gesehen oder gesprochen hat. Ich glaube auch nicht, dass Gott Moses göttliche Offenbarungen geschickt und in diesen Offenbarungen die Rechte der Frauen und die Freiheit der Frauen begrenzt hat. Alle Religionen auf der Welt erniedrigen die Frauen [...] *Wenn die Frauen zu diesen Religionen und den Ungerechtigkeiten dieser Religionen nicht nein sagen, werden sie niemals ihren Weg zur Freiheit finden.*[1]

An dieser Stelle möchte ich auch einige Zeilen wiedergeben, die ich in einem Artikel über die Rolle der Frau bei der Zivilisierung der Menschheit geschrieben habe. Meine wertvollste Erfahrung in der Zeit meiner Lehrtätigkeit an der juristischen Fakultät Ankara war, bei meinen Studentinnen eine beeindruckende intellektuelle und moralische Festigkeit zu beobachten, zu erkennen, dass sie, wenn sie die Möglichkeit bekommen, noch höhere Ziele erreichen können. Sowohl die Diskussionen im Hörsaal, als auch der Fleiß der Studentinnen im Vergleich zu den Studenten, ihre brillante Art, in den Diskussionen ihre Meinung zu vertreten, ihre wissenschaftliche Gradlinigkeit und Freiheit, ihr Bemühen, für Probleme eine Lösung zu finden, ihr starker Charakter im Allgemeinen und insbesondere ihre Bereitschaft, sich von konservativen Auffassungen zu distanzieren, haben mich immer wieder erstaunt und schließlich dazu geführt, sie zu bewundern und mich mit meinen eigenen Vorurteilen auseinanderzusetzen.

Ich sage bewusst „meine Vorurteile", denn ich muss offen zugeben, dass ich bis in ein fortgeschrittenes Alter die Frau aufgrund der Wertvorstellungen, die mich von klein auf umgaben und die mich prägten, nicht mit zivilisierten Maßstäben beurteilt habe, sondern sie, wie allgemein üblich, als sexuelles Objekt wertete. Je mehr ich über die die Frauen betreffenden Bestimmungen der Scharia erfuhr, desto überzeugter war ich, dass diese Bestimmungen Teil eines verlogenen Systems sind, das alleine die Interessen des Mannes bedient. Das alles verstand ich erst, als ich in meinen Studentinnen die türkische Frau erkannte.

Durch meine Studentinnen bin ich auch zu der festen Überzeugung gelangt, dass der Mann sich ideell und moralisch nur unter dem Einfluss der Frau entwickeln kann. Bertrand Russell – zweifellos einer der größten Denker unserer Zeit – sagt aufgrund seiner persönlichen Erfahrungen Folgendes über die Rolle, die die Frau bei der intellektuellen und charakterlichen Entwicklung des Mannes spielt:

Die meisten Männer fürchten sich davor, unter den Einfluss der Frau zu geraten; dabei kann ich aufgrund meiner eigenen Erfahrung bestätigen, dass das eine dumme Befürchtung ist. Es kommt mir so vor, als ob der Mann die Frau und die Frau den Mann sowohl physisch als auch ideell brauche. Ich schulde in meinem Leben den Frauen, die ich geliebt habe, sehr vieles und kann zugeben, dass ich ohne sie möglicherweise ein sehr engstirniger Mann geworden wäre.[2]

Ich würde gerne schreiben, dass das obige Zitat und viele andere, ähnliche Aussagen von Denkern mich diesbezüglich beeinflusst hätten. Doch ich muss zugeben, dass nichts und niemand meine Auffassung stärker geprägt hat als meine Studentinnen.

Viele Studenten der juristischen Fakultät Ankara waren damals junge Menschen aus den anatolischen Gymnasien. Diese jungen Männer waren von klein auf daran gewöhnt, dass Mädchen und Jungen ungleich behandelt und voneinander getrennt werden. Sie waren im Glauben groß geworden, dass die Frau sich verschleiern müsse und sich nicht gemeinsam mit Männern in einem Raum aufhalten dürfe. Im ersten Semester fühlten sie sich befremdet, mit den jungen Frauen im Hörsaal sitzen zu müssen. Ich bemerkte, dass die jungen Frauen, insbesondere die aus den Städten, schlicht und sauber gekleidet waren und sich vornehm und zuvorkommend benahmen. Sie bemühten sich, Fragen zu stellen und an den Diskussionen teilzunehmen. Die Studenten hingegen fielen durch ihre wilde und ungehobelte Art auf. Ich bemerkte, dass sie sich keinen Wert beimaßen, sie waren albern und völlig desinteressiert an den Diskussionen. Aber nach einer kurzen Zeit begannen diese Studenten auf sich zu achten, sie mischten sich unter die Studentinnen, beteiligten sich an Unterhaltungen, machten Witze. Sie nahmen regelmäßig am Unterricht teil, schalteten sich in Diskussionen ein und stellten Fragen – nicht zuletzt, um damit die Aufmerksamkeit ihrer Freundinnen zu erregen – und ich freute mich bei der Vorstellung, dass sie viel gelesen haben mussten, um diese Fragen stellen zu können. Ich war glücklich zu sehen, dass auch die Studenten sich während ihres Studiums aufgrund dieser Bemühungen entwickelten und immer erfolgreicher wurden. Unter dem Einfluss der Studentinnen veränderten sie sich nicht nur geistig und intellektuell, sondern auch charakterlich, was mir große Hoffnung gab. Durch die Beobachtung der positiven Veränderung des Mannes durch die zauberhafte Kraft der Frau wurde ich zu einem entschlossenen Gegner der Scharia und all derer, die nicht gegen dieses System kämpfen.

Dass sich Männer nicht gegen die Bestimmungen der Scharia wenden, weil diese dem männlichen Geschlecht Vorteile sichert, die Frau in den Hintergrund drängt und in den Dienst des Mannes stellt, mag moralisch verwerflich und beschämend sein, aber erstaunlich ist es nicht. Als erstaunlich, ja bitter empfinde ich jedoch das Schweigen der Frauen, gar ihren Applaus für die Bestimmungen der Scharia, die sie zu einem Wesen reduziert, das Prügel verdient. Jedes Mal, wenn ich Zeuge eines solchen Verhaltens meiner Kolleginnen an der Universität wurde, empfand ich tiefe Trauer und wollte ihnen die Worte des syrischen Dichters Nizar Qabbani (1923-1998) ins Gesicht schleudern. Dieser Dichter ist in unserem Land nicht bekannt; dabei hat Qabbani eine besondere Stellung unter den wenigen, die sich gegen die erbärmliche Situation der arabischen Frau unter den Schariabestimmungen stellten. In seinen Gedichten, die er schon als junger Mann von 21 Jahren zu schreiben begann, nahm er seinen Platz stets an der Seite der Frauen ein. Er schrieb gegen das männliche Geschlecht, das die Frauen erniedrigte und ausbeutete, und gegen die Gesellschaft, die das ermöglichte. Sehr interessant dabei ist, dass das lyrische Ich seiner Gedichte zumeist eine Frau ist, er also aus der Sicht einer Frau schreibt. In seinen Versen brachte er seinen Ekel über die Verlogenheit und die Selbstsucht der Männer, über ihre unendliche Erbarmungslosigkeit gegenüber den Frauen zum Ausdruck und kritisierte die Vielweiberei. [Der Begriff „Vielweiberei" der deutschen Sprache ist durch christliche Polemik in Abgrenzung zu nichtmonogamen Kulturen, wie auch der des Islams entstanden. Ich übernehme den Begriff, möchte aber klarstellen, dass ich ihn als kritisch im Sinne des Menschenrechtsgedankens verwende. Anm. d. Hrsg.] Im Jahr 1960 schrieb Qabbani über das Schweigen der arabischen Frau zu den Ungerechtigkeiten der Scharia:

Dieses Buch ist das Buch jeder Frau, die durch den ungebildeten und dummen Nahen Osten (d. h. durch die Länder der Scharia) beschuldigt und verurteilt wird, noch bevor sie ihren Mund aufmacht. Deswegen braucht der Nahe Osten jemanden wie mich, der sich als Frau verkleidet, Frauenarmbänder trägt, ihre Wimpern ausleiht und als Frau spricht. Welch bitteres Schicksal, dass die Frau nicht die Möglichkeit besitzt, mit ihrer eigenen Stimme zu sprechen, dass sie jemanden braucht, der die Stimme der Frau übernimmt, für sie schreit. Wir Männer behaupten bei jeder Gelegenheit, dass wir zivilisiert seien, dabei sind wir schlimmer, wilder als die Raubtiere Sibiriens. Wir gehen in die europäischen Länder und studieren, aber wenn wir zurück sind, sind wir primitiver als die Mau Mau. Wir überbringen unseren Geliebten Blumen, aber wenn wir unsere Schwester bei der Liebe ertappen, glauben wir uns besonders geschickt, wenn wir ihr den Kopf abschlagen. Es gibt eine Freiheit, die ich den Frauen wünsche und das ist die Freiheit zur Liebe, d. h. dass eine Frau einem Mann „Ich liebe Dich“ sagen kann, und trotzdem sicher ist, dass ihr der Kopf deshalb nicht abgeschlagen und auf den Müll geworfen wird. Wir müssen unseren Aberglauben, wenn es um das Thema Sexualität geht, niederreißen und die Frauenfrage zivilisiert und wissenschaftlich behandeln. Ich rufe euch auf, euch aufzurichten, um das Niveau des „Menschseins“ zu erreichen.[3]

Diese schönen Zeilen widmete Nizar Qabbani seinen Schülerinnen. Sein Enthusiasmus war so groß, dass er schrieb, er erblicke in den Gesichtern der Frauen Gott. Durch seinen Einsatz für die Rechte der Frau zog er die Wut seiner Umgebung auf sich: Er wurde von religiösen Würdenträgern und vielen Scharia-Anhängern massiv angegriffen und von seinem Vater verstoßen.

Mir ist bewusst, dass ich wegen meiner Schriften – insbesondere aufgrund dieses Buches – nicht weit davon bin, dasselbe Schicksal zu erleiden (abgesehen von der Verstoßung durch meinen Vater). Das aber erschreckt mich nicht. Was mich hingegen immer erschreckt hat und immer noch erschreckt, ist, dass die Anhänger der Scharia, was ihr radikales Vorgehen betrifft, frei agieren können. So können sie auch ungehindert ihre Meisterschaft darin unter Beweis stellen, die frauenverachtenden Bestimmungen der Scharia so zu verdrehen, dass diese als Bestimmungen erscheinen, die die Frau „erhöhen“ und ihr „Respekt erweisen“ würden.

İlhan Arsel

Anmerkungen

1 Stanton, Elisabeth Cady: The Women's Bible. New York 1972, S. 12 (Erstveröffentlichung 1895). [Stanton war eine der Hauptaktivistinnen der amerikanischen Frauenrechtsbewegung. Sie interpretierte, gemeinsam mit anderen Frauen, den Text der Bibel frauenfreundlich und brachte die biblischen Frauengestalten zum Vorschein. Die Women's Bible brachte ihr große Kritik von Kirchenmännern, wie auch von den Suffragetten ein. Anm. d. Hrsg.] Siehe auch Hazleton, Lesley: Israeli Women: The Reality Behind The Myth. New York 1977, S. 53-59. Die Psychologin, Schriftstellerin und Journalistin untersuchte die Bestimmungen in Thora und Talmud über Frauen. Ihr Kommentar: „Es ist nicht möglich, diese Bestimmungen nicht ekelerregend zu finden. Tatsächlich beinhalten diese Schriften Aussagen wie: 'Die Frau kann nicht Zeuge sein, die Frau darf nicht Richter sein, man darf nicht zwischen zwei Hunden, Schweinen und Frauen laufen'."

2 Russell, Bertrand: Autobiography. London 1967, S. 205. [Russell (1872-1970) war Philosoph, Logiker und Schriftsteller. Anm. d. Hrsg.]

3 Nizâr Kabbani: Yevmiyyat İmre'a Lâ-Mubaliyya, Beirut 1969, S. 50. [Qabbānī, Nizār: Yawmīyāt imra'ah lā-mubāliyah] Der Titel bedeutet ungefähr: „Die Tagebücher einer unbekümmert lebenden Frau", und meint eine Frau, die sich nicht darum schert, was andere von ihr denken. [Qabbānī war syrischer Diplomat und Dichter. Seine Schwester beging Selbstmord, da sie zur Heirat mit einem Mann gezwungen werden sollte, den sie nicht liebte. Diese Erfahrung prägte seine Arbeit maßgeblich. Anm. d. Hrsg.]

„Die Männer stehen über den Frauen, weil Gott sie (von Natur vor diesen) ausgezeichnet hat [...] Und wenn ihr fürchtet, daß (irgendwelche) Frauen sich auflehnen, dann vermahnt sie, meidet sie im Ehebett und schlagt sie!"
Koran, Sure 4, An-Nisā' (Die Frauen), Vers 34

„Und nehmt zwei Männer von euch zu Zeugen! Wenn es nicht zwei Männer sein können, dann sollen es ein Mann und zwei Frauen sein, solche, die euch als Zeugen genehm sind, – (zwei Frauen) damit (für den Fall), daß die eine von ihnen sich irrt, die eine (die sich nicht irrt) die andere (die sich irrt, an den wahren Sachverhalt) erinnere."
Koran, Sure 2, Al-Baqara (Die Kuh), Vers 282

„Auf eines männlichen Geschlechts kommt (bei der Erbteilung) gleichviel wie auf zwei weiblichen Geschlechts."
Koran, Sure 4, An-Nisā' (Die Frauen), Vers 11

„Mir wurde das Volk der Hölle gezeigt, und die meisten von denen, die dort waren, wart ihr [Frauen] […] Auch sah ich nie jemanden mit weniger Verstand und geringerer Religiosität […] Hat die Zeugenschaft einer Frau nicht halb so viel Gewicht, wie die eines Mannes? […] Das ist, weil ihr weniger Verstand besitzt. […] Wenn die Frauen ihre Menstruation haben, dann beten sie nicht und halten keinen Ramadan ein […] Und das kommt von eurem geringeren Glauben."
(Mohammed)

„Eine gute Frau unter den Frauen zu suchen, bedeutet, einen weißen Raben unter hunderten von schwarzen Raben zu suchen."
(Mohammed)

„Ich habe keine schädlichere Versuchung [*fitna*] für die Männer hinterlassen, als die Frauen."
(Mohammed)

I. Scharia und Frau – Hinleitung zum Thema

Die gegenüber stehenden Zitate sind dem Koran[1] und dem *Sahih al-Buchari* in einer Ausgabe des *Amtes für Religiöse Angelegenheiten der Türkei* (Diyanet) entnommen. Die Sammlung „gesunder" [arab. ṣ*a*ḥīḥ], also authentischer, anerkannter Überlieferungen [türk. *hadis*, arab. ḥ*ad*īṯ][2], des sunnitischen Gelehrten Muhammad Al-Buchari (810-870) gilt als die zuverlässigste Quelle unter den Hadis-Sammlungen des sunnitischen Islams. Eine Überlieferung berichtet von Taten, Verhaltensweisen und Aussagen Mohammeds, die nicht im Koran enthalten sind und dient der Orientierung der eigenen Lebensführung an der Lebensführung Mohammeds. Das *Sahih al-Buchari* in der Ausgabe des Diyanet wird seit Jahrzehnten verbreitet und findet heute noch guten Absatz; das Buch erschien 1985 in neunter Auflage.[3]

Einige Abschnitte widmen sich allein den Bestimmungen bezüglich der Frauen; so finden sich einige der in diesem Buch angeführten Zitate z. B. im Abschnitt „Buch der Menstruation" [*kitâbü'l hayz*] des ersten Bandes der Diyanet-Ausgabe des *Sahih al-Buchari*. Auf den Seiten 223-224 des gleichen Bandes wird Mohammed zitiert, der sich in einem Gespräch mit einigen Frauen [es war ein Feiertag und den Frauen wurde erlaubt, außerhalb der Stadt im Freien zu beten], denen er begegnete, wie folgt äußert: „Auch sah ich nie jemanden mit weniger Verstand und geringerer Religiosität als manche von euch [Frauen]!"[4] Es ist möglich, die grundsätzliche Stellung der Frau im Islam durch die Verse des Korans und durch Hinzuziehung der betreffenden Stellen des *Sahih al-Buchari* zu erkennen. Das Ergebnis wird jeden vernünftig denkenden Menschen in Staunen versetzen.

In diesem Buch werden Sie viele Aussagen aus der Diyanet-Ausgabe des *Sahih al-Buchari* finden. Sie werden lesen, wie der Islam die Frau sieht und wie unbarmherzig und ungerecht seine Haltung gegenüber Frauen ist. Aus Sicht der Scharia-Anhänger sind diese Aussagen jedoch nicht diskriminierend oder erniedrigend. Im Gegenteil, trotz der Inhalte der zitierten

Verse behaupten diese, dass der Islam die Rechte und Freiheiten der Frauen verteidige wie keine andere Religion oder Ideologie unserer Zeit.[5]

Mohammed: Unübertroffener Held der Gleichberechtigung?

Der Sichtweise, der Islam gewährleiste in seinem Kern, seinem Fundament, den Frauen Rechte und Freiheit und habe die Frau erstmals in der Geschichte erhöht und gewürdigt, schließen sich viele zeitgenössische Autoren an, ohne sie zu überprüfen. Die Frauen in den islamischen Ländern seien erst mit der Zeit und aus Gründen, die nicht mit dem Islam zusammenhängen, in eine bemitleidenswerte Situation gedrängt worden:

- durch die Besatzung der arabischen Länder durch die „wilden" und „barbarischen" Türken, die den Respekt gegenüber Frauen nicht kannten;
- durch Wiederbelebung der alten vorislamischen, arabischen Traditionen, welche die Frau erniedrigten;
- durch falsche Anwendung der Verse des Korans und der Überlieferungen bzw. der Scharia;
- und, nicht zuletzt, durch eine Vernachlässigung des islamischen Glaubens insgesamt.

Ich möchte betonen, dass sich diese Ideen erst Mitte des 19. Jahrhunderts unter den Gelehrten und Autoren verbreitet haben. Bis dahin interessierte sich niemand für so etwas wie Frauenrechte, ganz zu schweigen davon, dass man auf die Idee gekommen wäre, diese zu verteidigen. Im Gegenteil: die Schriftsteller und Denker der islamischen Welt hatten sich aufgrund der Scharia-Bestimmungen geeinigt – sie sprachen sozusagen wie aus einem Mund –, dass die Frau von geringem Verstand und von geringer Religiosität erschaffen worden sei und dass ihre Bestimmung und religiöse Pflicht darin liege, dass sie sich in der Ehe als Leibeigene, als Sklavin dem Manne zu unterwerfen habe. Sie hat den Mann zu bedienen, damit dieser sich ungestört seinen religiösen Pflichten widmen kann, deren Erfüllung ihn letztendlich ins Paradies führen wird.

Der Islam erkennt der Frau keine Gleichberechtigung und Freiheit zu

Innerhalb der islamischen Welt gilt der persische Theologe und Philosoph Al-Ghasali (1058-1111) als einer der berühmtesten und größten Gelehrten, ja als ein „Weiser". Doch auch Al-Ghasali bestärkte die Sichtweise, dass von einer Gleichberechtigung von Mann und Frau keine Rede sein kann und die Männer selbstverständlich über den Frauen stehen. Die Frauen haben absoluten Gehorsam zu leisten und sich wie Leibeigene unterzuordnen, weil sie von Geburt an schlecht und hinterlistig seien, einen teuflischen Charakter hätten. Gott habe sie dem Befehl der Männer überlassen, die ihre Herren [türk. *efendi*] und die Nachfolger Mohammeds [türk. *seyyid*, arab. *sayyid*] sind. Al-Ghasali gibt zur Untermauerung dieser Ansicht in seinem Werk „Die Wiederbelebung der religiösen Wissenschaften" [*iḥyā' 'ulūm ad-dīn*] folgende Aussagen Mohammeds wieder:

Unter denen, die Verstand besitzen, habe ich keine andere gesehen, die intellektuell und religiös minderbemittelter waren als ihr (Frauen).[6]

Sie [die Frauen] *haben ihre Freiheit in die Hände der Männer übergeben.*[7]

Die Vermählung ist für die Frauen eine Art Versklavung.[8]

Selbst wenn eine Frau einen Mann, der von Kopf bis Fuß voller Eiter ist, ablecken würde, hätte sie ihre Schuld ihm gegenüber nicht beglichen.[9]

Gott hat den Mann erhaben erschaffen und die Frau seinem Befehl unterstellt; deshalb nannte er den Mann „efendi", „seyyid".[10]

Diese und viele ähnliche Überlieferungen Mohammeds werden seit Jahrhunderten in schriftlicher wie auch in mündlicher Form weitergegeben und dienen der Orientierung der eigenen religiösen Lebensführung an der Lebensführung Mohammeds.

Diese Geisteshaltung, die mit dem Mann als Herrn und der Frau als Unterworfenen Symbole geschaffen hat, spiegelt die grundsätzliche Einstellung muslimischer Menschen. Dieses Verständnis vom „herrschenden Mann" und der „natürlichen Sklavin", das sich auch auf den Koranvers „*Die Männer stehen über den Frauen*" (Sure 4, Vers 34) stützt, gehört auch heute noch zum grundlegenden Glauben der Muslime. Die Gläubigen sind der Überzeugung, dass es sich hierbei um die authentischen Worte Gottes bzw. im Falle der Überlieferungen um die Mohammeds handelt, um Worte, die einem überlegenen und auf Gerechtigkeit beruhenden Wissen entstammen. Und das bedeutet, dass die Erniedrigung des weiblichen Geschlechts nicht als solche und als entwürdigend erkannt wurde und immer noch wird.

Das oben aufgezeigte Verständnis richtete sich dann auch gegen die Persönlichkeiten, die ab Mitte des 19. Jahrhunderts – wie bereits erwähnt ein völlig neuer Gedanke – behaupteten, dass der Islam die Gleichberechtigung der Geschlechter gebracht hätte. Ein Beispiel ist der Ägypter Qasim Amin (1865-1908) der in seinem Buch „Befreiung der Frauen" [*Taḥrīr al-Mar'ah*] schrieb, dass der Islam die Frauenrechte gestärkt, ja den Frauen in Art und Umfang unübertreffbare Rechte gegeben hätte.[11] Seine schariatreuen Gegner beschuldigten ihn deshalb des Unglaubens, denn Gott habe den Mann nun einmal als der Frau überlegen erschaffen und aus diesem Grund gebe es auch keine Gleichberechtigung im Islam. Auch die marokkanische Autorin Fatima Mernissi ist der Meinung, dass die Gleichberechtigung der Frau und die Sicherung ihrer Freiheiten der Scharia entspreche, und dass sich die frauenfeindlichen Bestimmungen nicht über die Texte des Islams herleiten lassen. Auch sie wurde hierfür von den Scharia-Anhängern angegriffen, die – meiner Meinung nach zu Recht – darauf bestanden, dass der Islam auf die Ungleichheit von Mann und Frau gegründet sei. So sagte der schariatreue Scheich Ibn Murat, Gott habe dem Mann im Interesse der Menschheit auch in der Ehe eine absolut überlegene Stellung zukommen lassen. Diejenigen, die das Gegenteil behaupten, seien „bezahlte Knechte des Westens" und „wie katholische Priester, die den Islam vernichten wollen".[12]

Legitimierung der frauenfeindlichen Scharia-Bestimmungen

Die Gelehrten des Islams verteidigen ihre Haltung anhand der Überlieferungen und der Verse des Korans, die besagen, dass die Männer über die Frauen erhaben sind (Sure 4, Vers 34), dass zwei weibliche Zeugen einem männlichen Zeugen entsprechen (Sure 2, Vers 282), dass der Mann einen Anteil, der dem Anteil von zwei Frauen entspricht, erbt (Sure 4, Vers 176), dass die Frauen die Saatfelder der Männer sind, die sie bestellen können, wie sie wollen (Sure 2, Vers 223).[13] Diese Bestimmungen seien für den Erhalt der „gesellschaftlichen Ordnung" und der „Moral" erforderlich, so sei das Erbrecht des Korans, welches besagt, dass die Frau nur halb soviel erbt wie der Mann, deshalb gut, weil die „finanziellen Bedürfnisse des Mannes" erfüllt sein müssen und er schließlich die Frau auch ernähre.[14] Die Bestimmung des Korans, dass die Zeugenaussage zweier Frauen der Zeugenaussage eines Mannes entspricht, wird von muslimischen Gelehrten und Autoren als sehr treffend bewertet, weil die Frauen im Vergleich zu den Männern sehr viel leichter zu beeinflussen seien. Viele dieser Autoren, aber auch Autorinnen[15] sind fähig, Bestimmungen wie die Verschleierung der Frau, die Vielweiberei, die Verstoßung der Frau [türk. *talâk*] (vgl. S. 347) und ihre „Zwischenehe" [türk. *hülle*[16]] (vgl. S. 355-357) oder die Pflicht zum absoluten Gehorsam, auch in sexuellen Dingen, mit der Vorstellung, die Frau genieße eine respektierte, eine „geheiligte" Stellung, zu verbinden. Sie glauben tatsächlich, dass die Frau sich falsch verhalten könnte, falls sie keinen Mann hat, der sie führt; daher müsse der Mann die Rolle des *efendi*, des „Herrschenden", einnehmen.[17]

Viele Menschen, die die Scharia befürworten, sehen in der Situation der Frau im Islam nichts Erniedrigendes, denn für sie ist Rationalität nicht der entscheidende Maßstab. Sie sind bereit, jegliche Aussagen, auch wenn sie der Vernunft widersprechen, als Befehle Gottes oder des Propheten widerspruchslos hinzunehmen. Für sie gilt: Die Befehle Gottes sind heilig und müssen ausgeführt werden; denn nur Gott hat das Wissen über alle Dinge, er allein weiß, was richtig und was falsch ist. Deshalb hat es für die Gläubigen und Anhänger der Scharia nichts Erniedrigendes, die Unterwerfung der Frau zu akzeptieren, ihre Beschimpfung, sogar ihre Züchtigung hinzunehmen. Befehle, die sie als Gottes Wille begreifen, lassen sie glauben, dass es eine religiöse Tugend sei, diesen zu gehorchen:

Das Recht des Mannes über die Frau ist noch größer. Denn die Frau ist im Grunde genommen die Sklavin, die Bedienstete des Mannes. Denn in der heiligen Überlieferung heißt es (Hadis-i serif): „Wenn Gott gewollt hätte, einen anderen anzubeten, dann wäre den Frauen befohlen worden, ihren Ehemann anzubeten."

Das Recht des Ehemannes über die Frau ist wie folgt: Die Frau soll zu Hause bleiben, ohne die Erlaubnis des Ehemannes nicht rausgehen, sich nicht an der Tür oder auf der Terrasse aufhalten, sich mit der Nachbarschaft nicht oft treffen, nicht zu viel sprechen, nicht (zur Nachbarschaft hingehen), ohne dass sie etwas zu erledigen hätte. Über ihren Mann nichts als Gutes berichten, nichts über das Verbotene und Spielerei (gemeint ist Intimes) erzählen, bei allem sich Mühe geben gemäß dem Wunsch ihres Ehemannes, ihn zufrieden zu stellen, den Besitz ihres Mannes nicht verraten (aufpassen), zärtlich sein. Wenn Freunde ihres Mannes an der Tür sind, dann so antworten, dass sie sich nicht zeigt. Vor allen Bekannten ihres Mannes das Gesicht bedecken. Mit der Situation ihres Mannes zufrieden sein, nicht zu viel wollen. Das Recht ihres Ehemannes vor das ihrer Fami-

lie stellen. Sich sauber halten, immer bereit sein, sich mit ihm zu unterhalten und mit ihm zu schlafen. Nicht undankbar gegenüber der Güte ihres Mannes sein. Niemals „Was habe ich von dir schon?" sagen. Nicht grundlos Einkäufe tätigen und sich nicht scheiden lassen.[18]

Wer mir gehorcht, gehorcht Gott. Wer gegen mich rebelliert, rebelliert gegen Gott. Wer meinen Befehlen gehorcht, gehorcht mir, wer gegen meine Befehle rebelliert, rebelliert gegen mich.[19]

Nach der Logik des Scharia-Anhängers liegt daher auch nichts Entwürdigendes darin, die Frau als von geringer Intelligenz und von geringer Religiosität erschaffen zu betrachten (siehe S. 77).[20] Schließlich sind diese Aussagen Aussagen Gottes und des Propheten und daher geheiligt. So sieht es der Scharia-Anhänger z. B. auch als „natürlich" und als „geheiligt" an, mit bis zu vier Frauen verheiratet zu sein, und neben diesen auch noch Sklavinnen zu besitzen, mit denen er geschlechtlich verkehrt. Denn für den Scharia-Anhänger ist das Verhalten Mohammeds, der zwei Dutzend Frauen und unzählige Sklavinnen besaß und beschlief, vorbildlich und ein „Dienst an der Menschheit". Weil Mohammed es ihnen vorlebte, sehen die Scharia-Anhänger ein solches Verhalten als Anpassung an eine gottgewollte Lebensführung und sie verstehen die Ablehnung solcher Gebote als Ablehnung Gottes.[21]

Die Erniedrigung der Frau wird über die Verse des Korans wie auch über die Überlieferungen, über unzählige frauenfeindliche Bestimmungen legitimiert. Diese sind dafür verantwortlich, dass die muslimischen Gesellschaften auf einem primitiven Niveau gehalten werden.

Die Behauptung, nicht der Islam, sondern seine falsche Anwendung und fremde Einflüsse seien schuld

Unnötig zu erwähnen, dass es in einer Welt, in der sich die Idee der Menschenrechte entwickelt hat, schwer fällt, solche Positionen zu teilen. Um die einzelnen Stimmen derjenigen, die die Menschenrechte befürworten, zu unterdrücken und um Kritik aus dem Westen zu unterbinden, haben gläubige muslimische Autoren ab Mitte des 19. Jahrhunderts versucht, verschiedene Erklärungen für die Verschlechterung der Situation der Frauen zu geben. So müsse man die Gründe in der Entfernung vom Islam suchen und sich, um der Frau wieder zu Recht und Freiheit zu verhelfen, wieder dem eigentlichen, dem „wahren Islam" zuwenden. Daher seien im Grunde auch keine sozialen Reformen erforderlich, denn der Islam als die letzte und vollendete Religion brauche diese nicht, die Anwendung des Islams in seiner ursprünglichen Form werde alles wieder richtigstellen.

Diese These wird insbesondere in arabischen Ländern, wie in Ägypten und Syrien, vertreten, unter anderem von Persönlichkeiten wie den bekannten Islamisten Muhammad 'Abduh (1849-1905) und Qasim Amin (1863-1908)[22], Raschid Rida (1865-1935), dem ägyptischen Literaturkritiker und Autor Taha Husseyn (1889-1973)[23] oder dem Juristen und Autor Muhammad Husayn Haykal (1888-1956) – letztere waren beide Erziehungsminister in Ägypten. Später schlossen sich diesen Autoren auch Autorinnen, wie z. B. Necla İzzettin und Aminah al Sa'id Al-Shari an, die diese Sichtweise weiterentwickelten und der Meinung sind, dass Mohammed bis heute einer der größten Feministen der Menschheit gewesen sei. Bislang habe keine Religion den Frauen so viel Respekt und Freiheit gewährt wie der Islam. Diese Vorteile, die die muslimische Frau seit Jahrhunderten genieße, würden der Frau des Westens bis zum heutigen Tag fehlen, denn die Rechte und die Gleichberechtigung, die der Westen den Frauen zuerkannt habe, seien keine anderen als die, die Mohammed den Frauen vor 1400 Jahren zuerkannte; diejenigen, die sich für die Frauenrechte im Westen einsetzten, hätten nur deswegen Erfolg haben können, weil auch sie den Islam zur Grundlage genommen hätten. Kein Religionsgründer habe jemals so wie Mohammed der Frau ihre Würde geschenkt und sie derart geehrt (geheiligt). Vor dem Islam hätten die Araber die Frau als minderwertig betrachtet und neugeborene Mädchen lebendig begraben. Mohammed sei es gewesen, der diese geringschätzige Auffassung abgeschafft und die Frau in eine dem Mann überlegene Position gebracht habe. Sein gutes Verhalten gegenüber seinen Frauen und den Konkubinen sei der schönste Beweis dafür, dass er seine Gedanken über die Frauenrechte in die Praxis umsetzte. Sein geduldiger, zärtlicher und menschlicher Umgang mit zwei Dutzend Frauen, die er im Namen der Menschlichkeit und aus Mitgefühl oder aus zwingenden politischen Gründen in seinen Harem aufnahm, sei der Beginn der Frauenrechte und der Freiheit für die Frau in der Geschichte der Menschheit gewesen. Weiter behaupteten Autoren und Autorinnen, die dieser Meinung folgen, dass weder der Koran noch die Sunna[24] Bestimmungen enthalten, welche die Frauenrechte und Freiheiten verneinen oder einschränken, welche die Frauen der Lust und dem Befehl der Männer überlassen. Ganz im Gegenteil: Durch diese Bestimmungen wäre zum ersten Mal in der Geschichte die Gleichstellung von Mann und Frau verwirklicht worden. Diese Rechte gingen so weit, dass nichts, nicht einmal die 'Magna Charta' der Engländer, sie übertreffen könne.[25]

Diese Autoren und Autorinnen verglichen auch das Christentum (das sie mit dem Begriff „Westen" gleichsetzen) und den Islam. Fatima Mernissi z. B. zieht aus diesem Vergleich folgende Schlussfolgerung:

In der westlichen Kultur beruht die Ungleichheit der Geschlechter auf dem Glauben an die biologische Minderwertigkeit der Frau. Dies erklärt einige Aspekte der westlichen Frauenbewegungen, wie z. B. die Tatsache, dass sie fast immer von Frauen angeführt werden, dass ihr Effekt oft nur oberflächlich ist, und dass sie es noch nicht geschafft haben, die männlich-weibliche Dynamik in diesen Kulturen wesentlich zu verändern. Im Islam gibt es keinen solchen Glauben an die weibliche Minderwertigkeit, im Gegenteil, das ganze System basiert auf der Annahme, dass die Frau ein mächtiges und gefährliches Wesen ist. Alle geschlechtlichen Institutionen wie Polygamie, Geschlechtertrennung, Nichtanerkennung usw. können als eine Strategie gesehen werden, diese Macht einzugrenzen. Dieser Glaube in die Macht der Frauen wird wahrscheinlich dazu führen, dass die Entwicklung der Beziehungen zwischen Männern und Frauen in einem muslimischen Rahmen ganz anderen Mustern folgen wird als in einem westlichen.[26]

Um es noch einmal deutlich zu machen: Diese Autoren und Autorinnen behaupteten also, dass im Islam die Frau, so wie es dem Mann möglich ist, ihr Leben selbstverantwortlich und frei ordnen kann, dass die Frau im Erbrecht gleich behandelt wird, dass sie Handel treiben und jeglichen Beruf ausüben kann, sofern sie möchte, und dass sie all diese Rechte, unabhängig von ihrem Mann, in Anspruch nehmen kann.[27] Die Frau sei als heiliges Wesen erschaffen worden und deshalb sei die Scharia-Religion allen anderen Religionen überlegen:

Nach dem Koran wurde die Frau aus der gleichen Essenz geschaffen wie der Mann. Sie ging nicht aus seiner Rippe hervor, sondern ist, gemäß einem Ausspruch des Propheten, seine „Zwillingshälfte", was vollkommen mit der koranischen Lehre übereinstimmt, wonach Gott von allen Dingen „ein Paar schuf". [Sure 51, Vers 49] *Die Offenbarung enthält nicht den Gedanken, dass die Frau den Mann dazu brachte, die Ursünde zu begehen, wie dies die Genesis erzählt. Die islamische Lehre hat ihr gegenüber auch nie derart respektlose Ausdrücke verwendet wie die Kirchenväter, die sie lange Zeit als „des Teufels Agentin" betrachteten.*[28]

Sie werden im Lauf der Lektüre dieses Buches sehen, dass solche Behauptungen falsch und im Allgemeinen sogar frei erfunden sind. Denn wenn es darum geht, die Frau als Unfrieden und Zwietracht säende Versuchung [türk. *fitne*, arab. *fitna*], als bösartiges und teuflisches Geschlecht zu brandmarken, steht der Islam dem Christentum und auch dem Judentum in nichts nach.

Diejenigen, die behaupten, dass der Islam die Frau zu Recht und Freiheit geführt habe, schreiben auch, dass die Frauen durch Mohammed Teilhabe an der politischen Macht gehabt hätten. (siehe S. 52) Dieser Zustand sei auch nach Mohammeds Tod eine Weile aufrechterhalten worden und in der Zeit der Omaijaden [die erste Dynastie der Kalifen, regierte 661-750 in Damaskus und 756-1031 in Cordoba. Anm. d. Hrsg.] habe die Frau nicht nur im sozialen, sondern auch im politischen Bereich eine große Rolle gespielt. Das christliche Europa habe dieses Verständnis aus dem Islam übernommen. Der Autor Katibah schreibt, dass die arabische Frau so frei gewesen sei, dass sie im Bewusstsein ihrer Freiheit gedichtet habe: „Ich gehe meinen eigenen Weg, lasse mich von meinen Geliebten umarmen, küssen und ich sende meinen Kuss, wem ich will.“[29] Als Beispiel führt er Sakinah an, die Tochter von Husain Ibn Ali und Urenkelin Mohammeds, die eine bekannte Dichterin und Sängerin, eine Verfechterin der Frauenrechte und für ihren modernen Lebensstil bekannt gewesen sein soll. Sie soll sogar eine eigene Haarmode, die „Sakinah Coiffure“ populär gemacht haben.[30] [Die schiitische Tradition berichtet allerdings, dass Sakinah bereits als kleines Mädchen von vier Jahren in den Kerkern der Feinde ihres Vaters starb. Anm. d. Hrsg.]

Die Entwicklungsstufe, die die arabische Frau durch den Islam bereits vor 1400 Jahren erreicht hatte, habe die heutige Situation der europäischen Frau weit übertroffen.[31] Die Situation der Frau habe sich erst dann zum Negativen entwickelt, als der Islam in schlechte Hände geriet und falsch angewendet wurde. Manche Autoren sind der Meinung, dass durch die Kriegszüge der arabischen Heere in den Iran und nach Mittelasien Pracht, Wohlstand und Reichtum zu den arabischen Muslimen gekommen seien. Gleichzeitig aber hätten die arabischen Frauen durch den Einfluss der fremden Traditionen der eroberten Länder ihre Freiheit eingebüßt und Kleidungsstücke wie den Körper- und den Gesichtsschleier tragen müssen. Andere meinen, dass die Lage sich in der Zeit der Abbasiden verschlechtert habe.[32] Insbesondere nach den mongolisch-türkischen Besatzungen hätten die Frauen ihre Rechte verloren und wären zu minderwertigen Wesen degradiert worden.[33] Die Türken besetzten Ägypten (1517 durch die Osmanen) und übernahmen das Kalifat. Sie hätten den Islam so praktiziert, dass die Frauenrechte im Koran falsch und eng interpretiert worden seien und die Frauen in der Folge ihre Freiheit verloren hätten. Zuvor seien sie alleine auf die Straße gegangen, hätten einen Beruf ausüben und über sich selbst bestimmen können. Die arabischen Autoren, die diese These vertreten, schreiben: „Die Besatzung durch die Türken bis zum Einmarsch Napoleons in Ägypten bedeutete die schwarze Phase für die Rechte und Freiheit der arabischen Frau."[34] Dabei ist es eine historische Tatsache, dass die Abbasiden, deren Verbundenheit zum Islam in Zweifel gezogen wurde, Kalifen hatten, welche die Frauen wertschätzten, wie den fünften abbasidischen Kalifen Harun ar-Raschid (ca. 763-809) und den siebten Kalifen Al-Ma'mun (813-833). Aber die Frauen wurden nach dem Tod dieser Kalifen erneut versklavt.

Auch der bereits erwähnte Denker Qasim Amin ist der Meinung, dass die arabische Frau durch die türkische Besatzung versklavt und zum Sexualobjekt herabgewürdigt worden sei.[35] Solange man nicht zum Kern des Islams zurückkehre [gemeint ist der Islam der Frühzeit, zu Lebzeiten Mohammeds. Eine Ansicht, die Fundamentalisten vertreten, die diesen Islam oft als den „wahren Islam" bezeichnen. Anm. d. Hrsg.], könne man auf dem Gebiet der Rechte für die Frau nichts erreichen. Wie wir gesehen haben, gibt es viele Autoren und Autorinnen, die seine Meinung teilen und der Meinung sind, die Scharia habe den Frauen unvergleichliche Rechte gewährt.[36] Manche behaupten sogar, dass es wegen des muslimischen Konzepts der Gleichheit der Potenziale wesentlich einfacher sei, die Frauenfrage in einer islamischen Gesellschaft zu lösen als in einer westlichen.[37] So versuchte z. B. die ägyptische Feministin und Führerin der ägyptischen Frauenbewegung Huda Schaarawi (1879-1947), anhand einer Reihe von Koranversen zu belegen, dass Islam und Scharia den Frauen Schutz und Recht böten, während die Grundsätze des Christentums die Frauen erniedrigten.

Die islamischen Autoren, die die Idee verbreiten wollen, dass Mohammed die Frau hoch geschätzt habe, gehen in ihren Bemühungen also so weit, dass sie sich ahnungslos stellen, was die frauenverachtenden Aussagen und Bestimmungen Mohammeds betrifft, die durch ihn im Islam fest verankert sind, und machen sich auf diese Weise zu Unterstützern und Bewahrern eines Systems, das die Frauen unterdrückt. Denn die schlechte Situation der Frau ist nicht durch die falsche Anwendung des Islams entstanden, sondern wird unmittelbar durch den Islam selbst, durch die Scharia verursacht.

Wie Sie in den folgenden Kapiteln lesen werden, war es nicht so, dass die Frauen durch fremde Einflüsse, wie z. B. die türkische Besatzung, in den Hintergrund gedrängt worden sind, da die Frauen dieser Gesellschaften eine von Respekt und Freiheit geprägte Stellung innehatten, die sie erst durch den Islam verloren. Es ist ebenso falsch anzunehmen, dass man, wolle man die Frau befreien, zum eigentlichen, zum „wahren" Islam zurückkehren müsse. Zuletzt stimmt es auch nicht, dass Mohammed den Frauen erstmals Rechte gegeben, er sie „erhöht" oder „geheiligt" hätte. Im Gegenteil, in der Dschahiliyya, der sog. „Zeit der Unwissenheit", besaß die Frau weit mehr Rechte, Freiheit und Achtung als nach der Einführung des Islams.

Anmerkungen

1 [In diesem Buch wurde die Übersetzung des Korans von Rudi Paret verwendet, sofern nicht anders angegeben. Paret, Rudi: Der Koran. Stuttgart 2001]

2 [wörtlich „Mitteilung", „Erzählung", „Bericht", in der vorliegenden Übersetzung mit „Überlieferung" wiedergegeben. Anm. d. Hrsg.]

3 Sahîh-i Buhârî Muhtasarı Tecrîd-i Sarîh Tercemesi ve Şerhi, 12 Bände, Übersetzung des Amtes für Religiöse Angelegenheiten der Türkei (Diyanet). [Auszüge aus dem umfangreichen Werk in deutscher Sprache: Ferchl, Dieter (Hrsg.): Saḥīḥ al-Buḫārī: Nachrichten von Taten und Aussprüchen des Propheten Muhammad. Ditzingen 1997] Die Überlieferungen, die Al-Buchari und Muslim gesammelt haben, sind auch in dem berühmten Werk von Begavi, Meşabihul-Sunne, enthalten. [Die Hadis-Sammlung von Muslim, die „Sammlung authentischer Traditionen" (arab. *al-dschāmi' as-sahīh*) wird kurz *Sahīh Muslim* genannt. Sie gehört neben der von Al-Buchari zu den zwei „gesunden" Hadis-Sammlungen. Anm. d. Hrsg.]

Zu den weiteren, in diesem Buch zitierten, Überlieferungen siehe auch: Muhammed b. Abdullah al-Hatib al-Tibrizi: Mishkat al-Masabih (1336) [enthält die Überlieferungen von Al-Buchari und Muslim], In englischer Sprache: Khatib al-Tibrīzī, Muhammad Ibn Abd-Allāh: Mishkat al-Masabih (Englische Übersetzung mit Anmerkungen von James Robson). Lahore 1960-1965; Alhaj Maulana Fazlul Karim: Al-Hadis of al-Masabih. Kalkutta 1938-1939; Al-Buhârî: Sahîh (Band I-III, herausgegeben von L. Krehl, Leyden 1862-1863, und Band IV, herausgegeben von Th. W. Juynboll, Leyden 1907-1908; İbn Mâce (Hrsg.): Sunan (mit Kommentaren von Muhammed İbn Abd Allah); Lucknow 1315 AH

Außerdem Muhammed İbn Abdu'l-Hadi el-Haneffi e'l-Sindi Druck mit Kommentaren, Randbemerkungen, Kairo 1313 AH

İbn Hanbal, Ahmed: Musnad. Kairo 1928/1313 AH; Ebû Davud: Sunen. Kairo 1292; al-Darimi: Musned (mit Kommentaren von İbn Teymiyye al-Muntaka'min Akbar el Mustafa, 1337)

4 Sahîh-i Buhârî [Diyanet-Ausgabe], Band 1 (1984, 8. Aufl.), S. 224, *hadis* 209

5 Zum Beispiel in dem Artikel „Die Rechte der Frauen im Islam, die vor 1400 Jahren eingeführt wurden, sind unserer Zeit voraus" des *Amtes für Religiöse Angelegenheiten* der Türkei (Diyanet), erschienen am 7. Juni 1973 in der Zeitung *Tercüman*. Der Artikel kann nur als Verhöhnung menschlicher Vernunft gesehen werden.

6 Hüccetü'l İslâm Gazâlî: İhyâu 'ulûmi'd-dîn Tercümesi (übersetzt von A. Serdaroğlu). İstanbul 1975, Band 1, S. 224 [Ghazzali's book of Counsel for kings: Nasihat al-muluk (übersetzt von F.R.C. Bagley). London 1964, S. 171]

7 Hüccetü'l İslâm Gazâlî: İhyâu 'ulûmi'd-dîn Tercümesi (1975), Band 2, S. 111

8 Hüccetü'l İslâm Gazâlî: İhyâu 'ulûmi'd-dîn Tercümesi (1975), Band 2, S. 147

9 Hüccetü'l İslâm Gazâlî: İhyâu 'ulûmi'd-dîn Tercümesi (1975), Band 2, S. 149

10 Hüccetü'l İslâm Gazâlî: İhyâu 'ulûmi'd-dîn Tercümesi (1975), Band 2, S. 117

11 Qasim, Amin: Tahrirü'l-Mer'e. Kairo 1928, S. 9 (Erstveröffentlichung 1895). [Amīn, Qāsim: Taḥrīr al-Mar'ah (1899); erschienen auf Deutsch: Amīn, Qāsim: Die Befreiung der Frau, Würzburg 1992]; [Qāsim Amīn (1863-1908) war Staatsanwalt, Gründer der Kairo-Universität und der nationalen ägyptischen Jugendbewegung. Zum Thema verfasste er außerdem das Buch „*Al-Mar' ah Al-Ğadīdah*" (Die neue Frau) (1901). Er wird von einigen auch als erster arabischer Feminist bezeichnet. Qāsim Amīn war Schüler des „Reformtheologen" und Islamisten Muhammad 'Abduh (1849-1905). Anm. d. Hrsg.]

12 Zitiert nach Mernissi, Fatima: Beyond the veil: male-female dynamics in modern Muslim society. Cambridge, Massachussetts 1975, S. XII

13 [Wie wenig eindeutig bestimmt werden kann, was exakt im Koran steht, zeigen auch die folgenden Übersetzungsvarianten bzw. Interpretationen des Verses, die in den in die deutsche Sprache übersetzten Koran-Ausgaben zu finden sind: „wo sie wollen" (Übersetzung von Paret); „wie sie wollen" (Übersetzung der Al-Azhar); „wann und wie ihr wollt" (Übersetzung der Ahmadiyya-Muslim Jamaat); „wann und wie ihr wollt", mit dem Hinweise in einer Fußnote: „Darunter fällt jedoch nicht der verbotene Analverkehr" (Übersetzung von Scheich Abdullah as-Samit Frank Bubenheim und Dr. Nadeem Elyas, König-Fahd-Komplex zum Druck vom Qur'ān). Anm. d. Hrsg.]

14 Siehe Warnock Fernea, Elizabeth & Qattan Bezirgan, Basima: Middle Eastern Moslem Women Speak. Austin 1977, S. 376

15 Haddad, Yvonne Y. & Smith, Jane I.: Women in the Afterlife: The Islamic View As Seen From Qur'ān and Tradition. In: Journal of American Academy of Religion, 1975, Band 43, S. 39-50; Yalgın, Mithat: al-Bayt'ul Islami. Kairo 1972, S. 77; Shamshad M. Khan: Why Two Women Witnesses. London 1993.

16 [Die *hülle* (arab. *muhallil*) ist eine Art „Zwischenehe", die geschlossen werden muss, um die Wiederaufnahme einer zuvor dreimal geschiedenen Ehe zu ermöglichen. Anm. d. Hrsg.]

17 Yalgın: Al-Bayt'ul Islami (1972), S. 163; Haddad & Smith: Women in the Afterlife (1975), S. 70; Al-Kuuli: Al-Islam va-Kadaya al-Muaşırah. Kuwait 1970, S. 130

18 İmam Gazâlî: Kimyâ'yı Saâdet [Abschnitt „Rechte des Ehemannes"]. Band I-II, S. 181

19 Sahîh-i Buhârî [Diyanet-Ausgabe], Band 12 (ohne Jahr, 8. Aufl.), S. 314

20 Sahîh-i Buhârî [Diyanet-Ausgabe], Band 1 (1984, 8. Aufl.), S. 223-225. Dabei bezieht sich Mohammed bei dieser Aussage auf Sure 4 (An-Nisā'), Vers 176, der bestimmt, dass die Zeugenschaft zweier Frauen der eines Mannes entspricht.

21 Maryam Jameelah (Cemile Meryem): Islam and Modernism. Lahore 1968, S. 134

22 [Muhammad 'Abduh und Qāsim Amīn sind bekannte Reformtheologen bzw. Islamisten, welche maßgeblich die Meinung vertraten, um den Islam zu reformieren, müsse man „zum ursprünglichen Islam zurückkehren". Da sie auch die Meinung vertraten, dass eine solche Rückkehr zum ursprünglichen Islam den Frauen ihre Rechte wiedergeben würde, waren sie anerkannte Vertreter des heute sogenannten „islamischen Feminismus". Anm. d. Hrsg.]

23 Ṭaha Ḥusseyn war der erste Absolvent der Kairo-Universität, studierte dann u.a. in Frankreich, wo er promovierte. Später war er Dozent an der Kairo-Universität. In seiner Zeit als Erziehungsminister setzte er sich für die Reformierung des ägyptischen Bildungswesens ein und für den Internationalen Austausch. Posthum wurde ihm der Menschenrechtspreis der UN verliehen.

24 Die von den Sunniten anerkannten Überlieferungen [türk. *hadis*, arab. ḥ*adī*ṯ].

25 Vgl. Saleh, Saneya: Women in Islam: Their Status in Religious and Traditional Culture. In: International Journal of Sociology of the Family, 1972, Nr. 1, S. 35-42 und Nr. 2, S. 193-201. Siehe auch Malik, Fida Hussain: Wives of the Prophet (peace be upon him). Lahore 1977, S. 167; Pickthall, Marmaduke William: The Cultural Side of Islam. Lahore 1969, S. 140-150

26 Mernissi: Beyond the Veil (1975), S. XVI. In der überarbeiteten Fassung von Mernissis Buch aus den 1980er Jahren findet sich das Zitat nicht mehr.

27 Abdul-Rauf, Muhammad: The Islamic View of Women and the Family. New York 1977, S. 129-130; Pickthall: Cultural Side (1969), Abschnitt IX, S. 141

28 Boisard, Marcel A.: L'Humanisme de l'Islam. Paris 1979, S. 108 [auf Deutsch: Boisard, Marcel A.: Der Humanismus des Islam. Kaltbrunn 1982]

29 Katibah, Habib Ibrahim: The new spirit in Arab lands. New York 1940, S. 204

30 Katibah, Habib Ibrahim: The new spirit in Arab lands. New York 1940, S. 204

31 İzzettin, Necla: The Arab World. Chicago 1953, S. 297; Doria Recai Sefik (Ragai Shafik, Doria): La Femme et le Droit Religieux de l'Égypte Contemporaine. Paris 1940, S. 136. Diese Auffassung vertritt auch das Diyanet in diversen Veröffentlichungen.

32 Siehe Boisard: L'Humanisme (1979), S. 104; İzzettin: Arab World (1953), S. 299 [Die Dynastie der Abbasiden herrschte in Bagdad 762 bis 1258. Anm. d. Hrsg.]

33 İzzettin: Arab World (1953), S. 302; Siehe außerdem Esposito, John L.: Women's Rights in Islam. In: Islamic Studies, Journal of the Islamic Institute, Pakistan, Islamabad 1975, Band 14, Nr. 2, S. 105

34 El Saadawi, Nawal: Tschador. Frauen im Islam. Bremen 1980, S. IV

35 Qāsim Amīn vertritt diese Meinung in seinen Büchern *Taḥrīr al-Mar' ah* [Die Befreiung der Frau] (1899) und *Al-Mar' ah Al-Ğadīdah* [Die neue Frau] (1901). Qasim, Amin (türkisch: Kasım, Emin): Tahrirü'l-Mer'e. Kairo 1928 (Erstveröffentlichung 1895). Siehe auch Maryam Jameelah: Islam and Modernism. Lahore 1968, S. 136-138

36 Die Französin Simone Bailleau Lajoinie schildert ihre Erinnerungen an die Jahre, in denen sie als Lehrerin in Afghanistan arbeitete. Sie schreibt: „Alle revolutionären Frauen, die ich getroffen habe, wollten nur eines: dass die mit dem islamischen Gesetz übereinstimmende Verfassung respektiert würde. Die Frauen würden dann deutlich besser behandelt." (aus dem Französischen übersetzt von Arzu Toker). Simone Bailleau Lajoinie: Conditions de Femmes en Afghanistan. Paris 1980, S. 137

37 Mernissi: Beyond the veil (1975), S. XVI

Als die Frau vor dem Islam Rechte und Freiheit besaß

Die Zeit vor dem Islam wird Dschahiliyya [arab. *al-ǧāhiliyya*] genannt, was „Zeit der Unwissenheit" bedeutet. Die Gesellschaft dieser Zeit wird als ohne Gesetz und Ordnung und ohne jegliche Moral beschrieben. Auch die arabischen Frauen seien wie Sklavinnen gehalten und wie Waren gehandelt worden, bis Mohammed sie befreit habe.

Die Freiheit der arabischen Frau in der vorislamischen Zeit (Dschahiliyya)

In der vorislamischen Zeit wurde die Frau jedoch sehr verehrt. Sie suchte ihren Mann selbst aus und trennte sich von ihm, wann immer sie wollte. Sie konnte sich kleiden, wie sie wollte, und tun, was sie wollte, z. B. auch Handel treiben. Sie war keine Ware, sondern besaß Einfluss und Macht; so hat es in der vorislamischen Zeit auch bekannte arabische Herrscherinnen gegeben. Das *Kitāb al-muḥabbar* des Muhammad ibn Habib gibt Auskunft über das Leben der Frau vor dem Islam, beschreibt ihre sozialen, wirtschaftlichen und politischen Rechte.[1]

Das interessanteste Beispiel für die Freiheit der Frauen vor dem Islam ist zweifellos das Leben der Händlerin Chadidscha, der ersten Frau Mohammeds.[2] Die Autoren, die sich besonders viel Mühe geben zu beweisen, wie unterdrückt die arabische Frau vor der Islamisierung war, dass sie keine Persönlichkeit besessen, keinerlei Besitz gehabt haben soll, behaupten auch, dass die Geschäfte Chadidschas von ihrem Vater verwaltet wurden. Als ihr Vater in einem Krieg umkam, sei sie verzweifelt gewesen und habe Mohammed eingestellt, damit er die Verwaltung der Geschäfte übernimmt; Mohammed habe sie so aus der schwierigen Situation gerettet. Richtig ist jedoch, dass Chadidscha das Geschäft nicht erst nach dem Tode ihres Vaters betrieben hat, sondern lange vorher. Laut den Geschichtsschreibern Ibn Ishaq (704-767/768) und Ibn Hischam (gest. 829/834), aber auch laut At-Tabari (gest. 923), die als vertrauenswürdige Quellen gelten, war sie unter den Frauen der Quraisch eine verehrte Persönlichkeit, die für ihren Reichtum, ihre Intelligenz und ihr großes Organisationsgeschick bekannt war. Sie trieb Handel und verlieh Geld, wobei sie einen Teil ihres Gewinns an bedürftige Mitarbeiter verteilte. Nachdem sie Witwe geworden war, wollten viele Männer sie heiraten und gaben hohe Summen Geld aus, um ihr Ziel zu erreichen. Aber da keiner ihrem Herzen zusprach, ignorierte sie die Bewerber. Als sie hörte, dass Mohammed vertrauenswürdig sei, sandte sie ihm ihre Boten und schlug ihm vor, gemeinsam mit ihrem Sklaven eine Handelsreise nach Damaskus zu unternehmen. Nach seiner Rückkehr fragte Chadidscha ihren Sklaven über Mohammeds Zuverlässigkeit aus. Dieser erzählte ihr, er habe gehört, wie ein Priester in Damaskus gesagt habe: „Dieser Mann ist ein Prophet“. Außerdem sei Mohammed stets unter dem Schatten der Flügel zweier Engel gelaufen. Daraufhin sandte Chadidscha ihre Boten, um Mohammed mitzuteilen, dass sie ihn heiraten wolle. Mohammeds Onkel Hamza ibn Abd al-Muttalib ging zu ihrem Vater und hielt für Mohammed um ihre Hand an.[3]

Laut dem arabischen Historiker Al-Waqidi (747-823) soll die Heirat von Chadidscha mit Mohammed wie folgt eingefädelt worden sein: Chadidscha sandte ihren Boten, der Mohammed ihren Heiratsantrag überbrachte. In der Zwischenzeit bot sie ihrem Vater reichlich Wein an und machte ihn betrunken. Dann bat sie Mohammed zu kommen. Mohammed erschien in Begleitung seines Onkels, der Chadidschas Vater bat, der Ehe zuzustimmen, was der betrunkene Vater dann auch tat.[4]

Ein weiteres Beispiel ist Salma bint Amr, die Frau von Haschim Ibn Abd Manaf – eine Frau, die im „Buch der Lieder“ [*kitāb al-aġānī*] erwähnt wird. Sie war nicht nur für ihre Schönheit, sondern auch für ihre Dichtkunst bekannt. Sie hatte zahllose Heiratsanträge abgelehnt, weil sie nur einen Mann heiraten wollte, der ihrem Verstand und ihrem Herzen entsprach. Als sie dann heiratete, machte sie zur Bedingung, dass sie ihre Freiheit behalten und sich jederzeit von ihrem Mann scheiden lassen könne.[5] Die Dichterin Bint-i Amru‘l-Harise bin el-Şarid hat dreimal geheiratet; sie hat sich ihre Männer stets selbst ausgesucht und immer unter der Bedingung geheiratet, sich scheiden lassen zu können, wann immer sie wolle.[6] Auch die Mutter von Mohammeds Großvater Abd al-Muttalib ibn Haschim, Salma bint Amr, repräsentiert die Freiheit der Frau in der Zeit vor dem Islam und war eine starke Persönlichkeit. Um ihre Freiheit zu schützen, ließ sie in ihrem Ehevertrag das Recht, sich weiterhin um ihre geschäftlichen Belange zu kümmern, und das Recht auf Scheidung, wann immer sie wolle, aufnehmen.[7] Nachdem der Islam sich durchgesetzt hatte, verlor die arabische Frau das Recht, sich ihren Mann auszusuchen und das Recht auf Scheidung. Vielleicht hat Mohammed aus seiner eigenen Erfahrung heraus dieses Recht nur dem Mann zuerkannt, denn er musste dem Wunsch Layla bint al-Chutayms nachkommen, ihre Ehe zu annullieren[8] (vgl. S. 286).

Die *mut'a evlilik* [arab. *nikāḥ al-mut'a*] ist ein weiterer Beweis für die Freiheit der arabischen Frauen vor dem Islam. Man kann den Begriff mit „Genussehe“ oder „Lustehe“ übersetzen [in der deutschen Sprache hat sich der etwas prüde Begriff „Zeitehe“ durchgesetzt. Anm. d. Hrsg.]. Die *mut'a* wird ohne jede Zeremonie von Mann und Frau selbst geschlossen, es muss weder die Familie noch der Vater oder ein Vormund anwesend sein. Dadurch entstand eine Ehe, die auf dem freien Willen beider Seiten basierte. Auch wenn diese Ehe aufgrund eines bestimmten Lohns, der an die Frau entrichtet wurde, geschlossen wurde und zeitlich begrenzt war (von den Beteiligten aber beliebig verlängert werden konnte), gab es aus der Perspektive der Frau keine sie einengenden Bedingungen.[9] Mohammed hat dieser Form der Ehe jahrelang nicht widersprochen und es gibt islamische Quellen, die behaupten, dass die *mut'a*-Ehe nicht verboten sei und der Koran es in folgendem Vers erlaube, eine Frau „gegen einen Lohn“ zu nehmen:[10]

Sure 4, Die Frauen (An-Nisā'), Vers 24
Was darüber hinausgeht, ist euch erlaubt, (nämlich) daß ihr euch als ehrbare (Ehe)männer, nicht um Unzucht zu treiben, mit eurem Vermögen (sonstige Frauen zu verschaffen) sucht. Wenn ihr dann welche von ihnen (im ehelichen Verkehr) genossen habt, dann gebt ihnen ihren Lohn als Pflichtteil! Es liegt aber für euch keine Sünde darin, wenn ihr, nachdem der Pflichtteil festgelegt ist, (darüber hinausgehend) ein gegenseitiges Übereinkommen trefft.

Laut einigen Überlieferungen stimmte Mohammed der *mut'a* viele Jahre zu und hat selbst von ihr Gebrauch gemacht.[11] Sie war erlaubt wegen des gewaltigen Bedarfs an Frauen, und um während der Kriegszüge zu vermeiden, dass die Kämpfer wegen der Abwesenheit ihrer Frauen die Sünde des unerlaubten außerehelichen Geschlechtsverkehrs bzw. des Ehebruchs begingen[12] – was zeigt, dass Mohammed nicht die Freiheit der Frau, sondern das Interesse der Männer im Auge hatte. Andere Quellen geben an, dass die *mut'a* während der Eroberung von Mekka wieder erlaubt worden sei, aber nach der sogenannten „Abschiedspilgerfahrt" Mohammeds, die er im Jahr 632 unternahm, schließlich endgültig verboten wurde. Vielleicht hat Mohammed gedacht, dass die *mut'a* die Frauen an die Zeiten ihrer Freiheit erinnern könnte.[13]

Die arabische Frau der vorislamischen Zeit wurde von ihrem Mann geachtet und sie achtete ihren Mann; die Kinder oblagen sowohl der Autorität des Mannes als auch der Frau.[14] Die Frau musste sich nicht verschleiern und vor dem Mann verstecken, sie schminkte sich und trug Schmuck – auch um von ihrem Mann bewundert zu werden und um zu gefallen. „In Arabien ... in der Zeit des unwissenden Heidentums, haben sich die Frauen wie heute die Brauen, die Augen, die Hände geschminkt, haben sich mit Düften parfümiert, hatten ihre Spiegel (...) Sie haben ihre einfache Kleidung gerichtet, ihren sparsamen Schmuck; sie sorgten für die Frische ihres Mundes, die seidige Weichheit ihrer Wangen, den Glanz ihrer Augen, die Schlankheit und Harmonie ihrer Taille, die Rundung ihres Busens und ihrer Arme; aber nicht nur um ein verrückte Liebe, ein kurzes Strohfeuer im Herzen des Mannes zu entfachen, ihn im Zelt einzuschließen, ihn abzulenken, so dass er alle anderen Interessen vergaß, ihn in eine wolllüstige Vereinigung zu zwingen ... es geschah vielmehr, um den jungen Krieger zu animieren, sich für seinen Stamm verdient zu machen...".[15]

Dem Zweck, die Situation der Frauen vor dem Islam schlecht zu reden, dient auch die Lüge, die ungläubigen Araber hätten aus Frauenfeindlichkeit ihre neugeborenen Töchter getötet und Mohammed habe diese Tradition aufgehoben. Die Wahrheit sieht anders aus. Wie in vielen alten Gesellschaften gab es auch in der arabischen die Tradition der Tötung von Neugeborenen, von der aber nicht nur Mädchen betroffen waren. Diese Tradition kam zur Zeit Mohammeds jedoch selten vor und hatte auch nichts damit zu tun, dass man die Geburt eines Mädchens als schlechtes Omen betrachtete. Selbst im Koran ist nicht allein von Mädchen die Rede, sondern auch von „Kindern" (z. B. Sure 6, Vers 151 und Sure 17, Vers 31), das Wort „Kinder" aber wurde stets als „Töchter" interpretiert[16] (siehe S. 162). Warum auch immer die alten Araber ihre Kinder (oder Töchter) getötet haben mögen, es gibt keinen Nachweis dafür, dass dies aufgrund einer generellen Frauenfeindlichkeit der vorislamischen Gesellschaft geschah, denn diese Gesellschaft hat die Frau nicht als minderwertiges Geschlecht betrachtet.

Die Freiheit und die politische Macht der türkischen Frau vor der Islamisierung

Sowohl europäische als auch arabische Quellen belegen, dass die türkische Frau vor der Islamisierung eine Vielzahl von Rechten, Freiheit und die Achtung der Männer besaß. Sicher ist auch, dass wir Türken, nachdem wir in den islamischen Sumpf versanken, zwei schöne Eigenschaften verloren: eine davon ist die Vernunft, die andere der Respekt gegenüber Frauen.[17]

Bei den vorislamischen Türken, insbesondere in der Zeit des Schamanismus haben Männer und Frauen gemeinsam religiöse Rituale vollzogen. Bei den Jakuten gab es Gebete, die *israh* genannt wurden: Frauen und Männer gaben sich die Hand, bildeten einen Kreis und tanzten zu „*hü, hü, hü*"-Lauten; dabei tranken sie gemeinsam *kımız*, vergorene Stutenmilch.[18] Diese „gemischten" Rituale hielten auch nach der Islamisierung eine Weile an, verschwanden dann aber mit der Zeit.

Die Orchon-Inschriften, die in der Zeit des Zweiten Türkischen Reiches 680-840 in alttürkischen Runen in Stelen gemeißelt wurden, belegen, dass die türkischen Frauen politisch, sozial und wirtschaftlich frei waren. In den Inschriften ist zu lesen, dass Bilge Chatun[19], die Mutter von Kül-Tigin, als Staatsoberhaupt die Macht inne hatte und diese dann an ihren Sohn übergab. Kül-Tigin herrschte mit seiner Frau Kutlulu Sultan gemeinsam.[20]

Dass in vielen Turkstaaten Frauen Staatsoberhäupter, Herrscherinnen waren, erfahren wir auch aus den arabischen Quellen, die über die Belagerung und Eroberung Bucharas im 7. Jahrhundert berichten. In der *Geschichte Bocharas oder Transoxaniens* lesen wir über die Hatun von Bochara:

Ihre Regierungszeit, unter welcher die Araber im Lande erschienen, soll über fünfzig Jahre lang gedauert haben. Die hohe Weisheit dieser Frau, und die Achtung, der sie theilhaftig wurde, werden sehr gerühmt. Täglich nach Sonnenaufgang verliess sie zu Pferd ihr Schloss, kam bis zum Thore des Rigistans […], *wo sie sich auf einen Thron setzte, und umgeben von den Officieren ihres Hauses und den Landesgrossen, theilte sie Spenden und Gerechtigkeit aus. Zweihundert Jünglinge mit goldenen Gürteln und Schwertern hatten die Pflicht, ihr täglich während der Audienz die Aufwartung zu machen, diese wurden den nächstfolgenden Tag durch andere abgewechselt, und so gelangte an jeden Stamm jährlich viermal die Reihe. Mit diese Frau endet die faktische Herrschaft der früheren Dynastie in*

Bochara, deren spätere Mitglieder von den mohammedanischen Eroberern nur den Titel, aber nicht die Macht eines Fürsten erhielten.[21]

Auch in dem Werk *Futūḥ al-buldān* des Geschichtsschreibers Al-Baladhuri (gest. 892) wird von dem Widerstand berichtet, den Melike Hınık Hatun, die Herrscherin Bucharas, dem Angriff der arabischen Heere leistete. Betont werden ihre Führungsstärke, ihr Scharfsinn und ihr Geschick.[22] Der Gelehrte Abu Said al-Balchi (gest. 934) schreibt in seinem Werk *Kitabu'l-Bad ve Ve't Tarih* (*Le Livre de la Création et de l'Histoire*) über die Ereignisse in den türkischen Ländern sowie über die Freiheit und Unabhängigkeit der türkischen Frauen. Auch er bewundert ganz offensichtlich die Hatun Bucharas, die während der Regierungszeit von Yazid ibn Muawiya (680-683) den unentwegten Angriffen des von Yazid als Gouverneur nach Chorasan gesandten Ubayd-Allah ibn Ziyad standhielt. Um der arabischen Angriffe Herr zu werden, bat sie den König eines anderen Turk-Staates, Terkan, um Hilfe und soll ihm zu diesem Zweck sogar einen Heiratsantrag gemacht haben.[23]

Auch der Sultan der Seldschuken, Tughrul Beg (ca. 990-1063), achtete die Frauen. Im Jahr 1055 besetzte er Bagdad, 1062 heiratete er im Palast des alten Kalifen, El Kasım Biemrillah, dessen Tochter und begleitete sie voller Respekt an den Thron. Der arabische Biograph Ibn Hallikan (1211-1282) berichtet:

Am 15. Tag des Monats Sefer traf die Prinzessin im Palast auf ihren [...] *Mann. Sie ging zu ihrem mit goldenen Stoffen geschmückten Thron und wartete auf ihren Mann. Tugrul Bey kam auf Knien vor seine Frau. Er übergab ihr unvergleichliche Geschenke, küsste (noch einmal) den Boden und zog sich respektvoll und glücklich zurück.*[24]

Auch wenn die konservativen Kreise diese Ehe nicht guthießen, konnten sie nicht umhin, die Respektsbekundung des so mächtigen und berühmten Eroberers Tughrul Beg zu bewundern.[25]

Die Eleganz, die Lebendigkeit, den Mut und den starken Charakter der türkischen Frau schildert auch der Arzt und Nestorianer Ibn Butlan (gest. 1064 in Syrien), in seinem Werk *Tawqīm al-sihha*.[26] In den Jahren 1183 bis 1184 bereist Ibn Dschubair (1145-1217), Geograph, Reiseschriftsteller und einer der berühmtesten Historiker seiner Zeit, Ägypten, Syrien und den Irak. In seinen Reiseberichten schildert er die wichtige Rolle der türkischen Frau in diesen Gesellschaften. Er berichtet von den türkischen Prinzessinnen, die neben Ebu'l Mukrim Teschtiki gemeinsam mit Tukusch Schah dem Gouverneur von Chorasan, die Kaaba besuchten. Er erzählt, dass er sämtliche arabische Länder, die Kalifen im Irak, das Königreich von Salahaddin besucht habe, aber in keinem dieser Länder so viel Wertschätzung im Umgang mit Frauen gesehen habe, wie in den Turkländern.[27]

Im 13. Jahrhundert unternimmt Marco Polo (gest. 1324) eine Reise in die türkischen Gegenden oberhalb des Flusses Amu Darya, die er „Groß-Türkei" nennt. Darin berichtet er von der Tochter eines Herrschers:

[Die Prinzessin] *ist so stark, dass es schwer ist, einen Mann zu finden, der ihr gerecht wäre. Sie besiegt jeden, der ihr begegnet. Obwohl ihr Vater sie verheiraten möchte, lehnt sie das ab und sagt, dass sie so lange nicht heiraten wird, bis sie jemanden findet, der ihr gefällt. Ihr Vater hat ihr schriftlich zugesichert, dass sie jeden Mann heiraten kann, den sie heiraten will. Deshalb hat die Prinzessin im ganzen Lande ausgerufen, dass junge Männer sich melden können, um ihre Kraft mit ihr zu messen. Sie erklärte, dass sie den heiraten wird, der fähig ist, sie zu besiegen.*[28]

Es gibt viele europäische Schriftsteller, die das freie Leben, die Unabhängigkeit und Charakterstärke der türkischen Frau bewunderten. Aus den Schriften des Orientmissionars Ricoldo da Monte di Croce (1243-1320) kann man erfahren, dass sich die Traditionen in den Turkländern, z. B. bei den Seldschuken, von denen in den arabischen Ländern sehr unterschieden. Der Unterschied lag insbesondere in der hohen Wertschätzung der türkischen Frau und ihrer hohen gesellschaftlichen Stellung,[29] und zwar zu einer Zeit, in der die europäische Frau wie auch die arabische Frau als zweitrangig galt, eine Situation, die trotz Gegenmaßnahmen einige Jahrhunderte andauerte. An vielen Orten Europas war die Frau die Dienerin ihres Mannes, wartete im Stehen während ihr Mann aß, küsste zu jeder Gelegenheit seine Füße und wurde dennoch erniedrigend behandelt.[30] In den Turkländern hingegen hatte die Frau ebensoviel Wert wie der Mann. Erst infolge der Islamisierung ging diese schöne Tradition langsam aber sicher verloren. Währenddessen fand im Westen eine Hinwendung zur Vernunft statt, diese Vernunft bildet die Grundlage einer Entwicklung, die dazu führte, dass Frauenrechte zum Thema wurden.

Der persische Historiker Ata-Malik Dschuwaini (1226-1238), auch Ata al-Mulk Dschuwaini, schreibt in seinem Werk „Geschichte des Welteroberers" [*Tārīḫ-e Jahāngūshāhī-ye Ǧuwainī*] über die Familie Dschingis Khans und über die türkische Frau. Er hebt besonders die Fähigkeit und Geschicklichkeit der Terken Hatun, Frau von Malik Schah (gest. 1092, der Sohn Alp Arslans) und Tochter von Tamgac Han, in Staatsfragen hervor.

Sie hatte eigene Beamte (Sekretäre, Berater und Beraterinnen), befehligte 12.000 Soldaten und besaß 1.000 Sklaven.[31] Ebenfalls von Dschuwaini erfahren wir, dass die Ilchane [Fürsten einer mongolischen Dynastie in Persien und Zentralasien, die vom Enkel Dschingis Khans begründet wurde. Anm. d. Hrsg.] im 13. Jahrhundert den Islam annahmen und sich so von ihren alten Traditionen entfernten; verändert habe sich insbesondere ihr Respekt gegenüber Frauen.[32] Das Beispiel von Raziya Sultan beweist dies hinreichend. Tatsächlich hatte Raziya in den Jahren 1236-1240 das Sultanat von Delhi inne. Ihr Vater, der Mamluken-Sultan Schams ud-din Iltutmisch (1210-1235) hatte sie, trotz der Proteste seiner Berater, zu seiner Thronerbin erklärt. Die Palasthierarchie wollte keine weibliche Nachfolge und hatte deshalb einen der Söhne von Iltutmisch, Rukn ud-din Firuz (ermordet 1236), zum Erben erklärt. Da er schlecht regierte, revoltierte das Volk und brachte – gemeinsam mit dem Heer – Raziya auf den Thron. Raziya war eine gute Herrscherin, sehr klug und weitsichtig. Um den Frauen ihre Freiheit zu geben, hat sie zuerst den *çarşaf* [Körperschleier ähnlich dem Tschador] und den *peçe* [Gesichtsschleier] abgeschafft und war die erste, die beides ablegte. Aber nicht nur das: Auf dem Höhepunkt ihrer Macht kleidete sie sich meist wie ein Mann und belehrte so die Rückständigen, dass die Menschen nicht Sklaven der Tradition sein müssen. Ihr mutiges und emanzipiertes Vorgehen kam sie teuer zu stehen und sie verlor, nicht zuletzt unter der Mithilfe fanatisch religiöser Emire [Anführer, Befehlshaber], ihren Thron.[33]

Herausragend unter den Werken, die die Wertschätzung der türkischen Frau und ihre hohe gesellschaftliche Stellung in früheren Zeiten belegen, ist sicher der Reisebericht, *Riḥla*, des Ibn Battuta (gest. ca. 1368/1377). Der bekannte Reisende des 14. Jahrhunderts begnügte sich nämlich nicht damit, die die Frauen betreffenden Wertmaßstäbe der türkischen Gesellschaften zu beschreiben, sondern er stellte auch die These auf, dass nichtislamische Traditionen und Werte die islamischen weit überragten. (Interessant in diesem Zusammenhang ist, dass Ibn Battutas Werk zwar ins Türkische übersetzt wurde, aber die Abschnitte über die nicht islamisierten Turkvölker, in denen ihr Alltag und ihre Religion geschildert werden, herausgenommen, zensiert wurden.) In seinem Bericht über die Städte, die entlang des Flusses Kuma (Kaukasus) liegen, schreibt er:

Ich wurde in diesem Land Zeuge der bemerkenswerten Verehrung, welche die Frauen bei den Türken genießen. Tatsächlich gelten sie mehr als die Männer. Das erste Mal, daß ich die Frau eines Fürsten sah, fiel zusammen mit meiner Abreise aus Kiram, als ich die Prinzessin und Gattin des Emirs Saltīya in ihrem Wagen sah. Er war ganz mit blauen und feinen Decken geschmückt. Fenster und Türen des Wagenzeltes waren geöffnet. Vor der Prinzessin standen vier junge Mädchen von verführerischer Schönheit und sehr hübsch gekleidet. Weitere Wagen mit jungen Dienerinnen folgten. In der Nähe des Emirs angekommen, stieg sie aus dem Wagen, gefolgt von etwa dreißig jungen Mädchen, welche die Schleppe ihres Kleides anhoben [...] *stolz schritt die* Ḫātūn *vor ihnen her. Als sie zum Emir trat, erhob er sich vor ihr, grüßte sie und ließ sie neben sich Platz nehmen, wärend die jungen Sklavinnen sich um sie herum aufstellten. Nun wurden Schläuche mit Stutenmilch herbeigetragen. Sie goß etwas in eine Schale, kniete sich vor den Emir und reichte sie ihm. Nachdem er getrunken hatte, gab sie seinem Bruder zu trinken, während der Emir ihr zu trinken gab. Man trug Speisen auf und die Prinzessin aß mit dem Emir, dann gab er ihr ein Kleid und sie entfernte sich. So behandeln die Fürsten ihre Gattinnen.*[34]

Nicht nur die Sultane und Emire, auch das Volk, so beschreibt es Ibn Battuta, verhält sich den Frauen gegenüber stets respektvoll:

Auch die Frauen der Verkäufer und Markthändler habe ich gesehen. Eine sitzt zum Beispiel in einem Pferdewagen und hat drei oder vier junge Mädchen bei sich, die die Schleppe ihres Kleides tragen. Auf dem Kopf trägt sie ein buġṭāq, eine hohe Haube, in die Juwelen eingelegt sind und die am oberen Ende mit Pfauenfedern geschmückt ist. Die Fenster des Wagenzeltes sind geöffnet, so daß das Gesicht der Frau erkennbar ist, denn die türkischen Frauen verschleiern sich nicht. Eine andere, die ebenso ausfährt und von ihren Dienerinnen begleitet ist, bringt Schafe und Milch auf den Markt, die sie gegen wohlriechende Duftstoffe verkauft. Manchmal wird die Frau von ihrem Mann begleitet, den man, wenn man ihn sieht, [wegen seiner schlichten Kleidung] *für einen ihrer Diener halten könnte.*[35]

Im Jahre 1331 besuchte Ibn Battuta den Sultan Muhammad Usbek Khan (1282-1341/42), einen Nachkommen Dschingis Khans, und berichtet von seinen Erlebnissen:

[Muḥammad Ūzbak Ḫān] *besitzt ein großes Reich, ist sehr mächtig* [...] *genießt höchstes Ansehen* [...] *Er ist einer der sieben größten und mächtigsten Könige der Welt* [...] *Der Sultan setzt sich auf seinen Thron, zu seiner Rechten die* Ḫātūn *Ṭaiṭuġīl, neben ihr die* Ḫātūn *Kibak, zu seiner Linken die* Ḫātūn *Bailūn, der die* Ḫātūn *Urduġī folgt. Rechts unterhalb des Throns steht* [...] *der Sohn des Sultans, auf der anderen Seite sein zweiter Sohn*

[…] *Ūzbaks Tochter Īt Kuğuğuk sitzt vor ihm. Wenn eine Prinzessin erscheint, erhebt er sich vor ihr, nimmt sie an der Hand und führt sie bis zum Thron. Ṭaiṭuġīl aber ist die Königin und seine Lieblingsgattin. Er geht ihr bis zum Eingang des Pavillons entgegen, grüßt sie, nimmt sie an der Hand und setzt sich erst, wenn sie selbst auf den Thron gestiegen ist und Platz genommen hat. All dies spielt sich ohne jeden Schleier vor den Augen der Anwesenden ab.*[36]

Laut Ibn Battuta waren die Frauen des Sultans so frei und zivilisiert, dass sie es sich, trotz der Verbote des Korans, nicht nehmen ließen, mit fremden Männern in Kontakt zu treten, sich mit ihnen zu unterhalten und Geschenke mit ihnen auszutauschen. Auch Ibn Battuta bekam Geschenke von den Frauen des Sultans.[37] Höchst interessant ist, dass Bailun Hatun, die Tochter des Herrschers von Konstantinopel (dem heutigen Istanbul), die schwanger war und das Kind bei ihrem Vater zur Welt bringen wollte, die Reise gemeinsam mit Ibn Battuta antrat. Dies zeigt noch einmal, wie zivilisiert der türkische Mann damals noch war, bis sich die Gebote des Islams und der Scharia vollständig durchsetzten. Denn Muhammad Usbek Khan ließ seine Frau Bailun trotz des Koran-Verbots in Begleitung eines fremden, nicht mit ihr verwandten Mannes – Ibn Battuta – reisen.[38]

Lassen Sie jetzt dieses Bild der Situation am Hofe des Sultans Muhammad Usbek Khan, wie er aufsteht und seine Frauen voller Achtung und vor den Augen aller zum Thron führt, noch einmal vor ihrem geistigen Auge vorüberziehen. Und nun führen Sie sich bitte zum Vergleich das osmanische Reich fünf Jahrhunderte später vor Augen: Hunderte von Frauen, die im Harem eingesperrt wurden, die teils das Tageslicht nie erblickten und wie Sklavinnen gehalten wurden. Die Frauen dienten allein der Befriedigung der sexuellen Bedürfnisse des Sultans, ihre Anzahl als Statussymbol. Der Sultan selbst war von abstoßender Religiosität und er vermied es, sich mit seinen Frauen zu unterhalten, da er der Überzeugung war, diese seien, gemäß den Aussagen Mohammeds, von geringem Verstand und geringer Religiosität.

Wenn Sie nun der Meinung sind, dies alles gehöre doch einer längst vergangenen Zeit an, dann vergleichen Sie die Situation am Hofe Muhammad Usbek Khans auch einmal mit der Atmosphäre in der Republik nach der Gründung durch Atatürk. Vergleichen Sie das respektvolle Handeln des türkischen Mannes vor vielen Jahrhunderten, der sich vor seinen Frauen erhebt, sie als Königinnen respektiert, mit der Geisteshaltung der Männer in den politischen Parteien der 1970er und 1980er Jahre; den Parteien, die ihre Frauenorganisationen auflösten [bezieht sich auf das Verbot der Frauenorganisationen am 12.9.1980 unter General Evren. Anm. d. Hrsg.]. Denken Sie an die Männer, die zwar Krawatte trugen, aber ihre Frauen hinter sich laufen ließen; die ihrem kleinen Sohn einen Stock in die Hand gaben und ihm befahlen, seine Mutter damit zu schlagen; denken Sie an die Bauern mit ihren primitiven, dümmlichen Gesichtern, die sich auf die Scharia stützten und ihre Auffassung, dass Frauen Prügel brauchten, verteidigten; denken Sie an die erbärmlichen sogenannten „Intellektuellen", die ebenso davon überzeugt waren, dass sie den Respekt ihrer Frau nur durch die notwendigen Schläge erhalten können.

Um diese Vergleiche noch intensiver ziehen zu können, ist es sinnvoll, die Berichte Ibn Battutas weiter zu lesen. Während er Bagdad besuchte, staunte er darüber, unter den dortigen türkischen Führern auch Frauen zu sehen. Damals herrschte in Bagdad Ebu Sa'id Bahadır Han (1305-1335), der neunte und einer der letzten Herrscher aus der Dynastie der Ilchane. Alle Entscheidungen, die den Staat anbelangten, traf dieser gemeinsam mit seiner Frau. Folgen wir Ibn Battutas Bericht:

Anscheinend spielen die Frauen der türkischen Könige in der Führung eine wichtige Rolle. Denn wann immer der König einen Befehl veröffentlicht, liest man unterhalb des Schriftstückes: „Diesen Befehl erteilten Sultan und Hatun Sultan". Jede Hatun Sultan besitzt eigene Städte, die unter ihrer Befugnis stehen, und, wenn sie auf Reisen gehen, eigene Wagen, Zelte und Zeltlager.[39]

Doch diese Traditionen existierten nicht nur in den Ländern des Nahen Ostens, sondern auch in den mittelasiatischen türkischen Staaten. Voller Bewunderung erzählt Ibn Battuta von einem Turkstaat, den er von Indien aus über den Seeweg erreichte, und dessen Gouverneurin Urdudscha. In seinen Schriften können Sie mit Genuss lesen, welch freie, kluge und würdevolle Persönlichkeiten die Frauen in den der Scharia fern gebliebenen Turkstaaten waren.

Danach erreichten wir das Land Ṭawālisī[40]*, dessen König Ṭawālisī heißt* […] *Das Volk des Landes besteht aus Götzenanbetern, aber es sind schöne Menschen* […] *Sie sind tapfer und unerschrocken, ihre Frauen reiten zu Pferde, zeichnen sich im Bogenschießen aus und kämpfen wie die Männer. In einem ihrer Häfen in der Stadt Kailūkarī gingen wir vor Anker. Sie ist eine ihrer schönsten und größten Städte, in welcher der Sohn ihres Königs seinen Sitz gehabt hat. Als wir im Hafen vor Anker gingen, näherten* *sich uns Soldaten und der Kapitän ging zu ihnen an Land. Er hatte ein Geschenk für den Königssohn bei sich* [...] *Sie berichteten ihm, dass der König seinem Sohn eine andere Provinz anvertraut, diese Stadt aber seiner Tochter Urduǧā übertragen hatte. Am zweiten Tag unserer Einfahrt* [...] *lud diese Königin* [...] *zu einem Gastmahl ein* [...] *Der Kapitän wünschte, daß ich ihn begleite, aber ich lehnte ab, denn es waren Ungläubige, deren Speisen verboten waren.*[41]

Lassen Sie uns kurz innehalten und einen Moment nachdenken: Auf der einen Seite haben wir eine Gouverneurin, die einen Kapitän, dessen Schiff in ihrer Stadt anlegt, und seine Mannschaft zum Essen einlädt. Auf der anderen Seite steht ein Historiker, dessen Ruhm bis in viele Länder reicht, nämlich Ibn Battuta, der mit einer äußerst primitiven Logik die Einladung ablehnt. Wir wollen nicht länger bei dem Vergleich des zivilisierten Verhaltens von Urdudscha, die keine Muslimin ist, und des fanatischen Verhaltens eines muslimischen Historikers verweilen und der Geschichte weiter folgen. Urdudscha fragte, ob die Eingeladenen vollzählig seien. Als sie erfährt, dass Ibn Battuta nicht mitgekommen ist, sagt sie zum Kapitän: „Rufe ihn herbei!" Das Weitere hören wir von Ibn Battuta:

Da kamen ihre Wachen und die Männer des Kapitäns und sagten: „Folge dem Wunsch der Königin!" So ging ich also zu ihr. Sie saß auf einem hohen Sitz und vor ihr standen Frauen mit Schreibtafeln, die sie ihr vorhielten [mit denen sie die Königin über Angelegenheiten des Staates informierten[42]]. *Um sie herum saßen unterhalb ihres Thrones ältere Frauen, ihre Ratgeberinnen, auf Stühlen aus Sandelholz* [...] *Als ich die Königin gegrüßt hatte, fragte sie mich auf türkisch: „*[...] *Wie geht es dir? Geht es dir gut?" – Sie hieß mich, in ihrer Nähe Platz zu nehmen* [...] *Dann fragte sie mich, aus welchem Land ich gekommen sei und ich antwortete: „Aus Indien"* [...] *Sie erkundigte sich nach diesem Land und ich berichtete ihr. Sie sagte: „Ich werde gegen dieses Land in den Krieg ziehen, denn ich bewundere seinen Reichtum und seine Soldaten."*[43]

Urdudscha beschenkt Ibn Battuta großzügig mit Reis, so viel wie zwei Elefanten tragen können, mit zwei Büffelkühen und zehn Hammeln, mit Sirupsaft, mit Krügen, die mit gesalzenem Ingwer, Pfeffer, Zitronen und Mangos gefüllt sind, Proviant für die Seereise. Ibn Battuta berichtet weiter:

Der Schiffsführer erzählte mir, dass in den Truppen dieser Königin Frauen, Sklavinnen und Schutz suchende Frauen Dienst tun und wie Männer kämp-

fen, daß sie mit männlichen und weiblichen Truppen in den Kampf zieht, daß sie ihre Feinde angreift, sich selbst am Kampf beteiligt und gegen die Tapfersten antritt. Er berichtetet mir ferner, daß zwischen ihr und einem ihrer Feinde einmal ein erbitterter Zweikampf stattgefunden habe, während schon viele ihrer Soldaten den Tod gefunden und wenig gefehlt habe, dass ihre Truppen geflohen wären, daß sie sich selbst in den Kampf geworfen und die Reihen der Feinde durchbrochen habe, bis sie auf den feindlichen König stieß, mit dem sie kämpfte. Sie versetzte ihm einen solchen Hieb, dass er den Tod fand und seine Soldaten die Flucht ergriffen [...] *Als sie zu ihrem Vater zurückkehrte, übertrug er ihr diese Stadt, die zuvor ihr Bruder besessen hatte. Er erzählte mir auch, dass sich Königssöhne um ihre Hand beworben hatten, sie aber geantwortet hätte: „Ich heirate nur den, der gegen mich kämpft und siegt." Sie aber scheuten den Kampf mit ihr aus Furcht vor der Schande, von ihr besiegt zu werden.*[44]

Hier halten wir noch einmal inne und bewerten das Erzählte: Die mächtigste Frau eines Landes speist mit fremden Männern am selben Tisch, sie analysiert und diskutiert weltpolitische Fragen und spricht darüber, dass sie nicht ans Heiraten denke, solange sie keinen ebenbürtigen Mann findet. Es ist unnötig zu erwähnen, dass die Haltung Urdudschas für Ibn Battuta – einen Muslim, der an religiöse Vorgaben glaubte wie die, dass Frauen von geringem Verstand und geringer Religiosität seien, dass die Ehe für die Frau die selbstverständliche Unterwerfung unter den Mann bedeutet und dass Frauen nicht regieren könnten und dürften – unfassbar war. Die Gouverneurin Urdudscha redete über politische Angelegenheiten, Kriege, die sie plane, und darüber, dass sie ihren Mann noch nicht gefunden habe, womit sie nichts anderes ausdrückte, als dass sie sich ihren Mann selbst und ohne Entscheidung ihres Vaters aussucht.

Solchen freien Frauen begegnen wir auch in den folgenden Jahrhunderten, so z. B. in den Turkstaaten des 15. Jahrhunderts. In dem Buch, das der syrische Historiker und Übersetzer Ahmad Ibn Arabschah über Timur Lenk (ca. 1336-1405), den asiatischen Eroberer und Begründer der Dynastie der Timuriden, schrieb, ist zu lesen, dass die Türken den Frauen gemäß ihren alten Traditionen weiterhin große Wertschätzung entgegenbrachten. Die Frauen nahmen gesellschaftliche Aufgaben wahr, waren auf wichtigen Ebenen des Militärs vertreten, sie kannten die Verschleierung nicht und versteckten sich nicht vor den Männern. Ahmad Ibn Arabschah führt dies – nebenbei bemerkt völlig zu Recht, aus seiner Sicht aber als Vorwurf gemeint – darauf zurück, dass die Türken den Islam nicht konsequent praktizieren würden.[45]

Mohammed entmachtete die Frauen politisch

Viele der bereits genannten zeitgenössischen muslimischen Autoren behaupten, dass Mohammed den Frauen erstmals politische Rechte gesichert und ihnen so die Partizipation an der Macht ermöglicht habe. Als Beweis für die Zuerkennung politischer Rechte an die Frauen wird angeführt, dass nach der Eroberung Mekkas die Frauen Mohammed in einer Zeremonie gehuldigt und ihn so als Führer bestätigt hätten (*biat*). Vorgeschoben wird auch, dass seine Frau Hind bint Abi Umayya, genannt Umm Salama, und seine Cousine Umm Hani bint Abu Talib eine Rolle bei den Entscheidungen über die Verwaltungsaufgaben und bei politischen Entscheidungen gespielt hätten. Auch die Teilnahme von Aischa und weiterer seiner Frauen an Mohammeds Kriegszügen soll ein Zeichen dafür sein. Zuletzt hätten die Frauen nach dem Tod des Kalifen Umar ibn al-Chattab (634-644) bei der Wahl des neuen Kalifen eine Rolle gespielt.[46]

Diese Argumente sind völlig haltlos und haben mit der Realität nichts zu tun. Dass Mohammed die Frauen nach der Eroberung Mekkas an der Zeremonie seiner Anerkennung (*biat*) hat teilnehmen lassen, bedeutet selbstverständlich nicht, dass er ihnen politische Rechte zuerkannt hätte. Sie sollten lediglich bezeugen, dass sie Gott keine Götter beigesellen, sich dem Gesetz Gottes unterwerfen, nicht stehlen, keine Unzucht treiben (keinen Ehebruch begehen), ihre Kinder nicht töten, ihre Männer nicht beschimpfen und sich nicht beklagen[47] (vgl. S. 107). Laut den Überlieferungen und den Geschichtsschreibern haben die Frauen Mohammed nicht auf seinen Kriegszügen begleitet, um an politischen Entscheidungen teilzuhaben, sondern damit er bei ihnen Entspannung und sexuelle Befriedigung finden konnte (vgl. S. 322).

Weder hat Mohammed den Frauen je politische Rechte zuerkannt, noch fanden solche Rechte in der 1400-jährigen Geschichte des Islams je Anwendung. Das Gegenteil ist der Fall. Die arabische Frau hatte in der vorislamischen Zeit mehr Rechte, mehr Einfluss und es gab sogar Herrscherinnen. Es gehört zur fehlenden Logik der Anhänger der Scharia, dass sie diese Tatsache bestreiten, aber man kann im Koran selbst, dessen Inhalt sie als unangreifbares Wort Gottes betrachten, einen Beleg für die Existenz einer solchen Herrscherin finden: Die Königin von Saba (in türkisch Belkis), die in der Sure 27 erwähnt wird, ist eine von vielen vorislamischen Königinnen.[48] Doch auch die Bibel erzählt von der Königin Deborah, die das Volk zu einem Sieg führt, sowie von den Königinnen Jezebel und Anhalya, von Haldan und Königin Sheba, die alle eine politisch wichtige Rolle spielten.[49]

Doch nicht nur die Bibel, auch die Archäologen und Historiker bestätigen, dass zum Beispiel die Tuareg bis zu ihrer Islamisierung von Königinnen geführt wurden. Die berühmteste unter ihnen ist Tin Hinan.[50] Die arabische Gesellschaft vor dem Islam hatte einige Herrscherinnen, Königinnen wie Zenobia (213-274), die nicht nur in die Geschichte Arabiens einging, sondern auch in die Roms, denn sie wagte sich Königin der Könige zu nennen und ärgerte damit die Römer. Ihr Ruhm dauert bis heute an und bildet die Grundlage für viele gleichnamige historische Romane, Opern und Theaterstücke. Die Geschichte der arabischen Länder zeigt, dass es bereits in den vorchristlichen Gesellschaften Herrscherinnen gab. So ist die Rede von Königin Iskallutu (704 v.Chr.), die durch assyrische Truppen gefangen genommen und mit zahlreicher Beute nach Niniveh gebracht wurde.[51]

Aber wir müssen gar nicht so weit bis in die vorbiblische Geschichte zurückgehen, denn auch ganz besonders die Geschichte der Islamisierung der Berber müsste bei den Anhängern der Scharia bekannt sein. Ein Blick in die englische Wikipedia würde ausreichen, um zu sehen, dass mit Kahina eine Frau die Berber im Kampf gegen die Muslime geführt hat. Ihr Stamm, die Dschawara, war in der Spätantike zum Judentum konvertiert und leistete bis zur seiner Unterwerfung im Jahr 701 Widerstand gegen das Vordringen der Muslime.[52]

Aber Mohammed änderte diese Tradition, sobald er zu Macht gekommen war (medinische Periode). Nach seinem Tod griffen die klugen Ehefrauen einiger Kalifen oder Sultane in das politische Geschehen ein.[53] Aber das als politische Rechte zu interpretieren, ist falsch. Abgesehen davon, dass diese Position mit der vorislamischen Stellung der Königinnen, wie auch der der türkischen Herrscherinnen, nicht zu vergleichen ist.

Muslime können sich bei der Ablehnung politischer Teilhabe von Frauen nicht nur auf Sure 4, Vers 34 stützen, der besagt, dass die Männer über den Frauen stehen, Mohammed offenbarte auch, dass nie eine Frau zum Propheten ernannt worden sei (Sure 12, Vers 109 und Sure 15, Vers 43, siehe S. 135-136). Islam-Interpreten wie Suyûti Celâleddin stützen sich auch auf Sure 3, Vers 36 wenn sie bestimmen, dass Frauen keine religiösen Aufgaben (Mullah, Richter, Imam etc.) wahrnehmen können. Bekanntlich spricht Hanna, als sie Maria auf die Welt bringt:

Sure 3, Āl-ʿImrān (Die Sippe ʿImrāns), Vers 36
Herr! Was ich zur Welt gebracht habe, ist ein weibliches Wesen […] *und männlich und weiblich ist zweierlei.*

Mohammeds Meinung in Bezug auf weltliche Herrscherinnen war eindeutig: „Niemals werden Leute erfolgreich sein, die eine Frau zu ihrem Herrscher machen." Diese Aussage trifft Mohammed, weil im Jahr 630 in Persien nach dem Tode des Königs Chosrau II. (590-628) seine Tochter Buran[54] Königin wurde. [Im Jahr 2002 kursierten an deutschen Universitäten unter muslimischen Studenten Disketten der *Muslim Studentenvereinigung in Deutschland e.V. Marburg* aus dem Jahr 1995. Auf ihnen findet sich auch diese von Abu Bakr überlieferte Hadis aus der Sammlung Al-Bucharis, die wie folgt kommentiert ist: „Es mag sein, daß unsere Brüder und Schwestern in Pakistan, die eine Frau an ihre Spitze wählten, noch nicht von diesem Hadis Kenntnis genommen haben"[55] (Anspielung auf Benazir Bhutto). Anm. d. Hrsg.] Dabei scheinen diese Studenten übersehen zu haben, dass die absolute Herrschaft über die Frau und ihre Knechtung in der Geschichte des Islams eine lange Zeit andauerte. Denn noch im mittelalterlichen Jemen gab es die Königin Sayyida Hura, die nicht nur als das politische sondern auch als das religiöse Oberhaupt galt.[56]

Eine weitere Überlieferung, die die politische Entmachtung der Frau durch den Islam bestätigt, finden wir im *Kitāb ʿUyun al-aḫbār* des Ibn Qutaiba (828-885): „Nationen, die sich nach den Worten einer Frau richten, wird es nicht wohl ergehen, sie werden nicht gedeihen."[57] Unter der Überschrift „Die Regierung" widmet sich Ibn Qutaiba dieser Aussage Mohammeds in seinem Werk *Kitāb ʿUyun al-aḫbār* ziemlich ausführlich und zieht den Schluss, dass eine etwaige Macht der Frauen eine Katastrophe heraufbeschwören würde.[58] Dem selben Thema widmet sich auch Al-Ghasali in seinem Werk „Die Wiederbelebung der religiösen Wissenschaften" [*iḥyāʾ ʿulūm ad-dīn*] unter der Überschrift „Das Buch der moralischen Trauung" und zieht denselben Schluss.[59] Die islamischen Gelehrten beziehen sich auf die Aussagen Mohammeds und leisten ihren Beitrag dazu, die Erniedrigung der Frauen, wie in allen anderen Bereichen so auch im Politischen, zu festigen. Dabei spielten nicht nur Mohammeds Aussagen, sondern auch seine Taten eine erhebliche Rolle.

Auch Ibn Chaldun (1332-1406) schreibt in seinem geschichtsbetrachtenden Werk „Die Einleitung" [*al-muqaddima*] über das Kalifat und die Macht, dass die Frauen kein Recht haben, über die Männer zu bestimmen oder sie zu befehligen und dass sie über keine politischen Rechte verfügen.

Er schreibt: „Gott machte den Kalifen zum Vertreter göttlicher Gesetze (Scharia) und wollte, dass seine Untertanen alles über den Kalifen regeln. Frauen haben (laut den Erklärungen der Religionsgelehrten) kein solches Recht, denn es kommt nicht in Frage, dass sie Macht innehaben. Männer bestimmen über jegliches Verhalten der Frauen."[60] Auch Nisam al-Mulk und viele andere vertraten diese Meinung und stützen sich dabei auf die grundsätzlichen Aussagen Mohammeds über die Erschaffung der Frau.

Die Frauen haben in kaum einem Land, in dem die Mehrheit der Bevölkerung Muslime sind, politische Rechte. In der Türkei herrscht seit 1920 ein demokratisches System, in dem Religion und Staat weitgehend getrennt sind (Laizismus). Die Frauen haben seit 1930 das aktive und seit 1934 das passive Wahlrecht, ein Umstand, den die religiösen Kreise bis heute nicht ertragen können. Solange Atatürk lebte, verhielten sie sich ruhig. Seit seinem Tod nehmen sie jede Gelegenheit wahr, um ihre Feindseligkeit zu zeigen. In dem vom *Amt für Religiöse Angelegenheiten* der Türkei (Diyanet), das vom Staat finanziert wird, herausgegebenen *Sahih al-Buchari* finden wir folgenden Kommentar: „*Resûl-i Ekrem* [der Gesandte Gottes] hat damit die wichtigste Regel des islamischen Rechts festgelegt. Laut dieser Regel kann der Staat, der eine gesellschaftliche Verantwortung trägt, nur durch die männlichen Bürger vertreten werden. Die Frau darf kein Amt bekleiden, in welchem sie die nationale Autorität repräsentiert. Denn, so wie sie erschaffen ist, ist sie aus vielfältigen Gründen nicht in der Lage, diese schwere Pflicht zu erfüllen."[61] Die Frau kann also nicht in den Staatsdienst treten und den Staat repräsentieren, da Gott sie so erschaffen habe, dass sie diesen Aufgaben nicht gewachsen ist. Dasselbe Amt (Diyanet) veröffentlichte auch eine Schrift, in der es öffentlich machte, dass keine Frau Landrat werden dürfe,[62] und berief sich dabei auf Sure 4, Vers 34, der besagt, dass die Männer über den Frauen stünden. Bedauerlicherweise findet das in der Türkei statt, in einem Land, in dem seit über 70 Jahren weitgehende bürgerliche Rechte und die Freiheit für die Frau gesetzlich festgeschrieben sind.

Es gab Führer in anderen muslimischen Ländern, die den Laizismus und insbesondere das aktive und passive Wahlrecht der Türkei nachahmen wollten.[63] In Iran versuchte Mohammad Resa Schah Pahlavi (1919-1980), in Ägypten die Staatspräsidenten Nasser (gest. 1970) und as-Sadat (ermordet 1981 von muslimischen Extremisten), den Spuren Atatürks zu folgen. Aber keiner konnte Erfolge erzielen, denn keiner wagte es, sich gegen die Scharia zu stellen. Schließlich erhielten die Frauen in Ägypten 1956 unter größten Schwierigkeiten das Wahlrecht, aber sie werden weiterhin vom politischen Leben ferngehalten. Denn religiöse Institutionen, wie die Al-Azhar, gaben sofort über eine Fatwa, ein religiöses Rechtsgutachten, bekannt, dass ein solches Gesetz gegen die Bestimmungen des Islams sei und teilten mit, dass sie die Anwendung dieses Gesetzes verhindern werden. Die konservativen religiösen Kräfte meinten, dass die aktive Teilnahme der Frau am öffentlichen Leben sie Unanständigkeiten aussetzen könnte und dass sie durch ihre verführerische Kraft andere verletzen würde.

Der Charakter der Frauen sei „nicht vertrauenswürdig“, sie seien „Wesen, die ihre Entscheidungen schnell wechseln, und [...] deshalb nicht in der Lage zu wählen“.[64] Nicht nur die religiösen Kräfte, auch die Bevölkerung wehrte sich gegen dieses Gesetz. Im Jahr 1969 wurde in Kairo eine Befragung durchgeführt und festgestellt, dass jeder Dritte überzeugt war, dass Mann und Frau nicht gleich sind, dass die Frau die Pflicht habe, sich in der Wohnung aufzuhalten und die Hausarbeit zu verrichten. Dieser Gesinnung ist es zu verdanken, dass die ägyptische Frau, obwohl sie das Recht hat, an den Wahlen teilzunehmen, nicht an der Macht partizipieren kann.[65]

In Kuwait, dem Land, das den Koran zur Grundlage seines Gesetzes machte und daher behauptet, das demokratischste Land der Welt zu sein, wurde das Wahlrecht für die Frauen 1982 abgelehnt, mit der Begründung, dass es gegen den Islam, gegen die Scharia sei.[66] Sollten in einem Land die gesetzlichen Grundlagen für die Gleichberechtigung der Frau gegeben sein, dann sind es die Verbote der Scharia und ihre Anhänger, die die praktische Anwendung dieser Rechte verhindern.[67]

Die Scharia ist die Ursache für die Rückständigkeit der türkischen Gesellschaft

Der Türke, der, bis er islamisiert wurde, die Frau als freies und gleichberechtigtes Geschlecht kannte, sie als Staatsoberhaupt oder Führerin akzeptierte, nahm, nachdem er in den Sumpf der Scharia sank, die Frau als minderwertig wahr, als ein Sexualobjekt, das dem Mann stets zu Diensten steht. Einst waren die Turkvölker diejenigen, die die Kultur der Orchon-Inschriften hervorbrachte, doch je mehr sie die Scharia verinnerlichten, sich Mohammed zum Vorbild nahmen, desto primitiver wurden sie. Sie entfernten sich von der Vernunft und vergaßen ihre Tugend, die Frau wertzuschätzen und zu respektieren. Zweifellos ist dieses Ergebnis eine natürliche Entwicklung unter der Gesetzgebung der Scharia, denn die Geschichte beweist, dass jede Gesellschaft sich entsprechend ihrem positiven Umgang mit Frauen entwickelt oder eben primitiv bleibt. Viele Historiker schreiben z. B. die Überlegenheit der römischen Kultur gegenüber der griechischen der Stellung der römischen Frau zu, so auch William Lecky:

Die Griechen galten zwar als den Barbaren überlegen, aber im Vergleich mit den Römern waren sie diesen unterlegen, auch wenn sie die Frau nicht, wie die Barbaren als Sklavin, sondern als Lebensbegleiterin des Mannes, als Freund betrachteten. Denn anders als die Römer verwehrten sie ihren Frauen Freiheit und Unabhängigkeit. Tatsächlich steckte der Grieche seine Frau ins Haus, saß mit ihr und Fremden nicht am selben Tisch, während der Römer zu jeder Einladung mit seiner Frau ging und sie den ehrenvollsten Platz einnehmen ließ.[68]

Für die Entstehung der westlichen Zivilisation war das Bewusstsein vom Wert der Frau zweifelsohne von großer Bedeutung. Dieses Bewusstsein hat noch im Mittelalter, so z. B. im 12. und 13. Jahrhundert, den Westen geprägt und ihn befähigt, kreatives Potential zu entwickeln. Der Westen erntete die positiven Folgen dieser gesellschaftlichen Entwicklung nach dem 18. Jahrhundert.[69]

In den Gesellschaften, in denen das Bewusstsein für den Wert der Frau verloren ging, diese Wertschätzung auf der Waagschale der Werte kein Gewicht hat, haben Lebendigkeit, Kreativität und Zivilisiertheit keinen Platz. Ein Beweis für die Richtigkeit der Theorie, dass jede Gesellschaft sich entsprechend ihrem positiven Umgang mit Frauen entwickelt oder eben primitiv bleibt, ist die gesellschaftliche Situation und der Entwicklungsstand in den muslimischen Ländern, insbesondere auch bei uns, in der Türkei. Solange die Frau eine ehrenvolle Stellung auf allen Ebenen der Gesellschaft innehatte, solange sie die gleichen Rechte wie der Mann und die gleiche Freiheit besaß, waren wir zivilisiert und je mehr wir uns von dieser Tradition entfernten, umso primitiver wurden wir.

Den schwersten Schlag haben wir der Freiheit und Unabhängigkeit der türkischen Frau mit der Scharia, den „Befehlen Gottes und seines Propheten", versetzt. Man kann sagen, dass die ersten für Frauen negativen Entwicklungen mit dem 10. Jahrhundert einsetzten, in der Zeit der Ghasnawiden, einem türkischen, islamischen Herrschergeschlecht, das bis ins 12. Jahrhundert regierte. Während dieser Zeit wurden sämtliche Gebote des Islams, ohne diese zu hinterfragen, befolgt und das Rechtsverständnis der Scharia durchgesetzt.

Die staatliche Anerkennung der religiösen Grundsätze, die die Frau erniedrigen und sie als Sinnbild des Bösen, als Unruhestifterin betrachten, begann mit Abu Ali al-Hasan ibn Ali ibn Ishaq at-Tusi (erm. 1092), der 1063 vom Seldschuken-Sultan Alp Arslan zum Großwesir ernannt wurde, zum *niẓām al-mulk*, zur „Ordnung des Reiches". In seinem Werk „Buch der Staatskunst" [*siyāsat-nāma*] legt Nisam al-Mulk, ein Förderer Al-Ghasalis, seine Sichtweise der Durchführung staatlicher Belange dar und beschäftigt sich auch mit dem Thema der intellektuell und religiös minderbemittelten Frau.

Um zu verdeutlichen, dass Frauen sich nicht in politische Belange einzumischen haben, schildert er, beginnend mit dem Beispiel von Adam und Eva, dass die Frauen in der Geschichte der Menschheit eine durchweg negative Rolle gespielt hätten. Sein Rat, den er den Herrschenden im „Buch der Staatskunst" gibt, lautet daher:

Personen, die der König befehligt, sollten nicht die Macht innehaben. Dies gilt besonders für die Frauen. Denn sie sind Personen, die den Schleier tragen und ihr Gesicht verdecken. Sie sind Menschen, die intellektuell nicht entwickelt sind. Ihre einzige Aufgabe besteht darin, das Geschlecht zu erhalten. Wenn sie sich in die Entscheidungen des Königs einmischen, dann geht es bergab. Denn sie treffen Entscheidungen nicht wie Männer, indem sie weltliches Geschehen bewerten, sondern richten sich danach, was ihnen andere sagen und handeln im Interesse anderer. Es ist natürlich, dass die Befehle, die sie erteilen, genau das Gegenteil des Richtigen sind und deshalb folgt dort, wo sie das Sagen haben, eine Katastrophe der nächsten, die Würde der Könige leidet darunter und das Volk leidet, die Religion geht verloren und schließlich zerbricht der Staat. In jedem Zeitalter (und überall) waren, wenn die Frauen ihre Männer, die Könige, beherrschten, Schlechtigkeit, Zerrüttungen, Zerwürfnisse, […] *Bestechungen das Resultat.*[70]

Nisam al-Mulk kann sich mit seinem Ratschlag auf die Aussagen des Propheten stützen, insbesondere auf folgende Überlieferung: „Wer der Sklave seiner Frau wird, geht kopfüber. Denn die Frau soll die Dienerin, die Sklavin des Mannes sein. Ihr könnt euch mit ihnen beraten, aber tut genau das Gegenteil von dem, was sie sagen, denn das ist das Richtige."[71] Und Nisam al-Mulk fügte hinzu: „Würde unser Prophet uns sagen, dass wir die Frauen ruhig zu Rate ziehen, aber das Gegenteil von dem, was sie sagen, machen sollen, wenn die Frauen, was ihren Verstand und ihre Gedanken betrifft, vollkommen wären?"[72]

Natürlich sprach Nisam al-Mulk gegen die Frauen, weil er ein unbeirrbarer Scharia-Anhänger war und sich den Grundsätzen des Islams fanatisch verbunden fühlte. Aber der eigentliche Grund hierfür lag in seiner Feindschaft und Eifersucht, die er gegen Terken Hatun, die Frau von Malik Schah (gest. 1092) hegte, dem er ab 1072 diente. Terken Hatun gilt als eine außerordentlich kluge und gebildete Frau, die vielen Staatsmännern überlegen war. Sie besaß gemäß der alten türkischen Traditionen ein Mitspracherecht in Staatsangelegenheiten und war mit ihren Beamten und Soldaten schon für sich eine eigene Staatsautorität. Auch wenn ihr Verhalten rachsüchtige und gierige Züge annehmen konnte, war sie doch im Vergleich zu Nisam al-Mulk eine stabile Persönlichkeit und bekannt für ihren starken Charakter und ihren Mut. Sie bedachte die Interessen des Volkes und legte Wert auf Gerechtigkeit. Sie war nicht nur eine gute Herrscherin, sondern auch eine gute Kommandantin. Deshalb war Nisam al-Mulk, der die Aktivität von Terken Hatun als Einmischung empfand, ihr feindlich gesinnt und kritisierte sie bei jeder Gelegenheit.[73] Die einzige Möglichkeit, einer so begabten und überlegenen Frau „Herr zu werden", war Hilfe zu suchen bei den frauenerniedrigenden Bestimmungen der Religion Mohammeds. Und genau das tat er – so wie viele vor ihm es taten und viele nach ihm seinem Beispiel folgen sollten.

Die frauenfeindlichen Kreise unterliegen einer islamischen Gehirnwäsche und haben so die Aussagen Mohammeds verinnerlicht, wie jene, dass Gesellschaften, die die Staatsangelegenheiten einer Frau überlassen, nicht überdauern würden.[74] Dieses negative, dumpfe Verständnis von der Frau in der Gesellschaft sollte sich verstärken und die Türken in die Reihe der rückständigsten Gesellschaften einordnen.

Tatsächlich haben wir uns seither in den Sog der Scharia und damit dermaßen in die aus ihr heraus begründete fanatische Frauenfeindschaft begeben, dass wir die Verantwortung für unsere sämtlichen Fehlschläge und unsere begangenen Dummheiten, sowohl in unserem privaten Leben als auch als Gesellschaft, der Frau als Sinnbild des Bösen zuschoben. Ja, es ist geradezu zu einer nationalen Eigenart geworden, dass wir das Leid aller Katastrophen, jede Niederlage an ihr rächten. Im weiteren Verlauf dieses Kapitels werden Sie sehen, dass sich die osmanischen Herrscher nach ihren häufigen militärischen Niederlagen – und als hätten sie nichts Besseres zu tun – vor allem der Unterdrückung der Frau als einem Grundpfeiler ihrer Innenpolitik widmeten, speziell ihrem Auftreten in der Öffentlichkeit.

Ganz besonders ab dem 18. Jahrhundert wurden Kriege angezettelt aus Gründen, die keinen Feigenkern füllen würden [aus nichtigen Gründen. Anm. d. Hrsg.], und hauptsächlich deswegen, weil sie gegen die „Ungläubigen" gerichtet waren und der Koran diesen Kampf befiehlt:[75]

Sure 9, At-Tawba (Die Buße), Vers 29
Kämpft gegen diejenigen, die nicht an Gott und den jüngsten Tag glauben und nicht verbieten (oder: für verboten erklären), was Gott und sein Gesandter verboten haben, und nicht der wahren Religion angehören […] *bis sie kleinlaut* […] *Tribut entrichten!*

Um diese „heilige“ Pflicht zu erfüllen, haben unsere „unvergleichlichen“ Sultane Millionen Menschen in den sicheren Tod, in den Tod für „den Weg Gottes“, geschickt. Sie fragten sich nicht, ob dies auch wirklich dem Interesse der Nation diente. Nein, sie waren überzeugt, dass dieser Befehl Gottes zum Krieg, diese „Heilige Pflicht“, auch dann durchgeführt werden müsse, wenn es den nationalen Interessen widersprach. War der Staat auch noch so desolat, arm und schwach, man rüstete sich ohne jede Rücksicht jedes Jahr, sobald das Wetter günstig war, zu einem weiteren Krieg gegen andere Mächte oder gegen die Gebiete im Reich, die sich dem Sultan widersetzten.

Aber diese großen Opfer, das Leid der eigenen „Untertanen“ und das Leid in den angegriffenen Ländern schienen den Sultan nicht wirklich zu bewegen, nicht wichtig genug zu sein. Wichtig genug war jedoch, dass die Frauen nicht mit geschmücktem Schuhwerk auf die Straße gehen sollten. Ungeachtet der gefährlichen Situation, in der das Osmanische Reich sich befand, gab der Sultan 1196 AH [1782] über einen handschriftlichen Erlass bekannt: „Ich weiß, dass die Frauen ihre Holzschuhe mit Silber und mit Stickereien schmücken. Solche unnützen Ausgaben, die der Scharia widersprechen […] sind gegen meinen Willen“ und drohte an, die Frauen bei Ungehorsam auf das Härteste zu bestrafen.[76] Im 19. Jahrhundert, während die Osmanen mit den Russen ständig im Krieg lagen, beschäftigte sich der Osmanische Staat also tatsächlich mit der Dichte der Stoffe von Frauenkleidern, mit *çarşaf* [Körperschleier] und *peçe* [Gesichtsschleier]. Es schien wichtiger, den Frauen eine Kleiderordnung aufzunötigen und sie so zu erniedrigen.

Um die Janitscharen[77], die Elitearmee der türkischen Sultane, die kein nationales Gefühl kannten, für den Krieg zu gewinnen, nutzten die Sultane die Scharia und ihre Bestimmungen, die da lauteten: Raubzüge, Plünderungen, Kriegsbeute, Paradiesversprechen – und „Männlichkeit“ bzw. Frauenfeindschaft.

Ein Beispiel für die Frauenfeindschaft ist die Äußerung des Sultans Abdulhamid I. (1725-1789), der seinem Kommandanten befahl, die Donau zu überqueren und „heilige“ Siege zu erringen. Hier ein Auszug aus seiner Rede:

Die Moskauer […] *schaden dem Osmanischen Staat, der seit fünfhundert Jahren die Ungläubigen stets besiegt hat, wegen einer Person, die sie Königin nennen, einem „Mangel-Rock“* [türk. *eksik etek*] […] *Schade, sehr schade* […] *um die Bemühung des Islams und um die Heldenhaftigkeit der Janitscharen* […] *was ist bloß aus ihnen geworden.*[78]

Um seine Soldaten bei der Ehre zu packen und sie zu noch mehr Aufopferung zu motivieren, nennt Abdulhamid I. seinen Feind eine Macht, die von einem „Mangel-Rock“ [eine abwertende Bezeichnung, die ungefähr bedeutet „nur eine, die einen Frauenrock trägt“. Anm. d. Hrsg.], von einer Frau, nämlich der russischen Zarin, angeführt wird. Nach außen führt der Sultan also einen Kampf gegen eine Frau, die durch ihr Frausein den Gegner beleidigt und sich anmaßt, sich in politische Dinge einzumischen, nach innen führt er, innerhalb der eigenen Gesellschaft, einen Kampf gegen die eigenen Frauen, um den inneren Frieden zu sichern, die Ordnung aufrecht zu erhalten.

Osman III. (1754-1757), ein Frömmler und großer Frauenfeind, Selim III. (1789-1807), Mustafa IV. (1807-1808) – sie alle haben diese frauenfeindliche Politik gepflegt. Die Befehle der Sultane sind ekelerregend, aber es lohnt sich, diese als abschreckende Beispiele zu lesen. Fast alle betreffen die Frauen: So soll die Verschleierung eingehalten werden, die Form des Schleiers darf nicht verändert werden, es dürfen keine feineren Stoffe benutzt werden, die Läden der Schneider, die diesem Befehl nicht gehorchen, sollen sofort geschlossen, die Schneider vor ihren eigenen Läden erhängt werden; die Frauen sollen nicht die Werkstätten der Kesselflicker betreten, sie sollen keine Jahrmärkte besuchen, nicht mehr als vier Mal in der Woche auf die Straße gehen, auf der Straße nicht neben dem Mann (nicht einmal dem Vater oder dem Bruder) laufen, keinen Wagen besteigen, sich nicht auf bestimmten Plätzen aufhalten, sich nicht nach dem Gebetsruf auf der Straße aufhalten und sie sollen, sollte das vorkommen, bestraft werden.[79]

Ein weiteres Beispiel für die Verachtung der Frau, sind die Maßnahmen, die – bar jeder Vernunft – der osmanische Staat in Anbetracht der Pestepidemie in Istanbul im Jahre 1812 [1227 AH] ergriff.[80] Ich schreibe „bar jeder Vernunft“, denn die Beamten des osmanischen Herrschers haben, anstatt Schritte gegen die Verbreitung der Krankheit einzuleiten, bekannt gegeben, dass die Pest keine Epidemie wäre, denn so stehe es in den Überlieferungen des Propheten,[81] eine medizinische Versorgung einzuleiten, wäre daher gegen den Islam. Die einzigen Maßnahmen, die ergriffen wurden, richteten sich nicht gegen die Krankheit sondern gegen die Frauen, denn man war gleichzeitig der Überzeugung, dass die Ursache dieser Katastrophe nur in der „Ruchlosigkeit" der Frauen begründet sein konnte. Man ließ deshalb die Prostituierten der Viertel Galata und Kasımpaşa verhaften und ihre Zimmer versiegeln. Indem sie das Leid der Pestepidemie an diesen Frauen rächten, glaubten sie, ihre Pflicht erfüllt zu haben. Dies zeigt, dass sogar die Verantwortung für Katastrophen, die natürliche Ursachen haben, den Frauen zugeschoben wurde und man diese dafür bestrafte. Die Beschuldigung und Erniedrigung der Frau war eine Tradition der Machthaber des Scharia-Staates.

Diese Tradition verinnerlichten auch viele Menschen aus dem Volk. Der muslimische Mann ist laut Scharia selbst nichts weiter als ein „Untertan", ein Sklave Gottes, seines Propheten und dessen Nachfolger, der Kalifen, die sich als „Schatten Gottes auf Erden" bezeichneten und dementsprechend auftraten. Der Mann, der mit Unwürdigkeit geradezu „geknetet" worden ist, macht sich deshalb, um seine eigene Wertlosigkeit, seine eigene Erniedrigung auszugleichen, zum Machthaber, zum Beherrscher der Frau, die laut Scharia noch wertloser und unwürdiger ist als er selbst.

Diese Haltung ist nicht nur kulturlosen, ungebildeten Menschen eigen, sondern auch denjenigen, die die Gesellschaft als „gebildet" kennt. Auch die islamischen sogenannten „Gelehrten" [türk. *ulema*] wetteiferten miteinander, die Frau als unwichtig und wertlos zu betrachten und sie bei jeder Gelegenheit zu erniedrigen. Einer der berühmtesten Dichter des Osmanischen Reichs, Enderûnlu Hüseyin Fâzıl Bey (gest. 1810), schrieb ein Werk „Das Buch der Frauen" [*zenannâme*], in dem er die Frauen verschiedener Länder auf äußerst geringschätzige Art beurteilt. Er entschuldigt sich bei seinen Lesern, dass er dieses Buch überhaupt schreibe, denn im Grunde sei es absurd, über Frauen zu schreiben und nach den Vorstellungen seiner Religion war die Frau es nicht wert, Thema eines Buches zu sein. Noch interessanter ist, dass dieses Buch, das 1838 als Lithographie veröffentlicht wurde, auf Befehl des osmanischen Staatsbediensteten, des Großwesirs Mustafa Reşit Pascha (1800-1858), mit der Begründung es sei unmoralisch, ein Buch über Frauen zu schreiben, beschlagnahmt und auch die bereits verkauften Exemplare wieder eingezogen wurden. Beachten Sie dabei, dass Mustafa Pascha damals ein wichtiger Staatsmann war und als gebildet galt; ich frage Sie, wie soll man von solch einer primitiven Gesellschaft Entwicklung, Zivilisiertheit erwarten?

Anmerkungen

1 Das Leben der Frauen in vorislamischer Zeit wird im *kitāb al-muḥabbar* von Muḥammad ibn Ḥabīb al-Hašimī al-Baġdādī sowie im Werk *aiyām al-'arab* [Tage der Araber] geschildert. Siehe Muḥammad Ibn Ḥabīb: Kitāb al-muḥabbar. Hrsg. von Ilse Lichtenstadter, Haydarabad 1942; siehe Lichtenstadter, Ilse: Women in the *Aiyām al-'Arab,* a study of female life during warfare in preislamic Arabia. London 1935, S. 11-28

2 Die Informationen über die vorislamischen Frauen finden sich in Abu'l Farac B. al-Husayn al-İşbahani (al-İşfahani): kitab-al agani. (Bulak 1868/69) [Abū l-Farağ al-Iṣfahānī, Alī ibn al-Ḥusain: Kitāb al-Aġānī (Das Buch der Lieder) [Auszüge aus dem umfassenden Werk in deutscher Sprache: Abū l-Farağ al-Iṣfahānī: „Und der Kalif beschenkte ihn reichlich". Lenningen 2004 (aus dem Arabischen übertragen von Gernot Rotter].

Weitere Quellen zum Leben der Frauen in vorislamischer Zeit sind: İbn Abd Rabbihi: Ikud'ul-el Ferid. Kairo 1942/1361 AH [Ibn 'Abd Rabbih (860-940): al-'Iqd al-farīd].

Zum Stichwort „Frauen" siehe unter der Überschrift „Eyyamu'l-Arab", für die französische Übersetzung dieses Kapitels siehe: Tournel: Lettres Sur l'Histoire des Arabes Avant l'İslamisme. Paris 1836-1838; Ibn al-Athīr (1160-1233): Al-Kamil fi'l-Ta'rikh, hrsg. von C.J. Tornberg, Leiden 1867-1874, Band 10, S. 267; İbn Hişam: Kitabu Resulillah (in englischer Sprache: The Life of Muhammed (İbn İshaq's Sirat rasul Allah). Übersetzt von A. Guillaume, Oxford 1980 (Erstveröffentlichung 1955); in deutscher Sprache: Rotter, Gernot (Hrsg.): Muḥammad Ibn Iṣhāq: Das Leben des Propheten. Tübingen 2004

Ibn Hischam war der Herausgeber der Biographie Mohammeds, die Ibn Ishaq zusammengestellt hatte. Ibn Ishaqs eigentliche Arbeit ist verloren gegangen und nur noch in der Rekonstruktion von Ibn Hischam vorhanden. Die Schrift ist etwa 120 Jahre nach Mohameds Tod verfasst.

Auch von den arabischen Dichtern des 7. und 8. Jahrhunderts ist viel über die arabische Frau und ihre Freiheit vor der Islamisierung zu erfahren. Besonders hervorzuheben ist Tammām ibn Ġālib Abū Firās (gest. ca. 730), genannt Al-Farazdaq [Teigkloß], einer der berühmtesten unter den Schmähdichtern, der das Leben der vorislamischen Araber beschreibt. Auch der arabische Dichter Jarir ibn ‚Atiyah al-Khatfi (gest. ca. 730) schildert in seinen Werken diese Zeit.

3 Taberi: Milletler ve Hükümdarlar Tarihi [Geschichte der Nationen und Herrscher]. Hrsg. vom Ministerium für Bildung. İstanbul 1966, Band 2, S. 68-71 [At-Tabarī: Ta'rīḫ ar-rusul wa-'l-mulūk wa-'l-ḫulafā (Geschichte der Propheten, Könige und Kalifen)]

4 Taberi: Milletler (1966), Band 2, S. 834; vgl. auch Berki u. Keskioglu: Hz. Muhammed ve Hayati. Ankara 1981. In dieser Diyanet-Ausgabe wird die Heiratgeschichte so wiedergegeben, als eine allgemein bekannte Information. Zugleich fügt Diyanet hinzu, dass dies jedoch nicht der Wahrheit entspreche;

Chadidschas Vater sei nicht betrunken gewesen. Vgl. Smith, Kinship and Marriage in Early Arabia. Cambridge 1885, S. 85-86

5 Smith, Margret: Rabi'a: The Mystic and Her Fellow-Saints in Islam. Cambridge 2010, S. 119; siehe auch Smith, William Robertson: Kinship and Marriage in Early Arabia. London 1903, S. 85

6 Fernea, E. & Fernea, R.: Middle Eastern Muslim Women Speak. Austin University, Texas 1977, S. 3

7 Siehe Sahîh-i Buhârî [Diyanet-Ausgabe], Band 1 (1984, 8. Aufl.), S. 49; Band 8 (1984, 7. Aufl.), S. 410

8 Taberi: Milletler (1966), İstanbul 1966, Band 2, S. 847

9 Smith, Kinship and Marriage in Early Arabia (1903), S. 83

10 Deshalb gilt diese Ehe unter den Schiiten heute noch; sie ist so verbreitet, dass die iranische Regierung 1990 Bestimmungen erließ, die ihre Ausübung ermöglichten. Siehe Hürriyet Gazetesi vom 3.12.1990.

11 Sahîh-i Buhârî [Diyanet-Ausgabe], Band 10 (1985, 7. Aufl.), S. 272, *hadis* 1613 und Band 11 (1983, 7. Aufl.), S. 291, 292

12 Sahîh-i Buhârî [Diyanet-Ausgabe], Band 11 (1983, 7. Aufl.), S. 291

13 Bei Al-Buchari heißt es: „Mohammed kam zu uns und sagte: 'Es ist euch erlaubt die *mut'a* zu schließen'". Im Kommentar zur *hadis* steht, dass die *mut'a* eine Zeit lang erlaubt war und erst später verboten wurde. In den Kriegsgebieten soll sie erlaubt gewesen sein, um Soldaten nicht zur Unzucht (*zina*) zu verleiten. Weiter heißt es dort, dass in der Dschahiliyya die *mut'a* üblich war. Sahîh-i Buhârî [Diyanet-Ausgabe], Band 11 (1983, 7. Aufl.), S. 291

14 Lichtenstadter: Aiyam al-'Arab (1935), S. 65-83

15 Perron, A.: Femme Arabes Avant et Depuis l'Islamisme. Paris 1858, S. 9-10.

16 Abdülbâki Gölpınarlı: Kur'an-ı Kerim ve Meâli. İstanbul 1958, S. LXXIX

17 Siehe auch Arsel, İlhan: Teokratik Devlet Anlayışından Demokratik Devlet Anlayışına [Vom theokratischen Staatsverständnis zum demokratischen Staatsverständnis]. Ankara 1975; Arsel, İlhan: Arap Milliyetçiliği ve Türkler. [Der Arabische Nationalismus und die Türken. İstanbul 1987; Arsel, İlhan: Biz Profesörler. [Wir Professoren]. İstanbul 1994

18 Ahmed Yaşar Ocak: Bektaşi Menakibnamelerinde İslâm Öncesi İnanç Motifler. İstanbul 1983, S. 125

19 *Chatun* oder auch *Hatun* [Ḫātūn] ist die weibliche Form des Herrschertitels „Han", bzw. „Khan" [Ḫān]. In den Turk-Staaten hatten auch die *hatunlar* Macht. Sie hatten eigene Paläste und Truppen, sie nahmen am Staatsrat teil und empfingen die Botschafter anderer Länder. Siehe Türk Dûnıyası, Kûltûr Atlası (A Cultural Atlas of the Turkish World), Islam Öncesi Dönem (The preislamic Period). İstanbul 1997, S. 170

20 Arsel, İlhan: Teokratik Devlet (1975), S. 97; Özkaya, Günseli: Tutsaklıktan Özgürlüğe, Kadınların Savaşi [Von der Gefangenschaft zur Freiheit, Kampf der Frauen]. İstanbul 1970, S. 157, 158; [Siehe auch Ergin, Muharrem (Hrsg.):

Orhun Abideleri. Istanbul 2008. S. 21, Absatz [31] und S. 43, Absatz [21]. Anm. d. Hrsg.]

21 Genannt werden auch die Herrscherinnen Organa (S. 16) und Ebüskü (S. 159). Obeïdullah bin Ziad griff Bochara an. „Dieses war gegen das Ende von 53 (672). Königin Chatun [...] rief ihre türkischen Nachbarn zu Hilfe, [so, dass Obeïdullah bin Ziad] diesmal ohne Bochara bezwingen zu können, nach Merw sich zurückziehen musste. Die Moslimen, im Besitze von Schätzen, Waffen, Kleidern, Gold- und Silbergeräthschaften, worunter namentlich die mit Edelsteinen besetzten Stiefel der Königin [...] die Verwunderung der schlichten Wüstenbewohner in hohem Masse erweckten, hatten in ihrem Rachegefühl alle Orte auf dem Wege verheert." Um ihr Land zu retten, schloss die Chatun Frieden mit Obeïdullah bin Ziad und musste ihm einen jährlichen Tribut von einer Million Direm zahlen. „So finden wir dennoch, dass, kaum drei Jahre vergangen, die Araber schon wieder unter Said bin Osman gegen Chatun die Feindseligkeiten eröffneten". Die Chatun von Bochara gab ihrem Gegner, der, „um während seiner Abwesenheit sich zu sichern, Geiseln forderte" 80 der meist rebellischen Vornehmen mit, und „entledigte sich dermassen ihrer gefährlichsten Feinde." (S. 21, 22). Vámbéry, Hermann (Ármin): Geschichte Bochara's oder Transoxaniens. Von den frühesten Zeiten bis auf die Gegenwart. Nach orientalischen benützten und unbenützten handschriftlichen Geschichtsquellen. Osnabrück 1969 (Neudruck der Ausgabe 1872), S. 3, 4, 21, 22 [in englischer Sprache: Armin Vámbéry: History of Bokhara, Oxford 1873, Kapitel II].

22 Siehe Kitapçi, Zekeriya: Müslüman Arap Ordularinda Ilk Türkler [Die ersten Türken in den muslimisch-arabischen Heeren], in: Zeitschrift der Diyanet, Band 12, Nr. 4, S. 239-244

23 Siehe in der französischen Übersetzung: Abou Zeid Ahmed Ben Sahl el Balkhi: Le Livre de la Création et de l'Histoire (Motahhar ben Tahir al-Maqdisi, übersetzt von Cl. Huart), Paris 1919, Band VI, S. 16; Gangler, A. / Gaube, H. / Petruccioli, A.: Bukhara, the Eastern Dome of Islam. Fellbach 2004, S. 19.

24 İbn Hallikan: Vefayatu'l-A'yan ve Enbau Ebna el'zaman. Karachi 1967, Band 5, S. 102 [Wafayāt al-aʿyān wa-anbā' abnā' az-zamān (Tode hervorragender Männer und Geschichte der Söhne der Epoche)] Ibn Hallikan beschrieb darin etwa 900 Persönlichkeiten und zitierte dabei aus Quellen, die heute verloren gegangen sind. Das Werk wurde früh ins Türkische und Persische übersetzt.

25 Zu diesem Thema empfehle ich Ihnen die Lektüre von Le Strange, Guy (1854-1933): Baghdad During the Abbasid Caliphate: from contemporary Arabic and Persian sources. [Reprint von 1900] London/New York 1972.

26 Das *Tawqīm al-sihha* ist auch ins Lateinische übertragen worden (Tacuinum sanitatis). In diesem Buch schreibt Ibn Butlan über die türkische Frau: „Die türkische Frau hat eine außerordentlich weiße Haut und ihre Eleganz ist bewundernswert. Sie hat kleine, aber sehr anziehende Augen. Meist sind sie sehr zierlich, klein. Sie sind reich mit Kindern gesegnet, aber ihre Kinder sind selten hässlich. Sie sind Meister im Reiten. Sie sind großzügig und gute

Köchinnen." Siehe auch Grunebaum, Gustav Edmund von: Medieval Islam, a study in cultural orientation. New York 1953, Band 2, S. 209

27 Ibn Jubayr: The Travels of Ibn Jubayr. Ins Englische übersetzt von J. C. Broadhurst, London 1952, S. 181-182

28 Polo, Marco: The Adventures Of Marco Polo. New York 1948, S. 179-181

29 Cahen, Claude: Pre-Ottoman Turkey; a general survey of the material and spiritual culture and history, 1071-1330. New York 1968, S. 153

30 Hobhouse, Leonard Trelawny: Morals in evolution; a study in comparative ethics. London 1951, S. 219; Sir Pollock, Frederick / Maitland, Frederic William: The History of English Law. Band 2, Cambridge 1898, S. 437

31 Juvaini, 'Ala-ad-Din 'Ata-Malik: The History of the World-Conqueror (übersetzt nach dem Text von Mirza Muhammad Qazvini von John Andrew Boyle), Manchester 1958, Band I, S. 465, 466

32 Juvaini: World-Conqueror (1958), Band I, S. 465, 466

33 Mahmud, Sayyid Fayyaz: A Short History of Islam. Oxford University Press (Pakistan Branch) 1960, S. 265

34 İbn Batuta: Seyahatnamesi'nden Seçmeler [Auswahl aus seinen Reiseberichten]. İstanbul 1971, ohne Angabe einer Seite. [Deutsche Übersetzung des gesamten Werkes: Grün, Horst Jürgen (Hrsg.): Die Reisen des Ibn Battuta. München 2007, Band 1, S. 324, 325]

35 İbn Batuta: Seyahatnamesi'nden Seçmeler [Auswahl aus seinen Reiseberichten]. İstanbul 1971, S. 70 und weitere. [Grün: Reisen des Ibn Battuta (2007), Band 1, S. 324, 325]

36 İbn Batuta: Seyahatnamesi'nden Seçmeler [Auswahl aus seinen Reiseberichten]. İstanbul 1971, S. 70; [Grün: Reisen des Ibn Battuta (2007), Band 1, S. 326, 327]

37 Als die vierte Frau des Sultans, Urduğā, in ihrem Wagen vorbeifuhr, sah sie die Fahne vor Ibn Battutas Zelt, die anzeigt, dass ein neuer Gast gekommen ist. Sie sandte ihm Pagen und junge Mädchen mit ihren Grüßen und Ibn Battuta ließ ihr ein Geschenk überbringen. Dann gab sie Anweisungen, dass sein Zelt in ihrer Nachbarschaft aufgeschlagen werden soll. Siehe İbn Batuta: Seyahatnamesi'nden Seçmeler [Auswahl aus seinen Reiseberichten]. İstanbul 1971, S. 148 [Grün: Reisen des Ibn Battuta (2007), Band 1, S. 325, 326]

38 İbn Batuta: Seyahatnamesi'nden Seçmeler [Auswahl aus seinen Reiseberichten]. İstanbul 1971, S. 151 [Grün: Reisen des Ibn Battuta (2007), S. 336]

39 İbn Batuta: Seyahatnamesi'nden Seçmeler [Auswahl aus seinen Reiseberichten]. İstanbul 1971, S. 101

40 [Horst Grün merkt in Fußnote 499 an, dass Lage und Name des Landes unbekannt sind. „Möglicherweise aber handelt es sich um das im Süden des heutigen Vietnam gelegene Königreich von Champa, deren Könige oder Edle den Ehrentitel 'Taval' annehmen konnten."]

41 Der Name von Urdudscha kann auch „Aijaruc“ gelautet haben. İbn Batuta: Seyahatnamesi‘nden Seçmeler [Auswahl aus seinen Reiseberichten]. İstanbul 1971, S. 368, Anmerkung 9 [Grün: Reisen des Ibn Battuta (2007), Band II, S. 224]

42 Elger, Ralf (Hrsg.): Ibn-Baṭṭūṭa: Die Wunder des Morgenlandes: Reisen durch Afrika und Asien. München 2010, S. 149

43 İbn Batuta: Seyahatnamesi‘nden Seçmeler [Auswahl aus seinen Reiseberichten]. İstanbul 1971, S. 280f [Grün: Reisen des Ibn Battuta (2007), Band II, S. 224-226]

44 İbn Batuta: Seyahatnamesi‘nden Seçmeler [Auswahl aus seinen Reiseberichten]. İstanbul 1971, S. 280f [Grün: Reisen des Ibn Battuta (2007), Band II, S. 224-226]

45 Arabschah: Timurlenk, Tamerlan or Timur, The Great Amir (übersetzt von J. H. Saunders), London 1936, S. 321. Siehe auch Pallis, A.: In the Days of Janissaries. London 1951, S. 192

46 Smith, J. I. (Hrsg.): Women in contemporary Muslim Societies. New Jersey 1980, S. 631; Özkaya: Tutsaklıktan Özgürlüğe (1970), S. 180

47 Diese Bedingungen werden aus der ersten *biat* hergeleitet, der „Aqaba-*biat*“, auch „Frauen-*biat*“. Zur Aqaba-*biat* siehe Taberi: Milletler (1966), Band 2, S. 178. Siehe auch Sahîh-i Buhârî [Diyanet-Ausgabe], Band 4 (1985, 8. Aufl.), S. 411-412 ; Band 10 (1985, 7. Aufl.), S. 315-316 ; Band 11 (1983, 7. Aufl.), S. 198

48 Abbott, Nabia: Pre-Islamic Arab Queens. In: The American Journal of Semitic Languages and Literatures, Vol. 58, No. 1 (Januar 1941), S. 1-22; İzzettin: Arab World (1953), S. 290-299

49 Fontaine, Carole: Smooth Words. Women, Proverbs, and Performance in Biblical Wisdom. London 2004, S. 32 (alle Königinnen), S. 110 (Jezebel), S. 209 (Sheba)

50 Krings, Thomas: Sahelländer. Darmstadt 2006, S. 3; Djabar, Assia: History, Selfhood, an Possession of Knowledge. Liverpool University Press 2005; Hatcher Childress, David: Lost Cities of Africa ans Arabia, Kempton 1985, S. 177

51 Zenobia. The Fall of Palmyra. Whitefish 2004; Weingarten, Judith: The Chronicle of Zenobia, Cambridge 2006

52 Vgl. Surhone, Lambert / Tennoe, Mariam / Henssonow, Susan F.: Al-Kahina. Saarbrücken 2010

53 Abû Bakr Ahmad ibn ‚Ali ibn Thabit ibn Ahmad ibn Mahdi al-Shafi'i, Historiker des 11. Jahrhunderts (1002-1071). In seinem Buch „Geschichte Bagdads“ schreibt er über die Frauen, die mit staatlichen Angelegenheiten befasst sind oder die Ämter bekleiden. Siehe auch Rahmatallah, Maleeha: The Women of Baghdad in the ninth and tenth centuries, as revealed in the History of Baghdad of al-Hatib. Bagdad 1952

54 [Buran oder Purandokht folgte ihrem Vater, der schon 628 ermordet wurde, nicht unmittelbar auf den Thron. Es existiert eine Münze, die die Herrscherin zeigt. Buran folgte ihre Schwester Azarmedukht auf den Thron, ebenfalls für relativ kurze Zeit, vermutlich 631 bis 632. Beide Herrscherinnen starben eines gewaltsamen Todes. Zwei Silbermünzen dieser sassandischen Königinnen werden im Jahrbuch der preußischen Kunstsammlungen, Band 11, erwähnt. Anm. d. Hrsg.]

55 Überliefert von Abu Bakr. [BU:1601]." [Sahih Al-Bucharyy Nr. 7099] Al-Miftah, Der Schlüssel zur Quelle. Version 1:0 übersetzt von Muhammad Ahmad Rassoul, Verlag Islamische Bibliothek Köln; […] Buchari 2. Auflage Mai 1995; Sunna 1. Auflage April 1995; Muslim Studentenvereinigung in Deutschland e.V. Marburg

56 Siehe Hambly, Gavin R.G.: Women in the Medieval Islamic World. New York 1999, S. 1-127

57 Auch: „werden nicht überleben". Ibn Kuteiba bezieht sich auf eine Überlieferung, die bei Gazâlî zu finden ist: Hüccetü'l İslâm Gazâlî: İhyâu 'ulûmi'd-dîn Tercümesi (1975), Band 2, S. 118; Im *Sahih al-Buchari* finden wir folgende Überlieferung: „Nationen, die ihr Schicksal in die Hand einer Frau geben, werden die Errettung nicht finden." Sahîh-i Buhârî [Diyanet-Ausgabe], Band 10 (1985, 7. Aufl.), S. 449, *hadis* 1660

58 Das bekannteste Werk Ibn Kuteibas, der 828 in Kûfe geborenen wurde, ist das zehn Bände umfassende *Kitab 'Uyun al-aḫbār*. Im ersten Teil, „Die Regierung", wird fast in jeder Zeile, unter Bezug auf Mohammed, darauf hingewiesen und betont, dass Frauen nicht an der Regierung, an der Macht teilhaben dürfen, da dies einer Katastrophe gleichbedeutend wäre. Die genannte Überlieferung bezieht sich auf die Sassaniden und ihre Königin Bûran. Diese Abschnitte des Buches sind von Brockelman ins Deutsche und von Joseph Horovitz ins Englische übersetzt worden. Für die obige Überlieferung siehe den Artikel „Ibn Quteibas Uyūn al-akhbār li-ibn Qutaybah", in: Islamic Culture: The Hyderabad Quarterly Review, Band 4, 1939, S. 171-184

59 Hüccetü'l İslâm Gazâlî: İhyâu 'ulûmi'd-dîn Tercümesi (1975), Band 2, S. 118, 119

60 İbn Haldun: Mukaddime. Beirut 1967. In englischer Sprache: The Muqaddima, An Introduction to History. Übersetzt von F. Rosenthal, New York 1958, Band 1, S. 402

61 Sahîh-i Buhârî [Diyanet-Ausgabe], Band 10, S. 449, 450, *hadis* 1160; Sahîh-i Buhârî [Diyanet-Ausgabe], Band 4, S. 219-220. Siehe dazu auch die Erklärung der Diyanet zu *hadis* 607: „Die islamische Religion hat der Frau Rechte zuerkannt. Nur hat (Gott) die Frau wegen ihrer körperlichen und geistigen (von ihrem Willen her) Schwäche in die Obhut eines Mannes befohlen (oder gegeben).

62 Sehen Sie hierzu nach unter Anfrage des Abgeordneten Cüneyt Canver ans Staatsministerium.

63 1930 wurde in der Türkei das aktive Wahlrecht, 1934 das passive Wahlrecht für Frauen eingeführt.

64 Abdul Rauf Muhammad: The Islamic View of Women and the Family. Kairo 1993, S. 131; vgl. auch Encyclopedia of Women & Islamic Cultures, S. 173

65 Hazleton, Lesley: Israeli Women: The Reality Behind The Myth. New York 1977, S. 380

66 Wahlrecht haben in Kuwait die Bürger erster Klasse, d. h. die Männer. 1982 hatten 43.000 Personen das Wahlrecht. Das Parlament bestand 1982 aus 77 Männern und sie alle lehnten das Wahlrecht für Frauen ab. In: The New York Times, 20. Januar 1982 [Seit 2005 besitzen die Frauen in Kuwait das Wahlrecht, Anm. d. Hrsg.]]

67 Vgl. Zakaria, Rafiq: The Trial of Benazir: An Insight Into the Status of Woman in Islam. Bombay 1989, S. 76

68 Lecky, William E. H.: History of European morals from Augustus to Charlemagne. London 1869, Vol. 2, S. 301

69 Clark, Edson Lyman: The Arabs and The Turks, Their Origin and History, Their Religion, Their Imperial Greatness in the Past and Their Condition at the Present Time (mit dem Kapitel „Other Non-Christian Tribes of Western Asia"). Boston 1870, S. 67, 249-257

70 Niẓām al-Mulk: The book of government; or, Rules for kings: The Siyāsat-nāma or Siyar al-Mulūk. London 1960, S. 185

71 Gazâlî: Kimyâ'yı Saâdet. İstanbul 1979, S. 177-178_

72 Nizam al-Mulk (1018-1092): Siyāset nāmēh, hrsg. von Charles Schäfer. Paris 1891, S. 185

73 İbn Hallikan: Vefayatu'l-A'yan ve Enbau Ebna el'zaman. Karachi 1967, Band 3, S. 153; siehe auch Defrémery, Charles-François (1822-1883): Règne du Sultan Seldjoukides Barkatiarok. In: Journal Asiatique (1853), Band I, S. 425-474, und Band 2, S. 217-322

74 Siehe Hüccetü'l İslâm Gazâlî: İhyâu 'ulûmi'd-dîn Tercümesi (1975), Band 2, S. 118

75 Es gibt viele ähnliche Verse. [Der zitierte Vers befiehlt auch die Anwendung der Gesetze Gottes in den eroberten Gebieten. Weitere Verse, die den Krieg auf dem Wege Gottes legitimieren, sind u. a. Sure 2, Vers 193; Sure 66, Vers 9; Sure 9, Vers 5. Anm. d. Hrsg.]

76 Irmak und Cağlar: Cevdet Paşa Tarihi [Auszüge aus dem Werk von Cevdet Pascha zur Osmanischen Geschichte] (1973), Band 1, S. 122

77 Die Janitscharen [türk. *yeni çerı*, neue Truppe] wurden 1826 aufgelöst.

78 Irmak und Cağlar: Cevdet Paşa Tarihi (1973), Band 1, S. 327 [Die Namen der betreffenden Sultane sind in diesem Werk leider nicht angegeben, doch dem Verlauf der Osmanischen Geschichte nach müsste es sich um Sultan Abdulhamid

I. (20.3.1725-7.4.1789) handeln, wobei sich auch einige andere Sultane über die Kleidung der Frauen geäußert bzw. ihre Politik gemacht haben. Anm. d. Hrsg)

79 Özkaya: Tutsaklıktan Özgürlüğe (1970), S. 348

80 Irmak und Cağlar: Cevdet Paşa Tarihi (1973), Band 2, S. 249 [Die Pestepidemie forderte ca. 150.000 Tote. Osterhammel, Jürgen, S.: Die Verwandlung der Welt. Eine Geschichte des 19. Jahrhunderts. München 2009, S. 287. Anm. d. Hrsg.]

81 Laut Mohammed gelten bestimmte Krankheiten, unter ihnen die Pest (türk. *veba*), als „Krankheiten des Glaubens", nur wer gottgefällig lebe, werde von diesen Krankheiten heimgesucht. Man solle daher keine Hilfe gegen die Krankheit suchen, wenn man von ihr befallen wird; wer diese Krankheiten bekomme, werde im Jenseits als jemand angenommen werden, der für Gott gestorben sei, als Märtyrer. Siehe Sahîh-i Buhârî [Diyanet-Ausgabe], Band 8 (1984, 7. Aufl.), S. 292-293, *hadis* 1195.-

II. Mohammeds Definition der zu knechtenden Frau

Es ist ein Versuch der Täuschung, zumindest aber eine maßlose Übertreibung, wenn islamische Autoren behaupten, dass der Islam der Frau hohen Wert beimesse, und wenn ausgerechnet der arabische Prophet Mohammed als Held der Frauenrechte angesehen wird – der Mann, der ein System begründete, das Frauen erniedrigt, sie als teuflisch und böse stigmatisiert und sie dem Mann zum Missbrauch überlässt.

Im System Mohammeds gilt der Mann im Vergleich zur Frau als wertvoll, als überlegen, als klug, sein Glaube, im Gegensatz zu dem der Frau, als stark. Er ist der „Besitzer", der „Herrscher" der Frau, er erbt mehr als die Frau. Er darf bis zu vier Frauen ehelichen, sich, wann immer er will, von ihnen freisprechen bzw. sie verstoßen und die durch ihn geschiedene Ehe innerhalb eines bestimmten Zeitraums selbst wiederherstellen. Im Gegensatz zur Frau darf der Mann ein Richteramt oder das Amt eines Gouverneurs innehaben. Die Frau darf weder einen Thron besteigen, noch profitiert sie von der Kriegsbeute, noch ist sie als Zeugin dem Mann gleichgestellt.[1] Mohammed stellte die Männer über die Frauen, damit sie Dankbarkeit empfanden, sich ihm verpflichtet fühlten und ihm so gehorsam blieben. Denn in seinem System ist auch der Mann nur ein kleiner Untertan Gottes, der sich widerspruchslos vor Gott und vor seinem Gesandten, d. h. vor Mohammed, beugen muss. Dass Mohammed den Mann, der außerhalb seines Hauses ein „Nichts" ist und solchermaßen geknechtet wird, in seinen eigenen Wänden zum „König" machte, führte dazu, dass der Mann die niedere Stellung der Frau akzeptierte, um so seine eigene Würde auf Kosten der Frau wahren zu können.

Auch wenn die anderen monotheistischen Religionen, Judentum und Christentum, die Frau auf ähnliche Weise erniedrigen, sie als Quelle des Bösen ansehen und sie ihrer Freiheit berauben, kann man dennoch sagen, dass keine andere Religion in dieser Hinsicht mit dem Islam, der Scharia mithalten kann. Keine andere Religion hat die Frau wegen ihres angeblich fehlenden Intellekts derart als zweitklassiges Wesen behandelt, sie mit Tieren, wie z. B. dem Hund oder dem Schaf, gleichgesetzt. Und keine andere Religion behauptete, dass die meisten Frauen für die Hölle bestimmt seien, bzw. es sich bei der Mehrzahl der Bewohner der Hölle um Frauen handele.

Ein Blick auf Mohammeds Verhalten, seine Aussagen und die Bestimmungen, die er in den Koran setzte, wird Sie diese Verachtung erkennen lassen.

Das Vortäuschen von Respekt bei gleichzeitiger Erniedrigung der Frau

Es ist zweifellos unmöglich, eine gebildete Frau, die sich ihres Verstandes, ihrer Intelligenz sowie ihrer Würde bewusst ist, dazu zu verleiten, die durch die Befehle des Korans und die Überlieferungen entstandenen frauenerniedrigenden und ungerechten Bestimmungen der Scharia zu akzeptieren. Auf Grundlage der Scharia wurde deshalb das erfolgreichste System entwickelt, Frauen, noch mehr als die Männer, 1400 Jahre lang von Bildung fernzuhalten. Und wenn es ihnen nicht gelang, die Frauen von Bildung fernzuhalten, dann versuchten sie stets, den Anschein zu erwecken, dass den Frauen im Islam Rechte zugesprochen würden, erkannten ihnen diese angedeuteten Rechte jedoch im gleichen Atemzug wieder ab. Dies geschah wie folgt: In den Versen des Korans und unter den Bestimmungen der Scharia gibt es einige, die den Eindruck erwecken, als mache der Islam keinen Unterschied zwischen Mann und Frau. So heißt es im Koran:

Sure 33, Al-Ahzāb (Die Gruppen), Vers 35:
Was muslimische Männer und Frauen sind, Männer und Frauen, die gläubig, die (Gott) demütig ergeben, die wahrhaftig, die geduldig, die bescheiden sind, die Almosen geben, die fasten, die darauf achten, daß ihre Scham bedeckt ist, (oder: die sich des (unerlaubten) Geschlechtsverkehrs enthalten(?), w. die ihre Scham bewahren) und die Gottes ohne Unterlaß (w. viel) gedenken, – für sie (alle) hat Gott Vergebung und gewaltigen Lohn bereit.

In Sure 16, An-Naḥl (Die Biene), Vers 97 wird angekündigt:
Und wenn einer tut, was recht ist, (gleichviel ob) männlich oder weiblich, und dabei gläubig ist, werden wir ihn (dereinst) bestimmt zu einem guten Leben (wieder)erwecken.“

Solche Bestimmungen, die den Eindruck der Gleichberechtigung erwecken, dienen den Scharia-Anhängern dazu, den Menschen vorzutäuschen, dass der Islam der Frau gleiche Rechte einräume und gewährleiste. Dabei zielt jede dieser Bestimmungen zugleich darauf ab, die Frau zu erniedrigen und in den Dienst des Mannes stellen.

So gibt es zum Beispiel in Bezug auf die Besitzverhältnisse Verse, die den Anschein der Gerechtigkeit erwecken. Doch auch in diesem Fall kann keine Rede von Gleichberechtigung sein. Im Koran heißt es in

Sure 4, An-Nisā' (Die Frauen), Vers 7
Von dem, was die Eltern und nächsten Verwandten hinterlassen, es mag wenig sein oder viel, steht den Männern ein (bestimmter) Anteil zu, desgleichen den Frauen. (Das gilt) als gesetzlicher Anteil.

Und nur wenige Verse später heißt es dann:

Sure 4, An-Nisā' (Die Frauen), Vers 11
Auf eines männlichen Geschlechts kommt (bei der Erbteilung) gleichviel wie auf zwei weiblichen Geschlechts –

was bedeutet, dass eine Frau halb soviel des Erbes bekommt wie ein Mann. Sure 4, Vers 32 verdeutlicht, wie weit die Bestimmungen des Islams bei der Festschreibung der Ungleichheit gehen:

Sure 4, An-Nisā' (Die Frauen), Vers 32
Und wünscht euch nicht das, womit Gott die einen von euch vor den anderen ausgezeichnet hat! Den Männern steht ein (bestimmter) Anteil zu von dem, was sie erworben haben. Ebenso den Frauen. Und bittet Gott (um etwas) von seiner Huld (statt einander zu beneiden)!

Schon am Anfang dieses Verses wird mit: „Und wünscht euch nicht das, womit Gott die einen von euch vor den anderen ausgezeichnet hat“ klar ausgesprochen, dass eine Gleichberechtigung der Menschen grundsätzlich nicht erstrebt wird, dass es der Wille Gottes ist, ob jemand arm oder reich ist.

Auch die landläufig bekannte, als Überlieferung bezeichnete Aussage[2] „Das Paradies liegt unter den Füßen der Mütter“, die zu einem Sprichwort geworden ist, bedeutet nicht, dass der Frau in ihrer Rolle als Mutter irgend ein Wert oder Recht zuerkannt, ihr mit Respekt begegnet würde. Zum Beispiel in:

Sure 46, Al-'Aḥqāf (Die Dünen), Vers 15
Und wir haben dem Menschen anbefohlen, gegen seine Eltern gut zu sein. Seine Mutter hat ihn (vor seiner Geburt) mit Widerwillen (unter dem Herzen) getragen und mit Widerwillen zur Welt gebracht.

Dabei ist die Mutter nur wichtig für die Vermehrung der muslimischen Bevölkerung. Dementsprechend hängt das „gute" und „respektvolle" Verhalten gegenüber der Mutter davon ab, ob sie eine Muslimin ist. Für Mütter, die nicht Musliminnen sind, ist das nicht vorgesehen. Schließlich wurden in verschiedenen Suren, so z. B. in Sure 9 (At-Tawba), Nähe und Verbundenheit mit einer Mutter anderen Glaubens (oder dem Vater oder anderen Nahestehenden) verboten. Deshalb hat Mohammed sich geweigert, Gott um die Vergebung der Sünden seiner eigenen Mutter Amina zu bitten, die in der Zeit vor dem Islam starb, also ohne den muslimischen Glauben annehmen zu können. Wenn das Muttersein alleine genügen würde, Ehre und Wert zu erringen, hätte Mohammed mit gutem Beispiel vorangehen und für seine Mutter Amina beten müssen (S. 375-382).

Auch Sure 2, Vers 228 „Die Frauen haben (in der Behandlung von seiten der Männer) dasselbe zu beanspruchen, wozu sie (ihrerseits den Männern gegenüber) verpflichtet sind" und die sich darauf beziehende Überlieferung bei Al-Buchari „So wie Ehemänner ein Recht über ihre Ehefrauen haben, haben die Frauen ein Recht über ihre Ehemänner"[3] sollen Ausdruck der Gleichberechtigung im Islam sein. Auch der Befehl, gut zu den Frauen zu sein und einträchtig mit ihnen zusammenzuleben, wie es Mohammed in seiner Abschiedspredigt formulierte, soll tatsächlich Zeichen der Gleichberechtigung von Mann und Frau sein.

Mohammed erließ zahlreiche Bestimmungen, die deutlich erkennen lassen, dass im Gegenteil die Frau im System der Scharia ihrer Freiheit beraubt und in Unglück und Leid gestürzt wird, gleichzeitig werden diese Bestimmungen so präsentiert, dass der Eindruck entsteht, dass sie den Frauen zugute kämen. Die hinterlistige Philosophie des Verdrehens der Bestimmungen der Scharia, bis hin zu einer angeblichen Gleichberechtigung der Frau, liegt auch der Verschleierung der Frau, ihrer Vermummung in hässlicher Kleidung, zugrunde. Denn obwohl der Grund hierfür allein in der primitiven Eifersucht des Mannes liegt und das Gebot der Verschleierung nur der Beruhigung dieses primitiven Gefühls dient, wird es mit dem

Schutz der Frau und ihrer Ehrbarkeit begründet. Wir werden in den späteren Abschnitten dieses Thema ausführlich behandeln (ab S. 261)

Ein weiteres Beispiel für dieses hinterlistige, die Intelligenz beleidigende „Verdrehen" der Verse betrifft die Bestimmungen, die sich auf die Jungfräulichkeit beziehen. Der Begriff „Jungfrau" bezeichnet im Islam fast schon etwas Heiliges, denn es wurde überliefert, dass Mohammed sagte: „Heiratet Jungfrauen". Durch diese Aussage waren die Muslime, die stets bemüht sind, sich am Vorbild Mohammeds zu orientieren, sozusagen „genötigt", sich mit Jungfrauen zu verheiraten bzw. hatten mit der Vorbildfunktion Mohammeds eine gute Ausrede dafür, wenn sie Mädchen im Kindesalter heirateten.[4] Die Ehre und Würde eines muslimischen Mädchens wurde gleichgesetzt mit ihrer Jungfräulichkeit und zum Symbol weiblichen moralischen Lebens erhoben, ja die Jungfräulichkeit bestimmt das Schicksal der Mädchen und jungen Frauen geradezu. Auch hier wird der Anschein erweckt, als seien die „Jungfräulichkeit" und der „Schutz", das „Behüten" der jungen Frauen und ihrer Tugend in ihrem Interesse. Dabei hat die Frage, ob eine Frau eine Jungfrau ist, weder mit ihren Interessen noch mit ihrer Moral und Tugend zu tun. Es ist fast schon unnötig, darauf hinzuweisen, dass es auch bei der Idee der Jungfräulichkeit und ihrer Bewahrung allein um die Interessen des Mannes geht und um seine Bequemlichkeit, denn Jungfrauen, so Mohammed, seien gehorsamer (vgl. S. 199).

Weiter führen die Menschen, die der Lüge glauben, Mohammed habe die Frau wertgeschätzt, egal welcher Herkunft, welcher Hautfarbe sie gewesen sei, die Überlieferung an, die berichtet, dass er am Grabe einer schwarzen Frau gebetet habe. Die Überlieferung von Abu Hurayrah besagt Folgendes: „Eine schwarze Frau kehrte die heilige Gebetsstätte. Eines Tages starb sie. Mohammed fragte, was geschehen sei: ‘Solltet ihr mir ihren Tod nicht mitteilen? Los, zeigt mir ihr Grab.’ Dann hat er dort das *namaz* [das rituelle Gebet (arab. *ṣalāt*)] gesprochen."[5] Manche Quellen geben sich Mühe, anhand dieser Überlieferung den Eindruck zu vermitteln, dass diejenigen, die ihm den Tod der schwarzen Frau nicht mitgeteilt hatten, dies deshalb unterließen, weil sie diese Frau wegen ihrer Herkunft und Hautfarbe als minderwertig ansahen. Mohammed soll sie aus diesem Grund zurechtgewiesen haben und sie aufgefordert haben, ihm ihr Grab zu zeigen. Die Überlieferung zielt jedoch nicht darauf ab, und Mohammed hat nicht am Grab der Frau gebetet, weil er demonstrieren wollte, dass für ihn Herkunft und Hautfarbe keinen Unterschied machen. Ein Mann, der Frauen als minderwertige Kreaturen von geringer Intelligenz und Religiosität betrachtete, genau wie er Schwarze als minderwertig betrachtete,[6] kann nicht am Grab dieser schwarzen Frau für ihr Heil gebetet haben. Ziel der Überlieferung ist, den freiwilligen Dienst (die Säuberung oder das Aufkehren von Blättern) an den Gebetsstätten zu fördern.[7] Laut dem persischen schafiitischen Rechtsgelehrten Ahmad al-Bayhaqi (geb. 994) wurde Mohammed der Tod der Frau allerdings aus einem ganz anderen Grund nicht mitgeteilt: weil sie nämlich nachts starb und man den Propheten nicht wecken wollte.[8]

Es gibt zahlreiche weitere Beispiele dafür, dass und wie muslimische Gelehrte, Theologen und Autoren, darunter viele Frauen, die Befehle des Islams so darzustellen versuchen, als dienten sie dem Interesse der Frauen. Als seien all diese Bestimmungen, die seit Jahrhunderten das Schicksal der Frauen bestimmen, sie zu einem Leben in Gewalt und Unterdrückung verdammten, nur ein Versehen, ein Missverständnis gewesen und entsprächen nicht dem eigentlichen, dem „wahren Islam“.

Mohammeds Sicht auf die Frau

Die islamische Welt verehrt Mohammed als Gesandten Gottes, der als letzter und heiligster aller Propheten und liebster Freund Gottes gilt. Außerdem wird Mohammed als derjenige gefeiert, der die Frau befreit und die Frauenrechte eingeführt hat. Doch Mohammed meinte die gesellschaftliche Ordnung aufrechtzuerhalten, indem er die Freiheit der Frau einschränkte, indem er sie zur Bediensteten des Mannes machte, im Krieg und auf Raubzügen zu seiner Beute. Wie er das tat, wird in den nächsten Kapiteln dargelegt. Zunächst werde ich auf Mohammeds Einschätzung der Frauen eingehen, die er

- als Wesen ansah, die mit einem geringem Verstand und geringer Religiosität erschaffen wurden;
- als Quelle des Bösen betrachtete, als Unfrieden und Zwietracht säend (als *fitna*), intrigant, undankbar und teuflisch;
- als bemitleidenswerte Geschöpfe darstellte, welche die Mehrzahl der Bewohner der Hölle stelle.

Mohammed: Die Frau ist willensschwach, von geringem Verstand und geringer Religiosität

Eine der Hauptaussagen der muslimischen Tradition in Bezug auf die Frau ist die, dass sie nicht nur als ein Wesen von geringer Religiosität, sondern auch als ein Wesen von geringem Verstand erschaffen worden sei. Diese Behauptung führt dazu, dass sie durch die Jahrhunderte in allen Bereichen des Lebens und in der Gesellschaft diskriminiert und benachteiligt wurde und wird. Mohammed leitete diese Vorstellung aus folgendem Koranvers ab:

Sure 2, Al-Baqara (Die Kuh), Vers 282
Und nehmt zwei Männer von euch zu Zeugen! Wenn es nicht zwei Männer sein können, dann sollen es ein Mann und zwei Frauen sein, solche, die euch als Zeugen genehm sind

Dieses Prinzip gilt in allen rechtlichen Bereichen, so auch im Falle einer Scheidung:

Sure 65, Aṭ-Ṭalāq (Die Entlassung), Vers 2
Und wenn die (betreffenden) Frauen (w. sie) ihren Termin (d. h. das Ende der Wartezeit) erreichen, dann behaltet sie in rechtlicher Weise […] *oder trennt euch von ihnen in rechtlicher Weise! Und nehmt zwei rechtliche Leute von euch zu Zeugen*

Mit der Aussage Mohammeds, Gott habe befohlen, man solle „zwei rechtliche Leute" zu Zeugen nehmen, zeigt er, dass er Frauen für nur halb so viel wert hält wie Männer und dass er die Zeugenschaft der Männer in Scheidungsangelegenheiten vorzieht. Für die Scharia-Anhänger, die Meister der Täuschung in Bezug auf die frauenfeindlichen Inhalte der Überlieferungen sind, gibt es in dieser Aussage nichts, was Frauen diskriminiert oder benachteiligt. Denn sie gehen ganz selbstverständlich davon aus, dass Frauen im Vergleich zu Männern emotionaler sind. Sie seien daher auch beim Ablegen der Zeugenschaft mehr von ihren Gefühlen gesteuert, hinzu komme, dass Frauen ein schlechteres Gedächtnis hätten. Um also Irrtümern vorzubeugen, habe Mohammed diese Maßnahme ergriffen.[9]

Es gibt viele weitere Lebensbereiche, in denen die Frauen ihrer Freiheit beraubt und als minderwertig behandelt werden. So wurde z. B. bestimmt, dass sie aufgrund ihrer körperlichen Schwäche und ihrer Willensschwäche nicht reisen dürfen, ohne dass ein naher männlicher Verwandter sie beschützt.[10]

Den als „gesund“ [arab. ṣaḥīḥ, „authentisch“] geltenden Quellen, den Hadis-Werken von Al-Buchari, Muslim ibn al-Hadschadsch (gest. 875), Abu Dawud as-Sidschistani (817-888) und At-Tirmidhi (825-892), ist auch zu entnehmen, warum eine Frau ohne die Zustimmung ihres Vormundes nicht heiraten darf, warum sie ihrem Mann gehorchen und wie seine Sklavin leben muss, warum sie sich nicht scheiden lassen kann und warum sie keinerlei Ämter bekleiden kann.[11] Die Grundlage all dieser Glaubenssätze ist, dass die Frau laut Mohammed intellektuell und religiös minderbemittelt sei.

Die im *Sahih al-Buchari* gesammelte Überlieferung, die auf Abu Sai'd al-Chudri, einen der Gefährten Mohammeds, zurückgeht, gibt wieder, was Mohammed zu einer Gruppe von Frauen sagte:

„Frauen, gebt Almosen, denn mir wurde das Volk der Hölle gezeigt, und die meisten von denen, die dort waren, wart ihr.“ Die armen Frauen staunen und fragen: „Warum, Botschafter Gottes?“ Mohammed antwortet: „Denn ihr verdammt diesen oder jenen, ihr seid undankbar[12] *ihr beschimpft eure euch versorgenden Ehemänner. Auch sah ich nie jemanden mit weniger Verstand und geringerer Religiosität als manche von euch! Und ihr könnt selbst einen Mann, der einsichtig, beherrscht und religiös ist, betören!“ Die Frauen staunen noch mehr und fragen, was an ihrer Intelligenz und ihrem Glauben geringer sein solle? Mohammed anwortet: „Hat die Zeugenschaft einer Frau nicht halb so viel Gewicht, wie die eines Mannes?“* [Sure 2, Vers 282] *Die Frauen bejahen dies. Darauf sagt Mohammed: „Seht ihr? Das ist, weil ihr weniger Verstand besitzt.“ Dann fragt er die Frauen: „Wenn die Frauen ihre Menstruation haben, dann beten sie nicht und halten keinen Ramadan ein, nicht wahr?“ Die Frauen bejahen auch das. Er erklärt: „Und das kommt von eurem geringeren Glauben.“*[13]

Ein solcher Glaube und die Logik, auf die sich dieser Glaube stützt, ist unvereinbar mit der Vorstellung eines allmächtigen und gerechten Gottes, eines Gottes, der als „Quell aller Weisheit“ angesehen wird. Ein solcher Glaube lässt sich nicht einmal so ohne weiteres mit dem Gottesbild eines unberechenbaren und ungerechten Gottes vereinbaren. Denn ein Gott, der stolz ist, den Menschen als „Mann und Frau“ erschaffen zu haben, kann nicht „Verstand“ und „Glauben“ miteinander in Verbindung bringen und diese Gleichung nur für die Frau und nicht auch für den Mann aufstellen. Hätte er eine solche Gleichung aufgestellt, müsste er auch berücksichtigen, dass es unintelligente Männer gibt. Folgerichtig müsste es dann auch die Gleichung geben: „Die Zeugenschaft eines klugen Mannes entspricht der

Zeugenschaft zweier Männer." Genauso wenig passt es zu einem Gott, der der „Quell aller Weisheit" sein soll, dass er der Frau erst die Periode auferlegt, ihr anschließend verbietet, in dieser Zeit die Vorschriften des Islams (das Gebet, das Fasten im Ramadan) einzuhalten, ihr dann aber deswegen, weil sie nicht fastet und betet, geringe Religiosität vorwirft und sie deshalb verdammt – das kann niemand einem Gott zutrauen, der die Intelligenz erschaffen haben soll. Nicht Gott, *Mohammed* ist der Unbarmherzige. *Er* konnte – warum auch immer – die Menstruation der Frauen nicht ertragen. *Er* legte fest, dass die Frauen in dieser Zeit unrein seien und deshalb keine Gebetsstätte betreten dürfen, dass sie nicht beten, nicht zu Begräbnisfeiern gehen, den Koran nicht berühren dürfen und vieles mehr. Gleichzeitig scheint er selbst sich nicht an die Gebote, die er aufstellt, gehalten zu haben, denn es ist überliefert, dass er, obwohl er den Geschlechtsverkehr während der Menstruation verboten hatte, seine Frauen auch während dieser Zeit besuchte und dabei den Koran las[14] (vgl. S. 238-239). Deshalb sollte man ihn nicht ernst nehmen, wenn er meint, dass dies göttliche und daher einzuhaltende Bestimmungen seien.

Für Mohammed sind Frauen wegen ihres geringen Verstandes nicht nur als Zeuginnen nahezu unbrauchbar, was ihre Macht und das Fällen von Entscheidungen betrifft, betrachtet er sie anscheinend als noch minderwertiger als einen Abessinier (Äthiopier), denn auch diese scheint er als Führer der Glaubensgemeinschaft nur im Notfall zu akzeptieren: „Anas Ibn Malik [...] berichtete, dass der Gesandte Allahs [...] sagte: 'Höret und gehorcht, auch dann, wenn über euch ein abessinischer Sklave, dessen Kopf wie eine Rosine aussähe, eingesetzt würde.'"[15] Einmal davon abgesehen, dass Mohammed hier sehr deutlich macht, dass er Schwarzen, Abessiniern und Sklaven nicht viel zutraut – wenn Mohammed es zur religiösen Pflicht für Muslime machte, Herrschern mit Köpfen aus Trauben zu folgen, ja ihnen blind zu gehorchen, dann ist es kein Wunder, dass das Volk unter der islamischen Herrschaft auch dann wie ein Schaf gehorcht hat, wenn das Gehirn dieser Emire höchstens die Größe eines Traubenkerns besessen haben kann. Widerstand gab es nur dann, wenn sich diese Herrscher gegen die Religion stellten.[16] Während Mohammed für die Politik und die Herrscher das Gebot des unbedingten Gehorsams aufstellte, verbot er zugleich die Beteiligung der Frau an der Macht. Mit Aussagen wie: „Nationen, die sich nach den Worten einer Frau richten, wird es nicht wohl ergehen, sie werden nicht gedeihen"[17] unterstützte Mohammed den Widerstand gegen Frauen, die Herrscherinnen, Königinnen und Staatsoberhäupter waren und sind.

Wer einer Frau gehorcht, ändert das Recht, er ist gleichzusetzen mit jemandem, der dem Teufel gehorcht. Gott erschuf die Männer den Frauen überlegen und gab die Frau unter die Befehlsgewalt des Mannes.[18]

Sie [Die Männer] sind die Herren über die Frauen. Der Mann ist der Efendi Seyyid, Wenn der Efendi Sklave wird, ist die Schöpfung Gottes verändert.[19]

Als Folge dieser Gesinnung verbietet er der Frau nicht nur, Entscheidungen in der Ehe zu fällen (sie darf z. B. nicht ohne ihren Mann reisen, nicht ohne seine Erlaubnis Gäste empfangen, sie darf keine Geldgeschäfte tätigen), sondern der Frau ist es auch verboten, in der Gesellschaft Ämter zu übernehmen, sie kann kein Kalif, kein Richter, kein Imam sein. Deshalb habe Gott auch keine Prophetin gesandt und auch die Engel seien nicht weiblich, sondern männlich; Gott habe das Wesen, das er von geringem Verstand erschaffen hat, nicht für solche Aufgaben vorgesehen.[20]

In der islamischen Geschichte haben viele Schriftsteller und „Weise" (vielleicht mit wenigen Ausnahmen wie Ibn Sina [Avicenna, 980-1037] oder Ibn Ruschd [Averroës, 1126-1198]) Mohammeds Ansichten über Frauen übernommen. Al-Ghasali z. B. wiederholt die obigen „Weisheiten" in seinem Werk „Das Beraten von Königen" [*nasīhatul mulūk*]: „Eine der Taten eines vernünftigen Mannes ist, die Frau zu ertragen. Denn Frauen sind von geringem Verstand." Und weiter heißt es: „Unter denen, die Verstand besitzen, habe ich keinen anderen gesehen, der intellektuell und religiös minderbemittelter war als ihr (Frauen). (96) Das kommt von der übermäßigen sexuellen Begierde der Frauen." Deshalb habe Mohammed gebetet: „Mein Gott, ich begebe mich in deinen Schutz vor der Bosheit meiner Augen und meines Herzens und vor der Aufregung meiner Begierden (97)" und „Mein Gott, ich bitte dich, mein Herz zu reinigen und meine Scham zu schützen".[21]

Al-Ghasali vertraut Mohammeds Worten und sagt, dass der Mann stets das Gegenteil von dem, was die Frau sagt, machen solle. Wer auf das Wort seiner Frau hört, der gilt als Untertan, ein Mann aber, der sich unterordnet, geht daran zugrunde. Al-Ghasalis Begründung lautet, dass Gott die Männer den Frauen überlegen erschaffen und die Frau dem Mann daher zu gehorchen habe. Adam hätte, indem er auf Eva, eine Frau, hörte, die für Frau und Mann bestimmten Rollen missachtet und somit auf den Teufel gehört, der in Sure 4, Vers 119 gesagt hat: „Ich werde ihnen befehlen, was Gott geschaffen hat, zu verändern."[22] Für die Männer bedeutet, der Frau zu gehorchen, also das „Jenseits dem Diesseits zu opfern" [die Strafe der Hölle zu erleiden].[23]

Al-Ghasali ist ebenso der Meinung, dass Frauen – wie auch Kinder – intellektuell nicht voll entwickelt seien. Menschen, die immerfort mit ihnen zusammen sind, würden sich ebenfalls nicht entwickeln. Da sie unterentwickelt sind, sollen die Frauen sich mit nichts anderem beschäftigen als mit Hausarbeiten. Wenn eine Frau aus dem Haus ginge, würde der Teufel ihr folgen.[24] Um das zu verhindern, sollten die Frauen der Öffentlichkeit fern bleiben. Insbesondere bei Staats- und Regierungsangelegenheiten sollen sie nicht öffentlich auftreten, keine Rolle spielen. Dieses Thema behandelt Al-Ghasali in seiner „Streitschrift gegen die Bāṭinīyya-Sekte" [*kitāb al-mustaẓhirī fī faḍā'il al-bāṭinīyya*], in der er die Bedingungen aufzählt, die ein Mensch erfüllen muss, um das Amt des Kalifen bekleiden zu können. Seiner Auffassung nach müsse man „die Pubertät hinter sich gelassen haben, Intelligenz besitzen und männlichen Geschlechts" sein, ausgenommen sind also „Kinder, Verrückte und Frauen".[25]

In seinem Werk „Das Beraten von Königen" gibt Al-Ghasali dem Kalifen Ratschläge, unter anderem, dass er die Frauen schützen solle, da sie von geringem Verstand seien.[26] Dabei solle er sehr große Vorsicht walten lassen wegen der Bosheiten, der Intrigen und der Zwieträchtigkeit der Frauen. Der berühmte Staatsmann der Seldschuken, Nisam al-Mulk, hat, statt die ihm ebenbürtige Terken Hatun mit den gleichen Waffen, seinem Wissen, zu bekämpfen, den leichten und primitiveren Weg genommen, d. h. er hat die Aussprüche Mohammeds genutzt, um sie zu vernichten. In seinem Werk gibt er folgenden Rat: „Personen, die unter dem Befehl des Sultans stehen, darf man keine Möglichkeit bieten, Macht auszuüben. Diese Regel muss insbesondere auf Frauen angewendet werden. Denn sie tragen Schleier [für Al-Ghasali ist der Schleier das Zeichen dafür, dass Frauen Unruhestifterinnen, eine *fitna*[27] sind. Anm. d. Hrsg.] und sind von ihrem Intellekt her minderbemittelt. Unser Prophet hat befohlen: Lasst euch von Frauen beraten, aber tut genau das Gegenteil, denn das ist der richtige Weg [...] Würde unser Prophet solches sagen, wenn der Intellekt der Frauen nicht minder erschaffen wäre?"[28]

Auch ein anderer berühmter islamischer Historiker und Politiker, Ibn Chaldun (1332-1406), angeblich der Begründer der Soziologie, schrieb in seinem Werk „Die Einleitung" [*al-muqaddima*], dass die Frauen von geringem Verstand und willensschwach seien und deshalb der Führung des Mannes überlassen werden sollten. Im Abschnitt über „Frauen und Kinder" erörtert er das Thema „Personen, die ihr Leben sitzend und liegend und in Trägheit verbringen", diese unterstünden, wie auch die Frauen und die Kinder, dem „Herrn des Hauses". Einige Menschen, die dem Königshaus nahe stehen, seien „wie auch die Frauen von anderen abhängig". Die Frauen würden im Allgemeinen keine Macht besitzen und stünden ihr Leben lang unter der Gewalt des Mannes. Über die Personen, die in den Städten „ihr Leben vertun", schreibt er: „In den Städten gibt es Leute, die ihr Leben bestreiten, indem sie hellsehen, weil sie wissen, dass es Menschen gibt, die ihr Schicksal erfahren wollen [...] Tatsächlich fragen Frauen, Kinder und geistig zurückgebliebene Männer danach, wie ihre Angelegenheiten verlaufen werden oder was sie von ihren Freunden und Feinden zu erwarten haben und ähnlichem."[29] Natürlich kann man von Ibn Chaldun, der den Koran als die Quelle jeglicher „Wissenschaft" betrachtet hat und einen schwachen Charakter besaß, nicht erwarten, dass er in Kauf nimmt, als „Ungläubiger", als „Abtrünniger" zu gelten, indem er die religiösen Vorgaben beiseite schiebt, rationale Wege beschreitet und durch seine Vernunft zu wissenschaftlichen Ergebnissen kommt. Von ihm kann man nicht erwarten, dass er schreibt, dass die Frauen nicht mit einem geringen Verstand erschaffen sind, sondern dass die Männer für diesen Zustand verantwortlich und letztlich die Bestimmungen der Scharia die Ursache dafür sind, dass die Frauen von Bildung und geistiger Entwicklung ferngehalten werden. Er hätte dies erkennen und die Frauen verteidigen können, er hätte schreiben können, dass die Frauen, hätten sie die Möglichkeit bekommen sich zu bilden, sowohl vom Intellekt als auch vom Wissen her Männern in nichts nachstehen. Natürlich kann niemand von einem charakterschwachen Mann wie Ibn Chaldun, der sein Leben damit verbracht hat, sich anzubiedern und als Speichellecker vorwärts zu kommen und diesen Charakterzug z. B. vor Timurlenk schamlos unter Beweis gestellt hat,[30] erwarten, dass er das Rückgrat und die Kraft besitzt, „Nein" zu den Bestimmungen der Scharia zu sagen.

Es hat aber auch charakterstarke Gelehrte gegeben, die die These der mit geringem Verstand geschaffenen Frauen vertreten haben. So schrieb sogar der berühmte Gelehrte und Arzt Ibn an-Nafis (gest. 1288) in seinem Werk *al-risāla al-kāmiliyya fi 'l-sīra al-nabawiyya* [„Theologus Autodidactus"[31]], das als eine der berühmtesten Schriften des 13. Jahrhunderts gilt:

Wenn der Mann und die Frau das Eheleben als unerträglich empfinden, dann muss die Ehe beendet werden. Insbesondere, wenn die Eheleute sich nicht verstehen und deshalb kein Kind haben können, müssen sie einen anderen Partner finden, um ihren Wunsch mit diesem erfüllen zu können. Aber das Recht, die Ehe zu beenden, muss dem Mann zuerkannt werden.[32]

Wie Sie sehen, findet Ibn an-Nafis, dass die Ehe eines Paares, das keine Kinder bekommen kann, beendet werden muss, aber dass, da die Frauen als „geistig minderbemittelt“ anzusehen sind, das Recht, die Verstoßung (*talâk*) auszusprechen, allein den Männern vorbehalten sein darf, da eine solche Entscheidung nur durch einen intelligenten Menschen getroffen werden kann.

Man kann viele Beispiele wie die oben genannten anführen, das Ergebnis wird immer dasselbe sein: Alle diese berühmten Persönlichkeiten werden wie aus einem Mund bestätigen, dass die Frau ohne Intelligenz sei und dies mit der Scharia begründen, sie werden miteinander darum wetteifern, die Frau in den Dienst des Mannes zu stellen. Dieses Wetteifern dauert in den muslimischen Ländern bis heute an. So veröffentlicht auch das *Amt für Religiöse Angelegenheiten der Türkei* (Diyanet) – ein Land, das gerne Mitglied der Europäischen Union werden möchte – Schriften, in denen es u.a. für rechtens erklärt wird, dass die Frau ohne ihren Mann nicht verreisen darf, dass ihr verboten wird, sich mit einem fremden Mann an einem Ort aufzuhalten[33] und in denen die Sicht vertreten wird, dass die Frau intellektuell von ihrer Erschaffung her schwach sei und deshalb, wie es Gott und der Prophet befahlen, unter die Obhut bzw. Vormundschaft eines männlichen Verwandten gestellt werden müsse.

Mohammed: Der Mann ist der minderbemittelten Frau in jeder Hinsicht überlegen und daher ihr Vormund

Mohammed behauptet, dass Gott die Männer auf besondere Weise ausgezeichnet habe und sie auch aufgrund ihrer finanziellen Überlegenheit die Vormundschaft über die Frauen haben. Im Koran:

Sure 4, An-Nisā' (Die Frauen), Vers 34
Die Männer stehen über den Frauen, weil Gott sie (von Natur vor diesen) ausgezeichnet hat und wegen der Ausgaben, die sie von ihrem Vermögen (als Morgengabe [türk. *mehir*, arab. *mahr*] *für die Frauen?) gemacht haben.*

Um die Überlegenheit und Macht der Männer zu erhalten, habe Gott den Männern Besitztümer gegeben und bestimmt, dass der Besitz nur von Männern benutzt werden dürfe und nicht den „Schwachsinnigen und den Kindern“ hinterlassen werden dürfe. Der Ausdruck „schwachsinnig“ stammt aus der Sure An-Nisā':

Sure 4, An-Nisā' (Die Frauen), Vers 5:
Und gebt nicht euer Geld, das Gott euch zum Unterhalt bestimmt hat, den Schwachsinnigen [s-sufahā'a] *(in die Hand)! Beschafft ihnen (vielmehr) damit Unterhalt und Kleidung!*[34]

Das *Amt für Religiöse Angelegenheiten der Türkei* (Diyanet) übersetzt das in diesem Vers genannte Wort „schwachsinnig" mit „vom Intellekt her nicht ausreichend". Dass mit diesen „Schwachsinnigen" die Frauen und Kinder gemeint sind, zeigt der Kommentar Al-Bucharis, wie er in der Ausgabe des Diyanet zu finden ist:

Oh, mein (männlicher) Untertan! Opfere deinen Besitz nicht. Gott hat dir diesen Besitz gegeben, um für deinen Unterhalt zu sorgen. Wenn du ihn deinen Frauen oder Söhnen gibst, wirst du von ihnen abhängig sein. Tue dies nicht. Halt deinen Besitz fest, bewirtschafte ihn gut. Du musst für deine Frauen, Söhne sorgen und ihnen gute Ratschläge geben.[35]

Das Diyanet fasst zusammen, dass mit dem Begriff *süfehâ*, der auch mit „liederlich", „ausschweifend", „sündig" übersetzt wird, nur gemeint sein kann, dass man den Reichtum des Familienoberhauptes und Vormundes nicht in die Hände der Frauen und Dienstboten legen darf, welche die Tendenz zu einem liderlichen Lebenswandel haben und somit dazu, Besitz zu vergeuden.[36]

Auch hier sollte es eigentlich unnötig sein, darauf hinweisen zu müssen, dass es falsch ist, aus der finanziellen Überlegenheit des Mannes [die auch aus dem im Islam begründeten Arbeitsverbot für Frauen entstand, Anm. d. Hrsg.] eine grundsätzliche Überlegenheit, eine Vormundschaft des Mannes abzuleiten. Denn selbst wenn der Mann für die Frau finanziell sorgt, versorgt sie den Haushalt, das Kleinvieh, die Pferde, die Kinder, sie bedient den Mann, ja sie macht sich geradezu „zu einem Besen für ihn" und stillt seine sexuelle Begierde.[37] Wenn wir die Leistung der Frauen und Männer auf einer Waage wiegen könnten, würde die Schale der Frauen eindeutig schwerer wiegen.

Abgesehen davon – wenn die Versorgung des Lebenspartners Grund genug wäre, um diesem überlegen zu sein, dann müssten alle Frauen, die ihre Männer mit ihrem Besitz unterhalten, diesen überlegen sein. Und diese Logik würde zuallererst Mohammed selbst in Schwierigkeiten bringen. Denn bekanntlich war er mit 25 Jahren ein junger Mann, der nichts hatte, bis er die fünfzehn Jahre ältere Chadidscha heiratete, die eine reiche Geschäftsfrau war. Anfangs begleitete er ihre Karawanen einige Male, mit der Zeit gab er dies jedoch auf und ließ sich gänzlich von ihr aushalten. Er schuldete ihr jeden Bissen, jeden Schluck, jegliche Kleidung, alles, was er besaß – was er in Koranversen und Überlieferungen selbst bestätigt.[38] Auch seine Karriere als Prophet hat er Chadidscha zu verdanken; wäre er ihr nicht begegnet, er wäre ein Hirte geblieben und niemand hätte je seinen Namen gehört.

Dabei gab es damals viele Männer, die vom Einkommen ihrer Frau abhängig waren. Eine Überlieferung von Abu Sai'd al-Chudri bestätigt das. Zaynab, die Frau von Abdallah Ibn-Mas'ud, war eine wohlhabende Handwerkerin. Sie unterhielt ihren Mann und ihren Sohn mit dem Geld, dass sie verdiente. Deshalb konnte sie die *ṣadaqa*, eine freiwillige religiöse Spende, nicht entrichten. Sie litt darunter, zumal sie von Mohammed oft gehört hatte, wie wichtig es gerade für Frauen sei, die *ṣadaqa* zu entrichten, weil sie sonst im Jenseits benachteiligt würden. Sie beschwerte sich: „Dich und deinen Sohn zu unterhalten, behindert mich. Ich kann deshalb keine *ṣadaqa* für die Armen geben“,[39] und wollte ihren Schmuck spenden, der ihr von ihrem Mann aber abgenommen wurde. So ging Zaynab zu Mohammed und sagt: „Gesandter Gottes! Sie haben im Gebetshaus befohlen zu spenden, *ṣadaqa* zu geben. Ich hatte meinen Schmuck mit und wollte ihn spenden. Aber Abdallah Ibn-Mas'ud meinte, er und sein Sohn bräuchten ihn mehr als diejenigen, denen er gespendet wird. Was sagt ihr?“ Statt den Ehemann und den Sohn aufzufordern zu arbeiten und Geld zu verdienen und zum Unterhalt der Familie beizutragen, sagte Mohammed zu Zaynab: „(Dein Mann) hat Recht. (Dein Mann) und dein Sohn sind der Spende würdigere Menschen als die anderen Menschen.“[40]

Es gibt viele solcher Beispiele, die zeigen, dass für den Unterhalt des Anderen aufzukommen nicht zwangsläufig Überlegenheit bedeutet. Und falls doch, gäbe es auch Frauen, die ihren Männern überlegen wären.

Mohammed: Die Frau ist hinterlistig, eine teuflische Verführerin und Unruhestifterin

Der Glaubenssatz, dass die Frau die Quelle des Bösen sei und dass sämtliches Unglück den Menschen durch Frauen widerfahre, wie es sich auch in dem europäischen Sprichwort „Die Bosheit des Mannes ist besser als die Güte der Frau“[41] ausdrückt, ist bereits jüdischen Ursprungs und das Christentum übernahm ihn. Ab dem 7. Jahrhundert fand diese Ansicht im Islam ihre höchste Vollendung. Dass Judentum und Christentum die Frau ebenfalls als Quelle des Bösen ansahen und sie erniedrigten, entschuldigt nicht, dass der Islam denselben Weg beschritt. Der Islam hätte ehrenwerterweise dieser Ansicht auch entgegentreten können, doch das Gegenteil geschah und der Frau wurde sogar eine noch schlechtere Rolle zugewiesen als in den beiden älteren Religionen. Das sollte dem Interesse des Mannes dienen und helfen, die Ordnung der Gesellschaft aufrecht zu erhalten.

Bekanntlich gilt der Teufel im Koran als das gefährlichste und niederträchtigste Wesen, als Befehlshaber von Schamlosigkeit und Bosheit. Im Koran spricht Gott zum Teufel (Iblis):

Sure 7, Al-ʻAʻrāf (Die Höhen), Verse 12-18
Was hindert dich daran, dich niederzuwerfen, nachdem ich [...] *dir befohlen habe*? [...] *Geh hinaus! Du gehörst (künftig) zu denen, die gering geachtet sind* [...] *(Du sollst) verabscheut und verworfen (sein). Wer (auch immer) von ihnen dir folgt, die Hölle werde ich mit euch anfüllen.*

Der Teufel, der Gott den Gehorsam verweigert, kündigt in Sure 7, Vers 17 an, dass er – dafür, dass Gott ihn hat abirren lassen – die Muslime verführen, er „von vorn und von hinten und zur Rechten und zur Linken“ über sie kommen werde, und Gott dann feststellen wird, dass die meisten von ihnen „nicht dankbar“, also Ungläubige und verführbar sind. Der Teufel habe außerdem gewagt, die Geheimnisse Gottes zu erkunden, weshalb er ein Lügner sei und ihm niemand Glauben schenken dürfe.[42]

Laut Mohammed trifft die Beschreibung des Teufels – des Feindes, der das Böse, die Lüge, den Verrat, Schamlosigkeit und Verführung symbolisiert – auch auf die Frau zu: Frau sein, heißt Teufel sein. Insbesondere, wenn es um sexuelle Beziehungen geht, agiert der Teufel in Gestalt der Frau oder als sie unterstützender Mittäter. Beide verfolgen das gleiche Ziel, den Mann in eine Falle zu locken und ihn zur Sünde zu verführen. Und wer sich vom Teufel zur Sünde verführen lässt, landet, dem Schwur Gottes gemäß, unweigerlich in der Hölle. Vor diesem „Feind“, vor der Frau, muss der Mann geschützt werden, denn er ist, so Mohammed, hilflos und als Mensch in seinem Willen schwach erschaffen worden. Deshalb zeigte Gott dem Mann zwei Auswege. Der eine Weg ist, sich Gott anzuvertrauen und zu beten wie folgt:

Sure 12, Yūsuf (Joseph), Vers 33
Herr! Gefangen gesetzt zu werden, ist mir lieber als das, wozu sie mich auffordern. Und wenn du die List der Weiber (w. ihre List) nicht von mir abwendest, bekomme ich Verlangen nach ihnen und bin ein Tor.[43]

Der Autor und Islamgelehrte Ali Rıza Demircan, rät dem Mann in seinem 1986 erschienenen Buch „Das Geschlechtsleben gemäß dem Islam" [*İslâm'a Göre Cinsel Hayat*] sich außerdem gegen sein Sexualorgan abzusichern und zu beten: „Gott, ich begebe mich in deine Obhut vor dem Übel meiner Ohren, dem Übel meiner Augen, dem Übel meiner Zunge, vor dem Übel meines Herzens und vor dem Übel meines Geschlechtsorgans."[44] Wie man sieht, ist der Wille des Menschen, der ihn ja eigentlich vom Tier unterscheiden soll, nicht besonders hilfreich. Der muslimische Mann erbittet daher, um sich vor der Frau zu schützen, durch das Gebet Hilfe von den außerhalb seines Willens liegenden Kräften.

Der andere Ausweg, den Gott zeigt, ist folgender: Der Mann soll seine geweckte Begierde sofort und ohne zu zögern befriedigen. Mohammed sagt „Die Frauen begegnen den Menschen wie ein Teufel [...] Wenn ihr eine Frau auf euch zulaufen seht, dann seid gewiss, es nähert sich euch ein Teufel."[45] Deshalb rät er den Männern: „Wenn ihr unterwegs den Teufel, den man Frau nennt, seht, geht umgehend zurück nach Hause und schlaft mit euren Frauen und befriedigt eure Begierde, die erwacht ist."[46] Auch der Sufi Dschunaid Bagdadi (gest. 910), der auf Moral und rituelle Reinheit besonderen Wert legte, überliefert: „Wer eine Frau sieht und begehrt, soll sofort Geschlechtsverkehr mit seiner Ehefrau haben, denn sie hat dasselbe wie die andere Frau."[47] Die Muslime richten sich nach dem Beispiel Mohammeds: „(Der Prophet) sah eine Frau und ging sofort in das Zimmer seiner Frau Zeynab, befriedigte sich, kam heraus und sagte: Die Frauen kommen wie ein Teufel zu euch. Wenn ihr sie begehrt, so meldet euch umgehend bei euren Frauen."[48] Angeblich schützt Mohammed die Menschen dadurch vor dem verbotenen Ehebruch. Damit beweist er aber zweifellos auch, wie wenig er dem Wesen Mensch vertraut. Wie primitiv und schwach muss ein Mensch sein, dass er, sollte er nicht sofort zu seiner Frau gehen und mit ihr schlafen, sich nicht zähmen könnte, die Frau überfiele oder Ehebruch beginge? Wenn so Mohammeds Ideal von einem Mann aussieht, dann müssen wir uns fragen, ob dieser Typ Mann, der einen derartigen Charakter besitzt, überhaupt Respekt verdient. Mohammed diskriminiert also auf der einen Seite die Männer, weil er ihnen Willensschwäche und fehlende Vernunft unterstellt, auf der anderen Seite wiederholt er diese Diskriminierung, indem er die Frau als Gefahrenquelle stigmatisiert. Tatsächlich erklärte er die Frau für „religiös verboten", für *mahrem* [geheim, verboten; Anm. d. Hrsg.], und behauptete, dass der Teufel der Frau folge, sobald sie das Haus verlässt.[49] „Geht nicht zu den Frauen, deren Männer auswärts sind. Denn so wie das Blut in den Adern zirkuliert, zirkuliert dann der Teufel im Körper des Menschen."[50] Eine weitere weit verbreitete „Weisheit" Mohammeds besagt: „Wer an Gott und den Jüngsten Tag glaubt, bleibt mit einer Frau nicht alleine, denn dann ist der Dritte der Teufel."[51]

Das einzige, was ein Mann also in einer solchen Situation tun kann, ist, sofort mit einer seiner Ehefrauen geschlechtlich zu verkehren, um sich zu erleichtern. Auf diese Weise muss er sich aber nicht gegen sein Begehren auflehnen und er lernt nicht sich zu beherrschen. Mit anderen Worten: Mohammed gibt nur vor, den Mann darin zu unterstützen, mit seiner Begierde umzugehen. Gleichzeitig ist es wieder die Frau, die als Verantwortliche, als Verführerin und als „schlecht" angesehen wird, während der Mann von der Situation profitiert.

Auch in folgender Überlieferung sagt Mohammed: „Geht nicht zu Frauen, deren Männer nicht anwesend sind, denn wie das Blut zirkuliert auch der Teufel im Körper der Menschen." Einer seiner Gefährten fragt, ob der Teufel auch in seinem Körper zirkuliere. Mohammed antwortet: „Ja, auch in meinem Körper. Aber Gott hat mir geholfen und mein Teufel ist ein Muslim geworden."[52] Trotz dieser auch an anderen Stellen überlieferten Behauptung, er habe dank Gottes Hilfe stets über den Teufel gesiegt, gelang es diesem doch einmal, Mohammed zu verführen. Und zwar als der Teufel ihm den „Satanischen Vers" einflüsterte, der die drei großen vorislamischen Göttinnen Al-Lat, Al-Ussa und Manat zu Vermittlerinnen zwischen Gott und den Menschen machte, an die man Bittgebete richten könne; ein klarer Verstoß gegen das Gebot des Monotheismus, der keine anderen höheren Wesen zulässt als den „einen Gott" (vgl. S. 130). Gott hilft ihm schließlich aber auch hier und lässt ihn erkennen, dass es sich um den Versuch Satans handelte, ihn in die Irre zu führen.

Im Koran gibt es viele Verse, die besagen, dass es allein Gott ist, der die Menschen gemäß seinem Willen zum Guten oder zum Bösen leitet.[53] Was uns zu der Frage führt: Warum half Gott Mohammed, als er sich vom Satan verführen ließ, warum aber greift Gott nicht ein, wenn Satan andere belästigt, insbesondere Frauen? Ist Gott wirklich so erbarmungslos gegenüber den Frauen, betrachtet er sie so sehr als Feinde? Zweifellos lautet die Antwort „Nein", denn weder der Verstand noch das Herz können nachvollziehen, dass ein Gott, der fähig ist, das Böse fern zu halten, dermaßen gleichgültig gegenüber den Frauen sein sollte.

Aber Mohammed fürchtet nicht, sich in Widersprüche zu verwickeln, wenn er die Allmacht Gottes beschreibt und gleich darauf erklärt, dass derselbe Gott das Böse des Satans nicht verhindern könne. Es liegt für ihn auch kein Widerspruch darin, die Frau als ein Wesen zu beschreiben, das von Gott geschaffen sein soll, das aber dennoch eine satanische Seele hat. Mohammed hatte keine Hemmungen, denn er wusste, dass er selbst, durch seine eigenen widersprüchlichen Aussagen, Befehle und Verse, durch sein Verbot, Fragen zu stellen, und durch die Ängste, die er verbreitete [vor der Rache Gottes, vor der Hölle und auch vor der Gewalt, die Mohammed selbst ausübte, Anm. d. Hrsg.], der Logik jegliche Macht genommen hatte.

Der Scharia-Anhänger hat die Frau von Anbeginn als Satan persönlich identifiziert, sie für böse, intrigant und sündig gehalten. Mohammed hörte die Geschichte, welche die Frau als erste Verführerin zur Sünde darstellt, als er in Mekka und Medina mit Juden arbeitete, veränderte sie nach seinem Geschmack und „schmückte" mit ihr den Koran. Im Koran bildet die Geschichte von Adam und Eva[54] den Auftakt für die Verdammung der Frau:

Sure 20 (Ṭā Hā), Verse 120-121
Aber da flüsterte der Satan ihm (böse Gedanken) ein. Er sagte: 'Adam! Soll ich dich zum Baum der Unsterblichkeit (w. Ewigkeit) und einer Herrschaft [...], *die nicht hinfällig wird, weisen?' 121 Und sie aßen (beide) davon. Da wurde ihnen die* [...] *Schlechtigkeit* [...] *kund, und sie begannen, Blätter (von den Bäumen) des Paradieses über sich zusammenzuheften.*

Obwohl von vielen Muslimen behauptet wird, dass die im Koran wiedergegebene Version dieser Geschichte die für die Frau günstigere ist,[55] stimmt dies keineswegs, wenn man alle Verse, die sich auf das Thema beziehen, betrachtet. Denn während es in der jüdischen Version heißt, dass Eva von dem gefährlichsten und hinterlistigsten Tier, der Schlange, verführt worden sei, ersetzt Mohammed die Schlange durch den Satan und dichtet dazu, dass Adam vor den Machenschaften des Satans von Gott gewarnt wird (Sure 20, Vers 117).

Zur Erinnerung: Die Geschichte von Adam und Eva steht in der Bibel im 1. Buch Mose, der Genesis, in den Abschnitten 2 und 3. Man kann sie wie folgt zusammenfassen: Gott erschuf Adam aus Erde und blies ihm den Atem des Lebens ein. Dann schuf Gott den Garten Eden, stellte Adam hinein und erklärte ihm, dass er von allen Bäumen essen dürfe, aber nicht vom Baum der Erkenntnis von Gut und Böse (1. Mose 2, 15-17). Zuletzt erschuf Gott Eva aus einer Rippe Adams. Eva ist in der Bibel diejenige, die von der Schlange verführt wird, vom Baum der Erkenntnis zu essen, und die schließlich auch ihren Mann von der Frucht kosten lässt.[56] Gott merkte natürlich sofort, was los ist, und fragte Adam, ob er von dem Baum gegessen habe. Bei einer solchen Frage antwortet jeder ehrliche Mensch: „Ja, ich habe davon gegessen. Ich entschuldige mich." oder Ähnliches. Adam wählte den primitiven Weg, die Schuld auf einen anderen abzuladen, und sagte: „Das Weib, das du mir zugesellt hast, gab mir von dem Baum und ich aß."[57] Gott bestrafte Eva unter anderem damit, die Mühsal von Schwangerschaft und Geburt auf sich nehmen zu müssen. Viel interessanter ist aber, dass er sie zu Folgendem verurteilte: „Du hast Verlangen nach deinem Mann; / er aber wird über dich herrschen."[58] Adam wurde, weil er auf seine Frau gehört hatte (1. Mose 3,17), von Gott zu einem schweißtreibenden Leben als Landwirt und zu Sterblichkeit verurteilt und, gemeinsam mit seiner Gattin, vor die Pforte des Paradieses gesetzt. So zeigt Gott, wie schlimm es einem Mann ergehen kann, der auf seine Frau hört.

Auch in der Version der Bibel war Gott, bereits als er beschloss, die Menschen zu erschaffen, ungerecht gegenüber den Frauen. Er schuf zunächst Adam, erst später seine Frau. Er formte Adam aus Erde, Eva aus der Rippe Adams. Er warnte Adam wegen des verbotenen Baumes, Eva hingegen nicht (vielleicht hat Adam ihr ja davon erzählt). Andererseits hat laut Bibel die Schlange *sie* verführt. Hätte die Schlange Adam angesprochen, wäre der erste Mensch, der die verbotene Frucht aß, ein Mann gewesen. Wenn Gott tatsächlich das Schicksal aller Wesen bestimmt, dann müsste man den Grund, warum die Schlange die Frau, Eva, ansprach statt Adam, bei Gott suchen. Kann Adam sich von Verantwortung freisprechen, weil er auf die Frau gehört hat, obwohl das Verbot ihm gegenüber ausgesprochen wurde? Eva trifft auf jeden Fall die härtere Strafe.

Auch wenn wir uns hier so eingehend mit dieser Geschichte auseinandersetzen, sollten wir nicht vergessen – und ich hoffe es ist im Grunde unnötig, das zu erwähnen –, dass es sich hier nur um Geschichten handelt, die vor vielen tausend Jahren von religiösen Männern erfunden wurden; um Geschichten, die erfunden wurden, um allein einem Zweck zu dienen: die Frau unter die Herrschaft des Mannes zu zwingen.

Mohammed hat diesen Betrug, die Frauen durch angeblich göttliche Befehle dem Mann zu unterstellen, durch einen noch größeren Betrug erweitert, indem er ihn im Koran, von dessen Versen er behauptete, sie von

Gott erhalten zu haben, einbettet. Wie auch in der Bibel schafft Gott im Koran Adam aus Erde:

Sure 15, Al-Ḥiğr, Verse 26-29
Wir haben doch […] *den Menschen aus feuchter Tonmasse (?) geschaffen* […] *Und (damals) als dein Herr zu den Engeln sagte: 'Ich werde einen Menschen aus feuchter Tonmasse(?) schaffen.*

Sure 39, Az-Zumar (Die Scharen), Vers 6
Er hat euch aus einem einzigen Wesen (d. h. aus dem ersten Menschen (Adam)) geschaffen

Das Wort „euch" bedeutet hier „Männer", denn, wie Sie noch lesen werden, spricht Gott stets die Männer an. Gott weist Adam zusätzlich eine ganz besondere Stellung zu: er ist über alle anderen Wesen erhaben. Daher befiehlt Gott in Sure 7, Vers 11 seinen Engeln, sich vor Adam niederzuwerfen.[59] Bekanntlich folgt Satan der Aufforderung, vor Adam niederzuknien und vor ihm zu beten, nicht und sagt: „Ich bin Adam überlegen" (Sure 7, Vers 12), womit er Gott deutlich seinen Ungehorsam und daher seine Feindschaft zeigt. Warum Gott ein so widerspenstiges, gefährliches und böses Wesen erschaffen oder warum er den Satan nicht einfach vernichtet hat, bleibt ein Geheimnis.

Obwohl Eva die Mutter der Gattung Mensch wurde, spricht Gott in seinen Offenbarungen nur von Adam:

Sure 3, Āl-'Imrān (Die Sippe 'Imrāns), Verse 33-34
Gott hat Adam und Noah und die Sippe Abrahams und die Sippe 'Imrāns vor den Menschen in aller Welt auserwählt, 34 (die Patriarchen und ihre Nachkommen) – Nachkommen, die zueinander gehören

Sure 19, Maryam (Maria), Vers 58
Das sind diejenigen, denen Gott (höchste) Gnade erwiesen hat – Propheten aus der Nachkommenschaft von Adam und von denen, die wir zusammen mit Noah (auf das Schiff) verladen […] *haben*

Von Eva wird nur als „deine Gattin" gesprochen:

Sure 20, Ṭā Hā, Verse 117-118
Da sagten wir: 'Adam! Der da ist dir und deiner Gattin ein Feind. Daß er euch nur nicht aus dem Paradies vertreibt, so daß du unglücklich wirst!

Gott richtet seine Befehle und Verbote nur an Adam, so auch das Verbot sich „diesem Baum" zu nähern:

Sure 7, Al-'A'rāf (Die Höhen), Vers 19
Und (Gott sagte): 'Adam! Verweile du und deine Gattin im Paradies und eßt (Früchte), von wo ihr wollt! Aber naht euch nicht diesem Baum, sonst gehört ihr zu den Frevlern!'

Sure 20, Ṭā Hā, Vers 115
Und, wir hatten doch früher Adam verpflichtet (dem verbotenen Baum fernzubleiben und nicht auf den Satan zu hören). Aber er vergaß (wozu er verpflichtet war). Und wir fanden bei ihm keine Entschlossenheit (den rechten Weg einzuhalten).

Auch wenn man glaubt, dass der Satan Adam und Eva gleichzeitig verführt habe,[60] erkennt man aufgrund des im Koran geschilderten Dialogs zwischen Adam und Satan, dass Adam der eigentlich Verantwortliche ist:

Sure 20, Ṭā Hā, Vers 120
Aber da flüsterte der Satan ihm (böse Gedanken) ein. Er sagte: 'Adam! Soll ich dich zum Baum der Unsterblichkeit (w. Ewigkeit) und einer Herrschaft [...], *die nicht hinfällig wird, weisen?*

Hinzu kommt, dass Gott nicht mit Eva gesprochen, nicht ihr das Verbot mitgeteilt hat. Aber weil Mohammed glaubt, dass die Frauen böse erschaffen wurden, macht er aus Eva die Schuldige, wie an zahlreichen Überlieferungen zu sehen ist:

Wenn unsere Mutter Eva nicht wäre, würde das Geschlecht der Frauen ihren Ehemann nicht hintergehen und betrügen.[61]

Die erste Zwietracht in Beni Israel [im Stamm Israel] *säte eine Frau.*[62]

Ich habe keine schädlichere Versuchung [fitna] *für die Männer hinterlassen, als die Frauen.*[63]

Das Böse stammt für Mohammed vom Frauengeschlecht und er gibt sich auch keine Mühe, diese fixe Idee in irgend einer Form zu relativieren.

In den Versen des Korans erfahren wir, dass Adam trotz seines Verhaltens die Liebe und das Vertrauen Gottes zurückgewinnt und von diesem geschätzt wird:

Sure 2, Al-Baqara (Die Kuh), Vers 37
Hierauf nahm Adam von seinem Herrn Worte (der Verheißung) entgegen. Und Gott [...] *wandte sich ihm* [...] *wieder zu*

Eva hingegen wurde bestraft und gilt bis heute als diejenige mit dem teuflischen Geist. Dabei hatte Eva ebenso um Vergebung gebeten:

Sure 7, Al-‘A‘rāf (Die Höhen), Vers 23
Sie sagten: 'Herr! Wir haben (indem wir dein Verbot mißachteten) gegen uns selber gefrevelt. Wenn du nicht uns vergibst, und dich unser erbarmst, werden wir (dereinst?) zu denen gehören, die den Schaden haben.'

Wie Sie aus all diesen Bestimmungen und Überlieferungen ersehen können, wurde die gesamte Verantwortung, die gesamte Schuld Eva aufgeladen. Darüber wurde die Frau mit einem großen Minderwertigkeitsgefühl belastet, das bis heute dazu benutzt wird, sie gefügig und zu einer untertänigen Dienerin des Mannes zu machen.

Interessant ist, dass diese Frauenfeindlichkeit von vielen islamischen Denkern als großartige Haltung bewundert und gelobt wurde. Der muslimische Dichter Enderûnlu Hüseyin Fâzıl Bey schrieb sogar eine Lobeshymne, in der er Gott dankte: „Danke Gott, seine Gnade ist es, dass die Frau als Unruhestifterin, als die Zwietracht Säende gilt.“[64]

Diejenigen, die Mohammed als ihren erhabenen Propheten verehren, haben in seiner Tat, die Frau als schlecht hinzustellen und sie zur Versuchung (*fitna*) zu machen, einen höheren Sinn gesehen, der für einfache Menschen nicht ersichtlich ist. Es ist deutlich, dass die Geschichte von Adam und Eva, wie sie im Koran dargestellt ist, das Ansehen und die Idee Gottes beschädigen kann. Aber die Scharia-Anhänger haben das entweder nicht bemerkt oder es ist ihnen nicht wichtig. Gläubige wie auch Islamgelehrte haben eine ignorant zu nennende Haltung, wenn es um die Darstellung eines Gottes geht, der alles nach seinem Wunsch formen und ordnen kann und der anscheinend unbedingt die Frau dem Mann unterstellen will und um das zu erreichen, die größte Ungerechtigkeit zulässt. Aber nach der Auffassung der Scharia-Anhänger kann Gott tun, was er will, er leitet auf den rechten Weg, wen er will und lässt abirren, wen er will. Alles ist vom Willen Gottes abhängig und ist Wille Gottes. Der Koran vermittelt genau das und deshalb entsteht bei Scharia-Anhängern der Glaube, dass es völlig natürlich ist, wenn es zu Ungerechtigkeiten und Ungereimtheiten kommt. Denn alles, was Gott tut, hat einen Sinn. Wenn etwas unlogisch oder ungerecht erscheint, dann ist die Ursache sicher darin zu sehen, dass diesem Geschehen ein größeres, tieferes und dem Menschen unbegreifbares Wissen zugrunde liegt. Der Plan Gottes bleibt dem Menschen verborgen. Daher könne niemand etwas gegen Ungerechtigkeiten tun, denn er greift in den Willen und Plan Gottes ein; wer das Schicksal in Frage stellt, ist ungläubig. An dieser Stelle möchte ich daran erinnern, dass die Muatasiliten [*al-mu‘tazila*], Vertreter einer theologische Schule des 8. und 9. Jahrhunderts im heutigen Irak, die von der Willensfreiheit des Menschen ausging, von Anfang an gegen einen solchen Glauben waren und die Meinung vertraten, dass Gott weder Bosheit noch Beliebigkeit zugeschrieben werden könne. Wegen dieses fortschrittlichen Denkens wurden sie als Ketzer [türk. *zındık*[65]] beschimpft.

Die Geschichte von Adam und Eva ist nicht der einzige Beleg dafür, dass die Frau im Islam das Böse verkörpert. Es gibt viele andere Schilderungen und Überlieferungen, die dieses Bild ebenfalls stützen. Besonders was die Sexualität betrifft, wird die Frau als die Schuldige vorgeschoben, um den Mann vor „der Sünde" und vor „perversen Praktiken" zu schützen. In der Sure 12 (Yūsuf) wird die Geschichte von Joseph erzählt, der, dem Willen Gottes gemäß, in Ägypten im Haus der Eheleute Potifar untergekommen war. Als er das Pubertätsalter erreichte, gab Gott „ihm Wissen ein", was bedeutet, dass er ihn zu einem, „der begreift," zu einem religiösen Menschen machte. Eines Tages war Potifar nicht zu Hause und seine Ehefrau, die Joseph begehrte, rief diesen zu sich. Im Koran:

Sure 12 (Yūsuf), Vers 23 und 24
Sie schloß die Türen ab und sagte: 'Komm her!' Er sagte: 'Da sei Gott vor! (Das darf nicht sein.) Mein Herr (und Besitzer) hat mich (in eurem Haus) gut aufgenommen. Den Frevlern wird es nicht wohl ergehen.' 24 Sie hätte sich ja nun am liebsten mit ihm eingelassen. Und (auch) er hätte sich am liebsten mit ihr eingelassen. (Er hätte der Versuchung nicht widerstanden) wenn er nicht die Erleuchtung (oder: das Zeichen) seines Herrn gesehen hätte.[66] *So (aber griffen wir ein) um Böses und Abscheuliches von ihm abzuwenden. Er ist (einer) von unseren auserlesenen (?) (oder begnadeten?) Dienern*

Wie Sie lesen, ist Joseph eigentlich geneigt, sich mit der Frau einzulassen, und hätte mit ihr geschlafen; aber Gott liest seine Gedanken und schützt Joseph. Während er bereit ist, Joseph zu schützen, macht er aber keinerlei Anstalten, auch die Frau Potifars zu schützen, indem er ihr eingibt, ihn nicht mehr zu begehren und so nicht zu „sündigen". Ganz im Gegenteil, Gott, der laut Islam jeden Menschen, leitet, wie er will, lädt die Verantwortung in dieser Situation allein auf die Schultern der Frau und bestimmt sie zur Schuldigen. Gott scheint eben, wie Mohammed immer wieder betont, ein besonderes Verhältnis zu seinen männlichen Untertanen zu haben, die er vorzieht (Sure 4, Vers 34). Es macht ihm scheinbar Spaß, wenn Wesen wie Satan, die er selbst als böse erschaffen hat, Fallen für Frauen und Männer errichten und er dann seine männlichen Anhänger vor den Frauen retten kann – wie in der Geschichte von Joseph.

So geht die Geschichte von Joseph dann auch im Sinne der Scharia, die die Frau als personifizierte Hinterlist betrachtet, weiter: Joseph lehnt das Angebot ab und will hinausgehen. Die Frau Potifars sieht, dass ihr Mann nach Hause kommt, läuft Joseph nach und zerreißt sein Hemd. Dann beschuldigt sie ihn und fordert seine Bestrafung. Doch ihr Mann bemerkt, dass das Hemd hinten zerrissen ist und sagt seiner Frau:

Sure 12, Yūsuf (Joseph), Vers 28 und 29
Das ist (wieder einmal) eine List von euch (Weibern). Ihr seid voller List und Tücke (w. Eure List ist gewaltig) […] [zu seiner Frau:] *bitte (Gott) um Vergebung für deine Schuld! Du hast dich versündigt*

Später wetteifern auch andere Frauen der Stadt darum, Joseph „in ihre Falle zu locken“ und Joseph betet zu Gott:

Sure 12, Yūsuf (Joseph), Vers 33
Herr! […] *wenn du die List der Weiber (w. ihre List) nicht von mir abwendest, bekomme ich Verlangen nach ihnen und bin ein Tor* [einer der „Unwissenden“ der Zeit der Dschahiliyya]

Daraufhin erhört ihn Gott und verhindert die List der Frauen. Der Gott Mohammeds ist ein Gott, der alles weiß, alles hört (Sure 12, Vers 34) – aber warum stellt er seine Weisheit stets nur den Männern zur Verfügung? Warum hindert er nur die Männer daran zu „sündigen“, während er den Frauen nicht nur keine Hilfe gewährt, sondern sogar die Gelegenheiten schafft, damit sie sündigen.

Es gibt weitere Geschichten, die Mohammed nutzt, um die Männer zu steter Wachsamkeit gegenüber den Frauen aufzufordern. Eine Geschichte, die Mohammed dazu dient, die Unzuverlässigkeit der Frauen zu zeigen und auf die Gefahren hinzuweisen, in die ein Mann durch eine Frau geraten kann, ist die des Propheten Salomo und seiner Sklavin Jereda. Mohammed übernahm die Geschichte von den Juden, veränderte sie aber nach seinem Geschmack. In ihr wird geschildert, wie der Prophet Salomo das Land Sidon eroberte, die meisten Einwohner samt ihrem König tötete und dessen Tochter Jereda zu seiner Sklavin machte. Da Jereda Tag und Nacht um ihren Vater trauert, befiehlt Salomo den Teufeln, ein Abbild ihres Vaters zu schaffen und es in ihrem Zimmer aufzustellen. Als das Mädchen das Abbild ihres Vaters sieht, wirft es sich zu Boden und betet es an. Salomo zerstört daher das Abbild und bestraft das Mädchen, weil es einen „Götzen“

angebetet habe. Da er es war, der diesen „Götzendienst“ in seinem Haus ermöglicht hatte, bittet er Gott weinend um Vergebung. Aber Gott ist verärgert und will Salomo strafen. Er bereitet mit Hilfe des Teufels ein Spiel vor. Salomo hat die Angewohnheit, wenn er auf die Toilette geht oder badet, das königliche Siegel in die Obhut seiner Sklavin Jereda zu geben. An einem jener Tage nimmt der Teufel die Gestalt Salomos an und verlangt das Siegel. Jereda hat keinen Zweifel, dass Salomo vor ihr steht und gibt es ihm. Der Teufel besitzt nun das Staatssiegel und somit auch die Staatsmacht; er erlässt neue Gesetze, verändert andere. Der wirkliche König Salomo lebt in der Zwischenzeit auf der Straße und bettelt um seinen Lebensunterhalt. Nach vierzig Tagen – der Zeitspanne entsprechend, in der Salomo seiner Sklavin erlaubte, ihren Vater „anzubeten“ – flieht der Teufel und wirft das Siegel ins Meer, wo es ein Fisch verschluckt. Der Fisch wird von Fischern gefangen, die ihn dem Bettler Salomo geben, der so das Siegel und seine königliche Macht zurück erhält. Als erstes befiehlt er, den Teufel zu fangen, ihm einen Stein um den Hals zu binden und ihn ins Meer zu werfen.[67]

Im Koran wird in Sure 38, Vers 34 auf die Geschichte Bezug genommen: „Wir unterwarfen Salomo ja auch einer Prüfung und setzten ein leibhaftiges Ebenbild (von ihm) [...] auf seinen Thron“. Sie soll zeigen, was es heißt, einer Frau etwas anzuvertrauen, ihr überhaupt, gerade auch in politischen Dingen, zu vertrauen. Jereda verführt Salomo nicht nur dazu, „Götzendienst“ zuzulassen, sie ist auch äußerst unzuverlässig, fällt auf den Teufel herein und verliert so das Staatssiegel. Wie man sieht, kann es also weitreichende Folgen haben und bis zum Verlust der eigenen Existenz führen, wenn man einer Frau vertraut.

Genauer betrachtet, ist jedoch nicht Jereda die Schuldige, der eigentlich „Schuldige“ ist Gott, der Allmächtige, der das Schicksal und die Geschehnisse bestimmt. Und so trägt auch diese Geschichte und die Darstellung Gottes in ihr eher dazu bei, die Idee „Gott“ zu beschädigen, denn sie zeigt, dass Gott sich parteilich und sehr ungerecht verhält. Schließlich ist es, so Mohammed, Gott selbst, der den Plan schmiedete, den Teufel in Gestalt Salomos zu schicken, um das Siegel von der Sklavin Jereda zu bekommen. Da Gott Salomo prüfen wollte, ist es nicht nur falsch, sondern auch unbarmherzig und äußerst ungerecht, nun Jereda zu beschuldigen. Natürlich muss dem hinzugefügt werden, dass all dies mit Gott nichts zu tun hat, sondern Erfindungen Mohammeds sind, der Gott solches unterstellt.

Seine schlechte Meinung über Frauen hielt Mohammed bis zu seinem letzten Atemzug aufrecht. Selbst als er bereits todkrank war, beschuldigte er seine Frauen und bestrafte sie wegen der gesundheitlichen Vorschriften, die sie ihm machten. In einer Überlieferung heißt es, dass Mohammed, der gerade Vorbereitungen für einen Kriegszug gegen Damaskus traf, plötzlich starke Kopfschmerzen und Fieber bekam. Niemand konnte die Krankheit diagnostizieren. Mohammed befahl: „Nehmt Wasser aus sieben verschiedenen Brunnen und gießt es über mich. So kann ich vors Volk treten."[68] Dennoch wurde seine Krankheit schnell schlimmer und er fiel in eine Ohnmacht. Seine Frauen, sein Onkel Al-Abbas ibn Abd al-Muttalib und seine Tochter Fatima berieten, was zu tun sei. Al-Abbas meinte, dass ihm „Nasenkraut" helfen könnte und bestand darauf, diese Medizin in seine Nase zu gießen. Mohammed, aus seiner Ohnmacht erwacht, schimpfte über diese Behandlung und fragte: „Wer hat mir diese Medizin gegeben? Warum diese Medizin?" Al-Abbas sagte: „Prophet Gottes, wir befürchteten, dass du an Rippenfellentzündung erkrankt sein könntest." Daraufhin zeigt Mohammed in Richtung Äthiopien und beschuldigt die Frauen: „Die Frauen haben diese Medizin von dort hergeschleppt. Ich bin respektvoll Gott gegenüber. Deshalb wird er mich mit dieser Krankheit nicht bestrafen."[69] Dabei scheint Mohammed vergessen zu haben, was er einst über bestimmte Krankheiten gesagt hatte, nämlich, dass die Pest [türk. *veba*], Lungenentzündung und „Krankheiten im Bauch" als „Krankheiten des Glaubens" gelten; wer diese Krankheiten bekäme, würde im Jenseits als jemand angenommen werden, der für Gott gestorben sei [als Märtyrer, Anm. d. Hrsg.]. Nur wer respektvoll gegenüber Gott lebe, werde von diesen Krankheiten heimgesucht.[70] Eine Krankheit sei von Gott gegeben, also Wille Gottes, und in diesem Sinne müsse man eine Lösung finden. Je höher das Fieber, von umso mehr Sünden könne man sich befreien.

Mohammed war erbost darüber, dass ihm Nasenkraut verabreicht wurde; und wohl wissend, dass seine Frauen nichts damit zu tun hatten, befahl er: „Gott bestraft mich mit dieser Krankheit nicht. Allen, außer meinem Onkel, soll das Nasenkraut eingeflößt werden."[71] Zur Strafe wurde all seinen Frauen, sogar seiner Frau Maymuna bint al-Harith, die gerade fastete, die Medizin verabreicht.[72]

Ein weiteres Beispiel ist folgende Überlieferung, die eigentlich den politischen Weitblick einer Frau demonstrieren müsste, wäre den Anhängern der Scharia, die sich strikt an ihren Überzeugungen orientieren, nicht der Blick auf Realitäten verstellt. Auch hier unterstellt Mohammed den Frauen noch auf seinem Totenbett „Hinterlist". Mohammed war inzwischen so geschwächt, dass er seiner Gemeinde nicht mehr „vorbeten" konnte. Deshalb befahl er, dass dies Abu Bakr übernehmen solle. Aischa, seine jüngste Frau und Tochter Abu Bakrs, gab zu bedenken, dass Mohammed bereits vor seinem Tod Abu Bakr zu seinem Nachfolger bestimmt hatte. Sie ahnte, dass die Gemeinde es nicht gutheißen würde, es sogar als böses Omen betrachten würde, wenn Abu Bakr dem Gebet vorstehen würde, während Mohammed krank zu Bett liegt. Deshalb sagte sie zu ihm: „Mein Vater hat ein schwaches Herz. Er kann nicht an deiner Stelle vorbeten.“[73] Sie überzeugte auch seine Frau Hafsa und diese sagte zu Mohammed: „Abu Bakr wird so sehr weinen, dass niemand den Koran, den er liest, verstehen wird. Lass Umar ibn al-Chattab [der spätere zweite der rechtgeleiteten Kalifen, der im Jahr 644 ermordet wurde] vorbeten.“[74] Wie man liest, haben diese Aussagen nichts mit Emotionalität zu tun, sondern sie sind sehr logisch und haben politische Gründe. Doch Mohammed erwiderte Aischa: „Ihr Frauen seid Meisterinnen darin, eure Gefühle zu verheimlichen und das Gegenteil zu vertreten, wie die Frauen, die Joseph begegneten.“[75] Die Islamgelehrten glauben, dass mit „die Frauen, die Joseph begegneten“ „Züleyha“ gemeint ist.[76] Angeblich verliebte sie sich in Joseph und als das bekannt wurde, begann man sie für die „Schande“ ihres Verliebtseins zu tadeln. Daher lud sie zu einem opulenten Festmahl, das eigentlich nur ein Vorwand war und dazu diente, den Menschen die Schönheit Josephs gefahrlos demonstrieren zu können.[77] Angeblich habe das Verhalten von Aischa Mohammed an das Verhalten Züleyhas erinnert. Dieser Vergleich ist jedoch deplaziert, denn das Verhalten beider Frauen ist gänzlich unterschiedlich. Wenn die Erzählung stimmt, hat Züleyha in ihrem Interesse und um ihrer Liebe willen etwas verheimlicht. Aischa aber tut nichts zu ihrem eigenen Vorteil, sondern sie handelt und denkt im Interesse der muslimischen Gemeinschaft. Dennoch interpretiert Mohammed den Vorfall in seiner ihm eigenen frauenfeindlichen Logik und beschuldigt die Frauen, hinterlistig zu sein.

Die gegen Frauen gerichteten Glaubenssätze wurden zu heiligen Glaubenssätzen des Islams und haben sich all die Jahrhunderte hindurch erhalten können. Ibn Ishaq (704-767/768), Ibn Hischam (gest. 829/834) und Al-Waqidi (747-823), allesamt berühmte Geschichtsschreiber des Islams, haben diese als erste behandelt.[78] In der islamischen Welt wird Al-Ghasali erhöht, indem man ihn *Hüccet-ül İslâm* [Zeugnis des Islams] nennt, doch es war dieser Al-Ghasali, der später die frauenverachtenden Glaubenssätze des Islams noch verfestigte, sie zur „religiösen Wissenschaft“ machte. In seinen Werken „Die Wiederbelebung der religiösen Wissenschaften“ [*iḥy*ā*'* *'ul*ū*m ad-d*ī*n*], „Elixier der Glückseligkeit“ [*k*ī*miy*ā*' al-sa'*ā*da*] und insbesondere in seinem Werk „Das Beraten von Königen“ [*nas*ī*hatul mul*ū*k*], die äußerst frauenfeindlich sind, hat er die Vorstellung kultiviert, dass die Frau „satanisch“ und „böse“ und deshalb im Umgang mit ihr Vorsicht geboten sei.[79] Auch Ibn Ruschd [Averroës] und sogar der unter Demokraten verehrte Ibn Chaldun haben diese Sichtweise gefördert. Das Land Saudi-Arabien – in dem der Islam in einer sehr strikten, fundamentalistischen Form praktiziert wird, dem Wahhabismus, der auch Staatsreligion ist – legte zu einem internationalen Kolloquium, das 1973 in Beirut stattfand, einen Bericht vor, der als aktueller Beweis dieser Frauenfeindlichkeit gelten kann. Dieser Bericht ist offizieller Ausdruck der Glaubenssätze: „Man darf dem Charakter der Frauen und ihren Aussagen nicht vertrauen" und „Im Vergleich mit dem Mann ist die Minderwertigkeit der Frau offensichtlich".[80]

In der Logik der Scharia ist die Frau „die Quelle des Bösen". Es kann demnach keine „rechtschaffene" (*ṣāliḥa*) also gute, nützliche, den religiösen Geboten gehorchende Frau geben. Dieser Glaube stützt sich auf die Befehle der Scharia und die Überzeugung, dass keine andere Wahrheit als die Scharia und ihre Gebote existiert. Laut Mohammed ist es vergeblich, aus der Frau etwas Gutes herausholen, sie „zurecht biegen" zu wollen, da ihr Verstand, ihr Geist und ihr Glaube aus einer schlechten Grundsubstanz hergestellt worden sei. [Interessanterweise bedient sich Mohammed, zumindest in den Überlieferungen, der Vorstellung, die Frau sei aus der Rippe Adams geschaffen worden, eine Vorstellung, die im Islam angeblich keine Bedeutung haben soll, glaubt man muslimischen „feministischen" Theologinnen[81], Anm. d. Hrsg.] Der berühmte Islaminterpret Al-Ghasali überliefert in seinem Werk „Elixier der Glückseligkeit" [*kīmiyā' al-sa'āda*] folgende Aussage Mohammeds: „Die Frau ist wie eine Rippe, möchtest du sie geradebiegen, bricht sie."[82] Laut einer Überlieferung, die auf Abu Hurayrah zurückgeht, sagte Mohammed: „Die Frau ist wie ein schiefer Knochen. Wenn du sie geradebiegen willst, wirst du sie brechen. Lass sie, wie sie ist, und schau zu, dass du sie so weit nutzt wie möglich."[83] Al-Ghasali stützt sich auf die Überlieferungen von Al-Buchari und Muslim ibn al-Hadschadsch, die die beiden bedeutendsten Hadis-Sammlungen des sunnitischen Islams schufen, wenn er in seinem Werk „Die Wiederbelebung der religiösen Wissenschaften" dieser Aussage hinzufügt: „Das bedeutet, dass du den Anstand, die Moral der Frau nicht so zurechtbiegen kannst, wie du willst."[84]

Um es klar auszudrücken: Nach der Logik der Scharia ist es falsch, auch nur das Adjektiv „gut" für die Frau zu benutzen und es sei vergeblich, sie verändern zu wollen. Bereits Mohammed betonte, dass die Frauen die Menschen „nicht zum Guten führen werden". Um sich vor ihrer Bosheit zu schützen, muss man sich dem Schariarecht fügen. „Denn ihre Niedertracht ist groß, ihre Bosheit offensichtlich, meist [sind sie] unmoralisch und ihr

Intellekt ist schwach."[85] Laut einer Überlieferung von Abu Umame sagte Mohammed: „Eine gute Frau unter den Frauen zu suchen, bedeutet, einen weißen Raben unter hunderten von schwarzen Raben zu suchen."[86]

Mohammed: Die Frau sät Zwietracht und bringt Unglück

Laut Mohammed gibt es für die Muslime zwei große Gefahren, zwei unbezähmbare Feinde: Die „Ungläubigen" und die „Frauen". Die Ungläubigen müssen bekämpft werden, weil sie dem Propheten des Islams und seinen Befehlen nicht folgen, die Frauen, weil sie teuflisch und hinterlistig sind, weil sie Unfrieden und Zwietracht säen (*fitna*), besonders was die Sexualität betrifft, hier sind die Frauen Meisterinnen darin, Fallen für die Männer aufzustellen. Es gibt keine gute Frau und es ist nicht möglich, das Geschlecht der Frauen zu bessern. Deswegen muss das männliche Geschlecht unter den besonderen Schutz Gottes gestellt werden.[87] Diese Ansicht gab Mohammed zum Besten, wann immer er die Möglichkeit fand. Er sagte: „Ihre [der Frauen] List ist gewaltig, ihre Bosheit sichtbar, sie sind geschwätzig und ihre Moral ist meist schwach."[88] Eine Frau könne kein Geheimnis für sich behalten, habe keine Hemmungen, alles über ihren Mann öffentlich zu machen, die Frauen seien Meisterinnen darin, Katastrophen heraufzubeschwören.[89] So sagte Mohammed auch:

„Ein schlechtes Omen liegt in drei Dingen: dem Pferd, der Frau und im Haus."[90]

Die Mittelsmänner der Religion [gemeint sind Hodschas, Imame, Muftis und Religionslehrer, Anm. d. Hrsg.], die dem Volk diese „Weisheiten" beibringen, möchten nicht, dass die aufgeklärten, gebildeten Menschen von diesen Koranversen und Überlieferungen, sowie davon, was in den Büchern der Islamgelehrten steht, erfahren, da sie Ablehnung und kritische Fragen befürchten. Wenn es doch dazu kommt, bestreiten sie den Inhalt oder versuchen durch einen neuen Kommentar, eine neue Interpretation, den Aussagen das Gewicht zu nehmen. Sie behaupten dann etwa, dass diese Sichtweise der vorislamischen Zeit, der Dschahiliyya, zuzuschreiben sei. Auch Diyanet interpretiert eine einschlägige Überlieferung in dieser Weise. Die oben zitierte Überlieferung hingegen ist eindeutig.[91] Doch wie ich bereits ausgeführt habe, waren die Frauen in der vorislamischen Zeit weit mehr geachtet als nach der Islamisierung. Und auch wenn diese Aussagen aus der Zeit der Dschahiliyya stammten, so war es Mohammed, der sie in den Islam aufgenommen und sie mit neuen, ähnlichen Zuschreibungen verfestigt hat. Andere versuchen, den frauenfeindlichen Aussagen das Gewicht zu nehmen, indem sie sagen, dass diese Aussagen nur die „schlechten“, die eigenwilligen und launenhaften Frauen beträfen. Dabei ist diese Ausrede so schlimm wie die Aussage selbst. Denn „schlecht“, kapriziös zu sein, ist nichts spezifisch Weibliches, es gibt viele Männer mit diesen Eigenschaften. Als Beleg dafür, dass der Islam die Frau nicht negativ darstelle, und in Bezug auf die oben genannte Überlieferung zitieren die Islamisten gerne folgende Aussage Mohammeds:

Es gibt nichts Unglückbringendes [kein böses Omen]*: weder im Monat Safer, noch im Fliegen des Vogels, im Singen des Uhus, noch in irgendetwas Anderem.*[92]

Damit erreichen sie zweierlei: Erstens verändern sie den wahren Gehalt dieser Überlieferung, denn das Original lautet: „Es gibt keine ansteckende Krankheit, (*lâ âdva*), es gibt kein böses Omen in Vögeln (*lâ sefehâmete*), der Monat Safer (*lâ safere*) bringt nichts Gutes, nichts Schlechtes.“ Der Teil „noch in irgendetwas Anderem“ fehlt dem Original gänzlich.[93] Man kann es nur als erbärmlich betrachten, dass die Islamisten versuchen, mit dieser Überlieferung eine Frauenfreundlichkeit zu beweisen, mit einem Satz, in dem das Wort Frau nicht einmal enthalten ist. Es sei denn, sie nehmen an, dass die Frau dem „irgendetwas Anderem“ zuzuordnen sei.

Zweitens versuchen die Islamisten, mittels dieser Überlieferung zu beweisen, dass Mohammed nicht abergläubisch war, was schlicht unwahr ist. Hier einige Beispiele aus den Überlieferungen: Halten Sie sich immer rechts [die rechte Seite ist die „gute“ Seite, Anm. d. Hrsg.], essen Sie mit der rechten Hand, stehen Sie mit dem rechten Fuß auf, gehen Sie mit dem rechten Fuß aus dem Haus; orientieren Sie sich an ungeraden Zahlen [türk. *tek rakam*, wörtlich: *Ein*zahl], da es nur *einen* Gott gibt, z. B. wenn man sich nach dem Toilettengang in der Wüste mangels Wassers mit Steinen reinigt (*istinca*), soll die Anzahl der Steine eine ungerade Zahl haben, da es nur *einen* Gott gibt; auf etwas pusten, um es unschädlich, „rein“ zu machen; sich, um eine Krankheit zu heilen, mit Wasser aus sieben Brunnen begießen; bei der Hadschdsch den Teufel steinigen, den schwarzen Stein in der Kaaba streicheln und küssen – es gibt im Islam eine Vielzahl solcher Beispiele für Mohammeds Aberglauben.

Ein weiteres interessantes Beispiel für die Auffassung, dass die Frau Unglück bringe, ist Mohammeds Aussage über Frauen, die sich nackt aneinander reiben: „Wenn zwei nackte Frauen unter einer Decke liegen und ihre Haut einander reiben und eine der Frauen ihrem Mann davon erzählt, entsteht ein großes Familienunglück."[94] Es ist vorstellbar, dass das Ziel eines solchen Verbots war, die Liebe unter Frauen zu verhindern, dann müsste sich die Begründung des Verbots aber auch darauf beziehen. Die Begründung Mohammeds hingegen stützt sich auf eine Logik, deren Geheimnis wir niemals ergründen werden. Er ist der Meinung, dass die Frau in einem solchen Fall ihrem Mann von der Schönheit ihrer Geliebten erzählen würde und dieser dann jene Frau begehren und sich in sie verlieben könnte. Dann würde er sich von seiner Frau scheiden lassen und die andere heiraten, was eine Katastrophe für die Familie wäre.[95] Nicht nur Al-Buchari gibt diese Überlieferung weiter, auch der Korankommentatoren Raghib al-Isfahani (gest. ca. 1108/1109) und Kabusi bestätigen die Aussage Mohammeds. Der Mann würde Lust auf die Geliebte seiner Ehefrau bekommen und sich von ihr trennen und auch die ehemalige Geliebte der Ehefrau würde dann nach einem Weg suchen, sich von ihrem Ehemann zu trennen.[96] Wie gesagt, handelt es sich hier um eine Logik, die schwer nachzuvollziehen ist. Keine Frau, die mit einer anderen Frau ein sexuelles Verhältnis hat, würde dem Mann von der Schönheit ihrer Geliebten erzählen, es sei denn aus Dummheit oder absoluter Naivität. Wenn dann der Ehemann sich wegen der Geliebten seiner Frau auch noch trennen möchte, dann liegt dies vor allem an seinem schwachen Charakter. Hier aber die Frauen verantwortlich zu machen, zu behaupten, sie seien der Quell des Bösen, das kann nur als pure Bosheit bezeichnet werden.

Seine Begabung, Märchen zu ersinnen, die beweisen, dass die Frau und alles, was sie symbolisiert, Unglück bringt, setzte Mohammed auch gegen Menschen ein, die er als Konkurrenten ansah. Ein Beispiel dafür bietet die Überlieferung über die beiden sogenannten „falschen Propheten" oder „Lügenpropheten": Musaylima ibn Habib und Aswad ibn Ka'b.[97] Gegen diese beiden Männer hegte Mohammed eine große Antipathie, weil sie beide geäußert haben sollen: „Wenn Mohammed mich nach ihm zum Kalifen ernennt, werde ich ihm folgen."[98] Solche Äußerungen ärgerten Mohammed und er sagte eines Tages zu Musaylima:

Ich kann dir nicht einmal dieses Stück Stock geben, geschweige denn dir einen Anteil vom Prophetentum vermachen […] *Du bist bestimmt derjenige, der mir im Traum gezeigt wurde.*

Und dann fügte er hinzu:

Als ich einmal schlief, sah ich zwei goldene Armreife an meinen beiden Armen. Und weil das Frauenschmuck ist, hat mich dieser Traum traurig gestimmt. Dann befahl man mir im Traum, auf diese Armbänder zu pusten.

Und ich habe diese beiden Armbänder an zwei Lügenpropheten weitergegeben, der eine ist Esved-i Ansî [Aswad], *der andere Museylime* [Musaylima].[99]

[Das Tragen von Frauenschmuck bedeutet eine symbolische Demütigung für den Mann, die auf mehreren Ebenen stattfindet. Zum einen wird dem Mann so fehlende Männlichkeit, Uneindeutigkeit des Geschlechts vorgeworfen, wobei auch der Vorwurf der Homosexualität mitschwingt. Zum anderen bedeutet dies, dass der Mann durch das Symbol des Frauenschmucks zur Frau gemacht wird, er also degradiert und ihm die Rolle des Passiven gegeben wird. Ein solcher Mann ist auch kein Gegner mehr, mit ihm kann, wie mit der Frau, verfahren werden, wie es beliebt. Anm. d. Hrsg.]

Mohammed hat den Frauen, und zwar nur den Frauen, auch verboten, Gräber zu besuchen. Die Frauen, die es dennoch taten, verdammte er. Selbstverständlich ist ein solches Verbot schwer nachzuvollziehen. Einmal angenommen, Frauen würden tatsächlich Bosheit und Zwietracht säen, welche Nachteile sollen in diesem Fall dadurch entstehen? Hat Mohammed befürchtet, dass die Frauen zwischen den Toten Zwietracht säen, dass sie boshaft zu ihnen sein könnten? Diesem lächerlichen und unlogischen Verbot lag Folgendes zu Grunde: Um die Traditionen der Dschahiliyya, der „Zeit der Unwissenheit", auszulöschen, erließ Mohammed viele Verbote. In der Zeit vor dem Islam besuchten die Juden, die Christen und die Araber die Grabmäler ihrer Angehörigen, ihrer Propheten und Heiligen. Mohammed begründete sein Verbot damit, dass man zu niemandem außer zu Gott bete. Zunächst machte er dabei auch keinen Unterschied zwischen Frauen und Männern; das Verbot galt für alle Muslime. Bald darauf soll er diesen Schritt bereut und das Gebot wieder aufgehoben haben. Möglicherweise sah Mohammed, als sich seine Macht gefestigt hatte, darin keine Gefahr mehr für die Muslime.[100] Allerdings hob Mohammed das Verbot unlogischerweise nur für die Männer auf und erhielt es für Frauen aufrecht; er empfand den Besuch eines Grabes durch ältere Frauen wohl als nicht angemessen.

Laut den folgenden Überlieferungen, die wir bei Abu Dawud finden, sagte Mohammed: „Gott verdamme die Frauen, die Gräber besuchen, am Grab beten und Kerzen anzünden"[101] und in einer Überlieferung, die auf Abu Hurayrah zurückgeht: „Gott soll die Frauen verdammen, die die Gräber oft besuchen."[102] Zwar meinen einige Interpreten, dass diese Überlieferungen nur vor der Aufhebung des Verbots, Gräber zu besuchen, gültig waren, doch sie können ihre Auffassung nicht belegen. Sie führen lediglich eine Information über Aischa als Beweis an, die besagt: „Als Aischa eines Tages vom Grab ihrer Geschwister zurückkam, fragte Müleyke[103]: 'Hat der Prophet den Besuch der Gräber nicht verboten?' Sie antwortete: 'Ja, er hatte es früher verboten, dann aber befahl er, die Gräber zu besuchen.'"[104] Diese Antwort beweist jedoch nicht, dass das Verbot für die Frauen generell aufgehoben worden war. Denn als Mohammed den Gläubigen das Verbot auferlegte, hatte er es nicht getrennt für Männer und Frauen ausgesprochen, sondern für beide Geschlechter.

Unabhängig davon kann niemand erklären, warum er die jungen Frauen außen vor ließ. Viele meinen, dass die jungen Frauen besonders zwieträchtig und gefährlich seien. Kurtubi (1116-1214), ein bekannter Interpret der Überlieferungen, sieht einen Unterschied darin, ob die Besucher alte Frauen, junge Leute, Männer oder eine gemischte Gruppe sind.

Das Spazierengehen der jungen Frauen mit Männern im Friedhof ist verboten, weil es Verderbnis fördert. Aber alte Frauen und Männer können gemeinsam Gräber besuchen.[105]

Sahîh-i Buhârî meint:

In unserer Zeit ist der Besuch der Grabstätten für die Frauen verboten und sogar eine Sünde. Besonders die Frauen Ägyptens besuchen die Gräber meist, um Zwietracht und Bosheit zu säen. Dabei wurde in der Scharia der Besuch von Gräbern nur erlaubt, damit die Gedanken aufs Jenseits gelenkt werden und der Toten als abschreckender Beispiele [für die Endlichkeit des Lebens; Anm. d. Hrsg.] *gedacht wird. Der Besuch soll zu einem Leben anhalten, das sich jegliche Genüsse versagt und sich dem Gebet hingibt.*[106]

Wie man sieht, hat Mohammed keine Gelegenheit ausgelassen, die Frau durch die Zuschreibung negativer Eigenschaften zu stigmatisieren. Dass das „Teuflische", dass geringe Religiosität nicht weiblich ist, sondern beiden Geschlechtern zu eigen, das ist keine Frage der Natur, sondern der Erziehung. Alle diese Eigenschaften sind *menschliche* Eigenschaften, sie sind nicht abhängig vom Geschlecht und deshalb besteht kein Grund zur Annahme, dass Frauen dazu besonders veranlagt sind. Ganz im Gegenteil, die Geschichte ist voller Ereignisse, die beweisen, wie konkurrenzlos die Männer in dieser Angelegenheit sind. Diese Realität, dass das „Böse" nicht weiblich ist, anzuerkennen, dürfte den Scharia-Anhängern, denen ihr Denken den Blick auf die Realität verstellt, allerdings Schwierigkeiten bereiten – es sei denn, es gelänge ihnen, sich die Grundsätze der Religion einmal näher anzuschauen, ohne dabei ihren Verstand auszuschalten. Diese Regeln, die allesamt Mohammeds Phantasie entsprungen sind, werden noch heute auch von so genannten „Gebildeten“ angewandt, um die Freiheit der Frauen einzuengen.

Laut Scharia ist die Frau in allem unrein

Glaubt man Mohammed, ist die Frau „seelisch“ wie auch körperlich unrein [türk. *kirli*, dreckig, schmutzig, menstruierend]. Sie ist „seelisch“ unrein, weil sie, wie bereits erklärt wurde, teuflisch, böse erschaffen worden sein soll, und diese Eigenschaften sorgen dafür, dass sie von innen heraus unrein ist und bleibt. Auch körperlich sei sie, gemäß dem Willen Gottes, von ihrer Menstruation bis zu der Art wie sie uriniert, in allem, mit jedem Organ unrein. Indem Gott der Frau die Menstruation auferlegt habe, so Mohammed, habe er sie mit einer geringeren Religiosität erschaffen. Auch die islamischen Gelehrten verbreiten die „Weisheit“, dass die Frau aufgrund ihrer Menstruation und sonstiger körperlicher Ausscheidungen unrein sei.[107] Deshalb ist es den Männern verboten, sich ihnen während ihrer Menstruation zu nähern. Im Koran heißt es:

Sure 2, Al-Baqara (Die Kuh), Vers 222
Und man fragt dich nach der Menstruation. Sag: Sie ist eine Plage. Darum haltet euch während der Menstruation von den Frauen fern, und kommt ihnen nicht nahe, bis sie (wieder) rein sind! Wenn sie sich dann gereinigt haben, geht wieder zu ihnen, so wie Gott es euch befohlen hat

Wahrscheinlich gibt Gott auch aus diesem Grund den Männern im Paradies Lebensgefährtinnen, die keine körperlichen Ausscheidungen haben:

Sure 2, Al-Baqara (Die Kuh), Vers 25
Und darin haben sie gereinigte Gattinnen zu erwarten.[108]

Es gibt eine Überlieferung über den schwarzen Stein der Kaaba, der bereits in der Zeit vor dem Islam, der Zeit der Dschahiliyya, als heilig betrachtet und angebetet wurde. Diese Vorstellung war so tief verwurzelt, dass auch Mohammed diese alte arabische Tradition übernahm und den Stein bei jeder Hadschdsch, jeder Pilgerfahrt küsste. Einer Überlieferung des arabischen Historikers Muammad Ibn Sa‘d al-Baghdadi (784-845, ein Schüler Al-Waqidis), die er in seinem Werk „Das Buch der Klassen“ [*kitāb aṭ-ṭabaqāt al-kabīr*] wiedergibt, entnehmen wir, dass Mohammed erklärte, dass der Stein der Kaaba, den Adam seinerzeit auf dem Berg Abu Qubais hinterlegt habe, ursprünglich nicht schwarz gewesen sei, sondern weiß.

Aber vier Jahre, bevor Mohamed den Islam öffentlich verkündete, hätten Frauen, die menstruierten, diesen Stein berührt und der Stein sei augenblicklich schwarz geworden.[109]

Laut Mohammed ist die Menstruation der Grund, warum Gott die Frauen davon „befreit" habe, während dieser Tage den Koran in die Hand zu nehmen, zu beten, den Ramadan einzuhalten, die Moschee zu betreten oder die Kaaba zu besuchen. Das heißt, es ist für Frauen verboten, während ihrer Menstruation religiöse Handlungen auszuführen.[110] Gott soll also die Frauen so erschaffen haben und zugleich, weil er sie so erschaffen hat, soll er ihnen verboten haben, den „heiligen" Pflichten zu folgen. Es ist fast überflüssig zu erwähnen, was es für Muslime bedeutet, die religiösen Pflichten nicht befolgen zu können. Im Koran heißt es: „Die guten Taten lassen die schlechten Taten dahinschwinden" (Sure 11, Vers 114). Durch die Ausführung der religiösen Pflichten hoffen die Muslime auf die „Vergebung Gottes" und darauf, das Paradies zu erreichen. Wenn sie ihre Pflichten nicht ausführen können, werden am Jüngsten Tag ihre guten Taten die schlechten nicht aufwiegen und sie kommen in die Hölle. Besonders erschreckend ist zweifellos, dass menstruierende Frauen einem außerordentlichen Ereignis wie der Abschiedspredigt Mohammeds fernbleiben mussten. Laut einer Überlieferung von Ibn ‚Abbas (gest. ca. 688), einer der Sahaba, der „Gefährten" des Propheten, und ein Cousin des Propheten, befahl Mohammed allen Gläubigen die Teilnahme an der Abschiedspredigt, und machte es von dieser Teilnahme abhängig, ob jemand gläubig sei oder nicht. Den Frauen, die ihre Menstruation hatten, war die Teilnahme jedoch verboten.[111]

Die Frau ist für den Scharia-Anhänger nicht nur durch ihre Menstruation unrein, er behauptet auch, dass der Urin der Frau unreiner sei als der Urin des Mannes. Laut Abu Dawud habe Mohammed gesagt, „wenn auf euch der Urin der Frau spritzt, müsst ihr diese Stelle unbedingt gründlich reinigen; spritzt aber der Urin eines Mannes auf euch, so braucht ihr diese Kleidung oder diese Stelle nicht zu reinigen, es genügt sie auszuschütteln".[112]

Mohammed empfand die Frauen als so unrein, dass er sie auf eine Stufe mit den unreinsten Tieren stellte, sie in einem Atemzug mit den Tieren nannte, die ein Gebet ungültig machen. Um die Reinheit und Gültigkeit des Gebets zu gewährleisten, benutzen die Betenden ein *sütre*, eine Barriere, die man vor sich stellt. Als *sütre* kann ein einfacher Gegenstand, wie ein Sattel oder ein Baumstumpf dienen, es kann aber auch ein „reines" Lebewesen sein, wie etwa eine Kamelstute.[113] So wird der Betende vor sich zwischen ihm und Mekka befindlichen Dingen oder Lebewesen geschützt, die sein Gebet ungültig machen. Eine Überlieferung von Ibn ‚Abbas lautet: „Wenn einer von euch sein Gebet ohne das *sütre* verrichtet und ein Steinwurf entfernt ein Esel, ein schwarzer Hund [ein Symbol des Teufels], ein Jude oder eine Frau vorbeigeht, dann besitzt dessen Gebet keine Gültigkeit.“[114]

Dies wird bestätigt und erweitert durch den ermordeten ehemaligen Mufti Turan Dursun, der 1965 den Dienst als Mufti quittierte, weil er, wie er öffentlich verkündete, den Glauben an den Islam verloren hatte. Er veröffentlichte seinen Streit mit dem Diyanet über diese Aussage unter der Überschrift „Das Gebet wird verunreinigt durch den Hund, den Esel, das Schwein und die Frau“ und wies die Behauptung des Diyanet, dass es keine solche Überlieferung gebe, zurück. Dazu zitiert er unter anderem auch die Diyanet-Ausgabe des *Sahihi Buchari*.[115] In einer Fußnote zu dieser Überlieferung wird Aischa zitiert, die hört, dass Hund und Esel das Gebet verunreinigen und fragt:„Setzt ihr uns [Frauen] etwa mit einem Esel gleich?“[116]

Behauptungen, Mohammed sei der Meinung, dass die Frauen das Gebet verderben, weil sie den Mann sexuell erregen könnten, nicht weil sie unrein sind, erklären nicht, warum Mohammed die Frau auf eine Stufe mit den genannten Tieren stellt. Dabei sind beide Gründe entwürdigend und weder die Unreinheit noch die Sexualität können als Begründung für diese Entwürdigung akzeptiert werden. Diese Ausflucht kann nicht darüber hinwegtäuschen, dass Mohammed der Auffassung war, dass die Frau etwas an sich hat, das das Gebet verdirbt, und diese Auffassung macht er zur Regel seiner Religion. Aischa überliefert auch, dass Mohammed besonders beim Abendgebet keine Frau zwischen sich und der Gebetsrichtung duldete.[117] Auch wenn es Aischa nicht gefiel, dass die Frau in einem Atemzug mit dem Esel und dem Hund genannt wurde, zog sie sich doch zurück, sobald Mohammed sich zum Gebet begab; wenn sie es vergaß, dann schubste Mohammed sie beiseite.[118] Seltsam ist, dass Mohammed kein Problem darin sah, wenn eine Kamelstute oder eine Katze die Gebetsrichtung kreuzte; diese beiden Tiere sind, so scheint es, für Mohammed reiner als eine Frau.[119]

Die angebliche „Unreinheit“ der Frauen veranlasste Mohammed auch dazu, den gläubigen Männern zu verbieten, den Frauen bei der Begrüßung die Hand zu geben. Er selbst berührte die Hände der Frauen auf keinen Fall: „Ich gebe den Frauen niemals die Hand.“[120] Nachdem er Mekka erobert hatte, ließ er sich von den Frauen huldigen und nahm ihnen als dem Führer der Gemeinschaft einen Treueeid (*biat*[121]) ab. Aber auch hier überließ er es Umar ibn al-Chattab, ihnen die Hand zur Besiegelung zu reichen. Er ließ die Frauen zur Besiegelung ihre Hände entweder in eine Schüssel mit Wasser tauchen, die vor ihm aufgestellt wurde,[122] oder nahm den Eid in mündlicher Form entgegen und sagte dann: „Geht und gehorcht (den

Geboten des Islams)!"[123] Es ist auch überliefert, dass er seine Hand mit seinem Umhang umwickelte. Indem er sich weigerte, den Frauen die Hand zu geben, schuf er ein Vorbild für den Umgang mit ihnen.

Mit dem Verbot, den Frauen die Hand zu geben, wollte er die Männer sicher auch vor dem „Teuflischen", der Verunreinigung durch die Erotik der Frau schützen. Laut Al-Buchari, Muslim, At-Tabari und Al-Bayhaqi liegt diesem Brauch die Vorstellung zugrunde, dass man schon durch das Berühren einer Hand Ehebruch [arab. *zina*] begehen könne – in diesem Falle „Hand*zina*" –, falls man durch die Berührung sexuell erregt werde. Deshalb behauptete Mohammed, dass jeder, der die Hand einer Frau berühre, am Jüngsten Tag Feuer in die Hand gelegt bekomme. „Es ist besser, mit einem eisernen Stab auf den Kopf geschlagen zu werden, als einer fremden Frau die Hand zu geben."

Auch andere Überlieferungen, so z. B. in der Hadis-Sammlung *Al-Musnad* des Theologen und Rechtsgelehrten Ahmad ibn Hanbal (780-855), dem Begründer der hanbalitischen Rechtsschule, besagen, dass das Verbot, der Frau die Hand zu reichen, ausgesprochen wurde, weil die Frauen aufgrund ihrer Menstruation unreine Wesen seien.[124] Mohammed habe seine Hand, bevor er sie den Frauen gab, mit einem Stück Stoff umwickelt. Da er seine Hand bei der Berührung mit Männern nicht verband, ist anzunehmen, dass er sich vor der den Frauen unterstellten Unreinheit schützen wollte. Sevde bint Assam ibn Halid überliefert, dass Mohammed ihr, als sie zum Islam übertreten und das Glaubensbekenntnis aussprechen wollte, befohlen habe, ihre Nägel mit Henna zu färben. Mohammed habe ihr dann erklärt: „Die Frauen haben etwas, das Unglück bringt und den Segen der Hand nimmt" und „Wenn die Frauen ihre Finger mit Henna färben, verschwindet dies".[125]

Auch dass Mohammed den Männern die rituelle Waschung nach dem sexuellen Akt vorschrieb, zeigt, dass er davon ausging, dass die Frauen unrein seien. Folgender Vers des Korans zeigt, dass die rituelle Waschung dem Mann auferlegt ist:

Sure 4, An-Nisā' (Die Frauen), Vers 43
(wenn) einer von euch vom Abort kommt oder (wenn) ihr mit Frauen in Berührung gekommen seid und kein Wasser findet (um die Waschung vorzunehmen), dann sucht einen sauberen (oder: geeigneten, w. guten) hochgelegenen Platz auf und streicht euch über das Gesicht und die Hände!

Laut einer Überlieferung von Abu Sai'd al-Chudri hat Mohammed befohlen: „Will einer von euch, nachdem er mit seiner Frau Geschlechtsverkehr hatte, es noch einmal wiederholen, müsst ihr zwischen den beiden Akten eine rituelle Waschung durchführen."[126] Wie Sie lesen, ist es der Mann, der aufgefordert ist, sich zu reinigen. Denn laut Mohammed ist auch das männliche Geschlechtsorgan reiner und „heiliger" als das der Frau und muss deshalb vor der weiblichen Unreinheit beschützt werden.[127] Insofern gilt das Reinigen des Penis dem Schutz vor der Frau. Diese Reinigung soll der Mann auch dann ausführen, wenn er nicht in die Frau eingedrungen ist und auch keinen Samenerguss hatte, wie eine von Halid bin Zeyd El-Ensari weitergegebene Überlieferung zeigt: „Ein Mann, der den Geschlechtsverkehr vollzog, muss sich vor dem Beten zwischen den Beinen waschen, auch wenn keine Samenflüssigkeit nach außen drang".[128] Mohammeds jüngste Frau Aischa sagte dazu: „Gottes Gesandter reinigte sich, wenn er mit mir schlief und unrein wurde".[129]

Bei Begräbnisfeiern ist es den Frauen wegen ihrer Menstruation nicht erlaubt, dem Sarg zu folgen, denn sie würden einen schlechten Geruch verbreiten. Im *Sahih al-Buchari* finden wir unter der Überschrift „Der Geruch der Frau während der Menstruation" folgende Bestimmung, die von Umm Atiyya überliefert ist: „Uns Frauen wurde verboten, dem Sarg zu folgen."[130] Und Ismaili überliefert: „Uns Frauen hat der Gesandte Gottes [...] verboten, dem Sarg zu folgen."[131] Selbst wenn einige Islamgelehrte diese Überlieferungen in Frage stellen, ist es auch heute noch allgemein üblich, dass die Frauen dem Sarg nicht folgen dürfen.[132] Da Frauen nur einmal im Monat und längstens eine Woche menstruieren, da die Menstruation ab einem bestimmten Alter ganz ausbleibt, ist es unverständlich, warum eine Bestimmung erlassen wurde, die den Frauen grundsätzlich verbietet, dem Sarg zu folgen. Wenn es tatsächlich um den schlechten Geruch gehen würde, dann hätte man auch den Männern, die schlecht riechen, verbieten müssen, dem Sarg zu folgen. Eine Überlieferung von Mohammeds Frau Maymuna besagt, dass sie nicht beten durfte, wenn sie ihre Menstruation hatte, aber Mohammed neben ihr gebetet habe und dabei auch mit ihrem Kleid in Berührung gekommen sei.[133] Diese Überlieferung wird tatsächlich von denjenigen genutzt, die beweisen wollen, dass Mohammed den Frauen nicht verboten haben kann, dem Sarg zu folgen. Dabei bemerken diese Islam-Gelehrten nicht einmal, dass sie mit sich selbst im Widerspruch stehen, dass Mohammed zwar das Kleid seiner Frau berührt haben mag, dass er neben ihr gebetet haben mag, dass er der Frau aber im gleichen Atemzug das Gebet selbst verboten hat, ja dass ihr wegen ihrer Menstruation die Teilnahme an sämtlichen religiösen Riten, das Einhalten des Ramadan, der

Besuch der Moschee,[134] der Besuch der Kaaba [die Hadschdsch, Pilgerfahrt] usw. verboten wurde.[135]

Obwohl Mohammed den Frauen all diese Verbote auferlegte, sah er jedoch bei seinen eigenen Ehefrauen kein Hindernis, diese während ihrer Menstruation nicht doch zu berühren, wie folgende Überlieferungen zeigen. Auch Aischa berichtet: „Während meiner Menstruation legte er seinen Kopf auf meinen Schoß und las den Koran."[136] Unverständlich wird die Logik bleiben, die die Frau als unrein stigmatisiert und verdammt, sie sozusagen zu einer „Unberührbaren" macht, dann aber erlaubt, sie beim Lesen des für „heilig" erklärten Buches als Stütze zu benutzen. Aischa überliefert auch: „Wenn ich meine Menstruation hatte, hat der Gesandte Gottes mich mit seinem Körper berührt. Er legte sich mit mir unter eine Decke."[137] Mohammeds Frau Umm Salama berichtet: „Wir schliefen unter einer Decke, als ich meine Menstruation bekam. Ich bin leise rausgeschlüpft und habe meine Kleidung für Menstruationstage angezogen. Er fragte: 'Hast du deine Tage bekommen?', 'Ja', sagte ich. Daraufhin rief er mich zu sich und ich schlief mit ihm unter der Samtdecke mit Fransen."[138] Eine Überlieferung von Aischa besagt: „Wenn eine seiner Frauen ihre Tage bekommt, befiehlt er ihr, einen breiten Unterrock anzuziehen, dann berührt er ihre Brüste."[139]

Es gibt noch zahlreiche Beispiele dieser Widersprüchlichkeit, die uns in als authentisch geltenden Quellen überliefert ist. Zweifellos kann man die Gesinnung in den oben genannten Versen, die den Frauen Unreinheit unterstellt und ihnen zahlreiche Verbote auferlegt, nicht anders als frauenverachtend nennen.

Der Koran stellt die Frauen dem Vieh gleich und behandelt sie wie Besitz

Die Scharia zählt die Frau nicht zu den Menschen. Wie wir gesehen haben, stellt Mohammed die Frau mit den Tieren auf eine Stufe, vergleicht sie zu den unterschiedlichsten Gelegenheiten mit allen möglichen wilden oder halbwilden Tieren. Er behauptet nicht nur, dass die Frau genau wie der Hund und der Esel unrein sei, sondern sieht in ihr, genau wie im Pferd, ein böses Omen, etwas, das Unglück bringt.[140]

Auch im Koran werden die Wörter „Mensch" [türk. *insan*[141]] oder „Menschheit" [türk. *insanoğlu*, wörtlich: „Menschensohn"] zur Ansprache der Männer eingesetzt [diese Wörter meinen, wie auch in anderen patriarchalischen Kulturen, den Mann als Norm, als Vertreter der gesamten

Menschheit, Anm. d. Hrsg.]. In Sure 5, Vers 3 und 4 wird erklärt, welche Tiere für Muslime Sünde [*haram*], verboten und welche erlaubt [*helal*] sind. Vers 5 geht zunächst auf die Tiere ein, dann, ohne jegliche Überleitung, wird im selben Vers erklärt, welche Frauen den Männern erlaubt und welche verboten sind:

Sure 5, Al-Mā'ida (Der Tisch), Vers 5
Heute sind euch die guten Dinge (zu essen) erlaubt. Und was diejenigen essen, die (vor euch) die Schrift erhalten haben, ist für euch erlaubt, und (ebenso) was ihr eßt, für sie. Und (zum Heiraten sind euch erlaubt), die ehrbaren gläubigen Frauen und die ehrbaren Frauen (aus der Gemeinschaft) derer, die vor euch die Schrift erhalten haben

Wie Sie sehen, sind mit dem Wort „euch" die Männer gemeint und angesprochen. Der Vers zählt ihnen die Tiere auf, die sie essen dürfen, und gleichzeitig die Frauen, die sie heiraten dürfen; die Frauen werden dem Vieh gleichgestellt. So auch in folgendem Koranvers:

Sure 3, Āl-'Imrān (Die Sippe 'Imrāns), Vers 14
Den Menschen erscheint es herrlich, (all das) zu lieben, wonach man Lust hat: Frauen, Söhne, (ganze) Zentner von Gold und Silber, markierte (?) Pferde, Vieh und Saatfelder. Das (alles) ist (aber nur) für den (kurzen) Gebrauch im diesseitigen Leben bestimmt

Auch hier meint das Wort „Menschen" [im türkischen Koran des Diyanet übersetzt mit *insanlara*, Anm. d. Hrsg.] nicht die Frauen, sondern spricht die Männer an. Die Frauen werden wie die Pferde, das Vieh und das Land in die Kategorie „Gaben des weltlichen Lebens" eingereiht. Die Liebe, die hier beschrieben wird, entspringt dem Bedürfnis, dem „Wunsch nach" etwas. Die „Liebe für" die genannten Tiere, für das Vieh und die Saatfelder, hat ihre Ursache darin, dass sie ein Statussymbol darstellen oder einen Nutzen für den Menschen haben, darin, dass er das Fleisch, die Milch, die Haut (Leder), die Wolle braucht. Die Frau wird hier genannt, weil sie die sexuellen Bedürfnisse des Mannes befriedigen und ihm dienen soll. Sie wird somit genauso als ein Mittel zum alltäglichen Gebrauch, für das „kurzweilige" Leben der Menschen (Männer) gesehen und mit dem Vieh in einem Atemzug genannt. Der letzte Satz des obigen Zitats spricht für sich: die irdischen Güter, das Vieh und die Frauen sind jedoch nur „für den (kurzen) Gebrauch (!)" des diesseitigen Lebens bestimmt. Die Mohammed folgenden Kalifen haben seine Wahrnehmung der Frau zur Tradition gemacht, sie fortgeführt, denn auch in der folgenden Überlieferung ist ausgedrückt, der

Mensch ist der Mann; Umar ibn al-Chattab sagte: „Der Mensch sollte seiner Familie gegenüber wie ein Kind, nach außen wie ein Mann sein.“[142] Wie Sie sehen können, ist auch hier mit Mensch der Mann gemeint. Al-Ghasali ergänzt: „Auch Lokman[143] hat dasselbe gesagt und die selben Ratschläge erteilt.“[144] Al-Ghasali, der diese Wahrnehmung teilt, erklärt in seinem Buch „Die Wiederbelebung der religiösen Wissenschaften“ die Grundsätze der Ehe laut Koran und beschreibt ihren Nutzen für die „Menschheit“:

Der vierte Nutzen der Ehe ist die Befreiung von zeitraubender und anstrengender Hausarbeit, wie das Haus zu kehren, zu kochen, das Geschirr zu reinigen, die Betten zu machen [...] *Auch, wenn es kein Begehren gäbe, ist es für die Menschheit* [*insanoğlu*] *schwer, die Hausarbeiten zu machen. Denn diese Arbeiten nehmen viel Zeit in Anspruch, verhindern die Wissenschaft und werden zum Hindernis für das Ziel. Eine gute Frau sorgt dafür, dass das Begehren des Mannes befriedigt wird und die Hausarbeiten erledigt werden, damit er auch beten kann.*[145]

Wie Sie lesen, ist mit „Menschheit“ im Grunde die Gesamtheit der Männer gemeint, die Frauen wurden von Mohammed lediglich als nützlicher Hausrat angesehen.[146] Die Scharia erkennt zwar an, dass die Frau als Mensch erschaffen wurde, aber sie stellt sie nicht auf die Ebene eines Menschen. Die Frau ist allein dazu erschaffen, die Bedienstete des Mannes zu sein und ihm die Möglichkeit zu geben, edle Tätigkeiten auszuführen, edlere Tätigkeiten als die der Hausarbeit. Diese edle Tätigkeit ist das Gebet, durch das dem Menschen seine Sünden vergeben werden und er somit ins Paradies gelangt.

Dass die Frau eher als Besitz denn als Mensch gesehen wird, zeigen auch die Bestimmungen zur Kriegsbeute, die Mohammed festlegte, um die arabischen Männer zum Krieg anzutreiben. Um seine Krieger für ihren heldenhaften Einsatz im Krieg für den Islam, für den Einsatz ihres Blutes auf dem Wege Allahs (Sure 8, Vers 72) zu belohnen, versprach er ihnen nicht nur unberührte Frauen im Jenseits, sondern auch die Frauen der eroberten Orte im Diesseits. Die Frauen wurden wie Waren oder wie Vieh verteilt, um die Bedürfnisse des Mannes und seine sexuelle Lust zu befriedigen. Mohammed persönlich begutachtete die weiblichen Gefangenen und reservierte sich die Frauen, die ihm gefielen, indem er seinen Mantel über sie warf. So „beschlagnahmte“ er einige besonders schöne Frauen für sich (vgl. S. 291 und 313). Manchmal gab es Streitereien, weil mehrere Männer an ein und derselben Frau interessiert waren. Mohammed mischte sich nicht selten ein und bekam dann die „Beute" zugesprochen. Auch diese Bestimmungen geben einen Einblick, wie weit der Islam in seiner Erniedrigung der Frau geht.

Mohammed: Das Gebet wird verunreinigt durch schwarze Hunde, Esel und Frauen

Wie ich bereits ausgeführt habe, wird die Frau im Islam als unrein betrachtet. Laut einer Überlieferung im *Sahih al-Buchari* sagte Mohammed: „Das Gebet wird verunreinigt, durch die Frau, den Esel, schwarze Hunde, den *nasrani* [Christ], den *yahudi* [Juden] und den *mesusi* [Zoroastrier], wenn vor den Betenden kein *sütre* steht."[147] Im *Sahih al-Buchari* erfahren wir aus einer Überlieferung von Ibn Umar auch, dass Mohammed seine Kamelstute als *sütre* benutzte indem er sie sich vor ihm niederlegen ließ (vgl. S. 106); ging sie weg, benutzte er den Sattel des Kamels.[148] Diese Ehre lässt Mohammed also dem Kamel und einem Stück Holz zuteil werden, nicht aber der Frau, außerdem den „Ungläubigen" und einigen Tieren, die im Islam nicht die Gnade fanden, als rein betrachtet zu werden.

Im Islam anerkannte Überlieferer wie der Rechtsgelehrte Malik ibn Anas, Al-Hasan Al-Basri (gest. 728), Mohammeds Cousin und Gefährte Ibn ‚Abbas (gest. 688), der Gelehrte Ibn Hanbal [Gelehrter] und viele andere geben unter den Gründen, die ein Gebet verunreinigen und so aufheben, vor allem den Hund, den Esel und die Frau an.[149] Über den schwarzen Hund heißt es: „Die islamischen Quellen teilen uns mit, dass der schwarze Hund das Gebet verunreinigt, nicht aber der rote Hund."[150] Abu Dharr, einer der ersten Anhänger Mohammeds, wird eines Tages gefragt, warum der schwarze Hund das Gebet verunreinige, und er antwortet: „Das habe ich den Propheten auch gefragt. Er sagte, der schwarze Hund sei der Teufel."[151] Der schwarze Hund wird also, genau wie die Frau, mit dem Teufel identifiziert und daher verunreinigen beide das Gebet. Nach der Logik der Scharia ist also der rote Hund, der nicht mit dem Teufel identifiziert wird, mehr wert als der schwarze Hund und die Frau.

Wie bereits erklärt, besteht die Hauptaufgabe des Muslims darin, das Gebet zu verrichten. Da das häufige Gebet einen Muslim vor der Hölle retten kann, ist man bemüht, jedes Gebet so auszuführen, dass es auch Gültigkeit besitzt, seine Wirkung nicht etwa durch Verunreinigung aufgehoben wird, und man ersann Methoden, das Gebet zu „schützen". Abu Dschuhaifa überliefert: „Der Prophet hat in Batha eine kurze Lanze vor sich in den

Boden gesteckt und verrichtete dann das Gebet. Während er betete, gingen eine Frau und ein Esel vorbei."[152] Das „Geheimnis" liegt also in der hölzernen Barriere, ist diese errichtet, kann sowohl eine Frau vorbeilaufen als auch ein Esel oder ein schwarzer Hund. Diese Vergleiche mit Tieren sind für jede Frau erniedrigend.

Aischa fragte eines Tages den Al-Aswad ibn Yazid-i Nehai (gest. 694) [Esved bin Yezid en-Nehaî[153]]: „Was verunreinigt das Gebet?" Als sie die oben genante Erklärung bekam, sagte sie:

Haltet ihr uns mit Hunden und Eseln gleich? Ich schwöre euch, es gab Situationen, in denen ich auf der Liege lag und der Prophet herein kam und sich (in Richtung Liege) zum Gebet begab. Manchmal kam es vor, dass ich, wenn ich wegen einem Bedürfnis aufstehen musste, um ihm kein Leid zuzufügen, [am Fußende] *der Liege aus der Decke schlüpfte.*[154]

Die Schilderung Aischas, dass Mohammed sich zum Gebet begab, obwohl sie dort lag, widerspricht der Regel, dass die Frau das Gebet verunreinigt, jedoch nicht. Ganz im Gegenteil, sie bestätigt die Bestimmung, durch die Aussage, dass sie ihm ein Leid zufüge, falls sie aufstünde. Dennoch versuchen Scharia-Anhänger diese Bestimmung schönzureden, sie zurechtzubiegen. In ihrer üblichen Art zu lügen, verwickeln sie sich dabei in Widersprüche. Auch folgende Überlieferung Aischas wird oft herangezogen, um zu beweisen, dass die Frau das Gebet nicht verunreinige: „Gottes Botschafter betete und ich lag ihm gegenüber wie eine Leiche."[155] Diese Überlieferung gilt allerdings als keine sichere.[156] Eine weitere Überlieferung schildert, dass Mohammed Aischa, wenn sie in Gebetsrichtung schlief, schubste, und sie die Knie anzog, um ihm nicht im Weg zu sein.[157]

Hinzu kommt, dass es Überlieferungen gibt, die noch einmal eine ganz andere Sicht auf die Sachlage und die oben zitierte Überlieferung werfen. Aischa soll nämlich gesagt haben: „Gottes Gesandter betete auch, wenn ich vor ihm stand. Aber er betete nicht, wenn eine seiner anderen Frauen vor ihm stand."[158] Wie Sie sehen, geht es hier nicht darum, dass Aischa zeigen wollte, dass die Frau das Gebet nicht verunreinige. Hier ging es alleine um sie und darum, dass sie sich gerne als Besondere unter den Ehefrauen Mohammeds darstellte:

Ich bin den anderen Frauen überlegen: Ich bin die einzige Jungfer, die er heiratete; meine Mutter und mein Vater waren Auswandernde[159]*; Gott hat meine Wahrhaftigkeit mit Versen bewiesen. Gabriel zeigte dem Propheten mein Bild in einem Gefäß und sagte „Heirate sie"; nur mit mir badete er mit Wasser aus dem selben Gefäß; er betete, wenn ich vor ihm stand. Got-*

tes Botschaften kamen zu ihm, wenn er bei mir war; als er starb, lag sein Kopf auf meinem Schoß; seinen letzten Geschlechtsverkehr hatte er mit mir; seinen letzen Weg (Tod) ging er aus meinem Zimmer.[160]

Wie man sieht, hat Aischas Aussage nicht das Geringste damit zu tun, dass sie zeigen wollte, dass die Frau nicht mit einem Tier gleichgesetzt wird und das Gebet nicht verderbe. Ihr einziges Anliegen war, herauszustellen, dass sie eine Ausnahme unter allen Frauen ist. Das Gesagte unterstreicht sogar die Erniedrigung der Frau.

Statt sich der Logik zu bedienen, statt ihren Verstand zu nutzen und solche Bestimmungen für ungültig zu erklären, auszuradieren, versuchen die Anhänger der Scharia diese Erniedrigung der Frau mithilfe äußerst zweifelhafter Mittel und Argumente zu vertuschen. Sie stellen unsichere Überlieferungen[161] vor die sicheren, und die sicheren Überlieferungen frauenfeindlichen Inhalts lässt man z. B. in einer Fußnote verschwinden.[162] Oder sie geben weitere Überlieferungen an, die beweisen sollen, dass die Frauen gar nicht diskriminiert werden. So wird, um zu belegen, dass die Frau das Gebet nicht verunreinige,[163] die Überlieferung von Abdullah ibn ‚Abbas zitiert: „Als der Prophet in Mina ohne *sütre* betete, kam ich ihm auf einer Eselin entgegen (…) Ich stellte mich vor eine der Reihen, ließ die Eselin frei, damit sie frisst, und reihte mich ein. Niemand sagte etwas dagegen.“[164] Als ob diese Überlieferung ein Zeichen der Achtung der Frau wäre, als ob diese die verletzten Gefühle der Frauen wieder gut machen würde! Nein, die Meinung der Scharia-Anhänger, dass die Tatsache, dass man einen Esel weiblichen Geschlechts vor Betenden Gras fressen lässt, ein Beweis dafür sein soll, dass die Frau das Gebet nicht verunreinige, ja sogar dafür, dass die Frau im Grunde geachtet sei, kann man nur als absurd bezeichnen. Diese Überlieferung oder das Beispiel von Mohammed, der beim Beten ein Kamel als *sütre* benutzt, sollen im Grunde genommen verhindern, die Scharia in Frage zu stellen.

Auch dem Scharia-Anhänger müsste aufgrund der zahlreichen Überlieferungen also klar sein, dass im System der Scharia das Kamel wertvoller ist als die Frau. Nehmen wir an, Mohammed hat tatsächlich das Schwein und den Hund als „unreine“ Tiere und die Frau als Teufel betrachtet, warum aber hat er das Kamel dem Esel vorgezogen? Das Kamel ist dem Esel doch keineswegs überlegen. Es ist nicht „reiner“, nicht sauberer als der Esel, außerdem bekommt das Kamel Wutanfälle und ist rachsüchtig. Versuchen Sie auf keinen Fall, dem Scharia-Anhänger solche Fragen zu stellen. Abgesehen davon, dass Sie beschuldigt würden, ein Feind der Religion zu sein, würden Sie darüber sicher den Verstand verlieren.

Charaktereigenschaften der Frau und des Tiers – „schlagt sie“

Die Frau wurde nicht nur beim Gebet, sondern auch in anderen Bereichen mit Tieren auf eine Stufe gestellt; so hat Mohammed die Frau mit den Raben und dem Schaf verglichen.[165] Sie wird außerdem, wie Sie sehen werden, dem Pferd charakterlich gleichgestellt, weil sie gefügig und sturköpfig sei. Die dazugehörende Überlieferung lautet:

Glück und Unglück liegen bei den Frauen, im Haus und bei den Pferden. Glück bringt die Frau, wenn das Heiratsgeld gering ist, sie leicht zu heiraten ist und sie einen guten Charakter hat. Das Haus bringt Glück, wenn es groß ist und gute Nachbarn hat. Unglück liegt im nahen, bösen Nachbarn. Glück bringt das Pferd, weil es weich [gefügig] *ist und einen guten Charakter hat. Unglück bringt das Pferd, weil es einen harten Kopf* [sturen Kopf] *hat und ohne Moral ist.“*[166]

Auch hier wird der Vergleich aus männlicher Perspektive gezogen, er behandelt die Interessen des Mannes und nennt die Frau in einem Atemzug mit dem sonstigen Besitz des Mannes.

Al-Ghasali, der als große Autorität des Islams gilt, schreibt in seinem Werk „Das Beraten von Königen“ [*nasīhatul mulūk*], dass die „Rasse der Frauen“ [167] aus zehn Gattungen bestehe, wobei der Charakter jeder dieser Frauen-Gattungen dem Charakter eines bestimmten Tieres entspreche, sich auf eine bestimmte Qualität des Charakters dieser Tiere beziehe. Die meisten dieser Tiere sind die von Muslimen verachteten, die als unrein und als Unglück bringende Tiere gelten.

So erklärt Al-Ghasali, dass die Frau, die dem Schwein ähnelt, gefräßig ist und genau weiß, wie man sich den Bauch vollschlägt. Sie schert sich nicht darum, woher sie kommt und wohin sie geht. Sie macht sich keine Mühe mit dem Glauben, dem Gebet und dem Einhalten des Fastens. Sie respektiert ihren Mann und seine Rechte nicht und kümmert sich nicht um die Kinder, ihre Erziehung und darum, ihnen das Lesen des Korans beizubringen. Sie hat ungepflegte Kleidung und von ihr geht ein ständiger Gestank aus. Die Frau, die dem Affen ähnelt, liebt es, sich bunt anzuziehen, sich silbernen und goldenen Schmuck, Juwelen, Perlen und Rubine anzulegen. Sie prahlt damit vor ihren Verwandten, aber ihr Inneres entspricht nicht ihrer äußeren Erscheinung. Die dem Hund ähnelnde Frau springt ihrem Mann, wann immer er spricht, ins Gesicht und schreit und knurrt ihn an. Wenn der Geldbeutel ihres Mannes mit Gold und Silber gefüllt ist, dann spricht sie: „Du bist mein ein und alles, ich bete zu Gott, dass er mich nie erleben lässt, dass dir ein Leid geschieht, und möge mein Tod vor deinem eintreffen!“ Verliert ihr Mann aber seinen Reichtum, so beschuldigt und schilt sie ihn: „Du bist ein armer Wicht!“ Die Frau, die dem Maultier gleicht, ist störrisch wie ein Maultier, das nirgendwo bleiben will oder sich ohne Schläge nicht bewegt. Sie ist stur, geht ihren eigenen Weg und ist eingebildet. Die Frau, die die Eigenheiten eines Skorpions hat, besucht oft ihre Nachbarn, tratscht und sammelt Tratsch, sie tut ihr Möglichstes, um Feindschaft und Hass unter ihnen zu stiften und entfacht Streit, sie sticht und lässt ihr Gift überall dort, wo sie sich aufgehalten hat. Sie fürchtet sich nicht, eine von denen zu sein, die der Prophet als Unruhestifter bezeichnen würde. Die Frau, die den Charakter einer Maus hat, klaut Geld aus dem Geldbeutel ihres Mannes und versteckt es im Haus ihrer Nachbarn. Sie stiehlt Getreide und gibt das Garn zum Spinnen weg. Die Frau, die die Eigenheiten einer Taube hat, flattert den ganzen Tag herum, ist nie ruhig. Sie fragt ihren Mann: „Wo gehst du hin und wann wirst du wieder kommen?“ und sie spricht nicht freundlich. Die dem Fuchs ähnelnde Frau schickt ihren Mann aus dem Haus und isst alles auf, was sich darin befindet. Dann rührt sie sich nicht mehr und stellt sich krank. Wenn ihr Mann nach Hause kommt, klagt sie: „Du hast mich (zu Hause alleine) und krank zurückgelassen.“ Die dem Schaf ähnelnde Frau ist ihrem Mann, seiner Familie und den Nachbarn nützlich, mitfühlend mit ihrer eigenen Verwandtschaft, freundlich gegenüber den Mitgliedern ihres Haushaltes und zu ihren Kindern und gehorsam gegenüber dem allmächtigen Gott. Ghasali schließt seine Ausführung mit der Feststellung, dass die fromm verschleierte Frau „ein Segen Gottes in der Höhe“ ist.[168]

Die beste aller Frauen ist also die Frau, die zu allen freundlich und hilfsbereit ist. Sie ist ihrem Mann nützlich, so wie das Schaf durch Fleisch, Wolle, Leder, Fett den Menschen nützlich ist. Sie bedient ihren Mann und stillt seine sexuelle Begierde. Schaf-Frauen sind außerdem Gott gehorsam und religiös; sie verschleiern sich und folgen den Befehlen der Scharia. Nur wenige Männer haben das Glück eine solche zur Frau nehmen zu können, denn diese Frauen sind selten.[169]

Al-Ghasali stützt seine Ansicht auf folgende Aussprüche Mohammeds: „Unser Prophet sagte: ‘Unter den Frauen ist eine Frau mit guten Eigenschaften so selten wie ein weißer Rabe (weiß an der Bauchpartie) unter hunderten von Raben’“,[170] Lokman habe zu seinem Sohn gesagt: „Mein Sohn, bewahre dich vor bösen Frauen, denn sie machen dich früher alt.

Fürchte dich vor ihrer Bosheit, denn sie rufen nicht zum Guten. Schütze dich sogar vor den guten unter ihnen.“[171] Weiter: „Es gibt drei Leute, die dich verraten, wenn du sanft zu ihnen bist und die gut zu dir sind, wenn du hart bleibst. Das sind Frauen, Dienstboten und Arbeiter.“[172] Und: „Die grundlegenden Eigenschaften der Frauen sind ihre Niedertracht und ihr Unvermögen. Das einzige Mittel gegen ihre Niedertracht ist, streng und grob zu sein. Gegenüber ihrem Unvermögen sollte man sanft und zärtlich sein.“[173] Mit anderen Worten, Al-Ghasali empfiehlt, sich gegenüber der Frau so zu verhalten wie gegenüber einem Tier. Auch Mohammed hat die Frau mit dem Pferd verglichen: „Wenn du die Zügel der Frau nur ein wenig abnimmst, entfernt sie sich geschwind von dir [...] nur wenn du sie energisch zu dir ziehst und kraftvoll hältst, wirst du sie besitzen.“[174] All diese Aussagen Mohammeds unterstellen der Frau, dass sie den Mann betrügen wird, sobald er mit ihr sanft und wie mit einem Menschen umgeht.

Neben der Strenge gäbe es jedoch noch einen weiteren Weg, die Frau, genau wie man es bei einem Tier macht, zum Gehorsam zu zwingen, und das sind Schläge. Auch diese Ansicht ist Al-Ghasali nur möglich, weil Mohammed die Frau und das Tier auf die gleiche Stufe stellte. Schon im Koran wird den Männern das Recht gegeben, ihre Frauen zu züchtigen:

Sure 4, An-Nisā' (Die Frauen), Vers 34
Die Männer stehen über den Frauen, weil Gott sie (von Natur vor diesen) ausgezeichnet hat und wegen der Ausgaben, die sie von ihrem Vermögen (als Morgengabe [*mahr*] *für die Frauen?) gemacht haben. Und die rechtschaffenen Frauen sind (Gott) demütig ergeben und geben acht auf das, was (den Außenstehenden) verborgen ist, weil Gott (darauf) acht gibt* [...] *Und wenn ihr fürchtet, daß irgendwelche Frauen sich auflehnen, dann vermahnt sie, meidet sie im Ehebett und schlagt sie! Wenn sie euch (daraufhin wieder) gehorchen unternehmt weiter nichts gegen sie!*

An diesem Vers ist deutlich zu sehen, dass Mohammed der Meinung, ist, dass jedem Ehemann, als verantwortlichem Vormund der „unvermögenden“ Frau, das Recht gegeben sein muss, diese – falls sie sich auflehnt, eigensinnig und widerspenstig[175] ist – wie ein ungehorsames Tier zu züchtigen und so wieder zum Gehorsam zu bringen und auf den „rechten Weg“ zu führen. Denn die rechtschaffene Frau ist die „weiche“, gefügige Frau. Man beachte, dass der in Sure 4, Vers 34 genannte Ungehorsam, die Auflehnung der Frau nicht offensichtlich sein muss. Schon die Befürchtung des Mannes, dass ihm seine Frau nicht gehorsam ist, berechtigt ihn, sie zu schlagen.[176] Mohammed selbst hat die Ehemänner bis zu seinem letzten

Atemzug an ihr Züchtigungsrecht erinnert. Sogar in der Predigt seiner „Abschiedspilgerfahrt", seiner letzten Hadschdsch, die er im Jahre 632 unternommen haben soll, der Predigt, von der menstruierende Frauen ausgeschlossen waren, scheute er sich nicht, folgenden Rat zu geben: „Gott hat es euch erlaubt, die Betten eurer Frauen zu trennen [sie zu strafen, indem man ihr Bett meidet, Anm. d. Hrsg.] und sie zu schlagen."[177] Welche Ungerechtigkeit! Wenn der Mann an seiner Frau „Ungehorsam" oder „Eigensinnigkeit" bemerkt, sie ihm „nicht mehr zu Willen ist", kann er sie meiden, er kann sie schlagen und schließlich kann er sie jederzeit verstoßen (*talâk*). Wenn sie mit seinem Verhalten nicht einverstanden ist, hat sie keine Möglichkeit sich zu wehren. Selbstverständlich geht es an dieser Stelle nicht darum, ein Züchtigungsrecht der Frau gegenüber dem Mann zu fordern, ein solches Verhalten ist menschenverachtend und gegen jede Zivilisation. Aber die Frau hat laut der Überlieferungen nicht einmal das Recht, sich ihrem Manne sexuell zu verweigern, sein „Ehebett zu meiden" (vgl. S. 251). Was auch geschieht, die Frau hat die Verantwortung und das Leid zu tragen. Wenn der Mann, wie bei einem Pferd, die „Zügel" in der Hand halten will oder wenn er eine wie ein Schaf gefügige Frau haben will, dann muss er sie schlagen.

Im Koran steht nicht, wie genau das Schlagen der Frau erfolgen soll. In den Überlieferungen aber gibt Mohammed den Rat, wie man schlägt: nicht in das Gesicht der Frau[178] und „ohne Blut"[179]. Einige Überlieferungen besagen, dass die Männer, wenn sie die Frauen schlagen, ihnen möglichst Schmerz zufügen sollen.[180] Außerdem befahl Mohammed: „Niemand sollte seine Frau so schlagen, als sei sie seine Sklavin, und er soll daran denken, dass er sich vielleicht am selben Tag mit ihr [seiner Frau] geschlechtlich vereinigen wird."[181] Die Islamisten betonen oft, dass das Schlagen nur als letztes Mittel diene und es fällt ihnen gar nicht auf, dass das, was sie sagen, gegen die Menschenrechte verstößt und Ausdruck der Erniedrigung der Frau ist. Die Theologen der Diyanet schreiben in ihrem Korankommentar zu Sure 4, Vers 34: „Wenn von dem Recht der Sanktionierung durch Schlagen Gebrauch gemacht wird, dann ist es so umzusetzen, dass es ihr [der Frau] keine Schmerzen zufügt und auf ihrem Körper keine Spuren hinterlässt. Also hat nicht der Islam das Schlagen eingeführt, sondern die Religion leichter gemacht, um das Schlagen schließlich gänzlich abzuschaffen."[182] [Die häufig gebrauchte Formulierung „die Religion leichter gemacht", bedeutet, dass es Mohammeds Aufgabe als Prophet gewesen sei, den Menschen den Zugang zum Glauben leichter zu machen, Anm. d. Hrsg.] Auch hier erkennen wir den beschönigenden Ton der Gläubigen: Das Schlagen ist eine Tradition der Dschahiliyya und der Islam ist, genau wie im Falle der Vielweiberei, angetreten, um diese alten Traditionen abzuschaffen, hat den Menschen „die Religion leichter gemacht". Wieso aber halten sich diese Bestimmungen dann nun schon seit 1400 Jahren?

All diese Aussagen, so sehr man sich bemüht, ihnen ein menschenfreundliches Antlitz zu geben, bleiben schockierend, denn ist der Sklave etwa kein Mensch und darf der Mann *ihm* etwa die Knochen brechen? Ist es nicht so, dass in einer Ehe Gewalt mit Sicherheit dazu führt, dass die Liebe und der Respekt füreinander vernichtet werden? Aber die Scharia-Anhänger sind noch nicht so weit, das zu denken. Deshalb kann man auch im 21. Jahrhundert Autoren finden, die diese Tradition weitergeben, die sich tatsächlich etwas darauf einbilden, dass sie empfehlen, dass man die Frau nur leicht schlagen dürfe, die in diesem Jahrhundert, einem Jahrhundert, in dem selbst das Schlagen eines Tieres endlich als Unrecht und als ungesetzlich betrachtet wird, immer noch raten, die Frau zwar nicht wie eine Sklavin zu schlagen, aber sie zu schlagen, und die so indirekt und ohne es zu merken auch die Tatsache der Sklaverei akzeptieren. Dies alles zeigt ein hohes Maß an Gefühllosigkeit und Unzivilisiertheit und dass der „Gelehrte", der Theologe und „Intellektuelle" eines nicht verstanden hat: Entwürdigend ist das Schlagen nicht erst, wenn man einer Frau die Knochen bricht, sie blutet oder wenn man ihr ins Gesicht schlägt, nein, das Schlagen an sich ist es, das gegen jede Würde des Menschen verstößt.

Wie oben bereits aufgezeigt, gehen einige dieser „Gelehrten" sogar so weit, trotz des völlig offensichtlich in Sure 4, Vers 34 an den Mann ergangenen Züchtigungsrechts, zu behaupten, dass der Islam angetreten sei, diese Bestimmung abzuschaffen. Aber Mohammed hat im Gegenteil das Züchtigungsrecht zu einer Bestimmung und zu einer Tradition des Islams gemacht und so hat die Auffassung, dass der Mann das Recht hat, seine Frau zu schlagen, 14 Jahrhunderte lang die muslimischen Gesellschaften, Männer und Frauen, geprägt. Ja, man hat sich bis heute nicht von der Idee befreien können, dass das Schlagen und die Strenge im Grunde Ausdruck von Männlichkeit, Verantwortungsgefühl und Zuneigung sind. Folgende Zeilen einer ägyptischen Frau aus dem Jahr 1978 sind in diesem Zusammenhang besonders erschreckend:

Ein Ehemann, der sein Haus und seine Frau nicht streng kontrolliert, wird nicht respektiert. Er wird als Mann nicht ernst genommen. Er ist als jemand, der von seiner Frau beherrscht wird, schlecht angesehen, wird missachtet. Ein „wahrer Mann" ist ein Mann, der so streng sein kann, dass er seine Frau schlägt. Im Allgemeinen ist man der Ansicht, dass das Schlagen etwas ist, das aus der Eifersucht des Mannes kommt, die als Zeichen der Liebe gesehen wird. Deshalb leiden die Frauen nicht darunter. Ganz im Gegenteil, für die Frauen ist das Geschlagenwerden um der Liebe willen etwas Süßes, wie das Essen von Sultaninen. Und im Grunde genommen ist die Strenge des Ehemannes, die von ihm erwartet wird, ein Zeichen seiner Männlichkeit; und wenn eine Frau geschlagen wird oder so aussieht, als ob sie geschlagen worden sei, ist das für sie nichts Beschämendes sondern etwas, womit sie sich rühmen kann.[183]

Diese Aussage aus Ägypten, dem Land, das als eines der entwickeltsten islamischen Länder gilt, ist ein Zeichen dafür, wie zurückgeblieben die muslimischen Länder im Bereich der Frauenrechte und Frauenwürde sind.

Mohammed übernahm vieles, auch den Vergleich der Frauen mit Tieren, aus den ähnlichen Glaubenssätzen des Judentums. Auch hier gibt es Regeln, die besagen, dass ein Mann nicht zwischen zwei Frauen laufen soll, denn das wäre das gleiche, wie zwischen zwei Hunden oder zwei Schweinen zu laufen.[184] Al-Ghasali schreibt, dass der Islam als Religion das Judentum übertreffe. Deshalb wurde, so scheint es, auch der Vergleich der Frau mit im Judentum als unrein betrachteten Tieren, wie dem Schwein und dem Hund, auf Vergleiche mit dem Esel, dem Fuchs, dem Affen, der Maus usw. ausgedehnt.

Es wurde im Islam zwar empfohlen, mit der Frau so umzugehen wie mit einem Pferd (die Zügel fest im Griff haben, es nötigenfalls schlagen), einem wesentlich angeseheneren Tier als dem Schwein oder dem Hund, dennoch hat der Islam es schließlich sogar fertig gebracht, dem Pferd mehr Rechte zuzugestehen als der Frau. Wie war das möglich? Bekanntlich wurde im Islam mit größter Sorgfalt bestimmt, dass alle Soldaten einen Anteil an der Kriegsbeute erhalten und wie groß dieser sein soll. Mohammed führte diese Tradition ein, um sich Mitläufer zu sichern und um diese im „Namen Gottes“ in den Krieg führen zu können. Und natürlich, um für sich selbst Reichtum zu erbeuten. Er behauptete, Verse Gottes erhalten zu haben, wie die Kriegsbeute aufzuteilen sei:

Sure 8, Al-‘Anfāl (Die Beute), Vers 41
Wenn ihr irgendwelche Beute macht, gehört der fünfte Teil Gott und dem Gesandten und […] *(w. dem Verwandten], den Weisen, den Armen und* […] *(w. dem Sohn des Weges)* [dem Krieger].

Auch wenn Mohammed in manchen Fällen nicht nur sich, sondern auch die Frauen seiner Familie, vor allem seine Tochter Fatima, an der Kriegsbeute beteiligte,[185] heißt das nicht, dass Frauen generell an der Beute beteiligt wurden. Die Bestimmungen zur Einteilung der Kriegsbeute, die durch Koran und Überlieferung genau geordnet ist, wurden viele Jahrhunderte von islamischen Rechtsgelehrten verteidigt und sind in ihren Werken aufgeführt. Solche Rechtsbestimmungen zur Aufteilung der Beute im Dschihad stehen z. B. auch in dem Rechtswerk „Buch der Grundlagen" [*kitāb al-aṣl*] eines der wichtigsten Vertreter der hanafitischen Rechtsschule, Asch-Schaibani (gest. 805).[186] Dort finden wir die Bestimmung, dass das Pferd, das am Krieg teilnahm, doppelt so viel Beuteanteil wie der Reiter bekommt.[187] Das System der Scharia erlaubt es also, Anteile an der Beute an ein Tier zu vergeben, nicht aber an die am Dschihad beteiligten Sklaven und Frauen. Dabei leisteten diese einen erheblichen Beitrag zum Erfolg der Kriege, indem sie die Verwundeten pflegten und die Krieger in jeder Hinsicht unterstützen.[188]

Im Laufe der Jahrhunderte entstanden aus der Ansicht, dass die Frau mit dem Tier auf einer Stufe steht, Sprichwörter. Eines davon lautet:

Wer noch mehr Sorgen anhäufen will, soll sich eine Ziege und eine Eselin besorgen; wer Krach, Geschrei und Jammer mag, soll die Zahl seiner Frauen und seiner Hunde erhöhen.[189]

Wie Sie sehen, haben die Aussprüche Mohammeds mit der Zeit ihren festen Platz in den Köpfen der Menschen, in Kultur und Gesellschaft gefunden.

Mohammed: Gott liebt die Stimme des Hahns, nicht aber die Stimme des Esels und der „koketten" Frau

Quellen wie Al-Buchari, Sa'lebî, Kâdî İlyâz, İbn-i Hibbân, Bezzâr und Abu Dawud überliefern, dass Mohammed gesagt habe, dass Gott drei Stimmen gerne höre, eine davon sei das Krähen des Hahns, die anderen beiden seien die Stimmen derjenigen, die den Koran laut lesen und derjenigen, die im Morgengrauen beten. Denn, so lautet der von Abu Hurayrah überlieferte Ausspruch Mohammeds: „Wenn ihr das Krähen des Hahns hört, dann könnt ihr Gott eure Wünsche vortragen, denn sie krähen, weil sie Engel sehen."[190] Aus derselben Quelle erfahren wir, dass Gott den Schrei des Esels verabscheut. Mohammed: „Wenn ihr den Esel hört, so sucht (vor dem Teufel) Schutz bei Gott, denn er ist laut, weil er den Teufel sieht."

Doch es gibt noch eine weitere Stimme, die Gott nicht mag: die Stimme der Frau.[191] Vor allem dann nicht, wenn sie angenehm, verführerisch, gar „kokett" ist. Schon im Koran steht, dass die Frau im Gespräch mit Männern auf ihre Stimme zu achten hat, sie nicht verführerisch, aufreizend sein darf (Sure 33, Vers 32). Warum aber ist eine weibliche Stimme so gefährlich? Die Scharia-Anhänger beantworten diese Frage mit: „*zina* [Unzucht] des Ohres“. So, wie einer Frau die Hand zu geben „*zina* [Unzucht] der Hand“ bedeutet, bedeutet, der koketten-Stimme einer Frau oder dem Gesang einer Frau zu lauschen, „*zina* des Ohres“. Wenn Männer eine solche Stimme hören, dann werde ihre sexuelle Begierde geweckt.[192] Sowohl die singende Frau als auch der zuhörende Mann versündigen sich, denn, so Mohammed in einer von Abu Dawud gesammelten Überlieferung: „Die Unzucht des Ohres ist die Musik. Musik erweckt im Herzen *nifak* [Heuchelei, Unfriede, auch Unglaube].“[193] Deshalb hat Mohammed den Frauen das Singen und das Musizieren (abgesehen von militärischer Musik) verboten, insbesondere das Singen oder Spielen von Stücken mit Texten, in denen Frauen, Liebe im Allgemeinen oder Beschreibungen des Körpers der Frau vorkommen. Untersagt ist es Männern und Frauen, gemeinsam an Orten, an denen Alkohol ausgeschenkt wird, Musik zu hören, oder sich an Orten aufzuhalten, wo eine Sängerin auf der Bühne vorträgt.[194] Dabei geht es nicht darum, dass sie in der Öffentlichkeit und für alle sichtbar auf einer Bühne singt. Es ist auch dann verboten, Frauen zuzuhören, wenn sie hinter einem Vorhang singen, die Männer sie also gar nicht sehen können, die Stimme der Frau aber eine gewisse Erotik, einen verführerischen Unterton hat.[195] In einer Überlieferung warnt Mohammed vor drei Arten des Verdienstes: dem Verdienst aus einem Ehebruch, aus der Hellseherei und dem Verdienst einer Sängerin.[196] In einer von At-Tabari aufgeschriebenen Überlieferung sagt Mohammed:

Es ist Sünde, einer Sängerin Geld zu zahlen. Es ist Sünde, in ihr schamloses Gesicht zu blicken. Der Lohn einer Frau ist genauso schlimm wie das Geld aus einem Hundegeschäft [einem unfairen Geschäft].[197]

Wegen der gefährlichen Stimme der Frau ist es dieser nicht nur verboten zu singen, sondern auch, zum Gebet zu rufen und als Koranrezitatorin tätig zu sein. Diese Verbote Mohammeds, die den Mann vor Sünde schützen sollen, engen nicht nur die Freiheit der Frau ein, sie degradieren auch den Mann zu einer charakterlich schwachen Kreatur, die nicht in der Lage ist, ihrer Gefühle, ihres Begehrens Herr zu werden.

All diese Grundsätze und Verbote werden als Befehle Gottes und des Propheten den muslimischen Massen weitergegeben. Es gibt Fundamentalisten, die nicht nur der Frau das Singen und Musizieren verbieten wollen, sondern auch so weit gehen, dass sie Musik generell für verboten erklären. Bedauerlich ist, dass diejenigen, die meinen, damit eine „Islamische

Moral" aufrechtzuerhalten, nicht merken, auf welch niedrigem, primitivem Niveau sie die Menschen damit halten. Denn die Musik ist eine der tiefgreifendsten kulturellen Errungenschaften der Menschheit, sie zu verbieten heißt, die Menschen in die Steinzeit zurück zu zwingen.

Mohammed: Gott sprach nicht zu den Frauen

Im Koran ist der Mensch der Untertan Gottes, an den sich Gott nie persönlich wendet. Wenn Gott zu seinen Untertanen spricht, dann spricht er *durch* Mohammed, erklärt allein ihm, trägt allein ihm auf, sagt dieses oder jenes zu ihnen. Einige Beispiele:

Sure 3, Āl-'Imrān (Die Sippe 'Imrāns), Vers 95
Sag: Gott hat die Wahrheit gesagt

Sure 21, Al-Anbiyā' (Die Propheten), Vers 42
Sag, wer wird euch bei Tag und Nacht vor dem Barmherzigen behüten? Aber, nein! Sie wenden sich von der Mahnung ihres Herrn ab.

Sure 47, Muḥammad (Mohammed), Vers 16
Und unter ihnen (d. h. den Gläubigen) gibt es welche, die hören dir zu. Aber wenn sie schließlich von dir weggehen, sagen sie zu denen, denen das Wissen gegeben worden ist: 'Was hat er soeben gesagt?' Das sind diejenigen, denen Gott ihr Herz versiegelt hat, und die (nur) ihren (persönlichen) Neigungen folgen.

Gott spricht mittels Mohammed und lobt ihn:

Sure 3, Āl-'Imrān (Die Sippe 'Imrāns), Verse 31-32
Sag: Wenn ihr Gott liebt, dann folgt mir, damit (auch) Gott euch liebt und euch eure Schuld vergibt! [...] *Sag: Gehorchet Gott und dem Gesandten! Wenn ihr euch abwendet (seid ihr eben) ungläubig. Gott liebt die Ungläubigen nicht.*

Auffällig ist, dass Gott, wenn auch in dieser indirekten Form, vor allem seine männlichen Untertanen anspricht. Frauen anzusprechen, fällt Gott, so hat es den Anschein, äußerst schwer, auch wenn er in Sure 53, Vers 45 und 46 offenbaren lässt, dass er die Menschen weiblich und männlich erschaffen hat, und in Sure 57, Vers 12 über die gläubigen Männer und gläubigen Frauen spricht. Sowohl der Koran, wie an der Ansprache zu sehen ist, als auch die in ihm beschriebenen Gaben Gottes, sind dem Mann gesandt worden, orientieren sich an seinen Interessen; vielmehr ist es Mohammed, der

Gott auf diese Weise sprechen lässt. Meist spricht Mohammed von „O, Gläubige“, oder „ihr“ [mask.] oder „einer unter euch“ [mask.] und somit lässt er die Frau außen vor. [Die arabische Grammatik, kennt eigene Pronomen und Verbformen für das Maskulinum und das Femininum. Es gibt ein männliches *Du* und ein weibliches *Du*, das gleiche gilt für *sie* (3. Person Plural). Aber wenn eine Gruppe bestehend aus Frauen und Männern angesprochen ist, gewinnt, wie es der Fall in den meisten Sprachen ist, so auch im Deutschen, die männliche Konjugation die Oberhand. Anm. d. Hrsg.] Im Koran:

Sure 60, Al-Mumtaḥina (Die Prüfung),Vers 10
Ihr Gläubigen! Wenn gläubige Frauen als Auswanderer zu euch kommen, dann prüft sie (ob sie auch wirklich gläubig sind)! [...] – *Wenn ihr* [...] *festgestellt habt* [...], *daß sie (wirklich) gläubig sind, dann schickt sie nicht zu den Ungläubigen zurück! Die gläubigen Frauen (w. Sie) sind diesen (w. ihnen, d. h. den ungläubigen Männern) nicht (zur Ehe) erlaubt, und umgekehrt.*

Sure 33, Al-Ahzāb (Die Gruppen), Vers 49
Ihr Gläubigen! Wenn ihr gläubige Frauen heiratet und sie hierauf entlaßt, bevor ihr sie berührt habt, dürft ihr für sie (im Fall ihrer Wiederverheiratung) keine Wartezeit ansetzen.

30, Ar-Rūm (Die Byzantiner), Vers 21
Und zu seinen Zeichen gehört es, daß er euch aus euch selber Gattinnen geschaffen hat [...] *damit ihr bei ihnen wohnet (oder: ruhet). Und er hat bewirkt, daß ihr* [...] *einander in Liebe und Erbarmen zugetan seid*

Es gibt viele solcher Verse die mit „Ihr Gläubigen!“ die Männer ansprechen, aber keinen Vers, der die Frauen auf die gleiche Weise anspricht. In den wenigen Fällen, in denen Frauen direkt angesprochen werden, geht es meist um die Frauen Mohammeds, deren Freiheit eingeengt werden soll.

Sure 33, Al-Ahzāb (Die Gruppen),Vers 32
Ihr Frauen des Propheten! Ihr seid nicht wie (sonst) jemand von den Frauen. Wenn ihr gottesfürchtig sein wollt [...] *dann seid nicht unterwürfig*[198] *im Reden (mit fremden Männern), damit nicht (etwa) einer, der in seinem Herzen eine Krankheit hat, (nach euch) Verlangen bekommt!*

Im vom Diyanet herausgegebenen Koran lautet der Vers:
Oh Frauen des Propheten! Ihr seid nicht wie irgend jemand unter den Frauen. Wenn ihr gottesfürchtig seid, dann sprecht mit fremden Männern

nicht auf eine verführerische [çekici], *reizende* [eda] *Art; sonst wird jemand, der in seinem Herzen krank ist, Hoffnung hegen*[199]

Aber nicht nur die Freiheit der Prophetenfrauen soll eingeengt werden. Die Religionsgelehrten des Diyanet kommentieren in ihrer Ausgabe von 1993 noch: „Zwar ist der Befehl im Vers an die Frauen Mohammeds gerichtet und ihre besondere Situation wird betont, aber dennoch erfasst diese Bestimmung alle muslimischen Frauen."

Direkt angesprochen werden die Frauen auch, wenn es darum geht, sie zu tadeln:

Sure 12, Yūsuf (Joseph), Vers 28
Als er (d. h. ihr Herr) nun sah, daß sein Hemd von hinten zerrissen war, sagte er: ‚Das ist (wieder einmal) eine List von euch (Weibern). Ihr seid voller List und Tücke (w. Eure List ist gewaltig).

Oder, wenn man sie erschrecken will:

Sure 12, Yūsuf (Joseph), Vers 29
Und (du Frau) bitte (Gott) um Vergebung für deine Schuld! Du hast dich versündigt.

Folgender Vers steht ebenfalls in Zusammenhang mit den Frauen des Propheten:

Sure 33, Al-Ahzāb (Die Gruppen), Vers 55
Fürchtet Gott (ihr Frauen)! Er ist über alles Zeuge.

Der Gott, den Mohammed beschreibt, spricht von Anfang an, seit der Zeit, in der er die Menschen erschaffen hat, die Männer an. In den Versen, in denen die Geschichte von Adam und Eva erzählt wird, spricht Gott stets zu Adam, lobt und bevorzugt ihn. So auch in

Sure 2, Al-Baqara (Die Kuh), Vers 35
Und wir sagten: 'Adam! Verweile du und deine Gattin im Paradies, und eßt uneingeschränkt von seinen Früchten […] *wo ihr wollt! Aber naht euch nicht diesem Baum. Sonst gehört ihr zu den Frevlern!'*

Die gute Nachricht wird allein Adam überbracht. In der selben Sure, Verse 31-34 erfahren wir, dass die Namen aller Dinge[200], noch vor den Engeln, zuerst Adam beigebracht wurden. Doch dabei beließ Gott es nicht, er befahl, dass sich alle Wesen und Engel vor Adam niederwerfen sollten. Alle Engel beugen sich diesem Befehl bis auf den Teufel, Iblis, der dafür mit dem Höllenfeuer bestraft wird. Als besonderes Lieblingskind Gottes wird

Adam in der Sure 20, Verse 117-119 sogar vor dem Teufel gewarnt: „Adam! Der da ist dir und deiner Gattin Feind!" An keiner einzigen Stelle wird Eva, die doch die Mutter aller Menschen ist, von Gott direkt angesprochen.

Auch in der Sure Al-Baqara, erinnert Gott an seine Güte, daran, dass er die Menschen errettete:

Sure 2, Al-Baqara (Die Kuh), Vers 49
Und (damals), als wir euch von den Leuten Pharaos erretteten, während sie euch eine schlimme Qual auferlegten, indem sie eure Söhne abschlachteten und (nur) eure Frauen am Leben ließen!

Dadurch, dass Gott stets nur die Männer anspricht, drückt er klar aus: die Männer sind die Bevorzugten, die Frauen stehen in ihren Diensten, ihnen zur Ausbeutung zur Verfügung.

Sure 5, Al-Mā'ida (Der Tisch), Vers 5
Und (zum Heiraten sind euch erlaubt) die ehrbaren gläubigen Frauen

Sure 2, Al-Baqara (Die Kuh), Vers 235
Und es ist keine Sünde für euch, wenn ihr [...] *Andeutungen auf einen Heiratsantrag macht*

Sure 4, An-Nisā' (Die Frauen), Vers 25
Und diejenigen von euch, die nicht so bemittelt sind, daß sie ehrbare gläubige Frauen zu heiraten vermögen

Sure 2, Al-Baqara (Die Kuh), Vers 223
Eure Frauen sind euch ein Saatfeld. Geht zu (diesem) eurem Saatfeld, wo ihr immer wollt!

Sure 2, Al-Baqara (Die Kuh), Vers 187
Es ist euch erlaubt, zur Fastenzeit bei Nacht mit euren Frauen Umgang zu pflegen.

Sure 4, An-Nisā' (Die Frauen), Vers 20
Und wenn ihr eine Gattin an Stelle einer anderen eintauschen wollt

Sure 5, Al-Mā'ida (Der Tisch), Vers 6
Ihr Gläubigen! Wenn ihr euch zum Gebet aufstellt, dann wascht euch (vorher) [...] *wenn ihr unrein seid* [...] *oder (wenn) einer von euch vom Abort kommt (oder) wenn ihr mit Frauen in Berührung gekommen seid*

Sure 64, At-Taġābun (Die Übervorteilung), Vers 14
Ihr Gläubigen! Unter euren Gattinnen und Kindern gibt es welche, die euch Feind sind. Nehmt euch vor ihnen in acht!

Alle Ansprachen, die mit „Ihr", „Euch" oder „Ihr Gläubigen" anfangen, meinen die Männer. Gott hat stets die Männer als die ihm Nächsten beschrieben und ihnen seine Gaben zuteil werden lassen (bzw. ließ Mohammed Gott so sprechen).

Außerdem gibt es eine weitere, eine indirekte Ansprache, wo allein der Inhalt des Texts erkennen lässt, dass das bevorzugte Geschlecht, die Männer, angesprochen ist:

Sure 44, Ad-Duḫān (Der Rauch), Verse 52-54
in Gärten und an Quellen, 53 in Sundus- und Istabraq-Brokat gekleidet (auf Ruhebetten) einander gegenüber(liegend).54 [...] *und wird geben ihnen großäugige Huris als Gattinnen*

Sure 78, An-Naba' (Was verkündet wird), Verse 31-35
Die Gottesfürchtigen (dagegen) haben (großes) Glück zu erwarten, 32 Gärten und Weinstöcke, 33 gleichaltrige (Huris) mit schwellenden Brüsten 34 und einen Becher (mit Wein, bis an den Rand) gefüllt 35 sie hören darin (d. h. im Paradies) weder (leeres) Gerede noch die Behauptung, es sei Lüge (was als Offenbarung verkündet wird)

In diesen und anderen Versen werden die Gaben Gottes an die Männer beschrieben. Gott denkt nur an das Begehren der Männer, ihre Bedürfnisse, ihr Glück. Das ist offensichtlich, denn versprochen werden Huris, Mädchen, deren Busen „neu sprießen" (vgl. S. 367-375).

In Sure 2 sind es wieder die Männer, die angesprochen werden: Gott gibt ihnen die Befehle, die regeln, wie im Falle der Verstoßung der Frau vorzugehen ist. Die Männer sind außerdem dazu aufgefordert, sich in diesem Zusammenhang der Gnade und Weisheit Gottes bewusst zu werden:

Sure 2, Al-Baqara (Die Kuh), Vers 231
Und wenn ihr Frauen entlaßt und sie dann ihren Termin [...] *erreichen, dann behaltet sie in rechtlicher Weise oder gebt sie in rechtlicher Weise frei! Behaltet sie nicht aus Schikane, um (auf diese Weise die Gebote Gottes) zu übertreten* [...] *Und gedenket der Gnade, die Gott euch erwiesen, und der Schrift und der Weisheit, die er auf euch herabgesandt hat, um euch damit zu ermahnen!*

Die erste Person, die merkte, dass Mohammeds Gott allein die Männer anspricht, war eine seiner Ehefrauen, Umm Salama.[201] Sie fragte Mohammed: „Warum spricht Gott die Männer an, nicht aber die Frauen?“[202] Daraufhin soll sich Mohammed an Gott gewandt haben und ihm wurde folgender Vers gesandt:

Sure 57, Al-Ḥadīd (Das Eisen), Vers 12

Am Tag (des Gerichts), da du siehst, wie den gläubigen Männern und Frauen ihr Licht vor ihnen und in ihrer Rechten [...] *dahineilt und ihnen zugerufen wird: 'Euch wird heute frohe Botschaft zuteil*

Autoren, die Anhänger der Scharia sind – meist sind es die jüngeren Autoren, die solche Beispiele lieben –, behaupten anhand dieser äußerst seltenen Verse, dass der Koran Mann und Frau anspreche. Dies ernst zu nehmen, fällt schwer, denn wie wir gesehen haben, werden in nahezu 90 Prozent der Verse des Korans die Männer angesprochen bzw. wenn in Versen die Frauen angesprochen werden, dann richtet sich Gott über Mohammed an sie; es heißt dann: „Sag den gläubigen Frauen...“. Hier sollen Umm Salama und andere Frauen hinters Licht geführt werden, denn auch die oben genannte Koranstelle (Sure 57, Vers 12), in der Männern wie Frauen das Paradies versprochen wird, geht schon im nächsten Satz dazu über, die Frauen wieder in dritter Person zu benennen, d. h. sie kommen vor als „sie“, „der“ und „die Frauen“. Auch die wenigen Verse, die beide Geschlechter ansprechen, lassen keine andere Schlussfolgerung zu als die, dass sich der Koran alleine an die Männer richtet.

Frauen können nur dann in das Paradies gelangen, wenn sie gehorsam sind und ihre Männer zufrieden stellen (vgl. S. 363-367), aber sogar diese „frohe Botschaft“ ist an die Männer gerichtet:

Sure 43, Az-Zuḫruf (Der Prunk), Vers 70
Geht mit euren Gattinnen ins Paradies ein und ergötzt euch (darin)

In vielen Fällen spricht Gott von Frauen wie von Fremden:

Sure 4, An-Nisā' (Die Frauen), Vers 25
Heiratet sie also mit Erlaubnis ihrer Herrschaft (w. ihrer Leute) und gebt ihnen ihren Lohn [türk. *mehir*, arab. *mahr*] *in rechtlicher Weise!*

Sure 33, Al-Ahzāb (Die Gruppen), Vers 49
Ihr Gläubigen! Wenn ihr gläubige Frauen heiratet und sie hierauf entlaßt, bevor ihr sie berührt habt, dürft ihr für sie [...] *keine Wartezeit ansetzen*

Hingegen ist an diesen Versen zu sehen, dass, wenn Mohammed Gott sprechen lässt, es so ist, als würde er von seinen Söhnen reden. Laut einer Überlieferung von Abu Hurayrah sagte Mohammed: „Ich bedeute für euch dasselbe wie ein Vater für seinen Sohn.“[203]

In vielen Überlieferungen, von Al-Buchari, Muslim ibn al-Hadschadsch (gest. 875) und von Ibn Madscha (824-887)[204], sind nicht nur allein die Männer angesprochen, sondern in diesen Überlieferungen wird auch ganz deutlich ein Gegensatz zwischen Mann und Frau aufgebaut, der das Herrschaftsverhältnis sehr deutlich werden lässt: „Seid achtsam, ihr seid alle Hirten und verantwortlich für die, die ihr treibt“, „Was eine Person seiner Familie zukommen lässt, sind Almosen“, „Wenn einer von Euch mit seiner Angetrauten Geschlechtsverkehr hat (...)“, „Was ich für euch befürchte, ist, dass ihr euch den Frauen fügen könntet“.[205] Diese Beispiele, herausgegriffen unter vielen, sprechen alle von „Ihr“ und „Euch“ und zeigen, dass immer der Mann gemeint ist. Sie alle betonen die Überlegenheit des Mannes und seine Herrschaft und haben zum Ziel, seine Interessen festzuschreiben. Auch die Wörter *ümmet* [arab. *umma*, (Religions)-, (Glaubens)gemeinschaft, bzw. Gläubige], meinen meist ebenfalls die Männer. In einer Überlieferung von Ali, die wir in den Werken von Abu Dawud und Ibn Madscha finden, wird dieser Gegensatz klar. Mohammed: „Seide und Gold sind den Männern meiner *ümmet* eine Sünde, gut sind sie für die Frau.“[206] In einer Überlieferung sagt Mohammed: „Meine *ümmet*, ich empfehle euch, die Frauen gut zu behandeln, denn sie sind euch zu Befehl (sie sind eure Sklavinnen).“[207] Mohammed beschreibt die Frauen so als außerhalb der Glaubensgemeinschaft Stehende. Durch Aussagen wie: „Ich habe die Hölle gesehen; ich sah, dass die meisten des Volks der Hölle Frauen waren“[208] verstärkt er diese Entfremdung noch.

Mohammed: Gott erschuf seine Gesandten männlich

Wie im Judentum und vor allem im Christentum so spielen die Engel auch im Islam eine wichtige Rolle und sind sehr oft im Koran genannt. Das „Volk des Himmels“ ist zwischen Himmel und Erde angesiedelt. Die Engel haben verschiedene Grade, sie sind die Helfer Gottes und kontrollieren die Welt und alles Erschaffene in seinem Auftrag. Die Engel sind vor allem Boten, sie künden vom Glauben[209] und auch Gott leitet seine Befehle durch Gabriel an den Propheten weiter. Einige Engel haben als Todesengel den Auftrag, die Seelen der Menschen in Empfang zu nehmen.[210] Andere werden von Gott im Krieg als gegen die Ungläubigen helfendes „himmlisches“

Heer eingesetzt.[211] Die Engel tragen den Himmel und sind Wächter des Paradieses und der Hölle.[212] Einige von ihnen überwachen die Taten der Menschen, notieren alles, was sie sagen und tun, sie warten an den Eingängen der Gebetshäuser und schreiben auf, wer zum Gebet kommt.[213] Diese Engel treten auch hinsichtlich der Menschen als Zeugen auf.[214] Sie treiben die „Götzendiener" in die Hölle.[215] Alle zusammen haben die große Aufgabe, Gott unablässig zu preisen,[216] und, sogar gemeinsam mit Gott, ihren Segen über Mohammed zu sprechen.[217]

Über Menschen, die ein weiches Herz haben, gut sind, über eine reine Moral verfügen und zudem noch gut aussehen, wird oft gesagt, sie seien „wie ein Engel".[218] In der Volksreligion sind die Engel in vielen Kulturen mit den weiblich vorgestellten guten Feen [türk. *peri*] verschmolzen und Engel werden umgekehrt oft als weiblich dargestellt. Dabei ist es im Islam eine Sünde, die Engel als weiblich zu definieren. Mohammed selbst beschuldigte die Mekkaner, die behauptet haben sollen, dass die Engel die Töchter Gottes seien, eine verwandtschaftliche Beziehung zwischen Gott und den Geistern (Dämonen) zu erfinden.[219] Mohammed sagte, Gott habe die Engel nicht weiblich erschaffen. Allerdings geriet er durch diese Aussage in Widerspruch zu seiner Aussage, dass Gott jedes Wesen doppelt, also männlich und weiblich erschaffen habe. Warum sollte Gott also nicht auch die Engel weiblich erschaffen haben? Auch der bekannte Islamgelehrte Al-Baidawi (gest. ca. 1290)[220] schreibt, dass Gott die Männer den Frauen in jeder Hinsicht vorzog und alles Wertvolle männlich erschuf. Andere Islamgelehrte wiederum definieren die Engel als weder männlich noch weiblich.

Wie bereits erwähnt, ließ sich Mohammed selbst vom Teufel dazu verführen, die drei vorislamischen Göttinnen Al-Lat, Al-Ussa und Manat als Töchter Gottes und als Mittlerinnen zwischen Gott und den Menschen zu bezeichnen (siehe S. 88). Um diesen Fehler wieder gut zu machen, wird er nicht müde zu betonen, dass die Engel nicht weiblich seien. Folgende Verse des Korans beziehen sich auf das Ereignis, das Weibliche wird in ihnen abgewertet:

Sure 37, Aṣ-Ṣāffāt (Die in Reih und Glied stehen), Vers 149 und 150

Sollen deinem Herrn (etwa) die Töchter [...] *zukommen, und ihnen die Söhne? 150 Oder haben wir (etwa) die Engel als weibliche Wesen geschaffen, während sie (dabei) Zeugen waren*

Sure 17, Al-'Isrā' (Die nächtliche Reise), Vers 40
Hat denn euer Herr (etwa) für euch (Menschen) die Söhne ausersehen und sich (selber) […] *aus den Engeln* […] *weibliche Wesen (als Teilhaber) genommen?*

Die Aufnahme der drei Göttinnen, als Engel oder als Mittler zwischen Gott und den Menschen, war ein Versuch Mohammeds, die Quraisch für den Islam zu gewinnen; ein Kompromiss, der von diesen sicher gerne angenommen worden ist. Mohammed hielt eine Rede, in der er die Göttinnen der alten Araber lobend erwähnte. Laut At-Tabari sollen sich diese tatsächlich gefreut und mit ihm gebetet haben. Andere sollen gesagt haben: „Unsere Götter werden bei Gott für uns sprechen, wenn du mit uns zu ihnen betest, werden wir mit dir sein."[221] Nachdem Mohammed sein Fehler deutlich geworden war und er begriffen hatte, dass er, wenn er zu den Göttinnen beten würde, sich als Prophet des einen Gottes unglaubwürdig gemacht hätte und seine Macht gänzlich verlieren würde, gab er bekannt, dass der Teufel sich eingemischt und ihm die obigen Aussagen, die Satanischen Verse, in den Mund gelegt hätte.[222]

Sure 22, Al-Ḥaǧǧ (Die Pilgerfahrt), Vers 52
Und wir haben vor dir keinen Gesandten oder Propheten (zu irgendeinem Volk) geschickt, ohne daß ihm, wenn er etwas wünschte, der Satan (von sich aus etwas) in seinen Wunsch unterschoben […] *hätte. Aber Gott tilgt dann (jedesmal), was der Satan* […] *unterschiebt*

Um die arabischen Stämme zu gewinnen, hatte sich Mohammed also selbst in die Verlegenheit gebracht, zugeben zu müssen, vom Satan fehlgeleitet worden zu sein. Ab diesem Zeitpunkt sagte er, dass alle Quraisch, die behaupten, die Engel bzw. Fürsprecher bei Gott seien weiblich, Gott beleidigen würden.

Dabei hatten die Quraisch keineswegs im Sinne, Gott zu beleidigen, ihn herabzusetzen, indem man ihn im Zusammenhang mit etwas Weiblichem sah. Ganz im Gegenteil, ihre Absicht war gut. Indem sie ihre Göttinnen Al-Lat, Al-Ussa und Manat als die Töchter Gottes, als Fürsprechende gesehen und die Engel als weiblich beschrieben hatten, hatten sie den Engeln den gleichen Rang gegeben, sie aus ihrer Sicht aufgewertet.

Der Stamm der Quraisch sagte: „Mohammed hat unsere Lât, Uzza, Menat in Güte erwähnt und bereut es jetzt, deshalb macht er solche Aussagen."[223] Daraufhin setzte Mohammed einige Verse in den Koran, die sich gegen die Quraisch richten:

Sure 4, An-Nisā' (Die Frauen), Vers 117
Statt zu ihm, beten sie zu nichts als weiblichen Wesen, und sie beten […] zu nichts als einem rebellischen Satan.

Schließlich befahl er Chalid Ibn al-Walid, die „Heiligen" der alten Araber zu zerstören. Laut At-Tabari sollen ihm die Quraisch daraufhin mitgeteilt haben, dass er den „heftigen Zorn der weiblichen Engel" auf sich ziehen werde.[224] Mohammed antwortete in Form eines unterstützenden Zwiegespräches zwischen ihm und Gott, in dem Gott durch ihn verkünden lässt, dass er keine weiblichen Engel erschaffen habe:

Sure 39, Az-Zumar (Die Scharen), Vers 36
Genügt nicht Gott seinem Diener (als Helfer), wenn […] sie (d. h. die Ungläubigen) dir mit denjenigen (Göttern) Angst machen, die es (angeblich) außer ihm gibt?

Einige der von Mohammed offenbarten Verse haben zum Inhalt, dass es eine Kränkung sei, Gott das Weibliche nahe zu legen:

Sure 17, Al-'Isrā' (Die nächtliche Reise), Vers 40
Hat denn euer Herr (etwa) für euch (Menschen) die Söhne ausersehen und sich (selber) aus dem Kreis der Engel (w. aus den Engeln) weibliche Wesen (als Teilhaber) genommen? Was ihr (mit dieser eurer Behauptung) aussagt, ist unerhört (w. Ihr sagt etwas Gewaltiges aus).

Sure 37, Aṣ-Ṣāffāt (Die in Reih und Glied stehen), Verse 153-154
Sollte er die Töchter vor den Söhnen (bevorzugt und für sich) auserwählt haben? 154 Was ist denn mit euch? Wie urteilt ihr (so verkehrt)?

Sure 53, An-Naǧm (Der Stern), Vers 21, 27 und 28
Sollen euch die männlichen Wesen zukommen, und Gott die weiblichen? (die ihr Menschen für euch nicht haben wollt?) […] Diejenigen, die nicht an das Jenseits glauben, bezeichnen die Engel als weibliche Wesen […] Aber sie haben kein Wissen darüber

Sure 16, An-Naḥl (Die Biene),Verse 57 und 62
Und sie schreiben Gott die Töchter zu. – Gepriesen sei er! (Darüber ist er erhaben.) […] 62 Und sie schreiben Gott etwas zu, was ihnen (selber) zuwider ist (d. h. weibliche Nachkommen).

Gott wirft also laut Mohammed die Frage auf, warum die Araber Gott das zuschreiben, für das sie sich selbst schämten: Töchter, die sie aus diesem Grund sogar lebendig begraben haben sollen. Zwar hat es einzelne arabische Beduinenstämme gegeben, die ihre Töchter ablehnten, was jedoch nicht von einer Einstellung herrührte, dass das Weibliche wertlos sei, sondern meist wirtschaftliche Gründe hatte (vgl. S. 42) Wenn die Araber das Weibliche für unwert befunden hätten, dann hätten sie keine weiblichen Gottheiten, keine Göttinnen gehabt. Aber Mohammed wollte die Zeit vor dem Islam unbedingt als die Zeit des Unwissens darstellen, deshalb agierte er, wie es ihm beliebte. Wie auch immer, es ist schwer sich vorzustellen, dass Gott sich für das Weibliche, das er selbst geschaffen hat, schämen soll. Es ist schwer sich vorzustellen, dass Gott sich über die Aussage der Beduinen, dass die Engel die Töchter Gottes seien, so sehr aufregte, dass er ihnen derart heftig und mit derart häufigen Offenbarungen antworten musste.

Mohammed sagte nicht nur, dass die Engel nicht weiblich sind, weil Gott keine weiblichen Engel erschaffen wollte, mehr noch, er sagte, dass die Engel keine Frauen ertragen könnten, schon gar keine unverschleierten, und von ihnen vertrieben würden. Diese Gesinnung etablierte er über eine Überlieferung, die folgende Begebenheit mit seiner Frau Chadidscha wiedergibt: Als Mohammed eines Tages erzählt, dass Gott ihm die Offenbarung mittels Gabriel sendet, sagt Chadidscha, dass sie Gabriel auch einmal sehen wolle und Mohammed ihr Bescheid geben solle, wenn er ihn besucht. Mohammed, der sehr gut weiß, dass es nichts gibt, was Gabriel heißt, überlegt sich einen Plan, damit er Chadidscha nicht enttäuschen muss. Eines Tages ruft er seine Frau und sagt, Gabriel sei gekommen und sitze auf seinem Knie. Aber Chadidscha sagt, dass sie niemanden sehe, reibt sich die Augen, schaut noch einmal hin und sieht wieder nichts. Mohammed antwortet, dass Gabriel nun von seinem Knie aufgestanden sei und zur Treppe gehe. Chadidscha wiederholt, dass sie nichts sehe, denkt, dass ihr Schleier sie behindere und nimmt ihn ab. In diesem Moment sagt Mohammed, dass Gabriel gerade verschwunden sei.[225] Wie ist Gabriel verschwunden, ohne dass Chadidscha ihn sehen konnte? Ein Geheimnis für Muslime. Aber sicher ist, dass diese Geschichte und die Ansicht, dass Engel keine Frauen mögen, durch Historiker wie Ibn Ishaq (gest. ca. 767) und Ibn Hischam (gest. ca. 829), wie Al-Ghasali, Ibn Chaldun und andere bis in die heutige Zeit weitergetragen und von „Reformtheologen“ wie Muhammad Husayn Haykal als eine islamische Weisheit weitergegeben wurde.

Laut Mohammed hat Gabriel 600 Flügel und kann mit diesen Flügeln den Himmel wie mit einem grünen Stoff bedecken. Gabriel erscheint aber auch als Mensch, natürlich als Mann, z. B. arabischen Aussehens. In einer Überlieferung von Usama ibn Zayd Ibn Harithah unterhielt sich Mohammed, als er mit seiner Frau Umm Salama unterwegs war, mit Dihye, einer der Autoritäten der Gefolgsleute Mohammeds. Plötzlich starrte Mohammed auf Dihye und fragte Umm Salama, wer das sei. Sie antwortete: „Das ist Dihye." Mohammed sagte nichts weiter, aber er erwähnte wenig später in seiner Freitagspredigt, dass Gabriel neue Offenbarungen gebracht habe. Deshalb glaubte Umm Salama, dass Gabriel sich als Dihye gezeigt hätte.[226] Mohammed beließ sie in diesem Glauben. Anscheinend wollte Mohammed Umm Salama täuschen, so wie er es bei Aischa und Chadidscha getan hatte. Aus dieser Geschichte darf man nicht schließen, dass die Engel Mohammeds Frauen nicht meiden würden. Mohammed bewies sogar auf seinem Sterbebett, dass er der Meinung war, dass die Engel Frauen meiden. Er behauptete, dass sich ihm der Todesengel und Gabriel ankündigten, und befahl seinen Frauen, das Zimmer zu verlassen, damit die Engel kommen könnten.[227]

Offensichtlich wird ein Gott, der seine Engel nicht weiblich erschaffen haben will, auch keine weiblichen Propheten senden. Deshalb sagt Gott im Koran:

Sure 12, Yūsuf (Joseph), Vers 109 (gleichlautend mit Sure 21, Vers 7)
Und wir haben vor dir (immer) nur Männer (als unsere Gesandten) auftreten lassen […], *denen wir (Offenbarungen) eingaben*

Der muslimische Universalgelehrte Ibn Hazm al-Andalusi (994-1064) nannte in seinem Werk *Kitāb al-Fiṣal fī al-milal wa-al-ahwā' wa-al-niḥal* Sara (die Frau Abrahams), die Mutter Mose und Jesu Mutter Maria als Beispiele dafür, dass Gott manchen Frauen Offenbarungen eingab und meinte, dass die oben genannten Verse anders interpretiert werden müssten. Diese Aussage ist jedoch nicht im Sinne des Islams. Und auch Ibn Hazm meint mit seiner Feststellung nicht, dass Frauen grundsätzlich Propheten, Gottes Gesandte sein könnten, sondern er meint, dass Gott lediglich einigen von ihnen Offenbarung eingegeben habe und dass man *allein diese* Frauen als Propheten sehen könne. Auch er versuchte, die frauenfeindlichen Verse des Korans frauenfreundlich zu interpretieren, er vertrat die Gleichberechtigung von Mann und Frau, und mehr noch: In einigen Fällen betonte er die Überlegenheit der Frauen. Seiner Ansicht nach sind Verse wie der, dass die Aussagen zweier Frauen der eines Mannes entsprächen, so anzuwenden, dass die Gleichberechtigung nicht darunter leide. Indem er dies vorschlug, interpretierte er den Koran so, dass kein Scharia-Anhänger ihm folgen konnte und seine Ansichten über Frauen wurden von niemandem geteilt.

Aber sogar er konnte sich nicht von der Idee, dass Gott keine Frau als Prophet entsenden könnte, loslösen.

Da Mohammed offenbarte, dass Gott immer Männer als Propheten geschickt hat, sind sich die Religionsgelehrten diesbezüglich einig, auch wenn es im Koran heißt

Sure 3, Āl-'Imrān (Die Sippe 'Imrāns), Verse 42-45
Maria! Gott hat dich auserwählt und rein gemacht! [...] *Dies gehört zu den Geschichten, deren Kenntnis* [...] *verborgen ist. Wir geben es dir (als Offenbarung) ein* [...] *Maria! Gott verkündet dir ein Wort von sich*

Al-Baidawi schreibt in seinem Korankommentar „Lichter der Offenbarung und Geheimnisse der Deutung" [Anwār at-tanzīl wa-asrār at-ta'wīl] zu Sure 3, Vers 42:

Es gibt eine einheitliche Sicht darüber, dass Gott als Prophet niemals Frauen gesandt hat. Dies ist aus der Sure 12 Joseph, Vers 109 ersichtlich: „Und wir haben vor dir immer nur Männer als unsere Gesandten auftreten lassen (gesandt) denen wir Offenbarungen eingaben.[228]

Gott habe mittels Gabriel die Propheten unter den Männern ausgesucht, weil die Frauen von geringer Intelligenz und von geringem Glauben erschaffen worden sind, außerdem sei es wichtig gewesen, diese Propheten nicht unter den Wüstenarabern auszusuchen, da die Menschen der Wüste „ungebildet" und „roh" seien.[229] [Die Wüstenaraber gelten im Islam als Inbegriff des Menschen der vorislamischen Zeit, die nicht nur kein Benehmen hatten, sondern auch ohne Glauben waren. Anm. d. Hrsg.]

Tatsächlich übernahm Mohammed vieles aus der Thora und der Bibel, aber er veränderte die Geschichten nach seinem Gutdünken und seinen Gedanken entsprechend. Das tat er auch, als er behauptete, dass Gott keine weiblichen Gesandten sende werde und gesandt habe.[230] Denn im Talmud ist die Rede von weiblichen Gesandten; so seien dem Stamm Israel nach Moses, 48 männliche und 7 weibliche Propheten gesandt worden, was Mohammed unberücksichtigt lässt. Auch wenn Mohammed akzeptiert, dass Gott durch seine Engel mit den Müttern von Abraham, Moses und Jesus sprach, besteht er darauf, dass die Frauen, was ihre Intelligenz und ihre Religiosität betrifft, mit so geringen Fähigkeiten erschaffen wurden, dass es keine weiblichen Propheten geben kann.

Mohammed hatte mit seiner ersten Frau Chadidscha vier Töchter (Ruqayyah, Zaynab, Fatima und Umm Kulsum) und zwei Söhne (Al-Qasim und Abdallah). Warum auch immer, alle seine Töchter lebten, während seine Söhne im Kindesalter starben. Von seiner Sklavin Maria, die koptische Christin war, bekam er ebenfalls einen Sohn, den er Abraham nannte. Doch auch dieser Sohn lebte nur kurz. Mohammed liebte Abraham so sehr, dass er ihm sogar prophezeite, ein Prophet zu werden. Muhammad ibn Sa'd al-Baghdadi (gest. 845) bestätigt in seinem Werk „Das Buch der Klassen" [kitāb aṭ-ṭabaqāt al-kabīr] Mohammeds Aussage, dass, wenn Abraham nicht gestorben wäre, er ein Prophet geworden wäre. Mohammed traf der Tod Abrahams sehr. Doch noch betroffener war er, als Schenba bint Amr, eine seiner Frauen, sagte: „Wäre Mohammed wirklich ein Prophet, würde sein Lieblingskind, sein Sohn nicht sterben."[231] Mohammed befürchtete, diese Aussage könnte auch andere daran zweifeln lassen, dass er ein Prophet ist. Als gäbe es keine andere Möglichkeit, dies zu beweisen, verstieß er Schenba augenblicklich (*talâk*). Das reichte ihm jedoch nicht und er nutzte das Unglück, das ihm geschehen war, indem er es in ein Zeichen Gottes umdeutete. Dass sein Sohn Abraham gestorben sei, sei die Bestätigung, dass er von Gott als letzter Prophet auserwählt worden sei. Gott habe dies beweisen wollen, und um seinen Willen durchzusetzen, Abraham zu sich geholt. Dabei scheint er seine eigene Aussage „wenn er nicht gestorben wäre, wäre er ein Prophet geworden" vergessen zu haben. Auch viele muslimische Gelehrte, wie Ibn An-Nafis, sind der Meinung, dass Mohammed, der letzte der Gesandten, das „Siegel der Propheten", sei. In seinem Werk *al-risāla al-kāmiliyya fi 'l-sīra al-nabawiyya* schreibt Ibn An-Nafis über das starke sexuelle Begehren des Propheten, erwähnt dabei den Tod der Söhne und erklärt: „Es ist natürlich, dass Al-Qasim und Abraham in jungen Jahren starben, noch während Mohammed lebte. Denn wären sie am Leben geblieben, müssten sie Prophet werden. Aber das war unmöglich, weil Gott Mohammed als letzten Propheten geschickt hatte. Es war kein Problem, dass die Töchter lebten, denn Frauen können keine Propheten werden."

Was kann man gegen diese erstaunliche Logik des Scharia-Anhängers schon sagen? Es hört sich nicht sehr logisch an, dass Gott Mohammed zum letzten Propheten bestimmt, ihm Söhne schenkt und diesen dann, damit sie ihm nicht folgen, das Leben schon sehr früh wieder nimmt. Das zu vereinbaren mit einem erhabenen Gott oder einer göttlichen Logik, ist sehr schwierig. Ein Gott, der alles erschaffen hat, der alles so formen kann, wie er es möchte, ein Gott, der jeden, den er will, gläubig macht oder ungläubig, ein Gott, der allmächtig ist, soll es nötig haben, kleinen Kindern ihr Leben wieder zu nehmen, nur um zu beweisen, dass Mohammed der letzte Prophet auf Erden sei? Diese Vorstellung ist eine Beleidigung der Idee Gottes. Mohammed hatte scheinbar keine Hemmung, den Tod seiner Kinder für seine Zwecke zu benutzen und dabei auch zu sagen, dass aus Frauen, und das meint auch seine Töchter, keine Propheten werden können.

Mohammeds Frauen: Intrigant und streitsüchtig?

In den bisherigen Abschnitten habe ich aufgezeigt, dass Mohammed den Frauen die Adjektive „böse", „listig", „zwieträchtig", „minderbemittelt", „versuchend" und „unrein" und Unglück bringend zuschrieb. Diese Ansicht basiert auf seinem eigenen Leben, auf seinen eigenen Erfahrungen mit seinen Ehefrauen. Scharia-Autoren beschreiben eine Atmosphäre, die Mohammeds Frauen geschaffen haben sollen, die so unerträglich gewesen sei, dass Mohammed keinen Frieden gehabt habe. Aber das entspricht nicht der ganzen Wahrheit. Mohammed stritt sehr oft mit seinen Frauen, war oft beleidigt und wütend auf alle. Er schwor dann, dass er mit keiner seiner Frauen mehr schlafen werde, aber jedes Mal brach er seinen Schwur. Und jedes Mal war er es selbst, der den Grund für die Streitereien geliefert hatte. Indem er seine Frauen ungerecht behandelte, verleitete er sie zu Intrigen und Streit aus Eifersucht. In einem späteren Kapitel komme ich auf dieses Thema zurück (S. 321-326). Erst wenn man das Verhalten Mohammeds genau betrachtet, ist es möglich zu erkennen, dass es ungerecht wäre, das Verhalten seiner Frauen als schlecht zu verurteilen. Und erst dann kann man sich vorstellen, wie es dazu kam, dass er seine Frauen als intrigant bezeichnete und ihnen vorwarf, kein Geheimnis bewahren zu können.

Mohammed war oft unehrlich zu seinen Frauen. Er selbst provozierte ihre Eifersucht und sie ahmten ihn berechtigterweise nach. Natürlich wird eine Frau, die ihren Mann in ihrem eigenen Bett mit einer anderen Frau während des Geschlechtsakts ertappt, nicht ruhig bleiben. Wenn er Intrigen gegen die Frau schmiedet, wird sie ebenfalls Intrigen schmieden. Um sich von der Situation in Mohammeds Harem ein Bild zu machen, ist es sinnvoll, dazu zwei Überlieferungen, *Honigsirup* und *Maria*, näher zu betrachten. Mohammed war mit elf Frauen verheiratet und stets bemüht, den Eindruck zu erwecken, dass er all seinen Frauen gegenüber gerecht sei. Deshalb dachte er sich eine Art „Schichtbetrieb" aus, eine Reihenfolge, die festlegte, wann er sich bei welchen Frauen aufhalten würde. Nach dem Morgengebet und nach dem Nachmittagsgebet schlief er mit den jeweiligen Frauen, die an der Reihe waren. Aber mit der Zeit suchte er Wege, wie er diese angebliche „Gleichberechtigung" zugunsten der Frauen, die er vorzog, umgehen konnte. So fand er die Ausrede, dass er bei Hafsa und bei Zaynab bint Dschahsch Honigsirup trinken würde. Dadurch blieb er länger bei diesen Frauen und schlief so auch mehr mit ihnen, was seine Frau Aischa bald bemerkte. Da Mohammed selbst intrigierte, sah sie keinen Grund, das nicht auch zu tun, und schmiedete einen Plan. Aischa: „Der Prophet liebte Honig und Halva[232]. Nach dem Nachmittagsgebet besuchte er seine Frauen […] Einmal […] ging er zu Hafsa und blieb sehr lange bei ihr. Ich war eifersüchtig und wollt der Sache auf den Grund gehen. Ich erfuhr, dass Hafsas Verwandte ihr Honig geschenkt hatten, woraus sie für den Gesandten Sirup machte. Da dachte ich, ich schwöre, ich ersinne eine Intrige. Ich sagte zu Sevde [Sauda]: 'Gleich kommt der Gesandte zu dir, wenn er sich dir nähert, fragst du: Haben Sie *megafir*[233] gegessen? Er wird nein sagen. Dann sagst du: Ach, seltsam, was ist das für ein Geruch? Er wird dir erzählen, dass er Honigsirup getrunken hat. Dann sagst du einfach, dass die Biene ihren Honig gewiss vom Uhud-Baum gesammelt hat. Safiyya habe ich schon Bescheid gesagt, sie wird, wenn er zu ihr geht, dasselbe sagen. Und ich spreche ihn ebenfalls an.'“[234] Auch eine andere Überlieferung schildert diese Geschichte und auch hier fragen seine Frauen Mohammed, sobald er sich ihnen näherte: „Haben Sie *megafir* getrunken?“ Weil Mohammed *megafir* nicht mag, hörte er auf, den Honigsirup zu trinken. Aischa beendet ihre Erzählung mit den Worten: „Sevde [Sauda] sagte zu mir: 'Ich schwöre, wir haben dem Gesandten den Honigsirup ein für allemal verleidet.' Ich habe ihr gesagt: 'Schweig'. Ich wollte nicht, dass unsere List und unsere Intrigen bekannt werden.“ [235] Die Anhänger der Scharia ziehen aus diesen Überlieferungen die Lehre, dass die Frauen „intrigant“ und „eifersüchtig“ seien. Mohammed habe ihnen zuliebe, um die Frauen zufrieden und die Ordnung wieder herzustellen, keinen Honigsirup mehr getrunken. Die Frauen gelten so als die Unruhestifterinnen, während Mohammed als unschuldiges Opfer dasteht.[236] Sie merken nicht, dass dessen eigene Ungerechtigkeit die Ursache für das Verhalten seiner Frauen war und Aischa im Grunde so seine Ungerechtigkeit überwand. Sein „Entgegenkommen“ diente nur dazu, dies zu verheimlichen und seine Frauen als Intrigantinnen darzustellen.

Die zweite Überlieferung, *Maria*, ist ein weitaus schlimmerer Beweis für Mohammeds Verhalten. Mohammed hatte sein Haus, in dem er mit einem Dutzend Ehefrauen lebte, zusätzlich mit einer Reihe von Sklavinnen gefüllt. Seine besondere Schwäche galt der Sklavin Maria und er genoss es, mit ihr Geschlechtsverkehr zu haben. Eines Tages konnte er seine Begierde nicht zügeln, ergriff sie und ging mit ihr in das Zimmer seiner Ehefrau Hafsa. Vermutlich dachte er, dass er vor Hafsas Rückkehr den Geschlechtsverkehr beendet hätte. Aber Hafsa wurde Zeugin des Geschehens und war sehr betroffen, ihn mit einer Sklavin in ihrem Bett, mitten im Geschlechtsakt vorzufinden. Mohammed war beunruhigt, vor allem aber befürchtete er, dass die anderen Frauen, insbesondere Aischa, das Geschehene erfahren könnten. Um das zu verhindern, bat er Hafsa, nichts zu verraten und schwor ihr, dafür Maria nie mehr anzurühren.[237]

Im Grunde ist es verständlich, dass ein Mensch, der so gekränkt wurde wie Hafsa, mit jemandem darüber sprechen möchte und sie klagte schließlich doch Aischa ihr Leid. Schließlich erfuhren auch die anderen Ehefrauen von dem Vorfall und alle waren empört über Mohammeds Verhalten. Mohammed rief Hafsa zu sich und tadelte sie, weil sie das Geheimnis verraten hatte. Die arme Frau fragte, woher er das wisse und Mohammed antwortete ihr, dass er alles von Gott erfahren habe. Er offenbarte später folgenden Vers:

Sure 66, At-Taḥrīm (Das Verbot), Vers 3
Und (damals) als der Prophet einer seiner Gattinnen etwas unter dem Siegel der Verschwiegenheit anvertraute (w. eine Geschichte im geheimen mitteilte). Als sie es dann (trotzdem einer anderen) mitteilte und Gott ihn darüber aufklärte, gab er es teils bekannt, teils ließ er es auf sich beruhen [...] *Und als er es dann ihr selber mitteilte, sagte sie: 'Wer hat dir das kundgetan?' Er sagte: 'Er, der Bescheid weiß und (über alles) wohl unterrichtet ist.'*

Mohammed war zutiefst beleidigt und so böse auf seine Frauen, dass er sich vornahm, seine Begierde nur noch mit seinen Sklavinnen zu stillen. Aber sein Schwur, Maria nicht mehr zu berühren, stand ihm dabei im Weg und Mohammed begriff, dass er zunächst diesen Schwur aus der Welt schaffen musste. Er löste dieses Problem mit folgenden Versen:

Sure 66, At-Taḥrīm (Das Verbot), Vers 1 und 2
Prophet! Warum erklärst du denn im Bestreben, deine Gattinnen zufriedenzustellen, für verboten, was Gott dir erlaubt hat? [...] *(Mit deinem Enthaltungsschwur hast du Unrecht getan.)* [...] *Gott hat für euch angeordnet, ihr sollt eure* [...] *Eide* [...] *annullieren (w. lösen).*[238]

So konnte er, indem er sich der Hilfe seines Gottes bediente, seinen Schwur zurücknehmen und seine sexuelle Begierde wieder an seiner Sklavin Maria befriedigen. Nach einem Monat verlor er allerdings die Geduld und Lust und wollte wieder zurück zu seinen Frauen.

In Sure 66, Verse 4-6 verurteilt Gott Hafsa und Aischa, sagt, sie hätten sich durch ihren Ungehorsam gegen Mohammed von Gott abgewendet. Es hätte aber keinen Sinn, gegen den Propheten zusammenzustehen, denn er habe den Schutz Gottes, die Hilfe Gabriels, der Engel und der rechtschaffenen Gläubigen. Schließlich wird nicht nur Aischa und Hafsa, sondern allen Frauen mit der Verstoßung durch den Propheten gedroht. Der Prophet würde dann Frauen nehmen, die anders sind: gläubig, demütig ergeben, bußfertig und fromm.

Wie Sie sehen, sind Mohammeds Ungerechtigkeit und sein Fehlverhalten die Ursache für die Unzufriedenheit seiner Frauen und die Auseinandersetzungen. Den Frauen aber wird unterstellt, dass sie geschwätzig und neidisch aufeinander seien, dass sie Unruhestifterinnen seien und kein Geheimnis bewahren könnten, und dann daraus geschlossen, dass dieses Verhalten typisch für Frauen sei, ihrem Charakter entspreche. Schließlich wird ihnen mit der Verstoßung und mit Bestrafung durch die Engel, die Gläubigen und durch Gott gedroht. Mohammed macht Gott zu seinem Gehilfen, ganz so, als habe Gott, um die Sorgen und die Trauer seines geliebten Gesandten zu beenden, dessen Frauen heimlich belauscht und ihm alles weitergegeben. Unverständlich bleibt dabei, warum Gott Mohammed über einen längeren Zeitraum hin warten lässt, bis er ihm die erlösenden Verse herabsendet, warum er seinen liebsten Propheten so lange leiden lässt, bis er dessen Ehefrauen ermahnt und ihm die Möglichkeit zur Rückkehr gibt.

Mohammed äußerte also die meisten seiner Beschimpfungen und erniedrigenden Aussagen gegenüber Frauen ausgerechnet dann, wenn er sich selbst ungerecht verhielt und das Verhalten der Frauen durch sein eigenes Fehlverhalten ausgelöst wurde. Aber er ist so sehr von der Vorstellung überzeugt, dass die Frau die Quelle des Bösen ist, dass er seine eigenen Frauen auch für seine Fehler verantwortlich macht und sie ungerecht behandelt. In den weiteren Kapiteln werden Sie von ähnlichem Verhalten Mohammeds erfahren, das letzten Endes dazu führt, dass in der muslimischen Kultur die Frauen als Intrigantinnen, als Menschen, die Männer verdammen, sie beschimpfen und kein Geheimnis bewahren können, stigmatisiert werden.

Anmerkungen

1 Ilhan Arsel empfiehlt auch die Lektüre der Kommentare von Imam Fakhru'd-Din Razi (Tafsir-e-Kabir) und Câmiu'l-Beyân Taberi (Te'vîli Âyati'l-Kur'an). Letzteres Werk wurde von Taberi im Jahr 883 beendet und ist auch als die Interpretation von Taberi bekannt. Obwohl Taberi ein bekannter Historiker war, wurde er eher mit seinem Werk der Interpretationen berühmt, welche als „Mutter aller Interpretationen" in die islamische Literaturgeschichte

eingegangen ist. Dieses Werk umfasst 30 Bände und wurde 1903 in Kairo komplett veröffentlicht. Siehe auch Dursun, Turan: Tabu Can Çekişiyor, Din Bu, Band 1, [Das ist Religion, Tabu in letzten Atemzügen]. İstanbul 1990, S. 251. Zur Wiederherstellung der Ehe durch den Mann siehe Sure 2, Al-Baqara (Die Kuh), Vers 228: „Und ihre Gatten haben ohne weiteres das Recht, sie darin (d. h. während der Wartezeit) zurückzunehmen, wenn sie eine Aussöhnung herbeiführen wollen."

2 Es ist umstritten, ob es sich hier um eine authentische, sichere Überlieferung handelt, bzw. nicht geklärt, ob es sich überhaupt um eine Überlieferung handelt. Es wird behauptet sie sei bei Ibn Hanbal oder An-Nasa'i (gest. 915) überliefert oder auch der Hadis-Sammlung des Ibn Madscha entnommen. Leider fehlt dort, wo die angebliche Überlieferung genannt wird, meist die genaue Angabe einer Quelle.

3 Sahîh-i Buhârî [Diyanet-Ausgabe], Band 10 (1985, 7. Aufl.), S. 398 und Band 2 (1985, 8. Aufl.), S. 399

4 Auch das *Amt für Religiöse Angelegenheiten* der Türkei (Diyanet) und andere religiösen Autoritäten versuchen, unser Volk gemäß diesen Bestimmungen zu erziehen. Z. B. bei Demircan, Ali Rıza: İslam'a Göre Cinsel Hayat [Das Geschlechtsleben gemäß dem Islam]. İstanbul 1986, Band I, S. 114

5 Sahîh-i Buhârî [Diyanet-Ausgabe], Band 2 (1985, 8. Aufl.), S. 399, *hadis* 286

6 Seine Geringschätzung drückt sich u. a. in folgender *hadis* aus: „Eine fruchtbare schwarze Frau ist besser als eine unfruchtbare schöne weiße Frau", Hüccetü'l İslâm Gazâlî: İhyâu 'ulûmi'd-dîn Tercümesi (1975), Band 2, S. 71

7 Tatsächlich meint auch Al-Buchari, Dienste würden auch dann im Jenseits groß belohnt, wenn es sich dabei nur um kleine Dienste handele. Die Aussicht, im Jenseits belohnt zu werden, bildet einen Ansporn für freiwillige Helfer und so wird erreicht, dass solche Dienste oft kostenlos oder gegen einen nur geringen diesseitigen Lohn verrichtet werden.

8 Wie sicher die oben zitierte Überlieferung ist, ist fraglich, denn die Frage, ob das Namaz-Gebet überhaupt über einem Grab verrichtet werden kann, ist bis heute nicht klar beantwortet. Abu Hanifa (gest. 767) und Malik ibn Anas (gest. 795) befürworten dies nicht und so gibt es bei den Hanafiten und den Malikiten kein Gebet am Grab. Und diejenigen, die es befürworten, wie die Schafiiten und die Hanbaliten, sind sich uneinig, in welcher Zeit nach dem Tod das Gebet verrichtet werden muss. Die einen meinen, dass das Gebet binnen eines Monats verrichtet werden kann, die anderen, dass man nicht beten darf, bevor die Leiche zerfallen ist. Siehe Sahîh-i Buhârî [Diyanet-Ausgabe], Band 2 (1985, 8. Aufl.), S. 399-400

9 Sahîh-i Buhârî [Diyanet-Ausgabe], Band 6 (1984, 7. Aufl.), S. 339 und Band 8 (1984, 7. Aufl.), S. 64

10 Zum Reiseverbot siehe: Sahîh-i Buhârî [Diyanet-Ausgabe], Band 4 (1985, 8. Aufl.), S. 219-220. Ibn Abbas sagt, Mohammed hätte in einer Rede zum Volk

gesagt, dass eine Frau nicht ohne männliche Begleitung verreisen solle. Evzai (gest. 774) und Malik ibn Anas (715-795; Schafiiten) meinen, eine Frau solle keine Reise über einen Tag ohne ihren Mann machen. Abu Dawud sagt: Keine Frau solle eine Reise ohne einen Mann antreten, die drei Tage dauert. Siehe Sahîh-i Buhârî [Diyanet-Ausgabe], Band 4 (1985, 8. Aufl.), S. 216-220. Wegen ihres schwachen Gedächtnisses solle die Frau auch keine Geschäfte tätigen; siehe Sahîh-i Buhârî [Diyanet-Ausgabe], Band 6 (1984, 7. Aufl.), S. 482 und S. 223, *hadis* 877; Eine Frau darf ohne den Ehemann oder einen *maḥram* keine Reise, die länger als zwei Tage dauert, antreten. Der *maḥram* ist eine männliche Person aus dem Familienkreis, den sie nicht heiraten darf.

11 Sahîh-i Buhârî [Diyanet-Ausgabe], Band 10 (1985, 7. Aufl.), S. 449f., *hadis* 1660 (Frauen sollen keine Ämter bekleiden); Band 4 (1985, 8. Aufl.), S. 219, 220 (Frauen sollen nicht reisen, müssen einen Vormund haben)

12 Fußnote des Diyanet an dieser Stelle: „Also wird Undankbarkeit mit Hölle bestraft."

13 Sahîh-i Buhârî [Diyanet-Ausgabe], Band 1 (1984, 8. Aufl.), S. 222, *hadis* 209; Band 11 (1983, 7. Aufl.), S. 314, *hadis* 18, S. 315, *hadis* 19

14 Siehe die Überlieferungen über Aischa, Sahîh-i Buhârî [Diyanet-Ausgabe], Band 1 (1984, 8. Aufl.), S. 225f, *hadis* 210 und *hadis* 211

15 Sahîh-i Buhârî [Diyanet-Ausgabe], Band 2 (1985, 8. Aufl.), S. 667, *hadis* 401

16 Ein weiterer Beleg für die Forderung unbedingten Gehorsams und die Unterdrückung einer kritischen Haltung ist die folgende Überlieferung: „Mohammed befiehlt Fragen zu stellen. Nach einigen Fragen sagt er: ‘Die Stämme vor euch sind daran zugrunde gegangen, dass sie ihren Propheten zu viel fragten und ihm widersprachen. Wenn ich euch etwas befehle, dann folgt dem Befehl. Wenn ich euch etwas verbiete, dann lasst das’." Sahîh-i Buhârî [Diyanet-Ausgabe], Band 2 (1985, 8. Aufl.), S. 483, *hadis* 323; siehe auch Arsel, İlhan: Teokratik Devlet/Demokratik Devlet (1975) S. 180-250

17 Hüccetü‘l İslâm Gazâlî: İhyâu ‘ulûmi'd-dîn Tercümesi (1975), Band 2, S. 118; Sahîh-i Buhârî [Diyanet-Ausgabe], Band 10 (1985, 7. Aufl.), S. 449, *hadis* 1660

18 Hüccetü‘l İslâm Gazâlî: İhyâu ‘ulûmi'd-dîn Tercümesi (1975), Band 2, S. 116-117

19 Hüccetü‘l İslâm Gazâlî: İhyâu ‘ulûmi'd-dîn Tercümesi (1975), Band 2, S. 117

20 Siehe auch Sure 12 (Yūsuf), Verse 109-110 und Sure 16 (An-Naḥl), Verse 43-44

21 Hüccetü‘l İslâm Gazâlî: İhyâu ‘ulûmi'd-dîn Tercümesi. İstanbul 1975, Band 2, S. 77; Ghazzali's book of Counsel for kings: Nasihat al-muluk. Übersetzt von F.R.C. Bagley. London 1964, S. 171

22 Koran, Sure 4, Vers 119

23 Hüccetü‘l İslâm Gazâlî: İhyâu ‘ulûmi'd-dîn Tercümesi (1975), Band 2, S. 89

24 Hüccetü‘l İslâm Gazâlî: İhyâu ‘ulûmi'd-dîn Tercümesi (1975), Band 2, S. 151

25 Gazâlî: Al-Mustazhiri, Leiden 1916, S. 180f. [Goldziher, Ignac: Streitschrift des Ġazāli gegen die Bāṭinijja-Sekte. Leiden 1916]

26 Nizam al-Mulk (1018-1092): Siyāset nāmēh, hrsg. von Charles Schäfer. Paris 1891, S. 154

27 [Die *fitna* ist eine glaubensprüfende Versuchung, eine Versuchung, die Unruhe in der Gemeinschaft stiftet, die die Ordnung stört. Sie wird daher meist mit der Frau in Verbindung gebracht. Anm. d. Hrsg.]

28 Nizam al-Mulk (1018-1092): Siyāset nāmēh, hrsg. von Charles Schäfer. Paris 1891, S. 185

29 Alle Zitate aus İbn Haldun: Mukaddime. Beirut 1967. In englischer Sprache: The Muqaddima, An Introduction to History. Übersetzt von F. Rosenthal, New York 1958, Band 1, S. 345, 403 und Band 2, S. 20

30 Sena, Cemil: Hazreti Muhammed'in Felsefesi [Die Philosophie des Heiligen Mohammed]. İstanbul 1979, S. 131-133

31 Bosworth / Donzel / Heinrichs / Pellat (Hrsg.): *Encyclopedia of Islam*. Bd. III, Leiden, London 1971, S. 897

32 Ibn ül Nafis; Er-risaletü'l Kamiliye, Fi's – Sirret'in Nebeviyye, Istanbul 1306 AH, S. 35; in englischer Übersetzung: Ibn al-Nafis, The Treatise Re-lating to Kamil, on the Life-History of the Prophet The Theologus Autodidactus of Ibn al-Nafis, hrsg. von M. Meyerhof and J. Schacht, Oxford 1968, S. 62. Ibn al-Nafis ist im Grunde genommen nicht damit einverstanden, dass der Frau dieses Recht gänzlich vorenthalten wird. Ihm zufolge müsste es für eine Frau möglich sein, sich von einem Mann, der seine Familie nicht ernähren kann, zu trennen.

33 Sahîh-i Buhârî [Diyanet-Ausgabe], Band 4 (1985, 8. Aufl.), S. 219-220

34 Sahîh-i Buhârî [Diyanet-Ausgabe], Band 7 (1984, 7. Aufl.), S. 298 [In der Ausgabe des *Amtes für Religiöse Angelegenheiten* der Türkei (Diyanet) übersetzt mit: „vom Intellekt her nicht ausreichend". İlhan Arsel korrigiert in seinem Zitat die Übersetzung zu „schwachsinnig". Rudi Paret übersetzt ebenfalls „schwachsinnig". Anm. d. Hrsg.]

35 Sahîh-i Buhârî [Diyanet-Ausgabe], Band 7 (1984, 7. Aufl.), S. 297

36 Sahîh-i Buhârî [Diyanet-Ausgabe], Band 7 (1984, 7. Aufl.), S. 298

37 Hüccetü'l İslâm Gazâlî: İhyâu 'ulûmi'd-dîn Tercümesi (1975), Band 2, S. 153 und 156

38 Statt Chadidscha zu danken, sagt Mohammed durch die Sure 93, Vers 8, dass er durch Gott reich wurde. In den Überlieferungen erzählt er Aischa, dass er sehr arm war und Chadidscha ihr Geld für den Islam eingesetzt hat.

39 Sahîh-i Buhârî [Diyanet-Ausgabe], Band 5 (1984, 7. Aufl.), S. 237, 238, *hadis* 724

40 Sahîh-i Buhârî [Diyanet-Ausgabe], Band 5 (1984, 7. Aufl.), S. 237-249, *hadis* 724

41 Lecky: History of European Morals (1869), Band 2, S. 337, 338

42 Fariduddin Attar's Tadhkarat-ul-auliya, Lahore 1961 (englische Übersetzung gekürzter Abschnitte: Memoires of Saints, übersetzt von Bankey Behari)

43 [In der deutschen Übersetzung wird das Wort „Tor" benutzt. In der türkischen Übersetzung des Korans steht „einer der Dschahiliyya", d. h. einer von denen, die vor dem Islam gelebt haben, die ohne religiöses Wissen, folglich „unwissend", „Ungläubige" waren. (Kur'ân-ı Kerîm ve Agıklamalı Meâli [Koran und Kommentar]. Ankara 1993, Türkiye Diyanet Vakfi Yayınları, Verlag der Diyanet. Bearbeitet von Prof. Dr. Ali Özek, Prof. Dr. Hayrettin Karaman, Dozent Dr. Mustafa Cagrici, Prof. Dr. Ibrahim Kâfi Dönem, Dozent Dr. Sadrettin Gümüs. Ankara 1993.) Anm. d. Hrsg.]

44 Demircan: Cinsel Hayat (1986), Band I, S. 57 [Ali Rıza Demircan wurde 1945 geboren in Istanbul (Kasımpaşa), laut Gericht eingetragen als 1947 geboren in Rize. Er studierte privat den Koran, die Überlieferungen (hadis) und die Auslegung (tefsir), absolvierte das Islam-Institut der Marmara Universität. 1976-1978 Fachausbildung in einem Bildungszentrum des *Amtes für Religiöse Angelegenheiten* (Diyanet). Zwölf Jahre tätig als Imam. Demircan wurde sieben Mal wegen seiner Bücher und Vorträge vor dem Staats-Sicherheitsgericht angeklagt. Er ist Verfasser zahlreicher Bücher zum Thema Islam (unter anderem *Unsere islamische Identität schützen, Unser Ziel ist der Islam* oder seine Bücher zum sogenannten „islamischen Sexualleben", wie *Reden über Frau, Familie und Liebe.* Anm. d. Hrsg.]

45 Hüccetü'l İslâm Gazâlî: İhyâu 'ulûmi'd-dîn Tercümesi (1975), Band 2, S. 78. Siehe auch Demircan: Cinsel Hayat (1986), Band 1, S. 275

46 Hüccetü'l İslâm Gazâlî: İhyâu 'ulûmi'd-dîn Tercümesi (1975), Band 2, S. 78

47 Hüccetü'l İslâm Gazâlî: İhyâu 'ulûmi'd-dîn Tercümesi (1975), Band 2, S. 78

48 Hüccetü'l İslâm Gazâlî: İhyâu 'ulûmi'd-dîn Tercümesi (1975), Band 2, S. 78. Weiter ist überliefert, dass er einmal, als er mit seinen Anhängern zusammen saß, abrupt aufstand. Nach einer Weile kehrte er gebadet zurück, da fragte ihn einer seiner Anhänger: „Oh, Prophet, habt ihr sexuellen Verkehr gehabt, der euer Baden erforderte?" Mohammed antwortet: „Ja, weil eine Frau vorbei lief, wurde das Begehren in meinem Herzen erweckt. So ging ich zu einer meiner Frauen und hatte Geschlechtsverkehr. Wenn auch in eurem Herzen das Begehren durch eine Frau erweckt wird, die euch gefällt, so geht zu euren Frauen und habt Geschlechtsverkehr." Demircan: Cinsel Hayat (1986), Band I, S. 274

49 Hüccetü'l İslâm Gazâlî: İhyâu 'ulûmi'd-dîn Tercümesi (1975), Band 2, S. 151, *hadis* 255

50 Hüccetü'l İslâm Gazâlî: İhyâu 'ulûmi'd-dîn Tercümesi (1975), Band 2, S. 79

51 Hüccetü'l İslâm Gazâlî: İhyâu 'ulûmi'd-dîn Tercümesi (1975), Band 2, S. 78-79

52 Hüccetü'l İslâm Gazâlî: İhyâu 'ulûmi'd-dîn Tercümesi (1975), Band 2, S. 84 „Ich bin dem Propheten Adam überlegen: Erstens hat seine Frau ihm geholfen

zu sündigen. Meine Frauen sind mir beim Beten behilflich. Zweitens hatte er einen ungläubigen Teufel. Mein Teufel ist muslimisch, er befiehlt mir Gutes.“

53 Gott macht auch zum Muslim, wen er will oder nicht: „wenn dein Herr gewollt hätte, würden die, die auf der Erde sind, alle zusammen gläubig werden“ (Sure 10, Vers 99, siehe auch Sure 50, Vers 17).

54 Die Geschichte der Vertreibung aus dem Paradies findet man im Koran in Sure 2 (Al-Baqara), Verse 31-38; Sure 7 (Al-‘A‘rāf), Verse 11-27; Sahîh-i Buhârî [Diyanet-Ausgabe], Band 9 (1986, 9. Aufl.), S. 81, *hadis* 1369: „Wenn es unsere Mutter Eva nicht gegeben hätte, hätte das Geschlecht Frau ihren Ehemann nicht verraten und betrogen.“

55 Vgl. Waddy, Charis: Women in Muslim History. London/New York 1980.

56 In der Bibel: „Sie nahm von der Frucht und aß und gab ihrem Mann auch davon.“ (1. Mose 3, 6 – Das Alte Testament nach der deutschen Übersetzung D. Martin Luthers. Neu durchgesehen. Privilegierte Württembergische Bibelanstalt. Stuttgart Juni – C). In der etwas neueren Interpretation der Einheitsübersetzung: „sie gab auch ihrem Mann, der bei ihr war, und auch er aß.“ (1. Mose 3, 6 – Einheitsübersetzung der Heiligen Schrift, Die Bibel. Gesamtausgabe, Psalmen und Neues Testament, ökumenischer Text, Stuttgart 1997).

57 1. Mose 3, 12 (Das Alte Testament nach der deutschen Übersetzung D. Martin Luthers. Neu durchgesehen. Privilegierte Württembergische Bibelanstalt. Stuttgart Juni – C)

58 1. Mose 3, 16 (Einheitsübersetzung der Heiligen Schrift, Die Bibel. Gesamtausgabe, Psalmen und Neues Testament, ökumenischer Text, Stuttgart 1997)

59 Auch in „Und (damals), als wir zu den Engeln sagten: ‚Werft euch vor Adam nieder!‘“ (Sure 20, Vers 116) und „Wenn ich ihn dann geformt und ihm Geist von mir eingeblasen habe, dann fallt [...] vor ihm nieder!“ (Sure 15 (Al-Ḥiğr), Vers 29)

60 Sure 7 (Al-‘A‘rāf), Verse 20-22; Sure 2 (Al-Baqara), Vers 26

61 Sahîh-i Buhârî [Diyanet-Ausgabe], Band 9 (1986, 9. Aufl.), S. 81, *hadis* 1369

62 İmam Nevevî: Riyâzü's Sâlihîn, Ankara 1972, 4. Auflage, Band 1, S. 105; siehe auch: Sahîh-i Buhârî [Diyanet-Ausgabe], Band 9, *hadis* 1369, S. 81

63 Überliefert von Usama, dem Sohn von [ibn] Zayd Ibn Harithah al-Kalbī). İmam Nevevî: Riyâzü's Sâlihîn, Istanbul 1393 AH, 4. Auflage, Band 1-3, S. 234 [Obwohl in der Türkei nicht die arabische Zeitrechnung gilt, hat der Verlag die Veröffentlichung mit 1393 AH (d. h. 1973) datiert; Anm. d. Hrsg.]

64 Fāẓil-bey: Le livre des femmes (Zenan-nameh) [Zenānnāma]. Traduit du turc par J. A. Decourdemanche, Paris 1875, S. 7

65 [Das Wort bezeichnet die Anhänger der zoroastrischen Religion und wird heute in erster Linie im Sinne von „Ketzer“, „Ungläubiger“, „Gottesleugner“ benutzt. Siehe Steuerwald, Karl: Türkisch-deutsches Wörterbuch / Türkçe-almanca sözlük. Wiesbaden 1972. Anm. d. Hrsg.]

66 [Im Kommentar des Diyanet steht, dass manche Kommentatoren den Vers 24 im Sinne von „er hätte sie am liebsten geschlagen, aber durch Gottes Ermahnung ließ er davon ab“ interpretieren, statt „und auch er hätte sich am liebsten mit ihr eingelassen“. (Diyanet Koran, Ankara 1993) . Anm. d. Hrsg.]

67 Zur Geschichte von Jerada und Salomo siehe die Interpretationen von Beydâvî [Al-Baidawi] und Abu'l Fida und die Suren 38 (Ṣād), 27 (An-Naml) und 34 (Saba‘).

68 Sahîh-i Buhârî [Diyanet-Ausgabe], Band 2 (1985, 8. Aufl.), S. 630

69 Taberi: Milletler (1966), Band 2, S. 888; Sahîh-i Buhârî [Diyanet-Ausgabe], Band 11 (1983, 7. Aufl.), S. 14-23 und Band 2 (1985, 8. Aufl.), S. 630

70 Sahîh-i Buhârî [Diyanet-Ausgabe], Band 2 (1985, 8. Aufl.), S. 630, Band 8 (1984, 7. Aufl.), S. 293, *hadis* 1195; Arsel, İlhan: Din Adamları (1977), S. 57f.

71 Taberi: Milletler (1966), Band 2, S. 888

72 Sahîh-i Buhârî [Diyanet-Ausgabe], Band 11 (1983, 7. Aufl.), S. 23, *hadis* 1669

73 Sahîh-i Buhârî [Diyanet-Ausgabe], Band 11 (1983, 7. Aufl.), S. 14

74 Sahîh-i Buhârî [Diyanet-Ausgabe], Band 2 (1985, 8. Aufl.), S. 632, 647

75 Sahîh-i Buhârî [Diyanet-Ausgabe], Band 2 (1985, 8. Aufl.), S. 629, Band 9 (1986, 9. Aufl.), S. 141

76 [Sowohl im Koran als auch in der Bibel hat sie keinen Namen, sie wird nur als „Frau von“ bezeichnet: „die Frau von Al-Aziz“ (Sure 12, Vers 30) und „Potifars Weib“ (1. Mose 39). Anm. d. Hrsg.]

77 Sahîh-i Buhârî [Diyanet-Ausgabe], Band 9 (1986, 9. Aufl.), S. 141

78 Ibn Hischam: Sirat Rasuli-llah, Kairo 1937, Band 2, S. 257-258

79 Ghazzali's book of Counsel for kings: Nasihat al-muluk. Übersetzt von F.R.C. Bagley. London 1964, S. 154

80 Colloque de Ryad, de Paris, du Vatican, de Geneve et de Strasbourg. Sur le Dogme musulman et les Droits de l'Homme en Islam Entre Juristes de l'Arabie Saudite et l'Eminents Juristes et Intellectues Européens, Beirut 1973

81 [Laut Koran schuf Gott Adam aus Erde (Sure 18, Vers 37; Sure 23, Vers 12; Sure 15, Vers 26). Zur Erschaffung Evas gibt der Koran keine genauen Angaben, sie ist aber aus Adam entstanden, aus „einem einzigen Wesen“. (Sure 6, Vers 98; Sure 7, Vers 189 und Sure 16, Vers 72 „Und Gott hat euch aus euch selber Gattinnen gemacht“). Daher gehen muslimische „feministische“ Theologinnen davon aus, dass Eva ebenso aus Erde sei, und leiten hieraus eine bessere Stellung der Frau im Islam, im Gegensatz zu ihrer Stellung im Christentum, ab. Laut einer Überlieferung von Ibn Abbas „ließ Gott Schlaf über ihn kommen“, entnahm Adam eine Rippe und schuf daraus Eva (Khoury, Hagemann, Heine: Islam Lexikon, Geschichte – Ideen – Gestalten, A-F. Freiburg i. Br. 1991, S. 38, 39, Stichwort „Adam“). Anm. d. Hrsg.]

82 İmam Gazâlî: Kimyâ‘yı Saâdet (1979), S. 178

83 Hüccetü'l İslâm Gazâlî: İhyâu 'ulûmi'd-dîn Tercümesi (1975), Band 2, S. 119; İmam Nevevî: Riyâzü Sâlihîn (Aslı ve Tercümesi) İstanbul 1974, S. 227, *hadis* 273; Sahîh-i Buhârî [Diyanet-Ausgabe] Band 11 (1983, 7. Aufl.), S. 305

84 Hüccetü'l İslâm Gazâlî: İhyâu 'ulûmi'd-dîn Tercümesi (1975), Band 2, S. 119

85 Hüccetü'l İslâm Gazâlî: İhyâu 'ulûmi'd-dîn Tercümesi (1975), Band 2, S. 117

86 Hüccetü'l İslâm Gazâlî: İhyâu 'ulûmi'd-dîn Tercümesi (1975), Band 2, S. 117-118

87 Siehe Arsel, İlhan: Toplumsal Geriliklerimizin Sorumluları: Din Adamları. [Die Verantwortlichen für unsere Rückständigkeit: Die Gefolgsmänner der Religion]. Ankara 1995, S. 201; Demircan: Cinsel Hayat (1986), Band 1, S. 57

88 Hüccetü'l İslâm Gazâlî: İhyâu 'ulûmi'd-dîn Tercümesi (1975), Band 2, S. 117

89 Siehe eines der wichtigsten Werke der islamischen Welt Ahlak-i Celal [Das Original: Practical Philosophy of the Muhammadan People: exhibited in its professed connexion with the European, so as to render either an introduction to the other; being a translation of the Akhlāk-I-Jalāly, the most esteemed ethical work of Middle Asia, from the persian of Fakīr Jāny Muhammad Asäad (with references and notes by W. F. Thompson). London 1839]; siehe auch Practical Philosophy of the Muhammadan People: Being a Translation of the Akhlak-I-Jalaly (1839) [Fakir Jany Muhammad Asaad (Übers.), Thompson, W. F. (Verweise und Anmerkungen)] Karachi 1977, S. 269

90 Sahîh-i Buhârî [Diyanet-Ausgabe], Band 8 (1984, 7. Aufl.), S. 311, 312, *hadis* 1211 und Band 11 (1983, 7. Aufl.), S. 267, 268, *hadis* 1795

91 Sahîh-i Buhârî [Diyanet-Ausgabe], Band 8 (1984, 7. Aufl.), S. 311-313, hadis 1211. In der Erklärung der Diyanet zu dieser Überlieferung steht, dass Aischa, die jüngste Frau Mohammeds, zu dieser *hadis* befragt worden sei und geantwortet habe, dass Mohammed nie eine solche Aussage gemacht habe, da Muslime an so etwas wie Omen nicht glauben würden.

92 Schriften des Amtes für Religiöse Angelegenheiten der Türkei (Diyanet) Nr. 7, November 1989 und Nr. 10/027/1317

93 Siehe den Artikel von Turan Dursun: Diyanetin Yalanları ve Kadınları Aşağılamaları [Die Lügen des Amtes für Religiöse Angelegenheiten und die Diskriminierung der Frauen], in: 2000e dogru, 1. April 2000.

94 Sahîh-i Buhârî [Diyanet-Ausgabe], Band 11 (1983, 7. Aufl.), S. 325, *hadis* 1827

95 Sahîh-i Buhârî [Diyanet-Ausgabe], Band 11 (1983, 7. Aufl.), S. 326

96 Diese Aussagen sind ebenfalls bei Al-Buchari zu finden. Sahîh-i Buhârî [Diyanet-Ausgabe], Band 11 (1983, 7. Aufl.), S. 325

97 Sahîh-i Buhârî [Diyanet-Ausgabe], Band 10 (1985, 7. Aufl.), S. 377

98 Sahîh-i Buhârî [Diyanet-Ausgabe], Band 10 (1985, 7. Aufl.), S. 377

99 Sahîh-i Buhârî [Diyanet-Ausgabe], Band 10 (1985, 7. Aufl.), S. 377, *hadis* 1648

100 Sahîh-i Buhârî [Diyanet-Ausgabe], Band 4 (1985, 8. Aufl.), S. 374

101 Sahîh-i Buhârî [Diyanet-Ausgabe], Band 4 (1985, 8. Aufl.), S. 373
102 Sahîh-i Buhârî [Diyanet-Ausgabe], Band 4 (1985, 8. Aufl.), S. 371
103 [Müleyke, gest. 735, war in der Frühzeit des Islams eine berühmte Persönlichkeit; er tradierte die Überlieferungen von Aischa, Umm Salama, Abdullah bin Amrbin el-As und anderen; Anm. d. Hrsg.]
104 Sahîh-i Buhârî [Diyanet-Ausgabe], Band 4 (1985, 8. Aufl.), S. 374
105 Sahîh-i Buhârî [Diyanet-Ausgabe], Band 4 (1985, 8. Aufl.), S. 373
106 Sahîh-i Buhârî [Diyanet-Ausgabe], Band 1 (1985, 8. Aufl.), S. 219
107 Sahîh-i Buhârî [Diyanet-Ausgabe], Band 9 (1986, 9. Aufl.), S. 40
108 Ibn Sa'ad: Tabakat Al-Kabir, übersetzt von S.M. Hak und H.K. Gazanfer, Karachi 1967, S. 22
109 İbn Sa'ad: Tabakat Al-Kabir (1967), S. 22
110 Die Überlieferung von Abu Said findet sich in Sahîh-i Buhârî [Diyanet-Ausgabe], Band 1 (1984, 8. Aufl.), S. 224, 225, *hadis* 209
111 Sahîh-i Buhârî [Diyanet-Ausgabe], Band 6 (1984, 7. Aufl.), S. 168, 169, *hadis* 840. Laut der Überlieferung von Ibn Abbas habe Mohammed zunächst menstruierende Frauen zugelassen, später seine Meinung aber geändert und dies verboten.
112 Sahîh-i Buhârî [Diyanet-Ausgabe], Band 2 (1985, 8. Aufl.), S. 303-304
113 Sahîh-i Buhârî [Diyanet-Ausgabe], Band 2 (1985, 8. Aufl.), S 441
114 Da Mohammed sich auch die Juden als Feinde bestimmte, erwähnt er auch sie. Siehe Sahîh-i Buhârî [Diyanet-Ausgabe], Band 2 (1985, 8. Aufl.), S. 311, 441; Dursun, Turan: Tabu Can Cekişiyor. Din Bu. Band 3, Istanbul 1991, S. 126
115 Sahîh-i Buhârî [Diyanet-Ausgabe], Band 2 (1985, 8. Aufl.), S. 440-441, Fußnote 2 der *hadis* 309
116 Dursun, Turan: Tabu Can Cekişiyor. Din Bu. Band 3, S. 126-127
117 „Gottes Botschafter betete und ich lag ihm gegenüber wie eine Leiche". Sahîh-i Buhârî [Diyanet-Ausgabe], Band 2 (1985, 8. Aufl.), S. 449
118 Sahîh-i Buhârî [Diyanet-Ausgabe], Band 2 (1985, 8. Aufl.), S. 446
Zum Thema Katze und Gebet siehe Ibn Madscha, Kitab as-sunan, Band 1, mit Kommentaren von Muhammed Ibn Abd Allah. Lucknow 1315, Band I, S. 32; zum Kamel siehe Sahîh-i Buhârî [Diyanet-Ausgabe], Band 2 (1985, 8. Aufl.), S. 446 und Muslim: Kitab-u Salat, Band 7, S. 242, 244-248
119 Taberi: Milletler (1966), Band 2, S. 478
120 Laut verschiedenen Überlieferungen berührte Mohammed keine Frauenhand und mochte es nicht, wenn eine Frau ihre Hand nach ihm ausstreckte. Taberi, Tarih-i Taberi, Konya 1982, S. 478-479
121 Die Frauen mussten beeiden, dass sie Gott keine Götter beigesellen, sich dem Gesetz Gottes unterwerfen, nicht stehlen, ihre Kinder nicht töten, keine Unzucht (zina) treiben, d. h. keinen Ehebruch begehen und ihren Männern keine „Schande" bereiten. Außerdem sollten sie ihre Männer nicht beschimpfen und sich nicht beklagen. Diese Bedingungen werden aus der ersten *biat* hergelei-

tet, die „Aqaba-*biat*“ genannt wird. Als Mohammed noch in Mekka lebte, traf er sich in al-Aqaba heimlich mit zwölf seiner Helfer (arab. *al-anṣār*), die ihm einen Treueeid leisteten. Zur Aqaba-*biat* siehe auch Sahîh-i Buhârî [Diyanet-Ausgabe], Band 4 (1985, 8. Aufl.), S. 411, 412 ; Band 10 (1985, 7. Aufl.), S. 315, 316; Band 11 (1983, 7. Aufl.), S. 198 und 200. Die Aqaba-*biat* wird auch „Frauen-*biat*“ genannt. Taberi schreibt, dass die Huldigung von Aqaba nicht etwa „Frauen-Huldigung“ genannt wurde, weil Frauen an ihr teilgenommen hätten, sondern weil das Ereignis stattfand, bevor der Dschihad als religiöse Vorschrift [türk. *farz*, arab. *farḍ*] anerkannt war. Taberi: Milletler (1966), Band 2, S. 175-178

122 Sahîh-i Buhârî [Diyanet-Ausgabe], Band 10 (1985, 7. Aufl.), S. 315-316

123 Tarih-Taberi Tercemesi, Istanbul 1981, Band 2, S. 476 und 478; Taberi: Milletler (1982), Band 2, S. 482

124 Ahmad bin Hanbal: Al Musnad, Kairo 1313 (AH), S. 408-421. Die Sammlung umfasst ca. 29.000 *hadis*.

125 İbn Sa'ad: Tabakat Al-Kabir (1967), S. 5, 23, 25; Siehe auch Stern, Gertrude H.: Muhammad's Bond with the Women. In: Bulletin of the School of Oriental and African Studies, 1939, Band 10, S. 96-97

126 Al-Katib: Miskatu'l-Meshabih. Lahore 1960, II. Buch, S. 88

127 Al-Katib: Miskatu'l-Meshabih. Lahore 1960, II. Buch, S. 88

128 Sahîh-i Buhârî [Diyanet-Ausgabe], Band 12 (ohne Jahr, 8. Aufl.), S. 193

129 Sahîh-i Buhârî [Diyanet-Ausgabe], Band 1 (1984, 8. Aufl.), S. 154-155

130 Sahîh-i Buhârî [Diyanet-Ausgabe], Band 4 (1985, 8. Aufl.), S. 361-362, *hadis* 633

131 Sahîh-i Buhârî [Diyanet-Ausgabe], Band 4 (1985, 8. Aufl.), S. 361

132 Ebû Hanife: „Frauen dürfen dem Sarg nicht folgen“. Es gibt auch islamische Schulen, die dies nicht so streng handhaben. Imam Malik zum Beispiel erlaubt es den älteren Frauen, nicht aber jungen Mädchen. Die Schule der Zahiri besagt laut Ibn Hazim: „Frauen kann die Teilnahme an der Begräbnisfeier nicht verboten werden. Diese Überlieferungen sind nicht sicher.“ Siehe auch Sahîh-i Buhârî [Diyanet-Ausgabe], Band 4 (1985, 8. Aufl.), S. 361, *hadis* 633 und S. 276.

133 Sahîh-i Buhârî [Diyanet-Ausgabe], Band 4 (1985, 8. Aufl.), S. 361

134 Sahîh-i Buhârî [Diyanet-Ausgabe], Band 1 (1984, 8. Aufl.), kitabü-l hayz [Buch der Menstruation], S. 238, *hadis* 217; Umm Atiyya überliefert, dass die Frauen, die ihre Menstruation haben, der Moschee fernbleiben müssen.

135 Sahîh-i Buhârî [Diyanet-Ausgabe], Band 1 (1984, 8. Aufl.), S. 230, S. 231-239

136 Sahîh-i Buhârî [Diyanet-Ausgabe], Band 1 (1984, 8. Aufl.), S. 220, *hadis* 205; İbn Sa'ad: Tabakat Al-Kabir (1967), S. 8 und S. 165

137 Sahîh-i Buhârî [Diyanet-Ausgabe], Band 1 (1984, 8. Aufl.), S. 21, *hadis* 207

138 Sahîh-i Buhârî [Diyanet-Ausgabe], Band 1 (1984, 8. Aufl.), S. 221, *hadis* 206

139 Sahîh-i Buhârî [Diyanet-Ausgabe], Band 1 (1984, 8. Aufl.), S. 222. Siehe auch Demircan: Cinsel Hayat (1986), Band I, S. 218-220 und Band II, S. 223

140 Demircan, Cinsel Hayat (1986), Band I, S. 218-220; Sahîh-i Buhârî [Diyanet-Ausgabe], Band 1 (1984, 8. Aufl.), S.221, *hadis* 206-208

141 [Mensch bedeutet auf Türkisch „insan", Menschheit „insanoğlu". Das Wort „oglu" bedeutet jedoch Sohn. Das Wort „kadın" Frau, das Wort „kız" Mädchen. In der türkischen Sprache gibt es kein Wort, wie „insankadını" oder „insankızı" Die Sprache ist auch in der religiösen Literatur männlich. Anm. d. Hrsg.]

142 Hüccetü'l İslâm Gazâlî: İhyâu 'ulûmi'd-dîn Tercümesi (1975), Band 2, S. 115

143 [Lokman ist eine bereits in vorislamischer Zeit sehr bekannte Gestalt, die Züge eines Weisen trägt. Im Koran, in dem seine Weisheit dann als von Gott verliehen gilt, richtet er Ermahnungen an seinen Sohn (Sure 31 [Luqmān], Vers 12, 13). Anm. d. Hrsg.]

144 Hüccetü'l İslâm Gazâlî: İhyâu 'ulûmi'd-dîn Tercümesi (1975), Band 2, S. 115

145 Hüccetü'l İslâm Gazâlî: İhyâu 'ulûmi'd-dîn Tercümesi (1975), Band 2, S. 83

146 Ahmad bin Hanbal, Al Musnad, Bd. 2, S. 168

147 Sahîh-i Buhârî [Diyanet-Ausgabe], Band 2 (1985, 8. Aufl.), S. 440, 441, *hadis* 303

148 Sahîh-i Buhârî [Diyanet-Ausgabe], Band 2 (1985, 8. Aufl.), S. 377, *hadis* 271 und S. 440-445, *hadis* 304, 308 und 309

149 Sahîh-i Buhârî [Diyanet-Ausgabe], Band 2 (1985, 8. Aufl.), S. 440

150 Sahîh-i Buhârî [Diyanet-Ausgabe], Band 2 (1985, 8. Aufl.), S. 449. Weitere Beispiele für die Diskussionen um die Verunreinigung des Gebet durch Tiere sind folgende Stellen: Sahîh-i Buhârî [Diyanet-Ausgabe], Band 2 (1985, 8. Aufl.), S. 446-451, *hadis* 271; Sahîh-i Buhârî [Diyanet-Ausgabe], Band 2 (1985, 8. Aufl.), S. 377, *hadis* 308 [Es geht hier ums Pferd bzw. den Pferdestall.]

151 Sahîh-i Buhârî [Diyanet-Ausgabe], Band 2 (1985, 8. Aufl.), S. 449

152 Sahîh-i Buhârî [Diyanet-Ausgabe], Band 2 (1985, 8. Aufl.), S. 440

153 [Esved bin Yezid en-Nehaî ist zwar in der Zeit Mohammeds aufgewachsen, ist ihm jedoch nicht begegnet. Fetullah Gülen, ein ehemaliger Imam des Diyanet, der heute in den USA lebt und oft als Vertreter eines „Reformislam" angeführt wird, verehrt ihn und sagt, er sei „einer der Menschen, in die ich verliebt bin". Esved bin Yezid en-Nehaî verbrachte sein Leben mit Beten, auf die Frage, warum er dies tue, antwortet er: „Ich habe Angst, ohne Religion ins Jenseits zu gehen." Die Gülen-Bewegung unterhält in Deutschland mehrere Schulen.]

154 Sahîh-i Buhârî [Diyanet-Ausgabe], Band 2 (1985, 8. Aufl.), S. 446

155 Sahîh-i Buhârî [Diyanet-Ausgabe], Band 2 (1985, 8. Aufl.), S. 449

156 Abu Said al Hudri sagt, dass nichts das Gebet verunreinigen könne. Es gibt aber Diskussionen um die Überlieferung, ob diese *sicher* ist oder nicht. Siehe Sahîh-i Buhârî [Diyanet-Ausgabe], Band 2 (1985, 8. Aufl.), S. 440

157 Sahîh-i Buhârî [Diyanet-Ausgabe], Band 2 (1985, 8. Aufl.), S. 327, *hadis* 249

158 İbn Sa'ad: Tabakat Al-Kabir (1967), S. 8/65

159 Diejenigen, die von Mekka nach Medina auswanderten, die Muhadschirun.

160 İbn Sa'ad: Tabakat Al-Kabir (1967), S. 8/65

161 Ibn Cuhayfe, Band 2, S. 440

162 Das *Amt für Religiöse Angelegenheiten der Türkei* setzt die Überlieferungen, welche die Frau mit dem Vieh gleichstellen, kleingedruckt in die Fußnote. Sie wissen, dass sie die als sicher betrachteten Überlieferungen nicht vernichten können, so versuchen sie, die als unsicher geltenden, die oft weniger frauenfeindlich sind, in den Vordergrund zu rücken. Sahîh-i Buhârî [Diyanet-Ausgabe], Band 2 (1985, 8. Aufl.), S. 446

163 Sahîh-i Buhârî [Diyanet-Ausgabe], Band 2 (1985, 8. Aufl.), S. 440, siehe unter Fußnote 3 zur *hadis* 303; Band 1 (1984, 8. Aufl.), S. 159, *hadis* 143; Band 2, S. 327, *hadis* 249, 302, 303 und 304

164 Sahîh-i Buhârî [Diyanet-Ausgabe], Band 2, S. 446-451

165 Siehe für diese Überlieferungen Buchari, Muslim und Tirmizi.
Vgl. Dursun, Turan: Tabu Can Cekişiyor, Din Bu. Band 3, S. 122-126. Hier wird unter der Überschrift „Die Lügen und Diskriminierungen der Frauen durch Diyanet" der Streit zwischen Diyanet und İlhan Arsel behandelt. Einer der Aspekte ist die Gleichsetzung der Frauen mit Tieren. Dursun belegt mit Diyanet-Quellen, dass Arsel recht hat.

166 Hüccetü'l İslâm Gazâlî: İhyâu 'ulûmi'd-dîn Tercümesi (1975), Band 2, S. 117

167 Ghazzali's book of Counsel for kings: Nasihat al-muluk. (übersetzt von F. R. C. Bagley). London 1964, S. 165

168 Ghazzali's book of Counsel for kings: Nasihat al-muluk. (übersetzt von F. R. C. Bagley). London 1964, S. 165-166

169 Ghazzali's book of Counsel for kings: Nasihat al-muluk. (übersetzt von F. R. C. Bagley). London 1964, S. 165, 166

170 Hüccetü'l İslâm Gazâlî: İhyâu 'ulûmi'd-dîn Tercümesi (1975), Band 2, S. 99, 102 und 105

171 Hüccetü'l İslâm Gazâlî: İhyâu 'ulûmi'd-dîn Tercümesi (1975), Band 2, S. 117, 118

172 Hüccetü'l İslâm Gazâlî: İhyâu 'ulûmi'd-dîn Tercümesi (1975), Band 2, S. 118

173 Ghazzali's book of Counsel for kings: Nasihat al-muluk (übersetzt von F. R. C. Bagley). London 1964, S. 75

174 Al-Ghasali bezieht sich auf Sure 4, Vers 119. Hüccetü'l İslâm Gazâlî: İhyâu 'ulûmi'd-dîn Tercümesi (1975), Band 2, S. 117

175 Das Wort *nušūz*, das in Sure 4, Vers 34 genannt ist, übersetzt die Diyanet mit *serkeş*tlik. Kur'ân-ı Kerîm ve Agıklamalı Meâli [Koran und Kommentar]. Ankara 1993, Türkiye Diyanet Vakfi Yayınları [Verlag der Diyanet]

176 Siehe hierzu auch Dursun, Turan: Tabu Can Cekişiyor. Din Bu [Das ist Religion, Tabu in letzten Atemzügen]. İstanbul 1990, S. 252 [Turan Dursun macht ebenfalls darauf aufmerksam, dass bereits der Verdacht des Mannes, seine Frau lehne sich auf oder sei ungehorsam, ausreicht, um dem Mann das Recht zu geben, seine Frau zu strafen, und er bemerkt, dass kein anderes Recht der Erde, und sei es auch noch so primitiv, einem Menschen das Recht gebe, einen anderen Menschen auf Verdacht zu strafen. Anm. d. Hrsg.]

177 Taberi: Milletler (1966), Band 2, S. 819

178 Laut Abu Hurayrah soll Mohammed gesagt haben: „Vermeidet es ins Gesicht zu schlagen“ (Sahîh-i Buhârî [Diyanet-Ausgabe], Band 7 (1984, 7. Aufl.), S. 465, *hadis* 1121. Siehe auch Hüccetü'l İslâm Gazâlî: İhyâu 'ulûmi'd-dîn Tercümesi (1975), Band 2, S. 128); angeblich habe er dies gesagt, weil das Gesicht der ehrenvollste Körperteil sei. Aber ginge es um die Ehre, müsste Mohammed das Schlagen gänzlich verbieten. Denn es gibt kein einzelnes, ehrenvolles Körperteil, wenn, dann ist es der Mensch in Gänze. Sicher wollte Mohammed vermeiden, dass die Gewalt sichtbar wird, vielleicht hätte ihm der Anblick die Laune verdorben.

179 Manche Menschen meinen, dass der Koran vorgeschrieben habe zu schlagen, ohne der betreffenden Person Schmerz zuzufügen. Es gibt keinen Vers, der das besagt. Siehe auch Turan Dursun, Tabu Can Çekişiyor, Din Bu (Das ist Religion), Istanbul 1990.
Laut Überlieferungen in Al-Ghasalis Werken hat Mohammed gesagt: „Wenn der Ehemann seine Frau schlägt, sollte er nicht ins Gesicht schlagen, so dass sie nicht verletzt wird.“ Hüccetü'l İslâm Gazâlî: İhyâu 'ulûmi'd-dîn Tercümesi (1975), Band 2, S. 128

180 Amin, Mohammed: The Sayings of Prophet Muhammad. Lahore 1961, S. 52

181 İmam Nevevî: Riyâzü Sâlihîn (Aslı ve Tercümesi). İstanbul 1974, S. 228

182 Kur'ân-ı Kerîm ve Agıklamalı Meâli [Koran und Kommentar]. Ankara 1993, Türkiye Diyanet Vakfi Yayınları [Verlag des Diyanet], S. 83, Kommentar zu Vers 34: „Mohammed hat die Gläubigen ermahnt: 'Ist es möglich, eine Frau wie einen Esel zu schlagen und sie am Ende des Tages im Bett in die Arme zu nehmen?' Außerdem befahl er, falls es erforderlich ist, zu schlagen, aber keine Spuren auf ihrem Körper zu hinterlassen.“

183 Beck, Lois & Keddie, Nikki R. (Hrsg.): Women in the Muslim world. Harvard University Press 1978, S. 583

184 Hazleton, Lesley: Israeli Women: The Reality Behind The Myth. New York 1977, S. 53, 55, 59

185 Zum Beispiel in Chaibar teilte er die Beute in je ein Fünftel für Gott, für sich, für Waisen und Arme sowie für seine Tochter Fatima; der Rest ging an seine Kämpfer. Einmal eroberte er eine Stadt nicht zu Pferd und Kamel, sondern

die Stadt fiel ohne Kampf. Deshalb teilte er die Reichtümer dieser Stadt mit niemandem.
[Turan Dursun schrieb in seinem Werk Tabu Can Çekişiyor, Din Bu, Band 1 Istanbul 1991, über die bei der Kriegsbeute Begünstigten und über diejenigen, die den Islam durch Bestechung annahmen. Auch Band 3, S. 177, enthält einen Abschnitt über die Familien, die bei der Verteilung der Beute bevorzugt wurden. Anm. d. Hrsg.]

186 Arsel, İlhan: Teokratik Devlet (1975), S. 314

187 Muhammed b. el Hasan Asch-Schaibānī: al-mabsūt, kitāb al-asl. Beirut 1990; Kitab-ı Magazı, S. 28; Tirmizî: Kitab-ı Siyar, S. 6

188 Überliefert von Rübeyyi, der Tochter von Muavviz: „Wir Frauen [...] nahmen teil am Krieg und trugen Wasser für die Kämpfer, versorgten die Verletzten und transportierten die Gefallenen nach Medina.“ Dennoch gibt es keinen Vers, der die Teilhabe von Frauen an der Kriegsbeute erwähnt. Buhârî (1984) [Diyanet-Ausgabe], Band 8, S. 320-322, *hadis* Nr. 1216

189 Mohammed bin Şeneb (Cheneb): Proverbes Arabes de l'Algerie et du Magreb. Paris 1906, Band 1, S. 73

190 Siehe Sahîh-i Buhârî [Diyanet-Ausgabe], Band 9 (1986, 9. Aufl.), S. 67, *hadis* 1363

191 Sahîh-i Buhârî [Diyanet-Ausgabe], Band 9 (1986, 9. Aufl.), S. 66, *hadis* 1363

192 Demircan: Cinsel Hayat (1986), Band II, S. 92 [Zusammengefasst schreibt Demircan: Musik stiftet Unruhe im Herzen; Gott wird Männer, die Alkohol trinken und verführerischen Sängerinnen lauschen, strafen, indem er sie in Affen und Schweine verwandelt, ihnen wird am Jüngsten Tag Blei in ihre Ohren gegossen werden. Anm. d. Hrsg.]

193 Demircan: Cinsel Hayat (1986), Band II, S. 90 und 91

194 Demircan: Cinsel Hayat (1986), Band II, S. 92; Sahîh-i Buhârî [Diyanet-Ausgabe], Band 6 (1984, 7. Aufl.), S. 542, *hadis* 1022

195 Sahîh-i Buhârî [Diyanet-Ausgabe], Band 6 (1984, 7. Aufl.), S. 542, *hadis* 1022

196 Demircan: Cinsel Hayat (1986), Band II, S. 91

197 Sahîh-i Buhârî [Diyanet-Ausgabe], Band 6 (1984, 7. Aufl.), S. 542

198 [Lazarus Goldschmidt übersetzt mit „einschmeichelnd“, siehe Goldschmidt, Lazarus: Koran. Augsburg 2007; „nicht auf eine weiche Art, sonst würde, wer böse Absichten hegt, nach euch trachten, sondern sprecht in geziemender Weise“, siehe Al Muntakhab, Auswahl aus den Interpretationen des Heiligen Koran; Arabisch-Deutsch; Arabische Republik Ägypten; Al-Azhar; Ministerium für Awqāf, Oberster Rat für Islamische Angelegenheiten, Kairo 1420 n. d. Hidschra; 1999 n. Chr. Die Frauen haben also in jedem Fall die Verantwortung und dafür Sorge zu tragen, dass sie die Männer nicht durch ihre Stimme verführen. Anm. d. Hrsg.]

199 Kur'ân-ı Kerîm ve Açıklamalı Meâli [Koran und Kommentar]. Ankara 1993. Türkiye Diyanet Vakfi Yayınları (Verlag des Diyanet)

200 [Eine magische Vorstellung, wer den Namen der Dinge kennt, hat Macht über sie. Anm. d. Hrsg.]

201 Viele weitere Überlieferungen sind in gleicher Weise formuliert, richten sich allein an den Mann. Siehe das Werk İhyâu 'ulûmi'd-dîn Tercümesi von Gazâlî. Zum Beispiel steht in den Überlieferungen, dass alle, die ihre vergessenen Schulden bezahlen, nach jedem Gebet *Ihlas* lesen, in das Paradies kommen und soviel Huris bekommen, wie sie wollen – ein Versprechen, das zeigt, dass hier nur Männer gemeint sein können. Hüccetü'l İslâm Gazâlî: İhyâu 'ulûmi'd-dîn Tercümesi (1975), Band 3, S. 410

202 Sharma, Arvind (Hrsg.): Women in World Religions. New York 1987, S. 236

203 Al-Kathib Al Tabrizi: Mishkat al-Masabih. Lahore 1960, S. 74. [Al Khatib war eine der wichtigsten Autoritäten unter islamischen Gelehrten der vierten Generation. Er war Jurist und befasste sich bevorzugt mit Geschichte und den Hadithen. Anm. d. Hrsg.]

204 Ibn Madscha brach mit 22 Jahren auf, um große Teile der damaligen islamischen Welt zu durchreisen. Dabei sammelte er alle ihm zugänglichen Informationen über den Propheten Mohammed. Nach seiner Reise scharte er Schüler um sich und verfasste mehrere Bücher. Sein bedeutendstes Werk ist das Buch *kitāb as-sunan*, das zu den „Sechs Büchern", den Sammlungen von Überlieferungen gehört, die von den sunnitischen Muslimen anerkannt sind.

205 Alle Überlieferungen aus Sena, Cemil: Hazreti Muhammed'in Felsefesi [Die Philosophie des Heiligen Mohammed]. İstanbul 1979, S. 444

206 Sahîh-i Buhârî [Diyanet-Ausgabe], Band 12 (ohne Jahr, 8. Aufl.), S. 104, *hadis* 1946; Sahîh-i Buhârî [Diyanet-Ausgabe], Band 3, S. 29, *hadis* 483

207 Hüccetü'l İslâm Gazâlî: İhyâu 'ulûmi'd-dîn Tercümesi (1975), Band 2, S. 111; İmam Gazâlî: Kimyâ'yı Saâdet (1979), S. 176-177

208 Die *hadis* ist von Ibn Abbas überliefert. Sahîh-i Buhârî [Diyanet-Ausgabe], Band 1 (1984, 8. Aufl.), S. 41, *hadis* 27

209 Sure 4 (An-Nisā'), Vers 166; Sure 3 (Āl-'Imrān), Verse 18, 39, 42

210 Sure 97 (Al-Qadr), Vers 4; Sure 16 (An-Naḥl), Verse 28, 32; Sure 8 (Al-'Anfāl), Vers 50; Sure 6 (Al-'An'ām), Vers 93

211 Sure 3 (Āl-'Imrān), Verse 124, 125

212 Sure 74 (Al-Muddaṯṯir), Verse 30, 31

213 Sure 82 (Al-'Infiṭār), Verse 10-12 (dazu gehört Sure 83, Verse 18-21); Hüterengel und Todesengel: Sure 6 (Al-'An'ām), Vers 61; Hüterengel: Sure 10 (Yūnus), Vers 21

214 Sure 53 (An-Nağm), Vers 26; Sure 21 (Al-Anbiyā'), Vers 28

215 Sure 34 (Saba'), Verse 40, 41; Sure 4 (An-Nisā'), Vers 97

216 Sure 21 (Al-Anbiyā'), Verse 19, 20

217 Sure 33 (Al-Ahzāb), Vers 56

218 Auch in Sure 12 (Yūsuf), Vers 31, sagen die Frauen wegen seines guten Aussehens: „Das ist kein Mensch. Das ist nichts (anderes) als ein edler Engel."

219 Im Kommentar des Diyanet steht, dass die Mekkaner der vorislamischen Zeit daran geglaubt hätten, dass die Engel die Töchter Allahs, und dass die Mütter der Engel die allerhöchsten Dschinn gewesen seien. Dies zeigt die Wertschätzung des weiblichen Geschlechts der vorislamischen Araber und war nicht gegen Gott gerichtet. Da Mohammed aber wollte, dass sie ihm und seinem männlichen Gott gehorchen und ihren Glauben ablegen, behauptete er einfach, dass Engel keine Frauen sein könnten. Wer daran glaube, komme in die Hölle. Um die Mekkaner unter Druck zu setzen, offenbarte er die Sure 37 (Aṣ-Ṣāffāt), Verse 27f. Siehe Sahîh-i Buhârî [Diyanet-Ausgabe], Band 9 (1986, 9. Aufl.), S. 63, Kommentar zur *hadis* 1360. [Dass das Weibliche in der vorislamischen Kultur geachteter war als im Islam, ist sicher richtig. Wenn es um die Darstellung des vorislamischen Glaubens geht, sollte man sich jedoch nicht auf islamische Quellen verlassen. Es ist nicht geklärt, ob sich die Mekkaner wirklich zu den Vorstellungen bekannten, wie sie in späterer Zeit von den muslimischen Geschichtsschreibern und Religionsgelehrten dargestellt wurden und die letztlich wohl auch dazu dienen sollten, ein negatives Bild der vorislamischen Religion und Zeit zu zeichnen. Die Satanischen Verse belegen aber, dass es für kurze Zeit wohl zumindest den Versuch gegeben hat, die drei großen Göttinnen als Mittlerinnen zwischen Allah und den Menschen in den Islam zu integrieren, um die „heidnischen" Araber für den Islam zu gewinnen. Anm. d. Hrsg.]

220 [Der Schafiit Al-Baidawi (Kadı Beydâvî) war Gelehrter der Rechtswissenschaft (fiqh), der Überlieferungen (ḥadīṯ), der Koranexegese (tafsīr) und der Grammatik, er war Oberkadi von Schiraz und einer der größten Gelehrten seiner Zeit. Berühmt ist sein Werk zur Koranexegese „Anwār at-tanzīl wa-asrār at-ta'wīl" (Lichter der Offenbarung und Geheimnisse der Deutung). Anm. d. Hrsg.]

221 Taberi: Milletler (1966), Band 2, S. 149

222 Taberi: Milletler (1966), Band 2, S. 149. Siehe auch Sure 22, Vers 52, in dem offenbart wird, dass Gott bereits vor Mohammed Gesandte oder Propheten geschickt habe, denen der Teufel versucht habe etwas „unterzuschieben". [Siehe zum Thema der Satanischen Verse: Dursun, Turan: Tabu Can Çekişiyor, Din Bu, Band 2 [Das ist Religion, Tabu in letzten Atemzügen]. İstanbul 1991, S. 103-107. Anlässlich der Auseinandersetzungen um das Buch „Satanische Verse" von Salman Rushdie erschien am 19.3.1989 ein Artikel von Turan Dursun in der Wochenzeitung 2000'e Doğru, Jahrgang 3, Ausgabe 12. Turan Dursun (geb. 1934) wurde 1990 in Istanbul von muslimischen Extremisten ermordet. Anm. d. Hrsg.]

223 Taberi: Milletler (1966), Band 2, S. 154

224 Taberi: Milletler (1966), Band 2, S. 154

225 Ein ähnliches Spiel trieb Mohammed mit Aischa. Auch sie wollte Gabriel sehen. Mohammed sagte ihr, dass der Engel nun da sei und sie grüßen würde. Aischa antwortete: „Auch ich grüße ihn, den ich nicht sehe, und wünsche ihm den Schutz Gottes" und fügte hinzu: „Den Gabriel, den ich nicht sehe, siehst du!". Sahîh-i Buhârî [Diyanet-Ausgabe], Band 9 (1986, 9. Aufl.), S. 26, 27, *hadis* 1329

226 Sahîh-i Buhârî [Diyanet-Ausgabe], Band 9 (1986, 9. Aufl.), S. 315, *hadis* 1480

227 Hüccetü'l İslâm Gazâlî: İhyâu 'ulûmi'd-dîn Tercümesi (1975), Band 4, S. 844-846

228 Es handelt sich dabei um Sure Joseph, Vers 109. Al-Baidawi Korankommentar „Lichter der Offenbarung und Geheimnisse der Deutung" [Anwàr at-tanzîl wa-asràr at-ta'wîl] ist auf Türkisch enthalten in: Beyzâvî, (Al-Baidawi), herausgegeben von Türkiye Diyanet Vakfı (Stiftung der Diyanet), İslâm Ansiklopedisi, Band 6, Envârü' t- tenzil.

229 Siehe Al-Baidawis Kommentar zu Sure 3 (Āl-'Imrān), Vers 42 und Sure 12 (Yūsuf), Vers 109 und seine Deutung des Verses.

230 Mohammed behauptete, dass auch die Propheten vor ihm den Koran erhalten hätten. Um das zu beweisen, nahm er Verse in den Koran auf wie: „Wir haben doch seinerzeit den Kindern Israels die Schrift, Urteilsfähigkeit und Prophetie gegeben" (Sure 45, Al-Ǧāṯiya, Vers 16). Oder Sure 4 (An-Nisā'), Vers 163: „Wir haben dir (Offenbarungen) eingegeben (ebenso) wie (früher) dem Noah und den Propheten nach ihm: Abraham (w. und wir haben dem Abraham (Offenbarungen) eingegeben), Ismael, Isaak, Jakob und den Stämmen (Israels), Jesus, Hiob, Jonas, Aaron und Salomo." Siehe auch Sure 7 (Al-'A'rāf), Vers 144.

231 Taberi, Tarih-ül Millet, Bd. 2, S. 408 und 844; Sahîh-i Buhârî [Diyanet-Ausgabe], Band 6 (1986, 9. Aufl.), S. 431; Arif Tekin, Muhammed ve Kurmaylarinin Hanimlan (Die Frauen Mohammeds und seiner Kommandanten), Istanbul 2001, S. 162

232 [Süßigkeit bestehend aus Sesamsamen oder Sesammus, Honig, Zucker, Pflanzenöl und verschiedenen Sorten Nüssen. Anm. d. Hrsg.]

233 [Was *megafir* oder *marafir* genau ist, scheint in der muslimischen Tradition in Vergessenheit geraten zu sein. Das Amt für Religiöse Angelegenheiten (Diyanet) ist der Meinung, dass es sich um eine Art Klebstoff handelt, der unangenehm riecht. Andere Erklärungen lauten: eine Honigsorte mit besonderem Geruch; eine spezielle Blume, die in einer Beduinenwüste zu finden ist, aber stinkt; eine spezielle Pflanze, die zwar gut schmeckt, aber einen stechenden Geruch hat. Anm. d. Hrsg.]

234 Sahîh-i Buhârî [Diyanet-Ausgabe], Band 11 (1983, 7. Aufl.), S. 361, *hadis* 1835

235 Sahîh-i Buhârî [Diyanet-Ausgabe], Band 11 (1983, 7. Aufl.), S. 208, *hadis* 1751 und S. 363

236 Siehe die Kommentare des Amtes für Religiöse Angelegenheiten (Diyanet) in Sahîh-i Buhârî [Diyanet-Ausgabe], Band 11 (1983, 7. Aufl.), S. 209

237 İbn Sa'ad: Tabakat Al-Kabir (1967), Band 3; Dursun, Turan: Tabu Can Çekişiyor, Din Bu [Das ist Religion, Tabu in letzten Atemzügen]. İstanbul 1990, S. 36

238 Die islamischen Gelehrten sind sich nicht einig, auf welches Ereignis sich diese Verse 1 und 2 beziehen. Celaleddin und Yahya z. B. beziehen sie auf Mohammeds Verkehr in Hafsas Bett. Al-Zemahşerî und Al-Baidawi sind der Ansicht, sie beziehen sich auf die Ereignisse, die in „Honigsirup" geschildert werden. Eine dritte Gruppe meint, dass diese Verse wegen der Geschehnisse um Zaynab bint Dschahsch entstanden. [Rudi Paret vertritt die erste Ansicht. Anm. d. Hrsg.] Zu den unterschiedlichen Sichtweisen siehe: Abdülbâki Gölpınarlı: Kur'an-ı Kerim ve Meâli. İstanbul 1958, S. CX

III. Das Leben der Frau: Von der Geburt bis zum letzten Atemzug von einem Pech zum nächsten

Die Behauptung, dass der Islam den Frauen soziale, wirtschaftliche und politische Gleichheit gebracht hätte, ist weit entfernt von der Realität. Genauso realitätsfern ist die Behauptung, dass die Gleichberechtigung, die der Islam den Frauen gebracht habe, bis heute unerreicht und unübertreffbar sei. Zweifellos werden die Frauen auch in den anderen monotheistischen Religionen ganz erbärmlich erniedrigt, auch dort haben sie keine Rechte und keine Freiheit. Aber man kann dennoch ruhigen Gewissens sagen: In keinem anderen System begegnet man einer solch übersteigerten Form der Erniedrigung und der Unterdrückung der Frau wie in der Scharia und im Islam. In keiner anderen Gesellschaft wurde die Frau derart dem Befehl des Mannes unterstellt und der Ausbeutung durch ihn überlassen. Nirgends wurde die Frau so sehr zum Maßstab alles Bösen, zum Zeichen des Unheils, zum schlechten Omen, nirgends wurde sie in einer solchen Weise mit dem Tier auf eine Stufe gestellt, mit Hund oder Esel in einem Atemzug genannt.

Dieses schmerzvolle Schicksal wird der Frau von der Geburt bis zum Tod systematisch auferlegt: Bei ihrer Geburt wird sie nicht mit Freude empfangen; sie wird bereits als Kind ins Haus eingeschlossen; später wird sie gezwungen, einen Mann, den sie nicht kennt, vielleicht nie mögen, geschweige denn lieben wird, zu heiraten. Sie muss ihn bedienen, sein sexuelles Begehren befriedigen. Sie bleibt unmündig, lebt ein Leben lang entweder unter dem Joch ihres Vaters, ihres Bruders, ihres Mannes oder eines anderen Vormundes und ist verurteilt, alles in ihrem Leben mittels dieser Personen zu verwirklichen. Wird sie älter, kann keine Kinder mehr bekommen und ist vielleicht nicht mehr begehrenswert, dann fällt sie zur Last, ist unerwünscht. Schließlich, wenn dieses sorgenvolle Leben endet, dürfen ihre Angehörigen nicht länger als drei Tage um sie trauern, so die Vorschrift.[1] Nach ihrem Tod kommt die Frau aufgrund ihrer bösen Natur und schlechten Veranlagung meist in die Hölle. Sollte sie das Glück haben, trotz ihrer Verderbtheit ins Paradies zu gelangen, dann kann sie das oft nur mit Erlaubnis ihres Mannes. Was sie dort erwartet, ist für eine Frau allerdings nicht paradiesisch zu nennen, wie Sie im Kapitel „Die meisten Insassen der Hölle sind Frauen“ noch lesen werden (ab S. 361).

Das Mädchen

Ihre Geburt eine Plage: Die Tochter

Es ist eine im Islam verwurzelte Tradition, dass die Geburt eines Jungen als Glück und die Geburt einer Tochter als Plage gesehen wird. Diese 1400 Jahre andauernde Tradition hat in vielen islamischen Ländern heute noch ihre Gültigkeit. Ist der Nachkomme ein Junge, wird seine Geburt gefeiert, ist es ein Mädchen, wird oft getröstet: „Inschallah [So Gott will], gebärst du das nächste Mal einen Jungen.“[2]

In Pakistan und Bangladesh wird zur Geburt eines Jungen gratuliert, es werden zum Dank Gebetsformeln wie „Gott ist allmächtig“ verlesen. Bei der Geburt von Mädchen ist das nicht vorgesehen, es werden lediglich ein paar Sätze in das Ohr der Neugeborenen geflüstert.[3] Im Iran wird während der Schwangerschaft für die Geburt eines Jungen gebetet. Manche unternehmen hierfür sogar eine Pilgerreise oder sie versprechen Heiligen „gute Taten“ zu vollbringen, wie z. B. ein Tier zu schlachten und das Fleisch an Arme zu verteilen. Auch hier wird bei der Geburt eines Jungen gratuliert, bei Mädchen hingegen getröstet. In den ländlichen Gebieten ist die Existenz eines Mädchens völlig unwichtig. Mädchen werden beim Einwohnermeldeamt oft erst gar nicht eingetragen. Fragt man jemanden: „Wie viele Kinder hast du?“, wird man als Antwort immer die Zahl der Söhne genannt bekommen.[4] Das gilt auch für die ländlichen Gebiete der laizistischen Türkei: Bei der Geburt eines Mädchens kann man sich nur damit trösten, dass sie wenigstens eine Hilfe im Haushalt sein wird. Da sie heiraten und zu einem „fremden Sohn“ [türk. *eloğlu*] gehen wird, hat sie die Stellung eines Gastes. Es kommt durchaus vor, dass Ehemänner ihre wiederholt Mädchen gebärenden Frauen krankenhausreif schlagen. Auch in der Türkei wird in ländlichen Gebieten die Geburt eines Mädchens beim Einwohnermeldeamt oft nicht gemeldet. Das Wort *evlat*, das im türkischen im Alltag für „Kinder" benutzt wird, meint im Grunde genommen nicht beide Geschlechter, sondern nur die Jungen. Denn das Wort *evlat* ist der Plural von *velet*, was „männliches Kind", „Junge" bedeutet. Sprechen die Menschen von *evlatlarımız*, sagen „meine Kinder", dann meinen sie im Grunde nur die Söhne. Das Mädchen gehört also nicht zu den Kindern. Sie bleibt das Mädchen, das Gehorsam lernt und ihre Ehre [türk. *namus*, (Geschlechts)ehre], ihre Jungfräulichkeit zu bewahren hat.

Es gibt viele solcher Beispiele für die Länder, deren Bevölkerung muslimischen Glaubens ist. Dennoch behaupten viele Gläubige beharrlich, dass die Religion der Scharia Mädchen durchaus Wert beimesse. Diese Behauptung wird mit dem Vergleich der Situation der Frauen in der vorislamischen Zeit (Dschahiliyya) untermauert, wobei sich das Argument der Gläubigen auf die Tötung der Mädchen reduziert. Sie zitieren aus dem Koran:

Sure 16, An-Naḥl (Die Biene), Vers 57
Und sie schreiben Gott die Töchter zu [...] *Wenn einem von ihnen die Geburt eines weiblichen Wesens angesagt wird* [...] *macht er dauernd ein finsteres Gesicht und grollt (dem Schicksal).*

Sure 81 [At-Takwīr], Verse 8-9
wenn das Mädchen, das (nach der Geburt) verscharrt worden ist, gefragt wird, 9 wegen was für einer Schuld man es umgebracht hat

Die Scharia-Anhänger behaupten, Mohammed habe diese Tradition abgeschafft und die Mädchen mit den Jungen gleichgestellt.[5] Das aber ist nicht nur eine Übertreibung, sondern auch eine Lüge. Es ist eine historische Tatsache, dass die Araber vor der Islamisierung Mädchen gut behandelten. Die Tradition, Kinder nach der Geburt zu begraben, war nicht nur auf Mädchen begrenzt, hing also nicht mit dem Geschlecht zusammen und war außerdem nur bei einzelnen Stämmen verbreitet. Schon vor Mohammeds Machtübernahme war diese Tradition stark im Rückgang begriffen. Trotzdem stellen islamische Kreise die Kindstötung als eine oft praktizierte Tradition in vorislamischer Zeit dar. Genannt wird häufig der Stamm der *Banu Tamim*, bei dem diese Praxis, wenn auch selten, vorkam. Doch ist auch bekannt, dass sich Mitglieder des Stammes der Tradition widersetzten, zum Beispiel der Dichter Al-Farazdak (ca. 641-728) und dessen Großvater, die notleidenden Eltern ihre Kinder abkauften, um deren Tötung zu verhindern.[6] Mohammed, der das hörte, lobte ihn für seine gute Tat. Dabei dachte er jedoch eher an die Vermehrung der Muslime, nicht an die Rettung und Achtung der Mädchen. Und er nahm wohl auch eher aus diesem bevölkerungspolitischen Grund als aus ethischen Überlegungen die oben genannten Verse in den Koran auf. Sie bedeuten nicht, dass er Mädchen und Jungen einen grundsätzlich gleichen Wert zuschrieb. Selbst im Koran ist diesbezüglich nicht an allen Stellen allein von Mädchen die Rede, das Wort „Kinder" wurde stets als „Töchter" interpretiert, um zu unterstreichen, dass der Islam der Frau Rechte gebracht habe:

Sure 6, Al-'An'ām (Das Vieh), Vers 140
Die haben (letzten Endes) den Schaden, die in (ihrer) Torheit und in (ihrem) Unverstand ihre Kinder töten

Sure 6, Al-'An'ām (Das Vieh), Vers 151
Und ihr sollt nicht eure Kinder wegen Verarmung töten

Sure 17, Al-'Isrā' (Die nächtliche Reise), Vers 31
Und tötet nicht eure Kinder aus Furcht vor Verarmung! Wir *bescheren ihnen und euch (den Lebensunterhalt).*

Der Brauch hatte zudem wohl eher wirtschaftliche Gründe, als dass die Ursache das Geschlecht des Kindes gewesen wäre. Arme Familien, die meinten, ihr Kind nicht ernähren zu können, „opferten" sowohl Mädchen als auch Jungen. Eine andere Erklärung ist, dass es kriegsbedingt zu einem Ungleichgewicht im Verhältnis der Anzahl von Frauen und Männern gekommen war,[7] zuletzt waren vielleicht auch religiöse kultische Gründe Ursache. Doch zu Mohammeds Zeiten war der Brauch des religiösen Menschenopfers in den Kulturen bereits kaum noch existent und schon in vorchristlicher Zeit stark zurückgegangen.

Zwar herrschten in der Dschahiliyya auch Vorstellungen wie die, dass jedes Haar eines Jungen Gold wert sei,[8] aber auch die Mädchen hatten einen hohen Stellenwert und galten als heilig, wie aus Quellen wie dem „Buch der Götzen" [*kitāb al-aṣnām*] des Ibn al-Kalbi leicht zu erfahren ist.[9] Die Mädchen, das Weibliche, waren für sie so heilig, dass sie weibliche Gottheiten, die Göttinnen Al-Ussa, Al-Lat und Manat anbeteten und diese, laut muslimischen Quellen, schließlich als die Töchter Gottes betrachteten. Das steht auch im Koran, wo dies abgewertet wird:

Sure 4, An-Nisā' (Die Frauen), Vers 117
Statt zu ihm, beten sie zu nichts als weiblichen Wesen, und sie beten (indem sie Götzendienst treiben) zu nichts als einem rebellischen Satan.

In Sure 53 (An-Nağm), wird in den Versen 19-29, von diesen drei großen Göttinnen berichtet, es war also nicht ausgeschlossen, das Weibliche als göttlich, in Form von Göttinnen zu verehren und die Engel als weiblich zu betrachten (vgl. S. 132). Es ist offensichtlich, dass eine Gesellschaft mit einem solchen Glauben ihre Töchter nicht aus Scham über ihr Geschlecht töten würde. Mohammeds Frage, wegen welcher Schuld die Mädchen getötet würden (Sure 81, Verse 8 und 9), ist also eher Ausdruck seiner Befürchtung, dass sich die Muslime nicht ausreichend vermehren könnten, als dass sie aus Achtung für das weibliche Geschlecht gestellt wurde. Mohammed sah in der Kreatur, die Frau heißt, lediglich die Maschine, die die Kinder produziert.

Die folgende Überlieferung, die dies bestätigt, zeigt seine kalte Berechnung und seine erniedrigende Sicht auf die Frau deutlich: Einmal kam eine Frau aus Cüheyne zu Mohammed, die durch *zina* [Unzucht, hier außerehelicher Geschlechtsverkehr] schwanger geworden war. Sie sagte: „Oh Gesandter Gottes, ich habe etwas Verbotenes getan. Sag, was mir als Strafe zusteht." Mohammed wandte sich mit seiner Antwort nicht etwa an sie, sondern an den Vormund der Frau, ihren Vater, und sagte: „Pass gut auf sie auf und wenn sie geboren hat, dann bring sie wieder zu mir." Der Vater brachte also seine Tochter, nachdem sie ihr Kind zur Welt gebracht hatte, wieder zu Mohammed, der den Befehl gab, sie zu steinigen. Dann betete er. Umar fragte ihn, warum er bete, da die Frau doch die Sünde der Unzucht begangen hatte. Mohammed antwortete: „Ihre Reue war so groß, dass es für 70 Leute in Medina ausgereicht hätte. Weißt du etwas Edleres, als das Leben für Gott zu geben?"[10] Edel erschien ihm vielleicht auch, eine junge Frau zu steinigen, die gerade erst ihr Kind zur Welt gebracht hatte. Mohammed sah nur den Erhalt der Gemeinschaft und den Verstoß gegen die Regeln der Scharia, nicht aber das Leid, dass er über die Frau und ihr Kind gebracht hat. Ein Verhalten, das nicht anders denn als unmenschlich bezeichnet werden kann.

Mohammed offenbarte viele Verse, die zeigen sollten, dass die Schwangerschaft der Frau Gottes Wille sei. Ohne sein Wissen könne keine Frau schwanger werden oder entbinden, kein Mensch das Leben eines Lebewesens verkürzen oder verlängern (Sure 35, Vers 11). Gott gebe „dem einen weibliche und dem andern männliche" Nachkommen (Sure 42, Vers 49). Da es sich bei einer Empfängnis um den Willen Gottes handele, er empfangen lässt, wen er will und unfruchtbar macht, wen er will (Sure 42, Vers 50), sei es ein großes Vergehen gegen den Willen Gottes, Kinder aus Armutsgründen zu töten (Sure 17, Vers 31) oder keine Kinder zeugen zu wollen. Auch wenn Gott laut Mohammed in besonderen Fällen *azil* [arab. *'azl*] den Coitus Interruptus erlaubt,[11] hat er diese Form der Empfängnisverhütung im Allgemeinen verboten.[12] Mohammed selbst soll gesagt haben, er habe nie verhütet.[13] Deshalb sind diejenigen, die sich als Vertreter der Religion betrachten, Hodschas, Imame und selbsternannte „religiöse Führer", überzeugt, dass die Abtreibung im Islam nicht erlaubt sei.[14]

Wenn die historischen Erkenntnisse über das damalige Leben mutig offen gelegt würden, wäre klar erkennbar, dass die die Mädchen betreffenden, negativen Glaubensätze nicht aus dem Leben der Araber der vorislamischen Zeit, sondern von Mohammed selbst stammen. Denn während Mohammed die Glaubenssätze und Traditionen, welche die männlichen Kinder bevorzugten, förderte, vernichtete er im Gegenzug Glaubenssätze und Traditionen, die Mädchen und Frauen positiv betrachteten, die Kultur, die ihnen Achtung entgegenbrachte. Im *Al-Musnad,* der Sammlung von Überlieferung des Ibn Hanbal, und im *Ansāb al-ašrāf* des arabischen Historikers Al-Balādhurī (820-892) ist nachzulesen, dass Mohammed sich so sehr über die Geburt der beiden Söhne seiner Lieblingstochter Fatima freute, dass er geradezu einen Feiertag daraus machte. Obwohl es, wie bereits erwähnt, eine vorislamische Tradition war, das Haar männlicher Kinder für so wertvoll wie Gold zu halten, ließ auch er die Haare seiner Enkel schneiden und an die Armen verteilen.[15] Es war Mohammed selbst, der die Existenz der Mädchen zu einem Thema der Trauer machte.

Er liebte zwar seine Tochter Fatima, aber nur, weil sie sein einziges am Leben gebliebenes Kind war und nicht, weil er Töchter generell als wertvoll ansah. Denn dann hätte er seinen anderen Töchtern die selbe Nähe gegeben. Diese spielen in der muslimischen Tradition und Geschichte jedoch so gut wie keine Rolle. Im Koran werden sie einmal erwähnt, und hier auch nur im Rahmen einer Ermahnung sich zu bedecken, die an die Frauen der muslimischen Gemeinschaft geht:

Sure 33, Al-Ahzāb (Die Gruppen), Vers 59

Prophet! Sag deinen Gattinnen und Töchtern und den Frauen der Gläubigen, sie sollen (wenn sie austreten) sich etwas von ihrem Gewand (über den Kopf) herunterziehen

Selbst den muslimischen Gelehrten ist aufgefallen, dass seine Töchter kaum eine Rolle in seinem Leben spielen, und sie vermuten daher, dass es sich bei seinen Töchtern Zaynab, Ruqayyah und Umm Kulsum nicht um seine leiblichen Töchter gehandelt habe, was im Grunde keine Entschuldigung ist. Und obwohl zunächst seine Tochter Ruqayyah, nach ihrem Tod seine Tochter Umm Kulsum, mit dem dritten Kalifen Usman ibn Affan verheiratet war und beide als nächste Verwandte Mohammeds eigentlich eine gewisse Autorität, was den Islam betrifft, gehabt haben müssten, existieren keine Überlieferungen von ihnen und auch keine über sie.

Selbst seine Lieblingstochter Fatima opferte Mohammed seinen Vorstellungen und lieferte sie der groben Behandlung ihres Ehemannes Ali aus. Fatima kam nach jedem Streit mit Ali zu ihm, berichtete von ihrem Leid und suchte Trost und Hilfe. Mohammed aber sagte stets: „Pass dich seiner Art an. Ich sage es immer wieder, wollte ich befehlen, dass ein Mensch einen anderen anbeten soll, dann würden die Frauen ihre Männer anbeten."[16] So erklärte er nicht nur das negative Verhalten Alis für erlaubt, sondern stellte auch allen anderen Männern geradezu einen Freischein für die schlechte Behandlung der Frau aus. Männer dürfen seitdem Frauen wie Untergebene behandeln, mit ihnen umgehen, wie sie es, gemäß den Regeln des Islams selbstverständlich, für richtig halten, und sie strafen, wann immer sie glauben, das tun zu müssen und zu dürfen.[17]

Mohammed hörte nie auf, Scham und Trauer zu empfinden, weil er keine Söhne hatte. Die Geburt seiner vier Töchter, die ihm von Chadidscha geschenkt worden waren, stellte ihn nie zufrieden. Er betete stets zu Gott um die Gnade, einen Sohn aufziehen zu können, die ihm Gott, warum auch immer, nie zuteil werden ließ. Alle ihm geborenen Söhne – Al-Qasim und Abdallah von Chadidscha, Abraham von seiner Sklavin Maria, aber auch die in manchen Überlieferungen genannten weiteren Söhne Tayyib und Tahir – starben wohl schon sehr früh, als Kleinkinder.[18]

Mohammed schämte sich, weil in seiner Umgebung bereits zu hören war, dass er sterben werde, ohne einen Sohn hinterlassen zu haben. Auch an seinem Prophetentum wurde bereits gezweifelt. Seine Frau Schenba sagte nach dem Tod Abrahams: „Wenn er tatsächlich Botschafter Gottes wäre, wäre sein liebster Sohn nicht gestorben",[19] wofür er sie verstieß. Was ihn jedoch eigentlich verletzte, war die Aussage: „Er bekam keinen Sohn, er ist eine zeugungsunfähige Person [nach der Logik der muslimischen patriarchalischen Kultur ist eine Person, die keine männlichen Nachkommen hat, impotent, zeugungsunfähig. Anm. d. Hrsg.]; nach seinem Tod wird sein Name in Vergessenheit geraten."[20] Schließlich wurde Mohammed gefragt: „Jeder Prophet hat einen Nachkommen und zwei Enkel, wo bleiben deine Nachkommen und Enkelkinder?" Mohammed antwortete nicht. Salman, der gefragt hatte, geriet in Sorge. Auf die Frage, warum er so bestürzt aussehe, antwortet er: „Ich fürchte mich. Ich habe den Prophet Gottes etwas gefragt, aber er schweigt." Später rief Mohammed ihn zu sich und sagte: „Zweifellos sandte Gott viertausend Propheten, die viertausend Nachkommen und achttausend Enkel haben. Aber ich schwöre bei (Gott), der meine

Existenz verantwortet: Ich bin der segensreichste unter allen Propheten, mein Nachkomme ist segensreich und meine Enkel werden die segensreichsten unter allen Enkeln sein."

Mohammed versuchte, solchen Anfeindungen z. B. mit der Sure 108 zu begegnen, in der Gott sagt, dass er ihm sehr viel wertvollere Gaben geschenkt habe als die Ehre der Geburt eines Sohnes:

Sure 108, Al-Kawṯar (Die Fülle)

Wir haben dir die Fülle [l-kawṯara[21]] *gegeben. 2 Bete darum zu deinem Herrn und opfere! 3 (Ja) dein Hasser ist es, der gestutzt (oder: schwanzlos, d. h. ohne Anhang(?) oder ohne Nachkommen?) ist* [22]

Eine anderer Art, diese „Schande" auszugleichen, war so zu tun, als würde er den Mädchen sehr wohl Wert beimessen, wie wir in einigen Überlieferungen lesen:

Wer auch immer eine Tochter bekommt und sie gut behandelt, den wird diese seine Tat sicher ins Paradies führen.[23]

Wer auch immer eine Tochter hat, sie erzieht und sie ernährt, dieses Mädchen wird ihm Segen bescheren, ihn aus der Hölle ins Paradies führen.[24]

Wer in den Bazar der Muslime geht und dort einkauft, nach Hause kommt, und davon den Mädchen vor den Jungen gibt, dem wird Gott gnädig sein.[25]

Wer auf dem Markt etwas kauft und es nach Hause bringt, ist so, als ob er Almosen getragen hätte. Wenn er zu Hause ankommt, soll er davon zuerst den Mädchen geben.[26]

Aber auch diese Überlieferungen bedeuten nicht, dass der Islam die Töchter den Söhnen gleichstellt. Ganz davon abgesehen, dass die wenigen Aussagen, die scheinbar *für* die Mädchen sprechen, nicht ausreichen, um all die Aussagen auszugleichen, die sich *gegen* die Mädchen richten. Hinter den oben genannten Überlieferungen steckt trotz ihrer Freundlichkeit die Ansicht, dass die Mädchen minderwertig sind und auch Eigeninteresse: die oben beschriebene gute Behandlung der Mädchen wird als Almosen verstanden, denn wer den im Leben weniger gut Gestellten, also auch diesen minderbemittelten Wesen, den Mädchen, etwas Gutes tut, ist seinem Ziel, dem Paradies, einen Schritt näher gekommen. Auch diese Aussagen zeigen also, dass Mädchen keineswegs gut behandelt und auf die gleiche Weise ernährt werden wie Jungen. Mädchen haben sich auf ein Leben voller Ungerechtigkeit und Opferbereitschaft vorzubereiten.

Dass Mohammed den Mädchen nicht den gleichen Wert wie einem Sohn zumisst, können wir auch an folgendem, von Mohammed in den Koran gesetzten Vers sehen, in dem, selbst bei seiner Aufzählung des diesseitigen „Schmuckes", die weiblichen Kinder, die Töchter mit keinem Ton erwähnt werden:

Sure 3, Āl-'Imrān (Die Sippe 'Imrāns), Vers 14
Den Menschen erscheint es herrlich, (all das) zu lieben, wonach man Lust hat: Frauen, Söhne, (ganze) Zentner von Gold und Silber, markierte (?) Pferde, Vieh und Saatfelder.

Sure 18, Al-Kahf (Die Höhle), Vers 46
Vermögen und Söhne sind Flitter (w. Schmuck) des diesseitigen Lebens.

Die Gaben Gottes an den Mann bestehen also aus Besitztümern, aus Frauen und Söhnen, nur die Töchter kommen als Gaben, als Freude und Herrlichkeit des Mannes nicht vor. Überall, wo Mohammed von Reichtum spricht, vergisst er nicht, auch die Söhne zu erwähnen:

Sure 74, Al-Muddaṯṯir (Der sich zugedeckt hat), Verse 12-13
und dem ich ein beträchtliches Vermögen gegeben (w. gemacht) habe [...] *und Söhne als Zeugen.*

An diesem Vers sehen wir, dass Besitz und Söhne große Glückseligkeit bedeuten, als Belohnung Gottes und Ausdruck der Ehre, die einem von Gott gegeben wird. Wer so belohnt wird, darf sich nicht gegen Gott und Mohammed stellen. Walid ibn al-Mughira, der Anführer der Al-Makhzum, eines Clans der Quraisch, der sich diesem Befehl nicht fügte, sondern die Menschen gegen Mohammed aufgestachelt und sich überall eingemischt haben soll „(auf Grund der Tatsache), daß er (ein großes) Vermögen und (viele) Söhne hat!" (Sure 68, Verse 10-14), sollte deshalb für seinen Undank gestraft werden: „Getötet sei er" (Sure 74, Vers 19). Es gibt keinen einzigen Vers im Koran, in dem die Geburt einer Tochter als Belohnung und Gunstbeweis Gottes gesehen wird. Die höhere Bewertung der Geburt eines Jungen im Gegensatz zur Geburt eines Mädchens zeigt auch folgende Überlieferung von Aischa, in der es heißt, Mohammed habe befohlen, bei der Geburt eines Sohnes zwei Hammel zu schlachten, bei der Geburt eines Mädchens nur einen.[27]

Mohammed sieht den Sohn als denjenigen, der die Stammlinie des Menschen seit Adam sichert. Der Sohn vermittelt außerdem zwischen Gott und seinem Vater und sorgt dafür, dass dieser ins Paradies kommt. Eine Überlieferung, die auf Abu Hurayrah zurückgeht, besagt, dass eines der drei Dinge, die nach dem Tod dem Menschen bleiben, der Sohn sei, der für ihn betet.[28] Die Ehe, deren Sinn Mohammed vor allem im Kinderzeugen sieht, sei also auch deshalb nützlich, weil die Kinder, die vor den Eltern sterben, am Jüngsten Tag die Fürbitte für die Eltern sprechen würden. Bei Ibn Madscha finden wir eine Überlieferung, die besagt, dass sich kleine Kinder vor der Hölle aufstellen würden und kein Stück weichen würden, bis sie ihre Eltern mit in das Paradies nehmen könnten.[29] Solche Aussagen ändern jedoch nichts an der Tatsache, dass sowohl der Koran als auch die Überlieferungen mehrheitlich aussagen, dass die Jungen als Segen, als Ehre bringend und als die Nachkommenschaft sichernd angesehen werden. So sagt Mohammed: „Wenn das Kind vor dem Vater stirbt, wird es bewirken, dass sein Vater Gott kennenlernt und ins Paradies aufgenommen wird" und fährt fort und spricht hier dann ganz eindeutig von den Söhnen: „So wie ich dich jetzt an deiner Kleidung festhalte, hält auch der Sohn an der Kleidung seines Vaters fest und zieht ihn ins Paradies."[30] Abgesehen davon, dass in diesen Überlieferungen ausschließlich vom Vater, nicht aber von der Mutter die Rede ist, zeigt das deutlich, dass mit Kind nicht die Tochter gemeint ist und auch für Mohammed nur der Sohn Bedeutung hatte. Und diese Ansicht nimmt er in das Glaubenssystem des Islams auf.

Auch wenn es in einigen Überlieferungen heißt, dass die Mädchen ihre Eltern ins Paradies bringen, so ist jedoch bei genauerer Betrachtung der Weg ein anderer. Die Mädchen bringen den Vater durch das Almosen in das Paradies, das er dadurch gibt, dass er sich im Diesseits um diese bemitleidenswerten und religiös und verstandesmäßig geringbegabten Geschöpfe kümmert: „Wer auch immer zwei Töchter bekommt und sie, solange die Töchter bei ihm leben, gut behandelt, dann werden sie diesen Mann ins Paradies bringen." Oder: „Wer eine Tochter bekommt, sie erzieht und ihre Erziehung gelingt, er ihr ausreichend Nahrung gibt, dann [...] wird dieses Mädchen ihn vor der Hölle retten, ihm den Weg in das Paradies erleichtern und ihn in das Paradies ziehen."[31] Die Mädchen sind also Mittel zum Zweck, und haben als solche nicht den gleichen Rang wie die Jungen. Nur aufgrund der Großzügigkeit, dass der Vater seine Tochter ernährt – wobei es eigentlich eine Selbstverständlichkeit sein müsste, die eigenen Kinder, auch die Töchter, zu ernähren und gut zu ihnen zu sein –, aufgrund dieser Großzügigkeit also, die ihr zuteil wird, aufgrund dieses Almosens, kommt ihr Gönner in die Lage, sich vor der Hölle zu retten.

Das Fernhalten der Mädchen von Bildung und die wirtschaftlichen Folgen

Es wird behauptet, dass Mohammed Wert auf die Bildung der Mädchen und Frauen gelegt, diese gar befohlen habe. Die weibliche Bevölkerung in den muslimischen Ländern sei nur deswegen so ungebildet, weil dies mit der Zeit vergessen worden sei.[32] Auch wenn man glaubt, dass Mohammed gesagt habe „Hol dir die Wissenschaft, auch wenn du sie in China findest", ist mit diesem Wissen nicht die Wissenschaft als solche gemeint, sondern das religiöse Wissen, die islamische Lehre. Im Koran steht:

Sure 35, Fāṭir (Der Schöpfer), Vers 28
Gott fürchten nur diejenigen von seinen Dienern, die Wissen haben (w. die Gelehrten von seinen Dienern).

Al-Ghasali merkt zu diesem Vers in seinem Werk „Die Wiederbelebung der religiösen Wissenschaften" [*iḥyā 'ulūm ad-dīn*] an:

Wenn wir dem Wissen, das in diesem Vers genannt ist, Medizin, Mathematik, Sprache, Lyrik, Grammatik, das Wissen des Urteils [Recht] *und das Wissen des Kampfes* [Strategie] *hinzufügen, dann muss gesagt werden, dass dieses zu nichts gut ist, außer den Hochmut und den nifak* [Heuchelei, Unglauben] *des Untertanen zu vermehren. Statt dies Wissenschaft zu nennen, wäre Handwerk zutreffender. Die wahre Wissenschaft ist die, welche die Wege Gottes für seinen Untertan, den Glauben an rubûbiyyet* [die Einheit Gottes] *und die Wege des Gebets lehrt. Denn diese erwecken im Menschen das Gefühl der Bescheidenheit.*[33]

Es wäre äußerst naiv zu glauben, dass derselbe, der predigte, dass die Frauen „teuflisch" und mit „geringem Verstand" erschaffen worden seien, Wert darauf gelegt haben soll, den Frauen Bildung zuzuführen. Er selbst weiß am besten, dass eine Frau, die gebildet ist, Widerstand gegen seine frauenfeindlichen Aussagen, und gegen ein Leben, wie er es für die Frau vorsah, leisten würde.[34] Selbst an religiösem Wissen gesteht Mohammed den Frauen nur das Erlernen der Sure *An-Nūr* zu, die vor allem Bestimmungen zum rechtschaffenen Verhalten der Frau beinhaltet. Deshalb hinterließ Mohammed Bestimmungen wie: „Gewöhnt eure Frauen daran, auf dem Boden zu sitzen, bringt ihnen das Wolle spinnen sowie Haus- und Handarbeiten und die Sure *An-Nūr* [Sure 24 (Das Licht)] bei."[35] Und so hat er es auch praktiziert. Von Ibn Hadschar al-Asqalani (gest. 1449), der u. a. Hadisgelehrter und Kadi von Ägypten war, erfahren wir, dass die meisten von Mohammeds Frauen Analphabetinnen waren, er sie daran hinderte, Schreiben und

Lesen zu lernen und dass er die Leute verdammte, die ihren Frauen Lesen und Schreiben beibrachten.[36] Die späteren Islamgelehrten haben diese Ansicht, dass es besser sei, Frauen und Mädchen von Bildung fernzuhalten, noch gestärkt. Unter anderen unterstützten die „Weisen“ Kay Ka‘us ibn Iskandar (im 11. Jahrhundert) und Nasir ad-Din at-Tusi (im 13. Jahrhundert) diese Sichtweise. Kay Ka‘us ibn Iskandar schreibt in seinem 1082/83 für seinen Sohn und Thronfolger verfassten *Qābūs-nāma*: „Wenn die Mädchen in die Pubertät kommen, sollten sie die religiösen Pflichten erlernen. Wenn man jedoch Katastrophen vermeiden will, sollte man sie nicht Lesen und Schreiben lehren.“[37]

Aus diesen Ansichten, die auf Mohammed zurückgehen, sind mit der Zeit Sprichwörter geworden, die als „Lebensweisheiten“ von Generation zu Generation weitergegeben wurden und werden. Einige Beispiele:

Bring deiner Tochter nicht Lesen und Schreiben bei und setze sie nicht höher als auf den Fußboden.

Antwortet immer mit Nein, denn ihnen entgegen kommen heißt, sie frech machen.[38]

Für viele muslimische Männer sind diese zu Sprichwörtern gewordenen Aussagen eine Bestätigung für ihr Verhalten. Es ist wesentlich einfacher, eine ungebildete Frau zu unterdrücken als eine gebildete. Von islamischen Autoren erfahren wir, dass Mohammed niemals Herr über seine erste Frau Chadidscha werden konnte, denn sie war gebildet, geschäftstüchtig und eine starke und würdevolle Persönlichkeit. Da sie eine erfahrene Händlerin war, hatte er keine andere Wahl, als auf sie zu hören und sich mit ihr zu vertragen. Zu ihren Lebzeiten beschränkte Mohammed sich daher darauf, mit ihrem Geld nach Damaskus zu reiten und dort Handel für sie zu treiben. Und auch nachdem er seine ersten Offenbarungserlebnisse hatte und zum Propheten geworden war, hörte er auf ihren Rat. Vieles, was er später in seinem Harem tat, hätte er sich mit Chadidscha nie erlauben können. Nach ihrem Tod schuf er die Grundlage für eine seit Jahrhunderten währende Unterdrückung und Erniedrigung der Frau, wobei das Verbot der Bildung für Frauen maßgeblich dazu beitrug. Was die Frau lernen soll, ist die Bedienung und Befriedigung des Mannes. Eine Frau, die lesen und schreiben kann, kann ihre religiösen Pflichten nicht erfüllen.[39] Deshalb reagiert der muslimische Mann auf eine gebildete Frau auch heute, nach 1400 Jahren, immer noch empfindlich.

Aber auch viele gebildete und kultivierte muslimische Männer unserer Zeit sind überzeugt, dass Bildung negative Auswirkungen auf Mädchen hat.

Bildung führe dazu, dass sie ihre „Unschuld“ verlieren, die Ehe kritisch sehen, gar ablehnen, dass sie ihren Männern nicht mehr gehorchen, und ihre Männer betrügen. Viele Familien fürchten, ihre Töchter in die Schule zu schicken, da sie sonst vielleicht keine Ehemänner für sie bekommen.[40] Das gilt auch für Länder wie Marokko und Tunesien, die aufgeschlossen sind und viel Kontakt mit westlichen Ländern und ihrer Kultur haben. Folgende Zeilen eines arabischen Autors sind sehr interessant: „Araber und Berber denken, dass die Bildung für ein Mädchen überflüssig ist und die traditionellen Beziehungen nicht gefährdet werden dürfen; das bedeutet, die Aufgabe der Frau ist, zu Hause das Brot zu backen, zu kochen und Kinder zu gebären. Die Bildung muss sich dem anpassen. Deshalb schicken sie ihre Töchter vorzugsweise in Haushaltsschulen.“[41]

Das System der Scharia, welches vorsieht, die Frau einzusperren, kann den gemeinsamen Besuch der Schule von Mädchen und Jungen nicht akzeptieren, da er Sünde sei. Oft gibt es sogar Konflikte, wenn die Schule nicht nach Geschlechtern getrennt ist. Menschen, die sich um dieses Thema bemühen, sind nicht gut angesehen. Sultan Mahmud II. (regierte 1808 bis 1839) wurde der „Heidnische Sultan“ genannt, weil er eine Schule für Mädchen eröffnen wollte. Etwas Ähnliches widerfuhr dem osmanischen Vizekönig, dem Khediven Ismail Pascha, der während seiner Regierungszeit 1863 bis 1879 in Ägypten umfangreiche Reformen hin zu einer Modernisierung durchführte; dabei wurde er von einigen Schriftstellern unterstützt.[42] Die Kreise, die damals die Bildung der Mädchen ablehnten, insbesondere die Gelehrten der theologische Universität Al-Azhar, waren der Meinung, dass diese Initiative dem Koran widerspreche. Die „Befreiung“ der muslimischen Frauen von der Bildung führte auch dazu, dass diese Länder zu unterentwickelten Ländern wurden. Was die Bildung betrifft, sind Mädchen und Frauen in muslimischen Ländern, im Vergleich zur Situation in den asiatischen und südamerikanischen Ländern, in einer erbärmlichen Situation. Tatsache ist, dass diese Länder zunehmend ärmer werden, nicht zuletzt deshalb, weil die Zahl der Geburten dort steigt, wo die Frauen von Bildung fern gehalten werden.[43] Das führt dazu, dass über die Hälfte der Bevölkerung nie eine Ausbildung absolviert, und auf diese Weise all die verborgenen Talente nie zum Wohlstand der Gesellschaft beitragen können.

Nach dem Tod seiner ersten Frau Chadidscha hat Mohammed den arabischen Frauen auch die Möglichkeit genommen, wirtschaftlich aktiv zu sein, ein Geschäft zu betreiben, zu arbeiten. In seinem System dürfen die Mädchen und Frauen keinen Kontakt mit Männern haben, müssen zu

Hause bleiben, Hausarbeiten verrichten und bei jeder Tätigkeit um die Erlaubnis ihrer männlichen Verwandten oder Männer bitten. Seit Mohammed können die Frauen am wirtschaftlichen öffentlichen Leben, außer auf dem Feld, nicht teilnehmen (die Feldarbeit gilt als eine Art Hausarbeit und benötigt nicht die Zusammenarbeit mit Männern).[44] Dies gilt auch immer noch für die heutige Zeit. Die Zahl der Frauen in der Industrie und im Bereich Dienstleistung beträgt in muslimischen Ländern nicht mehr als fünf Prozent der Bevölkerung; diese Zahl liegt in der Türkei und Ägypten ein wenig höher, ist aber auch nicht höher als 12 bis 18 Prozent.[45] In den Städten und in den Firmen ist die Zahl der berufstätigen Frauen, je nachdem wie viel Kontakt mit Männern an der Arbeitsstelle erforderlich ist, unterschiedlich hoch. In den Berufen, in denen der Kontakt mit Männern gering ist, wie z. B. bei der Arbeit als Lehrerin in einer Mädchenschule, oder in Firmen, bei denen Männer und Frauen getrennt arbeiten, liegt der Anteil höher. Prinzipiell ist die Berufstätigkeit der Frauen mit Erlaubnis der Männer möglich, im Allgemeinen sehen die Männer die Berufstätigkeit der Frauen aber nicht gerne. Meist liegt der Grund in der Eifersucht der Männer, eine Haltung, die sich bei Gebildeten wie Ungebildeten findet.[46]

Viele Menschen meinen, die Befreiung der Frau sei eine wirtschaftliche Frage. Mit der Schaffung von wirtschaftlichen Grundlagen werde diese Befreiung von selbst einsetzen. Freiheit und Unabhängigkeit könne man dann erreichen, wenn man keine wirtschaftlichen Nöte habe; Arbeitsplätze sollten daher vor allem den Frauen zur Verfügung stehen und die Betreuung der Kinder sichergestellt werden.[47] Was die Menschen, die diese Meinung vertreten, oft vergessen, ist, dass die wirtschaftliche Entwicklung nur dann gewährleistet werden kann, wenn die muslimische Gesellschaft von der Ideologie der Scharia befreit wird. Das bedeutet, die Gläubigen müssen sich auch vom Fatalismus, vom Schicksalsglauben der Scharia lösen, einer Vorstellung, die Menschen träge und duldsam macht. Sie müssen sich von dem Einfluss befreien, der sie glauben lässt, dass es von Gott gewollt sei, ein Leben zu leben, in dem „eine Weste" und „ein Bissen" ausreichen, weil das Jenseits, die Fülle des Paradieses, das eigentliche Leben ja schon warte.

Ohne die Befreiung von der Scharia ist eine wirtschaftliche Belebung nicht möglich. Denn weder die wirtschaftliche Not noch die persönliche Armut sind für die ungebildete Mehrheit der Bevölkerung Gründe, sich von der religiösen Versklavung zu befreien. Zu groß, zu verlockend sind die Verheißungen des Jenseits. Es ist nicht die Denkweise des muslimischen Menschen, der wirtschaftlichen Ausbeutung Widerstand zu leisten, ein ungerechtes Regime abzusetzen und ein gerechtes System aufzubauen und dadurch die Entwicklung für ein besseres (diesseitiges) Leben zu beschleunigen. Sie haben verinnerlicht, dass alles, auch die wirtschaftliche Entwicklung, Gottes Werk und Wille ist. Sie beschweren sich nicht über Not und Armut, denn Mohammed versprach, dass die Armen vor den Reichen und ohne Befragung ins Paradies kommen werden: „Ich saß am Paradiestor und sah: die meisten, die ins Paradies ohne jede Befragung gingen, sind die Armen. Die Reichen, falls sie nicht direkt in die Hölle kamen, wurden entweder vor dem Paradiestor oder in al-A'raf[48] festgehalten und eingeschlossen und mussten Rechenschaft ablegen."[49]

Doch eine solche Veränderung bedarf eines grundsätzlichen Umdenkens. Außerdem wird ein gläubiger Mann niemals wollen, dass die Frau arbeitet, dass sie außer Haus geht und sich vielleicht dafür auch noch schön macht. Sobald ein gläubiger muslimischer Mann begreift, dass er, gewährt er der Frau die Möglichkeit zur (finanziellen) Unabhängigkeit, seine Macht über die Frau verliert, wird er zum Feind der Frauenrechte.

Anmerkungen

1 Umm Habiba überliefert, dass Mohammed verboten hat, für eine verstorbene gläubige Frau mehr als drei Tage zu trauern. Stirbt der Mann, muss die Frau vier Monate und zehn Tage trauern und darf während ihrer Trauer keinen Kajal benutzen und keine bunten Kleider anziehen. Sahîh-i Buhârî [Diyanet-Ausgabe], Band 1 (1984, 8. Aufl.), S. 363, *hadis* 634

2 Siehe Beck / Keddie: Muslim World (1978), S. 314

3 Siehe Beck / Keddie: Muslim World (1978), S. 314

4 Siehe Beck / Keddie: Muslim World (1978), S. 217

5 Sahîh-i Buhârî [Diyanet-Ausgabe], Band 7 (1984, 7. Aufl.), S. 301

6 Vgl. Smith: Kinship and Marriage (1903), S. 292; Rescher, Oscar: Abriss der arabischen Litteraturgeschichte, S. 248; Sale, George: Observations historiques et critiques sur le Mahometisme ou Tradution du discours preliminaires, Genf 1751, S. 363; Helfferich: Adolph: Der Organismus der Wissenschaft und die Philosophie der Geschichte, 1856, S. 434, [Bei den Banū Tamīm handelt es sich um einen Stamm aus dem im Inneren der arabischen Halbinsel gelegenen Hochland, dem Nadschd (Nağd). Anm. d. Hrsg.]

7 Smith: Kinship and Marriage (1903), S. 291

8 Goldziher, Ignaz: Le Sacrifece, de Chevelure chez les Anciens Arabes, in: Revue Historique et Religieuse, Band 14, S. 49-51

9 Abû'l Mundir Hišam bin Muḥammad bin as-Sâ'ib al-Kalbî [in der Literatur kurz Ibn al-Kalbi genannt]: Kitāb al-aṣnâm. Hrsg. von Ahmed Zaki Pâšâ, Kairo 1914 / 1332 AH. Siehe auch Marmardji, M. S.: Les dieux du paganisme arabe d'après Ibn al-Kalbi, in: Revue Biblique, Paris 1926, Band 35, S. 397-420

10 Imam Nevevi: Riyasü's Salihin, Istanbul 1974, S. 49, *hadis* 22

11 So z. B. seinen Kriegern, damit sie mit den weiblichen Gefangenen ruhigen Gewissens geschlechtlich verkehren konnten. In der Zeit Mohammeds war der Coitus Interruptus durchaus verbreitet. Um Geburtenkontrolle zu verhindern, sagte Mohammed: „Wer es meidet zu heiraten, weil er fürchtet, Kinder zu zeugen, ist nicht einer von uns. Das ist eine heimliche Form der Kindstötung." Gazâlî: İhyâu 'ulûmi'd-dîn Tercümesi (1975), Band 2, S. 132. Ghasali bestätigt diese Aussagen von Ibn Abbas, sagt aber, dass es keine Sünde (mübâh) sei, sondern nur *mekruh* sei, d. h. religös nicht verboten, aber unerwünscht, den Samenerguss nicht in der Frau zuzulassen. Hüccetü'l İslâm Gazâlî: İhyâu 'ulûmi'd-dîn Tercümesi (1975), Band 2, S. 135-137

12 Sahîh-i Buhârî [Diyanet-Ausgabe], Band 10 (1985, 7. Aufl.), S. 259, *hadis* 1596; Demircan: Cinsel Hayat (1986), Band I, S. 200

13 Demircan: Cinsel Hayat (1986), Band I, S. 209, 211. [Demircan leitet das Verbot von Sure 17, Vers 31 und Sure 6, Vers 140 ab. Er interpretiert azil als Kindstötung. Anm. d. Hrsg.]

14 Demircan: Cinsel Hayat (1986), Band I, S. 209, 211

15 İbn Hanbal: Al Musnad, Kairo 1313, Band 6, S. 390. „Die Haare eines Jungen sind Gold wert"; siehe auch Goldziher, Ignaz: Le Sacrifice de Chevelure chez les Anciens Arabes. In: Revue Historique et Religieuse, Band 14, S. 49-51

16 Hüccetü'l İslâm Gazâlî: İhyâu 'ulûmi'd-dîn Tercümesi (1975), Band 2, S. 150

17 Siehe İbn Hanbal: Al Musnad, Band 6, S. 457

18 Die Anzahl der Söhne von Chadidscha und ihre Namen sind nicht mit absoluter Sicherheit bekannt. Im Sahîh-i Buhârî [Diyanet-Ausgabe] finden wir folgende Angaben: drei Söhne (Band 4 [1985, 8. Aufl.], S. 432), vier Söhne (Band 10 [1985, 7. Aufl.], S. 31), auch in Band 6 (1984, 7. Aufl.), S. 431, Fußnote 1 ist die Rede von vier Söhnen (Kasim, Tayyib, Tahir, Abdullah). Siehe auch İbn İshak: Siyer, Istanbul 1988, S. 308

19 Taberi: Milletler (1966), Band 2, S. 844

20 İbn İshak: Siyer (1980), S. 181-182

21 [türk. *kevser*] In der durch das *Amt für Religiöse Angelegenheiten der Türkei* (Diyanet) herausgegebenen Übersetzung des Korans wurde das Wort *kevser* (arab. *al-kawṯar*) durch das Wort *nimet* ersetzt, das so viel bedeutet wie „Gabe" [Kur'ân-ı Kerîm ve Agıklamalı Meâli. Ankara 1993, Türkiye Diyanet Vakfi Yayınları (Verlag der Diyanet)]. Auch den Überlieferungen von al-Buchari ist zu entnehmen, dass das Wort *nimet* falsch ist und als *kevser* übernommen werden muss. Wenn man Mohammed fragte, was *kevser* bedeute, dann sagte er, dass dies ein Fluss sei. Der Fluss wird so viele Säulen darin haben wie die

Zahl der Sterne. Wer von diesem Fluss trinke, werde nie wieder Durst spüren. Wer aber von diesem Fluss nicht trinke, der werde nicht ins Paradies eingehen. Diese Erklärung von Mohammed ist eine Wiederholung dessen, was er von Chadidschas Onkel Waraqa, der ein Christ war, gehört hatte. Tatsächlich finden wir in der Bibel bei Johannes 4,14 eine Stelle die lautet: „Aber wer von dem Wasser trinkt, das ich gebe, wird ewig keinen Durst verspüren". Laut Ibn Abbas hat Gott diesen Fluss namens *kevser* für Mohammed reserviert, auch deshalb sollte das Wort übernommen werden.

22 [Rudi Paret wie auch das Diyanet merken in ihren Kommentaren zu Vers 3 an, dass sich diese Stelle auf die Menschen bezieht, die Mohammed verspotten, weil er keine männlichen Nachkommen hat, und dass er den Spott in einer in der damaligen Zeit und Dichtkunst üblichen Schmähform zurückgibt. Anm. d. Hrsg.]

23 Zu den Überlieferungen von Ibn Madscha [İbn Mâce] und Hakim, siehe Hüccetü'l İslâm Gazâlî: İhyâu 'ulûmi'd-dîn Tercümesi (1975), Band 2, S. 138

24 Hüccetü'l İslâm Gazâlî: İhyâu 'ulûmi'd-dîn Tercümesi (1975), Band 2, S. 138

25 Hüccetü'l İslâm Gazâlî: İhyâu 'ulûmi'd-dîn Tercümesi (1975), Band 2, S. 138, *hadis* 221

26 Hüccetü'l İslâm Gazâlî: İhyâu 'ulûmi'd-dîn Tercümesi (1975), Band 2, S. 138, *hadis* 221

27 Salman ibn 'Amir Ad-Dabbi sagt, dass die Geburt eines Jungen eine Opfergabe (Akika Blut) erfordere. In der Erklärung dieser Überlieferung steht, dass für Mädchen keine Opfergabe nötig sei. Hierzu wird auch Aisha zitiert. Sie sagt, dass Mohammed für Jungen zwei Schafe und für Mädchen ein Schaf zu schlachten befohlen habe. Sahîh-i Buhârî [Diyanet-Ausgabe], Band 11 (1983, 7. Aufl.), S. 403

28 Hüccetü'l İslâm Gazâlî: İhyâu 'ulûmi'd-dîn Tercümesi (1975), Band 2, S. 62, 63

29 Hüccetü'l İslâm Gazâlî: İhyâu 'ulûmi'd-dîn Tercümesi (1975), Band 2, S. 73

30 Hüccetü'l İslâm Gazâlî: İhyâu 'ulûmi'd-dîn Tercümesi (1975), Band 2, S. 72

31 Hüccetü'l İslâm Gazâlî: İhyâu 'ulûmi'd-dîn Tercümesi (1975), Band 2, S. 139

32 [Mohammed legte Wert auf religiöse Bildung der Frauen hinsichtlich *hayz* (Periode), Gebet und Gottesfurcht. Siehe Hüccetü'l İslâm Gazâlî: İhyâu 'ulûmi'd-dîn Tercümesi (1975), Band 2, S. 124-125. Anm. d. Hrsg.]

33 Hüccetü'l İslâm Gazâlî: İhyâu 'ulûmi'd-dîn Tercümesi (1975), Bd. 3, S. 749

34 Dieses Thema hat ein französischer Autor vor 200 Jahren bearbeitet und ironisch dargestellt, was den Männern passieren würde, wenn... Siehe S. Maréchal, Il ne faut pas que les femmes sachent lire, Paris (1803)

35 Mohammed Ben Cheneb, Proverbes Arabes de l'Algerie et du Magreb, Paris 1906, Band 2, S. 27, 66, 246, 247

36 [Bei Gazali (İhyâu 'ulûmi'd-dîn Tercümesi, 1975, Band 2, S. 124-125) sind die Pflichten der Frau aufgezählt. Aufgeführt wird auch, was sie zu lernen

hat. Lesen und Schreiben kommen in der Aufzählung nicht vor, denn die erste Pflicht der Frau ist es, den Mann zufriedenzustellen.]

37 A mirror for princes; the Qābūs nāma, by Kai-Kā'ūs ibn Iskandar, Prince of Gurgān. London 1951. In französischer Sprache: Le Cabous Name. Übersetzt von A. Querry, Paris 1886. Im *Qābūs-nāma* [bedeutet soviel wie „Gesetz des Qābūs"] wird neben dem Herrschen, der Kriegsführung, der Verwaltung, dem Kauf von Pferden und Sklaven sehr ausführlich auch der Themenbereich Ehe- und Familienleben erörtert. Das Werk ist nach dem Großvater von Kay-Kā'ūs, Qābūs ibn Wušmgīr ibn Ziyār (Dynastie der Ziyariden), benannt. [In deutscher Sprache: Kaikā'ūs Ibn Iskandar und Vogt, Turgut (Hrsg.): Buch des Kabus. Zürich 1999.]

38 Mohammed bin Şeneb (Cheneb): Proverbes Arabes de l'Algerie et du Magreb. Paris 1906, Band 2, S. 27, 66. Siehe auch Seite 246, 247

39 Hüccetü'l İslâm Gazâlî: İhyâu 'ulûmi'd-dîn Tercümesi (1975), Band 2, S. 124, 125, 179_

40 Abdul-Rauf, Muhammad: The Islamic View of Women and the Family. New York 1977S. 131

41 Abdul-Rauf, Muhammad: The Islamic View of Women and the Family. New York 1977, S. 121

42 Siehe Ibrahîm Amîn Ghalî: L'egypt Nationaliste et Liberale – de Moustapha Kemal – A Saad Zagloul (1892-1927), La Haye 1969, S. 30

43 United Nations Economic and Social Council's Women and Planning, 1960, S. 59

44 Autoren wie Muhammad Abdul-Rauf zählen die auch in diesem Buch wiedergegebenen Überlieferungen auf, in denen die Frau dem Mann gehorchen muss, um dann zu schreiben, dass es diese Autorität des Mannes sei, die respektiert werden müsse für das Wohlergehen der Familie. Abdul-Rauf, Muhammad: The Islamic View of Women and the Family. New York 1977, S. 57-59

45 In Bangladesh sind nur 10% der Frauen wirtschaftlich aktiv und sie bilden 5,2 % der arbeitenden Bevölkerung. Beck / Keddie: Women in the Muslim World (1978), S. 110

Laut einer Untersuchung des Wirtschaftlichen und sozialen Forschungszentrums der Bahçeşehir Universität (BETAM) liegt die Zahl der berufstätigen Frauen in der Türkei bei 26% (in der Europäischen Union liegt diese Zahl bei 63,9%). Haber Import Zentrum für Frauen Statut veröffentlichte im Dezember 2010 einen Bericht über die Berufstätigkeit von Frauen im Bildungssektor, Gesundheitswesen, in Verwaltung und Politik. Danach sinkt die Zahl der berufstätigen Frauen in der Türkei jedes Jahr.

46 Beck / Keddie: Women in the Muslim World (1978), S. 92, 121

47 Mernissi: Beyond the veil (1975), S. 99. „Eine Gesellschaft, die sich für die Befreiung der Frau entscheidet, muss nicht nur Arbeit zur Verfügung stellen,

sondern muss auch die Verantwortung tragen, Kinderbetreuung und Mahlzeiten unabhängig vom Geschlecht zur Verfügung zu stellen. Ein System von Kindergärten und Kantinen ist eine unumgängliche Investition zur Befreiung der Frauen aus der traditionellen häuslichen Ankettung." [Das Buch wurde später von der Autorin überarbeitet; spätere Ausgaben enthalten nicht alle Aussagen. Anm. d. Hrsg.]

Siehe auch Fahmy, N. / Remzi, N.: Women's Role in Social Development. Kairo 1974, S. 42

48 [„die Höhen", Platz der zwischen Paradies und Hölle liegen soll. Die Sure 7 (Die Höhen) ist nach diesem Ort benannt, der in Vers 46 genannt wird. Anm. d. Hrsg.]

49 Sahîh-i Buhârî [Diyanet-Ausgabe], Band 7 (1984, 7. Aufl.), S. 278, *hadis* 1075

Die Verheiratung

Die Verheiratung der Mädchen im Kindesalter und die Nachteile

Eine der Ursachen für die Rückständigkeit der islamischen Gesellschaften liegt darin, dass die Mädchen bereits im Kindesalter im Haus eingeschlossen und von der Gesellschaft isoliert werden. Dazu kommt, dass den männlichen Kindern erlaubt wird, die Mädchen zu unterdrücken, was der Persönlichkeitsentwicklung der Kinder schadet bzw. sie ruiniert. Jedoch ist gerade die Verinnerlichung der Unterdrückung für das soziale System der Scharia erforderlich. Tatsächlich werden die Mädchen in den islamisch geprägten Ländern ab einem Alter von fünf bis sechs Jahren von der Männerwelt ferngehalten. Aufgrund der 1.400 Jahre alten Befehle der Scharia werden sie innerhalb des Hauses isoliert und sind so aus der Gesellschaft ausgestoßen. Ihr ganzes Leben verläuft innerhalb des Hauses, in dem sie bei Hausarbeiten helfen, ihre jüngeren Geschwister beaufsichtigen, ihrem Vater und ihren Brüdern dienen. Während die Jungen auf der Straße mit ihren Freunden spielen, sind die Mädchen dazu verurteilt, umgeben von diesen Mauern, wie begraben zu leben. Mag sein, dass das Leben eines Jungen, unter Männern, in der Moschee, im Bazar nichts wirklich Beneidenswertes bietet, dennoch ist der Junge im Vergleich zu den Mädchen im Vorteil.[1]

Indem der Islam Mädchen und Jungen voneinander trennt und sie einander entfremdet, wird die Entwicklung der Gesellschaft und des Mannes sowie die Partizipation der Frau am gesellschaftlichen Leben verhindert.[2] Der Einfluss der Frau ist äußerst wichtig für die intellektuelle und soziale Entwicklung des Mannes. Indem unterbunden wird, dass Beziehungen unter den Geschlechtern entstehen, entsteht eine Primitivität im Verhältnis von Mann und Frau.

Eine gemeinsame Besonderheit der Gesellschaften, die dem islamischen Recht unterstellt sind, ist, dass die Mädchen schon in sehr jungen Jahren verheiratet werden, was lebenslange Sklaverei bedeutet. Aufgrund eines 1400 Jahre alten Vorgehens werden die Mädchen, noch bevor sie die Welt gesehen haben, aus dem normalem Leben eines Kindes herausgerissen und bereits mit acht oder neun Jahren mit einem wesentlich älteren Mann verheiratet. Wenn die Zeit gekommen ist, dann sammeln sie ihr Spielzeug zusammen und gehen in das Haus des Ehemannes. Dort findet sich das Mädchen in den Armen eines fremden Mannes wieder, der sie beschläft, und sie ist vollkommen allein gelassen. Der Verantwortliche für diese Tradition, die außerordentlichen Schaden anrichtet, ist Mohammed. Denn, wie so oft, ist es sein Beispiel, dem die Glaubenden folgen, denn er lebte eine solche Form der Heirat vor. Bekanntlich war er über fünfzig Jahre alt, als er sich mit der Tochter von Abu Bakr, der erst sechs Jahre alten Aischa, einem kleinen Kind, verlobte.[3] Weil sie so jung noch nicht reif für den Geschlechtsverkehr war, blieb sie weitere drei Jahre im Elternhaus. Sobald sie neun Jahre alt geworden war, unterbrach ihre Mutter sie beim Spiel mit ihren Freundinnen und sie musste in das Haus Mohammeds ziehen, wo Mohammed mit ihr schlief. Zweifellos ist es nicht vorstellbar, dass ein Mann von über fünfzig Jahren mit einem neunjährigen Mädchen Geschlechtsverkehr hat. Vielleicht wollte Mohammed diese Ehe deshalb als Wille Gottes darstellen. Er erzählte, dass ihm in einem Traum Gabriel ein Bild von Aischa gezeigt und gesagt habe: „Das ist deine zukünftige Ehefrau!" und er habe erwidert „Wenn mir dieser Traum von Gott gezeigt wurde, ist Gottes Wille mir ein Befehl!". Dann heiratete er Aischa.[4]

Die „Gelehrten" waren sich hinsichtlich der Geschlechtsreife der Kinder nie einig. Berühmte Persönlichkeiten wie Abu Hanifa (699-767), Begründer der hanafitischen Rechtsschule, und Aischas Neffe İbn Kâsim (gest. 725) legten fest, dass der Wuchs der Schamhaare und die bei den Mädchen einsetzende Menstruation ein Zeichen der Reife seien und setzten daher das Heiratsalter für die Mädchen bei 17 und für die Jungen bei 19 Jahren fest.[5] Obwohl der Begründer der schafiitischen Rechtsschule, der angesehene und einflussreiche Rechtsgelehrte Imam asch-Schafii (767-820) behauptet, „in Tihame bekommen die Frauen ihre Menstruation mit neun",[6] scheinen die Menschen ihm keinen Glauben geschenkt zu haben. Keine der vier islamischen Rechtsschulen hat jedenfalls ein Mindestalter für die Verheiratung der Mädchen festgelegt. Deshalb erfährt man häufig, dass die Mädchen noch während der Schwangerschaft oder bereits in der Wiege versprochen werden.[7]

Gewiss, der Geschlechtsverkehr eines Mannes von über 50 Jahren mit einem Mädchen von neun Jahren, dessen Großvater er sein könnte, kann nicht als normal betrachtet werden. Muslimische Autoren, die jede Gelegenheit ergreifen, Mohammed zu verteidigen, sehen diese Ehe aber als selbstverständlich an und lassen keine Kritik zu. Einige versuchen, Aischa älter zu machen,[8] andere meinen, dass der Altersunterschied nicht wichtig sei, denn damals habe es unter den arabischen Stämmen viele solcher Ehen gegeben. Mädchen im Kindesalter seien mit 30 bis 40 Jahre älteren Männern verheiratet worden. Solche Ehen seien in Asien heute noch gängig, bis vor Kurzem seien sie auch in Europa, so z. B. in Portugal und Spanien, und in Amerika geschlossen worden.[9] Auch die oft geäußerte Behauptung, dass Mädchen bei heißem Klima früher reifen würden, ist als Rechtfertigung für diese Ehen absolut inakzeptabel. Die „Gelehrten" wagen nicht zu schreiben, dass ein Mann, der sich mit der Behauptung durchsetzt, dass er ein Prophet sei, und somit als Vorbild gilt, sich auch tatsächlich vorbildlich verhalten müsste. Denn die Handlungen Mohammeds sind aus der Perspektive islamischer Gemeinschaften nachahmenswerte Handlungen, denen die Gläubigen folgen müssen, was in diesem Fall dazu führte, dass eine äußerst schädliche Tradition festgeschrieben wurde.

Mohammed schreckte das zarte Kindesalter seiner neunjährigen Braut Aischa jedenfalls nicht und er sah darin kein Hindernis, mit ihr zu schlafen. Er dachte keinen Moment daran, welche Diskussionen diese Tat nach seinem Ableben auslösen könnte. Er dachte keinen Moment daran, dass sein Leben als Vorbild dienen würde. Islamischen Quellen zufolge spielte Mohammed zusammen mit Aischa mit ihren Spielzeugen oder sah ihr dabei zu, wie sie mit ihren Freundinnen spielte.[10] Er scheint sich gut amüsiert zu haben, denn er empfiehlt, „früh zu heiraten, früh zu gebären und wenig Heiratsgeld zu kosten, ist der Segen der Frau".[11] Auch der zweite Kalif, Umar ibn al-Chattab, folgte Mohammeds Vorbild und heiratet mit ca. 56 Jahren Umm Kulsum, die Tochter von Fatima und Ali, Mohammeds Enkelin. Sie war zu diesem Zeitpunkt neun Jahre alt, also immer noch im Kindesalter.[12] Mit der Zeit erhöhte sich die Zahl solcher Ehen und führende islamische Rechtsgelehrte wie Ibn Hanbal akzeptierten sie als eine zu befolgende Tradition, nahmen die Regelungen bezüglich dieser Ehen in ihre Rechtswerke auf und machten sie so zu einem festen Bestandteil der Scharia.[13] Die Türken übernahmen diese Tradition, die sich besonders in der Zeit der Osmanen einer großen Wertschätzung erfreute. Ein unfassbares Beispiel ist die Eheschließung von Sultan Ahmet I. (1603-1617) mit der dreijährigen Tochter seines Großwesirs Nasuhi Pascha, ein weiteres die

Verheiratung der fünfjährigen Fatma Sultan, der Tochter Sultan Ahmet III., mit Silahdar Damat Ali Pascha (1667-1716) im Jahre 1709, der durch diese Verbindung 1713 Großwesir wurde. Die Verheiratung von zwei- bis dreijährigen Mädchen mit großem Hochzeitsfest war in osmanischer Zeit ein Statussymbol, eine Angelegenheit des Prestiges.

Heute ist es nicht viel anders. Es ist eine Sehnsucht und eine Sache des Prestiges vieler gläubiger Männer, dem Beispiel Mohammeds zu folgen. Deshalb verheiraten viele Familien in islamischen Ländern, insbesondere in den ländlichen Gebieten, um zu mehr Ansehen zu gelangen, ihre Töchter bereits im Kleinkindalter, oft mit Männern, die bereits über 50 sind.[14] In Algerien z. B. versprechen die Frauen einander ihre Kinder noch in der Schwangerschaft: „Wenn es ein Mädchen wird, dann heb sie für uns auf."[15] Im Jemen sind laut der Autorin Carla Makhlouf 62 Prozent der Mädchen, die ohne ihr Wissen und ihre Einwilligung von den Eltern verheiratet werden, zwischen 11 und 15 Jahre alt.[16] In Pakistan hatten die Engländer verboten, die Mädchen im Kleinkindalter zu verheiraten, dennoch wurden sie weiterhin im Alter von sieben bis vierzehn Jahren verheiratet. Schließlich legten die Militärs das Heiratsalter auf sechzehn fest.[17] Im Libanon und auf Ceylon [Sri Lanka] liegt das vorgeschriebene Heiratsalter bei zwölf Jahren, in Tunesien, Syrien und anderen Ländern bei 17 Jahren. In vielen muslimischen Ländern ist das Heiratsalter gesetzlich nicht festgelegt und wenn es gesetzlich festgelegt wird, werden die religiösen Traditionen dennoch aufrechterhalten.[18] Sogar in der Türkei, in der durch die Einführung der Demokratie und die Übernahme des Schweizer Zivilrechts die radikalste Änderung des Rechts in einem muslimischen Land vorgenommen wurde, gibt es in den Dörfern weiterhin Mädchen, die im Kindesalter verheiratet werden.[19]

Es ist wissenschaftlich belegt, dass eine Verheiratung in jungen Jahren zu physischen und psychischen Schäden führen kann. Wie unglücklich diese Mädchen sind, die im Kindesalter zum Sexualverkehr gezwungen werden, zu früh Kinder gebären und dadurch krank werden, können Sie bei der algerischen Schriftstellerin Fadéla M'Rabet nachlesen.[20] Das Leben der im Kindesalter mit alten Männern verheirateten Mädchen ist eine Tragödie. Aufgrund des großen Altersunterschieds sind sie bereits in jungen Jahren verwitwet und müssen ihre Kinder alleine ernähren. Wenn sie von ihren Männern nicht genug geerbt haben, versinken sie in Armut, was in vielen muslimischen Ländern zu beobachten ist.[21] Eine Verheiratung im Kindesalter setzt das Mädchen enorm unter Druck, da es ja nicht weiß, wie es das Leben einer Erwachsenen, einer Ehefrau handhaben soll. Zudem ist es aussichtslos, in solch einer Ehe etwa auf Liebe, Respekt und Gleichberechtigung zu hoffen. Das Kind nimmt den Ehemann eher wie einen Vater, als eine Autorität wahr, denn als Partner. Sie gehorcht ihm bedingungslos und bedient ihn wie eine Sklavin. Und nicht nur den Ehemann: Sie wird zur Dienstmagd aller Mitglieder der Familie ihres Mannes, zur Dienstmagd einer Familie, in die sie als eine Fremde kommt und deren Mitglieder ihr nicht immer wohlgesonnen sind.[22]

Die Verheiratung der Kindfrauen ist eine der schwerwiegendsten Formen von Gewalt gegen das weibliche Geschlecht. Sowohl das Berühren des Intimbereiches als auch der Geschlechtsverkehr richten enorme psychische wie auch physische Schäden an. Symptome sind Kopf- und Magenschmerzen, Übelkeit und Bettnässen. Der sexuelle Kontakt kann bei nicht ausgewachsenen Mädchen zu Verletzungen der Scheide führen. Zu frühe Schwangerschaften beeinflussen die Entwicklung der Körper der Mädchen und verursachen schwere Komplikationen bei der Geburt. Hinzu kommt die Tatsache, dass die Mädchen und jungen Frauen von denen ausgeliefert werden, die sie eigentlich schützen sollten – von ihren Eltern. Die Mädchen fühlen sich ohnmächtig. Das Vertrauen in die eigene Wahrnehmung und zu anderen Menschen wird nachhaltig zerstört. Heimweh, Depressionen, Angst- und Unruhezustände sind keine Seltenheit. In vielen Fällen treibt dieses Unglück die Mädchen sogar in den Selbstmord.

Das Schicksal muslimischer Mädchen: den unbekannten Mann heiraten

Die Heirat ist im Islam keine Angelegenheit, die von zwei Menschen im gegenseitigen Einvernehmen beschlossen wird. Der Mann wählt und der Vater oder ein anderer Vormund des Mädchens willigen ein. In diesem Jahrhundert, einem Jahrhundert in dem andere bereits Weltraumflüge unternehmen, werden islamische Frauen immer noch mit einem Mann verheiratet, den sie nicht selbst ausgesucht haben, den sie nie zuvor gesehen haben, dessen Charakter sie nicht kennen. Auch wenn in ihrem Land die freie Partnerwahl rechtlich garantiert ist, werden sie aufgrund der Bestimmungen des Korans, aufgrund des religiösen Rechts, wie Sklavinnen verheiratet. Auch in den koranischen Bestimmungen zur Heirat wird nur der Mann angesprochen:

Sure 4, An-Nisā' (Die Frauen), Vers 3

„dann heiratet, was euch an Frauen gut ansteht (?) (oder: beliebt?), (ein jeder) zwei, drei oder vier. Wenn ihr aber fürchtet, (so viele) nicht gerecht zu (be)handeln, dann (nur) eine, oder was ihr (an Sklavinnen) besitzt!"

Wie Sie lesen, steht es dem Mann frei zu wählen, was ihm gefällt oder was ihm „gut ansteht", was also nicht unter seiner Würde und seinem Stand ist. Er hat die Wahl und er wird dieses „göttliche" Recht auch nutzen und bis zu vier Frauen heiraten. Zusätzlich kann er sich so viele Sklavinnen zur Befriedigung seines Triebes halten, wie es ihm beliebt. Für die weniger Reichen, die sich keine freie, gläubige Frau „leisten" können, gilt:

Sure 4, An-Nisā' (Die Frauen), Vers 25

„Und diejenigen von euch, die nicht so bemittelt sind, daß sie ehrbare, gläubige Frauen zu heiraten vermögen, (sollen welche) von euren gläubigen Mägden (heiraten), die ihr (als Sklavinnen) besitzt."

Bei der Heirat sind dem Mann also nur zwei Grenzen gesetzt, nämlich die, keine „ehrlosen" und keine ihm „verbotenen" Frauen zu wählen. Mohammed legt außerdem fest, welche nahen Verwandten nicht geheiratet werden dürfen:

Sure 4, An-Nisā' (Die Frauen), Verse 22-23

„Und heiratet keine Frauen, die (vorher einmal) eure Väter geheiratet haben [...] *Verboten (zu heiraten) sind euch eure Mütter, eure Töchter, eure Schwestern, eure Tanten* [...] *die Nichten, eure Nährmütter, eure Nährschwestern, die Mütter eurer Frauen, eure Stieftöchter* [...] *die Ehefrauen eurer leiblichen Söhne"*

Es weist in diesen Versen nichts darauf hin, dass die Frau angesprochen, dass auch ihre Wahl und ihre Entscheidung berücksichtigt würde. Wenn der Mann gewählt hat, hat die Frau nichts zu sagen. Er spricht auch nicht mit der Frau, denn er hat gemäß den „Regeln des Anstandes", bzw. der Geschlechtertrennung, keinerlei Kontakt zu ihr, sondern allein mit dem Vater, dem Bruder, dem Sohn oder einem anderen Vormund. Auch im Koran steht:

Sure 4, An-Nisā' (Die Frauen), Vers 25

„Heiratet sie also mit der Erlaubnis ihrer Herrschaft (w. ihrer Leute)"

Mohammed befahl den Männern, schöne Frauen zu heiraten, doch das hat zur Bedingung, dass sie die Frauen auch sehen müssen. Für die Frau gibt es keine solche Bestimmung, die es ihr ermöglicht, den Mann vor der Hochzeit sehen zu können. Um sich der Moderne anzupassen, haben sich manche Religionsbeauftragte mittlerweile dazu durchgerungen, der Frau das Recht einzuräumen, den Mann vor ihrer Hochzeit wenigstens sehen zu dürfen. Dabei verwechseln die Gelehrten „sehen" mit „einwilligen".[23] Doch eine Einwilligung ist nicht vorgesehen. Das Mädchen heiratet einen für sie ausgewählten Mann und gibt, wie von den Eltern gewünscht, ihr Jawort; sie sitzt währenddessen hinter einem Vorhang, damit sie ungesehen bleibt. Auch der Autor Ali Rıza Demircan macht auf das Vorbild Mohammeds aufmerksam und schildert, wie dieser sich verhielt, wenn er jemanden aus seiner Verwandtschaft verheiraten wollte. Er ging hinter den Vorhang, der den offiziellen Bereich von dem „verbotenen" Bereich abtrennte, und sagte ihr: „(…) will dich heiraten. Um deine Zustimmung zu zeigen, reicht es, wenn du schweigst."[24] Auch die Heiratsurkunde wird nicht von der Frau, sondern vom Vormund unterzeichnet. Die Behauptungen, dass ohne die Einwilligung der Frau keine Ehe vollzogen würde, ist von daher nicht ernst zu nehmen. Die Bestimmungen für die bereits verheiratet gewesenen Frauen sind andere, hier muss die Frau in manchen Rechtsschulen ihre Einwilligung geben, aber bei Jungfrauen ist eine Zustimmung der Mädchen nicht nötig, bzw. ihr Schweigen ausreichend. Die eigentliche Entscheidung liegt bei den Eltern und beim Vormund und ohne deren Erlaubnis ist die Ehe ungültig; das ist ein Befehl Mohammeds.[25] Auch den Kindern, die die Pubertät noch nicht erreicht haben, steht es nicht zu, eine Ehe abzulehnen und jeder Vater, jeder Vormund hat das Recht, seine Tochter gegen ihren Willen zu verheiraten. Das gilt für alle Rechtsschulen des Islams.[26] Nur die Hanafiten räumen dem Kind in der Pubertät das Recht ein, eine solche Ehe abzulehnen, wenn diese Ehe von einem Vormund beschlossen wurde, der nicht der direkten männlichen Linie abstammt, d. h. nicht der Vater oder der Großvater ist.

Auch heute noch werden Mädchen aufgrund dieser Rechtsbestimmungen verheiratet, genauer gesagt zwangsverheiratet. In Afghanistan und im Jemen ziehen acht-, neunjährige Mädchen zu ihrem Mann, ohne zu wissen, mit wem sie verheiratet wurden.[27] Mädchen haben keine andere Wahl, als sich diesem Unrecht zu beugen. Sie warten darauf, dass sie verheiratet werden und gehen in das Haus des Mannes, der sie heiratete; wenn sie den Mann nicht mögen, wird ihre Ehe für sie zu einem lebenslangen Martyrium. Auch in der Türkei, in der der Laizismus eingeführt wurde und das Schweizer Zivilrecht für Eheschließungen gilt, werden die Ehen immer noch von den Eltern gestiftet. Laut Statistiken heiraten nur 13 Prozent der Frauen einen Mann, den sie selbst ausgesucht haben. Bei Männern liegt dieser Prozentsatz bei ca. 50 Prozent.[28] Auch Marokko ist ein Beispiel für ein Land, in dem trotz rechtlicher Reformen die Regelungen des religiösen Rechts und die Tradition der Zwangsverheiratung weiter bestehen und sogar Eingang in das Gesetz gefunden haben. Obwohl Marokko die Allgemeine Erklärung der Menschenrechte anerkannte, und damit auch Artikel 16, der Frau und Mann bei Eheschließung, während der Ehe und bei deren Auflösung gleiche Rechte zuspricht, hat Marokko 1955 ein Zivilrecht angenommen, in dem die Frau keine Freiheit hinsichtlich der Eheschließung hat. Sie braucht, um zu heiraten, einen Vormund und dieser kann nur ein Mann sein.[29] In Tunesien wurden mit der Begründung, dass es dazu keine eindeutigen Verse im Koran gibt, kleine Veränderungen im Rechtssystem vorgenommen und der Vormund muss nun auch die Frau nach ihrem Einverständnis fragen.[30]

Die Führung bei der Durchsetzung der Tradition, die Frau wie eine „Ware" zu handhaben und sie einfach mit jemandem zu verheiraten, hatte Mohammed. Im *Sahih al-Buchari* des Diyanet ist eine Anweisung Mohammeds zu finden, wie bei einer Verheiratung vorzugehen ist. Er sagte: „Wenn ein Mann eine Frau heiraten möchte, meldet er sich bei dem Vormund und sagt, verheirate mich mit der (...) – und daraufhin antwortet der Vormund 'Ich habe dich mit (...) verheiratet.' Somit ist die Ehe geschlossen."[31] Eine ebenfalls im *Sahih al-Buchari* von Sahl ibn Sa'd, einem bekannten Gefährten Mohammeds, weitergegebene Überlieferung bestätigt die Entrechtung der Frauen, was ihre Wahl und Einwilligung betrifft. Eines Tages kam eine Frau zu Mohammed und sagte vor allen Leuten zu ihm: „Heirate mich". Mohammed fand die Frau anscheinend nicht besonders attraktiv, denn er antwortete ihr nicht, richtete nur seinen Blick zu Boden und wartete still ab, ob sie sich von allein zurückziehen würde. Auch die Anwesenden warteten ab, was passieren würde. Einer von ihnen, ein offensichtlich armer, halbnackter Mann, sagte schließlich: „Gesandter Gottes, verheiratet diese Frau mit mir". Zu erwarten wäre eigentlich gewesen, dass Mohammed sich an die Frau wendet und sie fragt, ob sie mit einer Heirat einverstanden sei. Aber natürlich wäre das nur möglich gewesen, wenn er ihre Persönlichkeit und ihr Recht auf Selbstbestimmung respektiert hätte. Mohammed aber richtete sich nur an den Mann und fragte ihn, ob er der Frau irgendetwas als Brautgabe geben könne. Der arme Mann verneinte und Mohammed sagte zu ihm: „Gehe und suche, und sei es ein Ring aus Eisen, bring ihn her und gib ihn ihr." Da der Mann nicht fähig war, etwas zu finden, was er der Frau hätte aushändigen können, fragte Mohammed ihn schließlich: „Kannst du irgendwas aus dem Koran auswendig sagen?" Der Mann trug einige Verse vor und Mohammed sagte zufrieden: „Ich habe dich mit dieser Frau verheiratet.“ Dann schickte er die Frau mit diesem Mann fort.[32] Wie Sie sehen, hat Mohammed weder berücksichtigt, ob die Frau den Mann überhaupt heiraten will, noch hat er darauf geachtet, ob dieser sie ernähren kann. Er respektierte weder das Interesse der Frau noch ihre Gefühle.

Ein besonders interessantes Beispiel ist Fatima, die, obwohl sie Mohammeds Lieblingstochter war, ebenfalls von ihm verheiratet wurde, ohne dass er Rücksicht auf ihre Gefühle und Wünsche nahm. Laut den arabischen Quellen heiratete sie Ali nur, um ihrem Vater zu gehorchen und nicht weil sie es gern tat, denn Ali war weder wohlhabend, noch war er gutaussehend. Ibn Qutaiba (828-889) schreibt in seinem Werk „Buch der Auszeichnungen“ [*kitāb-al-ma'ārif*], dass die Frauen damals große Männer mochten. Ali aber war kleingewachsen, dick, hatte kleine Augen und fast eine Glatze; deshalb beschrieben die Frauen ihn: „Ein komischer Mann, der aus einem Stück Fleisch besteht.“[33] Zwar war auch Fatima keine Schönheit, aber wenn sie die Freiheit besessen hätte, einen Mann nach ihrem Geschmack zu wählen, hätte sie wahrscheinlich, schon weil sie die Tochter des Propheten war, eine wesentlich bessere Chance gehabt. Aus dem Buch „Genealogie der Adeligen“ [*ansāb al-ašrāf*] des persischen Geschichtsschreibers Al-Baladhuri erfahren wir, dass Fatima unglücklich war und ihrem Vater oft ihr Leid klagte. Nach ihrer Verheiratung wurde Ali lange Jahre von Mohammed finanziell unterstützt und Fatima beschwerte sich: „Du hast mich mit einem bettelarmen Mann verheiratet.“ Ihre Klagen beantwortete er mit: „Ali ist ein guter Muslim“, „Er ist ein Sohn aus guter Familie“, „Er ist klug“ und Ähnlichem. Allerdings schien er seinen Aussagen selbst nicht zu glauben, denn nach seinem Tod machte er Abu Bakr zum Kalifen, nicht Ali. Was Mohammed mit Ali verband, war, dass dieser in seiner Familie als erster zum Islam konvertiert war und Mohammed später half, den Rest seiner Verwandten für den Islam zu gewinnen. Mohammed war Ali also in gewisser Weise verpflichtet und als Dank „entschädigte“ er ihn mit seiner Tochter, ohne deren Willen zu beachten. Genauso benahm er sich, als er seine Cousine Zaynab mit Zayd ibn Harithah verheiratete. Zaynab wollte nachdenken und dann entscheiden, aber Mohammed lehnte diesen Wunsch ab. Er begründete das mit einer Offenbarung Gottes, die Zaynab keine Wahl mehr ließ:

Sure 33, Al-Ahzāb (Die Gruppen), Vers 36

„Und weder ein gläubiger Mann, noch eine gläubige Frau dürfen, wenn Gott und sein Gesandter eine Angelegenheit (die sie betrifft) entschieden haben, in (dieser) ihrer Angelegenheit (frei) wählen“

Trotz all dieser Beweise gibt es dennoch Menschen, die bestreiten, dass die Frau in vorislamischer Zeit die Freiheit hatte, ihren Partner selbst auszusuchen, und diese erst durch den Islam verlor.[34] Dabei ist die Eheschließung Mohammeds mit Chadidscha der beste Beweis für diese Freiheit.[35] Auch Umm Salama hat sich in der vorislamischen Zeit ihren Mann, Abu Salama Abdallah ibn Abd al-Asad, selbst ausgesucht.[36] Und ich möchte betonen, dass diese beiden Frauen nicht die einzigen sind, mit denen bewiesen werden kann, dass die arabischen Frauen diese Freiheit einst hatten. Als Mohammed Zuba'a bint Amr ibn Scha'scha heiraten wollte, zu einer Zeit, in der die altarabischen Traditionen noch nicht verdrängt worden waren, sprach er ihren Sohn an und erhielt die Antwort: „Ich werde es meiner Mutter ausrichten und sage dir Bescheid, wie sie darüber denkt. Dich zu heiraten oder nicht zu heiraten, ist ganz und gar ihre Sache."[37]

Laut Scharia ist es zumindest den Männern erlaubt, eine Frau zu heiraten, die einer anderen monotheistischen Glaubensgemeinschaft angehört. Die Muslimin darf jedoch auf keinen Fall einen Mann heiraten, der nicht muslimisch ist, da die Religion der Kinder durch die Religion der Väter bestimmt wird; wenn der Auserwählte kein Muslim ist, muss der Vormund nicht zustimmen. Ein absolutes Tabu ist es jedoch, wenn Muslime, Männer wie Frauen, einen Menschen heiraten, der als „heidnisch", als Ungläubiger oder Polytheist gilt:

Sure 2, Al-Baqara (Die Kuh), Vers 221
„Und gebt nicht (gläubige Frauen) an heidnische Männer in die Ehe, solange diese nicht gläubig werden"

Sure 2, Al-Baqara (Die Kuh), Vers 221
„Und heiratet nicht heidnische Frauen, solange sie nicht gläubig werden!"

Im von Theologen des Amtes für Religiöse Angelegenheiten verfassten Kommentar zu Sure 2, Vers 221 des Diyanet-Korans heißt es: „Laut Islam hängt der Wert eines Menschen von seinem Glauben ab. Bei Gott ist der gläubige (rechtgeleitete) Mensch, auch wenn er Sklave ist, wertvoller, reiner. Deshalb ist die Ehe eines Muslims mit einem Menschen, der keine Religion hat, oder eine Ehe mit Götzenanbetern kategorisch verboten."

Wohin diese Abgrenzung gegenüber Menschen, die als „Ungläubige" betrachtet werden und die daher als wertlos und unrein gelten, führen kann, möchte ich am Beispiel eines Vorfalles schildern, der sich im Jahr 1981 abgespielt hat: D., ein junger Franzose, lernt 1975 in Algerien ein muslimisches Mädchen namens Z. kennen. D. ist in Marokko zur Welt gekommen und in Algerien aufgewachsen, aber er ist Christ. Die beiden jungen Leute wollen heiraten, die Familie von Z. erlaubt dies jedoch nicht, weil er ein „Ungläubiger“ ist. Z. und D. flüchten nach Paris und heiraten dort. Aber sie fühlen sich nicht sicher, da Z.s Bruder Masud, ein reicher Unternehmer, der auch in politischen Kreisen etwas zu sagen hat, ihnen droht. Da sie Angst haben, Masud könne seiner Schwester etwas antun, wandern die beiden im August 1975 nach Kanada aus, wo sie sich einbürgern lassen. Masud kann es nicht akzeptieren, dass seine Schwester einen „Ungläubigen“ geheiratet hat. Er kommt im April 1978 mit einem gemieteten Privatflugzeug nach Montreal und schafft es, Z. nach Algerien zu entführen. Dort lässt die Familie Z.s Ehe per Gericht annullieren und verheiratet sie, unter dem Vorwand sie sei bereits in der Wiege mit diesem verlobt gewesen, mit einem Professor. D. nimmt in dieser Zeit mit der Familie Kontakt auf, bietet sogar an, zum Islam zu konvertieren, bittet um Menschlichkeit, aber all seine Angebote werden abgelehnt. Die Menschenrechtsorganisationen in Kanada bewegen die kanadische Regierung, bei der algerischen Regierung zu intervenieren. Vergeblich: Algerien bleibt stumm. Währenddessen findet Z. einen Weg, aus ihrer Gefangenschaft Nachrichten an D. zu senden. Sie sagt, dass sie einen Weg suchen und fliehen wird. Sie spielt die Gefügige, lässt ihren Mann glauben, dass sie sich ihm verbunden fühlt. Einigen Journalisten gegenüber äußert sie, dass sie D. vergessen, mit ihrem Mann ein neues Leben begonnen habe; sie sei sehr glücklich. Auf diese Weise gewinnt sie das Vertrauen ihrer Familie und ihres Mannes. Während einer Reise in die Schweiz im Jahr 1981 gelingt Z. die Flucht nach Paris. Dort trifft sie D. und beide fliegen nach Kanada, wo sie von der kanadischen Polizei unter Schutz genommen werden.[38]

Das glückliche Ende eines bitterbösen Geschehnisses, sofern man von Glück reden kann, wenn man gezwungen ist, unter Polizeischutz zu leben. Dieser Vorfall zeigt, dass die Bestimmungen der Scharia gegen jede Intelligenz und gegen jedes Gewissen sind. Statt Kritik an diesen religiösen Bestimmungen und den daraus entstandenen Traditionen zuzulassen, sich ihrer schließich zu entledigen, werden sie als Wille Gottes tabuisiert und den Menschen aufgezwungen.

Anmerkungen

1 Makhlouf, Carla: Changing Veils: Women and Modernization in North Yemen. Austin (University of Texas Press) 1979, S. 24. Carla Makhlouf übersetzt in ihrem Buch Texte des jemenitischen Dichters Muhammad al Sharafi, der in seinen Gedichten, wie Nizar Qabbani, die Unterdrückung der Frau aus der Sicht einer Frau beschreibt: „And here I am, behind my cloak; An ardent hope and a burning fever; I thirst for meeting with you; My beloved; But there is my veil, my curse; O my beloved." (Muhammad al Sharafi, 1970, Übersetzung: Carla Makhlouf); Beck & Keddie: Women in the Muslim World (1978), S. 517

2 Sena, Cemil: Hazreti Muhammed'in Felsefesi (1979), S. 438

3 Buchari vermittelt Folgendes: Aischa erzählt: „Ich war noch sechs Jahre alt, als er sich mit mir verlobte und mich heiratete. Drei Jahre später gingen wir nach Medina. Als ich dort mal mit meinen Freundinnen schaukelte, rief mich meine Mutter Ümmü Ruman. Ich bin zu ihr gegangen. Ich wusste nicht, was sie wollte. Meine Mutter hielt meine Hand. Vor der Haustüre hielt sie an. Ich schnaufte vor Anstrengung. Meine Mutter wusch mein Gesicht und strich über meine Haare. Wir gingen ins Haus. Es befanden sich viele Frauen aus Ensar im Haus. Sie sagten mir: 'Gnade und Segen über dich'. Meine Mutter übergab mich ihnen. Sie ordneten meine Kleider und gaben mich dem Botschafter Gottes. Als sie mich ihm übergaben, war ich ein neunjähriges Mädchen." Siehe Sahîh-i Buhârî [Diyanet-Ausgabe], Band 10 (1985, 7. Aufl.), S. 77-78, *hadis* 1553; Wüstenfeld, H.F.: Genealogische Tabellen der arabischen Stämme und Familien. Göttingen 1853

4 Sahîh-i Buhârî [Diyanet-Ausgabe], Band 10 (1985, 7. Aufl.), S. 79, 80, *hadis* 1554

5 Sahîh-i Buhârî [Diyanet-Ausgabe], Band 8 (1984, 7. Aufl.), S. 105

6 Sahîh-i Buhârî [Diyanet-Ausgabe], Band 8 (1984, 7. Aufl.), S. 104

7 Vgl. Valentin, Jean-Marie: Akten des XI. Internationalen Germanistenkongresses Paris 2005. Frankfurt u.a. 2007, S. 361 ; Joseph, Suad (Hrsg.): Encyclopedia of Women and Islamic Cultures. Leiden 2005, S. 62 ; Schirrmacher, Christine / Spuler-Stegemann, Ursula: Frauen und Scharia. Menschenrechte im Islam. München 2004, S. 115. [In der Türkei heißt der Vorgang des Verheiratens von Kindern (bzw. des Eheversprechens) bereits in der Wiege oder während der Schwangerschaft „Beşikkertme". Diese volkstümliche Tradition wurde in Anatolien in ländlichen Gebieten und in den arabischen Ländern praktiziert. Anm. d. Hrsg.]

8 Arif Tekin: Muhammed ve Kurmaylarının Hanımları, Istanbul 2001, S. 99-102

9 Ā'iša 'abd al-Raḥmān [Bint al-Šāti']: The Wives of the Prophet. Lahore 1971, S. 62

10 Laut einer Überlieferung bei Ghasali erzählt Aischa: „Als ich beim Gesandten Gottes war, spielte ich mit Spielzeugpuppen. Wenn meine Freundinnen kamen,

hatten sie Hemmung vor dem Propheten, aber der Vertreter Gottes freute sich, dass sie mich besuchten." Als Aischa begann, mit Mohammed Geschlechtsverkehr zu haben, war sie so begierig auf ihre Spielzeuge und Spiele, dass Mohammed ihr kleine Mädchen zum Spielen schickte. Manchmal kam er nach Hause und machte Späße mit ihnen. Aischa sagt: „Wenn Mohammed kam, versteckten sich meine Freundinnen." Überliefert von Anas ibn Malik und Aischa, Sahîh-i Buhârî [Diyanet-Ausgabe], Band 12 (ohne Jahr, 8. Aufl.), S. 152, 153, *hadis* 2003; Band 3 (1983, 8. Aufl.), S. 160; Band 8 (1984, 7. Aufl.), S. 105; Hüccetü'l İslâm Gazâlî: İhyâu 'ulûmi'd-dîn Tercümesi (1975), Band 2, S. 693

11 Hüccetü'l İslâm Gazâlî: İhyâu 'ulûmi'd-dîn Tercümesi (1975), Band 2, S. 106

12 Tekin, Arif: Muhammed ve Kurmaylarının Hanımları. İstanbul 2001, S. 189-190 [Die Frauen Mohammeds und seiner Kommandanten]

13 Sahîh-i Buhârî [Diyanet-Ausgabe], Band 10 (1985, 7. Aufl.), S. 78

14 Makhlouf, Changing veils (1979), S. 39, 41, 57; Abdul-Rauf, Muhammad: The Islamic View of Women and the Family (1977) [vgl. auch Bushra A. Barakat u.a.: Recht & Realität – Rechtswirklichkeit von Frauen in arabischen Ländern illustriert am Beispiel des Eherechts, Eschborn 2007, Kapitel 2.1. Minderjährigenehe; Anm. d. Hrsg.]

15 Warnock Fernea, Elizabeth / Qattan Bezirgan, Basima: Middle Eastern Moslem Women Speak. Austin 1977, S. 321

16 „Im Jemen ist es für Mädchen nicht ungewöhnlich, mit acht, neun oder zehn Jahren verheiratet zu sein." Makhlouf: Changing veils (1979), S. 39-41, 82

17 Warnock Fernea, Elizabeth / Qattan Bezirgan, Basima: Middle Eastern Moslem Women Speak (1977), S. 21, 321; vgl. auch Barakat u.a.: Recht & Realität (2007)

18 Beck / Keddie: Women in the Muslim World (1978), S. 55; vgl. auch Barakat u.a.: Recht & Realität (2007)

19 Dieser Prozentsatz lag in den 1970er Jahren bei 9,6 %. 79,6 % der Frauen heiraten unter 19 Jahren. 20,4 % der Frauen sind älter als 19 Jahre. Für die Daten aus dem Libanon und Pakistan siehe M'Rabet, Les Algériennes, 1967, S. 321 [Die Daten beziehen sich auf die 1970er Jahre. Die neuesten Statistiken bestätigen für die Jahre 2003 bis 2008, dass die Quote der Frühehen von 11,9% auf 9,6% gesunken ist. Hilal Üzcebe: Erken Evlilikler (Frühe Eheschließungen), hrsg. von der Stiftung für Gesundheit und Planung von Familien, Ankara 2010; vgl. auch Barakat u.a.: Recht & Realität (2007); Anm. d. Hrsg.]

20 M'Rabet, Fadéla: Les Algériennes. Paris 1967, S. 79ff.

21 Makhlouf: Changing veils (1979), S. 39 und 82; Owen, Margaret: A World of Widows. London 1996, S. 138. Dass früh verheiratete Mädchen (nach dem Tod ihres Ehemannes) in Armut versinken, wird auch für die Türkei bestätigt.

22 Abdul-Rauf, Muhammad: The Islamic View of Women and the Family. New York 1977, S. 87; Toros, Aykut: Türkiyede nüfus konulari. Ankara 1993, S. 29. Aykut Toros schreibt, dass solche Ehen in der Türkei nicht standesamtlich,

sondern durch einen Imam geschlossen werden, was dazu führt, dass die Frauen nichts erben, keine Rente bekommen.

23 Demircan: Cinsel Hayat (1986), Band I, S. 128

24 Demircan: Cinsel Hayat (1986), Band I, S. 129

25 Sahîh-i Buhârî [Diyanet-Ausgabe], Band 11 (1983, 7. Aufl.), S. 300 und S. 298, *hadis* 1807 und S. 299, *hadis* 1808

26 Abdul-Rauf, Muhammad: The Islamic View of Women and the Family (1977), S. 52

27 Makhlouf: Changing veils (1979), S. 39-41

28 Nermin Abadan Unat: Türk Toplumunda Kadın (Die Frau in der türkischen Gesellschaft). İstanbul 1979, S. 128

29 Siehe Mernissi: Beyond the veil (1975), S. X

30 Beck / Keddie: Women in the Muslim World (1978), S. 39

31 Sahîh-i Buhârî [Diyanet-Ausgabe] Band 11 (1983, 7. Aufl.), S. 300, *hadis* 1808

32 Sahîh-i Buhârî [Diyanet-Ausgabe], Band 11 (1983, 7. Aufl.), S. 292, *hadis* 1803-1807

33 Filiu, Jean Pierre: Apocalypse in Islam. Berkely 2011, S. 54.

34 Malik: Wives of the Prophet (1977), S. 20

35 Malik: Wives of the Prophet (1977), S. 91

36 Malik: Wives of the Prophet (1977), S. 136

37 Tarih-i Taberi: Tercemesi, Konya 1982, Band 2, S. 513-514

38 Moslem abducted by her family is back with husband in Canada, in: The New York Times, 4.3.1981

Mohammeds Kriterien: Welche Eigenschaften soll eine „Frau zum Heiraten" haben?

Um die Institution Ehe den Interessen, dem Glück und Wohl des Mannes gemäß zu gestalten, muss man die Kriterien dieser Institution gemäß seiner Lust, seiner „Überlegenheit" und dem allein ihm zugestandenen Recht zu wählen gestalten. Genau dies tat Mohammed. Die Grundsätze, die er mit der Scharia schuf, schaffen dem Mann die Möglichkeit, die Frau seinem außerordentlichen Ego entsprechend zu wählen. Eine Aufforderung an die Frauen, Männer zu heiraten, die ihnen gut anstünden [bezieht sich auf Sure 4, Vers 3. Anm. d. Hrsg.], gibt es im Koran nicht.

Laut Mohammed sollten Männer bei der Wahl einer Frau auf „Schönheit", „Jungfräulichkeit", „Gebärfähigkeit", „edle Abstammung", und „Rechtgläubigkeit" achten; außerdem sollte er keine allzu große *mehir* für sie zahlen müssen.[1] Abu Hurayrah überliefert:

Die Frau wird geheiratet wegen vier Eigenschaften: ihres Besitzes, ihrer edlen Abstammung, ihrer Schönheit und ihrer Rechtgläubigkeit wegen. Oh Gläubiger, versuche unter diesen die aufrecht Glaubende zu erlangen, wenn du das, was ich sage, nicht tust, wirst du in Armut fallen.[2]

Diese Grundsätze, die das Glück der „Klasse" der Männer sichern sollen, wurden durch die islamischen „Gelehrten" Hunderte von Jahren in die Köpfe der muslimischen Männer „gehämmert". Und noch heute werden diese Grundsätze durch die Religionsgelehrten, Mullahs, Imame und zeitgenössische Autoren als islamische „Weisheit" hoch gehandelt, noch heute geben sie den Rat, sich an diese Maßstäbe zu halten.[3]

Schönheit und Jugend der Frau

Es gibt nur wenig, was Mohammed so sehr faszinierte wie die Schönheit einer Frau. Wenn er neben der Schönheit ebenso „edle Abstammung“, „Vermögen“ und „Rechtgläubigkeit“ nannte, so ist die Schönheit gewiss sein wichtigstes Kriterium gewesen. So wichtig, dass er bei einer Heirat kaum darüber nachdachte, ob er so viele Frauen auch ernähren konnte.[4] Mit „Schönheit“ meinte Mohammed nicht die innere Schönheit, eine Ausstrahlung hervorgerufen durch Intelligenz und Würde, sondern die äußerliche Schönheit, die Schönheit des Körpers „vom Scheitel bis zur Sohle“. Ibn Madscha überliefert, dass Mohammed zur Bedingung machte, dass der Mann sich über die Heiratskandidatin genau erkundigte oder sie begutachten ließ, um in Erfahrung zu bringen, ob sie einen Makel hat. Nur dann könne die Ehe attraktiv für ihn sein.[5] Auch bei Al-Ghasali wird die Wichtigkeit der Schönheit der Frau betont und zur Bedingung für die Eheschließung: „Eine Heirat, ohne [die Frau] zuvor gesehen zu haben, führt zu Trauer und Leid. Sicher ist, dass das Begutachten weder ihre Rechtgläubigkeit noch ihre Moral oder ihren Reichtum offenbart, aber ihre Schönheit. Also ist die Schönheit bei der Eheschließung ein Kriterium.“[6] [Gemeint ist auch hier, dass die Vermittlerinnen die Braut begutachten sollen. Anm. d. Hrsg.]

Mohammed beschrieb seine Auswahlkriterien ziemlich genau. Die Körper der Kandidatinnen sollten keinerlei Makel an der Haut, wie Verbrennungen oder Muttermale, haben. Ihre Fersen und die Fesseln sollten schön sein und auch nach den Haaren solle man fragen. Eine Überlieferung besagt sogar, dass die Werbenden an ihrer Braut riechen sollen.[7] Auch von der Gesundheit der Frauen soll man sich überzeugen; so riet Mohammed zur Vorsicht bei der Verheiratung mit Frauen bestimmter Gemeinschaften: „Manche Frauen der Ansar [der Helfer Mohammeds aus Medina] haben Sehfehler (…) sie sehen schlecht (…) haben schmale und zu kleine Augen.“[8] Auch dürfe es keine Hindernisse für den Geschlechtsverkehr geben, die Befriedigung des Mannes und die Zeugung von Nachkommen muss gewährleistet sein.[9] Krankheiten oder Makel müssen dem Mann, der um die Hand der Frau anhält, gemeldet werden. Sollte das nicht der Fall sein, und stellt der Bräutigam im Nachhinein fest, dass die Frau einen Makel hat, dann hat er das Recht, sie zu verstoßen (*talâk*) und sie zu ihrer Familie zurückzuschicken.[10] Mohammed war selbst einer der ersten, der dieser Bestimmung folgte: als er in der Hochzeitsnacht sah, dass Asma bint Numan Flecken auf ihrem Rücken hatte, verstieß er sie.[11]

Mohammed befahl in der ersten Zeit seines Prophetentums (bis zu dem Vorfall mit Zaynab, der Frau seines Adoptivsohnes) zwar die Methode, die Frau vor der Heirat zu begutachten, aber es gab auch damals Ehen, die er schloss, ohne das getan zu haben. In diesen Fällen hatte es sich meist um Frauen gehandelt, deren Schönheit von den Leuten gerühmt wurde. Als er dann entdeckte, dass sie seinem Geschmack nicht entsprachen, verstieß er sie (*talâk*). So erging es Ghaziyya (die Umm Sharik genannt wurde); als er in der ersten Nacht feststellte, dass sie älter war, als er gedacht hatte, verstieß er sie augenblicklich. Ähnlich benahm er sich bei Zuba'a bint Amr ibn Scha'scha, als sie seinen Heiratsantrag bereits angenommen hatte, hörte er, dass sie älter sei und er zog seinen Antrag zurück.[12] Mohammed empfand es als etwas Schlechtes, als ungesund, ja „ansteckend“ mit einer alten Frau zu schlafen, denn er sagte, dass einer der Gründe, warum der Körper verfalle, der Geschlechtsverkehr mit älteren Frauen sei.[13] Aliya, die Tochter von Zabjan, heiratete er, weil er dachte, dass sie jung und schön sei. Aber in der Hochzeitsnacht sah er, dass sie einen weißen Fleck auf ihrem Körper hatte und verstieß sie augenblicklich.[14] Auch Sauda bint Zama, die er nach dem Tode Chadidschas geheiratet hatte, wollte er verstoßen, als sie älter wurde. Doch sie flehte ihn an, trat schließlich ihren Platz in der Rangfolge seiner Ehefrauen, nach der er mit ihnen schlief, an Aischa ab und entging so ihrer Verstoßung.[15] Es ist völlig natürlich, dass eine gläubige Frau, die überzeugt ist, nicht in das Paradies zu kommen, falls ihr Mann nicht zufrieden mit ihr ist, und das schließt sexuelle Befriedigung ein, ihren Platz in der Rangfolge an eine andere Frau weitergibt. Der Mann braucht seine alt gewordene Frau lediglich seine Unzufriedenheit und die Bedrohung durch die Verstoßung (*talâk*) spüren zu lassen. Sauda ließ sich auf diese Erpressung ein, um nicht hinausgeworfen zu werden, vielleicht auch, um mit dem Status der „Frau des Propheten“ ins Paradies zu gelangen. Dieses Vorgehen Mohammeds verstößt natürlich nicht gegen die vermeintliche „Gleichberechtigung“ im Koran, auch hier kam schnell der passende Vers, um sein Verhalten zu legitimieren:

Sure 4, An-Nisā' (Die Frauen), Vers 128
Wenn eine Frau (ihrerseits) fürchtet, daß ihr Mann (ihr) dauernd Schwierigkeiten macht oder (ihr) abgeneigt ist, ist es für die beiden keine Sünde, sich friedlich […] *zu einigen*

In einer Überlieferung von Aischa, die Ibn-i Sa'd weitergab, heißt es:

„*Sevde* [Sauda] *war sehr alt. Sie hat mir ihren Platz in der Rangfolge der Ehefrauen abgetreten. Sie wollte den Propheten zufrieden stellen. Deshalb kam der Koranvers herab, der besagte, dass eine Frau, die befürchtet, dass ihr Mann sich ihr nicht mehr annähert oder dass er sich gänzlich von ihr abwendet, einen friedlichen Weg suchen kann.*“[16]

Diyanet kommentiert den Vers 128 der Sure 4 sehr großzügig. „Anpassung und Verständigung in der Ehe sind nur durch gegenseitiges Verständnis möglich. Aber da die Menschen zu Eifersucht und Egoismus neigen, erwartet jeder Verständnis von seinem Gegenüber. Friede und Verständigung können verwirklicht werden, wenn beide Parteien auf manche Wünsche und Rechte verzichten. Das ist besser als Unfriede oder Trennung.“ Beachten wir, dass der nächste Vers (129) damit anfängt, dass man die Frauen nie gerecht behandeln kann, ist die Richtung des Diyanet umso frauenfeindlicher. Denn beide Verse sind nicht nur an den Mann gerichtet, sondern sie bereiten auch eine Grundlage für die Ungerechtigkeit.

Das Gebot, dass die Männer die Frauen bei der Brautschau so gründlich wie beim Kauf eines Viehs zu begutachten hätten, gilt natürlich nicht für die Frau. Wir finden keine Stelle im Koran oder in den Überlieferungen, in denen Frauen empfohlen wird, bei der Wahl ihrer Männer genau auf gutes Aussehen, Jugend, Gesundheit, Potenz und volles Haar zu achten.

Für Männer wie Mohammed bedeutet die Ehe, eine *schöne* Frau zu besitzen; Aussehen ist für ihn sehr viel wichtiger als Intelligenz. Da er die Frau ohnehin als intellektuell minderbemittelt betrachtete und allein als Mittel zur sexuellen Befriedigung sah, zog er selbstverständlich die Schönheit vor. Dieser Sichtweise folgten nach ihm die Kalifen und viele Gläubige späterer Generationen, die stets bemüht waren, ihre Herrscher und Herren nachzuahmen. Auch Al-Ghasali, einer der berühmtesten Gelehrten des Islams, kritisierte Ibn Hanbal, weil dieser nicht den Befehlen des Glaubens folgte und die Intelligenz von Frauen wichtig fand. Tatsächlich wählte Ibn Hanbal, als er zwischen zwei Schwestern zu entscheiden hatte, die schielende Tochter, da er gehört hatte, dass diese die intelligentere sei. Al-Ghasali:

Das ist die Tradition derjenigen, die nicht an die Wonnen ihres Begehrens denken. Wer aber Ehrfurcht vor seiner Religion hat, und sich vor dem Verbotenen schützt, der muss nach der Schönheit suchen und Schöne vorziehen. Erlaubte [Frauen] *zu genießen, ist eine Pflicht gegenüber dem Glauben. Es wurde uns gesagt, dass der Charakter der Frau schön* [gut], *ihre Wimpern, ihre Augenbrauen und ihre Haare schwarz, ihre Augen groß, die Haut rot und weiß, sie ihrem Mann tief verbunden sein soll, ihre Augen sol-*

len auf ihr eigenes Haus gerichtet sein. Nur diese Frauen sind wie die Huris im Paradies. So schuf Gott die Huris.[17]

Selbst Gott lockt die Männer mit der Schönheit der Frauen. Im Koran:

Sure 55, Ar-Raḥmān, (Der Barmherzige), Vers 56, 58, 70 und 72
Dort sind solche Schönheiten, die ihre Augen nur auf ihre Gatten gerichtet haben [...] *als wären sie Jakut und Korallen* [...] *Frauen, die gut sind und schöne Gesichter haben.*

Sure 37, Aṣ-Ṣāffāt (Die in Reih und Glied stehen), Vers 48 und 49
Und sie haben großäugige (Huris) bei sich, die Augen (sittsam) niedergeschlagen [...] *(unberührt) (oder: makellos) als ob sie wohlverwahrte Eier wären*

Wenn Gott so spricht, dann kann man sich zweifellos nicht wundern und auch nichts dagegen haben, wenn die Untertanen Gottes, wie immer dem Beispiel ihres Propheten blind folgend, ebenfalls einzig auf die Schönheit einer Frau Wert legen. Wenn Gott es so will, wird es so sein.

Die arabischen Quellen beschreiben Mohammeds ungeheuer große sexuelle Kraft. Diese Begierde, die er als „besondere Gabe Gottes" darstellte, wird in einem späteren Abschnitt noch einmal behandelt werden (S. 302-305) So wundert es nicht, wenn Mohammed sein Leben lang nach Frauen Ausschau hielt und versuchte, jede Frau, deren Schönheit ihm zu Ohren kam, zu heiraten. Wenn ihm dabei gesellschaftliche Regeln im Weg standen, hatte er keine Hemmung, diese beiseite zu schieben. Er veranlasste sogar seinen Adoptivsohn dazu, sich von seiner Frau Zaynab zu trennen, um diese dann selbst zu heiraten. Wie Sie gesehen haben, war ihm Schönheit so wichtig, dass er auch nicht zögerte, seine alternden Frauen zu verstoßen, da diese seinen ästhetischen Ansprüchen nicht mehr genügten. In den Quellen wird beschrieben, dass Mohammed zeitweise mit bis zu fünfzehn Frauen verheiratet war, mit dreizehn von ihnen den Geschlechtsakt vollzog und neben diesen zahlreiche Sklavinnen besessen hat. Als Mohammed starb, hinterließ er neun Ehefrauen und ebenso viele Sklavinnen. Die islamischen Quellen stellen die Eheschließungen mit all diesen Frauen als soziale, als „gute Tat", und als ökonomisch sinnvoll dar. Dabei ist es offensichtlich, dass die Behauptung, er habe seine Ehen nicht aus Begierde geschlossen, den historischen Überlieferungen widerspricht (vgl. S. 311-321). Auch Aischa entging seine Vorliebe für schöne Frauen nicht, sie sagte: „(Der Gesandte Gottes) wenn er eine schöne Frau sieht, führt er einen Vers herbei [der ihm die Heirat erlaubt]. Ich glaube, dein Gott wetteifert darin, dir deine Wünsche (Begehrlichkeiten) zu erfüllen."[18]

Um sich nicht nachsagen lassen zu müssen, dass er die Frauen allein nach ihrer Schönheit aussuche, betonte Mohammed ebenso, dass es sehr wichtig sei, gläubige Frauen zu heiraten.[19] Und die islamischen Denker sprachen es ihm nach und meinten, dass Schönheit und Rechtgläubigkeit zusammengehörten.[20] Eine Überlieferung von Ibn ‚Abbas zeigt, wie diese beiden Aspekte miteinander verwoben wurden, der Prophet habe nämlich gesagt: „Gute [gläubige] Frauen haben ein schönes Gesicht."[21] Auch Al-Ghasali sieht die Schönheit mit dem Glauben verbunden und macht sie zur Bedingung. Der berühmte islamische Denker zählt die Bedingungen der Ehe auf wie folgt:

Eigenschaften, die bei der Eheschließung wichtig sind

Die Schönheit des Gesichts. Das ist ein wichtiges Kriterium. Wer eine schöne Frau hat, wird seine Augen nicht woanders hin wenden. Die menschliche Natur liebt meist keine Hässlichen. Menschen mit schönem Gesicht haben eine ebenso schöne Moral. Am besten ist es, schöne und religiöse Frauen zu heiraten.[22]

Al-Ghasali ist mit dieser Sichtweise keineswegs auf sich allein gestellt, auch Al-Buchari bestätigt dies mit einer Überlieferung, laut der Mohammed rät: „Heiratet die Frauen für vier Eigenschaften. Für ihren Besitz, ihre Schönheit, ihre Herkunft, ihre Religion. Gläubiger, achte darauf, der religiösen unter diesen [Frauen] habhaft zu werden [wörtlich: in die Hände zu bekommen]. Wenn du das, was ich rate, nicht einhältst, wirst du in Armut fallen."[23] Die Schönheit des Gesichts steht für eine gute Veranlagung der Frau, für Anständigkeit, Moral und „Gehorsam". Deshalb wird das Wort Schönheit in einem Zug mit „gute Veranlagung" benutzt.

Diese Aussagen des „Botschafters" entbehren jeder Glaubwürdigkeit, denn es liegt keine Gesetzmäßigkeit darin, dass ein schönes Gesicht Zeichen eines guten Charakters ist, ebenso wenig wie ein hässliches Gesicht Zeichen eines schlechten Charakters ist. Es ist völlig unglaubwürdig, dass Gott Mohammed eine solche Offenbarung gemacht haben soll.

Verwunderlich ist dabei auch, dass Gott, der alles erschaffen haben soll, nicht von Anfang an alle Frauen schön erschaffen hat. Warum hat er, auch den Frauen zum Gefallen, nicht alle Männer schön erschaffen? Warum schuf er kein Paradies, das den Frauen die selben männlichen Schönheiten bereithält, wie den Männern weibliche Schönheiten? So wie es dargestellt wird, ist Gott dann ja gegenüber den meisten seiner Untertanen, die er überwiegend nicht gerade als Schönheiten geschaffen hat, sehr ungerecht. Man sieht: Jedes Mal, wenn man die Werte des Scharia-Anhängers ernst nimmt, sie logisch nachzuvollziehen sucht, verletzt man das Verständnis, dass Gott allmächtig und gerecht ist. Diese Schlussfolgerungen sind nur zu vermeiden, indem man die Religion tabuisiert und Fragen zur Religion verbietet. Diese Ungerechtigkeit und Unbarmherzigkeit zu akzeptieren, fällt schwer. Es ist daher sicher nicht falsch zu denken, dass diese Gnadenlosigkeit bei der Betrachtung des Körpers der Frau und das Recht, die Frau wegen geringer Makel verstoßen zu können, eher eine Idee ist, die dem Kopf Mohammeds entsprang, als dass sie Gott gehört.

Die Frau, die man heiratet, sollte Jungfrau sein

Die Jungfräulichkeit ist in den islamischen Ländern unvorstellbar wichtig; die gesamte Ehre und Würde der Frau baut darauf auf. Mohammed hat die Jungfräulichkeit im Interesse des Mannes zu einer religiösen Eigenschaft gemacht. Im Mund eines Muslims ist die Bezeichnung „die Edelste“ [türk. *bakire*, Jungfrau; von *bakir*, jungfräulich, unverfälscht[24]] die höchste (Charakter-) Eigenschaft, die es gibt. Sie wird für die jungen Mädchen benutzt, die nie einen Mann nackt gesehen, die nie einen sexuellen Gedanken gehegt haben. Dies erinnert auch an die Aussage Aischas: „Ich bin wie ein Baum, dessen Frucht nie berührt wurde.“[25] Weil sie unberührt sind, gelten die Jungfrauen in den islamischen Ländern als die höchst moralischen, „anständigen“ Frauen, die schamhaft und „zurückgezogen in ihrer Ecke“ leben.[26]

Aischa berichtet, dass Mohammed sie eines Tages fragte: „Wenn du in eine Oase kommst und dort zwei Bäume vorfindest, der eine Baum abgepflückt, der andere Baum unberührt, an welchen Baum würdest du dein Kamel führen?“ Sie habe geantwortet: „Natürlich an den unberührten Baum.“ Und fügte dann hinzu: „Ich bin wie dieser Baum.“[27] Damit drückte Aischa aus, wie stolz sie darauf war und welche große Ehre es für sie bedeutete, die erste und die einzige Jungfrau unter den Frauen Mohammeds gewesen zu sein; damit begründete sie auch ihre besondere Stellung unter ihnen.[28]

Mohammed empfahl den Männern, Jungfrauen zur Frau zu nehmen, da der Geschlechtsverkehr mit einer solchen aufgrund der Beschaffenheit ihres noch unberührten Geschlechtsorgans mehr Lust bereite. Und um sein eigentliches Ansinnen, den arabischen Mann für den Islam zu gewinnen, zu verheimlichen, stellte er die Regeln der Jungfräulichkeit auf die Grundlage der Moral, die angeblich auch die Ehre und Würde der Frau schütze. Dabei befahl er den Männern auch deswegen Jungfrauen zu heiraten, weil es leichter sei, eine Jungfrau Gehorsam zu lehren:

Denn (die Jungfrauen) haben eine süße Zunge, süße Lippen. Ihre Fähigkeit zu betrügen und euch, was eure sexuellen Wünsche angeht zu vertrösten, ist gering. Sie sind in sexueller Hinsicht genügsam und bei finanziellen Ausgaben [...] *Ihr sexuelles Organ ist elastischer und bereitet viel mehr Genuss.*[29]

Mohammed betonte, dass der Mann in einer Beziehung mit einer Frau, die in der Hochzeitsnacht keine Jungfrau mehr war, immer eine Kränkung zurückbehalten werde. Auch würde sich die Witwe immer an ihren ehemaligen Mann erinnern, denn die erste Liebe sei stets die wahre Liebe. Auch wenn er selbst außer Aischa keine andere Jungfrau zur Frau nahm, hat er gegenüber den muslimischen Männern stets die Jungfrau idealisiert. Eine Überlieferung im *Sahih al-Buchari* gibt wieder, dass Mohammed eines Tages Cabir ibn Abdullah, der an ihm vorbei eilt, fragt: „Eilst du so sehr, um nach Hause zu kommen?". Dieser antwortet ihm, dass er seine Hochzeit feiert. „Hast du eine Jungfrau geheiratet?", fragt Mohammed. Als Cabir ihm antwortet, dass er eine geschiedene Frau geheiratet hat, sagt Mohammed: „Warum hast du keine Jungfrau genommen? Wäre sie Jungfrau, würdest du sie besser kennen und sie würde nur dich kennen. Ihr würdet einander lieben."[30] Es fragt sich, ob ein solcher Rat, einen Menschen, der keine Jungfrau geheiratet hat, nicht eher verunsichert. Aber gewiss ist, dass Mohammed an dieser Stelle eher sich selbst und die Tatsache nicht ausschließlich Jungfrauen geheiratet zu haben, bedauerte, als dass er Cabir meinte.[31] Zwar hatte Mohammed Sklavinnen und Frauen, die in ihrer Schönheit die jungfräuliche Aischa übertrafen (Zaynab, Maria, Safiyya und andere) und er begehrte sie sehr, aber ihn störte der Gedanke, dass sie vor ihm mit anderen Männern geschlafen hatten. Er hätte zweifellos gerne seinen eigenen Rat befolgt und sein restliches Leben jede Nacht mit einem unberührten Mädchen verbracht; ein Gefühl, das vielleicht auch seine Idee der ewigen Jungfräulichkeit der Huris hervorbrachte (vgl. S. 369).

Tatsächlich war er der Meinung, dass die Jungfräulichkeit für die Lust und das Begehren des Mannes so wichtig sei, dass er ihnen den Rat gab, ausschließlich Jungfrauen zu heiraten, und die Zeit mit diesen zu verbringen, statt ihr Leben mit Frauen zu vergeuden, die ihre Jungfräulichkeit ruinierten. Er befahl: „Wer eine Jungfrau heiratet, sollte ihr alle seine sieben Tage geben, wer eine Witwe heiratet, sollte ihr nur drei Tage geben."[32] Beachten Sie bitte, dass mit dieser Überlieferung Mohammed den Männern einen Rat gibt, der beinhaltet, dass sie ihre Frauen unterschiedlich behandeln sollen und damit widerspricht er einem seiner angeblich wichtigsten Befehle, nämlich dem der Gleichbehandlung der Ehefrauen (Sure 4, Vers 129), den er vergessen zu haben scheint.

All diese Verse und überlieferten Aussagen Mohammeds bildeten die Grundlage der moralischen Grundsätze des Islams und die islamischen Gelehrten schufen eine Philosophie über die Jungfräulichkeit der Frauen. Al-Ghasali widmete in seinem Werk „Die Wiederbelebung der religiösen Wissenschaften“ *[iḥyā' 'ulūm ad-dīn]* im Kapitel „Die wichtigsten Eigenschaften einer Frau“ der Jungfräulichkeit einen eigenen Abschnitt mit Überschrift. Er philosophiert darin u. a. darüber, dass die Frau mit Erfahrung einen Vergleich habe. Da die erste sexuelle Erfahrung unvergesslich sei, würde die bereits verheiratet gewesene Frau, z. B. eine Witwe, stets an ihren ersten Mann denken. Damit sei sie – durch ihre Erinnerung an ihren ersten Mann beim Geschlechtsakt – für den neuen Mann stets ein Quell der Eifersucht. Auch Al-Ghasali befürchtete, dass die Frau so ihren Mann mit anderen vergleichen könnte.[33] Die menschliche Natur wird sich, wie bei einer Ware, die von vielen berührt worden ist, auch vor einer Frau ekeln, die in den Armen eines anderen Mannes gelegen hat.[34]

Diese aus Mohammeds Verhalten und Aussagen abgeleiteten Ansichten von Al-Ghasali übernahm im 13. Jahrhundert auch der schiitische Gelehrte Nasir ad-Din at-Tusi (gest. 1274). Al-Ghasali schreibt:

Der Mann liebt die Jungfrau viel mehr. Denn die Natur des Mannes empfindet Hass gegen zuvor berührte Frauen. Bei manchen Männern ist dieser Hass weit größer.[35]

Das Jungfernhäutchen dient also dem Anhänger der Scharia, der so in Ruhe und Gelassenheit, behütet vor jeglichem Gefühl der Eifersucht, leben und sich die Frau zur gehorsamen Sklavin abrichten kann. Dabei stiftete das Thema Jungfräulichkeit, von den Scharia-Anhängern so eifersüchtig gehütet wie die Frau selbst, bei vielen gläubigen Männern Unruhe, die keine Jungfrau geheiratet hatten, aber bis dahin glücklich waren.

In unserem Zeitalter, in dem die Gleichberechtigung von Mann und Frau anerkannt wird, ist dieses Thema absurd. So dienlich diese „Moral“ in der islamischen Welt dem Manne zu sein scheint, so schädlich ist sie für die Frau, zerstört ihre psychische und physische Gesundheit. Es ist traurig, dass die Religion der Scharia einerseits die sexuellen Bedürfnisse unterstreicht, andererseits diese an die Bedingung der Ehe knüpft und zudem die Jungfräulichkeit zur Bedingung macht. Eine Befriedigung des sexuellen

Bedürfnisses mit Partnern, die sie begehren, gibt es nur für die Männer, da sie die Ehe eingehen und lösen können, wann immer sie wollen und da ihnen erlaubt ist, sich Sklavinnen zu halten, mit denen sie jederzeit verkehren dürfen. Den Mädchen wird das Recht verwehrt, ihre sexuellen Bedürfnisse zu befriedigen, es sei denn, sie heiraten. Bis zu dem Zeitpunkt sind sie im Elternhaus eingesperrt, und dazu verurteilt, ein unnatürliches Leben zu führen. Frauen die nicht heiraten, müssen ihre Sexualität leugnen.

Das Problem der Jungfräulichkeit hat sich durch die muslimischen Vorschriften und den religiösen Druck so weit entwickelt, dass die Mädchen, die ihre Jungfräulichkeit verlieren, ohne verheiratet zu sein, erniedrigt und verurteilt, ja sogar ermordet werden. Der osmanische Dichter Enderûnlu Hüseyin Fâzıl Bey (gest. 1810) bestätigt in seinem Werk *zenannâme* diese Sichtweise:

Die Frau ist bösartig und unecht. Trotz ihrer Grazie kann sie ihre bösen Seiten nicht verbergen. (Aber trotz alledem) Ich begehre die Frau als Jungfrau, unberührt. Wenn sie keine Jungfrau ist, ist sie für mich ohne Wert. Dabei ist es gleichgültig, ob ihre Jungfräulichkeit nur leicht verletzt wurde oder unzählige Männer über ihren Körper hinweg gegangen sind. Das ist mir gleich. Sie verdient es, erniedrigt zu werden.[36]

Noch heute ist die Jungfräulichkeit eine Frage, die in den Familien und in der Gesellschaft Unruhe stiftet. Diese Frage hängt in den muslimischen Ländern sehr eng mit der „Ehre" [türk. *şeref*] und „Würde" [türk. *haysiyet*] zusammen. Die Ehre der Familien wird an der Jungfräulichkeit, an der Unberührtheit ihrer Töchter bemessen.[37]

Der islamische Glaube besagt also, dass die Jungfräulichkeit die Reinheit und die Ehre einer Frau ausdrückt und Gott sie deshalb als äußerst wichtig erachtet hat. Auf Grundlage dieses Verständnisses funktionieren die Mitglieder der Familie, in erster Linie der Vater und die Brüder, wie die „Gendarmen der Jungfräulichkeit". Wenn die „Ehre" der Familie in Zweifel gezogen, beschmutzt wird, weil eines der Mädchen in den Ruf gekommen ist, seine Jungfräulichkeit verloren zu haben, müssen sie diese Verunreinigung wieder entfernen. Dies geschieht, indem das Mädchen, das sein Jungfernhäutchen verloren hat – ob nun „verschuldet" oder „unverschuldet" (z. B. im Falle einer Vergewaltigung) – umgebracht wird. Ein Mann, der die Ehre seiner Familie nicht wiederherstellt, wird in der Gesellschaft als „ehrlos" betrachtet.[38] Die Gesetze schützen diese Täter bis heute. [Erst 2004 sind in der Türkei die nationalen Gesetze, die Ehrenmorde strafmildernd behandelten, abgeschafft worden. Allerdings werden in der Türkei immer noch sogenannte Jungfräulichkeitstest durchgeführt. Bescheinigungen über die Jungfräulichkeit werden von den Eltern muslimischer Mädchen in den letzten Jahren zunehmend auch von Ärzten und Ärztinnen in Deutschland verlangt. Diese stehen unter starkem Druck, solch ein Papier auch auszustellen, da sie damit rechnen müssen, dass das Leben des Mädchens sonst gefährdet ist. Anm. d. Hrsg.]

Die Jungfräulichkeit macht, wie bei einer Ware, den „Wert" des Mädchens aus, das „Kapital". Ein Mädchen, das keine Jungfrau mehr ist, hat keinen Wert mehr und kann nicht verheiratet werden. Da niemand um ihre Hand anhalten wird, erleidet nicht nur sie einen Verlust an Wert, sondern auch ihre gesamte Familie. Von der Jungfräulichkeit des Mädchens hängt ab, ob man für sie einen reichen, gut situierten Bräutigam bekommt.[39] Reiche Familien zahlen große Summen, um, falls eine ihrer Töchter ihre Jungfräulichkeit verloren hat, das Jungfernhäutchen von einem Arzt wiederherstellen zu lassen. Denn ein bereits entjungfertes Mädchen schickt der Bräutigam zurück, die Ehe wird annulliert und die Ehre der Familie des Mädchens ist zerstört.

Das öffentliche Zurschaustellen der Jungfräulichkeit der Braut spielt ebenfalls eine wichtige Rolle. Die Familie des Mannes wird die junge Frau nach ihrer Hochzeitsnacht untersuchen und die vom Blut der Entjungferung befleckte Wäsche öffentlich zur Schau stellen. In manchen Gegenden halten die Verwandten Nachtwache bis in die Morgenstunden, um auf den Beweis zu warten und ihn dann vorführen zu können.[40] Dies ist nicht nur in den Dörfern auf dem Land, sondern durchaus auch in den Städten verbreitet. Wenn die Wäsche als Beweis der „Unschuld" der Braut nicht präsentiert werden kann, wird sie in das Haus ihres Vater zurückgeschickt.[41]

Es ist daher die große Angst und Sorge der Familien, die Jungfräulichkeit ihrer Töchter zu schützen. Diese Einstellung ist religiös bedingt, denn die Religion und ihre Bestimmungen machen die Frau zum Objekt, über das verfügt werden kann, zur „Ware", eine „Ware", die „unberührt", „neu" sein muss. Deshalb werden die Mädchen von klein auf genauestens kontrolliert und ihre Bewegungsfreiheit ist im Vergleich zu der der Jungen stark eingeschränkt. Sie dürfen z. B. nicht auf Bäume klettern, nicht von einer hohen Stelle springen, sich nicht auf etwas Hartes setzen. Es ist ihnen verboten, sich von der Wohnung oder dem Haus zu entfernen und unbeaufsichtigt mit einem Jungen allein zu bleiben.[42]

Damit ist es jedoch nicht genug, die Angst, die Mädchen könnten ihre Jungfräulichkeit verlieren, ist so groß, dass man sie, kaum sind sie älter, dazu zwingt, ihre „Reize zu bedecken", sich von Kopf bis Fuß zu verschleiern. Die Mädchen werden, aus Angst vor Verlust der Familienehre, gar nicht zur Schule geschickt oder bereits nach wenigen Jahren wieder aus der Schule genommen; sie werden ins Haus gesteckt und möglichst schnell, oft bereits als Kinder verheiratet. Der Wahn des Jungfräulichkeitskultes führt also dazu, dass die Familien es vorziehen, ein im Haus isoliert aufgewachsenes und ungebildetes Mädchen zur Tochter zu haben, was weitreichende gesellschaftliche Folgen hat, denn das Fernhalten der Mädchen von Bildung führt zu Unterentwicklung der Länder und zu Überbevölkerung.

In der Tat: Je ungebildeter ein Mädchen ist, desto leichter ist es, einen Ehemann für es zu finden. Denn die Vorstellung der Jungfräulichkeit erhielt im Laufe der Zeit eine umfassendere Bedeutung, so dass sie nicht mehr nur den Körper betraf, sondern auch den Geist. Das Mädchen soll nun auch geistig unberührt sein. Der muslimische Mann wünscht sich nicht nur, dass die Frau zum ersten Mal mit ihm geschlafen, zum ersten Mal mit ihm sexuelle Lust empfunden hat, sondern auch dass sie geistig „rein“, „sauber“ in sein Bett kommt. Schule und Bildung würden dem Mädchen diese „Reinheit“ [eine gewisse „Natürlichkeit“, ihre Naivität. Anm. d. Hrsg.] nehmen. Den Mädchen, die eine Schule besucht haben und gebildet sind, unterstellt man, dass sie ihre Männer betrügen werden und dass sie keine guten Hausfrauen sind. Dies ist die Überzeugung der meisten Männer, wie man an den Ergebnissen einer Studie sehen kann, die in islamischen Ländern durchgeführt wurde.[43]

Die Ansicht, dass die Unberührtheit des Mädchens, bzw. der jungen Frau, das Jungfernhäutchen, von höchster Wichtigkeit ist, führt dazu, dass Paare, die geistig und charakterlich völlig unterschiedlich sind, ihr Leben unter einem Dach fristen müssen. Frauen und Mädchen sind dazu gezwungen, ein unnatürliches, unfreies Leben führen zu müssen, welches sie an Körper und Geist erkranken lässt, oft zu Depression und Selbstmorden führt. Besonders schlimm ist, dass das in den letzten Abschnitten geschilderte Verständnis der „Jungfräulichkeit“ beinhaltet, dass die Frau als bar jeglichen menschlichen Gefühls, als Objekt, als Besitz und Eigentum des Mannes gesehen und so herabgesetzt wird. Die Jungfräulichkeit so sehr in den Vordergrund zu stellen und die Frau selbst nicht mehr wahrzunehmen, so zu tun, als sei dieser dem Wohlgefallen der Männer dienende Zustand alles, was an einer Frau zählt, bedeutet, die Frau als Mensch zu verneinen, sie zum Objekt zu machen. Wie Sie sehen, wäre es vernünftig, um nicht zu sagen von großem Vorteil und ein großer Fortschritt in Richtung Gleichberechtigung von Mann und Frau und zu gesellschaftlicher Entwicklung, wenn der Mann bzw. die Gesellschaft sich von der altertümlichen Vorstellung der Jungfräulichkeit befreien würden.

Vorsicht: Frauen, die ihr heiratet, sollten reich sein und wenig kosten

Was kann für einen Mann, der eigennützig und berechnend denkt, besser sein als ein Gebot, das ihm nicht nur befiehlt, eine Frau zu ehelichen, die äußerlich seinen Wünschen und seinem Geschmack entspricht, sondern auch, dass diese Frau reich sein und wenig kosten soll. [Gemeint ist eine Frau, für die der Mann wenig *mahr* bezahlen muss. Die *mahr* ist eine Brautgabe, besser eine „Ehegabe“, bestehend aus Geld oder Gold, die der Frau für die Eheschließung übergeben wird. Oft wird die *mahr* von der Familie der Braut eingestrichen, also wie ein Brautpreis behandelt, was dem Tatbestand des Menschenhandels gleichkommt. Anm. d. Hrsg.] Was kann einem Mann, besonders einem armen, der in finanziellen Schwierigkeiten steckt, Besseres passieren, als eine reiche Frau zu heiraten, die ihn in ein Leben in Wohlstand führt und die noch dazu eine geringe *mahr* verlangt? Das alles kannte Mohammed aus seinem eigenen Leben nur zu gut, deshalb sagte er: „Die Frau wird geheiratet [...] wegen ihres Besitzes“[44] und: „Eine geringe *mahr* spricht für den Segen der Frau.“[45] Wieder einmal wird deutlich, dass es Mohammed nicht um das Interesse der Frauen ging, zumindest ist keine Überlieferung bekannt, die Frauen anspricht, keine, die lautet: Oh, ihr Frauen, heiratet reiche und schöne Männer, die euch eine hohe *mahr* zahlen. Nein, Mohammed hat allein die Männer vertreten, allein ihr Glück gesehen, indem er ihnen befahl, schöne, junge, reiche und „niedrigpreisig“ zu habende Frauen zu heiraten.

Man kann durchaus sagen, dass Mohammed hier sein eigenes Leben als Vorlage diente, denn er war ein armer Hirte in Mekka, der die Tiere anderer zur Weide brachte und in quälender Armut lebte. Dann ging er in den Dienst bei Chadidscha, einer reichen, bereits älteren Frau. Er diente ihr, betreute ihre Karawanen, wurde am Gewinn beteiligt und schließlich von ihr geheiratet, was ihm ein Leben in Wohlstand sicherte. Die arabischen Historiker beschreiben Chadidscha als ehrlich, als gebildet, als schön und als eine Frau, die aus gutem Hause stammt.[46] Als diese Frau, die eine Geschäftsfrau war und Männer anstellte, um über die Grenzen des alten Arabiens hinweg Geschäfte zu betreiben, ihn heiratete, war sie über 40 Jahre alt, zuvor mit zwei Männern verheiratet gewesen und es war für sie sicher eine Leichtigkeit, einen 25 Jahre alten Mann zu handhaben. Mohammed, der sich die Vorteile einer solchen Ehe mit einer reichen Frau sehr gut ausrechnen konnte, hatte kein Problem damit, den Antrag der ungefähr 15 Jahre älteren Chadidscha anzunehmen.[47] So rettete er sich aus der Armut in den Reichtum. Folgende Antwort, die Mohammed einmal Aischa gab, beweist das. Aischa: „Gott hat dir statt einer zahnlosen alten Frau eine junge gegeben." Er antwortete: „Oh Aischa, sprich nicht so. Chadidscha hat für den Islam ihren Reichtum geopfert."[48] In Sure 93, Vers 8 schreibt er diese Tat allerdings Gott zu, als ob es Gott gewesen wäre, der ihn „bedürftig gefunden und reich gemacht" hätte. Nicht zu vergessen ist, dass er durch Chadidscha nicht nur zu Reichtum kam, es war auch ihr Ansehen und ihre Unterstützung, die ihm die Möglichkeit gab, sich als Prophet durchzusetzen.[49] Mohammed bestätigt das selbst: „Als die anderen mich ablehnten, hat sie mir geglaubt; als mich die anderen der Lüge bezichtigten, hat sie bestätigt, dass ich die Wahrheit bringe."[50]

Es gehört zur fehlenden Logik der Scharia, dass Mohammed, so überliefert es zumindest Sufyan al-Sauri (gest. ca. 778), ein bekannter Vertreter frühen islamischen Rechts, geäußert haben soll: „Ein Mann, der eine Frau, die er heiraten möchte, fragt, was sie an Besitz hat, ist ein Räuber und ein Ungeheuer."[51] Außerdem: „Wer eine Frau nur wegen ihres Besitzes oder ihrer Schönheit heiratet, wird sowohl den Besitz als auch die Schönheit verlieren."[52] Bitte beachten Sie, dass beide Überlieferungen kein Verbot enthalten, eine Frau wegen ihres Besitzes oder ihrer Schönheit zu heiraten, während in dem Satz über die Bedingungen der Ehe die Formulierung ziemlich genau ist: „Die Frau wird geheiratet wegen […] ihres Besitzes, ihrer edlen Abstammung, ihrer Schönheit und ihrer Rechtgläubigkeit."[53]

Mohammed verpflichtet nicht nur die Männer dazu, sich reiche Frauen zu suchen, sondern er verpflichtet diese Frauen auch dazu, ihre Männer zu ernähren. Er ließ sogar die *ṣadaqa* der reichen Frau ihrem eigenen Mann zukommen, wie wir aus der bereits erwähnten Überlieferung von Abu Sai'd al-Chudri erfahren (siehe S. 85). In ihr wird geschildert, dass Zaynab, eine wohlhabende Handwerkerin, mit ihrem Handwerk ihren Mann und ihren Sohn ernährte, während Abdallah Ibn-Mas'ud faulenzte und sich von ihr aushalten ließ.[54] Wie man sehen kann, fand Mohammed es erforderlich, dass die Frau mit dem im Schweiße ihres Angesichts verdienten Geld alleine den Mann und das Kind ernährt. Gleichzeitig offenbarte er Verse, die besagen, dass der Mann der Frau überlegen sei, und zwar nicht zuletzt deswegen, weil er die Frau ernähre:

Sure 4, An-Nisā' (Die Frauen), Vers 34
Die Männer stehen über den Frauen, weil Gott sie (von Natur vor diesen) ausgezeichnet hat und wegen der Ausgaben, die sie von ihrem Vermögen [...] *gemacht haben.*

Dieser Vers, der die Überlegenheit des Mannes an die Ausgaben bindet, die er macht, müsste im Fall von Zaynab und ihrem Mann umgekehrt ebenfalls Gültigkeit haben.

Doch wie bereits erwähnt soll nicht nur der Besitz der Frau für die Heirat ausschlaggebend sein, sondern die Frau soll auch in der „Anschaffung“ billig sein. Der „Lohn“ der Frau, wie die *mahr* in Sure 4, Vers 24 genannt wird, soll möglichst niedrig sein.[55] Der Mann kann die Frau auf einen Pflichtteil herunterhandeln oder gar nicht zahlen, wie Sure 4, Vers 24 des Korans in der Ausgabe des Diyanet besagt:

Sure 4, An-Nisā' (Die Frauen), Vers 24
Gebt ihnen die vereinbarte mehir im Gegenzug zum Nutznießen ihrer. Wenn ihr die mehir [mahr] *abgemacht habt, ist es keine Sünde (um die mehir herunterzuhandeln) euch zu verständigen.*[56]

Der Kommentar der Theologen des Diyanet zum Vers, der erklärt, was das aus dem arabischen stammende Wort *mehir* (*mahr*) bedeutet, lautet:

In manchen Religionen und den juristischen Bestimmungen, die sich auf die Religion stützen, bekommt die Frau eine Mitgift [drahoma], *um diese dem Mann, der sie heiraten wird, zu geben; d. h. so versucht sie zu sichern, dass die Wahl des Mannes auf sie fällt. Im Islam ist die Frau selbst wertvoll. Nicht ihr Besitz, sondern ihre Person wird verlangt. Um das zu symbolisieren, gibt nicht die Frau, sondern der Mann, der sie heiraten möchte, ihr einen kleinen Betrag und das wird mehir genannt.*
[Dieser Kommentar zeigt, dass die Verfasser die türkischsprachigen Leser des Korans weder über die Rechte der Frauen in anderen Ländern, noch darüber, dass sich in vielen Ländern die Rechtsprechung nicht mehr auf die Religion, auf das kanonische Recht, stützt, informieren wollen, bzw. sie diese Menschen bewusst falsch informieren. Anscheinend nehmen die Verfasser auch nicht den Widerspruch wahr, dass eine Frau wertzuschätzen nicht bedeutet, mit ihr zu feilschen, sie gleichzeitig um einen Teil oder um ihre gesamte *mahr* zu bringen. Anm. d. Hrsg.]

Mohammed macht bezüglich der Ehe eine Kosten-Nutzen Rechnung auf: Sorgt die Frau für den Mann, für seinen Haushalt, sein Wohlbefinden und seine sexuelle Befriedigung, kann sie im Gegenzug von ihrem Ehemann Unterkunft und Ernährung erhalten. Die Beziehung der Geschlechter wird zu einem Geschäft zwischen den Geschlechtern und dadurch herabgewürdigt. Zudem kann die Frau, wenn sie nicht das tut, was ihr Mann möchte, verprügelt und schließlich verstoßen (*talâk*) und vor die Tür gesetzt werden. Wenn Sie bedenken, welche Unterwerfung in der Ehe von der Frau verlangt wird, werden sie den ungeheuren Zynismus erkennen, der hinter diesen Bestimmungen steckt.

Auch Mohammed wandte die in Sure 4, Vers 24 genannte Methode an und zahlte meist keine *mahr*. Er nahm zudem folgenden Vers in den Koran auf, von dem er behauptete, ihn von Gott erhalten zu haben:

Sure 33, Al-Ahzāb (Die Gruppen), Vers 50
Wir haben dir zur Ehe erlaubt: [...] *(weiter) eine (jede) gläubige Frau, wenn sie sich dem Propheten schenkt und er (seinerseits) sie heiraten will. Das (letztere?) gilt in Sonderheit für dich im Gegensatz zu den (anderen) Gläubigen.*

Also hat Gott – so behauptet es Mohammed immer wieder – Privilegien für den Propheten geschaffen, die allein für ihn, nicht aber für die anderen Gläubigen gültig sind. Allein er kann eine Frau nehmen, ohne für sie zahlen zu müssen, ganz so, als müsse er vor finanzieller Not beschützt werden und als könne er keine *mahr* zahlen. Ganz so, als hätte er sich nicht an der Beute, die ihm Gott gab, bereichert, und als hätte er zusätzlich nicht sogar den Anteil Gottes eingestrichen. Ein solcher Vers kann nicht von einem barmherzigen und gerechten Gott stammen, sondern ist zweifellos eine Erfindung Mohammeds, entstammt seinem eigenen Kopf, um seine Pfründe zu erweitern und seine Interessen zu schützen.

Nur Aischa scheint sich, wenn auch aus ihrer üblichen Eifersucht heraus, zu dieser Ungerechtigkeit geäußert zu haben: „Ich fand es beschämend, dass Frauen sich dem Propheten schenkten, ohne *mehir* [Heiratsgeld] zu erhalten, aber Gott sandte einen Vers [Sure 33, Vers 50]. Dann sagte ich zu ihm: 'Gott sendet die Verse nicht für die Frauen sondern für die Verwirklichung deiner Wünsche'."[57] In dieser Überlieferung benutzt Aischa das Verb *musaraat*, was etwa bedeutet „sehr schnell umsetzen", womit sie ausdrückte, dass Gott wohl bei der Umsetzung von Mohammeds Wünschen keine Zeit verlöre. Aischa: „Ich glaube, dein Gott betreibt einen Wettbewerb um die Verwirklichung deiner Wünsche mit dir."[58] Denn Aischa wusste, dass Mohammed alle schönen Frauen, die er sah oder von deren Schönheit er hörte, besitzen wollte: „(der Gesandte Gottes) wenn er eine schöne Frau sieht, führt er einen Vers herbei [der ihm die Heirat erlaubt]."[59]

Nicht nur Mohammed, auch viele Männer nach ihm werden von Sure 33, Vers 51 ungeheuer profitiert haben. Der zweite Kalif, Umar ibn al-Chattab, orientierte sich an Mohammeds negativem Vorbild und obwohl auch er recht wohlhabend war, hat er, nur um diesem nachzueifern und wegen seines eigennützigen Charakters, zweifellos dafür gesorgt, entweder gar nichts oder wenig für seine Frauen zu zahlen. Unter den Gefährten Mohammeds gab es laut Al-Ghasali viele, die „nur einen Kern“ [vermutlich ist ein Dattelkern gemeint, Anm. d. Hrsg.] für die Frau zahlten.[60]

Heiratet fruchtbare Frauen, meidet die unfruchtbaren

In seinem Leben, das Mohammed mit bis zu zwei Dutzend Frauen verbrachte, bekamen nur seine erste Frau Chadidscha und seine Sklavin Maria Kinder von ihm. Chadidscha schenkte ihm vier Töchter und zwei Söhne (bzw. drei, die Quellen sind hier nicht eindeutig), seine Sklavin Maria schenkte ihm einen Sohn. Die Söhne starben alle im Kleinkindalter. Anscheinend fühlte er sich von den anderen Frauen gekränkt, da sie ihm keine Kinder gebaren, denn er hielt ihnen dies bei jeder Gelegenheit vor. Eine Überlieferung schildert einen Streit zwischen Mohammed und Aischa, die eifersüchtig war, weil er von seiner verstorbenen Frau Chadidscha gesprochen hatte. Sie sagte: „Als hättest du keine andere als Chadidscha“, was Mohammed verärgerte. In diesem Moment kam Umm Ruman[61] und sagte: „Gesandter Gottes! Was ist zwischen dir und Aischa? Sie ist jung. Am besten ist es, wenn du ihr vergibst.“ Mohammed hielt Aischa an ihren Backen fest und sagte zu ihr: „Als dein Stamm mich verneinte, hat sie an mich geglaubt. Sie hat mir Kinder geboren. Ihr aber habt mir das vorenthalten.“[62] Seine Reaktion muss als normal und als nicht weiter verwunderlich bezeichnet werden, denn Mohammeds Ansinnen nach hat eine Frau gebärfähig zu sein. Und nicht nur das, er bevorzugte auch die „Sorte“ Frau, die zusätzlich schnell gebiert: „Schnell heiraten, schnell gebären, und eine geringe *mehir* [Heiratsgeld], ist der Segen der Frau“, „Eine Frau muss von der fruchtbaren Sorte sein“ und „Heiratet liebreizende und gebärfähige Frauen“.[63]

Wenn bei der Brautschau nicht in Erfahrung zu bringen ist, ob die Frau unfruchtbar ist, dann soll man die Frau nach Kriterien wie Jugend, Gesundheit und Schönheit aussuchen, denn diese sind Zeichen der Fruchtbarkeit.[64] Falls die Unfruchtbarkeit einer Frau bereits bekannt ist, dann soll der Mann sich dieser Frau auch dann nicht nähern, wenn sie schön, rechtgläubig und von edler Abstammung ist. Einer Überlieferung in Al-Ghasalis Werk „Die

Wiederbelebung der religiösen Wissenschaften" entnehmen wir, dass Mohammed sagte: „Eine fruchtbare schwarze Frau ist besser als eine unfruchtbare schöne weiße Frau."[65]

Mohammed bestraft die unfruchtbaren Frauen, denn er erklärt es zur Pflicht des Mannes, eine solche Frau zu verstoßen. Eine Frau, die, aus welchem Grund auch immer, keine Kinder bekommen kann, ist dazu verurteilt, allein leben zu müssen, keine Familie zu haben. Und als würde dieses Unrecht nicht ausreichen, verachtet er solche Frauen auch noch: „Eine Bastmatte in der Ecke des Hauses ist segensreicher als eine unfruchtbare Frau."[66]

Dabei beachtet Mohammed keineswegs, dass laut seinen eigenen Offenbarungen alles von Gott gegeben ist, so auch die Unfruchtbarkeit:

Sure 42, Aš-Šūrā (Die Beratung), Vers 49 und 50
Gott hat die Herrschaft über Himmel und Erde. Er schafft, was er will, indem er nach Belieben, [weibliche oder männliche Kinder schenkt und] *nach Belieben jemand unfruchtbar macht* [...] *Er weiß und kann (alles).*

Sure 35, Fāṭir (Der Schöpfer), Vers 11
kein weibliches Wesen ist schwanger oder bringt (ein Kind) zur Welt, ohne daß er es weiß

Mohammed schafft einen Gott, der völlig willkürlich handelt, was nicht mit der Idee eines gerechten Gottes vereinbar ist. Aber die Denkweise der Scharia besagt, dass Gott allmächtig ist und aufgrund dieser Allmacht auch beliebig Entscheidungen trifft; wer das nicht hinnimmt, nicht glaubt, ist ein „Undankbarer", ein „Ungläubiger".

Unfruchtbarkeit aber ist ein natürlicher Zustand, von dem außerdem nicht nur Frauen, sondern auch Männer betroffen sind; es wäre human, wenn man darauf verständnisvoll und nicht unbarmherzig reagieren würde. Aber der Scharia-Anhänger ist weit entfernt von humanem Denken. Neben vielen anderen Ungerechtigkeiten will er die Frau sogar wegen dieses natürlichen Zustands wie eine Schuldige behandeln und diskriminiert sie. Sie haben bereits gelesen, in welch widersprüchliche Lage Mohammed Gott bringt, indem er sagt „Heiratet schöne Frauen", ohne zu bedenken, dass Gott die schönen wie auch die hässlichen Frauen schuf. In die selbe widersprüchliche Lage bringt er Gott, indem er befiehlt, sich von unfruchtbaren Frauen fernzuhalten. Unfruchtbarkeit, meint Mohammed, ist abstoßender als die Hässlichkeit einer Frau. Seine Abscheu geht so weit, dass er eine schwarze Frau, die er ansonsten erniedrigt, falls sie fruchtbar ist, einer unfruchtbaren weißen Frau vorzieht.[67]

Man kann nun das Argument anführen, dass er so spricht, weil er die Ehe als eine Einrichtung sieht, die der Vermehrung der Muslime dient, um die „Welt nicht leer“[68] zu lassen. Aber das berechtigt ihn nicht zur Erniedrigung unfruchtbarer Frauen, zumal diese nichts für ihren Zustand können; ein gerechter Gott kann nicht wollen, dass diese Frauen ausgestoßen werden. Wäre es Mohammed tatsächlich um die Unfruchtbarkeit im Allgemeinen gegangen, dann hätte er die unfruchtbaren Männer ähnlich schlecht behandeln, sie genau wie die Frauen schlechter als eine Bastmatte nennen müssen. Den Frauen hätte er befehlen müssen: „Heiratet keinen unfruchtbaren Mann“. Doch nichts dergleichen. Männer sind für Mohammed, ob fruchtbar oder unfruchtbar, kein Ziel von Erniedrigung und Ablehnung. Sie können geheiratet werden, auch wenn sie impotent oder entmannt sind; Ghasali zitiert Mohammed: „Die Ursache des Begehrens ist geheim. Niemand kann sie wissen [...] auch Männer, die impotent sind, können geheiratet werden.“[69] Die Frage der Geburtenrate war für Mohammed außerordentlich wichtig. Dieser Aspekt muss berücksichtigt werden von denen, die sich mit der Frage der Geburtenkontrolle und der Überbevölkerung auseinandersetzen und hier versuchen, einen Ausweg zu finden. Viele Gläubige behaupten, dass der Islam die Geburtenkontrolle nicht verbiete und durch die Erlaubnis, den Samen außerhalb der Frau zu ergießen, eine Überbevölkerung verhindere. Es ist zwar in einigen muslimischen Ländern erlaubt abzutreiben, falls die schwangere Frau in Gefahr ist, aber das bedeutet noch lange nicht, dass Geburtenkontrolle und Schwangerschaftsabbruch erlaubt sind. Mohammed hat höhere Ziele, er sagt:

Heiratet, vermehrt euch, denn auch wenn das Kind eine Fehlgeburt sein sollte, werde ich am jüngsten Tag auf eure große Anzahl stolz sein.[70]

Den Samen nicht in die Frau fließen zu lassen [arab. *al-ʿazl*], *ist eine Art der Kindstötung.*[71]

Wer aus Angst, Kinder zu bekommen, nicht heiratet, der ist nicht einer von uns.[72]

Es wäre geradezu lächerlich, zu behaupten, Mohammed habe die Geburtenkontrolle gutgeheißen.[73] Abgesehen davon ist der Koran voll von Versen, die besagen, dass das Zeugen von Kindern Gottes Wille sei. Deshalb schreiben viele muslimische Autoren, dass der Islam auf die Frage der Geburtenkontrolle keine Antwort gibt. Auch die Erwähnung des Ergusses außerhalb der Frau sei kein Hinweis darauf, dass Geburtenkontrolle praktiziert worden sei.[74] Die Autorin Maryam Jameelah schreibt: „Das Ziel des sexuellen Verkehrs ist die Vermehrung [...] Sexuelle Beziehung und Genuss ist dann keine Sünde, wenn es dem Zeugen von Kindern dient. Aber wenn der Geschlechtsverkehr nur der Lust dient, dann ist er eine Sünde. Die moderne Geburtenkontrolle und Verhütungsmittel sind so gesehen gegen den Islam."[75] Die Scharia kennt den Gedanken der Überbevölkerung nicht und sieht daher auch keine Not, eine Geburtenkontrolle einzuführen. Ganz im Gegenteil, solche Maßnahmen werden als Islamfeindlichkeit angesehen.[76]

Einige Autoren nahmen an, dass die wirtschaftliche und industrielle Entwicklung in den islamischen Ländern zu einer Veränderung des Denkens und zu einem Umdenken die Familienplanung betreffend führen würde, aber die Erfahrungen bestätigen diese Annahme nicht. Schließlich haben Algerien und die Türkei zwar wirtschaftlich gesehen eine ähnliche Entwicklung hinter sich und einen ähnlichen Standard, aber die Geburtenrate ist in Algerien wesentlich höher. Im Grunde ist das nicht überraschend, denn solange die Gläubigen sich fürchten, ihre religiösen Überzeugungen gegen das System der wirtschaftlichen Vorteile zu tauschen, d. h. solange sie an dem Glaubenssatz „Gott gibt das tägliche Brot" festhalten, werden sie ihr Verhalten nicht ändern. [Die Auffassung, Gott gäbe das „tägliche Brot", ist Ausdruck der großen Schicksalsgläubigkeit, des Fatalismus der Muslime. Wenn Gott Kinder schenke, dann werde er auch, wenn es seinem Willen entspricht, für die Ernährung dieser Kinder sorgen. Wenn er dies nicht tue, dann sei auch dies Gottes Wille, der unabänderlich und für den Menschen oft unverständlich ist, da sich seine Handlungen der Wahrnehmungsfähigkeit des Menschen entziehen. Was geschieht, so nimmt man an, habe immer einen Sinn und diene einem höheren Zweck. Anm. d. Hrsg.] Die These, dass das Denken der Menschen von ihrem materiellen Lebensstandard abhängt, gilt nicht für muslimische Gemeinschaften. Was für die muslimischen Gemeinschaften getan werden muss, ist, die dogmatischen Denkstrukturen durch Aufklärung zu verändern, d. h. durch die Erhöhung des Bildungsniveaus auch eine bessere Familienplanung zu erreichen. Die Türkei und Indonesien, zwei Länder, in denen die weibliche Bevölkerung den größten Zugang zu Bildung hatte, haben diesbezüglich Vorbildcharakter. Die Geburtenrate steigt hingegen in den Ländern, in denen die Frauen von Bildung ferngehalten werden.[77]

Die Türkei nimmt unter den muslimischen Ländern eine Sonderstellung ein, weil sie die Religion und den Staat weitgehend getrennt hat und nicht dem islamischen Recht, der Scharia unterliegt. So konnte eine Bildung gefördert werden, die unabhängig von der Religion und religiösen Dogmen ist.

Heiratet Frauen edler Herkunft

Viele Menschen sind der Meinung, dass der Islam keine Rassenunterschiede mache und alle Menschen im Islam gleich seien. Dabei zeigt Mohammed durch seine Verse, dass eine Ungleichheit der Menschen von Gott gewollt ist. Sie beginnt bei der Unterscheidung der Menschen in Muslime und Nicht-Muslime, wird weitergeführt mit der Unterscheidung unter den „Rassen" und der Unterscheidung der Herkunft und Abstammung (der Ahnen, z. B. sind diejenigen, deren Ahnen zu Abraham führen, höher gestellt als andere und werden als Auserwählte betrachtet). Dann geht die Unterscheidung weiter mit der Ungleichheit der Geburt (Sklaven und Freigeborene), es folgt die Ungleichheit aufgrund ästhetischer Merkmale (schöne Menschen sind gute Menschen; hässliche, aussätzige, missgestaltete Menschen sind schlechte, bösartige Menschen) und es gibt die Unterscheidung und Ungleichheit der Geschlechter (Männer sind den Frauen überlegen).[78]

Die Menschen, die behaupten, dass Mohammed keine Rassenunterschiede macht, zitieren meist die Aussage Mohammeds: „Die Menschen sind wie die Zähne eines Kamms gleich (...) Niemand ist dem anderen überlegen, außer in der Gottesfurcht [arab. *taqwā*]".[79] Als Beweis gilt ihnen die Ehe zwischen Zayd ibn Harithah und Zaynab. Mohammed habe Zayd aus der Sklaverei gerettet, ihn adoptiert und ihn mit seiner Cousine Zaynab verheiratet. Darüber, dass er zwei Menschen verschiedener Herkunft und „Rasse" vereinigt habe, habe er auch die unter den Arabern herrschenden Unterschiede der Rasse und Herkunft beseitigt. Dabei war der Grund, warum Mohammed seine Cousine mit Zayd verheiratete, wohl eher der, dass er ihr auf diese Weise nahe sein konnte. Er hatte sie immer begehrt, aber nie besitzen können; schon deswegen, weil er lange mit Chadidscha verheiratet war, die die Idee einer Zweitfrau sicher absurd gefunden hätte. Es ist also falsch, anzunehmen, dass er mit der Eheschließung von Zayd und Zaynab die Unterschiede der Abstammung beseitigen wollte. Schließlich offenbarte er viele Verse, die eine von Gott gewollte Ungleichheit der Menschen deutlich machen, hier seien nur einige von ihnen genannt:

Sure 43, Az-Zuḫruf (Der Prunk), Vers 32
Wir *haben* […] *den einen von ihnen einen höheren Rang verliehen als den anderen, damit die einen von ihnen die anderen sich dienstbar(?) machen würden.*

Sure 16, An-Naḥl (Die Biene), Vers 71
Und Gott hat die einen von euch im Unterhalt vor den anderen ausgezeichnet.

Sure 16, An-Naḥl (Die Biene), Vers 75
Gott hat (seinerseits) ein Gleichnis geprägt von einem leibeigenen Sklaven, der über nichts Gewalt hat (um darüber zu verfügen), und von einem, […] *dem wir* […] *(w. von uns) einen schönen Unterhalt beschert haben, und der nun davon geheim oder offen Spenden gibt. Sind sie (etwa) gleich(zusetzen)? (Nein!)*

Wenn die Ungleichheit als „gottgegeben" betrachtet und religiös legitimiert, „geheiligt" wird und daher auch die Sklaverei als „natürlich" gesehen wird, kann es auch keine Gleichheit durch Eheschließung geben. Auch deshalb machte Mohammed nicht nur Schönheit und Rechtgläubigkeit zu Kriterien der Eheschließung, sondern auch eine vornehme Herkunft. Edle Frauen, Frauen aus guten Häusern und Frauen, die vom Stamm Abrahams abstammen, würden ihren Männern besser dienen und seien treu.

Mohammed sagt auch: „Wer seine Tochter mit einem *fasik* Mann verheiratet, wirft seine Tochter ins Feuer."[80] Diese Überlieferung mag den Eindruck erwecken, dass es Mohammed bei dieser Bestimmung um die Sorge um die Frau ging, und darum, dass man ihr einen guten Mann, aus gutem Hause und edler Herkunft zu suchen habe. Doch hier geht es um den Schutz des guten Rufes der Familie, um die Reinhaltung des Blutes, die Bewahrung der Religion und darum, die Eigenschaften von Männer aufzuzählen, die all das gefährden. Hier sind Väter und Vormünder angesprochen, ihre Töchter und Mündel nicht mit Niederträchtigen, Alkoholikern oder Spielern zu verheiraten, da diese nicht dem Glauben entsprechend handeln. In Al-Ghasalis Erklärung heißt es:

Es ist wichtig, bei Mädchen Vorsicht walten zu lassen, denn sie sind vollkommen dem Befehl des Mannes überlassen. Der Mann kann sich scheiden, wann immer er will. Wer seine Tochter mit einem fasik [arab. *fāsiq*, ausschweifend Sündigender, Gottloser, Übertreter der (religiösen) Gesetze], *einem bida't-Besitzer* [einem, der Neuerung (arab. *bid'a*) in der Religion zulässt, sich von Mohammed und seiner Religion entfernt], *einem Spieler verheiratet, der wird Gottes Zorn auf sich ziehen.*[81]

Wenn es Mohammed wirklich um die Frauen gegangen wäre, dann hätte er sie angesprochen und somit als vollwertige Mitglieder der Gemeinschaft behandelt. Und er hätte ihnen Ratschläge gegeben, dass sie sich vor schlechten Ehemännern, die sie wie Sklavinnen behandeln und schlagen, hüten sollen. Aber die Situation der jungen Frauen interessierte ihn im Grunde nicht.

Nein, Mohammed richtet sich an die Männer, u. a. mit folgender deutlichen Botschaft: „Legt euren Samen in eine reine Hülle, denn Blut wird der Mutter ähnlich (...) Ihr müsst für euren Samen wählerisch sein.“[82] Seine Anhänger sollten Familien, die kein besonderes Ansehen haben und nicht religiös sind, meiden, mit ihnen keine Nachkommen zeugen. Die Heiratskandidatin sollte die Tochter einer religiösen, ehrwürdigen und moralischen Familie sein, und eine solche Erziehung erhalten haben, denn sie ist diejenige, die die Kinder erziehen wird. Wer keine gute Erziehung bekommen hat und daher keine Moral besitzt, wird nicht fähig sein, Kinder zu erziehen. Auf diese Mädchen aus den sogenannten „schlechten“ Familien abzielend sagte er: „Haltet euch fern von der Rose, die auf einer Abfallhalde blüht.“ Auf die Frage, was das bedeute, antwortete er: „Ein schönes Mädchen aus schlechter Familie.“[83]

Mohammed machte auch einen Unterschied zwischen den arabischen Frauen und den Frauen anderer Völker. Unter den arabischen Frauen meinte er, die Frauen der Quraisch als die besten und wertvollsten auszumachen. In einer Überlieferung, die Abu Hurayrah weitergibt, heißt es: „Die Frauen der Quraisch sind unter den arabischen Frauen, welche ein Kamel reiten, die segensreichsten und besten. Sie sind liebevoll zu ihren Kindern, gehorsam und respektvoll ihrem Mann gegenüber und vorsichtig im Umgang mit seinem Besitz.“[84]

Außerdem stellte er seine eigenen Gattinnen als „Frauen des Propheten“ über alle anderen Frauen. Im folgenden Vers werden diese daher auch als einzige von Gott direkt angesprochen:

Sure 33, Al-Ahzāb (Die Gruppen),Vers 32
Ihr Frauen des Propheten! Ihr seid nicht wie (sonst) jemand von den Frauen.

Auf der einen Seite hob er seine Frauen damit von anderen Frauen als außergewöhnlich, als Angehörige einer gehobenen Schicht, einer herrschenden und edlen Linie ab. Dadurch setzte Mohammed seine Frauen aber auch unter großen Druck zu gehorchen; sie sollten als „ehrbare" Frauen erkannt werden und sich daher auch in ihrem Verhalten von „gewöhnlichen" und „ungläubigen" Frauen unterscheiden.

Die Menschen in „Edle" bzw. Adelige und gewöhnliche Menschen zu unterscheiden, sie wegen ihrer Herkunft als gute Menschen zu bezeichnen und, falls sie nicht aus edlen Familien stammen, als schlechte Menschen abzustempeln, ist nicht zu vereinbaren mit dem Gedanken an einen gerechten Gott. Eine solche Ansicht steht auch gegen die oft von muslimischen Autoren geäußerte Idee, dass alle Menschen gleich seien, da sie von Adam und Eva abstammen. Scharia-Anhänger, die mit Feindbildern aufwachsen, wie denen der Ungläubigen (Juden, Christen, „Götzenanbeter", Atheisten) und mit dem Feindbild der Abtrünnigen, die laut Scharia mit dem Tod bestraft werden, Menschen, die auch heute noch in den Kategorien feudalistischer Gesellschaften denken, sind nicht in der Lage, die Gleichheit der Menschen zu verstehen. Sie sind nicht in der Lage, zu begreifen, dass Herkunft, „Rasse" oder Religion keine Rolle spielen. Man kann Pferde, bestimmte Pflanzen, Kohlsorten züchten. Das Gehirn des Menschen aber hat im Grunde eine unbegrenzte Entwicklungsmöglichkeit, die nicht mit der Herkunft sondern mit einer frühen Förderung in der Kindheit, mit einer guten Bildung und der Freiheit, kreativ und kritisch denken zu dürfen, zusammenhängt. Das alles aber widerspricht dem Denken der Scharia.

Wähle eine gläubige Frau

Die wichtigste Eigenschaft, die bei der Suche nach einer Ehefrau berücksichtigt werden muss, ist ihre Gläubigkeit. Mohammed sagt: „Die Frau wird geheiratet wegen […] ihres Besitzes, ihrer edlen Abstammung, ihrer Schönheit und ihrer Rechtgläubigkeit […] Oh Gläubiger, versuche unter diesen die aufrecht Glaubende zu erlangen, wenn du das, was ich sage, nicht tust, wirst du in Armut fallen."[85] Und: „Wähle eine gläubige Frau, damit deine Hand die Erde halten kann."[86]

Die Frau muss also unbedingt gläubig sein, ansonsten ist es eine Sünde, sie zu heiraten. Der Mann soll insbesondere die Frauen nicht heiraten, die:

- vom Islam zu einer anderen Religion konvertierten
- einer Religion ohne Schrift angehören (die „Götzen" oder das Feuer anbeten, die weder die Bibel, den Koran noch die Propheten anerkennen).

Während die Männer berechtigt sind, Frauen anderer Religionen zu heiraten [als „Religion“ betrachtet werden im Islam nur die drei monotheistischen Religionen, unter Umständen auch die im Koran genannten, als Monotheisten oder Schriftbesitzer definierten religiösen Gemeinschaften der Madschus und der Sabiun (Sure 22, Vers 17). Anm. d. Hrsg.], wird den Frauen umgekehrt nicht dasselbe Recht gegeben. Dabei hat Mohammed zwei Ziele: die Ungleichheit zwischen Mann und Frau weiter aufrechtzuerhalten und die Frau in den Dienst des Mannes zu stellen. Wie?

In der Anfangszeit, als er noch in Mekka lebte, verbot er den muslimischen Männern und Frauen Partner zu heiraten, die zu denen gehörten, die Gott andere Götter beigesellen [gemeint sind die Anhänger der vorislamischen Religionen. Anm. d. Hrsg.]. Der folgende Vers zeigt, dass im Koran nicht nur allgemein Unterschiede zwischen den Menschen gemacht werden, sondern dass auch zwischen Sklaven und Heiden unterschieden wird:

Sure 2, Al-Baqara (Die Kuh), Vers 221
Und heiratet nicht heidnische Frauen, solange sie nicht gläubig werden! Eine gläubige Sklavin ist besser als eine heidnische Frau, auch wenn diese euch gefallen sollte. Und gebt nicht (gläubige Frauen) an heidnische Männer in die Ehe, solange diese nicht gläubig werden! Ein gläubiger Sklave ist besser als ein heidnischer Mann, auch wenn dieser euch gefallen sollte.[87]

Als Mohammed später nach Medina übersiedelte, versuchte er eine gute Beziehungen zu den jüdischen Stämmen aufzubauen. Er lockerte daher die Heiratsbestimmungen für die Männer und erlaubte ihnen, Jüdinnen und Christinnen zu heiraten. Im Koran:

Sure 5, Al-Mā'ida (Der Tisch), Vers 5
Und (zum Heiraten sind euch erlaubt) die ehrbaren gläubigen Frauen und die ehrbaren Frauen (aus der Gemeinschaft) derer, die vor euch die Schrift erhalten haben

Diese Erlaubnis gilt also allein für den Mann, auf keinen Fall für die gläubige muslimische Frau. Sollten Sie sich fragen, warum er den Frauen dieses Recht nicht zuerkannt hat, ist die Antwort in der menschenverachtenden Logik der Scharia-Anhänger zu finden, eine Logik, die der Idee der Menschenrechte zuwiderläuft, ja diese Idee geradezu herausfordert. Diese Logik wird vom Koran, aber auch indirekt vom türkischen Staat, nämlich über das *Amt für Religiöse Angelegenheiten der Türkei* (Diyanet), gefördert. In der Diyanet-Ausgabe des *Sahih al-Buchari* finden wir folgende Erklärung zur Verheiratung der Frauen:

Familien zu gründen wurde erlaubt mit Mädchen und Frauen anderer Schriftbesitzer, nicht aber die Verehelichung der muslimischen Mädchen und Frauen mit diesen [...] *die Männer stehen über den Frauen* [...] *im islamischen Familienrecht liegt die Vormundschaft bei den Männern. Deshalb ist es nicht erlaubt, muslimische Mädchen und Frauen unter Vormundschaft und Verantwortung (von Nicht-Muslimen) zu geben und wird für* haram [verboten, der Scharia widersprechend] *erklärt.*[88]

Wir sehen: der Mann ist stets das Oberhaupt der Familie. Deshalb kann die Ehe einer muslimischen Frau mit einem nichtmuslimischen Mann auf keinen Fall erlaubt werden. Dabei ist das Verbot für die muslimische Frau, einen andersgläubigen Mann zu heiraten, sicher nicht darin begründet, dass sie geschützt werden soll, sondern allein in der primitiven Sichtweise, dass die Religion über die Linie der Männer weitergegeben wird. Sprich, der Gemeinschaft der Gläubigen geht nicht nur eine Frau, sondern es gehen ihr auch die Kinder dieser Frau verloren. Wie heuchlerisch die Religion der Scharia ist, zeigt sie gerade in diesen Fällen und wenn die Frau einen Juden oder Christen heiraten will. Es ist traurig, dass das *Amt für Religiöse Angelegenheiten der Türkei* (Diyanet), ein Land, das darum kämpft, in die Europäische Union aufgenommen zu werden, solches Gedankengut in seinen Veröffentlichungen verbreitet.[89]

Die Männer zur Zeit Mohammeds sollten genau darauf achten, ob die Frauen, die nach Medina auswanderten, also vor dem „Unglauben" flohen, auch tatsächlich Musliminnen geworden waren und ihren anderen Göttern und Göttinnen abgeschworen hatten. Denn Frauen, die Mohammed als Prophet nicht akzeptierten und Gott andere Gottheiten „beigesellten", sollten nicht geheiratet werden, auch wenn sie noch so edler Herkunft waren:

Sure 60, Al-Mumtaḥina (Die Prüfung), Vers 10
Ihr Gläubigen! Wenn gläubige Frauen als Auswanderer zu euch kommen, dann prüft sie (ob sie auch wirklich gläubig sind)! [...] *Wenn ihr (auf Grund der Prüfung) festgestellt habt (w. wisst), daß sie (wirklich) gläubig sind, dann schickt sie nicht zu den Ungläubigen zurück! Die gläubigen Frauen (w. Sie) sind diesen* [den ungläubigen Männer] *nicht (zur Ehe) erlaubt, und umgekehrt.*

Ein muslimischer Mann musste sich von einer ungläubigen Frau sofort scheiden lassen. Umar ibn al-Chattab, der zweite Kalif des Islams, musste sich nach der Verkündigung dieses Verses von zwei seiner „ungläubigen“ Frauen trennen.[90]

Die Erlaubnis, Frauen aus der jüdischen und christlichen Gemeinschaft zu heiraten, hatten die muslimischen Männer so lange, wie Mohammed die Phantasie hatte, diese Gemeinden für den Islam gewinnen zu können; in diese Zeit fällt auch seine Entscheidung, das Gebet in Richtung Jerusalem zu verrichten. Da die Juden und die Christen ihn nach einiger Zeit jedoch immer noch nicht akzeptierten, verlor er die Hoffnung, sie zu islamisieren und erklärte sie zu Feinden des Islams. Die Gebete sollten nun wieder Richtung Kaaba (Mekka) verrichtet werden, die galt fortan als eine Stätte, die angeblich von Abraham errichtet worden war. Mohammed nahm auch seine Erlaubnis, jüdische und christliche Frauen zu heiraten, zurück.[91]

Deshalb trifft auch die Behauptung, dass diese Frauen ihre Religion bei Verheiratung behalten können, nicht zu und solch eine Ehe ist im Allgemeinen bis heute nicht gerne gesehen. Der oben genannte Koranvers Sure 2, Vers 221 besagt, dass es verboten ist, nichtmuslimische [heidnische Beigesellerinnen] Frauen zu heiraten. Dieser Vers wurde im Jahr 6 der Hedschra, der Auswanderung, in den Koran aufgenommen. Deshalb wurde Sure 5, Vers 5, in dem diese Ehen erlaubt waren, ungültig. [Auch wenn das inzwischen nicht mehr beachtet wird, ist die heutige Praxis keineswegs durch eine offizielle Reform erreicht worden. Oft bestehen die religiösen Partner darauf, dass die Kinder auf jeden Fall muslimisch erzogen werden. Anm. d. Hrsg.]

Und auch wenn wir für einen Moment annehmen würden, dass solche Ehen erlaubt wären, hieße das nicht, dass die Frauen ihre Religion behalten könnten. Denn wenn sie ihre Religion behalten, werden sie sich zwangsläufig entgegen dem islamischen Recht und der islamischen Ordnung verhalten. Sie werden weder das Glaubensbekenntnis, die Schahāda [türk. *Kelime-i şehadet* (Es gibt keinen Gott außer Gott und Mohammed ist sein Prophet)] sprechen und so auch Mohammed nicht als Prophet anerkennen. Sie werden nicht fünfmal am Tag beten oder die Hadschdsch (Pilgerfahrt) unternehmen. Sie werden den Samstag oder Sonntag vorziehen und den Freitag nicht als Heiligen Tag annehmen und die meisten der Befehle des Islams nicht ernst nehmen, ihre Kinder nicht gemäß dem muslimischen Glauben erziehen können, denn das alles ist in ihrer Religion nicht vorgesehen.

Können Sie sich wirklich vorstellen, dass Mohammed eine Frau, die ihn nicht als Prophet anerkennt und zum Beten in die Synagoge oder Kirche geht, für einen muslimischen Mann geeignet findet und erlaubt? Oder dass er es dem muslimischen Gläubigen erlaubt, gegenüber diesem Ungehorsam seiner Frau ein Auge zuzudrücken? Können Sie sich wirklich vorstellen, dass Mohammed die Heirat mit Andersglaubenden akzeptierte, obwohl er Verse wie „Als (einzig wahre) Religion gilt bei Gott der Islam" (Sure 3, Vers 19) und „Richte nun dein Antlitz auf die (einzig wahre) Religion! […] Das ist die richtige Religion" (Sure 30, Vers 30) offenbarte?

Mohammed sagte, dass Menschen, die sich anderen Religionen zuwenden, anormal seien, er verbot die Freundschaft mit Juden und Christen, er verweigerte die Fürbitte für seine eigene Mutter, weil sie keine Muslimin war. Warum sollte er die Ehe mit Andersgläubigen erlauben? Wenn er so verständnisvoll gewesen wäre, hätte er nicht so viele Kriege führen, so viele Menschen töten müssen, um seine Religion durchzusetzen.

Um seine angebliche Toleranz zu beweisen, behaupten die Scharia-Anhänger, dass Mohammeds Frau Safiyya, eine Jüdin, ihre Religion hätte behalten können. Aber auch das entspricht nicht der Wahrheit. Als Umar ibn al-Chattab Kalif war (634-644), kam die Sklavin von Safiyya zu ihm und berichtete ihm, dass Safiyya immer noch den Sabbat einhalten und den Juden helfen würde. Umar zitierte sie zu sich und sie sagte: „Seit Gott mir den Freitag gab, mag ich Samstag nicht […] Ich habe Verwandte, Freunde unter den Juden. Ich habe Mitgefühl mit ihnen und gebe Almosen."[92] Wie Sie lesen, bestätigt sie hier ihren Glauben an den Islam, bzw. ist sie dazu gezwungen, ihn zu bestätigen. Denn die Geschichte zeigt ganz nebenbei, dass Safiyya beobachtet und ihr Verhalten gemeldet wurde und welcher Druck von den Gläubigen auf Nichtgläubige ausgeübt wurde.

Als weiterer Beweis der Toleranz in Bezug auf die Konfession wird auch das Beispiel der Sultansmütter bemüht. Diese waren oft Christinnen, da sie aus christlichen Familien geraubt wurden. Im Laufe ihrer Erziehung und Ausbildung sind sie dann meist zum Islam konvertiert oder sie konvertierten und hielten ihren eigentlichen Glauben geheim. Es gibt aber weder eine Sultansmutter noch eine Sultansfrau, die in die Kirche oder die Synagoge hätte gehen und ihren Glauben frei und offen praktizieren können.

Anmerkungen

1 Laut Al-Ghasali muss die Frau dem Mann in vier Eigenschaften unterlegen sein: in Alter, Größe, Besitz und edler Herkunft. Sonst wird die Frau den Mann als minderwertig ansehen und ihm daher nicht gehorsam dienen. Die Frau muss

den Mann überragen in Schönheit, Erziehung und Moral. Hüccetü'l İslâm Gazâlî: İhyâu 'ulûmi'd-dîn Tercümesi (1975), Band 3, S. 231

2 Hüccetü'l İslâm Gazâlî: İhyâu 'ulûmi'd-dîn Tercümesi (1975), Band 2, S. 100. Siehe auch Sahîh-i Buhârî [Diyanet-Ausgabe], Band 11 (1983, 7. Aufl.), S. 264-266, *hadis* 1793

3 Amin, Mohammed: The Sayings of Prophet Muhammad. Lahore 1961, S. 51

4 Einer Überlieferung von Anas ibn Malik zufolge versetzte Mohammed, um für den Unterhalt zu sorgen, anfangs seine Kriegsausrüstung auf Zinsbasis bei Juden. Später überfiel er die arabischen und jüdischen Stämme, machte Kriegsbeute und wurde in kürzester Zeit so reich, so dass er keine Schulden mehr zu machen brauchte. Sahîh-i Buhârî [Diyanet-Ausgabe], Band 6 (1984, 7. Aufl.), S. 366-368, *hadis* 966

5 Demircan: Cinsel Hayat (1986), Band I, S. 118-119; siehe auch Hüccetü'l İslâm Gazâlî: İhyâu 'ulûmi'd-dîn Tercümesi (1975), Band 2, S. 103 und Demircan: Cinsel Hayat (1986), Band I, S. 120

6 Gazâlî: İhyâu 'ulûmi'd-dîn Tercümesi (1975), Band 2, S. 103

7 Demircan: Cinsel Hayat (1986), Band I, S. 120

8 Gazâlî: İhyâu 'ulûmi'd-dîn Tercümesi (1975), Band 2, S. 103

9 Demircan: Cinsel Hayat (1986), Band I, S. 123

10 Demircan: Cinsel Hayat (1986), Band I, S. 123-124

11 Von At-Tadsch und M. Zevaid übernommen. Demircan: Cinsel Hayat (1986), Band I, S. 124. Siehe hierzu auch Arif Tekin, Muhammed ve Kurmaylarının Hanımları (2001), S. 154, der die verschiedenen Variationen der Geschichten auflistet.

12 Taberi: Milletler (1966), Band 2, S. 846-848; Ibn Sa'ad: Tabakat Al-Kabir (1968), Band 3, S. 153

[Während Ilhan Arsel sich auf Taberi, Geschichte der Nationen und Herrscher, stützt und diese Frau in der türkischen Sprache „Zuba, die Tochter von Amr bin Sa Sa“ (Scha Scha) nennt, schreibt Arif Tekin „Dubaa, die Tochter von Amr“; da die deutschsprachige islamische Literatur über die Frauen Mohammeds nicht umfassend ist, konnte ich die deutsche Schreibweise nicht finden. Anm. d.Hrsg.]

Arif Tekin: Kur'an da Kadin ve Hz. Muhammed'in Hanimlari, 2. Auflage, Istanbul 2010. Arif Tekin stützt sich dabei in seinen Fußnoten u.a. auf Ibn Abd al-Barr in Al-Isti'ab, *hadis* 4018.

13 Gazâlî (Al-Ġazālī): Devlet Baskanlarini Nasihat-ül Mülk. İstanbul 1966, S. 135

14 Arif Tekin, Muhammed ve Kurmaylarının Hanımları (2001), S. 152

15 Sahîh-i Buhârî [Diyanet-Ausgabe], Band 8 (1984, 7. Aufl.), S. 33, *hadis* 1136; Gazâlî: İhyâu 'ulûmi'd-dîn Tercümesi (1975), Band 2, S. 126

16 Arif Tekin, Muhammed ve Kurmaylarının Hanımları (2001), S. 96-97; siehe auch Sahîh-i Buhârî [Diyanet-Ausgabe], Band 5 (1984, 7. Aufl.), S. 165, *hadis*

701; Sahîh-i Buhârî [Diyanet-Ausgabe], Band 8 (1984, 7. Aufl.), S. 33, *hadis* 1136

17 Hüccetü'l İslâm Gazâlî: İhyâu 'ulûmi'd-dîn Tercümesi (1975), Band 2, S. 104

18 İbn İshak: Siyer, İstanbul 1988, S. 326

19 Hüccetü'l İslâm Gazâlî: İhyâu 'ulûmi'd-dîn Tercümesi (1975), Band 2, S. 100. Siehe auch Sahîh-i Buhârî [Diyanet-Ausgabe], Band 11 (1983, 7. Aufl.), S. 265-266, *hadis* 1793

20 Hüccetü'l İslâm Gazâlî: İhyâu 'ulûmi'd-dîn Tercümesi (1975), Band 2, S. 101

21 Hüccetü'l İslâm Gazâlî: İhyâu 'ulûmi'd-dîn Tercümesi (1975), Band 2, S. 105

22 Hüccetü'l İslâm Gazâlî: İhyâu 'ulûmi'd-dîn Tercümesi (1975), Band 2, S. 102

23 Sahîh-i Buhârî [Diyanet-Ausgabe], Band 11 (1983, 7. Aufl.), S. 264, *hadis* 1793

24 [Wortstamm *bikr*; türk. *bakir*, jungfräulich, unberührt, aber auch „unverfälscht geblieben", Anm. d. Hrsg.]

25 Sahîh-i Buhârî [Diyanet-Ausgabe], Band 11 (1983, 7. Aufl.), S. 257, *hadis* 1789

26 Überliefert von Anas ibn Malik, Sahîh-i Buhârî [Diyanet-Ausgabe], Band 9 (1971, 2. Aufl.), S. 277, *hadis* 1459

27 Überliefert von Anas ibn Malik, Sahîh-i Buhârî [Diyanet-Ausgabe], Band 11 (1983, 7. Aufl.), S. 257, *hadis* 1789

28 Sie zählte auf, warum sie den anderen Frauen überlegen sei: „Ich bin die einzige Jungfrau, die er heiratete". Bint Al-Shati: The Wives of the Prophet Muhammad. Piscataway 2006, S. 77; Sahîh-i Buhârî [Diyanet-Ausgabe], Band 11 (1983, 7. Aufl.), S. 257, *hadis* 1789

29 Demircan: Cinsel Hayat (1986), Band I, S. 114

30 Sahîh-i Buhârî [Diyanet-Ausgabe], Band 6 (1984, 7. Aufl.), S. 401, *hadis* 976; Siehe auch Hüccetü'l İslâm Gazâlî: İhyâu 'ulûmi'd-dîn Tercümesi (1975), Band 2, S. 106-107

31 Die anderen Frauen kannten seine Schwäche für Aischa, die immer Unruhe unter seinen Frauen verursachte. Mohammed schürte diesen Ärger noch, indem er behauptete, dass er Offenbarungen nur unter der Decke von Aischa erhalten würde. Siehe Hüccetü'l İslâm Gazâlî: İhyâu 'ulûmi'd-dîn Tercümesi (1975), Band 2, S. 114

32 Sahîh-i Buhârî [Diyanet-Ausgabe], Band 11 (1983, 7. Aufl.), S. 316, *hadis* 1821; „Sieben Tage" meint, sieben Tage der Woche mit einer Frau zu verkehren, ohne die anderen Ehefrauen zu berücksichtigen.

33 Hüccetü'l İslâm Gazâlî: İhyâu 'ulûmi'd-dîn Tercümesi (1975), Band 2, S. 106-107

34 Hüccetü'l İslâm Gazâlî: İhyâu 'ulûmi'd-dîn Tercümesi (1975), Band 2, S. 106-107. Der Nutzen der Heirat mit einer Jungfrau [*bakire*]: „Es gibt drei Vorteile: 1. Die Jungfrau kennt nur ihren Ehemann und lernt ihn zu lieben. 2. Der Mann liebt die Jungfrau mehr. Denn es liegt in seiner Natur, dass er einer zuvor berührten

Frau gegenüber Hass empfindet. Dieser Hass ist bei manchen Männern stärker als bei anderen. 3. Die Witwe erinnert sich immer an ihren alten Mann. Denn die wahre Liebe ist die erste Liebe und das führt zu Unruhe.“

35 Hüccetü'l İslâm Gazâlî: İhyâu 'ulûmi'd-dîn Tercümesi (1975), Band 2, S. 107

36 Fāẓil-Bey: Le Livre des femmes (1875), S. 20

37 L. Beck / N. Keddie (Hrsg.), Women in the Muslim world (1978), S. 454, 618

38 L. Beck / N. Keddie (Hrsg.), Women in the Muslim world (1978), S. 618

39 L. Beck / N. Keddie (Hrsg.), Women in the Muslim world (1978), S. 126

40 L. Beck / N. Keddie (Hrsg.), Women in the Muslim world (1978), S. 126

41 M'Rabet, Fadéla: Les Algériennes. Paris 1967, S. 19

42 L. Beck / N. Keddie (Hrsg.), Women in the Muslim world (1978), S. 217, 618

43 L. Beck / N. Keddie (Hrsg.), Women in the Muslim world (1978), S. 128

44 Diese Überlieferung geht auf Abu Hurayrah zurück, wurde übertragen von Imam Nevevi: Riyasü's Salihin (1974), S. 280, Nr. 363

45 Imam Ahmed und Beyhaki, Überlieferung siehe Hüccetü'l İslâm Gazâlî: İhyâu 'ulûmi'd-dîn Tercümesi (1975), Band 2, S. 105

46 „Chadidscha war eine reiche und schöne Tochter aus gutem, ehrwürdigem Hause.“ Hatemü'l Enbiyâ: Hazreti Mohamed ve Hayati (Diyanet-Ausgabe). Istanbul o.J., S. 48

47 Ā'iša 'abd al-Raḥmān [Bint al-Šāti']: The Wives of the Prophet. Lahore 1971, S. 39 und 42

48 Sahîh-i Buhârî [Diyanet-Ausgabe], Band 11 (1983, 7. Aufl.), S. 289; Bint Al-Shati: The Wives of the Prophet (1971), S. 39

49 Taberi: Tarihi Taberi Tercemesi (1982), S. 338-340

50 Istiab 1823, Band 4, Ā'iša 'abd al-Raḥmān [Bint al-Šāti']: The Wives of the Prophet. Lahore 1971, S. 39

51 Siehe Hüccetü'l İslâm Gazâlî: İhyâu 'ulûmi'd-dîn Tercümesi (1975), Band 2, S. 106

52 Hüccetü'l İslâm Gazâlî: İhyâu 'ulûmi'd-dîn Tercümesi (1975), Band 2, S. 100

53 Diese Überlieferung basiert auf Abu Hurayrah, wurde übertragen von Buchari und Muslim. Siehe Hüccetü'l İslâm Gazâlî: İhyâu 'ulûmi'd-dîn Tercümesi (1975), Band 2, S. 100

54 Sahîh-i Buhârî [Diyanet-Ausgabe], Band 5 (1984, 7. Aufl.), S. 237, 238, *hadis* 724, S. 249-251, *hadis* 724

55 Siehe hierzu auch Sahîh-i Buhârî [Diyanet-Ausgabe], Band 11 (1983, 7. Aufl.), S. 280

56 Paret: „Wenn ihr dann welche von ihnen (im ehelichen Verkehr) genossen habt, dann gebt ihnen ihren Lohn als Pflichtteil! Es liegt aber für euch keine Sünde darin, wenn ihr, nachdem der Pflichtteil festgelegt ist (darüber hinausgehend) ein gegenseitiges Übereinkommen trefft. Gott weiß Bescheid und ist weise.“

57 İbn İshak: Siyer, Istanbul 1988, S. 326

58 İbn İshak: Siyer, Istanbul 1988, S. 326

59 İbn İshak: Siyer, Istanbul 1988, S. 326

60 Hüccetü'l İslâm Gazâlî: İhyâu 'ulûmi'd-dîn Tercümesi (1975), Band 2, S. 105

61 [Zaynab bint 'Āmir, die Frau von Abu Bakr, eine Schwiegermutter Mohammeds, Anm. d. Hrsg.]

62 İbn İshak: Siyer. Istanbul 1988, S. 307, 308

63 Gazâlî: İhyâu 'ulûmi'd-dîn Tercümesi (1975), Band 2, S. 106

64 Gazâlî: İhyâu 'ulûmi'd-dîn Tercümesi (1975), Band 2, S. 106

65 Gazâlî: İhyâu 'ulûmi'd-dîn Tercümesi (1975), Band 2, S. 71

66 Gazâlî: İhyâu 'ulûmi'd-dîn Tercümesi (1975), Band 2, S. 71

67 Gazâlî: İhyâu 'ulûmi'd-dîn Tercümesi (1975), Band 2, S. 71

68 Gazâlî: İhyâu 'ulûmi'd-dîn Tercümesi (1975), Band 2, S. 67-75

69 Gazâlî: İhyâu 'ulûmi'd-dîn Tercümesi (1975), Band 2, S. 70-71

70 Gazâlî: İhyâu 'ulûmi'd-dîn Tercümesi (1975), Band 2, S. 61, *hadis* 74

71 Gazâlî: İhyâu 'ulûmi'd-dîn Tercümesi (1975), Band 2, S. 68. Auf Seite 135 kommentiert Gazali, dass *'azl* eine „heimliche Form der Kindstötung" ist. Siehe außerdem Demircan Band 1, S. 194. Demircan schreibt, „es gibt keinen Vers und keine *hadis* [Überlieferung], die Azil (Schutz gegen Schwangerschaft) zulässt" (S. 199), dass Abtreibung „für freie Frauen verboten" ist (S. 209), dass Abtreibung laut Islam verboten ist (S. 211).

72 Gazâlî: İhyâu 'ulûmi'd-dîn Tercümesi (1975), Band 2, S. 135.

73 Zur Forderung zu heiraten und sich zu vermehren siehe: Hüccetü'l İslâm Gazâlî: İhyâu 'ulûmi'd-dîn Tercümesi (1975), Band 2, S. 59, 61, 68

74 L. Beck / N. Keddie (Hrsg.), Women in the Muslim world (1978), S. 88

75 Maryam Jameelah: Modernism (1968), S. 161. [Maryam Jameelah, 1934 in New York geboren, konvertierte 1961 zum Islam. Sie ist Verfasserin zahlreicher Bücher, die einen fundamentalistischen Islam propagieren. Sie ist verheiratet mit dem pakistanischen Politiker Muhammad Yusuf Khan, der der im Jahr 1941 von dem Fundamentalisten Sayyid Abul Ala Maududi gegründeten Jamaat-e Islami Partei angehört. Anm. d. Hrsg.]; siehe auch Demircan: Cinsel Hayat (1986), Band I, S. 194

76 Demircan: Cinsel Hayat (1986), Band I, S. 198

77 L. Beck / N. Keddie (Hrsg.), Women in the Muslim world (1978), S. 89-90

78 Siehe hierzu Arsel, İlhan: Teokratik Devlet/Demokratik Devlet (1975), S. 254 sowie Sure 4, Vers 34

79 Juristen wie Hasan al-Basrî (gest. 728), Imam Süfyan-I Sevrî (gest. 778) und Abu'l-Hasan b. al-Karhi (gest. 952) meinen: „insanlar tarak dişleri gibi eşitti". Es existiert auch die Variante: „Kadın-erkek bütün insanlar, tarak dişleri gibi birbirlerine eşittirler." („Alle Menschen, Mann und Frau, sind wie die Zähne eines Kammes gleich." (Bilmen, Ömer Nasuhi: Hukuk-u İslâmiye ve İstilahat-ı Fıkhiye Kamusu, Band II, 2005, S. 73-74).

80 Hüccetü'l İslâm Gazâlî: İhyâu 'ulûmi'd-dîn Tercümesi (1975), Band 2, S. 108

81 Hüccetü'l İslâm Gazâlî: İhyâu 'ulûmi'd-dîn Tercümesi (1975), Band 2, S. 108, Erklärung zur *hadis* 149

82 Hüccetü'l İslâm Gazâlî: İhyâu 'ulûmi'd-dîn Tercümesi (1975), Band 2, S. 107

83 Hüccetü'l İslâm Gazâlî: İhyâu 'ulûmi'd-dîn Tercümesi (1975), Band 2, S. 107

84 Sahîh-i Buhârî [Diyanet-Ausgabe], Band 9 (1986, 9. Aufl.), S. 169, *hadis* 1396

85 Hüccetü'l İslâm Gazâlî: İhyâu 'ulûmi'd-dîn Tercümesi (1975), Band 2, S. 100. Siehe auch Sahîh-i Buhârî [Diyanet-Ausgabe], Band 11 (1983, 7. Aufl.), S. 264-266, *hadis* 1793

86 Hüccetü'l İslâm Gazâlî: İhyâu 'ulûmi'd-dîn Tercümesi (1975), Band 2, S. 100

87 Zur Interpretation des Verses siehe Sahîh-i Buhârî [Diyanet-Ausgabe], Band 11 (1983, 7. Aufl.), S. 281

Der Diyanet-Koran schreibt in seinem Kommentar zu diesem Vers: „Nach dem Islam hängt der Wert eines Menschen von seinem Glauben ab. Bei Gott ist der Mensch, auch wenn er Sklave oder Sklavin ist, höherwertiger und reiner.“

88 Sahîh-i Buhârî [Diyanet-Ausgabe], Band 11 (1983, 7. Aufl.), S. 283

89 Sahîh-i Buhârî [Diyanet-Ausgabe], Band 11 (1983, 7. Aufl.), S. 281

90 Aufgrund dieser Bestimmung sprach sich Umar ibn al-Chattab von zwei seiner Frauen geschieden. Diese Frauen waren Umm Kulthum und Umm Kuraiba. Sahîh-i Buhârî [Diyanet-Ausgabe], Band 8 (1984, 7. Aufl.), S. 173.

91 Sure 2, Vers 211; vgl. Sahîh-i Buhârî [Diyanet-Ausgabe], Band 8 (1984, 7. Aufl.), S. 173: „... Gott kennt sie sehr gut ... haltet die ungläubigen Frauen nicht in eurer Ehe“

92 Sahîh-i Buhârî [Diyanet-Ausgabe], Band 2 (1985, 8. Aufl.), S. 307

Die Ehe

Zu den Ideen, die der Scharia-Anhänger in blindem Gehorsam verteidigt, gehört, dass Mohammed die Ehe geheiligt habe. Um das Glück der Familie zu sichern, habe er die Ehepartner auf die Säule der Gleichberechtigung gehoben und gegenseitigen Respekt und Liebe befohlen. Um das zu beweisen, werden folgende Verse vorgeschoben:

Sure 2, Al-Baqara (Die Kuh), Vers 228
Die Frauen haben (in der Behandlung von seiten der Männer) dasselbe zu beanspruchen, wozu sie (ihrerseits den Männern gegenüber) verpflichtet sind, (wobei) in rechtlicher Weise (zu verfahren ist).

Sure 4, An-Nisā' (Die Frauen), Vers 36
Und zu den Eltern (sollt ihr) gut sein, und (ebenso) […] *zum Gefährten (der euch) zur Seite (steht) (?)*

Besonders bekannt ist die Predigt Mohammeds, die er im Jahr 632 im Tal Arafat im Rahmen seiner „Abschiedspilgerfahrt" gehalten haben soll. Diese seine letzte Predigt gilt als „an die gesamte Menschheit gerichtet", spricht aber im Grunde weniger die gesamte Menschheit als allein die Gläubigen an. Genauso wenig hat sie mit „Menschlichkeit" zu tun, da sie nicht von der Liebe zu allen Menschen spricht, sondern nur von der Liebe der Muslime zueinander; all diejenigen, die nicht an den Islam glauben, werden zu Feinden erklärt. Mohammed soll in dieser Predigt auch über den angeblichen Respekt gegenüber den Frauen und über ihre, angeblich in Koran und Religion verankerten, Rechte gesprochen haben. Was aber hat er in dieser Rede genau gesagt? In der Ausgabe des *Sahih al-Buchari* des Diyanet finden Sie folgende Version:

Oh nas, fürchtet Gott hinsichtlich der Rechte der Frauen, denn ihr habt sie genommen im Schutz Allahs. Ihre Ehre [türk. *namus*, die (Geschlechts-)

ehre] *und ihre Reinheit* [türk. *ismet*] *stehen unter eurem Schutz, denn sie sind euch durch Gottes Wort erlaubt* [türk. *helal*]. *Ihr habt ein gewisses Recht über sie und sie haben ein gewisses Recht über euch. Wahrlich, euer Recht über die Frauen ist, dass sie jemandem, den ihr nicht mögt, nicht erlauben, den Schutz* [türk. *harim*[1]] *der Familie zu verletzen. Wenn sie jemanden, den ihr nicht wollt, ins Haus nehmen, dann könnt ihr sie (leicht) schlagen, sie warnen. Die Rechte, die die Frauen gegenüber ihren Männern haben, sind aufgrund der Tradition unseres Landes ihre Versorgung mit Nahrung und Kleidung.*[2]

Auch in seiner Abschiedsrede angesichts seines Todes korrigiert Mohammed seine Ansichten also nicht, sondern er bestätigt diese noch einmal und schreibt so die Gewaltherrschaft der Männer über die Frauen fest: Mohammed richtet seine Rede an die *nas*, eine Anrede, die „Menschheit" bedeutet, aber die Männer meint. Die Frauen sind eine Leihgabe, sie sind zu versorgende Kreaturen und dürfen bei Ungehorsam geschlagen werden. Das „Wichtigste" im Leben einer Frau ist, keusch zu sein und sich demütig in die Rolle der Frau zu fügen. Auch in Mohammeds Abschiedspredigt bleibt also alles wie gehabt: Das Recht, die Frau zu „entlassen", sie zu verstoßen (*talâk*), ist alleine dem Mann vorbehalten, er erbt immer noch das Doppelte von dem, was die Frau erbt, die Aussage zweier Frauen entspricht weiterhin der eines Mannes usw.

Mohammed setzt die Frau herab, macht sie zu einer austauschbaren Ware, über die die Männer frei verfügen können. Deshalb kam es vor, dass muslimische Männer ihre Ehefrauen einem anderen weiterschenkten. So taten es auch Sa'd ibn ar-Rabi und Abdurrahman ibn ‚Auf (580-654), beide unter den Muslimen angesehene Männer, die an der Seite Mohammeds gekämpft hatten und durch die Kriegsbeute zu beträchtlichem Wohlstand gekommen waren. In einer Überlieferung wird ein ekelerregendes Gespräch zwischen ihnen wiedergegeben. Sa'd ibn ar-Rabi macht Abdurrahman folgendes Angebot: „Ich bin vom Besitz her der Reichste der Ansar [der Helfer aus Medina]. Ich reserviere die Hälfte für Dich. Außerdem schau: von zwei Frauen, die ich habe, gebe ich dir, welche du willst, ich verstoße sie (*talâk*), wenn ihre Wartezeit vorbei ist, dann kannst du sie als Frau nehmen."[3] Aber Abdurrahman will nicht die Frau, sondern etwas tatsächlich Gewinn bringendes: „Gott soll dir deine Frau und deinen Besitz erhalten. Ich brauche sie nicht. Habt ihr keinen Bazar in eurem Besitz, in dem man Geschäfte tätigen kann? Gewährt mir diesen Bazar."[4] Sa'd ibn ar-Rabi ist also bereit, eine seiner Frauen wie eine Ware an Abdurrahman weiterzugeben. Sie hätte den neuen Mann, den sie weder kannte noch wollte, hinnehmen, mit ihm sexuell verkehren und ihm dienen müssen.

Mohammed hat die Ehe nie als eine Institution gesehen, die, gemeinsam getragen von Frau und Mann, auf Liebe und Respekt beruht und aus freiem Willen geschlossen wurde. In dieser Ehe ist die Frau keine Partnerin des Mannes, keine Wegbegleiterin. Sie ist nicht einmal seine eigentliche Frau, sondern lediglich „vorübergehend“ seine Dienerin, um sein Leben auf Erden zu erleichtern, um sich wie ein nützliches Schaf von ihm ausbeuten zu lassen und um ihm den Weg zu seinen eigentlichen Frauen zu ebnen (vgl. S. 372-375). Sogar in seiner Abschiedspredigt erkannte Mohammed den Frauen keine weiteren Rechte zu als ernährt und gekleidet zu werden. Die Männer ermahnte er lediglich dazu, Gott zu fürchten; und diese Furcht vor Gott sollte die einzige Garantie für die Sicherheit der Frau und die Wahrung ihrer sogenannten „Rechte“ sein.

Die Trauung als Versklavung der Frau – „Eure Frauen haben ihre Freiheit in euren Händen verloren“

Um die Bestimmungen über die Eheschließung darzulegen, schreibt der vielgeachtete, als *Hüccetü'l İslâm* [Zeugnis des Islams] bezeichnete Al-Ghasali, in seinem Werk „Elixier der Glückseligkeit“ [*kīmiyā' al-sa'āda*]: „Unser Prophet befahl: ‘Wer der Sklave seiner Frau wird, geht kopfüber. Denn die Frau soll die Dienerin, die Sklavin des Mannes sein.’“[5] Weiter zitiert er Mohammed: „Die Trauung ist (aus Sicht der Frau) eine Art Versklavung und Gefangenschaft. Die Frau wird gänzlich unter den Befehl ihres Herrn gegeben.“[6] Der Abschnitt endet mit den Worten Mohammeds: „Fürchtet Gott, denn sie (die Frauen) haben ihre Freiheit in euren Händen verloren.“[7]

Die Frau schließt die Ehe mit dem Mann, indem sie sagt: „Ich habe mich dir ergeben.“ Dies ist der Beginn ihrer lebenslangen Sklaverei und bedeutet ihre Verpflichtung zum absoluten Gehorsam. Dieses Ritual, in dem sich die Frau selbst ihrer Würde und Eigenständigkeit beraubt, hat Mohammed erfunden und festgeschrieben. Es war für ihn sehr wichtig, dass die Frau während der Trauung ihr „Ich“, ihr „Selbst“ aufgibt und sich völlig dem Mann ergibt. Deshalb versuchte er stets, die Frauen, die er heiratete, zu dieser Aussage zu zwingen.[8] Ich schreibe bewusst „versuchte“, denn nicht alle Frauen, die er haben wollte, haben sich derart erniedrigt. Eine Frau, die sich ihrer Würde bewusst ist, kann eine Ehe, die sie zu einem

Leben zwingt, in dem Zustände wie in einem Hühnerstall herrschen, nicht akzeptieren. Chadidscha war z. B. eine der Frauen, die sich nicht erniedrigte. Ein weiteres Beispiel ist Asma bint Numan (auch Umayma genannt), die Tochter von Numan ibn Şürâhil el-Cevn el Kindiyye, des Emirs [Anführer, Befehlshaber] der *Kinda*, eines südarabischen Stammes des westlichen Hadramaut (heutiger Jemen). In einer Überlieferung, die wir im *Sahih al-Buchari* des Diyanet finden, heißt es: „Als Esma (Ümeyme) zur Trauung gebracht wurde, sprach Mohammed zu ihr: 'Ergebe [schenke] dich mir.' Als Esme das hörte, war sie sehr empört und rief: 'Welche edle Frau schenkt sich!?'" [Es war üblich und eine Frage des Prestiges, dass Frauen aus edlen Familien sich nicht schenkten, sondern dass eine angemessene Summe für sie gezahlt wurde, die ihrem hohen Stand und Wert entsprach. So empfand Asma die Bemerkung Mohammeds als Beleidigung. Anm. d. Hrsg.] Um sie zu beruhigen, wollte Mohammed seine Hand auf ihren Kopf legen. Sie aber verhinderte, dass Mohammed sie berührte und sagte: „Ich bitte Gott darum, mich vor dir zu schützen."[9] So verstand Mohammed, dass er mit einer so sehr auf ihre Würde bedachten Frau nicht leben konnte und gab sie ihrer Familie zurück.

Als Ehefrau darf die Frau ohne die Genehmigung ihres Mannes nichts tun: Sie darf weder beten noch ihre anderen religiösen Pflichten einhalten; sie darf keinen Schritt auf die Straße setzen oder mit den Nachbarn sprechen; sie darf ohne Erlaubnis des Mannes keinen Gast empfangen, nicht einmal ihre eigene Mutter, denn das Haus gehört immer dem Mann; auch wenn das Haus ihr gehören sollte, kann sie sich nicht ohne seine Erlaubnis bewegen. In einem Wort: Sie darf nicht einmal Atem holen ohne die Erlaubnis ihres „Herrn". Diese Unterordnung gilt nicht nur für diese Welt, denn auch im Jenseits darf sie das Paradies nicht betreten ohne die vorherige Erlaubnis ihres Mannes.[10]

Einzelne Verse, wie z. B. Sure 2, Vers 228, die ein Recht der Frauen gegenüber den Männern erwähnen, sind nicht ausschlaggebend, da Mohammed genug Verse offenbarte, welche die Unterdrückung und Erniedrigung der Frau festigten – in Vers 228, dessen Beginn von den Scharia-Anhängern so gerne als Beleg für die Gleichberechtigung der Frau im Islam angeführt wird, sogar noch im gleichen Vers. Dort steht:

Sure 2 (Al-Baqara), Vers 228

Die Frauen haben (in der Behandlung von seiten der Männer) dasselbe zu beanspruchen, wozu sie (ihrerseits den Männern gegenüber) verpflichtet sind um dann fortzufahren:

Und die Männer stehen bei alledem eine Stufe über ihnen. Gott ist mächtig und weise.

Vor allem der folgende Vers des Korans trug maßgeblich zur Festschreibung der Frau als Untergebener des Mannes bei:

Sure 4, An-Nisā' (Die Frauen), Vers 34
Die Männer stehen über den Frauen, weil Gott sie (von Natur vor diesen) ausgezeichnet hat

Mohammed verteidigte und verbreitete diese Ansicht bis zu seinem letzten Atemzug. So sprach er in der folgenden Version seiner Abschiedspredigt:

Hört mir gut zu. Vielleicht werde ich nicht mehr zu euch sprechen können (...) *Ihr habt Rechte über die Frauen und sie über euch. Es ist euer Recht, von ihnen zu verlangen, dass sie euer Bett nicht beschmutzen und sich nicht unangemessen verhalten. Wenn sie das tun, dann könnt ihr sie aus eurem Bett weisen und sie schlagen, aber nicht stark. Das erlaubt euch Gott. Wenn sie sich benehmen, vergibt Gott ihnen auch. Befehligt sie mit Güte, denn Gott gab sie in eure Obhut und sie besitzen nicht ihr eigenes Ich (sich selbst). Gott hat sie in eure Obhut gegeben und ihr könnt sie mit Gottes Erlaubnis benutzen (zur sexuellen Befriedigung).*[11]

Der Scharia-Anhänger vertritt die Meinung, dass die Macht des Mannes über die Frau dem Schutz der Frau und der Herstellung von Harmonie zwischen den Geschlechtern dient, denn das Recht über die Frau wurde dem Mann gegeben, um gewissen Konflikten vorzubeugen. Dem Mann dieses Recht zu erteilen, hat jedoch nur den einen Zweck: die Privilegien und das Wohlergehen des Mannes zu sichern. Der Mann ist der *hakim*, der Herrscher, das Haupt der Frau und die Frau seine natürliche Untergebene [türk. *tabii*]. Schließlich sagte Mohammed: „Hätte ich gewollt, dass ein Mensch den anderen anbetet, würde ich wegen der Erhabenheit des Mannes über die Frauen befehlen, dass die Frau den Mann anbetet."[12] Deshalb beantwortete Mohammed die Frage einer jungen Frau, die sich vor ihrer Verheiratung über die Pflichten der Frau bei ihm erkundigte: „Selbst wenn eine Frau einen Mann, der von Kopf bis Fuß voller Eiter ist, ablecken würde, hätte sie ihre Schuld ihm gegenüber nicht beglichen." Die junge Frau fragte verunsichert: „Sollte ich dann besser nicht heiraten, oh Prophet?" Mohammed sagte: „Heirate, denn das ist besser für dich."[13]

Die Gefolgsmänner Mohammeds und die islamischen Gelehrten und Denker vermittelten Mohammeds Lehre der Herrschaft des Mannes über die Frau mit der gleichen Beharrlichkeit und mit großer Genauigkeit weiter. Als Mohammed einem seiner Gefährten, Mu'as ibn Dschabal, befahl, den Jemen zu erobern, sagte er zu ihm, er solle die Bevölkerung nicht zu hart anfassen, da diese sehr gebildet sei, und lediglich verkünden, dass es nur den einen Gott gibt. Als eine jemenitische Frau fragte: „Helfer des Gesandten Gottes, was sind die Rechte des Ehemannes?", antwortete Mu'as: „Welch eine Schande, dass du wagst, diese Frage zu stellen. Weißt du es nicht? Keine Frau kann je ihre Schulden dem Mann gegenüber begleichen!" Damit drückte er aus, dass die Rechte des Mannes unendlich groß und unverrückbar seien, eine Lektion, die er von Mohammed gelernt hatte. Aber die Frau war nicht zufrieden mit seiner Antwort und hakte nach: „Wenn du wirklich der Helfer des Gesandten Gottes bist, musst du dies wissen." Das ärgerte Mu'as und er antwortet ihr mit Mohammeds Aussage über die Schuld der Frau: „Wenn du nach Hause kommst und deinen Mann voller Eiter und Blut vorfindest, selbst wenn du ihn mit deiner Zunge sauber leckst, hast du deine Schulden ihm gegenüber nicht beglichen."[14] Wie man sieht, ist dies nichts anderes als die stumpfe Wiederholung der Aussagen Mohammeds, was zeigt, dass sich seine Handlanger geradezu in einem Wettstreit darin zu befinden schienen, seine frauenfeindlichen Bestimmungen zu befolgen und zu verbreiten.

Die zentrale Aussage Mohammeds zum Thema Frau ist, dass für diese der unbedingte Gehorsam die wichtigste Pflicht ist. Sie lernt, dass sie sich den Regeln der Scharia und dem Mann absolut zu ergeben hat. Wie ein Beispiel bei Al-Ghasali zeigt, muss eine Frau selbst dann dem Befehl ihres Mannes folgen, wenn es um den Tod ihres Vaters geht: „Ein Mann geht außer Haus und befiehlt seiner Frau, nicht in die untere Etage des Hauses zu gehen, in der ihr kranker Vater liegt. Sie möchte ihm helfen und schickt einen Boten zu Mohammed, durch den sie fragen lässt, ob es ihr erlaubt sei, zu ihrem Vater zu gehen, falls dieser sterben sollte. Mohammed sagt: 'Gehorche deinem Mann'. Der Vater der Frau stirbt. Sie schickt wieder einen Boten zu Mohammed, um zu fragen, ob sie am Begräbnis teilnehmen dürfe. Gottes Gesandter sagt: 'Gehorche deinem Mann.' Später lässt er sie wissen: 'Da du deinem Herrn gehorcht hast, hat Gott die Sünden deines Vaters vergeben. Frauen, die ihren Männern gehorchen, kommen ins Paradies.'"[15] Wie Sie sehen, hat die Frau kein Recht auf ein Selbst, auf eigene Gefühle und einen eigenen Willen. Die hier geschilderte Frau hätte sich, wäre sie dem verständlichen Wunsch gefolgt, ihrem Vater beizustehen, ihn ein letztes Mal sehen zu können, sicher bis an ihr Lebensende bittere Vorwürfe gemacht, hätte sie im Nachhinein erfahren, dass sie durch ihren Ungehorsam verhinderte, dass ihrem Vater die Sünden verziehen werden, denn sicher glaubte sie diesem religiösen Märchen.

Die Pflicht der Frau ist es, dem Mann zu gehorchen; seine Wünsche zu erfüllen; sein sexuelles Begehren zu befriedigen; falls er nicht zu Hause ist, auf ihn zu warten; wenn er nach Hause kommt, ihn zu unterhalten und zu erheitern. Schließlich kommt die Ehefrau nur dann ins Paradies, wenn ihr Mann im Diesseits zufrieden mit ihr war.[16] Im *Sahih al-Buchari* ist überliefert, dass Fatima, Mohammeds Tochter, ein schweres Mahlwerk mit den Händen gedreht hatte und daraufhin erkrankte. Sie bat ihren Vater um einen seiner Sklaven, damit dieser die Arbeit übernimmt und sie so entlasten kann. Mohammed sagte zu seiner auf ihrem Krankenlager liegenden Tochter: „Ich bringe euch etwas besseres bei, als ein Dienstbote leisten kann. Wenn ihr nachts ins Bett geht, dann sagt 34-mal *Allahu Ekber* [Allah ist groß] und 33-mal *Alhamdulillah* [Gelobt sei Gott]. Das ist für euch viel besser als ein Sklave." Zunächst wird im Kommentar des *Sahih al-Buchari* auf die Zahlenmystik eingegangen und erklärt, dass diese Sprüche die Müdigkeit nehmen würden, zuletzt erklären die Gelehrten, anscheinend ohne sich der Aussage ihrer Worte bewusst zu sein: „Um zum Thema, warum unser *efendi*, Prophet seiner Tochter, die er sehr liebte, einen Sklaven vorenthalten hat, zu kommen: Dazu kann nur gesagt werden, dass er die Institution der Sklaverei, welche aufgrund der auf den Islam zurückzuführenden Veränderungen entstand, abschaffen wollte, um diesen unterdrückten, erniedrigten Sklaven das Recht auf ein Leben als freie, zivilisierte Menschen zu ermöglichen. Deshalb verwehrte er dies seiner Tochter."[17]

Als ein Vorbild für die Frauen in Bezug auf ihre Leibeigenschaft sieht Al-Ghasali die Tochter Abu Bakrs, Asma. Sie wurde mit Az-Zubair ibn al-Awwam (597-656), einem Gefährten und Verwandten Mohammeds, verheiratet, der ein armer Mann gewesen sein soll. Um ihn zu unterstützen, schenkte Mohammed ihm Dattelhaine aus seiner Beute aus dem Krieg gegen die jüdischen *Banu Nadir*. Trotz seines Reichtums behandelte Az-Zubair seine Frau Asma wie eine Magd und war ihr in keiner Weise behilflich. Er fand es völlig natürlich, dass sie sowohl die Hausarbeit erledigte als auch im Stall arbeitete. Obwohl ihr Mann grob zu ihr war, arbeitete sie wie ein Knecht, um ihn glücklich zu machen. Sie sagt: „Als Zübeyr [Az-Zubair] mich heiratete, besaß er nichts außer einem Kamel und einem Pferd. Ich habe mich um das Pferd gekümmert und alle nötigen Arbeiten ausgeführt, um ihn von dieser Last zu befreien. Ich mahlte die Dattelkerne und fütterte damit das Pferd. Ich brachte Wasser aus dem Brunnen, ich kochte und trug das Holz von weit her."[18] So hingebungsvoll wie Asma muss die islamische Frau sein. Sie muss den Mann bedienen und befriedigen. Deshalb sagte Mohammed: „Wer heiratet sichert die Hälfte des Glaubens.“ [19] Al-Ghasali sieht den Nutzen der Ehe in allererster Linie in der Leibeigenschaft der Frau.[20]

Die Pflicht der Frau ist es also, dem Mann wie eine Sklavin zu dienen. Sie muss ihm seine Wünsche in jeder Hinsicht erfüllen und müsste ihn, wäre im Islam die Beigesellung [arab. *širk*, „Polytheismus“] nicht verboten, im Grunde wie einen Gott anbeten. Sie hat die Pflicht, ihn sexuell zu befriedigen, ihn zu unterhalten und zu amüsieren, wenn er nach Hause kommt.[21] Mit anderen Worten, sie darf nicht vergessen, dass sie nur ein „Spielzeug“ in der Hand des Mannes ist. Umar ibn al-Chattab, der spätere zweite Kalif, den Mohammed sehr schätzte, sagte zu seiner Frau, die sich ihm oft „widersetzte“: „Du bist wie ein Spielzeug im Haus. Wenn wir dich brauchen, spielen wir mit dir. Ansonsten musst du in einer Ecke stehen.“[22] Die Ehefrau darf nicht die Eifersucht des Ehemannes provozieren und sie darf keine Eifersucht zeigen. Ebû'l Havari sprach von der Güte seiner Frau: „Nach dieser Frau habe ich drei weitere geheiratet. Sie hat weiter für mich gekocht, mich mit gutem Duft parfümiert und gesagt: 'Gehe zu deinen Frauen'.“[23] Sie darf nicht mehr von ihm verlangen als das Nötigste und darf keine Gegenleistung für ihre Arbeit erwarten.[24] Sie darf ohne die Erlaubnis ihres Mannes niemandem etwas aus dem Haushalt geben.[25] Sie darf ihren Mann nicht anlügen, wenngleich er die Erlaubnis hat, sie anzulügen,[26] und sie darf ihn nicht betrügen. Al-Ghasali fasst Mohammeds Beschreibungen einer „guten Frau“ zusammen:

Die Frau muss zu Hause bleiben und ihre Wolle spinnen und sich mit Haus- und Handarbeiten beschäftigen. Sie darf nicht auf etwas Hohes klettern und beobachten, sie darf nicht Nachbarn und Vorbeigehende anschauen. Sie darf mit niemandem in der Umgebung sprechen, keinen Kontakt aufnehmen. Sie muss die Ehre ihres Mannes verteidigen und schützen. Sie muss seine Zustimmung gewinnen, sein Herz befrieden. Sie soll ihren Schmuck nur ihrem Mann zeigen. Ohne seine Erlaubnis darf sie nicht rausgehen, wenn er es erlaubt, dann nur verschleiert. Sie darf auf der Straße nicht auffallen. Sie darf nicht auf Straßen gehen, die zu sehr belebt sind. Sie muss ruhige Straßen aussuchen und an der Seite gehen. Sie muss fünf Mal am Tag beten und den Ramadan einhalten. Ist ihr Mann nicht zu Hause, muss sie an seine Eifersucht denken und darf niemandem etwas sagen, was seine Eifersucht erwecken könnte. Sie muss die Verwandten ihres Mannes ihren eigenen Verwandten vorziehen. Sie muss ihren Mann immer respektieren und ihm zu Befehl sein.[27]

Mohammed befahl seinen Gläubigen, sich im Diesseits eine solche gute Ehefrau zu suchen, um ihr Ziel erreichen zu können: durch das Erfüllen der religiösen Pflichten in das schönste aller Paradiese einzugehen.[28] Es ist tragisch, aber die ideale Frau des muslimischen Mannes ist diese vollkommen versklavte Frau, die keine eigene Persönlichkeit besitzt.

Eine rechtschaffene Frau befriedigt ihren Mann sexuell

Die Menschen, die den Islam als die Quelle der Frauenrechte und Mohammed als feministischen Helden feiern, nennen vor allem die Dschahiliyya (die vorislamische Zeit) eine für die Frauen äußerst schlechte Zeit. Sie behaupten, dass die Frau in dieser Zeit nur als Sexualobjekt gesehen wurde und die Menschen sich nicht geschämt hätten, auf den Straßen, an jeder Ecke, hinter jeder Mauer offen Geschlechtsverkehr zu haben. Stiefmütter hätten mit ihren Stiefsöhnen Geschlechtsverkehr gehabt, Väter und Söhne gemeinsam mit ihrer Sklavin, ohne dass jemand Anstoß daran genommen hätte.[29] Ob diese Darstellung tatsächlich zutrifft, muss in Frage gestellt werden. Mit Sicherheit hat es in der vorislamischen Zeit Negatives gegeben, das durch den Islam ein Ende fand, es kehrte sich aber auch Positives in Negatives.

Die Scharia-Anhänger sind der Meinung, dass durch Mohammed und den Islam dieser sexuellen Zügellosigkeit ein Riegel vorgeschoben worden sei und Frau und Mann in der Befriedigung ihres sexuellen Begehrens gleiche Rechte erhielten. Tatsächlich aber ist die Frau, indem der Mann für ihren Lebensunterhalt sorgt und sie ökonomisch abhängig von ihm ist, gezwungen, ihn sexuell zu befriedigen. Wenn sie ihrer Pflicht, das Bett mit ihrem Mann zu teilen, wann immer ihm gerade der Sinn danach steht, nicht nachkommt, kann sie von ihm beschimpft, geschlagen und schließlich verstoßen werden. Außerdem wird sie von den Engeln verdammt, zieht den Ärger Gottes auf sich, wodurch sie ihre Chance, in das Paradies zu kommen, verwirkt. Die Befehle Mohammeds zeigen deutlich, dass die Frau verpflichtet ist, ihren Mann sexuell zu befriedigen, folgt sie dem Befehl, wird sie belohnt, weigert sie sich, gerät sie in Unglück und Verderben:

Keine Frau soll einschlafen, ohne sich ihrem Mann angeboten zu haben [...] *Sie zieht sich aus, geht in sein Bett, schmiegt ihre Haut an seine Haut. Wenn sie sich so verhält, hat sie sich angeboten.*[30]

Über die Einladung des Ehemannes, mit ihm zu schlafen, sagte er:

Ruft der Ehemann seine Frau, um mit ihr Geschlechtsverkehr zu haben, soll die Frau ihm folgen, auch wenn sie gerade am Herd beschäftigt ist.[31]

Die Frau darf sich dem Wunsch ihres Mannes auch dann nicht verweigern, wenn sie sich gerade auf einem Kamel befindet – um für die Geburt aufs Land gebracht zu werden – und verreisen will.[32]

Die Frau darf sich nicht verweigern, auch wenn sie bereits auf dem Kamel sitzt, um für ihre Niederkunft auf das Land gebracht zu werden.[33]

Nachdem Mohammed so klar dargestellt hatte, was für die Frau „existenziell wichtig" ist, beschreibt er, was sie erwartet, falls sie diese Pflicht nicht erfüllt: „Wenn ein Mann seine Frau zum Geschlechtsverkehr ruft und sie dem Ruf ihres Mannes nicht folgt und der Mann deshalb die Nacht in seinen Gefühlen verletzt und in Zorn verbringt, dann verdammen die Engel sie bis zum Morgen."[34] Ihrer „Pflicht" kann sich die Frau nur im Falle einer tatsächlich unmittelbar bevorstehenden Geburt, bzw. in der Zeit kurz nach der Geburt oder einer Krankheit entziehen. Gott wird weder das Gebet noch das Fasten der Frauen, die sich dem sexuellen Begehren ihrer Männer widersetzen, annehmen, stattdessen wird auf ihre Schultern das Dreifache ihrer Sünden geladen. Sie wird nicht nur bestraft, wenn sie der Aufforderung ihres Mannes nicht nachgekommen ist, sondern auch, wenn sie der Aufforderung zu spät nachgekommen ist.[35] Diese Strafen sind unter anderem:

- Der Mann hat das Recht, die sich ihm verweigernde Frau zu schlagen. Daraus entsteht ihm keine Verantwortung und er wird keinerlei Fragen zu befürchten haben.
- Der Mann kann die Frau einfach auf die Straße setzen, sie verstoßen (*talâk*). Dafür braucht er keine offizielle Stelle, keinen Richter.
- Doch die eigentliche Strafe wird die sein, dass die Frau nicht ins Paradies kommt, denn eine Frau, die sich dem Geschlechtsverkehr verweigert, begeht eine große Sünde.[36]

Es gibt umgekehrt kein Recht der Frau auf sexuelle Befriedigung, sie kann ihren Mann nicht tadeln, ihn schlagen, ihn vom Kamel ins Bett zitieren und ihn verstoßen, wenn er sich nicht vergewaltigen lässt. Ihm wird auch nicht der Eintritt ins Paradies verwehrt.

Mohammed wollte, dass die Gläubigen sich ihn zum Vorbild nehmen, also gab er dem „vernünftigen Menschen" den Rat: „Teilt eure Zeit in drei

Einheiten. Betet, befriedigt euch und beschäftigt euch mit euren persönlichen Angelegenheiten."[37] Bekanntlich verbrachte er die meiste Zeit nach dem Morgen- und dem Nachmittagsgebet damit, seine Frauen zu besuchen, um mit ihnen geschlechtlich zu verkehren. Mohammed sagte aber auch, dass der Mann „sein Herz zeitweise ausruhen solle", ansonsten würde es erblinden.[38] Diese Mahnung ist sicher nicht an die Frauen gerichtet, denn sie sollen immer bereit sein. Schließlich wurde auch Eva für Adam geschaffen, damit er „bei ihr wohne", er ihr beiwohnen, sich mit ihr vergnügen konnte (Sure 7, Vers 189). Mohammed brachte seine Philosophie wie folgt auf den Punkt: „Auf eurer Welt liebte ich drei Dinge: schöne Gerüche, schöne Frauen und das Gebet."[39] Diese Philosophie lebte er, indem er sein Herz damit erfreute, Entspannung im Liebesakt mit seinen insgesamt zwei Dutzend Frauen zu suchen, das Herz zur Ruhe zu bringen, um dann kurz vor seinem Tod äußerst gefühlskalt zu erklären: „Wisset: Gott hat sie [die Frauen] in eure Obhut gegeben... Es ist euch erlaubt, für euch durch Befehl Gottes mit ihnen Geschlechtsverkehr zu haben. (...) Ich überbringe euch die Befehle Gottes. Wenn ihr glaubt, so wird er euch vor zügelloser Wollust für immer schützen."[40]

An Mohammeds Aussagen können wir sehen, dass der Nutzen der Ehe neben der Vermehrung der Muslime für ihn darin lag, den Mann sexuell zu befriedigen, um dessen Konzentration für das Gebet zu sichern, denn eine unbefriedigte Sexualität behindert Arbeit und Gebet. Die Befriedigung der männlichen Sexualität ist daher erforderlich, um die Ordnung der Gesellschaft aufrechtzuerhalten.[41] Wenn der Mann keine gläubige, freie Frau findet, muss er eine gläubige Sklavin nehmen. Allerdings hat der Verkehr mit einer Sklavin einen entscheidenden Nachteil: Das mögliche Kind wird wie die Mutter auch ein Sklave sein. Al-Ghasali: „Das Kind, das aus einer solchen Verbindung auf die Welt kommt, wird ein Sklave. Das bedeutet, das Kind zugrunde zu richten. Für die, die eine freie Frau heiraten können, ist das [eine Verbindung mit einer Sklavin] verboten. Es ist besser, dass das Kind ein Sklave wird, als die Religion zugrunde zu richten."[42] Es ist also besser, Geschlechtsverkehr mit einer Sklavin zu haben, um sich für das Gebet zu stärken, dabei allerdings das Risiko einzugehen, ein Kind zu zeugen, das ein Leben in Unfreiheit und voller Mühsal führen muss, als das Gebet zu vernachlässigen und die Ordnung der Gesellschaft zu gefährden.

Das Gebot, den Mann sexuell befriedigen zu müssen, gilt selbst dann, wenn die Frau fastet oder betet. Laut einer Überlieferung, die wir bei Ibn Hanbal finden, bittet eine Frau Mohammed um Rat, weil ihr Mann – ein sexuell aktiver, junger Mann – sie zu den unmöglichsten Zeiten drängt, mit ihm zu schlafen, sogar wenn sie gerade fastet oder betet. Mohammed ruft und befragt ihn in dieser Angelegenheit. Dieser sagt: „Ich bin jung und kräftig, voller Begierde […] Ich zwinge sie dann, ihr Fasten oder ihr Gebet zu brechen und mit mir zu schlafen." Mohammed löst das Problem, indem er entscheidet: „Keine Frau darf ohne die Erlaubnis ihres Mannes fasten."[43]

Wider Erwarten kann der Ehemann auch dann von seiner Frau sexuelle Befriedigung verlangen, wenn sie gerade ihre Menstruation hat – trotz der Vorstellung der Unreinheit der Frau während dieser Zeit. Sie soll dann sein Geschlechtsorgan in ihre Hände nehmen und ihn auf diese Weise befriedigen, er „kann sie streicheln, darf jedoch nicht in sie eindringen".[44] Diese Entscheidung Mohammeds gewährleistet so die Befriedigung des Mannes zu jeder Zeit.[45] Hierfür scheint sie rein genug, während es ihr aber nicht erlaubt ist, zu fasten, die Kaaba zu umrunden oder eine Moschee zu besuchen. Das Verbot mit einer menstruierenden Frau zu schlafen, übernahm Mohammed aus dem Judentum. Im Judentum ist es allerdings grundsätzlich verboten, die Frau während ihrer Menstruation auch nur zu berühren.[46] Dieses Verbot wird sehr streng gehandhabt und dauert sieben Tage an. Der Mann, der das Verbot nicht beachtet, kann bestraft werden. In dieser Zeit nimmt der Mann nichts aus der Hand der Frau an und sie nichts aus seiner; er setzt sich nicht an Stellen, an denen die Frau saß; er isst nichts, was sie gekocht hat, und trinkt nicht aus ihrem Glas. Die Frau kontrolliert bis zum zwölften Tag, ob ihre Menstruation wirklich vorbei ist, manchmal indem sie einen weißen Lappen einführt, um zu sehen, ob es noch Spuren des unreinen Blutes gibt.[47] Auch wenn diese Bestimmungen im Islam ein wenig verändert sind, ist es nicht möglich, diese weniger ekelerregend zu finden. Noch ekelerregender ist, dass die Scharia Formen der Befriedigung, die sie dem Mann als Sünde verbietet, für die menstruierende Frau zur Pflicht macht: Sie ist zu unrein, als dass man mit ihr Geschlechtsverkehr haben könne, sie soll aber den Mann während dieser Zeit mit ihren Händen befriedigen, während dem Mann selbst die Befriedigung mit den Händen verboten ist.[48]

Anfänglich hatte Mohammed den Geschlechtsverkehr während des gesamten Ramadans verboten, sah dann aber ein, dass es sehr schwer ist, auch noch diese Entbehrung auf sich zu nehmen. Um den Männern also weiter Erleichterung zu verschaffen, erlaubte er ihnen schließlich die Nutznießung des Frauenkörpers auch in dieser Zeit. Der Mann musste nur das Geschlechtsorgan der Frau meiden. So scheint er es selbst praktiziert zu haben und so wurde es überliefert, damit sich die Männer ein Beispiel an ihm nehmen können. Denn aus Überlieferungen von Umm Salama, sie hat ihre Informationen von Aischa, lesen wir, dass Mohammed während der Fastenzeit mit seinen Frauen schlief, ihren Körper küsste und an ihnen roch. Aischa: „Der Prophet liebte, liebkoste seine Frauen während des Fastenmonats."[49] Für den Fall, dass ein Mann sich während dieser Zeit doch nicht zurückhalten konnte und in die Frau eindrang, dachte Mohammed sich eine „die Religion erleichternde" Regel aus: In diesen Fällen könne dem Mann vergeben werden, wenn er eine versklavte Person freilässt. Verfügt der Mann über keine Sklaven, so reicht es aus, einen Armen zu sättigen. Hat er kein Geld dafür, so kann der Mann Datteln an die Armen verteilen. Und hat er keine Datteln, so solle er sich Datteln borgen.[50]

Eine noch deutlichere Aussage Aischas lautet: „Gottes Botschafter hat mich in der Fastenzeit geküsst, und meine Zunge gelutscht."[51] Aber laut einer Überlieferung von Abu Hurayrah, die wir bei Abu Dawud finden, gilt die Erlaubnis, Zungenküsse zu geben, nur für ältere Männer.[52] Anscheinend hat Mohammed sich gedacht, dass ältere Männer sich dabei nicht rituell verunreinigen würden. Er scheint aber vergessen zu haben, dass sie einen Herzanfall bekommen könnten. Außerdem, wenn der Mann der Frau Zungenküsse gibt, ist es dann nicht natürlich, dass er Spucke schluckt? Ob dies das Fasten bricht und ob der Mann dann dafür Buße tun muss, bleibt offen. Das gilt nicht für die Frau, wie wir aus der Zeitschrift *Diyanet Dergisi* erfahren: „schluckt sie [die Frau] die Spucke eines Menschen, den sie liebt, muss sie nachträglich Buße tun, indem sie Almosen gibt". Das heißt, sie hat also ihr Fasten gebrochen.[53]

Aus *Diyanet Dergisi* erfahren wir, dass der Mann sein Fasten nicht gebrochen hat, falls er während des Ramadans eine schöne Frau sieht oder an sie denkt und dabei einen Samenerguss hat.[54] Falls der Mann aber einen Samenerguss bekommt, während er küsst oder während er sich am Körper der Frau reibt, dann gilt sein Fasten als gebrochen (d. h. als ungültig) und er muss das Fasten nachholen. Weiter lesen wir in *Diyanet Dergisi*, dass ein Mann, wenn er während des Fastens bewusst mit einem „lebendigen Menschen", egal auf welche Weise, Geschlechtsverkehr ausübt, sein Fasten gebrochen hat. Er muss dann sowohl Unfallfasten als auch *kefaret*-Fasten.[55] [Laut der Erklärung der Diyanet bedeutet *kefaret*-Fasten, 60 Tage hintereinander zu fasten oder 60 Bedürftige morgens und abends zu sättigen. Anm. der Hrsg.]

Es gibt darüber hinaus Aussagen Mohammeds, die das sexuelle Begehren des Mannes betreffen und die nachzuvollziehen unmöglich ist. So hat Mohammed verboten, während des Ramadans mit einer Leiche oder einem lebenden Tier Geschlechtsverkehr auszuüben. Wenn der Mann dies trotzdem tut, bei diesem Verkehr aber keinen Samenerguss hatte, dann hat er sein Fasten nicht gebrochen. Wenn er einen Samenerguss hatte, muss er das Fasten lediglich nachholen [türk. *kaza orucu*, „Unfallfasten“]. Abgesehen davon, dass es besonders unfassbar ist, Geschlechtsverkehr mit einer Leiche zu haben, ist die Bestimmung, dass der Mann beim Geschlechtsverkehr mit einer Leiche im Falle eines Samenergusses sein Fasten nur nachholen muss, unverständlich. Tatsächlich geht aus den Bestimmungen, die uns durch das *Amt für Religiöse Angelegenheiten der Türkei* (Diyanet) als Befehle bzw. Gebote Gottes und seines Propheten vermittelt werden und die auch im Feth-ül Kebir, einem Werk von Dschalal ad-Din as-Suyuti (1445-1505), enthalten sind, hervor, dass Mohammed den Geschlechtsverkehr mit einem toten Menschen oder lebendigen Tier verbot. Falls es aber doch dazu kommt, bei einem solchen Geschlechtsverkehr jedoch „kein Samenerguss erfolgte“, unterbricht der Vorfall den Ramadan nicht. Wenn hingegen ein Samenerguss stattfand, solle man „Unfallfasten“.[56] Nach Mohammeds Logik sündigt ein Mann anscheinend weniger, wenn er mit einer Leiche verkehrt als mit einem lebendigen Menschen; denn in diesem Fall muss er, wie bereits erwähnt, sowohl Unfallfasten als auch *kefaret*-Fasten. – Versuchen Sie es erst gar nicht; es ist unmöglich Mohammeds Bestimmungen über die Sexualität und Befriedigung des Mannes logisch nachvollziehen zu können.

Zusammengefasst heißt das, dass die Frau die Erlaubnis ihres Ehemannes braucht, um fasten zu dürfen, aber wenn sie seine Spucke schluckt, ihr Fasten gebrochen hat. Wenn aber der Mann während des Ramadans mit einer Leiche oder einem Tier Geschlechtsverkehr hatte, dann muss er lediglich „Unfallfasten“, kann also sein Fasten nachholen und es gilt nicht als gebrochen.

Ist es möglich, einen zweiten Propheten wie Mohammed, den Gesandten Gottes zu finden? Einen Gesandten, der es verbietet, eine Frau zu berühren oder mit ihr zu schlafen, wenn sie ihre Menstruation hat, aber den Geschlechtsverkehr mit einer Leiche oder einem lebenden Tier duldet, wenn der Mann sein Fasten nachholt und Armen Essen spendet (*kefaret*)?

Die Sexualität nach Gottes Regeln

Der Koran legt grundlegende Regeln fest, wie der Geschlechtsverkehr stattzufinden hat. In Sure 2, Vers 222 heißt es: „geht wieder zu ihnen, so wie Gott es euch befohlen hat!“. Die Religionsgelehrten kommentieren diesen Vers:

Für eure Befriedigung sprecht zuerst die besmele [Basmala, einleitende Segensformel des Korans], *dann stellt ihr euch wegen des Şeytan* [Teufel] *in den Schutz Gottes und liebt. Schützt euch davor, gegen die Befehle Gottes zu handeln. Wisst, dass ihr eines Tages vor ihm stehen werdet!*[57]

Sowohl im Vers als auch im Kommentar bei Demircan sind die gläubigen Männer angesprochen. Ihnen wird mitgeteilt, dass es, so Mohammed, Gottes Wille sei, dass der Geschlechtsverkehr dem Genuss des Mannes dient und dass er so erfolgen solle, wie er, Gott, es befahl. Zum Beispiel dürfen Mann und Frau während der Liebe nicht nackt sein, sie sollen während der Liebe wenig sprechen[58] und die Männer sollen mit den Frauen nicht rektal, also von hinten verkehren. Natürlich kann man darüber diskutieren, ob es mit dem Verständnis von Gott als Allmächtigem vereinbar ist, wenn er sich in das Sexualleben der Menschen so weitgehend einmischt, jedenfalls sehen wir, wenn wir uns die Verse des Korans genau ansehen, Folgendes: Gott erlaubt nicht, dass der Mann mit der Frau von hinten, rektal verkehrt, aber er erlaubt, dass der Mann sich der Frau von hinten nähert, in ihre Vagina eindringt und so den Geschlechtsverkehr vollzieht. Tatsächlich heißt es im Koran:

Sure 2 (Al-Baqara), Vers 223
Eure Frauen sind euch ein Saatfeld. Geht zu (diesem) eurem Saatfeld, wo immer ihr wollt!

Um den Gläubigen zu erklären, dass mit Saatfeld die „vorderen Organe“, die Vagina der Frau, gemeint ist, ziehen die Männer der Religion folgende Übersetzung des Verses vor, eine Variante, die wir auch bei Demircan finden:[59]

Sure 2 (Al-Baqara), Vers 223
Die Frauen sind euer Saatfeld. Also geht in dieses Feld, welches das vordere Organ ist, ein, wie ihr wollt

Um das zu unterstreichen, erklärt Mohammed, dass Gott seine Untergebenen, die Gläubigen, die rektal mit einer Frau verkehren, verdammt,[60] Gott würde rektal Verkehrende nicht ansehen.[61] Gott liebt diejenigen, die sich der Frau nach ihrer Menstruation nähern und sie vaginal penetrieren.[62] Al-Ghasali schreibt, dass dieses Verbot aus gesundheitlichen Gründen erlassen wurde, da es im Anus immer Schmutz (Fäkalien) gebe.[63] Allerdings ist Al-Ghasali auch der Meinung, dass der Mann während der Menstruation der Frau andere Körperstellen der Frau nutzen kann, was immer noch weniger sündig sei, als der mit der menstruierenden Frau vaginal ausgeübte Geschlechtsverkehr, was noch einmal ein ganz besonderes Licht auf seine Auffassung über Frauen und ihre Unreinheit wirft.[64] Wie tiefgreifend Al-Ghasalis Wissen über Frauen ist, zeigt folgende Aussage deutlich: „Manche behaupten sogar, dass ein Kind, welches durch den Geschlechtsverkehr mit einer menstruierenden Frau gezeugt wird, Lepra bekäme."

Das alles ist jedoch nicht der wirkliche Grund für all diese Bestimmungen. Dieser liegt darin, dass Mohammed zum Zwecke der Abgrenzung Regeln für den Geschlechtsverkehr einführen wollte, die sich von den Regeln des Judentums unterscheiden. Al-Buchari und Muslim ibn al-Hadschadsch geben eine Überlieferungen von Mohammeds Cousin Ibn ‚Abbas weiter, die Aussagen Mohammeds über Juden enthält: Den Juden sei es verboten, von hinten in die Vagina einzudringen, weil sie glauben, dass die so gezeugten Kinder dann schielen würden. Gott aber habe die obigen Verse herabgesandt, die den Muslimen den Geschlechtsakt von hinten erlauben, allerdings unter der Bedingung, dass der Mann nicht rektal eindringt, sondern in die Vagina.[65] Dieses Thema scheint für die berühmten islamischen Gelehrten jedenfalls sehr wichtig zu sein, da sie sich so eingehend damit beschäftigen.

In welcher Position Mann und Frau nun auch miteinander verkehren mögen, sie dürfen sich dabei nicht vollends entkleiden. Denn sich nackt lieben, sei den Tieren zu eigen, so Mohammed. Um das deutlicher zu machen, sagte er: „Wenn einer von euch mit seiner Frau sexuell verkehrt, dann soll er ein Tuch zwischen ihr und sich lassen. Die Partner sollen sich nicht wie zwei wilde Esel von allen Tüchern befreien."[66] Mohammed war der Meinung, dass sich andernfalls *Şeytan*, der Teufel, einmischen würde und dieser wäre dann auch an dem Kind beteiligt, das dabei eventuell gezeugt wird.[67] Eine solche Ausdrucksweise zu wählen und in grober Art Menschen, die sich begehren, mit wilden Tieren zu vergleichen, entspricht nicht der Sprache eines Menschen, der Botschafter Gottes sein will. Abgesehen davon frage ich mich, ob es wirklich Gottes Anliegen ist, sich damit zu beschäftigen, ob die Menschen sich nackt oder bedeckt lieben. Ganz abgesehen von der bereits aufgeworfenen Frage, wieso ein allmächtiger und weiser Gott sich in solche Belanglosigkeiten einmischen sollte, könnten Sie nun auch auf die Idee kommen – wenn es schon um verbotenes tierisches Verhalten geht –, fragen zu wollen, warum Mohammed den Geschlechtsverkehr mit Tieren nicht gänzlich verboten hat, statt (falls der Verkehr während der Fastenzeit stattfindet) nur das Nachholen des Fastens zu verlangen. Doch das wären Fragen der Logik, die sich in Belangen der Religion und der Scharia nicht beantworten lassen. Und so widerspricht sich Mohammed auch in folgendem Fall wieder einmal selbst, wenn er befiehlt, dass sich jede Frau, bevor sie einschläft, ihrem Mann anzubieten habe und auf die Frage, wie sich eine Frau denn anbiete, antwortete: „Sie zieht sich aus, geht in sein Bett, schmiegt ihre Haut an seine Haut."[68] Folgt man nun den angeblichen Geboten Gottes, dann muss das bedeuten, dass das Paar, nachdem die Frau sich dem Mann mit ihrer nackten Haut angeboten hat, die gegenseitige Annäherung unterbrechen muss, um sich wieder zu bedecken. Es ist in der Tat schwierig, sich vorzustellen, wie man sich aneinander „reiben", sich anbieten und dabei gleichzeitig eine Decke zu Hilfe nehmen soll.

Zur Unlogik der Scharia gehört es auch, dass Mohammed sich auf der einen Seite äußerst prüde verhält und auf der anderen Seite seine Anhänger zu Sanftheit und Sinnlichkeit anhält. So empfiehlt er ihnen, dass sie die Frauen nicht überfallen sollen. Sie sollen Späße machen, sie küssen und ihnen Erregendes ins Ohr flüstern: „Wollt ihr mit eurer Frau verkehren, dann überfallt sie nicht wie ein Tier, küsst sie, sprecht sinnlich, erregend."[69] Tierisch und unzulänglich sei es, all dies zu unterlassen, sich selbst zu befriedigen und danach einfach aufzustehen.[70] Aber haben Sie je ein Tier gesehen, das die Auserwählte nicht erst umwirbt, das nicht um sie kämpft, sie nicht erst durch Düfte, durch Gesang, durch das Präsentieren besonderer Qualitäten anlockt? Auch Al-Ghasali schreibt: „Wenn das Begehren des Mannes befriedigt ist, sollte er sich nicht sofort trennen. Er sollte der Frau Zeit gewähren, damit ihr Begehren befriedigt ist. Wer sich trennt, ohne ihr Zeit zu gewähren, quält die Frau. Wenn zwei Verlangen sich einigen, dann ist es für die Frau lustvoller, denn während der Mann sich befriedigt, kann sich die Frau auch befriedigen."[71] Wenn man die überwiegend frauenfeindlichen Aussagen Al-Ghasalis kennt, ist man versucht anzunehmen, dass es ihm hier nicht um das Wohlergehen der Frau ging. Auch hier wird er eher an den Mann gedacht haben, denn eine lustvolle Frau, der Gedanke des Mannes, dass er selbst „Mann genug" ist, um die Frau zu erregen und zu befriedigen, steigert die Lust des Mannes umso mehr. Zudem kommt eine unbefriedigte Frau in ihrer teuflischen Art vielleicht auf die Idee, sich die Befriedigung bei anderen Männern zu suchen und so den Mann zu blamieren, Unruhe zu stiften (*fitna*). Die genannten Aussagen wurden von den islamischen Gelehrten immer wieder als Beleg dafür angeführt, wie wichtig und respektiert die Frau im Islam sei. Das ist jedoch irritierend, denn die Befehle, die besagen, dass die Frau dem Mann jederzeit zur Verfügung zu stehen habe, damit er seine Begierde an ihr stillen kann, lassen sich nicht mit diesen vereinbaren, die Zärtlichkeit und Erotik vorschreiben. Jede Weigerung der Frau wird üblicherweise als Aufbegehren gegen Gottes Willen verstanden. Insofern fällt es schwer, solchen Aussagen Positives abzugewinnen.

Bevor der Mann sich zum Geschlechtsakt begibt, soll er die *besmele* sowie *tekbir* [Allah ist groß] und *tehlil* [Es gibt keinen Gott außer Gott][72] aussprechen. Er soll die Sure 112, Al-'Iḫlāṣ (Die Aufrichtige), sprechen: „Gott ist einzig; es gibt nichts Größeres als Gott; Er hat weder gezeugt, noch ist er gezeugt worden; Und niemand ist ihm ebenbürtig" und dann sagen: „Im Namen des allmächtigen Gottes. Mein Gott, wenn du es als angemessen erachtest, dass ein Kind aus meinem Samen gezeugt wird, so segne es." Außerdem soll der Mann, um das eventuell gezeugte Kind zu schützen, sagen: „Allmächtiger Gott, halt mich vom Teufel fern und den Teufel fern von dem Kind, das du uns schenkst."[73] Während des Geschlechtsakts soll er der Frau „langsam, sei langsam" ins Ohr flüstern. Mohammed selbst habe sich während des Geschlechtsaktes bedeckt, leise gesprochen und seiner (jeweiligen) Frau „langsam, sei langsam" zugeflüstert.[74] Wenn der Mann ejakuliert, soll er sagen: „Ich danke Gott, er schuf den Menschen aus dem männlichen Samen", danach soll er laut *tekbir* [Allah ist groß] aussprechen.[75]

Allerdings sagte Mohammed auch, dass der Mann, der mit seiner Frau oder einer seiner Frauen Geschlechtsverkehr ausübt, dies nicht zur Kaaba hin gewendet tun soll. Das wäre Respektlosigkeit gegenüber Gott.[76] Außerdem solle man während des Geschlechtsakts nicht viel sprechen. Falls die Partner dennoch viel sprechen, bestehe nämlich die Gefahr, dass sie stumm würden oder anfingen zu stottern. Auch das gezeugte Kind könne von diesem Übel befallen werden.[77] Und es gibt noch eine weitere wichtige Regel laut Mohammed: „Wenn einer von Euch Geschlechtsverkehr hat, soll er das Geschlechtsorgan seiner Partnerin nicht anschauen, denn das kann zu Blindheit führen."[78] Fragen Sie nicht, warum das zur Erblindung führen kann und bitte fragen Sie auch nicht, warum es eine Respektlosigkeit gegenüber Gott bedeutet, wenn der Mann während des Geschlechtsaktes in Richtung der Kaaba gewendet sein sollte, es dagegen aber keine Respektlosigkeit darstellt, während des Geschlechtsaktes Gottes Namen zu nennen, aus dem Koran zu zitieren und dabei zu ejakulieren. Diese Geheimnisse der schariarechtlichen Sexualwissenschaft werden Sie nicht lösen. Und vergessen Sie bitte nicht: Das Stellen von Fragen kann Ihnen ebenfalls als Respektlosigkeit ausgelegt werden und Sie vielleicht zu Blindheit, zu Stummheit, zum Stottern, ganz sicher aber in die Hölle führen.

Wollen Sie der Respektlosigkeit vorbeugen, dann beachten Sie bitte folgende Befehle Mohammeds genau: Wenn Sie sich einer Frau nähern, seien sie nicht nackt wie ein Esel; flüstern Sie der Frau unter Ihnen ständig „Sei langsam, sei langsam" ins Ohr; wenn Sie sich Ihrem Höhepunkt nähern, dann bedecken Sie ihren Kopf mit einem Tuch und sagen Sie „Allah ist groß". Am sichersten ist es, wenn Sie all diese Gebote mit geschlossenen Augen ausführen. Falls Ihnen Ihre Partnerin sagen sollte: „Was bist du für ein Mann, musst du alles der Scharia entsprechend machen? Hast du keinen eigenen Verstand? Vergiss diese Befehle und lass uns uns lieben, wie wir es wollen!", können Sie einfach „Halt den Mund, sonst werde ich dich verstoßen!" brummen.

Der Mann braucht nicht mehr nachzudenken, wann Sexualität Sünde ist und wann nicht. Er braucht nicht nachzudenken, an welchen Tagen und zu welchen Stunden er sexuell aktiv sein kann. Denn sein Prophet hat für ihn alles, bis zum letzten Komma, mit Gott beraten und beschlossen. Auch wenn Gott dem Menschen ein Gehirn und damit Verstand „gegeben" hat, konnte Gott scheinbar nicht zulassen, dass dieser Verstand auch benutzt wird und fand es passender, alles durch seinen Gesandten mitzuteilen. Die obigen Grundsätze, die Mohammed im Namen Gottes einführte, besagen, dass der Geschlechtsverkehr am Anfang, in der Mitte und in den letzten Tagen eines jeden Monats erfolgen kann. Dazu kommt der Befehl: „Passend ist, wenn der Ehemann sich alle vier Tage seiner Frau annähert", was bedeutet, dass sich der Mann, der ja mit bis zu vier Frauen verheiratet sein kann, ihnen in einem Rhythmus von vier Tagen zuwenden soll.[79] Vielleicht fragen Sie sich: „Was ist, wenn er noch Sklavinnen hat?"; auch mit diesen kann er natürlich jederzeit verkehren. In diesem Fall kann der Mann auch den Freitag noch einbeziehen, den heiligen Tag der Woche der Muslime, denn auch an diesem Tag wurde dem Mann erlaubt, mit seiner Frau zu schlafen.[80] Ausgenommen davon sind drei Tage eines jeden Monats – der erste Tag, der Tag in der Mitte und der letzte Tag – an denen der Teufel beim Geschlechtsverkehr zugegen ist. Berücksichtigt werden müssen hierbei auch die Tage der Menstruation, an denen es ebenfalls verboten ist, geschlechtlich zu verkehren, denn Kinder, die während der Menstruation gezeugt werden, bekommen Lepra.[81] Und vergessen Sie nicht: In den ersten Stunden der Nacht, nach dem Abendgebet, ist Geschlechtsverkehr verboten, denn es wurde in Ihrem Interesse berücksichtigt, dass Sie einschlafen könnten, ohne sich gereinigt zu haben.[82] Aber da überliefert ist, dass Mohammed mit seiner Frau Aischa verkehrte und danach einschlief, können Sie davon ausgehen, dass Ihnen auch das verziehen, genehmigt wird, da sie sich entsprechend seinem Vorbild verhielten. Offensichtlich hat Gott alles unternommen, um die sexuelle Begierde des muslimischen Mannes zu befriedigen. Wie in allen Bereichen des Lebens bleibt die Frau den Launen und den Befehlen ihres Mannes überlassen, sie ist Mittel zum Zweck.

Wenn Sie sich, nach aufmerksamer Lektüre dieser Befehle, wie gesagt fragen sollten, ob Gott sich tatsächlich mit all diesen Themen auseinandergesetzt hat, ob er tatsächlich zornig auf die Frauen ist, die ihren Mann nicht befriedigen oder seiner Aufforderung, ins Bett zu kommen, zu spät folgen, dann gebe ich Ihnen den Rat: Tun Sie das nicht, denn Sie würden aus dem Fragen nicht mehr herauskommen. Aus einer solch primitiven Gesinnung, die das Verständnis von Gott dermaßen klein macht, erwächst kein würdevoller Umgang mit den Menschen, schon gar nicht mit denen weiblichen Geschlechts. Der Scharia-Anhänger stellt sich diese Fragen nicht. Er denkt zudem, dass diese Bestimmungen tatsächlich eine sexuelle Erziehung bedeuten und Mohammed vor 1400 Jahren die Grundlage für den Umgang der heutigen zivilisierten Welt mit der Sexualität geliefert habe. Und das, obwohl diese Vorschriften bereits vor 1400 Jahren erdacht wurden. Es ist richtig, dass in den westlichen Ländern die sexuellen Fragen zu einer Wissenschaft geworden sind. Auf diese Weise wurde erreicht, dass die neuen Generationen physisch und psychisch gesünder, aufgeklärter aufwachsen. Aber diese Wissenschaft wurde im Westen nicht durch Bestimmungen, die aus „himmlischen Gefilden“ herabgesandt wurden, entwickelt, sondern durch Intellekt und Forschung. Die sexuellen Bestimmungen des Scharia-Anhängers, die angeblich von Gott herabgesandt worden sind, sind weder wissenschaftlich noch intelligent, zuletzt haben sie auch nichts Göttliches an sich, denn sie widersprechen der Vorstellung eincs Gottes, der erhaben sein soll. Sie sind fern jeder Wissenschaftlichkeit, durchsetzt von vernunftlosen, magischen Vorstellungen und werfen die Menschen, was ihren Entwicklungsstand betrifft, 1.400 Jahre in die Wüste zurück. Diese sogenannten religiösen Bestimmungen passen in den meisten Fällen höchstens in den Bereich der Pornographie. Wenn wir diese Bestimmungen als Bestimmungen einer Religion betrachten und sie dementsprechend, genau wie die religiösen Männer, die sie vertreten, respektieren, sie als „kultiviert“ betrachten, dann fügen wir unserer Gesellschaft großen Schaden zu.

Mohammed: Habt Mitleid mit euren minderbemittelten Frauen und ertragt die Bürde der Ehe mit ihnen

Mohammed forderte die Männer dazu auf, sich mit den Frauen zu vertragen und sie gut zu behandeln. Die Männer sollten stets daran denken, dass die Frauen von geringem Verstand seien und man daher aus Mitleid mit ihnen diese Bürde ertragen solle.[83] Immer wieder werden Aussagen im Koran und in den Überlieferungen, vorgeschoben um zu beweisen, dass der Islam die Institution der Ehe auf gegenseitige Liebe und Respekt gegründet habe. Dabei handelt es sich um folgende Aussagen:

Sure 30, Ar-Rūm (Die Byzantiner), Vers 21
Und zu seinen Zeichen gehört es, daß er euch aus euch selber Gattinnen geschaffen hat […] *damit ihr bei ihnen wohnet (oder: ruhet). Und er hat bewirkt, daß ihr* […] *einander in Liebe und Erbarmen zugetan seid*

Sure 4, An-Nisā' (Die Frauen), Vers 19
Ihr Gläubigen! Es ist euch nicht erlaubt, Frauen (nach dem Tod ihres Mannes) wider (ihren) Willen zu erben. Und drangsaliert sie nicht in der Absicht, (ihnen) einen Teil von dem, was ihr ihnen […] *gegeben habt* [die *mahr*], *wegzunehmen*

Sure 2, Al-Baqara (Die Kuh), Vers 231
Und wenn ihr Frauen entlaßt und sie dann ihren Termin […] *erreichen, dann behaltet sie in rechtlicher Weise oder gebt sie in rechtlicher Weise frei! Behaltet sie nicht aus Schikane, um (auf diese Weise die Gebote Gottes) zu übertreten*

Diese und andere Verse und Überlieferungen sollen zeigen, dass Mohammed ein Verfechter von Frauenrechten war und dass diese Verse Ausdruck der Liebe und des Respekts für die Frau sind. Dabei haben diese Bestimmungen weder mit Frauenrechten noch mit der Gleichstellung der Frau mit dem Mann und schon gar nichts mit einer Akzeptanz der Frau als einem freien Menschen zu tun. Das ist leicht zu erkennen, wenn man die Koranstellen in ihrem Kontext liest und die Sprache genau betrachtet. Denn die Regelungen zur Scheidung sind Ausdruck einer Herrschaft des Mannes und auch das Bild der Frau, das in diesen Versen gezeichnet wird, ist eher als eine Anleitung zum Umgang mit ihr zu lesen, als dass sie sich an Frau und Mann als gleichgestellte Wesen mit Intelligenz und Würde richten.

Mohammed sagte: „Mit Frauen gut auszukommen, heißt, nicht zu vergessen, dass sie minderbemittelt, von geringem Verstand sind, und sie voller Mitleid zu ertragen."[84] Auch diese Aussage ist nicht wirklich, wie behauptet wird, Ausdruck der Achtung der Frau. Man könnte dies vielleicht mit gutem Willen noch einen liebevollen Umgang nennen, wenn man tatsächlich davon ausginge, dass die Frau absolut und in jeder Beziehung minderbemittelt, um nicht zu sagen völlig verblödet sei. Hier wird die Frau als minderbemitteltes Geschöpf dargestellt und so getan, als befände sie sich in einer bemitleidenswerten Lage und nur deswegen kann hier eine solche Aussage gemacht und vorgetäuscht werden, dass man mit der Frau angemessen umginge und sie respektiere. So wie dem Tier Verständnis zuteil wird, weil es keine Intelligenz besitzt, nicht denken kann, verdient auch die Frau, die als von geringem Verstand angesehen wird, mit dem Tier auf eine Stufe gestellt wird, „Nachsicht und Güte". Man muss sie eben „ertragen", sie nehmen, wie sie ist, und nur deshalb sagt Mohammed: „Fürchtet Gott, denn sie (die Frauen) haben ihre Freiheit in euren Händen verloren."[85]

Und nur weil Mohammed es sagte, haben viele islamische Denker diese Sicht weitergegeben, die sicher nicht ihre eigene ist, so auch Al-Ghasali, der auch sofort davor warnte, dass der muslimische Mann diese Aussage Mohammeds nicht allzu ernst nehmen und sich vor dem Irrtum hüten solle, sich den Frauen zu unterwerfen, sich vom Teufel irreführen zu lassen. Mohammed habe befohlen: „'Sich den Frauen unterwerfende Pantoffelhelden [türk.: *kilibik*] werden zugrunde gehen' (175) Denn Gott schuf die Männer den Frauen überlegen und unterstellte die Frau dem Befehl des Mannes. Wenn der Mann sich der Frau unterstellt, dann verändert er das Recht und gehorcht dem Teufel. Schließlich wurde [in Sure 4, Vers 119] bekannt gegeben: 'Und ich [Satan] will sie irrreführen und (nichtige) Wünsche in ihnen wecken und ihnen befehlen […] die Schöpfung Gottes zu verändern.' Denn der Mann ist kein Untergebener. Nicht die Frau herrscht, sondern der Mann. Gott hat den Männern befohlen: Sie sind den Frauen überlegen. Der Mann ist der *seyyid, efendi*. Wenn der *efendi* zum Sklaven gemacht wird, ist Gottes Ordnung zerstört."[86] Mohammed gab seinen Gläubigen tatsächlich eine so große Zahl an frauenfeindlichen Geboten, dass die wenigen tatsächlich existierenden Ausnahmen unter ihnen unaufrichtig und aufgesetzt, wie Fälschungen wirken.

Von Ibn Ishaq, Ibn Hischam, Ibn Hanbal, At-Tabari, Al-Waqidi, Al-Baidawi und von anderen anerkannten Gelehrten des Islams erfahren wir jedoch, dass Mohammed mit seinen eigenen Frauen nicht wie ein verständnisvoller, respektvoller und gerechter Ehemann umging. Er schalt sie, er lag oft in Streit mit ihnen, war beleidigt, rächte sich an ihnen und gab ihnen Grund zur Eifersucht. Er zog sogar einige seiner Frauen – im Allgemeinen

Aischa, Zaynab bint Dschahsch und Umm Salama – den anderen Frauen vor und er ließ Frauen, die er liebte, fallen, ohne zu erklären warum.[87] Schließlich verlor er auch Aischas Vertrauen und sie sagte: „Wenn ich sterben sollte, wirst du sicherlich noch in derselben Nacht mit einer deiner Frauen schlafen."[88] In seinem *Musnad* gibt Ibn Hanbal eine Überlieferung wieder, die das respektlose Verhalten Mohammeds bestätigt: Mohammed geht eines Tages in das Zimmer von Aischa und, obwohl Umm Salama bei ihr ist, benimmt er sich so, als ob er und Aischa alleine wären. Aischa gibt ihm Zeichen, aber er ignoriert sie. Umm Salama ist über diese Demütigung so verärgert, dass sie immer lauter und ausfallender wird. Sie schreit: „In deiner Höhle haben deine anderen Frauen keinerlei Wert und Platz!" Anstatt sie zu besänftigen, sagt Mohammed zu Aischa: „Antworte du dieser Frau!" Aischa entgegnet Umm Salama in entsprechender Weise. Umm Salama läuft zu Fatima, Mohammeds Tochter, die mit Aischa verfeindet ist, und schildert ihr das Geschehene und all die Beleidigungen, die Aischa gegen Fatima ausgesprochen hat. Fatima beschwert sich darüber bei Mohammed, der ihr zuhört und dann antwortet: „Aischa ist die meist Bevorzugte deines Vaters", womit er auch Aischas Verhalten gegenüber Fatima unterstützte.[89]

Wie diese Geschichte zeigt, ist Mohammed dem Gebot der Gleichbehandlung der Ehefrauen nicht gefolgt. Durch die Bevorzugung einzelner Frauen hat er oft Unfrieden zwischen ihnen gestiftet. So hat er Aischa einmal erniedrigt, um seiner Frau Safiyya, die sehr schön war, zu gefallen. Aischa war eifersüchtig auf ihre Schönheit und machte sich, gemeinsam mit den anderen Frauen, über sie lustig, weil sie jüdischer Herkunft war. Safiyya beschwerte sich bei Mohammed, der sagte: „Wenn Aischa so etwas zu dir sagt, dann berichte, dass dein Vater Aaron und dein Onkel Moses ist. Damit zeigst du, dass du aus der Prophetenfamilie stammst. Was sind schon Aischas Ahnen? Waren sie nicht alle Ungläubige?"[90] Die beiden Propheten Moses und Aaron wurden von Mohammed als Muslime angesehen und daher akzeptiert, auf diese Art meinte er, die Ahnen von Safiyya über die Aischas zu stellen.

Ein weiteres Beispiel für die Respektlosigkeit gegenüber seinen Frauen ist Chadidscha, von der er behauptete, sie sehr geliebt zu haben. Wenn er bei Aischa gut über sie sprach, geschah dies eher, um Aischa zu bremsen, denn Aischa sagte oft beleidigende Dinge über Chadidscha, wie „Gott hat sie mit mir ausgewechselt", mit einer „Jungfrau, frisch und schön", weil Chadidscha eine „zahnlose Alte" gewesen sei.[91] Obwohl es auch einige Überlieferungen gibt, die belegen, dass Mohammed sich auch positiv über Chadidscha geäußert hat,[92] setzte er in den Koran einen Vers, in dem das

Verdienst Chadidschas, ihn zu einem reichen Mann gemacht zu haben, als Gottes Werk bezeichnet wird (Sure 93, Verse 6-8).

Mohammed legte fest, dass man für Frauen nicht mehr als drei Tage trauern dürfe[93] (gleichzeitig legte er fest, dass eine Frau beim Tod ihres Ehemannes vier Monate und zehn Tage trauern muss). Insofern ist Aischas Aussage, dass er sich sicher sofort eine neue Frau nehmen werde, wenn sie sterbe,[94] als eine verlässliche Aussage über Mohammeds Respektlosigkeit und Lieblosigkeit gegenüber Frauen zu sehen.

Mohammeds Tochter Fatima litt unter ihrem ungerechten und selbstsüchtigen Ehemann Ali. Sie wandte sich in diese Angelegenheit oft an ihren Vater, der sich, wie wir aus Überlieferungen des Rechtsgelehrten Ibn Hanbal erfahren, aber auch gegenüber seiner Tochter hart und umbarmherzig verhielt: „Mohammed besuchte Fatima. Er fand sie in einem Hemd aus Kamelwolle an der Handmühle mahlend. Als er sie so sah, weinte er und sagte: 'Schmecke [fühle] die Bitternis der Welt für die ewigen Gaben.'“[95]

Wie Sie sehen, finden wir hier im Verhalten Mohammeds nichts von dem Mitgefühl, das Mohammed gegenüber den „minderbemittelten“ Frauen vorschreibt. Ganz abgesehen davon, dass diese Aussage wie bereits erwähnt eher zynisch denn ein Zeichen von Verständnis ist. Die Frau wird wie ein Tier behandelt und gehalten, mal mit mehr, mal mit weniger Geduld. Und welche Bedeutung hat Mohammeds Befehl, dass die Ehefrau gut zu behandeln sei, schon, wenn er gleichzeitig befahl, dass die Frauen ihren Männern bedingungslos zu gehorchen haben. Mohammed macht über die Bestimmungen der Scharia den Mann zum Herrscher über die Frau, was dazu führt, dass die Männer sie oft voller Missachtung behandeln und dass den Beziehungen Gefühle wie Liebe oder Mitgefühl meist gänzlich fehlen.

Mohammed: Misstraut euren Frauen und lehrt sie beizeiten, wo ihr Platz ist

Die Verteidiger des Islams behaupten, dass Mohammed der Welt einen Glauben gebracht habe, der Liebe und Zuneigung fördernde Grundsätze enthalte. Dabei berufen sie sich gerne auf folgenden Vers:

Sure 30, Ar-Rūm (Die Byzantiner), Vers 21
Und er hat bewirkt, daß ihr […] *einander in Liebe und Erbarmen zugetan seid*

Obwohl solche oder ähnliche Aussagen vorkommen, ist ihre Zahl und Wirkung, in Anbetracht der ehelichen Bestimmungen für die Frau, die sie in Erniedrigung und unendliches Leid stürzen, lächerlich. Mohammed selbst betrachtete die eheliche Gemeinschaft als Versklavung der Frau. Er selbst sagte, dass das Schicksal der Frau vom Zeitpunkt der Trauung an in die Hände des Mannes gelegt wird, der ihr Herr ist, sie beherrscht. Die Überlegenheit des Mannes bedeutet, dass auch in der Ehe alles nach seinem Befehl und Wunsch geregelt wird. Um diese Überlegenheit aufrecht zu erhalten, muss er die Frau unterdrücken, missachten und nötigenfalls schlagen. Denn die Frau verstehe die Sprache von Güte und Toleranz nicht, weil ihr der nötige Intellekt fehle. Dennoch bleibt die große Gefahr, dass der Mann auf die Frau hört und somit die Frau über ihren Mann Macht bekommt. Obwohl Mohammed bestimmte, dass die Frau die Rolle der Dienenden haben soll und diese Rolle als von Gott gegeben und gut beschreibt, empfand er es als beschämend für einen Mann, einer Frau zu dienen und durch sie geführt, geleitet zu werden. So sprach er zu Männern: „Meine größte Befürchtung für euch (die Männer) ist, dass ihr euch den Frauen anpassen könntet."[96] Doch diese Aussage scheint ihm zu sanft gewesen zu sein, er sagte: „Wer sich zum Sklaven seiner Frau macht, wird zugrunde gehen (...) Gott gab dem Mann die absolute Macht über seine Frau; wenn der Mann diese Bestimmung umkehrt, so gibt er dem Teufel recht und freundet sich mit ihm an."[97] Deshalb muss der Mann nach der Trauung sofort dafür sorgen, dass sie lernt, ein Leben in zweiter Reihe zu führen. Viele diesbezügliche Aussagen Mohammeds bekamen einen festen Platz in der muslimischen Kultur, wurden zu Sprichwörtern, die seit Jahrhunderten benutzt werden.

Aber es reicht auf keinen Fall, die Frau nur auf dem Fußboden sitzen zu lassen, man muss sie in Angst versetzen und nötigenfalls schlagen:

Sure 4, An-Nisā' (Die Frauen), Vers 34
Die Männer stehen über den Frauen, weil Gott sie (von Natur vor diesen) ausgezeichnet hat [...] *Und wenn ihr fürchtet, daß (irgendwelche) Frauen sich auflehnen, dann vermahnt sie, meidet sie im Ehebett und schlagt sie!*

Der Teil „wenn ihr fürchtet" wird manchmal auch mit „wenn ihr euch ängstigt" übersetzt. Beide Varianten zeigen, dass der Vers immer so verstanden wurde, dass der Ehemann keinen konkreten Anlass haben, nicht sicher sein muss, um die Frau zu schlagen, es reicht aus, einen Verdacht zu hegen. Glauben wir einer Überlieferung im *Sahih al-Buchari*, die von Abdullah ibn Zam'a, dem Sohn von Umm Salamas Schwester Qariba, weitergegeben wird, soll Mohammed empfohlen haben, die Frauen nicht zu hart anzupacken: „Einer von Euch will seine Frau schlagen, wie er seine Sklaven schlägt; denkt daran, dass sie am Ende des Tages euer Bett teilt.“[98] Unsere Imame und Hodschas messen solchen Versen hohen Wert bei. Dabei nehmen sie die Brutalität und Erbarmungslosigkeit, die sie beinhalten, nicht wahr. Sie verstehen nicht, dass es keinen Unterschied zwischen dem Verprügeln eines Sklaven und dem Verprügeln der Frauen gibt. Sie verstehen nicht, dass kein Mensch das Recht hat, einen anderen zu schlagen, egal ob es sich dabei „nur“ um Leibeigene oder Frauen handelt.

Mohammed ist überzeugt von der List und Hinterhältigkeit der Frauen (Sure 12, Verse 28-30; vgl. S. 95]. Das ist der Grund, warum er immer wieder betont: „Bist du sanft zu ihnen, werden sie dich verraten. Bist du streng, werden sie gut sein.“[99] Al-Ghasali überliefert in seinem Werk „Elixier der Glückseligkeit“ [*kīmiyā' al-sa'āda*] folgende Aussage Mohammeds: „Die Frau ist wie eine Rippe, möchtest du sie gerade biegen, bricht sie.“[100] und interpretiert: „Der Mann muss wie ein perfekter Arzt sein, er muss wissen, die Medizin zur rechten Zeit zu geben.“[101] Mohammed ist der Meinung, dass man sich durchaus mit den Frauen beraten kann, allerdings muss man danach genau das Gegenteil von dem tun, was sie sagten[102] (vgl. S. 58 und 80). Auch dieses Misstrauen hat seinen Eingang in das Denken der Menschen gefunden und sich in zahlreichen Sprichwörtern niedergeschlagen:[103]

Wer sich mit dem Rat einer Frau bewegt, wird es bereuen.

Wer auf die Frauen hört, kommt in die Hölle.

Frauen zu gehorchen, schafft eine Katastrophe.

Hol dir den Rat der Frau, mach aber das Gegenteil.

Sei immer auf der Hut vor den Frauen, auch vor den besten.

Mohammeds „Weisheiten“ über die Beziehung von Mann und Frau gaben die islamischen Gelehrten Jahrhunderte lang weiter. So sagt Imam asch-Schafii: „Es gibt drei Leute, die dich verraten, wenn du sanft zu ihnen bist, und die gut zu dir sind, wenn du hart bleibst. Das sind Frauen, Dienstboten und Arbeiter.“[104] Al-Ghasali ist deutlicher: „Wenn du die Zügel der Frau nur ein wenig lockerst, entfernt sie sich geschwind von dir […] nur wenn du sie energisch zu dir ziehst und kraftvoll hältst, wirst du sie besitzen.“[105] Diese Meinung bestätigt auch der Gelehrte Nasir ad-Din at-Tusi (gest. 1274). Er glaubt, dass der Mann die Frau absolut beherrschen muss, tut er dies nicht und hört auf sie, wird er ihr Diener und das ist gegen die Befehle

Gottes und seine moralischen Bestimmungen.[106] Solche islamischen „Denker" erinnern sich wahrscheinlich an den aus vorislamischer Zeit stammenden traditionellen Rat an die Frauen, der lautete:

Wenn du zu deinem Mann geführt wirst, dann prüfe ihn. Ziehe sein Schwert von dem Halter. Sagt er nichts, dann schneide Fleisch auf seinem Schild. Sagt er immer noch nichts, dann brich einen Knochen mit seinem Schwert. Sagt er immer noch nichts, hast du kein Problem mit ihm. Dann lege eine Decke über ihn und trete auf ihn, dann ist er dein Esel.[107]

Deshalb meinen die Anhänger primitiver Schlussfolgerungen, dass der Ehemann, will er nicht zum Esel der Frau werden, *sie* zu seinem Esel machen muss. Um das zu erreichen, gibt es nur einen Weg: er darf ihr, auch wenn er sie liebt, keine Liebe zeigen; er soll bei jeder Gelegenheit seine Unzufriedenheit laut kund tun; er soll ihr sofort die kleinsten Fehler vorhalten und falls sie keine Fehler gemacht hat, sie dennoch schelten und wütend auf sie sein; er soll bei jeder Gelegenheit Zweifel gegen sie äußern und sie ab und zu schlagen.[108] Die Frau muss sich an ein solches Verhalten gewöhnen. Deshalb gibt Kalif Umar den Rat: „Gewöhnt eure Frauen daran, immer und in jeder Angelegenheit eine Ablehnung, wie 'Nein', 'Das geht nicht' zu hören."[109] Der Mann darf seiner Frau nichts über sein Berufsleben erzählen, sie darf weder wissen, was er besitzt, noch wie hoch sein Einkommen und seine Ausgaben sind. Denn Frauen sind, so Mohammed, schädliche Intrigantinnen, sind geschwätzig und können keine Geheimnisse bewahren.[110] Mohammed traf diese Aussagen und gab den Frauen zugleich den Rat, die Männer weder mit Fragen noch mit Anderem zu belästigen und ihnen dankbar zu sein. Kurz gesagt, die Frau soll wie ein Hund fressen, was sie bekommt, und unterwürfig die Ohren anlegen, wenn sie beschimpft oder geprügelt wird.

Das ist es, was die islamischen „Gelehrten" seit 1400 Jahren in die Köpfe der Menschen hämmern. Dabei haben sie sich in dieser langen Zeit nicht einen Augenblick Zeit genommen um einmal genauer hinzuschauen, ob die Frau tatsächlich ein von Natur aus böses, intrigantes und mit geringem Verstand ausgestattetes Wesen ist. Statt dessen haben sie dieses Wissen als „göttliche Wahrheit", die von Mohammed weitergegeben wurde, angenommen. Sie haben zu keinem Zeitpunkt an seinen Aussagen gezweifelt und nie überprüft, ob diese Ansichten der Realität entsprechen oder eine wissenschaftliche Basis haben. [Turan Dursun (1942-1990), der 14 Jahre beim *Amt für religiöse Angelegenheiten der Türkei* (Diyanet) tätig war, überprüfte diese Aussagen Mohammeds und stellte sie in Frage. Er wurde am 4. September 1990 erschossen. Radio Teheran meldete seinen Tod mit den triumphierenden Worten „Der türkische Salman Rushdi ist tot". Anm. d. Hrsg.] Sie haben tatsächlich geglaubt, dass diese die Frauen erniedrigenden Aussagen die Worte Gottes seien und die Menschen, die ihrer Gelehrtheit vertrauten, glauben bis heute daran. Wenn ein Mensch aber daran glaubt, dass dies Gottes Wort ist, ist es schwer, von ihm eine positive Einstellung zu Frauen zu erwarten.

Doch nicht nur das Gehirn der Männer wurde mit diesen Informationen „gewaschen". Auch die Frauen haben sie verinnerlicht, so sehr, dass sie sich über Männer, die eine Frau respektvoll behandeln, lustig machen, und einen Mann, der sie schätzt, ablehnen, ihn nicht ertragen können:

Ein Mürid heiratete eine Frau. Dieser Mann diente ständig der Frau. Die Frau fühlte sich bedrängt und schämte sich ihres Mannes. Sie erzählte das ihrer Mutter und sagte: „Er merkt sogar, wann ich auf die Toilette gehen möchte und bringt mir schnell Wasser [für die Reinigung]. *Das macht er schon seit Jahren."*[111]

Wenn die Frau gemäß der frauenfeindlichen Befehle Gottes erzogen wird, wenn sie verinnerlicht, dass sie wertlos ist, dass sie in ihrem Mann den Herrn und Herrscher zu sehen, ihm zu dienen hat, dann ist die oben geschilderte Reaktion kein Wunder und sie wird es nicht annehmen können, wenn sich ein Mann ihr gegenüber tatsächlich respekt- und liebevoll verhält.

Wir – die Menschen, die meinen, rational zu denken, und keine Mitschuld an einem solchen System haben wollen – müssen unsere Stimme gegen solche menschenverachtenden Gebote erheben. Wir müssen, auch wenn man uns Pantoffelhelden nennen sollte, unseren Frauen mehr als nur das „nötige" Interesse zeigen, uns anders verhalten. Nur dann können wir dieses Gedankengut der Scharia zurückdrängen.

Anmerkungen

1 [Das Wort *harim*, das in der Diyanet-Ausgabe benutzt wird, leitet sich ab von arab. *ḥaram*, „verboten", und meint hier einen verbotenen, geschützten Bereich. Daraus leitet sich auch das deutsche Wort „Harem" ab. Anm. d. Hrsg.]

2 Sahîh-i Buhârî [Diyanet-Ausgabe], Band 10 (1985, 7. Aufl.), S. 398

3 Sahîh-i Buhârî [Diyanet-Ausgabe], Band 6 (1984, 7. Aufl.), S. 342

4 Sahîh-i Buhârî [Diyanet-Ausgabe], Band 6 (1984, 7. Aufl.), S. 341, 342, *hadis* 958

5 Gazâlî: Kimyâ'yı Saâdet. İstanbul 1979, Band 1-2, S. 177

6 Hüccetü'l İslâm Gazâlî: İhyâu 'ulûmi'd-dîn Tercümesi (1975), Band 2, S. 108; Taberi: Milletler (1966), Band 2, S. 819

7 Hüccetü'l İslâm Gazâlî: İhyâu 'ulûmi'd-dîn Tercümesi (1975), Band 2, S. 111

8 Hüccetü'l İslâm Gazâlî: İhyâu 'ulûmi'd-dîn Tercümesi (1975), Band 2, S. 108, 147

9 Diese Überlieferung basiert auf Abu Usaid. Sahîh-i Buhârî [Diyanet-Ausgabe], Band 11 (1983, 7. Aufl.), S. 342-346, *hadis* 1833

10 Sahîh-i Buhârî [Diyanet-Ausgabe], Band 11 (1983, 7. Aufl.), S. 313, 314; Hüccetü'l İslâm Gazâlî: İhyâu 'ulûmi'd-dîn Tercümesi (1975), Band 2, S. 147-155

11 Taberi: Milletler (1966), Band 2, S. 819

12 Hüccetü'l İslâm Gazâlî: İhyâu 'ulûmi'd-dîn Tercümesi (1975), Band 2, S. 150

13 Hüccetü'l İslâm Gazâlî: İhyâu 'ulûmi'd-dîn Tercümesi (1975), Band 2, S. 149

14 Hüccetü'l İslâm Gazâlî: İhyâu 'ulûmi'd-dîn Tercümesi (1975), Band 2, S. 149

15 Hüccetü'l İslâm Gazâlî: İhyâu 'ulûmi'd-dîn Tercümesi (1975), Band 2 S. 147-148

16 Hüccetü'l İslâm Gazâlî: İhyâu 'ulûmi'd-dîn Tercümesi (1975), Band 2, S. 147

17 Sahîh-i Buhârî [Diyanet-Ausgabe], Band 9 (1986, 9. Aufl.), S. 364-366

18 Hüccetü'l İslâm Gazâlî: İhyâu 'ulûmi'd-dîn Tercümesi (1975), Band 2, S. 156. Ihr Vater Abu Bakr hatte Mitleid mit ihr und schenkte ihr eine Sklavin, damit ihr die Arbeit erleichtert werde. Asma sagte diesbezüglich: „Ich habe gelitten, gearbeitet wie ein Stallknecht, bis mein Vater eine Magd schickte. Ich habe mich gefühlt, als ob mein Vater mich von der Sklaverei befreit hätte." Sahîh-i Buhârî [Diyanet-Ausgabe], Band 11 (1983, 7. Aufl.), S. 320-321, *hadis* 1824

19 Gazâlî: İhyâu 'ulûmi'd-dîn Tercümesi (1975), Band 2, S. 75

20 Gazâlî: İhyâu 'ulûmi'd-dîn Tercümesi (1975), Band 2, S. 83

21 Gazâlî: İhyâu 'ulûmi'd-dîn Tercümesi (1975), Band 2, S. 153, 155

22 Er sagte diese Worte, um sie zum Schweigen zu bringen. Hüccetü'l İslâm Gazâlî: İhyâu 'ulûmi'd-dîn Tercümesi (1975), Band 2, S. 118, 119

23 Gazâlî: İhyâu 'ulûmi'd-dîn Tercümesi (1975), Band 2, S. 152

24 Gazâlî: İhyâu 'ulûmi'd-dîn Tercümesi (1975), Band 2, S. 116, 147

25 Gazâlî: İhyâu 'ulûmi'd-dîn Tercümesi (1975), Band 2, S. 153; Gazâlî: Kimyâ'yı Saâdet (1979), S. 181

26 Mohammed kennt drei Arten von Lügen: 1. Die Lüge, um zwei Männer zu versöhnen, 2. Die Lüge eines Mannes zu Kriegszwecken, 3. Die Lüge eines Mannes gegenüber seiner Frau, um etwas zu versprechen. [Ohne Angabe einer Quelle] [Auch bei Al-Buchari: „Mohammed lässt drei Arten von Lügen gelten: 1.) Beim Krieg, 2.) um unter der Bevölkerung Frieden zu stiften 3.) für den Familienfrieden"; Sahîh-i Buhârî [Diyanet-Ausgabe], Band 8 (1984, 7. Aufl.), S. 111, *hadis* 1156. Anm. d. Hrsg.]

27 Hüccetü'l İslâm Gazâlî: İhyâu 'ulûmi'd-dîn Tercümesi (1975), Band 2, S. 154

28 Hüccetü'l İslâm Gazâlî: İhyâu 'ulûmi'd-dîn Tercümesi (1975), Band 2, S. 76, 83 [Auf Seite 76 erklärt Al-Ghasali, dass die sexuelle Befriedigung des Mannes ihn von Sünden abhalte und er sich dadurch dem Gebet hingeben könne, was ihn ins Paradies führe. Anm. d. Hrsg.]

29 Hatemü'l Enbiyâ: Hazreti Mohamed ve Hayati (Diyanet-Ausgabe). Istanbul o.J. (Das Leben des heiligen Mohammeds).

Auf den Seiten 9 bis 13 wird bitter Klage gegen die gesamte nicht-islamische Welt geführt, um anschließend zu erklären, dass der Islam den Anspruch erhebt, die letzte Religion zu sein, die Gott den Menschen offenbart hat. Diyanet propagiert, dass die Situation der Frauen nicht nur in der arabischen Gesellschaft sondern auch bei Chinesen, Hindus, Christen verheerend gewesen sei. Die Frau sei als Eigentum und als Dienstmädchen benutzt worden. Jüdische Mädchen hätten auch in den Häusern ihrer Väter als Magd gedient und wurden nötigenfalls auch verkauft. Im Iran hätten die Anhänger Zarathustras ihre Mütter und Schwestern geheiratet. Die Welt habe auf einen Erretter gewartet. Dieser Erretter sei Mohammed bin Abdullah, der in Mekka auf die Welt kam.

30 Überlieferung aus El-Metalibül-Aliyetu', siehe Demircan: Cinsel Hayat (1986), Band I, S. 235

31 Demircan: Cinsel Hayat (1986), Band 1, S. 237

32 Demircan: Cinsel Hayat (1986), Band 1, S. 236

33 Demircan: Cinsel Hayat (1986), Band 1, S. 236; Hüccetü'l İslâm Gazâlî: İhyâu 'ulûmi'd-dîn Tercümesi (1975), Band 2, S. 150

34 Demircan: Cinsel Hayat (1986), Band 1, S. 238, 241; siehe auch Sahîh-i Buhârî [Diyanet-Ausgabe], Band 9 (1986, 9. Aufl.), S. 36; İmam Nevevî: Riyâzü's Sâlihîn (1974), S.232

35 Demircan: Cinsel Hayat (1986), Band 1, S. 240, 241

36 İmam Nevevî: Riyâzü's Sâlihîn (1974), S.233; . Sahîh-i Buhârî [Diyanet-Ausgabe], Band 11 (1983, 7. Aufl.), S. 335-336; Gazâlî: İhyâu 'ulûmi'd-dîn Tercümesi (1975), Band 2, S. 148

37 Gazâlî: İhyâu 'ulûmi'd-dîn Tercümesi (1975), Band 2, S. 81, 82

38 Gazâlî: İhyâu 'ulûmi'd-dîn Tercümesi (1975), Band 2, S. 81

39 Gazâlî: İhyâu 'ulûmi'd-dîn Tercümesi (1975), Band 2, S. 82, 83

40 Taberi: Milletler (1966), Band 2, S. 819

41 Mernissi: Beyond the Veil (1975), S. 1-2; Gazâlî: İhyâu 'ulûmi'd-dîn Tercümesi (1975), Band 2, S. 83

42 Gazâlî: İhyâu 'ulûmi'd-dîn Tercümesi (1975), Band 2, S. 79

43 İbn Hanbel, Müsned, Band 3, S. 80; Haddad / Smith: Women in the Afterlife (1975), S. 45; „Eine Frau darf nicht fasten, wenn der Ehemann es nicht erlaubt." Sahîh-i Buhârî [Diyanet-Ausgabe], Band 11 (1983, 7. Aufl.), S. 313, *hadis* 1818

44 Gazâlî: İhyâu 'ulûmi'd-dîn Tercümesi (1975), Band 2, S. 131

45 Islamische Gelehrte meinen, dass die Frauen jederzeit, also auch dann, wenn sie nicht ihre Menstruation haben, verpflichtet sind, den Mann mit der Hand zu befriedigen, er muss sich wohlfühlen. Es ist auch eine gute Tat, die Frau zu befriedigen. Gazâlî: İhyâu 'ulûmi'd-dîn Tercümesi (1975), Band 2, S. 131; Demircan: Cinsel Hayat (1986), Band II, S. 53

46 Siehe 3. Buch Mose (Levitikus), 18, 19: „Du sollst nicht zum Weibe gehen, solange sie ihre Krankheit hat, in ihrer Unreinigkeit ihre Blöße aufzudecken." (Das Alte Testament nach der deutschen Übersetzung D. Martin Luthers. Neu durchgesehen. Privilegierte Württembergische Bibelanstalt. Stuttgart Juni – C).

47 Hazleton: Israeli Women (1977), S. 49, 50, 52

48 Ein junger Mann kommt zu Mohammed und fragt: „Ich will keine Sünde begehen und befriedige mich deshalb selbst mit der Hand. Ist das Sünde?" Mohammed antwortet: „Eine Schande! Das ist sehr hässlich." Er erklärt weiter, dass junge ledige Männer Sklavinnen zur Frau nehmen sollten, bevor sie dazu gezwungen wären, sich mit der Hand zu befriedigen. Zwar würden die eventuell gezeugten Kinder dann auch Sklaven werden, aber außerehelicher Geschlechtsverkehr (*zina*) und sich mit der Hand zu befriedigen, seien schlimmer als das. Siehe Gazâlî: İhyâu 'ulûmi'd-dîn Tercümesi (1975), Band 2, S. 80

49 Sahîh-i Buhârî [Diyanet-Ausgabe], Band 6 (1984, 7. Aufl.), S. 272, *hadis* 915-916

50 Sahîh-i Buhârî [Diyanet-Ausgabe], Band 6 (1984, 7. Aufl.), S. 275, *hadis* 918

51 Demircan: Cinsel Hayat (1986), Band 1, S. 178; Sahîh-i Buhârî [Diyanet-Ausgabe], Band 6 (1984, 7. Aufl.), S. 273, *hadis* 916

52 Al-Kâtib (Al-Khatib): Miskatu'l-Meshabih (1960), Abschnitt 7, S. 427

53 Diyanet Dergisi, 1.11.1970, Nr. 3, S. 14

54 Aus Celâleddin es-Suyutî: Feth-ül Kebir. Seine Schriften werden als Veröffentlichung des Amtes für Religiöse Angelegenheiten unter der Bevölkerung verteilt. Siehe Diyanet Dergisi 1972, Band 11, Nr. 6, S. 338-342. Siehe außerdem Diyanet gazetesi [Zeitung des Amtes für Religiöse Angelegenheiten], 1. November 1970, Nr. 3, S. 14

55 Diyanet gazetesi [Zeitung des Amtes für Religiöse Angelegenheiten], 1. November 1970, Nr. 3, S. 14

56 Diyanet Dergisi, 1972, Band 10, Nr. 6, S. 338-342; Diyanet gazetesi [Zeitung des Amtes für Religiöse Angelegenheiten], 1. November 1970, Nr. 3, S. 14

57 Demircan: Cinsel Hayat. (1986), Band 1, S. 227-228

58 Demircan: Cinsel Hayat. (1986), Band 1, S. 193

59 Demircan: Cinsel Hayat. (1986), Band 1, S. 227

60 Er sagte z. B.: „Wer mit seiner Frau von hinten verkehrt, ist verflucht. Er ist weit davon entfernt, Gottes Segen zu erhalten. Gott betrachtet diejenigen, die mit der Frau von hinten verkehren, nicht wohlwollend." „Mit den Frauen von hinten zu

verkehren, ist eine ‘kleine Form’ der Homosexualität.“ Siehe Demircan: Cinsel Hayat (1986), Band I, S. 229

61 Demircan: Cinsel Hayat. (1986), Band 1, S. 229

62 Demircan: Cinsel Hayat. (1986), Band I, S. 216

63 Hüccetü‘l İslâm Gazâlî: İhyâu ‘ulûmi’d-dîn Tercümesi (1975), Band 2, S. 131

64 Hüccetü‘l İslām Gazâlî: İhyâu ‘ulûmi’d-dîn Tercümesi (1975), Band 2, S. 131, 187

65 Al-Kâtib: Miskatu’l-Meshabih, 1961, Band 2, S. 68-78; Demircan: Cinsel Hayat. (1986), Band 1, S. 182, 218, 227. Demircan schreibt: „Solange das Paar sich durch das Vermehrungsorgan vereinigt, ist die Form nach Belieben erlaubt.“

66 Demircan: Cinsel Hayat. (1986), Band I, S. 189; Hüccetü‘l İslām Gazâlî: İhyâu ‘ulûmi’d-dîn Tercümesi (1975), Band 2, S. 129

67 Demircan: Cinsel Hayat. (1986), Band I, S. 189

68 Überlieferung aus El-Metalibül-Aliyetu’, siehe Demircan: Cinsel Hayat (1986), Band I, S. 235

69 Hüccetü‘l İslâm Gazâlî: İhyâu ‘ulûmi’d-dîn Tercümesi (1975), Band 2, S. 129-130

70 Hüccetü‘l İslâm Gazâlî: İhyâu ‘ulûmi’d-dîn Tercümesi (1975), Band 2, S. 129-131

71 Hüccetü‘l İslâm Gazâlî: İhyâu ‘ulûmi’d-dîn Tercümesi (1975), Band 1, S. 130-131

72 Die Basmala (türk. *besmele*) ist die koranische einleitende Segensformel: „Im Namen des barmherzigen und gnädigen Gottes“. *Takbīr* meint das Aussprechen der Formel *allāhu akbar* (Gott ist groß). *Tehlil* meint das Aussprechen der Schahāda, der Formel lâ ilâha illallah (Es gibt keinen Gott außer Gott).

73 Sahîh-i Buhârî [Diyanet-Ausgabe], Band 11 (1983, 7. Aufl.), S. 303, *hadis* 1812. Wendet der Mann sich an Gott, wird das Kind vor teuflischem Unglück beschützt sein: „Wenn einer von euch mit seiner Frau geschlechtlich verkehren will und dabei sagt: ‘Bismillah Allahumma gannibna Asch-Schaitan, wa gannib Asch-Schaitana ma razaktana’ (Im Namen Allahs! O Allah, halte uns von Satan fern und halte Satan von dem fern, was du uns beschert hast!), falls sie ein Kind empfangen, wird es vom Satan keinen Schaden erleiden“.

74 Hüccetü‘l İslâm Gazâlî: İhyâu ‘ulûmi’d-dîn Tercümesi (1975), Band 2, S. 128, 129; Demircan: Cinsel Hayat (1986), Band I, S. 173-174

75 Hüccetü‘l İslâm Gazâlî: İhyâu ‘ulûmi’d-dîn Tercümesi (1975), Band 2, S. 129

76 Hüccetü‘l İslâm Gazâlî: İhyâu ‘ulûmi’d-dîn Tercümesi (1975), Band 2, S. 129

77 Demircan: Cinsel Hayat (1986), Band I, S. 193. Auch wenn diese *hadis* von Ibn-i Asâkar als „schwach“ [türk. *zayıf*] eingestuft wird, haben viele diesen Vers benutzt.

78 Die Überlieferung ist aus der Quelle: „Feyzül-Kadîr“ (I/326), siehe Demircan: Cinsel Hayat (1986), Band I, S. 190

79 Gazâlî: İhyâu 'ulûmi'd-dîn Tercümesi (1975), Band 2, S. 130; Dursun, Turan: Din bu Değil. Istanbul 1991, S. 124

80 Die Überlieferung „Wer sich am Freitag badet und seine Frau baden lässt, hat Gottes Segen" soll diese Bedeutung haben. Hüccetü'l İslâm Gazâlî: İhyâu 'ulûmi'd-dîn Tercümesi (1975), Band 2, S. 130

81 Gazâlî: İhyâu 'ulûmi'd-dîn Tercümesi (1975), Band 2, S. 130

82 Gazâlî: İhyâu 'ulûmi'd-dîn Tercümesi (1975), Band 2, S. 132

83 Hüccetü'l İslâm Gazâlî: İhyâu 'ulûmi'd-dîn Tercümesi (1975), Band 2, S. 111

84 Hüccetü'l İslâm Gazâlî: İhyâu 'ulûmi'd-dîn Tercümesi (1975), Band 2, S. 111

85 Hüccetü'l İslâm Gazâlî: İhyâu 'ulûmi'd-dîn Tercümesi (1975), Band 2, S. 111

86 Hüccetü'l İslâm Gazâlî: İhyâu 'ulûmi'd-dîn Tercümesi (1975), Band 2, S. 116, 117; siehe auch Sure 4, Vers 119

87 Safiyya ist eine dieser Frauen, die er vorzog und dann fallen ließ. Er zog vor allem Aischa, zeitweise auch Maria und Zaynab, vor. Siehe İbn Sa'ad: Tabakat Al-Kabir, 1905-1910, Band 8, S. 49, 81, 117, 122, 141

88 Sahîh-i Buhârî [Diyanet-Ausgabe], Band 12 (ohne Jahr, 8. Aufl.), S. 69, *hadis* 1915; siehe İbn Sa'ad: Tabakat Al-Kabir (1967), Band 1, S. 25, Band 2, S. 24

89 Sahîh-i Buhârî [Diyanet-Ausgabe], Band 11 (1983, 7. Aufl.), S. 17-23

90 Malik: Wives of the Prophet (1977), S. 158; İbn Sa'd: age. S. 120-123; Mernissi: Beyond the veil (1975), S. 21, S. 300

91 Sahîh-i Buhârî [Diyanet-Ausgabe], Band 11 (1983, 7. Aufl.), S. 289; Sahîh-i Buhârî [Diyanet-Ausgabe], Band 10 (1985, 7. Aufl.), S. 29-31, *hadis* 1536 und S. 32-33, *hadis* 1538; Sahîh-i Buhârî [Diyanet-Ausgabe], Band 9 (1986, 9. Aufl.), S. 404

92 Sahîh-i Buhârî [Diyanet-Ausgabe], Band 10 (1985, 7. Aufl.), S. 29-31, *hadis* 1536 und Band 9 (1986, 9. Aufl.), S. 404

93 Sahîh-i Buhârî [Diyanet-Ausgabe], Band 1 (1984, 8. Aufl.), S. 225-226, *hadis* 211

94 Sahîh-i Buhârî [Diyanet-Ausgabe], Band 12 (ohne Jahr, 8. Aufl.), S. 69, *hadis* 1915

95 Ibn Hanbel: Müsned (1313), Band 3, S. 30; Vakidî: Kitab al-Magazi (hrsg. von Keremer), S. 336; Cahîz: Kitabu'l Mahasîn, Leiden 1898, S. 349

96 Sena, Cemil: Hazreti Muhammed'in Felsefesi (1979), S. 444

97 Hüccetü'l İslâm Gazâlî: İhyâu 'ulûmi'd-dîn Tercümesi (1975), Band 2, S. 118

98 Sahîh-i Buhârî [Diyanet-Ausgabe], Band 11 (1983, 7. Aufl.), S. 218, *hadis* 1759

99 Gazâlî: İhyâu 'ulûmi'd-dîn Tercümesi (1975), Band 2, S. 117

100 Gazâlî: Kimyâ'yı Saâdet (1979), S. 178; Gazâlî: İhyâu 'ulûmi'd-dîn Tercümesi (1975), Band 2, S. 119; Sahîh-i Buhârî [Diyanet-Ausgabe], Band 11 (1983, 7. Aufl.), S. 305

101 Gazâlî: Kimyâ'yı Saâdet (1979), S. 178

102 Gazâlî: Kimyâ'yı Saâdet (1979), S. 177-178
103 Mohammed bin Şeneb (Cheneb): Proverbes Arabes de l'Algerie et du Magreb. Paris 1906, Band 2, S. 27, 66, 246
104 Hüccetü'l İslâm Gazâlî: İhyâu 'ulûmi'd-dîn Tercümesi (1975), Band 2, S. 117
105 Hüccetü'l İslâm Gazâlî: İhyâu 'ulûmi'd-dîn Tercümesi (1975), Band 2, S. 117
106 Hüccetü'l İslâm Gazâlî: İhyâu 'ulûmi'd-dîn Tercümesi (1975), Band 2, S. 111-123
107 Gazâlî: İhyâu 'ulûmi'd-dîn Tercümesi (1975), Band 2, S. 117
108 Gazâlî: İhyâu 'ulûmi'd-dîn Tercümesi (1975), Band 2, S. 116-117; siehe auch insgesamt den Abschnitt „Kitabu Ạdabi'n-Nikah" in Gazâlî: İhyâu 'ulûmi'd-dîn Tercümesi (1975), Band 2, S. 60-155
109 Gazâlî: İhyâu 'ulûmi'd-dîn Tercümesi (1975), Band 2, S. 122
110 Siehe Asaad, Fakir Muhammed: Ahlak-i Celali. Übersetzt von W.F. Thomson. London 1938, S. 269; Sahîh-i Buhârî [Diyanet-Ausgabe], Band 11 (1983, 7. Aufl.), S. 267-268, *hadis* 1795
111 Hüccetü'l İslâm Gazâlî: İhyâu 'ulûmi'd-dîn Tercümesi (1975), Band 3, S. 231

Verschleierung: Die Frau unkenntlich machen

Es gibt keine andere Gesellschaft auf der Welt, die Frauen in derart primitive, hässliche Kleidung gezwungen hätte, wie es die von der Scharia geprägten Gesellschaften taten. Die Scharia hat dafür gesorgt, dass die Frauen, wie in einen Sack in den *çarşaf*, den Tschador, die Burka oder andere Formen des Körperschleiers gesteckt werden und es ihnen nur als „Gespenst“ erlaubt ist, vor die Tür zu treten. Die Scharia hat die Frauen in die Häuser wie in ein Grab eingeschlossen. Nur die Scharia befiehlt, Männer und Frauen in solch strenger Weise voneinander zu trennen.

In den islamischen Ländern werden die Mädchen auch heute noch ab ihrem sechsten Lebensjahr von den Jungen getrennt (Ausnahmen gab es hier bisher in den großen kosmopolitischen Städten dieser Länder). Wenn es eine Schule gibt, dann wird das Mädchen nur in eine Schule geschickt, in der die Geschlechter getrennt werden. Mit elf Jahren wird sie dann in den Schleier gesteckt und verbringt ihr restliches Leben unter diesem geschmacklosen, die eigene Persönlichkeit vernichtenden Kleidungsstück.

Sogar in der Türkei, in der die Menschen durch Atatürk von dem religiösen Druck und der Rückständigkeit befreit wurden, erwacht das Denken der Scharia und antiquierte Vorstellungen haben wieder Zulauf. In anderen Ländern, die nicht das Glück hatten, eine Säkularisierung zu erfahren, ist dieses Denken ohne Unterbrechung fortgesetzt worden. Dieses Denken steht auch nicht, wie behauptet wird, mit Armut oder wirtschaftlicher Unterentwicklung in Zusammenhang, es hat nur mit der Verbohrtheit der Scharia zu tun. In jedem Land, in dem die Scharia praktiziert wird, seien die Menschen auch noch so reich, wird die Frau erbarmungslos weggesperrt. Saudi-Arabien z. B. ist durch sein Erdöl eines der reichsten Länder der Welt, aber man ist Meister darin, der Frau die Welt zu einem Kerker zu machen. Die Mädchen werden ab dem sechsten Lebensjahr von den Jungen getrennt und gehen in eigene Schulen. An den Universitäten ist es das Gleiche und die Studentinnen dürfen nicht von einem männlichen Professor unterrichtet werden. Gibt es keine Professorinnen, folgen sie der Vorlesung über einen Bildschirm und müssen zu einem Telefon greifen, falls sie Fragen an diesen haben. Nur einmal in der Woche dürfen sie in die Bibliothek; während sie dort sind, darf kein Student eintreten.[1] Frauen dürfen nicht Auto fahren und in ganz Saudi-Arabien gibt es weder ein Theater, noch ein Kino, einen Konzertsaal oder eine Diskothek. Nichts. Nur damit Mann und Frau nicht zusammen kommen.

In vielen anderen muslimischen Ländern ist die Lage mehr oder weniger gleich. Nach der Trauung muss die Frau ihr Leben innerhalb der vier Wände ihrer Behausung fortführen. Die Pflicht des Mannes ist es, aufzupassen, dass sie nicht auf die Straße geht, nicht mit den Nachbarn, Fremden redet. Falls er ihr erlaubt hinauszugehen, muss sie bis zur Unkenntlichkeit verkleidet sein und darf nur an Orte gehen, an denen sich keine Männer aufhalten. Die islamischen Gelehrten, Imame und Hodschas, verteidigen den Islam, auch was dieses Thema betrifft, in ihrem üblichen blinden Gehorsam.

Zeitgenössische muslimische Autoren behaupten allerdings, dass es im Islam keinen Zwang zur Verschleierung gebe, dass der Koran keine solche Bestimmung enthalte. Die Verschleierung stamme aus dem Islam fremden Traditionen und Kulturen, wie denen im Iran, in Indien oder Byzanz.[2] Mohammed habe die Frau schützen wollen und ihr daher zwar befohlen, sich zu bedecken, aber maßvoll, und er habe sie auch nie dazu gezwungen, einen Schleier oder den Gesichtsschleier zu tragen. Dem Autor Habib Ibrahim Katibah gilt als Beweis hierfür, dass die Frauen im 17. Jahrhundert bei den Hochzeitsfeiern in der syrischen Stadt Hama mit den Männern noch gemeinsam gefeiert hätten. Die Verschleierung sei ihnen unbekannt gewesen, sie hätten ihre Schönheit und ihren Schmuck gezeigt. Auch die Frauen des 18. Jahrhunderts seien geschminkt und mit Schmuck zur Moschee gegangen. Dass der Schleier keine Erfindung des Islams sei, könne man heute noch beobachten, denn je mehr man sich im Osten der syrischen Grenze nähere, und je näher man dem Iran, Aserbaidschan, Afghanistan und dem islamischen Indien käme, desto häufiger sehe man verschleierte Frauen.[3]

Andere die Tradition des Islams rechtfertigende und beschönigende Autoren und Autorinnen schreiben, dass diese Tradition erst durch die Auswanderung von Mekka nach Medina entstanden sei. In Mekka hätten sich die Frauen angezogen, wie sie wollten. Jeder kannte jeden und von daher habe es niemanden gegeben, der eine freie Frau belästigte. Erst in Medina seien die freien Frauen belästigt worden. Als Ursache wird ausgemacht, dass angeblich die männlichen Einwohner der Stadt die freien Frauen von den Sklavinnen nicht unterscheiden konnten. Deshalb habe Mohammed den Frauen befohlen, sich so zu kleiden, dass sie nicht erkennbar waren.[4]

Diese Behauptungen sind nicht haltbar. Auch wenn Wörter wie *başörtüsü* [Kopftuch], *çarşaf* [Körperschleier] oder *peçe* [Gesichtsschleier] im Koran nicht vorkommen, ist den Frauen doch vorgeschrieben worden, sich so zu bedecken, dass sie niemand erkennt. Die Verschleierung der Frau bis zur Unkenntlichkeit, das Einsperren der Frau ins Haus und das Fernhalten vom anderen Geschlecht ist weder aus Byzanz, dem Iran, aus Indien noch von den Türken übernommen worden. Die Verschleierung ist auch nicht entstanden, weil die Mekkaner oder die Medinenser Frauen belästigt hätten. Es gab zwar sehr viel Streit mit den Mekkanern, aber der Grund hierfür lag eher darin, dass Mohammed wollte, dass diese ihm gehorchen und gegen eine solche Anmaßung leisteten die Mekkaner natürlich Widerstand. Und angenommen, die Männer in Medina hätten die Frauen belästigt, wäre dann nicht die Lösung gewesen, diese Belästigung zu unterbinden, statt die Frau auf eine Weise einzuhüllen, als würde man sie in einen Kerker sperren? Es kann nicht Gottes Wille sein, das Leben der Frau zur Hölle zu machen, um dem unzivilisierten Verhalten des Mannes zu genügen.

Die drei Phasen der Übernahme der Verschleierung

Die Verse, welche die diesbezüglichen Verbote und Gebote beinhalten, werden „Hidschab" [arab. ḥ*iǧāb*, Vorhang] genannt: Die Sure 33, Vers 33, 53, 55 und 59 und Sure 24, Vers 31 sind Beispiele. Alle Verse des Korans, die mit dem Hidschab in Zusammenhang stehen, wurden Mohammed angeblich in drei Phasen offenbart. Der Vers der ersten Phase lautet:

Sure 33, Al-Ahzāb (Die Gruppen), Vers 59
Prophet! Sag deinen Gattinnen und Töchtern und den Frauen der Gläubigen, sie sollen (wenn sie austreten) sich etwas von ihrem Gewand (über den Kopf) herunterziehen. So ist es am ehesten gewährleistet, daß sie (als ehrbare) Frauen erkannt und daraufhin nicht belästigt werden.

Wie Sie lesen, entbehren alle Behauptungen, dass der Koran einen solchen Befehl zur Verschleierung gar nicht oder nur für die Frauen Mohammeds enthalte, jeglicher Grundlage. Sowohl die Frauen Mohammeds als auch die Frauen der Gläubigen sollen sich so anziehen, dass sie nicht erkannt werden, laut den Überlieferungen nicht einmal an ihrem Umriss.[5]

Die zweite Phase bezieht sich auf die Verse, die Mann und Frau voneinander trennen und ihnen jeglichen Kontakt verbieten. Diese Verse bilden die Basis für die Geschlechtertrennung im Islam und die Idee des Harem. Im Koran:

Sure 33, Al-Ahzāb (Die Gruppen), Vers 53
Ihr Gläubigen! [...] Und wenn ihr die Gattinnen des Propheten (w. sie) um (irgend) etwas bittet, das ihr benötigt, dann tut das hinter einem Vorhang!

Die dritte Phase der „Hidschab"-Bestimmungen führte das Verbot für Frauen ein, sich außerhalb des Hauses zu bewegen, andere anzuschauen, ihren „Schmuck" zu zeigen (außer ganz bestimmten Familienangehörigen):

Sure 24, An-Nūr (Das Licht), Vers 31
Und sag den gläubigen Frauen, sie sollen (statt jemand anzustarren, lieber) ihre Augen niederschlagen, und sie sollen darauf achten, daß ihre Scham bedeckt ist (w. sie sollen ihre Scham bewahren), den Schmuck, den sie (am Körper) tragen, nicht offen zeigen, soweit er nicht (normalerweise) sichtbar ist, ihren Schal sich über den (vom Halsausschnitt nach vorne heruntergehenden) Schlitz (des Kleides) ziehen und den Schmuck, den sie (am Körper) tragen, niemand (w. nicht) offen zeigen, außer ihrem Mann, ihrem Vater, ihrem Schwiegervater, ihren Söhnen, ihren Stiefsöhnen, ihren Brüdern, den Söhnen ihrer Brüder und ihrer Schwestern, ihren Frauen (d. h. den Frauen, mit denen sie Ungang pflegen?), ihren Sklavinnen [...] den männlichen Bediensteten (w. Gefolgsleuten), die keinen (Geschlechts)trieb (mehr) haben, und den Kindern, die noch nichts von weiblichen Geschlechtsteilen wissen.

In der Sure 33, Al-Ahzāb (Die Gruppen), Vers 33 sagt er:
Und bleibt in eurem Haus [...] putzt euch nicht heraus, wie man das früher im Heidentum zu tun pflegte

Eine Ausnahme wird in Sure 24, Vers 60 gemacht, der sich auf die älteren Frauen bezieht, denen Mohammed aufgrund ihres hohen Alters keine weiteren Ehen mehr zutraut und die sich daher auch nicht mehr verschleiern müssen. Bedenkt man, dass Mohammed als Mann von über 50 Jahren die sechsjährige Aischa ehelichte, kann diese Bestimmung nur als zynisch und verächtlich gegenüber älteren Frauen bezeichnet werden. Der Vers verdeutlicht Mohammeds Sicht auf die Frauen:

Sure 24, An-Nūr (Das Licht), Vers 60
Und für diejenigen Frauen, die alt geworden sind (w. die sich (zur Ruhe) gesetzt haben), und nicht (mehr) darauf rechnen können, zu heiraten, ist es keine Sünde, wenn sie ihre Kleider ablegen, soweit sie sich (dabei) nicht mit Schmuck herausputzen.

Mohammed gelang es, bei den Menschen muslimischer Gesellschaften ein Bewusstsein zu schaffen, das die Verschleierung anerkennt und für notwendig hält, da sie von der Moral her erforderlich sei und der Verhinderung von Unzucht (*zina*) sowie einem friedvolleren Miteinander diene. Der Grund für die Verschleierung ist jedoch wesentlich einfacher, um nicht zu sagen in höchstem Maße primitiv.

Die Ursache der Verschleierung: Die Eifersucht Mohammeds

Die einzige reale Ursache der Verschleierung, des Verkleidens von Frauen, ist die Eifersucht Mohammeds, die er durch den Koran und die Überlieferungen zum Gesetz machte. Mohammed erklärte die Eifersucht nicht zu einem Gefühl, das gebremst werden muss, sondern machte aus diesem Gefühl eine religiöse Tugend, indem er sagte: „Gott liebt manche Eifersüchteleien“[6] und „Natürlich bin ich eifersüchtig, wer nicht eifersüchtig ist, hat ein verkehrtes Herz“.[7] Durch sein Beispiel bestärkte er die Männer nicht nur in diesem Gefühl, er lehrte sie auch, es zu entwickeln, er prahlte sogar damit, der eifersüchtigste Mann auf Erden zu sein. Als er von der Eifersucht Sa‘d ibn ‚Ubadas, einem der Ansar, hörte, sagte er: „Erstaunt euch die Eifersucht von Sa‘d? Nein, es soll euch nicht erstaunen, denn Gott und ich, wir beide sind noch viel eifersüchtiger als er; und Gott ist eifersüchtiger als ich.“[8]

Mohammed konnte es nicht ertragen, Männer und Frauen zusammen zu sehen, und er hat es Männern und Frauen verboten sich anzuschauen.[9] Auch im Koran finden sich die Spuren seiner Eifersucht:

Sure 24, An-Nūr (Das Licht), Vers 30
Sag den gläubigen Männern (sie sollen, statt jemand anzustarren, lieber) ihre Augen niederschlagen, und sie sollen darauf achten, daß ihre Scham bedeckt ist (w. sie sollen ihre Scham bewahren)

Sure 24, An-Nūr (Das Licht), Vers 31
Und sag den gläubigen Frauen (sie sollen, statt jemand anzustarren, lieber) ihre Augen niederschlagen, und sie sollen darauf achten, daß ihre

Scham bedeckt ist (w. sie sollen ihre Scham bewahren), den Schmuck, den sie (am Körper) tragen, nicht offen zeigen

Als Mohammed einmal zur Bevölkerung sprach, sah er eine schöne Frau unter ihnen und merkte, dass ein junger Mann sich zu ihr setzte und sie ansah. Er unterbrach seine Rede, ging zu dem jungen Mann, fasste ihn an seinem Bart und drehte seinen Kopf in die andere Richtung. Dann ging er wieder zu seinem Platz und führte seine „heilige" Rede zu Ende.[10] Solche Eingriffe nahmen manchmal unbegreifliche Ausmaße an und seine Eifersucht mündete in einigen Fällen sogar in schiere Grausamkeit.

– So schaute Muhannes, der das Gefühl, ein Mann zu sein, nicht kannte [wahrscheinlich ein Transvestit oder Transsexueller, Anm. d. Hrsg.], zu lange fasziniert eine hässliche Frau an und wurde deshalb von Mohammed verbannt.[11]

– Wegen des *al-ifk* (der Zweifel) genannten Ereignisses fühlte Mohammed sich durch seine Frau Aischa beleidigt. Dabei werden Abdallah ibn Ubayy und Mıstah ibn Uthatha als die Hetzer gegen die Muslime, als die Anstifter des bösen Geredes über Aischa dargestellt (vgl. S. 325). Mıstah wurde geblendet und Safwan ibn al-Muattal schickte er in den Krieg, dessen gewiss, dass er dort getötet würde. Hasan, der von Maria (der Sklavin Mohammeds) bezichtigt wurde, die Gerüchteküche angefeuert zu haben, wurde auf Veranlassung Mohammeds, ohne den Vorwurf noch einmal auf seinen Wahrheitsgehalt geprüft zu haben, geblendet (allerdings ist dies nicht sicher, nach einer anderen Darstellung wurde ihm verziehen).[12]

– Der Jude Al-Usair Ibn Rāzim (oder Rizam) hatte von Haibar aus die Banu Gatafān zu einem Angriff auf Medina ermuntert. Er wurde heimtückisch ermordet.[13]

– Mohammed veranlasste den auf sehr grausame Weise ausgeführten Mord am Dichter Ka'b ibn al-Aschraf im Jahr 624 in Medina.[14] [Dieser hatte Schmähgedichte über die Muslime und den Propheten verfasst. Um diesen Mord zu legitimieren gab er vor, der Dichter habe mit seinen Gedichten die muslimischen Frauen belästigt. Anm. d. Hrsg.]. Dies sind nur einige Beispiele aus Mohammeds Leben. Seine grenzenlose Eifersucht war es auch, die ihn dazu brachte, seinen Ehefrauen die Freiheit zu nehmen, ihre Bekleidung frei wählen zu dürfen. Die Frau hatte sich von Kopf bis Fuß zu bedecken und unkenntlich zu machen. Eine Überlieferung von Aischa lautet: „Ich schwöre, der Gesandte Gottes führte das Morgengebet und die gläubigen Frauen warteten von Kopf bis Fuß bedeckt mit *mırt* [ein Tuch speziell für Frauen, das der Bedeckung des gesamten Körpers dient] und gingen danach nach Hause. Weil es noch nicht ganz hell war und sie gut bedeckt waren, konnte sie niemand erkennen.“[15]

Der Islam geht in seiner Frauenfeindlichkeit so weit, dass er den gesamten Körper der Frau zu etwas erklärt, für das sie sich zu schämen, das sie zu verbergen hat. Es gibt zahlreiche Überlieferungen, die aussagen, das alles an der Frau *avret* sei, von den Haar- bis zu den Zehenspitzen [türk. *avret*, bedeutet „Schamteil“, „Schamgegend“, auch „verboten“; im religiösen Recht alle Stellen der Frau, die nicht gezeigt werden dürfen, Anm. d. Hrsg.] Die Rechtsgelehrten asch-Schafii, Ibn Hanbal und Malik ibn Anas, die Begründer der schafiitischen, der hanbalitischen und der malikitischen Rechtsschule, vertreten die Auffassung, dass auch die Füße der Frauen *avret* seien. Deshalb würden auch die Gebete einer Frau, die mit nackten Füßen betet, nicht angenommen, da die Gebete „unrein“ seien: „Eine Frau, die barfuß betet, muss das Gebet zurückgeben.“[16] In der Diyanet-Ausgabe des *Sahih al-Buchari* heißt es: „laut einer Überlieferung von Abu Davud, die er in seinem *al-Musnad* wiedergibt, sagte unser Herr Gesandter Gottes Mohammed zu seiner Frau Asma: ‘Oh Asma, wenn die Frau in die Pubertät kommt, darf von ihr nur das gesehen werden.’ Dann wies er auf seine heiligen Hände und sein Gesicht.“[17] Auch diese Überlieferung zeigt, dass es einer geschlechtsreifen Frau verboten ist, ohne Schleier zu gehen.

Diese und ähnliche Bestimmungen führte Mohammed mithilfe der Offenbarungen Gottes sicher immer dann ein, wenn er besonders eifersüchtig oder verärgert war. So etwa als er sich im fünften Jahr der Auswanderung von Mekka nach Medina in Zaynab, die Frau seines Adoptivsohnes Zayd Ibn Harithah, verliebte, als es Gerede gab, ob Aischa mit Safwan ibn al-Muattal Geschlechtsverkehr gehabt hätte (vgl. S. 324-326), oder als Umar beanstandete, dass er die Frauen Mohammeds erkenne, wenn sie, um ihre Notdurft zu verrichten, das Haus verließen[18] (siehe S. 270) Den Vers der zweiten Phase, in dem vorgeschrieben wird, dass die Gläubigen von Mohammeds Frauen nur hinter einem Vorhang verborgen etwas erbitten sollen (Sure 33, Vers 53), offenbarte er, weil er verhindern wollte, dass ihm das, was ihm selbst mit Zaynab widerfahren war, auch mit seinen Frauen passieren könnte: Mohammed hatte seinen Adoptivsohn Zayd besucht und war in dessen Haus eingetreten, ohne sich anzukündigen. Er überraschte Zaynab beim Baden und sah sie für einen kurzen Moment nackt, was sein Begehren weckte.

Mohammed, der seinem Gefühl der Eifersucht nicht entgegentrat, sondern im Gegenteil durch sein Vorbild die Eifersucht zu einer religiösen Tugend und Notwendigkeit machte, sagte: „Um nicht eifersüchtig zu werden, darf man die Frau nicht in Berührung mit Männern kommen lassen und darf ihr nicht erlauben, auf der Straße spazieren zu gehen", und seiner Tochter Fatima brachte er bei, dass es das Segenreichste für eine Frau sei, wenn sie keine fremden Männer sieht und keine fremden Männer sie sehen.[19] Man muss also dafür sorgen, dass die Frauen von Kopf bis Fuß bedeckt sind und dabei darauf achten, dass sie hässliche und schlechte Kleidung tragen, denn dann beachten die Männer sie nicht. Sein Gefolge wiederholte diese Weisheit, wobei Umar ibn al-Chattab, der zweite der Kalifen des Islams, sich an diese Bestimmungen mit besonderer Sorgfalt hielt. Mohammed hat so die Frau und ihre Persönlichkeit, ihre Freiheit und ihr Dasein als Mensch wegen seiner eigenen Eifersucht der Gewalttätigkeit der Männer preisgegeben, hat sie geopfert, nur um die Ruhe des Mannes zu gewährleisten. Dazu kommt, dass die Männer verwilderten, da sie keinen Anlass sahen, sich dieser von Gott legitimierten Eigenschaft entgegenzustellen. Mann und Frau entwickelten sich aufgrund des fehlenden Kontaktes zueinander intellektuell und gefühlsmäßig zurück.

Mohammed hat in den ersten Jahren seines Prophetentums keinen Gedanken an die Verschleierung verschwendet. Solange Chadidscha noch lebte, hätte Mohammed einen solchen Befehl nicht geben können. Sie hätte ihn nicht akzeptiert und er dachte wohl auch, weil sie viel älter war als er, es bestünde für ihn kein Grund zur Eifersucht. Aber nach ihrem Tod heiratete er junge, hübsche Frauen, und nun war er der Ältere. Dass Mohammed die Verschleierung der Frau bis zur Unkenntlichkeit erst nach der Auswanderung nach Medina, der Hedschra, also 15 Jahre nachdem er sich zum Propheten erklärt hatte, einführte, zeigt eine Überlieferung von Aischa. Sie berichtet, dass sich die Muslime, die nach Medina kamen, an einer Typhus-Epidemie ansteckten. Bei einem Besuch der Kranken wird sie von einem ehemaligen Sklaven ihres Vaters erkannt. Aischa: „Damals war uns kein Zwang für die Bedeckung auferlegt worden."[20] Dass er erst in der zweiten Phase seines Prophetentums sehr streng auf die Verschleierung der Frauen achtete, belegen auch Überlieferungen, die von seinen Kriegszügen berichten, die er erst unternahm, als er nach Medina umgesiedelt war.

Ein Ereignis, genannt *al-ifk* [der Zweifel], das seine Eifersucht aufs Äußerste angefacht hatte, bestärkte ihn sicher auch in seinem Gefühl des Misstrauens den Frauen gegenüber und darin, diese noch mehr kontrollieren zu müssen und sie zu diesem Zwecke auch zu verschleiern: Mohammed hatte seine jüngste Frau, Aischa, in den Krieg gegen die *Banu Mustaliq* mitgenommen. Aischa, die bei einer Rast ihre Ruhestätte mit der Begründung, sie wolle ihre verlorene Halskette suchen, verlassen hatte, blieb an dem Rastplatz zurück, als das Heer überraschend aufbrach. Am nächsten Morgen schloss sie, gemeinsam mit dem jungen Safwan ibn al-Muattal auf, der ebenfalls hinter dem Heer zurückgeblieben war und Aischa am Rastplatz gefunden hatte. Die Tatsache, dass Aischa eine zeitlang ohne Dritte unbeaufsichtigt mit einem Mann verbracht hatte, löste Gerede aus, das Mohammeds Position als Prophet in Gefahr hätte bringen können, wäre es ihm nicht gelungen, rechtzeitig Verse zu offenbaren, die Aischas Unschuld bewiesen.[21] Nämlich Sure 24, Verse 2-26, die sich auf *al-ifk* beziehen sollen, und die heute noch das rechtliche Vorgehen bei einer Anklage wegen Unzucht (*zina*) regeln. (Eine ausführliche Version von *al-ifk* finden Sie auf S. 324-326). Eine weitere Überlieferung, die belegt, dass er erst in späterer Zeit streng auf die Verschleierung der Frauen achtete, ist Folgende: Auf dem Rückweg von einem seiner Kriegszüge wurde Mohammeds Kamel durch etwas am Weg erschreckt, so dass Mohammed und seine Frau Safiyya bint Huyayy herunterfielen. Abu Talha, einer seiner Krieger, wollte Mohammed helfen, aber dieser befahl ihm: „Pass auf die Frau auf!" Abu Talha ging zu Safiyya, die beim Fallen ihr Tuch verloren hatte und bedeckte sie rasch mit seinem Tuch, um sie vor seinem Blick und den Blicken anderer zu schützen. Erst dann half er ihr, wieder auf das Kamel zu steigen.[22] Historisch bekannt ist auch die Tatsache, dass, als Mohammed befahl, den „Götzen" der Thaqif zu zerstören, die Frauen dieses Stammes zu ihm kamen, um ihre Trauer in Gedichten vorzutragen; sie hatten dabei offene Gesichter.[23]

Der Befehl Mohammeds an die Frauen, sich dermaßen streng zu verschleiern, legt offen, dass er die männlichen Gläubigen als schwache Charaktere ansieht, die sich ihrer Gefühle nicht erwehren können; Männern wird grundsätzlich unterstellt, dass sie über Frauen herfallen würden, sobald sich die Gelegenheit böte. Mohammed hatte kein Vertrauen in die Menschen und in die menschliche Vernunft. Die Idee, dass der Mensch durch Bildung zivilisiert werden kann und Gefühle wie Eifersucht und sexuelle Begierde beherrschen kann, ist ihm fremd. Er erkennt nicht, dass er mit der Verschleierung, und damit, dass er Mann und Frau voneinander trennt, diese einander entfremdet. Er erkennt nicht, dass er die Menschen auf diese Weise nicht zivilisieren und sie nicht von ihrer Eifersucht befreien kann. Er denkt sich lediglich eine Maßnahme aus, die der Befriedigung und Beruhigung des Mannes dient.

Das Ergebnis ist das, was „Islamgelehrte" wie Al-Ghasali weitergeben: „Um nicht eifersüchtig zu werden, darf man die Frau nicht in Berührung mit Männern kommen lassen und darf ihr nicht erlauben, auf der Straße spazieren zu gehen.“[24] Der Frau ist es daher auch verboten, wenn ihr Ehemann nicht zu Hause ist, einen Mann, auch keinen Verwandten, mit in das Haus zu nehmen, da die Seelenruhe ihres Ehemannes davon abhängt.[25] Laut einer Überlieferung, die wir im *Sahih al-Buchari* des Diyanet finden, dürfen Frauen nicht einmal mit den engsten männlichen Verwandten des Ehemannes, wie dem Großvater, dem Vater, den Brüdern und den Söhnen anderer Frauen des Ehemannes zusammen sein. Die Frau darf selbst in ihrem eigenen Haus außer mit ihrem Vater, ihrem Großvater und ihren Söhnen mit keinem männlichen Verwandten alleine in einem Raum sein, denn sie sind *mahrem* [verboten].[26]

Die Umstände, die die Befehle zur Verschleierung mit sich brachten, nehmen in der Überlieferung, die schildert, was Mohammeds Frau Sauda geschah, als sie das Haus verlassen wollte, um ihre Notdurft zu verrichten, schon fast lächerliche Dimensionen an. Umar ibn al-Chattab, der spätere zweite der rechtgeleiteten Kalifen (ermordet 644), wurde, um sich wichtig zu machen, nicht müde, Mohammed darum zu bitten, dass er seinen Frauen befiehlt, sich ausreichend zu bedecken, da viele Menschen ins Haus kämen. Er wollte, dass Mohammeds Frauen sich noch mehr als andere Frauen bedecken, so weitgehend, dass von ihnen nicht der Schatten eines Umrisses zu erkennen sei. Einen Tag nachdem der benötigte Vers [Sure 33, Vers 59] von Mohammed offenbart worden war, beschwerte Umar sich bereits über Sauda, als sie hinausgehen wollte, um ihre Notdurft zu verrichten. Damals waren die Toiletten nicht im Haus und man begab sich in angemessene Entfernung außerhalb des Hauses und manchmal wurde man dabei natürlich gesehen. Da Sauda eine große, dicke Frau war, konnte sie jeder leicht identifizieren. Umar ibn al-Chattab sah sie und erlaubte ihr nicht hinauszugehen. Aischa erzählt:

Gottes Gesandter war in meinem Zimmer beim Abendessen, in seiner Hand ein Knochen mit Fleisch. In dieser Situation trat Sevde [Sauda] *ein und sagte „Oh Gottes Gesandter! Ich wollte raus gehen, um meine Notdurft zu verrichten. Umar hat zu mir gesagt: ‘Sevde* [Sauda], *wisse! Ich schwöre, du bist nicht unerkannt geblieben, wie kannst du es wagen, nach draußen zu gehen.’“ Daraufhin sandte Gott eine Offenbarung. Nachdem er die Offenbarung empfangen hatte, stand Mohammed mit dem Knochen in der Hand auf und sagte zu Sevde* [Sauda]*: „Gott hat euch Frauen erlaubt, für eure Notdurft hinaus zu gehen“.*[27]

Wie Sie sehen, ist für den Scharia-Anhänger die beste Frau die Frau, die nicht auf die Straße geht, keinen anderen Mann sieht und dadurch ihrem

Mann bezüglich seiner Eifersucht oder der Angst, er könnte seine Ehre verlieren, ein Gefühl der Erleichterung, der Beruhigung gibt.

Mohammed erdachte sich alles Mögliche, nur um der Frau zu verleiden hinauszugehen: Ihr wurde verboten sich zu schminken, sich die Haare im Gesicht zu entfernen und die Augenbrauen zu zupfen oder ihren Schmuck zu tragen.[28]

Auch die Erlaubnis, in die Moschee zum Gebet gehen zu dürfen, muss der Mann der Frau erst erteilen. Es heißt zwar: „Wenn eure Frauen um Erlaubnis bitten, zum Beten zu gehen, dann erlaubt das."[29] Der Mann ist aber nicht dazu verpflichtet, diese Erlaubnis zu erteilen. In den Sammlungen von Al-Buchari und Muslim ibn al-Hadschadsch finden wir folgende Überlieferung, die Frauen dazu verurteilt, alleine in ihren vier Wänden zu beten: „Für die Frauen ist ein zu Hause verrichtetes Gebet besser als ein Gebet in der Moschee."[30] Bei Al-Ghasali finden wir folgenden Hinweis: „Die Frau ist dem Einverständnis Gottes am nächsten, wenn sie an dem abgeschiedensten, verborgensten Platz des Hauses betet. Ihr Gebet auf dem *sahanlık* [ein etwas größerer Treppenabsatz, oft auch überdacht, an traditionellen Häusern, Anm. d. Hrsg.] ist besser als in der Moschee, im Haus zu beten, ist besser als auf dem *sahanlık*, im Zimmer des *haram* [dem nicht offenen Bereich des Hauses] zu beten, ist besser als im Haus."[31] Hingegen heißt es für die Männer: „Ein mit der Gemeinde vollzogenes Gebet ist so viel wert wie 27 allein verrichtete Gebete."[32] Somit verschaffte Mohammed den Männern einen weiteren Vorteil, denn je mehr der Muslim betet, desto sicherer ist ihm sein Aufenthalt im Paradies. Wenn die Frauen mit Erlaubnis ihrer Väter oder Ehemänner in die Moschee gehen durften, dann mussten und müssen sie auch heute noch von den Männer getrennt, meist in den hinteren Reihen beten.[33] Jungen und Männer beten auf den Plätzen, die ihrem Stand angemessen sind: in den vorderen Reihen. Dementsprechend ist auch geregelt, wie man in die Moschee rein- und rauszugehen hat. Umm Salama berichtet, dass Mohammed, wenn Frauen zum Gebet anwesend waren, die Männer nach dem Gebet so lange warten ließ, bis alle Frauen die Moschee verlassen hatten.[34] Und dieser ganze Umstand nur, damit sich Mann und Frau nicht begegnen. Die Lösung wäre allerdings die Abschaffung der Trennung der Geschlechter und nicht die Verbannung der Frau aus der Moschee.

In den Überlieferungen wird empfohlen, die Frauen ins Haus einzuschließen, wie in ein Grab. Schließlich war es den Frauen nicht einmal mehr gestattet, auf die Straße zu sehen oder sich am Fenster zu zeigen. Einige Männer mauerten daher sogar die Fenster ihres Hauses, die zur Straße gingen, zu. Eine Überlieferung von Abu Hurayrah besagt, dass Mu'as ibn Dschabal seine Frau schlug, weil sie sich aus dem Fenster gelehnt hatte, als sie einer ihrer Sklavinnen einen Apfel reichte.[35]

Wie Sie sehen, wurde es zu einer Angelegenheit des guten Rufes und der Befolgung der Religion, die Frau möglichst unsichtbar zu machen, sie aus dem öffentlichen Bereich zu verbannen. Man hat sogar den Eindruck, dass die Männer in einem Wettstreit lagen, wie sie demonstrieren konnten, dass sie die Herrscher über ihre Frauen sind, indem sie ihnen nicht die kleinste Freiheit gönnten. Es ist erbärmlich, dass so viele Frauen seit Jahrhunderten unter einem solchen Verhalten leiden, das seine Ursache alleine darin hat, dass man sich einen Mann zum Vorbild und Propheten nahm, der unter krankhafter Eifersucht und unter krankhaften Vorstellungen über Männlichkeit zu leiden schien. Die Ursache für die Verschleierung liegt hier, so dass es eigentlich angezeigt wäre, das Verhalten der Männer als das Problem anzusehen, für das eine Lösung gefunden werden muss. Unnötig zu erwähnen, dass der Staat verantwortlich ist für die Gewährleistung der Sicherheit des Lebens und der Freiheit jedes Bürgers und eben auch jeder Bürgerin. Der Staat kann mit den erforderlichen Maßnahmen dafür sorgen, dass die Frau ohne jede Belästigung leben kann. Aber es ist völlig unlogisch und unbegreiflich, die Frau mit der Begründung, sie angeblich vor Belästigung schützen zu wollen, in ihr Heim wie in einen Kerker einzusperren, bzw. sie dazu zu zwingen, ihr Gesicht und ihren Körper zu verschleiern.

Das Einsperren der Frauen führt zu moralisch und geistig primitiven Menschen und zu einer ebensolchen Gesellschaft

Die Geschichte der Menschheit macht folgende Realität sichtbar: Die Systeme, welche die Frau einsperren, sie vom Mann trennen, ihr Recht und Freiheit rauben, führen dazu, dass die Entwicklung des Mannes geistig und moralisch auf einer primitiven Stufe stehen bleibt. Im Gegensatz dazu zivilisieren sich die Kulturen, welche die Freiheit der Frau auf allen Ebenen anerkennen.

Eine der größten frühen Zivilisationen existierte im Alten Ägypten. In dieser Kultur gab es keine Frau, die ihr Gesicht bedecken, die sich vor dem Mann verstecken musste. In der Glanzzeit der alten griechischen Kultur lebte die Frau zwar ihrem Mann treu und häuslich, aber sie war nicht die Ausgebeutete. Aristoteles, der die Überlegenheit der Griechen aus dem Vergleich mit den „Barbaren" ableitete, berichtet, dass die griechische Frau die Freundin und Beraterin des Mannes war. In Rom war die Frau die Respektsperson des Hauses. Der Römer ging gemeinsam mit seiner Ehefrau zum Festmahl und sorgte dafür, dass sie den besten Platz bekam. Einige Historiker sind der Meinung, dass die Tradition der Achtung vor der Frau in der römischen Kultur ausgeprägter gewesen sei und sehen deshalb die römische Kultur als die höher entwickelte an.[36] In der Entstehung der westlichen Zivilisation spielte die Entwicklung der Geschlechterbeziehung eine große Rolle. Die westliche Rationalität bekämpfte die christlichen Bestimmungen, welche die Frau in die Zweitrangigkeit warf und sie, wie der Islam, als Quelle des Bösen betrachtete. Diese Rationalität hat durch Bildung die Idee der Gleichberechtigung entwickelt, den Mann für diese Idee gewinnen können und dadurch die produktivste Entwicklung in allen Bereichen des gesellschaftlichen und menschlichen Miteinanders erreicht.

Das Gedankengut, das die Frau als „schlecht", „böse", „teuflisch", „verführerisch" darstellt und sie deshalb einsperrt, gibt es nur noch in unterentwickelten Ländern und ganz besonders in den Ländern, die von der Scharia regiert werden. Saudi-Arabien, der Jemen, Pakistan und Bangladesch üben den Islam in einer fundamentalistischen Form aus und können einem Vergleich mit der Türkei, die sich zur Säkularität hingewendet hat, nicht standhalten. Auch ein Vergleich mit Ländern wie Ägypten, Algerien, Marokko, mit Ländern, die unter dem Einfluss des Westens die religiöse Frage nicht streng handhaben, reicht aus, um vieles zu begreifen.[37] Dass die Hälfte der Bevölkerung, d. h. die Frauen, in diesen Ländern von Bildung und Arbeit, von der Teilhabe an der Entwicklung des Landes ferngehalten wird, ist einer der wichtigen Faktoren der wirtschaftlichen und sozialen Unterentwicklung dieser Länder. Diese Gesinnung, die die Aufrechterhaltung der religiös-moralischen Werte, die Besänftigung der Eifersucht der Männer, über die Vermummung und Unterdrückung der Frau erreichen will, macht den Mann zum „Wilden" und die Frau zur „Mitleiderregenden". Das hindert beide Geschlechter daran, sich geistig und moralisch zu entwickeln und führt zu einer Gesellschaft, die Werte und Menschenrechte nicht kennt. Ein Zusammenleben, das auf der unantastbaren Würde von Frau und Mann basiert, ist so unmöglich.

Wie charakterschwach muss ein Mann sein, wie hilflos seinen Trieben ausgeliefert, dass der Anblick einer Frau ohne *çarşaf* und *peçe* ihn derart wild und eifersüchtig werden lässt, dass er über sie herfallen, ja Morde begehen muss? Der Gedanke, den Mann vor dieser Primitivität und Niveaulosigkeit durch die Verschleierung der Frau retten zu können, ist vor allem eine Beleidigung der Menschenwürde und eine Beleidigung der Idee

„Gott“. Eine Religion, die sich auf ein Misstrauen gegen Menschen stützt, kann nicht in der Lage sein, Menschen intellektuell und moralisch zu stärken. Die 1400 Jahre alte Praxis der Scharia beweist, dass der Ausschluss der Frau vom öffentlichen Leben und ihre Separierung vom Mann nichts Positives bewirkt.[38]

In den westlichen Ländern, in denen die Frau heute weder *çarşaf* noch *peçe* kennt, belästigt der Mann auf der Straße keine Frau, die, angeblich „halbnackt“, vorbeigeht, viele drehen sich nicht einmal nach ihr um. Aber in den von der Scharia beherrschten Ländern, in denen die Frau derart unterdrückt wird, kann sich der Mann nicht einmal bei einer verschleierten Frau in seiner Triebbefriedigung zurückhalten. Sexuelle Belästigung, Missbrauch, Vergewaltigung, Mord, es gibt keine niedere Handlung, die er nicht auslässt. Es ist kaum möglich, ein Land zu finden, das sich mit einem von der Scharia regierten Land messen könnte, was die Respektlosigkeit gegenüber der Frau und die Anzahl der aus Eifersucht und Besitzdenken begangenen Morde betrifft.

Exkurs: Die Befreiung der Frau – Der Einfluss der Türkinnen auf muslimische Frauen

Vor dem Bahnhof El-Hadid in Kairo stand früher eine Statue, ein sehr tiefsinniges Werk des Bildhauers Mahmoud Mukhtar (1891-1934). Dargestellt ist eine ägyptische Frau, eine Fellachin, die ihre eine Hand auf den Kopf der sich erhebenden Sphinx gelegt hat und sich mit der anderen Hand den Schleier vom Gesicht hebt. Auf der am Sockel angebrachten Tafel steht: „Ägyptens Erwachen“. Diese im Jahr 1928 fertiggestellte Statue ist Sinnbild für die Entwicklung des Landes Ägypten, die nur mit der Befreiung der Frau, nur mit ihrer Freiheit einhergehen kann. Bekanntlich stellt die Sphinx die einstige große Zivilisation dar, in der die Frauen eine beneidenswerte Freiheit hatten und einige von ihnen sogar den Staat lenkten. Insofern weist die Statue, die 1955 an den Anfang der Allee, die zur Kairo-Unversität führt, versetzt wurde, darauf hin, dass die Befreiung der Frau von der Scharia und die Entwicklung der Kultur des Landes eng miteinander verknüpft sind.

Der ägyptische Schriftsteller Khalid Mohammed Khalid schrieb 1950 folgende mutige Zeilen:

„Wir wollen den reaktionären Massen erklären, nur wenn die Frau die Möglichkeit bekommt, ihre Rechte zu nutzen, gewinnt sie ihre Selbstach-

(Foto: Privatbesitz)

tung wieder und wird geachtet. Die Angst, dass die moralischen Werte verloren gehen, falls die Frauen ihre Freiheit erlangen, bestätigt sich erst dann, wenn die Frauen ihrer Rechte beraubt, unterdrückt, zum Spielzeug ihrer Herren (Ehemänner) *degradiert werden. Moralische Werte aufrechtzuerhalten, das Gefühl der Ehre, kann nicht durch das Einsperren der Frau in vier Wände, sondern nur durch die Förderung ihrer Selbstachtung und das Respektieren ihrer individuellen Persönlichkeit sichergestellt werden.*"[39]

Die neue Situation der türkischen Frau nach Errichtung der Demokratie beeinflusste die Bevölkerung in vielen islamischen Ländern, so auch in Ägypten. Die Menschen entwickelten ein Bewusstsein dafür, dass es eine Frage der Zivilisation ist, die Frau aus der Kleidung eines Gespenstes zu befreien und sie am gesellschaftlichen Leben zu beteiligen.[40]

Die Revolution Atatürks, die Gründung der türkischen Republik und die Abschaffung des islamischen Rechts im Jahr 1923 diente vielen Ländern als Vorbild. Nach der Übernahme des Schweizer Zivilrechts im gleichen Jahr folgte in den Jahren 1930 die Einführung des aktiven und 1934 des passiven Wahlrechts der Frau. Interessant dabei ist, dass die Rückführung der türkischen Frau zu ihrer ursprünglichen Kultur, einer Kultur, die weder die Verschleierung der Frau noch das Verstecken der Frau vor Männern kannte, das Ziel der Revolution Atatürks war.

Wie bereits in den ersten Kapiteln aufgezeigt, schwächte die Islamisierung auch bei den Turkvölkern die Tradition des freiheitlichen Umgangs der Geschlechter miteinander, aber dieser Umgang verschwand nie völlig. Zwar wurden die islamischen Kleidungsvorschriften auf dem Land verinnerlicht, aber in den Städten folgten die Frauen den Vorschriften der Scharia nur widerstrebend.

Bereits vor der Revolution Atatürks fielen die türkischen Frauen durch ihre Kleidung und ihr Verhalten auf. Die Ehefrauen der Soldaten in Damaskus, Bagdad, Beirut und an anderen Orten beeinflussten die arabische Gesellschaft. In den Büchern arabischer Autoren ist zu lesen, wie die „graziösen", „bezaubernden" Ehefrauen der Offiziere mit „weißer Haut" und „blauen Augen" in den *Cafés* saßen, rauchten und Kaffee tranken. Sie trugen moderne Kleidungen und fielen mit ihrer Teilnahme am gesellschaftlichen Leben, ihrem Stil, ihrer Lebensart nicht nur auf, sondern sie stellten auch ein Ideal dar.[41] Viele arabische Männer sollen von einer türkischen Frau geträumt haben, so der Autor Katibah, der auch den Einfluss der türkischen Frau auf die arabische Frauenbewegung honoriert:

Der Einfluss der türkischen Frau liegt darin, dass ein großer Schritt gemacht wurde, um sich von Schleier und Gesichtsschleier zu befreien. Wenn man die Geschichte des Befreiungskampfes der muslimischen Frau schreibt, dann verdienen die Ehefrauen der Offiziere, welche aus vielen verschiedenen Städten der Türkei (Istanbul, Edirne, Izmir) in die arabischen Länder kommen (sie laufen vor den Männern nicht weg, rauchen öffentlich, schlagen die Beine übereinander und trinken Kaffee) einen Ehrenplatz. Denn sie sind die Vorreiterinnen des Kampfes der arabischen Frau für ihre Rechte.[42]

Aber nicht nur die Ehefrauen der Offiziere, auch die türkischen Lehrerinnen, die von Cemal Pascha und durch den Gouverneur Beiruts, Azmi Bey, engagiert wurden, spielten eine große Rolle und sorgten für neue Einflüsse und eine Atmosphäre des zivilen und modernen Lebens. Die Schriftstellerinnen Halide Edip Adıvar (1884-1964), Nigar Hanım (1856-1918) und viele andere machten Reisen in die arabischen Länder und hinterließen damals großen Eindruck.

Der arabischer Historiker Mohammed Cemil Beyhum schreibt über diese Zeit und schildert die Reaktion der konservativen arabischen Kreise, die den Türken außerordentlich feindlich gesinnt waren, auf die Lebensweise der türkischen Frau, die sie als „Beleidigung des Islams" ansahen. So gab der König von Jordanien am 9. September 1919 eine Erklärung ab, in der er den arabischen Widerstand gegen die Osmanen (Türken) unter anderem mit der Lebensweise der türkischen Frauen begründete. Er nutzte die Tatsache, dass der damalige Gouverneur von Syrien, Cemal Pascha (erm. 1922), zu dieser Zeit einen Kongress für Frauen veranstaltete. Auf diesem Kongress diskutierten Männer mit Frauen, beide Geschlechter aßen im selben Saal, einige Frauen trugen in Anwesenheit von Männern Gedichte vor und hielten politische Reden, Frauen nahmen auf höchsten Ebenen teil. Dies sei gegen die Scharia, die islamische Religion und gegen die arabische Tradition. Deshalb sei der Widerstand gegen die Osmanen (Türken) eine religiöse Pflicht.[43]

Die Ablehnung der Verschleierung war auch in den konservativen Familien der Osmanischen Gesellschaft verbreitet. Aber nur den Menschen, die ins Ausland gingen und so der Gefahr des Vorwurfs des Abfalls von der Religion nicht unmittelbar ausgesetzt waren, war es möglich, ihre Gedanken und Gefühle offen zu zeigen. Eine solche Frau war Selma Ekrem, die in ihrem 1930 in Amerika erschienenen Buch „Unveiled" ihre derbe Enttäuschung und ihre Hassgefühle gegenüber dem Leben, zu dem die türkischen Frauen gezwungen waren, ausdrückte. Sie schildert ihre Kindheitserinnerungen und schreibt über die tiefe Trauer, die sie in dem Moment ergriff, als ihre nur wenige Jahre ältere Schwester zum ersten Mal einen *çarşaf* anzog:

„*Dieser çarşaf, der meiner Schwester übergestülpt wurde, war aus dicker schwarzer Seide und umhüllte ihren Kopf, ihre Arme, ihren ganzen Körper bis zu den Füßen. Auch ihr Gesicht bekam einen sehr dichten peçe* [Gesichtsschleier]. *Als ich sie in dieser Erscheinung sah, verschwammen alle Leute im Salon vor meinen Augen und meine Schwester wurde eine völlig Andere. Dieses mir jetzt völlig fremde Bündel in Schwarz, wie ein Schatten, erschreckte mich, wurde immer riesiger und saugte mein Leben auf* (...) *Ich erstarrte vor Wut und Entsetzen. Ich wollte meine Schwester nie so schwarz verhüllt sehen, als wäre sie in einen Kerker eingesperrt worden. Die Angst vor dem çarşaf schlich so auf eine beängstigende, gemeine Art in mein Leben und ritzte sich in mein Gedächtnis ein, so dass ich diesen ekelhaften Gedanken nicht aus meinem Kopf hinausbekommen konnte. Der Gedanke, auch einen çarşaf tragen zu müssen, war tödlich, diese Angst war bedrückender als jede Angst, die ich bis dahin je gespürt hatte. Millionen von Frauen vor mir hatten diese „Kleidung" getragen. Die Frauen in dem schwarzen çarşaf, ihre verschleierten Gesichter gingen nicht aus meinem Gedächtnis. Die selbstverleugnende Ergebenheit von Millionen schwarz verhüllter Frauen, die wie schwarze Bündel aussahen, reichte aus, um mir den Atem zu nehmen* [...] *Ich fühlte wie ein großer Sturm über mich kam, aber ich hob meinen Kopf entschlossen hoch und war bereit dagegen zu kämpfen und den Schatten, der über mich fiel, zu zerreißen. Millionen von Menschen, die zu schwarzen Bündeln gewickelt waren, konnten über mich lachen, sie konnten sich über mich lustig machen, sie konnten auf mich herabblicken und mich eine Ungläubige nennen und dennoch war ich entschlossen, mich nicht wie sie zu einem schwarzen Bündel wickeln zu lassen. Ich wollte mein Leben lang den frischen Wind und die saubere Luft in meinem Gesicht spüren. Diese den Geist zerstörende schwarze Einzäunung würde mich nicht in seine Klauen bekommen. Was bedeuteten religiöse Befehle? Was bedeuteten die Befehle meiner Autoritäten? Mit der Unbändigkeit meiner Jugend würde ich mich gegen all das wehren.*"[44]

Atatürk war es, der den Frauen die Erfüllung dieser Sehnsucht nach Freiheit ermöglichte. Auch der König von Afghanistan ließ sich von dem revolutionären Gedanken leiten und erklärte 1927 die Körperverschleierung und den Gesichtsschleier für verboten. Die Prinzessinnen der königlichen Familie gingen als Vorbild für die Menschen unverhüllt auf die Straße. Die

Religiösen aber wüteten gegen dieses, von ihnen als Beweis des Unglaubens gewertete, Verhalten und riefen das Volk zum Aufstand; der Fortschritt wurde so gestoppt. Die türkische Gesellschaft war die einzige unter den muslimischen Ländern, die diese Revolution tatsächlich verwirklicht und weitergeführt hat. Aber auch hier kam nach dem Tod Atatürks der Fortschritt ins Wanken. Die Scharia-Anhänger wurden wieder aktiv und verbreiteten wie eine Schlange mit sieben Köpfen ihr Gift und suchten nach Wegen, um die Frau wieder unter dem *çarşaf* einsperren zu können.

Anmerkungen

1 Gray, Seymour J.: Beyond The Veil. New York 1983, S. 27, 221, 322

2 „Die Kleidung der Frauen mit dem Gesichtsschleier und dem Tschador ist keine islamische Regel. Es ist eine Tradition, die von den Türken übernommen wurde". Suad ed-Dabbah, zitiert nach Elaine Sciolino: „Saudi Women Start to Peek From Behind the Veil", in: The New York Times, 13.4.1985

3 Katibah, Habib Ibrahim: The New Spirit in Arab Lands. University of Michigan 1940, S. 203-204 [1940 war Pakistan noch nicht gegründet. Anm. d. Hrsg.]

4 [Leider ist das im Original stehende Zitat nicht hinreichend belegt. Es finden sich aber bis heute ähnliche Aussagen in der Literatur: „Verschleierung und Absonderung sind nicht nur ein Frage der Klassenzugehörigkeit, sondern des Stadtlebens. In dieser Hinsicht ist der Kontext der göttlichen Offenbarungen aus Medina zur Geschlechtertrennung von Belang: Mohammed und seine Anhänger waren aus dem kleinen und friedlichen Mekka, einer Stadt, in der es nur einen Stamm und eine Religion gab, als Migranten und als religiöse Minderheit – und damit in doppelter Hinsicht als Fremde – in das riesige Medina gekommen, das mit fünf Stämmen und nunmehr drei Religionen aufwartete. Anders gesagt, Medina war eine wesentlich kosmopolitischere und anonymere Stadt, selbst wenn Mekka als Sitz des Heiligtums ebenfalls zahlreiche Besucher anzog. Wahrscheinlich war die Verschleierung in dieser Welt von Fremden einfach empfehlenswert – als Schutzschild der Privatsphäre in einem potenziell gefährlichen öffentlichen Raum, weil diese Stadt notorisch von Bürgerkriegen heimgesucht wurde." Islam in Sicht. Der Auftritt der Muslime im öffentlichen Raum. Hrsg. von Nilüfer Göle und Ludwig Ammann. Bielefeld 2004, S. 108.]

5 Sahîh-i Buhârî [Diyanet-Ausgabe], Band 1 (1984, 8. Aufl.), S. 140; Band 2 (1985, 8. Aufl.), S. 311-312

6 Hüccetü'l İslâm Gazâlî: İhyâu 'ulûmi'd-dîn Tercümesi (1975), Band 2, S. 121

7 Hüccetü'l İslâm Gazâlî: İhyâu 'ulûmi'd-dîn Tercümesi (1975), Band 2, S. 121

8 Hüccetü'l İslâm Gazâlî: İhyâu 'ulûmi'd-dîn Tercümesi (1975), Band 2, S. 120

9 Sahîh-i Buhârî [Diyanet-Ausgabe], Band 6 (1984, 7. Aufl.), S. 55, 56, *hadis* 752 und Band 12 (ohne Jahr, 8. Aufl.), S. 170, 171

10 Hüccetü'l İslâm Gazâlî: İhyâu 'ulûmi'd-dîn Tercümesi (1975), Band 2, S. 120; solche Ereignisse wurden auch von Ibn Ishaq und Ibn Hischam geschildert.

11 Muhannes war jemand, der sich den Frauen ähnlich verhielt, z. B. seine Hände und Füße mit Henna bemalte. Er hielt sich oft bei Frauen auf, hatte aber keinerlei geschlechtliches Interesse an ihnen. Siehe Sahîh-i Buhârî [Diyanet-Ausgabe], Band 10 (1985, 7. Aufl.), S. 333, *hadis* 1630

12 Ibn Ishak: Siyer. Istanbul 1988, S. 372; Sahîh-i Buhârî [Diyanet-Ausgabe], Band 8 (1984, 7. Aufl.), S. 90-97, *hadis* 1151

13 Paret, Rudi: Mohammed und der Koran. Stuttgart u.a. 1991, S. 155

14 Sahîh-i Buhârî [Diyanet-Ausgabe], Band 3 (1983, 8. Aufl.), S. 62 und Band 10 (1985, 7. Aufl.), S. 174-179, *hadis* 1578; Bobzin, Hartmut: Mohammed. München 2002, S. 62, 63

15 Sahîh-i Buhârî [Diyanet-Ausgabe], Band 2 (1985, 8. Aufl.), S. 311-312, *hadis* 242

16 Sahîh-i Buhârî [Diyanet-Ausgabe], Band 2 (1985, 8. Aufl.), S. 313.

17 Sahîh-i Buhârî [Diyanet-Ausgabe], Band 1 (1984, 8. Aufl.), S. 139, *hadis* 120; Sahîh-i Buhârî [Diyanet-Ausgabe], Band 6 (1984, 7. Aufl.), S. 56. Die Hanafiten erlauben der Frau bei einer Zeugenschaft und bei der Trauung ihr Gesicht zu öffnen. Bei der Trauung dürfen sie auch ihre Hände zeigen und diese mit Henna und einem Ring schmücken.

[Al Musnad ist das Werk von Ahmad ibn Hanbal und nicht wie in der obigen Sahihi-Ausgabe des Diyanet angegeben von Abu Davud. Anm. d. Hrsg.]

18 Sahîh-i Buhârî [Diyanet-Ausgabe], Band 11 (1983, 7. Aufl.), S. 155, *hadis* 1723

19 Gazâlî: İhyâu 'ulûmi'd-dîn Tercümesi (1975), Band 2, S. 121; Gazâlî: Kimyâ'yı Saâdet (1979), S. 178.

20 İbn İshak: Kitab-ul Magazi, 1980, S. 280, 458

21 İbn İshak: Kitab-ul Magazi, (1980) S. 457, 494; Sahîh-i Buhârî [Diyanet-Ausgabe], Band 6 (1984, 7. Aufl.), S. 89, *hadis* 1151

22 Überlieferung von Anas ibn Malik, Sahîh-i Buhârî [Diyanet-Ausgabe], Band 8 (1984, 7. Aufl.), S. 429-430, *hadis* 1286

23 İbn İshak: Kitab-ul Magazi, 1980, S. 616

24 Gazâlî: İhyâu 'ulûmi'd-dîn Tercümesi (1975), Band 2, S. 121

25 Sahîh-i Buhârî [Diyanet-Ausgabe], Band 11 (1983, 7. Aufl.), S. 324-325

26 Sahîh-i Buhârî [Diyanet-Ausgabe], Band 11 (1983, 7. Aufl.), S. 324, 325, *hadis* 1826 (Verbot mit einem Mann allein zu reisen: Sahîh-i Buhârî [Diyanet-Ausgabe], Band 4 [1985, 8. Aufl.], S. 217)

27 Sahîh-i Buhârî [Diyanet-Ausgabe], Band 11 (1983, 7. Aufl.), S. 155, *hadis* 1723

28 Zum Schminken siehe Sahîh-i Buhârî [Diyanet-Ausgabe], Band 12 (ohne Jahr, 8. Aufl.), S. 104-105, *hadis* 1946] [Auf der Homepage des Diyanet (http://www.diyanet.gov.tr/turkish/basiliyayin/weboku.asp?sayfa=8&yid=36; Zugriff: August 2010) wird erklärt, bei Al-Buchari und Muslim stehe, dass eine Frau, die ihre Gesichtshaare zupfe, verdammt sei [„yüz tüylerini yolan ve yolduran kadına lanet etsin buyurmuş olup. (Buchari 'Libas' 84; Müslim 'Libas' 120)"] In den verschiedenen Rechtsschulen wird das Thema unterschiedlich behandelt. Die Malikiten verbieten das Zupfen, weil es eine Einmischung in das Werk Gottes bedeute. Einige Interpreten sind der Meinung, dass sich die Frau nur mit Erlaubnis ihres Gatten die Haare zupfen dürfe. Andere sagen, dieses Verbot beträfe nur die Augenbrauen, und wieder andere, dass man die Brauen selbst nicht, aber die Partie zwischen den Brauen korrigieren dürfe. Anm. d. Hrsg.]

29 Siehe Buhârî (1985) [Diyanet-Ausgabe], Band 2, S. 944, *hadis* 477

30 Gazâlî: İhyâu 'ulûmi'd-dîn Tercümesi (1975), Band 2, Abschnitt Kitâbun-Nikah, S. 122. „İbn-i Ömer sagt: 'Wenn sich herausstellt, dass es notwendig ist, Frauen sowohl nachts als auch tagsüber die Erlaubnis zu geben, irgendwohin oder zur Moschee zu gehen, dann ist ein Beschützer [als Begleitung] zwingend erforderlich'." Sahîh-i Buhârî [Diyanet-Ausgabe], Band 2 (1985, 8. Aufl.), S. 945, Anmerkung 1

31 Gazâlî: İhyâu 'ulûmi'd-dîn Tercümesi (1975), Band 2, S. 151

32 Gazâlî (Al-Ġazālī): Kimyâ'yı Saâdet (1979), S. 105

33 Siehe Diyanet Gazetesi, März 1966, S. 17

34 Sahîh-i Buhârî [Diyanet-Ausgabe], Band 2 (1985, 8. Aufl.), S. 891-892, *hadis* 463 und 464

35 Gazâlî: İhyâu 'ulûmi'd-dîn Tercümesi (1975), Band 2, S. 122, Nr. 189

36 Lecky: History of European Morals (1969), Band 2, S. 301; siehe auch Rainneville, Joseph de: La Femme dans l'antiquité et d'après la morale naturelle. Paris 1865, S. 144

37 Außer der Türkei haben nur Albanien und die ehemaligen Sowjetländer die Verschleierung und die Vielweiberei abgeschafft. Siehe Wayne S. Vucunich: „Islam in the Balkans", in: Religion in the Middle East, hrsg. von A.J. Arberry, Cambridge 1969, S. 243

38 Sena, Cemil: Hazreti Muhammed'in Felsefesi [Die Philosophie von Mohammed]. Istanbul 1979, S. 434

39 Khālid, Khālid M.: From here we start. Washington 1953, S. 159. [Khālid Muḥammad Khālid: Min hunā nabda. Al-Qāhira 1950]

40 Katibah: The New Spirit in Arab Lands (1940), S. 208-209

41 Arsel, İlhan: Arap Milliyetçiliği (1974), S. 190

42 Katibah: The New Spirit in Arab Lands (1940), S. 209, 210

43 Beyhum, Mohammed Cemil: El-Arab ve't-Turk fı's-sıra beyne's-sark ve l'garb. Kairo 1957. Der König von Jordanien argumentiert in seiner Erklärung unter Bezugnahme auf den Koran und die Überlieferungen (S. 14-23). Siehe:

„Historique sur le reveil Arab au Hejaz, Proclamation No. II et III", in: Revue du Monde Musulman, Tome 47, Paris 1921. S. 11; Siehe auch: Arsel, İlhan: Arap Milliyetçiliği (1974), S. 191

44 Ekrem, Selma: Unveiled; the autobiography of a Turkish girl. New York 1930, S. 178-180

Die Vielweiberei: Ein Leben in Entwürdigung und Selbstverachtung

Mohammed gibt den Männern im Koran das Recht, bis zu vier Frauen, die ihnen gefallen, heiraten zu können, hinzu kommt die nicht begrenzte Anzahl von Sklavinnen, mit denen der Mann keine Ehe eingehen muss, und mit denen es ihm erlaubt ist, jederzeit zu verkehren:

Sure 4 (An-Nisā'), Vers 3
dann heiratet, was euch an Frauen gut ansteht (?) (oder: beliebt?), (ein jeder) zwei, drei oder vier. Wenn ihr aber fürchtet, (so viele) nicht gerecht zu (be)handeln, dann (nur) eine, oder was ihr (an Sklavinnen) besitzt! So könnt ihr am ehesten vermeiden, unrecht zu tun.

Um diese Bestimmung zu stärken macht er es zu einem Zeichen wahren Glaubens, zur religiösen Tugend, viele Frauen zu heiraten. Tatsächlich gibt es in Band 11 des *Sahih al-Buchari* einen Abschnitt über die Heirat, in dem bereits im ersten Satz Mohammed zitiert wird: „Gebt der Heirat den Vorrang, vermehrt euch. Am jüngsten Tag werde ich stolz auf die Zahl von Euch im Vergleich zu anderen Glaubensgemeinschaften sein.“ Dem pflichtet auch das Diyanet in der Fußnote bestärkend bei: „Armut ist kein Hindernis.“[1] Al-Ghasali gibt Mohammed mit folgenden Worten wieder: Heirat ist mein Befehl (sunna). Wer meinen Glauben liebt, soll meinem Befehl (sunna) gehorchen.“[2]

Mohammed ging mit gutem Beispiel voran. Zu seinem Harem sollen laut At-Tabari insgesamt 24 Frauen gehört haben. Zeitweise lebten bis zu elf Ehefrauen auf einmal darin; dazu kamen etliche Sklavinnen. Haris, der sich auf Auskünfte von Ibn Sa‘d, und Ibn Hişam bin Muhammad, stützt, berichtet von 15 Frauen Mohammeds, wobei er nur mit 13 von ihnen verheiratet gewesen sei, denn Maria und Rayhana waren nicht seine Frauen sondern seine Sklavinnen.[3] Die von At-Tabari überlieferten Frauen sind:

1. Hatice, Tochter von Huveylid bin Esed bin Abdul'Uzza (Chadidscha bint Chuwaylid)
2. Sevde, Tochter von Zam'a bin Kays bin Abdişems bin Abdi Vedd el-Vudd bin Nasır (Sauda bint Zama ibn Qayyis ibn Abd Schams)
3. Aişe, Tochter von Ebû Bekir (Aischa bint Abi Bakr) [trägt später den Titel *siddiqa*]
4. Hafsa, Tochter von Ömer bin Hattab (Hafsa bint Umar Ibn al-Chattab [Witwe]
5. Ümmi Seleme, Tochter von Ebû Ümeyye bin Mugire (Hind bint Abi Umayya ibn al-Mughira, genannt Umm Salama [Witwe Uhud]
6. Cüveyriye, Tochter von Haris bin Ebû Zirâr (Dschuwayriyah bint al-Harith ibn Abi Dirar) [erbeutet[4]]
7. Ümmi Habibe (Ramla bint Abu Sufyan, genannt Umm Habiba)
8. Zeynep, Tochter von Cahş bin Ribab (Zaynab bint Dschahsch) [Mohammeds Cousine, ehemals Frau von Zayd ibn Harithah]
9. Safiye, Tochter von Ubeyd bin Ka'b (Safiyya bint Huyayy ibn Akhtab[5])
10. Meymune, Tochter von Haris bin Hûz (Maymuna bint al-Harith ibn Hazn, eigentlich Burra)
11. Neşat, Tochter von Rifaa
12. Şenba (Tochter von Amr)[6]
13. Gaziyya, Tochter von Cabir [Ghaziyya bint Dschabir ibn Hakim][7] (auch Ümmü Şüreyk)
14. Esmâ, Tochter von Numan[8]
15. Reyhane, Tochter von Zeyd aus dem Stamm der Kurayza (Rayhana bint Zayd ibn Amr) (Sklavin) [erbeutet[9]]
16. Mariya (Maria al-Qibtiyya, Mohammeds koptische Sklavin und Mutter seines Sohnes Ibrahim) (Sklavin)
17. Zeynep, Tochter von Huzeyme (Zaynab bint Chuzayma bint al-Harith al-Hilaliyya) [Witwe[10]]
18. Şerife, Tochter von Dihye bin Halife
19. Aliye, Tochter von Zayba
20. Kutayle, Tochter von Kays bin Ma'di Ker'b
21. Fatima, Tochter von Şurayh[11]
22. Havle, Tochter von Huzeyl bin Hubeyre
23. Leyla, Tochter von Hazrec [Layla bint al-Chutaym]
24. Umre, Tochter von Yezid

Die durch Mohammed verbreitete Vielweiberei spielt eine sehr negative Rolle in den muslimischen Ländern. Das harmonische Zusammenleben in einer Familie wurde zunehmend zu einer Lebensform, die an Viehhaltung erinnert. Diese Form des Zusammenlebens hat nicht nur zur Ausbildung äußerst negativer Eigenschaften bei Männern geführt, sondern auch die Unterdrückung der Frau festgeschrieben. Ein System, in dem mehrere Frauen um das Interesse eines Ehemannes kämpfen, Kinder in einer Atmosphäre von Streit, Unterdrückung und Missachtung aufwachsen, sollte man nicht Familie nennen. In einer Familie sollte man die Möglichkeit haben, Menschlichkeit und Gefühl zu erfahren und so entwickeln zu können.[12] Die Vielweiberei aber dient nur einem: dem egoistischen Mann, der das Gefühl der Macht und Überlegenheit, das Bewusstsein zu besitzen auslebt. Dem Mann, der seine Begierde und Eitelkeit befriedigen will, der von seinen „Sklavinnen" in jeder Beziehung bedient werden will.

Dieses System wurde in den arabischen Gemeinschaften nur teilweise, vor allem aber in den jüdischen arabischen Gemeinschaften bereits vor dem Islam praktiziert. Mohammed übernahm diese Tradition und hat sie durch den Koran institutionalisiert. Der Grund für die Übernahme ist simpel. Mohammed kannte die Gesinnung seiner Landsleute genau und wusste daher, dass er hier zwei Vögel mit einem Stein treffen [„zwei Fliegen mit einer Klappe schlagen", Anm. d. Hrsg.] konnte: über die Vielweiberei konnte er die Männer der arabischen Beduinen für sich und seine Religion gewinnen und hatte so gleichzeitig die absolute Herrschaft des Mannes über die Frau etabliert.

Mohammed wusste ganz genau, wie erniedrigend die Vielweiberei für die Frauen war. Er verbot aus diesem Grund auch Ali, der seine und Chadidschas Tochter Fatima geheiratet hatte, zunächst, weitere Frauen zu heiraten. Er soll dieses letzte Kind, das überlebt hatte, geliebt und ihm nach der Eroberung des Hedschas die meisten Oasen geschenkt haben.[13] Aber auch Ali wollte weitere Frauen in seinen Harem aufnehmen und wie alle Männer viele Frauen beschlafen, nicht zuletzt war ihm ja sein Schwiegervater Vorbild. Mohammed erfuhr von seinem Plan, die Tochter von Abu Dschahl zu heiraten und war er sehr verärgert, denn er wusste, was für ein Leid seine Tochter erwartete. Er versammelte seine Gläubigen in einer Moschee und sprach zu ihnen: „Fatima ist ein Teil von mir. Gewiss werde ich es als abstoßend empfinden, wenn ihr Böses angetan wird. Ich schwöre bei Gott, die Tochter des Propheten kann nicht gleich sein mit der Tochter eines Feindes von Allah [Abu Dschahl]." Daraufhin heiratete Ali die Tochter von Abu Dschahl nicht.[14] Einige Quellen behaupten, dass er seine Erlaubnis nicht aus Liebe zu seiner Tochter verweigerte, sondern weil er sich mit Abu Dschahl nicht verstand, doch dann hätte er nicht seinen Adoptivsohn Zayd Ibn Harithah mit Abu Dschahls Tochter verheiratet.[15] Ali verstand, dass er gegen Mohammed nichts ausrichten konnte und gab seinen Wunsch auf. Bis zum Tode von Fatima dachte er laut Quellen an keine weitere Eheschließung.[16] Das bedeutet jedoch nicht, dass er sich mit Fatima begnügt hätte, denn Sklavinnen konnte er als Kriegsbeute so viele besitzen, wie er wollte.[17] Offensichtlich hat Mohammed Sklavinnen nicht als vollwertige Menschen angesehen und er dachte daher vielleicht auch, dass Alis Verkehr mit diesen seine Tochter nicht traurig stimmen würde.

Die Vielweiberei existierte zwar auch in vorislamischer Zeit, wurde aber in guten Familien nicht gern gesehen. Deshalb verheirateten einige Männer der Ansar, der Helfer aus Medina, ihre Töchter nicht mit Männern, die mehrere Frauen besaßen. Layla bint al-Chutaym besuchte nach ihrer Eheschließung mit Mohammed ihren Stamm, um ihre Verbindung bekannt zu geben. Ihre Leute sagten ihr: „Das hast du sehr schlecht gemacht, denn du bist eine eifersüchtige Person und er hat viele Frauen. Geh zu ihm und löse die Ehe wieder auf.“ Layla ging zu Mohammed und bat ihn um ihre Verstoßung.[18] Auch diese Überlieferung zeigt, dass Mohammed sehr wohl wusste, wie schmerzvoll und erniedrigend die Vielweiberei für die Frau ist.[19] Seiner Tochter wollte er diese Qual ersparen, dachte aber nicht im Geringsten an all die anderen Frauen, denen er bis heute ein Leben in Würdelosigkeit zumutet.

Als er sich in Zaynab, die Frau seines Adoptivsohnes, verliebte, gab er bekannt, dass seine Heirat mit ihr Gottes Wunsch sei. Aus einer Überlieferung von Aischa erfahren wir, dass er sich, während er dies verkündete, so sehr freute, dass „seine Zähne […] sichtbar“ waren: „Das betrübte mich zutiefst und ich sagte mir, dass Zeynep [Zaynab] uns diese Ehre [auf Gottes Wunsch hin geheiratet worden zu sein] immer vorhalten wird.“[20] Trauer verspürte Aischa auch, als Mohammed Umm Salama heiratete: „Ich war sehr traurig, als Gottes Gesandter Umm Salama heiratete, denn ich hatte von ihrer Schönheit gehört.“[21] Auch Mohammeds Frau Safiyya, die nach dem Krieg in Chaibar in Mohammeds Harem aufgenommen wurde, wurde von der gekränkten Aischa angefeindet.[22] Mit Sicherheit fühlte sich nicht nur Aischa getroffen, sondern auch die anderen Frauen. Er aber wollte von der Verletzung und Trauer seiner Frauen nichts hören; eine Haltung, für die er mit häuslichem Unfrieden gestraft wurde. Denn die Vielweiberei ist auch für den Mann im Grunde ein schlechtes System. Der Kampf unter den Frauen, ihre Eifersucht aufeinander – beides in einer solchen Situation nur natürlich – zermürbt nicht nur die Frauen sondern ebenso den Mann. Auch Mohammed litt unter diesem System und stritt sich oft.[23] Und obwohl er Gott zu seinem Unterstützer machte und alle seine Konflikte durch Offenbarungen löste, war er in diesem Wirrwarr seiner Ehen doch eher hilflos. Er bedachte auch nicht, dass die anderen Männer Gott nicht zum Unterstützer haben. So, wie er nur das Leid seiner Tochter Fatima sah und abwenden wollte, sich aber keinen Deut um das Leid anderer Frauen, die er zu dem selben Leben verurteilte, scherte, erwog er in keiner Weise, dass dieses System für die Ehemänner genauso negativ sein und ihnen viel Ärger bescheren könnte.

Die Vielweiberei in muslimischen Ländern: „heilige" Institution, tabuisiert und heute immer noch gültig

Das System der Vielweiberei ist weder mit der Würde der Frau noch mit den Menschenrechten vereinbar, es widerspricht der Vernunft und jedem Verständnis von Zivilisiertheit. Da sie durch den Koran und Mohammeds Vorbild „geheiligt" und so tabuisiert ist, wird sie in muslimischen Ländern bis heute noch praktiziert und ist eine offiziell anerkannte Institution. Die Türkei ist eines der sehr wenigen Länder, die dieses System verboten hat.[24] Nicht einmal Ägypten, ein Land, in dem starke Persönlichkeiten wie Gamal Abdel Nasser und Anwar as-Sadat dieser Institution den Krieg erklärten, konnte von dieser Plage befreit werden.[25] Der eigentliche Grund, warum dies nicht möglich ist, liegt in der Passivität der sogenannten Gebildeten und Intellektuellen.

Abgesehen vom Widerstand der Muatasiliten [türk. *mu'tezile*, arab. *mu'tazila*] vom 8. bis zum 9. Jahrhundert, die „Mu'tezile Bewegung"[26], genannt wurde, haben die muslimischen Schriftsteller und Denker 1400 Jahre lang darum gewetteifert, die Institution der Vielweiberei zu legitimieren und zu entschuldigen. Die Muatasiliten versuchten die Grundsätze des Islams auf eine rationale Ebene zu heben. Wegen ihrer rationalen Haltung definierten sie auch die Ehe als Einehe und als Institution, welche von Mann und Frau aufgrund ihres freien Willens geschlossen wird. Durch ihr sehr humanes Verständnis hielten sie die Würde der Frau hoch und wollten die Ehe, die in Form der Vielweiberei geführt eher an die Situation im Stall eines Viehzüchters erinnert, reformieren. Die Schule der Muatasiliten wurde wegen ihres rationalen Ansatzes, schon als sie entstand, zur Zielscheibe der Scharia-Anhänger. Da einige der abbasidischen Kalifen die Muatasiliten nicht länger unter ihren Schutz nahmen, konnte sich diese fortschrittliche Richtung nicht erhalten. Mit ihrem Verschwinden lebten die Scharia-Anhänger wieder auf und halten die menschenverachtende Institution der Vielweiberei als gottgewollt bis heute aufrecht.

Die Gläubigen feiern Mohammed, wie in vielen anderen Fällen so auch in Bezug auf das System der Vielweiberei, als großartigen Propheten und „Reformer", der die Menschen aus der Dschahiliyya, der Zeit der Unwissenheit, geführt habe. Die Zahl der Verteidiger des Scharia-Islams ist groß und ebenso groß ist die Kindlichkeit ihrer Argumente. Unter ihnen gibt es Doktoren und Professoren der Philosophie, die sich auf die 1400 Jahre alte Wüstenphilosophie stützen und die Vielweiberei als human für Frauen und Kinder betrachten, weil sie die Gesellschaft vor „Unmoral" und vor dem Aussterben schütze[27] (vgl. S. 294). Auch die Frauen unter ihnen verteidigen die Vielweiberei und fordern die Ausübung der im Koran genannten diesbezüglichen Bestimmungen mit einer unglaublich reaktionären Vehemenz. Aischa Abd al-Rahman (1913-1998), eine ägyptische Schriftstellerin, die als moderne Verfechterin der Frauenrechte dargestellt wird, veröffentlichte 1970 ein Buch, „Koran und moderne Auslegung" [Al-Qur'ān wa-al-tafsīr al-'aṣrī], in dem sie das Interpretieren des Korans zugunsten der Aufhebung oder der Begrenzung der Vielweiberei zur „Auflehnung gegen Gott" erklärt, im Islam eine Todsünde.[28] [„Frauenrechtlerinnen" dieser Art kämpfen z. B gegen den „Missbrauch der Polygamie", was bedeutet, dass sie es kritisieren, wenn die Zahl der Frauen eines Mannes die im Islam erlaubte Zahl von vier Ehefrauen übersteigt, sie greifen aber nicht die Polygamie selbst an. Anm. d. Hrsg.] Gewissen Kreisen, denen diese Gefolgsleute der Religion („Gelehrte", Hodschas, Imame) als eine Art Kompass dienen, nach dem sie sich richten, erklären die Vielweiberei zu einer unveränderbaren Institution, die der Menschheit nütze. Diese Institution sei den Menschen vom Islam geschenkt worden und daher seien alle, die dieses System kritisieren, „Ungläubige" und „Abtrünnige".[29] An dem Aufstand gegen die ägyptische Regierung, die die Vielweiberei an bestimmte Bedingungen knüpfen wollte, beteiligten sich ebenso viele „gebildete" Frauen, wie dies „gebildete" Männer taten.[30]

Einige moderne Intellektuelle sind sich bewusst, dass die Vielweiberei beschämend ist, aber sie können diese Einsicht nicht öffentlich vertreten. So suchen sie Umwege, um eine Veränderung herbeizuführen. Sie behaupten zum Beispiel, dass der Islam im Grunde kein System der Vielweiberei kenne, sondern dieses System aus der vorislamischen Zeit stamme. Mohammed sei zwar gezwungen gewesen, dieses System aus verschiedenen Gründen zu übernehmen, aber er habe es menschlicher gemacht, indem er die Ehe auf vier Frauen begrenzte. Um die Vielehe unmöglich zu machen, habe er – wissend, dass dies nicht möglich ist – die Bedingung gestellt, alle Frauen gleich zu behandeln. Die Zahl solcher Ehen werde, folge man Mohammeds Anweisungen, zurückgehen und die Tradition der Vielweiberei schließlich sterben. Deshalb solle man keine Reformen anstreben, die Vielweiberei gesetzlichen Beschränkungen zu unterwerfen oder zu verbieten, da dadurch nur die religiösen Gefühle der Gläubigen verletzt würden.[31] Dieser faule Kompromiss, Nachgiebigkeit und Verständnis werden die Vielweiberei jedoch sicher nicht beenden. Um das zu erreichen, müssen die Bestimmungen endlich auf rationaler Ebene kritisiert werden. Es muss offengelegt werden, dass es keine sozialen Gründe gibt, dieses System aufrechtzuerhalten und dass auch Mohammeds zahlreiche Ehen nicht etwa aus politischen oder sozialen Gründen, sondern allein seiner sexuellen Begierde wegen geschlossen wurden.

Um die Vielweiberei zu entschuldigen, verweisen die islamistischen Autoren auf andere Religionen und Gesellschaften, in denen es die Vielweiberei gab. Sie führen das alte Babylon, Indien, die Perser, die Phönizier, Thrazien, die alten Griechen und das alte Rom, die Etrusker, das Judentum und das Christentum als Beispiele an, keinesfalls unberechtigt: die jüdischen Propheten, wie Moses und David, sollen laut den religiösen Quellen Hunderte von Frauen gehabt haben. Die Vielweiberei wurde im aschkenasischen Judentum bis ins 10. Jahrhundert praktiziert,[32] im sephardischen und orientalischen Judentum wird sie das bis heute.[33] Auch im Christentum gab es Könige (z. B. Chlothar I. (gest. 561), Charibert I. (ca. 520-567), Dagobert I. (ca. 608-639), Karl der Große (747-814) usw.), die als Barbaren in die Geschichte eingingen, die neben ihren Ehefrauen auch Nebenfrauen hatten.[34]

Selbstverständlich ist es völlig ungenügend, anhand dieser Beispiele das System der Vielweiberei im Islam rechtfertigen zu wollen. Außerdem wird unterschlagen, dass es auch in den genannten Religionen und Gesellschaften Ablehnung und Widerstand gegen die Vielweiberei gab. Es gab unter den Juden Rabbis, die dieses System schon vor 1000 Jahren verboten haben[35] und das Christentum schloss die Vielweiberei schon zu Beginn seiner Geschichte aus.[36] In den islamisch regierten Ländern dagegen wurde diese Institution als ein der Gesellschaft nützlicher Befehl Gottes angenommen. Eine Religion aber, die als die letztverkündete, als vollkommene und unfehlbare Religion gepriesen wird, sollte etwas so Negatives wie die Vielweiberei nicht beinhalten.

Die Behauptung, die Vielweiberei verhindere den Verfall der Sitten und die Prostitution und sei von den Frauen gewollt

Die ägyptische Autorin Aischa Abd al-Rahman versucht in ihrem Buch „Die Frauen des Propheten", die Vielweiberei wie folgt zu legitimieren: „Diese Institution kann uns so vorkommen, als ob sie uns (die arabische Frau) in die Sklaverei treibt und zu einem Mittel zur Befriedigung der männlichen Begierde und Lust macht. In Wirklichkeit ist die Vielweiberei eine Institution, die eine große Last auf die Schultern des Mannes legt und die arabische Frau aus ihrer Erniedrigung rettet."[37] Diese Sichtweise, die von vielen zeitgenössischen Schriftstellern vertreten wird, besagt, dass die muslimische Frau durch die Vielweiberei vor der „modernen Sklaverei" [der Prostitution und „Hurerei" – diese Umschreibung meint nicht den Beruf, sondern dass diese Frauen mit verheirateten wie auch unverheirateten Männern „Unzucht" treiben würden, Anm. d. Hrsg.] und dem Verlust ihrer Würde gerettet werde. Die Vielweiberei verhindere, dass der Mann „mit einem Auge draußen sei", also nach anderen Frauen schaue. Dass er die Möglichkeit hat, seine Begierde mit vielen Frauen zu befriedigen, würde verhindern, dass er Befriedigung in Beziehungen außerhalb der Ehe suche. In der Realität stelle die Polygamie eine schwere Bürde für den Mann dar und rette die Frau vor dem degradierenden System der Monogamie, nämlich der modernen Sklaverei, die nur eine Frau anerkenne und die anderen Frauen zum Benutztwerden und an den Rand der Gesellschaft dränge. Zudem gäbe es anderenfalls, weiteres Konfliktpotential, in kürzester Zeit sehr viele uneheliche Kinder. Die „Mehrehe", die Mohammed zum Gebot machte, schütze die muslimische Gesellschaft vor all diesen Gefahren.[38]

Diese Argumentation leugnet, dass durch die Vielweiberei die Würde der Frau, ihre Gefühle in höchstem Maße verletzt und ihre Bedürnisse verneint werden. Das System der Vielweiberei wird als heilig und als die Moral fördernd dargestellt. Außerdem stellt sich die Frage, ob die Tatsache, dass ein Mann eine große Menge an Frauen unter einem Dach versammelt, die dazu verpflichtet sind, ihn sexuell zu befriedigen, moralischer ist. Ist es moralischer, zusätzlich mit nichtverheirateten „Haremsdienerinnen", den Sklavinnen, unfreie Kinder zu zeugen? Ist es moralisch, zwischen diesen Kindern und „unehelichen" Kindern, ja überhaupt zwischen „ehelichen" und „unehelichen" Kindern zu unterscheiden? Die Logik derer, die, wie Aischa Abd al-Rahman, diese Sichtweise vertreten und die Vielweiberei verteidigen, ist traurig und erschreckend zugleich. Sie fährt fort: „Eine Frau zieht möglicherweise die Hälfte des Lebens eines Mannes dem ganzen Leben eines anderen vor."[39] Denn wichtig sei, dass die Frau überhaupt an seinem Leben teilhabe. Als Beispiel führt sie Mohammed an, den sie als einen der seltenen Männer beschreibt, „bei dem die Frauen eine Ecke seines Hauses, ein Leben bei ihm, dem Besitz eines Königreichs vorziehen würden".[40] Aischa Abd al-Rahman ist überzeugt, dass die Frauen stolz sein würden, einen solchen Mann zu teilen:

Mohammeds Frauen wussten, als sie ihn heirateten, dass sie in ein Haus mit mehreren Frauen kommen und vermutlich hübschere Konkurrentinnen haben werden. Sie wussten, dass sie ihn nicht alleine besitzen können. Meymune [Maymuna] *zum Beispiel wusste, dass im Haus bereits ein Dutzend weitere Frauen waren. Trotzdem war es ihr ein Genuss und sie war stolz, sich ihm hinzugeben. Das gilt auch für die anderen Frauen. Wenn diese Frauen die Möglichkeit der Wahl gehabt hätten, zwischen dem Leben in seinem Haus gemeinsam mit vielen anderen Frauen und einem Leben, in dem sie einen Mann alleine besitzen, würden sie mit Sicherheit das erstere gewählt haben. Auch wenn sie ihn nicht alleine besitzen konnten und es deshalb viele Streitereien gab, hat sogar diese Streiterei sie glücklich gemacht. Denn sie wussten, dass in diesen Streitereien etwas lag, was das Familienleben lebendig hielt. Durch ihre Eifersucht und ihr egoistisches Begehren bemühten sie sich, Mohammed für sich zu gewinnen, versuchten ihn glücklich zu machen und letztendlich wussten sie alle, dass die Streitereien deshalb entstanden.*[41]

Es ist im Grunde unvorstellbar, dass solche Sätze, die unreife Schwärmerei ausdrücken, Selbstverleugnung und Selbstverachtung fordern, von einer vielbeachteten Autorin und Dozentin für Literatur an einer ägyptischen Universität geschrieben wurden, einer Frau, die die kommenden Generationen ausbildet. Sie erklärt Mohammed zu einem Mann, in dessen Harem jede Frau auch heute noch gerne, freiwillig und stolz gehen würde. Dabei belegen arabische Quellen hinreichend, dass viele Frauen sich einer Heirat mit ihm verweigerten und eben nicht freiwillig in seinen Harem gingen, dass einem Teil seiner Ehen Hilflosigkeit und Gewalt zugrunde liegen. So im Falle der bereits erwähnten Dschuwayriyah, eine der Gefangenen des El-Muraysi-Krieges gegen die *Banu Mustaliq* (626), die wegen ihrer Schönheit zu Mohammeds Kriegsbeute wurde. Ebenso erging es Safiyya, die nach dem Krieg in der Oase von Chaibar in seinen Besitz überging, indem er seinen Mantel über sie warf. Auch Rayhana wurde auf einem der Beutezüge Mohammeds geraubt. Maria wurde ihm als Sklavin geschenkt. Aischa war 6 Jahre alt, als sie mit Mohammed verlobt wurde und neun, als er mit ihr die Ehe vollzog; wohl kaum ein Alter, in dem man tatsächlich von Freiwilligkeit, einer Einwilligung in die Ehe sprechen kann. Die Frau von Zayd Ibn Harithah, die laut den muslimischen Quellen eine glückliche Ehe mit diesem führte, wurde nie gefragt, ob sie Mohammed heiraten wolle. Wenn in diesem Zusammenhang von einem Willen die Rede ist, dann vom Willen Gottes und seines Propheten:

Sure 33, Al-Ahzāb (Die Gruppen), Vers 36 und 37
Und weder ein gläubiger Mann, noch eine gläubige Frau dürfen, wenn Gott und sein Gesandter eine Angelegenheit (die sie betrifft) entschieden haben, in (dieser) ihrer Angelegenheit (frei) wählen [...] *Was Gott anordnet, wird (unweigerlich) ausgeführt.*

Natürlich gab es Frauen, die in seinen Harem aufgenommen werden wollten, weil sie sich dadurch erhofften, in der Position der Frau des Propheten ins Paradies zu kommen. [Diese Frauen gehen als „Mütter der Gläubigen" in das schönste der Paradiese, es soll insgesamt sieben geben, ein. Anm. d. Hrsg.] Es gab aber auch Frauen, die seine Vielweiberei als Erniedrigung erkannten und diese Situation nicht mit ihrer Würde vereinbaren konnten.[42] Asma bint Numan war eine von diesen Frauen. Als Mohammed sie zu sich ins Bett einlud, antwortete sie: „Komm doch selbst". Dies konnte er nicht ertragen.[43] Für eine Frau wie Asma bint Numan, die einen prinzessinnenähnlichen Status hatte, war es sicherlich nicht sehr verlockend, in den Harem eines alten Mannes zu heiraten. Fatima Mernissi schreibt, dass auch mit Müleyke bint Ka'b und Fatima bint Ad-Bahhak Ähnliches passiert sei.[44]

Eine weitere dieser Frauen war Shurail el Cevn (türk. Ümeyme) aus dem Stamm der Kinda. Sie war mit ihrer Amme zu Mohammed gekommen. Er fragte sie, ob sie sich ihm schenken wolle. Sie antwortete standesbewusst: „Würde eine Frau königlichen Geblüts sich jemandem [gemeint ist: aus dem Volk] schenken?" Sie mochte den aus ihrer Sicht wesentlich älteren Mohammed nicht und fühlte sich durch seine Aufforderung, sich ihm zu schenken, beleidigt. Diese Geschichte wird in unterschiedlichen Varianten erzählt. In einer weiteren Erzählweise sagt sie :„Ich stamme von Leuten, zu denen man geht, die aber nicht zu Anderen gehen." Daraufhin habe Mohammed sie zurückgeschickt. Auch seine machtvolle Stellung und der Respekt, den er genoss, konnte sie, die aus einer angesehenen und bekannten Sippe kam, nicht beeindrucken und machten ihn für sie nicht attraktiv.[45] Als Mohammed die Hand ausstreckte, um sie zu berühren, sagte sie, dass sie sich unter den Schutz Gottes stelle.[46] Da Mohammed zu diesem

Zeitpunkt das Recht auf Scheidung noch nicht zum alleinigen Recht des Mannes gemacht hatte, musste er diesen Frauen gestatten, zurück zu ihrer Familie zu gehen.

Eine ähnlich charakterstarke Frau war Safiyya bint Reşame, eine Kriegsgefangene. Vor die Wahl gestellt, zu ihrem Mann zurückzukehren oder Mohammed zu heiraten, zog sie ihren Mann vor.[47]

An dieser Stelle müssen auch die bereits erwähnte Müleyke bint Ka'b[48] sowie Safiyya und Dschuwayriyah genannt werden, die Mohammed als Beute in seinen Besitz genommen hatte und deren engste Verwandte durch ihn den Tod fanden; sie lebten nicht freiwillig in seinem Harem (vgl. S. 313-314 und 326)

Bemerkenswert ist, dass Amina, die Enkelin Mohammeds, die Vielweiberei verabscheute und sich gegen diese Institution erfolgreich zur Wehr setzte. Noch bevor sie heiratete, setzte sie einen Ehevertrag für den Bewerber Umar auf, in dem sie als ersten Punkt aufnehmen ließ, dass die Ehe als geschieden gilt, wenn er eine Beziehung mit einer anderen Frau aufnimmt.[49] Sie machte weiter zur Bedingung, dass alle das Haus und die Verwaltung des Hauses betreffenden Entscheidungen mit ihr gemeinsam gefällt werden müssen und der Ehemann sich in die Verwaltung des Haushaltsgeldes nicht einmischen darf.[50]

Über diese Enkelin Mohammeds sind nur sehr wenige Informationen zu finden, aber Fatima Mernissi zitiert in ihrem Buch „Beyond the veil" Mohammed Pickthalls Werk „The Meaning of the Glorious Koran" über Amina: „Amina verstand, dass Frauen vor der Zeit des Propheten viel glücklicher waren. Wenn man sie fragte, warum sie so lustig und humorvoll, ihre Schwester Fatima hingegen so todernst sei, antwortete sie: 'Weil sie nach ihrer islamischen Großmutter Fatima [Fatima war die Tochter des Propheten] und ich nach meiner heidnischen Urgroßmutter, die starb, bevor der Islam kam, genannt wurde.'"[51] [Amina war die Mutter des Propheten]

Mohammed hat, indem er die Vielweiberei institutionalisierte, die vorislamische Tradition der Möglichkeit der Trennung und die Möglichkeit, Bedingungen zu stellen, vernichtet und den Menschen so die Möglichkeit genommen, sich weiter zu entwickeln. Sein Ziel war es, die Überlegenheit, die Macht und die Befriedigung der Begierde des Mannes zu sichern, und für die Frau ein Leben in Unterwerfung und Gehorsam zu erzwingen. Er entrechtete die Frau bei der Scheidung und machte diese zum alleinigen Privileg des Mannes. Er nahm der Frau das Recht, einer Heirat aus freiem Willen zuzustimmen, und unterstellte sie der Entscheidungsbefugnis und dem Wunsch ihres Vaters, des Bruders oder eines anderen männlichen Vormunds. Auch wenn die Frau sich heute in Ausnahmefällen an das Gericht wenden kann, so ist das im Wesentlichen kein erfolgreicher Weg (siehe talâk, S. 347)

Wie Sie sehen, lässt sich über die muslimische Geschichtsschreibung mühelos belegen, dass nicht alle Frauen dem Willen Mohammeds so ohne weiteres freiwillig folgten. Hinter vielen Ehen verbargen sich Erniedrigung, Zwang und großes Leid.

Die Behauptung, die Vielweiberei schütze die Frauen vor Ehelosigkeit und die Gesellschaft vor Schaden durch unfruchtbare Frauen

Die Verteidiger der Vielweiberei behaupten, dass die Muslime in der Zeit Mohammeds oft angegriffen und in kriegerische Handlungen verwickelt worden seien. In diesen Auseinandersetzungen seien viele Männer der Gemeinschaft umgekommen und es drohte die Gefahr, dass die Frauen ohne einen Mann und Versorger hätten leben müssen. Die Vielweiberei sei hier die Lösung gewesen. Diese Behauptung ist unhaltbar, ja, es bedeutet eine völlige Verkehrung historischer Tatsachen, von ständigen Angriffen auf die Muslime zu reden. Es waren die Muslime, die angriffen und zwar all diejenigen, die keine Muslime waren,[52] und diejenigen, bei denen man die Gefahr sah, dass sie nach Mohammeds Tod vom Glauben abfallen und sich so der Herrschaft des Islams und seinem Gesetz entziehen können.[53] Ebenso falsch ist die Behauptung, dass der Tod der muslimischen Kämpfer die Ursache für den Frauenüberschuss in der Gemeinde gewesen sei. Es waren hauptsächlich die Männer der angegriffenen Stämme, die entweder im Krieg oder nach der Gefangennahme getötet wurden. Verluste hatten vor allem die jüdischen Stämme zu beklagen. Als Beispiel kann der Krieg gegen die jüdischen *Banu Quraiza* genannt werden. Als Mohammed sie besiegt hatte, ließ er die Männer des Stammes, deren Zahl mit 800-900 angegeben wird, an einem Platz versammeln und sie köpfen.[54] Die Vielweiberei hat also ihren Ursprung darin, dass die Männer anderer Stämme dezimiert wurden und deren Frauen und Töchter zurückblieben. So, und nicht anders, kam die Überzahl der Frauen zustande, die dann über die Vielweiberei angeblich wieder ausgeglichen werden musste. Die Frauen und Töchter der Unterworfenen wurden von Mohammed unter seinen Kriegern als Beute verteilt, wobei er sich selbst nicht vergaß.

Ein weiteres Argument für die vom Gesandten Gottes geforderte Vielweiberei ist, dass so verhindert werde, dass Männer, die eine unfruchtbare Frau geheiratet hätten oder deren Frauen ihre Menstruation nicht mehr bekämen (ein Mann, dem solches geschah, war sicher selbst bereits in einem höheren Alter) kinderlos bleiben. Es werde ihnen so ermöglicht, eine weitere junge und fruchtbare Frau zu heiraten.[55] Wäre er zur Einehe verpflichtet, so das Argument, müsse sich der Mann von der Frau, die nicht mehr gebraucht wird, frei sprechen, sie verstoßen (*talâk*). Zudem sei die Vielweiberei eine Möglichkeit für Arme und Witwen, doch eine Familie zu bekommen, wie z. B. im Falle der Ehen Mohammeds mit Sauda und mit der „Vollwaisen" Dschuwayriyah.[56] (Der Autor Amir Ali wagt es tatsächlich, Dschuwayriyah als „Waise" zu bezeichnen, was den Eindruck erweckt, Mohammed hätte sie aus einem sozialen Grund zur Frau genommen und sie aus einer prekären Situation gerettet. Dschuwayriyahs Familie wurde aber auf Befehl Mohammeds getötet und er hatte sie als Kriegsbeute in Besitz genommen.) Die Unfruchtbarkeit der Frauen zu dieser Zeit war jedoch sicher bei weitem nicht so groß, als dass sie den Fortbestand der Gesellschaft gefährdet und das Ausmaß der Vielweiberei gerechtfertigt hätte. Abgesehen davon können auch Männer unfruchtbar sein und in dieser Situation wird ihnen auch kein noch so großer Harem helfen. Die Verteidiger der Vielweiberei müssten sich in diesem Fall auch die Frage gefallen lassen, ob man, ihrer Logik gemäß, dann nicht den Frauen umgekehrt ebenso erlauben müsste, neben ihrem unfruchtbaren Ehemann noch einen weiteren, fruchtbaren zu ehelichen.

Da das System der Vielweiberei nicht mit den Vorstellungen von Familie und mit der Würde der Frau zu vereinbaren ist, und es dem Verständnis von Fortschritt und Zivilisation widerspricht, wurde es in den entwickelten Ländern mit der Zeit abgeschafft.

Die Behauptung, nur durch die Vielweiberei könne der beschnittene Mann seine überdurchschnittliche sexuelle Begierde befriedigen

Diejenigen, die die Vielweiberei als „segensreiche" Institution preisen, begründen diese auch damit, dass nur so das überdurchschnittliche sexuelle Begehren des muslimischen Mannes – hervorgerufen durch seine Beschneidung – befriedigt werden könne. Da es ihm unmöglich sei, diese außergewöhnliche Begierde mit einer einzigen Frau zu befriedigen, sei er gezwungen, mit vielen Frauen zu verkehren. Der „westliche Mann" sei nicht beschnitten, und auch deshalb sei die Institution der Vielweiberei hier nicht nötig gewesen. Ja, der westliche Mann sei nicht einmal in der Lage, eine einzige Frau zu befriedigen, deshalb würden die westlichen Frauen zusätzlich mit anderen Männern schlafen und das sei auch der Grund, warum der Ehebruch im Westen als „natürlich" angesehen werde.[57] Auf solch lächerliche Behauptungen einzugehen, lohnt sich eigentlich nicht. Es ist an dieser Stelle aber sicher sinnvoll, noch einmal daran zu erinnern, dass die Beschneidung kein Zauber ist, der die sexuelle Kraft und Begierde des Mannes auf wunderbare Weise ins Unermessliche steigert. Außerdem ist die Beschneidung im Normalfall aus medizinischer Sicht nicht erforderlich. Nicht haltbar ist auch die Behauptung, dass Männer, deren Religion keine Beschneidung fordert, sexuell weniger potent seien als die anderen. Auch der Ehebruch ist in den islamischen Ländern nicht weniger verbreitet als in den westlichen Ländern.

Dass sich die muslimischen Männer eine nahezu göttliche Potenz und Begierde zuschreiben, hat auch in diesem Fall seine Ursache im Vorbild des letzten und besten aller Propheten. Mohammed gab sein Leben lang damit an, über eine große sexuelle Überlegenheit zu verfügen, was auch beweist, dass er nicht im Geringsten vorhatte, die Vielweiberei abzuschaffen. Er beschreibt seine Vorlieben: „Ich habe drei Dinge, die ich liebe auf eurer Welt: (schöne) Frauen, schöne Gerüche und gutes Essen (und das Gebet)" und „Gute, segensreiche Frauen sind die schönen Frauen".[58] Im *Al-Musnad* des Ahmad Ibn Hanbal sind viele weitere solcher Aussagen Mohammeds überliefert, die zeigen, dass er nicht bescheiden war, wenn er sich selbst beschrieb und behauptete eine außerordentliche sexuelle Kraft zu besitzen, die für ihn Zeichen seines Prophetentums war: „Gott hat mir 'Kefit' (sexuelle Kraft) verliehen." Demircan schreibt zudem „Er ist allen Menschen überlegen erschaffen worden in Großzügigkeit, Mut, sexueller Kraft und körperlicher Kraft." Die allen überlegene sexuelle Kraft sei Mohammed verliehen worden , damit er auch Menschen, die hohe sexuelle Kraft besitzen, rechtleiten könne. Ein Mann, der keine außerordentliche sexuelle Kraft besitze, könne kein Prophet sein.[59] (Kefit wird in der islamischen Literatur als sexuelle Kraft oder auch als ein Teller mit Fleisch beschrieben, im osmanisch-türkischem Wörterbuch jedoch nur als „Kraft" übersetzt. Anm. d. Hrsg.)

Auch den Islam-Gelehrten galten diese in der Selbsteinschätzung Mohammeds geäußerten Eigenschaften als heilig und als Zeichen seines universellen Prophetentums. Al-Buchari gibt wieder, was im Werk Ḥ*ilyat al-*

awliyā' wa ṭabaqāt al-asfiyā von Abu Nu'aym al-Isfahani (948-1038) steht. Demnach sagte Mohammed, dass ihm die sexuelle Potenz von 40 Männern gegeben sei, die bei ihrem Eintritt ins Paradies von Gott für ihren aufrichtigen Glauben mit einer 100-fachen Verstärkung ihrer irdischen Potenz belohnt würden. Laut Anas ibn Malik, einem Gefährten Mohammeds, könne der Prophet „Tag und Nacht mit neun seiner Frauen sexuell verkehren".[60] Mohammed gehe nach jedem Morgengebet in sein Haus und besuche die Frauen hintereinander in ihrem Zimmer und beschlafe sie (damals hatte er etwa 9 bis 11 Frauen).[61] Auch Aischa bestätigt das: „Nach dem Nachmittagsgebet ging Gottes Gesandter zu seinen Frauen."[62] Gott habe Mohammed in „Glauben, Gebet, Moral, Gerechtigkeit [...] und im sexuellen Leben"[63] als überragenden Menschen erschaffen, damit er den muslimischen Männern als Vorbild diene. Denn der Scharia-Anhänger glaubt, wer nicht über eine überlegene sexuelle Kraft verfügt, kann auch kein universeller und ewiger Prophet und Führer sein.[64]

Mohammed entschuldigte seine Vorliebe für schöne Frauen mit Gott: „Ohne die Erlaubnis Gottes habe ich keine Frau berührt. Mit keiner Frau ein Treffen (Geschlechtsverkehr) gehabt."[65] Kein Prophet vor Mohammed hatte Gott zum Zeugen seines eigenen Lebens gemacht. Glaubt man den Quellen, gab es schon vor Mohammed Propheten, von Abraham bis Jesus (all diese Propheten wurden von Mohammed im Nachhinein zu Muslimen erklärt), die ebenfalls ein ausschweifendes Sexualleben besessen haben. David soll 700 Frauen, Salomo 300 Frauen besessen haben; David verliebte sich in Batseba, die Frau eines seiner Offiziere, befahl ihr, mit ihm zu schlafen, und um den Ehebruch zu vertuschen, schickte er ihren Mann in den Tod. Auch als er alt wurde, nahm er sich junge Frauen ins Bett, um sich wärmen zu können.[66] Dennoch werden wir keinen Propheten finden, der es, was sexuelle Begierde betrifft, mit Mohammed aufnehmen könnte.

Die islamischen Autoren, welche die außerordentliche sexuelle Kraft Mohammeds betonen wollen, zitieren meist Aischa, die überlieferte, dass Mohammed selbst dann mit seinen Frauen unter eine Decke kroch und ihre Brüste berührte, wenn sie ihre Menstruation hatten:[67] „Er konnte seine sexuelle Begierde nicht beherrschen." Er scheint mit sich nicht zufrieden zu sein und gibt bekannt: „Ich habe Gabriel von meiner sexuellen Schwäche erzählt. Er empfahl mir *keşkeş* und *herise* zu essen."[68] Mohammed wird zum einen nicht müde, seine ihm angeblich von Gott verliehene überdurchschnittliche sexuelle Kraft zu betonen, zum anderen betont er aber auch, dass er zusätzlich über die ungeheure Kraft verfüge, eine solche überdurchschnittliche Potenz auch zu zügeln: „Ich habe unter den Menschen am wenigsten Geschlechtsverkehr. Dennoch gab mir Allah *kefiri* [sexuelle Kraft]. Deshalb bin ich fähig, jeden Moment Kraft zu haben."[69]

Ein Thema, das die islamischen Kreise und ihre Autoren ebenso beschäftigt ist, ob Mohammed diese überragende sexuelle Kraft schon als junger Mann besaß oder erst dann verliehen bekam, als er viele Frauen haben konnte. Diejenigen, die an eine „reine", eine „unschuldige" Jugend Mohammeds glauben, versuchen zu beweisen, dass er diese außergewöhnliche sexuelle Kraft zwar schon in Mekka verliehen bekam, aber seine Begierde beherrschte und bis zu seinem 25. Lebensjahr ledig blieb. Auch nachdem er Chadidscha geheirate hatte, soll er Selbstbeherrschung geübt, keine andere Frau angeschaut und 28 Jahre lang auch keine weitere Frau in seinem Harem aufgenommen haben. Dabei hat seine angebliche Enthaltsamkeit während seiner Jugend nichts mit Selbstbeherrschung oder „Anstand" zu tun, sondern mit seinen damaligen Lebensumständen. Denn zunächst hatte er keine Möglichkeit, dann, während seiner Ehe mit Chadidscha, die er heiratete, als er etwa 25 Jahre alt war, keinen Mut, eine weitere Frau zu heiraten (vgl. S. 309-311). Deshalb wäre es falsch, ihm nicht nur übermenschliche sexuelle Kraft, sondern auch eine übermenschliche Selbstbeherrschung anzudichten.

Sein sexuelles Leben, seine Ehen, die gewaltsame Inbesitznahme der Frauen als Kriegsbeute unterlagen immer der berechtigten Kritik westlicher Autoren und sogar dem Islam zugeneigter Orientalisten und Islamwissenschaftler. Islamische Autoren aber haben bisher keine andere Reaktion gezeigt, als sich zusammenzuschließen und die Kritik an ihm zurückzuweisen oder sich als Beleidigte zu gerieren. Hinzu kommt, dass sie bestimmte Ereignisse, in denen Mohammed sich besonders ungerecht verhielt (z. B. die Heirat mit der Frau seines Adoptivsohnes Zayd Ihn Harithah), schlichtweg leugnen. Sie bestreiten auch, dass Mohammed seine eigenen Frauen schlecht behandelte und seinen von ihm selbst aufgestellten Anspruch der Gleichbehandlung der Frauen missachtete. Dass Mohammed nach jedem Gebet mit all seinen Frauen schlief, wird als eine solche Gleichbehandlung, sogar als „Gleichberechtigung" der Frauen interpretiert, ohne dass man sich bewusst macht, dass es hier in erster Linie um Mohammeds sexuelle Befriedigung, nicht um die Frauen ging.

Seine sexuelle Kraft, die von den islamischen Gelehrten als Tugend dargestellt wird, spielte in seinem Leben eine große Rolle. So prahlte er damit, dass sein Lieblingsenkel Hasan einen Charakter ganz ähnlich dem seinen habe. Folgende Aussagen aus Al-Ghasalis Werk „Die Wiederbelebung der religiösen Wissenschaften" scheinen Mohammeds Stolz zu bestätigen.

Dort heißt es, dass Hasan später 200 Frauen besessen habe, allerdings ohne die Regel, nur vier Frauen zugleich besitzen zu dürfen, gebrochen zu haben.[70] Sein Trick bestand darin, dass er darauf achtete, immer nur mit vier Frauen auf einmal verheiratet zu sein, seine alt gewordenen Frauen verstieß er rechtzeitig und regelmäßig, was ihm den Namen „Scheider" [arab. *mitlaq*] einbrachte. Es ist dieser Hasan, auf den Mohammed so stolz war, und Al-Ghasali schreibt: „Es wurde übermittelt, dass die Ähnlichkeit Hasans mit dem *Resûl-i Ekrem* [dem Gesandten Gottes] in seinen vielen Ehen besteht."[71] Vielleicht hatte Hasan diese Eigenschaft aber auch nur von seinem Vater geerbt, denn Ali, der Ehemann seiner Tochter Fatima, konnte nach dem Tod seiner Frau keine sieben Tage abwarten, bis er die nächste Frau heiratete, um sich befriedigen zu können.[72] Mohammed fand die sexuelle Kraft Alis dennoch nicht ausreichend. Ganz „gutes Vorbild" prophezeite er Hasan, dass dessen Kraft die Kraft seines Vaters Ali um das Mehrfache übertreffen werde, ja er erklärte es zu einer Frage des Stolzes eines jeden Mannes, wie Hasan zu sein.[73]

Für Mohammed ist ein Mann also dann ein Mann, wenn er über unbändige sexuelle Begierde verfügt und diese kaum zügeln kann. Deshalb löste er alle Fragen der Sexualität in diesem Sinne. Ein Beispiel hierfür ist die Entscheidung, die er in der Angelegenheit der Frau traf, die zu ihm kam, um seinen Rat zu erbitten, weil ihr Mann ständig mit ihr verkehren wollte. Der Mann führte zu seiner Verteidigung an:

Oh Gottes Gesandter, ich bin jung und kräftig, voller Begierde und ich kann mich gegen meine Begierde nicht wehren. Aber meine Frau vermeidet es manchmal mit der Ausrede, dass sie das Fasten oder das Gebet einhalten möchte, mit mir zu schlafen. Ich zwinge sie dann ihr Fasten oder ihr Gebet zu brechen und mit mir zu schlafen. [Mohammed antwortet:] *Keine Frau darf ohne die Erlaubnis ihres Mannes fasten.*[74]

Seine Haltung, die Befriedigung der männlichen Begierde den religiösen Bedürfnissen der Frau überzuordnen, ist in der Tat „denkwürdig".

Laut Quellen wie Al-Ghasali und Ibn Sa'd begann Mohammed, der beim Verkehr mit seinen Frauen eine bestimmte Reihenfolge einhielt, am frühen Abend damit, seine Frauen zu beschlafen. Wenn er es zeitlich nicht bewerkstelligen konnte, alle zu beschlafen, so übertrug er die restlichen Frauen auf den nächsten Tag.[75] Manchmal schlief er mit einer seiner Frauen, die er besonders begehrte, noch einmal und musste dann, weil er die Reihenfolge nicht eingehalten hatte, auch mit den restlichen Frauen noch einmal schlafen. Er sprang vom Bett einer Frau in das nächste und dies dauerte die ganze Nacht.[76] Doch er ging auch tagsüber gegen Mittag nach Hause und befriedigte sich schnell.[77] Um zu verhindern, dass das Beschlafen seiner Frauen unterbrochen wird, weil ein Gläubiger ihn sprechen will, setzte er folgenden Vers in den Koran:

Sure 49, Al-Ḥuǧurāt (Die Gemächer), Vers 4 und 5
Diejenigen, die (außen) nach dir rufen, während du dich in d(ein)en Gemächern befindest […] *haben meistens keinen Verstand. 5 Wenn sie geduldig wären* […] *bis du (von selber) zu ihnen herauskommst, wäre es besser für sie. Aber Gott ist barmherzig und bereit zu vergeben.*

Mohammed befürchtete in solchen wie auch in ähnlichen Situationen, in denen sein Geschlechtsverkehr unterbrochen wurde, dass seine Samenflüssigkeit versiegen könnte, wenn er nicht schnell genug zu seiner Frau zurückkehren könne. Daher gab er bekannt, dass in solchen Situationen, um die Reinheit nach dem Geschlechtsverkehr wieder herzustellen, eine kurze Gebetswaschung ausreichend sei. Diesbezüglich ist Folgendes überliefert:

Der Prophet rief nach einem Gläubigen der Ansar. Er kam mit nassem Haupt. Der Prophet sagte: 'Ich glaube, wir haben dich bedrängt'. Dieser bestätigte das und antwortete: 'Ja'. Daraufhin sagte der Prophet: 'Wenn du dich beeilen musst und dein Samen unterbrochen wird, reicht es aus, wenn du nur die Gebetswaschung vornimmst.'[78]

Man kann sagen, dass Mohammed den Geschlechtsverkehr als ein Mittel sah, um die religiösen Pflichten zu erfüllen; immer öfter bekam er die Offenbarungen in Aischas Bett, unter ihrer Decke. Einige der Sahaba, der Prophetengefährten, versuchten ihn nachzuahmen. Eine Überlieferung von Abdullah ibn Omar sagt: „Abends während des Fastenmonats Geschlechtsverkehr noch vor dem Gebet zu haben und auch nach dem Essen das Fasten durch einen Geschlechtsverkehr zu beenden und sich anschließend zu waschen, um zu beten, wäre seine Verfahrensweise. So würde er vorgehen, um in Ruhe beten zu können. Er würde auch vor dem Nachtgebet mit drei Sklavinnen Geschlechtsverkehr haben." Abdullah ibn Abbas sagt: „Das segensreiche dieser Gemeinschaft ist, viele Frauen zu haben."[79]

Für die Befriedigung seiner Begierde übernahm Mohammed eine vorislamische Tradition, wobei er diese gemäß seinen Bedürfnissen abänderte. Bereits vor dem Islam nahmen die arabischen Stämme auf ihren Kriegszügen ihre Frauen mit (allerdings waren die Frauen damals nicht passiv, sondern halfen indem sie z. B. die Männer anfeuerten und sich um die Verletzten kümmerten). Mohammed übernahm diese Sitte in der Form, dass er eine oder zwei seiner Frauen, die durch das Los bestimmt wurden, mitnahm.[80] Diese nahmen jedoch nicht am Kampfgeschehen teil, sondern sie wurden mitgenommen, damit Mohammed seinen Geschlechtstrieb zu jeder Zeit befriedigen konnte. Doch das galt nur für ihn; seine Krieger durften nach der Islamisierung ihre Frauen nicht mehr mitnehmen.

Auch das Alter warf für Mohammed in sexuellen Dingen keine Fragen auf. Als er nicht mehr laufen konnte, wurde er in die jeweiligen Zimmer seiner Frauen getragen, damit er seine Bedürfnisse stillen konnte.[81] Wenn er in einem Zimmer angelangt war, fragte er demonstrativ: „Wer ist morgen an der Reihe?“[82] Auf diese Weise vermittelte er, dass er eigentlich zu Aischa wollte, was seine Frauen natürlich eifersüchtig machte. Die Älteren gaben schließlich ihren Platz in der Rangfolge zugunsten von Aischa auf.[83] Sie sagten: „Gesandter Gottes […] du fühlst dich bei Aischa wohl. Wir [...] geben unser Recht ab. Geh zu ihr.“[84] Dieses Beispiel ist ein Vorbild für all jene Männer, die auch eine ihrer Frauen begünstigen wollen.

Seine ungewöhnliche sexuelle Begierde machte Mohammed aber auch zum Gespött seiner Zeitgenossen. Die Juden sagten, wenn er ein Prophet wäre, wäre er nicht dermaßen fixiert auf Frauen. Dann antwortete er mit Versen, in denen er auf die früheren Propheten hinwies:

Sure 13, Ar-Ra‘d (Der Donner), Vers 38
Und wir haben doch schon vor dir Gesandte […] *geschickt und haben ihnen* […] *Gattinnen und Nachkommenschaft gegeben (w. gemacht).*

Mohammed reihte sich so auch über sein übersteigertes Begehren und die Anzahl seiner Frauen in die Reihe der Propheten Gottes ein. Moses soll Hunderte von Frauen besessen haben, und auch seine Begierde, so beweise es der Vers Gottes, sei gottgewollt und daher gerechtfertigt.

Arabische Quellen berichten, dass schon sein Vater Abdallah ein sexuell sehr aktiver Mann gewesen war und bekannt dafür von einer Frau zur nächsten zu gehen. Über die Schwängerung der Mutter Mohammeds, Amina bint Wahb, wird Folgendes berichtet: Mohammeds Vater war von einer Frau abgelehnt worden, weil er zu schmutzig war. Als er das Haus dieser Frau verließ, begegnete er Amina. Nachdem er mit Amina geschlafen hatte, ging er wieder zu der Frau, die ihn abgelehnt hatte und fragte, ob sie ihn nicht doch noch wolle. Die Frau aber habe das abgelehnt, weil sie gespürt habe, dass der Fleck auf Abdallahs Stirn zu Amina übergangen sei.[85] Eigentlich ist es das Ziel der muslimischen Denker und „Gelehrten“, anhand dieser Geschichte zu beweisen, dass es ein heiliges Zeichen gab, das die Geburt eines außergewöhnlichen Kindes, eines Propheten ankündigte. Damit belegen sie ungewollt aber auch, dass der Vater Mohammeds sexuell sehr aktiv war. Wenn bereits der Vater einen derart starken sexuellen Trieb hatte, dann ist ein solcher Sohn sicher eine natürliche Folge.

Die sexuelle Begierde Mohammeds – Zeichen seiner „Heiligkeit“?

Ibn Ishaq, Ibn Hischam, Ibn Sa‘d, Al-Ghasali, At-Tusi, Ibn an-Nafis und viele andere wetteifern miteinander darin, die Begierde Mohammeds als göttliches Zeichen zu deuten. Ibn Sa‘d (gest. 845) widmet diesem Thema in seinem Werk „Das Buch der Klassen“ ein ganzes Kapitel. Al-Ghasali gibt in seinem Werk „Die Wiederbelebung der religiösen Wissenschaften“ viele Beispiele und merkt dazu an, dass diese Eigenschaft ein Vorbild für die muslimischen Männer sei. Er ist zudem überzeugt, dass Gott vor allem die Araber voller sexueller Begierde und Kraft erschaffen habe,[86] weshalb diese Veranlagung bei arabischen Stämmen immer siege und die arabischen Männer das Bedürfnis hätten, mehrere Frauen zu heiraten. Das sei bei den Persern und „denen im Westen“ [bei den Nordafrikanern] anders.[87] Wenn also sexuelle Potenz ein Zeichen von Auserwähltheit ist, was gibt es dann Natürlicheres, als dass Gott den Propheten aus einem arabischen Stamm erwählte, der dermaßen erpicht auf seine sexuelle Begierde und den Frauen derart verfallen ist?

Auch der Mediziner Ibn an-Nafis beschreibt und lobt in seinem Werk *al-risāla al-kāmiliyya fī 'l-sīra al-nabawiyya* die Stärke Mohammeds sexueller Begierde sowie sein außergewöhnliches Sexualleben. Er sieht in der Vielzahl der Frauen in Mohammeds Harem und darin, dass Mohammed all diese Frauen beschläft, in seiner nie endenden sexuellen Kraft, das Zeichen seines Prophetentums. [Im Gegensatz zu Al-Ghasali erwähnt Nafis im *Theologus Autodidactus* als besondere Eigenschaft Mohammeds nebst der sexuellen Kraft auch das gute Essen. Anm. d. Hrsg.][88]

Voller Stolz beschäftigten sich die Koran-Kommentatoren und die Gefolgsmänner der Religion jahrhundertelang mit dem Sexualverhalten Mohammeds und seiner Fähigkeit, Tag und Nacht seine Frauen der Reihe nach zu beschlafen. Der muslimische Mann begreift das sexuelle Leben Mohammeds als vorbildlich, als Angelegenheit männlichen Stolzes und das Erschaffensein mit einer solchen Kraft als ein „schönes Glück“.[89] Was bitter erscheint und zum Nachdenken zwingt, ist, dass auch die berühmtesten islamischen Mystiker all ihre Intelligenz und Logik aufwendeten, um

Mohammeds Begeisterung für das weibliche Geschlecht zu einer heiligen Eigenschaft zu erklären.

Ibn Arabi (1165-1240) zum Beispiel, einer der bekanntesten Meister der Philosophie der Islamischen Mystik, dichtet in seinem Buch „Ringsteine der göttlichen Weisheit“ [fuṣūṣ al-ḥikam] die Begierde Mohammeds um in eine *muhabbet* [Liebe] (1), in Zuneigung (2) und in Freundschaft (3) zu den Frauen; dann macht er aus diesen Begriffen ein Wortspiel der Zahlenmystik „den ersten Gottesbeweis Mohammeds“ und verbindet die oben genannte Reihung mit dem „einen Gott“ und den diesbezüglichen Überlieferungen sowie Koranversen, wobei er zum Schluss seine Aufstellung in Bezug setzt zu Mohammeds Aussage: „Auf eurer Welt liebte ich drei Dinge: Frauen (1), schönen Geruch (2) und das Gebet (3).“[90] Er fasst zusammen:

Die erste der Einzelzahlen [ungeraden Zahlen] ist die Drei. Die höheren [die folgenden ungeraden] Zahlen sind die Details der Drei. Also ist Mohammed selbst der erste der Gottesbeweise. Deshalb wurde ihm cevâm ülkeilm gegeben (d.h. er ist der Kern aller erschaffenen Wesen geworden). (...) Also wurde (Mohammed) bei seinem logischen teslis Vergleich [teslis bedeutet Dreieinigkeit und damit ist die christliche Dreieinigkeit gemeint, Anm,. d. Hrsg.] zu einem Beweis. Also wurde die Wirklichkeit (die Existenz) des Beweises (Mohammed) zum Beweis. Der Beweis ist der Beweis für sein 'eigen Fleisch'. (Mohammed) ist der erste Mensch, der die Wirklichkeit aus drei Quellen (Aspekten) erklärt. Die Wirklichkeit Mohammeds weist hin auf die Dreieinigkeit [gemeint ist: relative Aspekte, Anm. d. Hrsg.] und deshalb sagt er: 'Ich wurde gelehrt, drei Dinge auf eurer Welt zu lieben.' Zuerst nannte er die Frau und den schönen Geruch, dann wurde das Gebet zu seinem Augenlicht.[91]

Ibn Arabi, als Mystiker im Grunde einer der Feinde der sexuellen Begierde, wie auch Mevlevî [Dschalal ad-Din Muhammad Rumi,1207-1273], findet folgende Erklärung: „(Der Prophet) nannte die Frau zuerst und das Gebet danach. Der Grund liegt darin, dass die Frau ein Teil des Mannes ist. Gott ist der Ursprung des Menschen und die erste Quelle.“[92] Wie Sie sehen, wandelt Ibn Arabi, indem er sich auf Körperlichkeit (*vahdet-i vücud*) bezieht, in den gefährlichen Abgründen des Pantheismus und wendet sich einem Gott-Mensch-Gleichnis zu. Damit meint er, dass die Frau als menschliches Wesen ein Teil des Mannes ist, wie auch der Mann (Mensch) ein Teil Gottes ist und Gott das Eigentliche des Menschen und die erste Quelle.

Deshalb stellt er Mohammeds Liebe zu Frauen als Liebe zur Menschheit und zu Gott dar.[93]

Der Irrtum Ibn Arabis und seinesgleichen liegt darin, dass Mohammed dabei nicht im Geringsten an ein Gott-Mensch-Gleichnis dachte, denn für Mohammed war Gott immer der Herrscher und der Mensch der Untertan und Mohammed hat die Frau nie als Mensch angesehen. Wenn Mohammed über seine Liebe zu Frauen sprach, dann meinte er die sexuelle Liebe, nicht eine religiöse Hingabe. Die in den bisherigen Kapiteln zitierten Aussagen Mohammeds über die Frauen machen einen Bezug zu einer mystischen Philosophie unvorstellbar.

Auch zeitgenössische Autoren muslimischer Länder sehen in der Überlegenheit der sexuellen Kraft Mohammeds und seinem Zusammenleben mit vielen Frauen einen Beweis seines Prophetentums. So schreibt Demircan, wer keine sexuelle Überlegenheit besitze, könne auch nicht behaupten, ein „universeller und ewiger" Prophet zu sein.[94] Die bekannte arabische Autorin Carla Maklouf schreibt: „Auch wenn die muslimischen Völker Mohammed wegen seiner außergewöhnlichen Eigenschaften bewundern, so bewundern sie ihn vor allem wegen seiner überlegenen Begierde, seiner Manneskraft. Denn in unserer arabischen Welt ist ein großes sexuelles Begehren eine Eigenschaft, auf die man stolz ist."[95] Die Autorin Nabia Abbott (1897-1981) bestätigt, dass der Gesandte Gottes „zweifellos den Frauen sehr verfallen war und sicherlich einer der großen Männer der Menschheit, der voll sprühender Liebe zu den Frauen war, die ihn in seinen Erfolgen unterstützten und ihm Lebensgenuss vermittelten".[96] Sogar der ägyptische Autor Muhammad Husayn Haykal, der Hemmung hat, Mohammed als einen Menschen der Begierde darzustellen, kann sich nicht zurückhalten: Die sexuelle Kraft werde „einem großartigen Menschen als ein Attribut der Bewunderung und Ehre zuteil".[97]

Es gibt außerdem muslimische Autoren, welche das übertriebene sexuelle Verhalten Mohammeds nicht nur als „heilig" und „mystisch", sondern als großen Dienst an der Menschheit betrachten. Einer von ihnen ist der Universitätsdozent Yaşar Nuri Öztürk. Er schreibt:

Die Sahaba [die Prophetengefährten], *die Mohammeds Familienleben sehr gut kennen, teilen mit, dass er fähig war, in einer Nacht, sogar zu jeder Stunde des Tages mit allen seinen Frauen sexuell zu verkehren. (Mohammeds) Ehen haben mit der Sexualität nichts zu tun. Jene Ehen waren, neben der Mühe, den Islam zu verbreiten und zu verankern, eine Notwendigkeit und Auswirkung des Prophetentums* [...] *Kurzum, indem er diese große*

Energie nicht für seinen eigenen Genuss nutzte sondern für die Menschheit einsetzte, zeigte er eine unvergleichliche Opferbereitschaft gegenüber der Menschheit. Um die Bedeutung seines Verhaltens deuten zu können, ist es ausreichend, folgende Überlieferung näher zu betrachten: 'Ich brauchte keine Frauen.' Warum heiratete ein Mensch, der keine Frauen braucht, elf Frauen? Und warum sagte er: 'Mich erfreuen an eurer Welt drei Dinge, eines davon sind die Frauen.' Er tat alles und sagte alles nicht in seinem Namen, sondern im Namen der Menschheit. Seine Aussagen und Taten sind Maßstäbe. Für die Menschheit gibt er das Maß, er opfert dabei sich.[98]

So weit die Aussagen des Universitätsdozenten Öztürk. Unnötig zu erwähnen, dass diese Ansichten, die von vielen Muslimen geteilt werden, weder Vernunft noch Moral besitzen. Leider befindet sich die Logik und das Moralverständnis des Scharia-Anhängers außerhalb des Fassbaren. Es fällt schwer zu verstehen, was hier gemeint ist und was an Mohammeds Verhalten eine große Tat für die Menschheit oder vorbildlich sein soll. Aber Mohammed wird auch von „gebildeten" Menschen für sein Verhalten bewundert und ehrfürchtig betrachtet. Dass er über 20 Frauen in ein Haus pferchte und sie der Reihe nach beschlief; dass er die Frau seines Adoptivsohnes heiratete; dass er Frauen heiratete und mit ihnen verkehrte, deren Männer er auf seinen Kriegszügen oft erst kurz zuvor ermorden ließ; dass er mit seiner Sklavin im Zimmer seiner Ehefrau Geschlechtsverkehr hatte, seine Reaktion und seine Beschuldigungen, als seine anderen Frauen davon Kenntnis bekamen, all dies und Ähnliches wird auch heute noch als Verhalten, das einem Propheten und angesehenen Mann „gebührt", seine Taten als „von Gott gewollte" Taten angesehen.

Die Behauptung, Mohammed sei ein Gegner der Vielweiberei

Trotz all der bereits genannten Aspekte behaupten die Scharia-Anhänger, dass Mohammed das System der Vielweiberei abgelehnt und grundsätzlich die Ehe mit einer Frau befürwortet habe, wie seine erste monogame Ehe mit Chadidscha beweise. Mit der größten Gedankenakrobatik wird daher versucht, Mohammeds Ehen mit elf Frauen und sein Zusammenleben mit insgesamt zwanzig Frauen zu legitimieren. Diese zahlreichen Verbindungen, so wird behauptet, seien „gezwungenermaßen" und aus politischen, sozialen, ja humanen Gründen geschlossen worden. Aischa habe er geheiratet, um ihren Vater Abu Bakr zu gewinnen, Zaynab, um eine schlechte vorislamische Tradition zu ändern (siehe S. 319), Safiyya und Dschuwayriyah, um die jüdischen Stämme an sich zu binden, Sauda aus humanen Gründen. All diese Argumente sind schlichtweg falsch, wie anhand der Quellen mit Leichtigkeit zu belegen ist.

Diejenigen, die das System der Vielweiberei zu entschuldigen versuchen, behaupten, Mohammed habe die Zahl der Ehefrauen zunächst auf vier begrenzt, um dieses später ganz abzuschaffen. Sie schreiben: „Das System gab es vor dem Islam. Mohammed wollte es beseitigen, aber dann überlegte er es sich anders, weil er die Reaktion der Menschen fürchtete und einsah, dass er das System aus politischen, sozialen und humanen Gründen beibehalten musste. Er knüpfte die Vielweiberei deshalb an Bedingungen und erschwerte sie so, in der Hoffnung, dass sie sich von selbst erübrigen werde."[99] Bereits das Argument, Mohammed habe die Reaktion der Bevölkerung gefürchtet, widerspricht der Ideologie Mohammeds, denn warum sollte er, der unter dem Schutz seines allmächtigen und alles Schlechte verhindernden Gottes steht, die Reaktion der Bevölkerung fürchten? Abgesehen davon gibt es keinen Beleg dafür, dass die Vielweiberei in der vorislamischen Zeit weiter verbreitet gewesen und ausufernder gehandhabt worden ist. Auch die Begrenzung der Zahl der Ehefrauen auf vier packt das Problem nicht an der Wurzel und bedeutet zudem keine wirkliche Änderung. Denn das Übel und die Boshaftigkeit dieses Systems liegt nicht in der Anzahl der Frauen, nicht darin, ob es nun vier oder vierhundert sind, die wie in einen Hühnerstall ins Haus gesperrt sind und denselben Mann teilen – die Pein wird durch die Anzahl der Frauen weder größer noch kleiner. Nein, das Übel dieses Systems liegt in der Erniedrigung der Frau, in der Qual und der Scham, die ihr dadurch bereitet wird, dass ihr Mann sie und andere Frauen gemeinsam benutzt, dass er von einem Bett ins nächste springt und ihre „Konkurrentinnen" gegen sie ausspielt.

Schon im Koran ist von einer wirklichen Begrenzung der Anzahl von Frauen keine Rede, denn den Männern ist zwar nicht erlaubt, mehr als vier Frauen in den Stand der Ehe zu erheben, aber es ist ihnen erlaubt, sich so viele Sklavinnen und Konkubinen zu nehmen, wie sie möchten:

Sure 4, An-Nisā' (Die Frauen), Vers 3
Und wenn ihr fürchtet in Sachen der (eurer Obhut anvertrauten weiblichen) Waisen nicht recht zu tun, dann heiratet, was euch an Frauen gut ansteht (?) (oder: beliebt?), (ein jeder) zwei, drei oder vier. Wenn ihr aber fürchtet, (so viele) nicht gerecht zu (be)handeln, dann (nur) eine oder was ihr (an Sklavinnen) besitzt!

Und weiter:

Sure 4, An-Nisā' (Die Frauen), Vers 25
Und diejenigen von euch, die nicht so bemittelt sind, daß sie ehrbare gläubige Frauen zu heiraten vermögen, (sollen welche) von euren gläubigen Mägden (heiraten), die ihr (als Sklavinnen) besitzt.

Unter dem Gesichtspunkt der Befriedigung der sexuellen Begierde des Mannes gibt es zwischen der standesgemäßen Ehefrau und der Sklavin keinen Unterschied. Das Wort Ehefrau wird im Koran meist im Zusammenhang mit der Sklavin und der Haremsdienerin, also in einer den Besitz des Mannes vervollständigenden Weise genannt.[100] Die Behauptung, Mohammed sei ein Reformer und Frauenrechtler gewesen, entbehrt also jeglicher Grundlage.

Viele berühmte Autoren wie der Philosoph Scheich Muhammad ‚Abduh, Mansur Fehmi, Qasim Amin, der tunesische Reformer Tahir el-Haddad, der Imam des Islamic Center of Washington D.C. Abdul Rauf oder die ägyptische Professorin für Literatur Aischa Abd al-Rahman sind der Auffassung, dass Mohammed durch Sure 4, Vers 3 und durch Sure 4, Vers 129 befohlen habe, die Frauen gleich zu behandeln. Gleiche Behandlung ist hier sowohl auf den Geschlechtsverkehr als auch auf die finanzielle Versorgung und Geschenke bezogen:

Sure 4, An-Nisā' (Die Frauen), Vers 129
Und ihr werdet die Frauen (die ihr zur gleichen Zeit als Ehefrauen habt) nicht (wirklich) gerecht behandeln können, ihr mögt noch so sehr darauf aus sein. Aber vernachlässigt nicht (eine der Frauen) völlig, so daß ihr sie gleichsam in der Schwebe lasst!

Mit diesem Vers, so meinen auch die oben genannten Autoren, habe Mohammed die Vielweiberei einerseits erlaubt, andererseits die Bedingungen für diese so weit erschwert, dass er sie faktisch unmöglich gemacht habe. Auch der Autor Jean Paul Charney schreibt: „Die islamische Religion hat der Mehrehe so erschwerte Bedingungen gestellt, dass ein Mann, wenn er diese Verse gerecht und ehrlich interpretiert, versteht, dass eine solche Ehe eigentlich verboten ist. Aber die muslimischen Männer nutzten dieses System Jahrhunderte lang und aus unmoralischen Gründen aus."[101]

Wenn man diese Texte aufmerksam liest, erkennt man, dass diese von Zivilcourage völlig unberührten Autoren es tunlichst vermeiden, etwas zu schreiben, das als Kritik an dem System der Vielweiberei oder gar als Kritik an Mohammed verstanden werden könnte. Die Scharia-Anhänger, die der armseligen Auffassung sind, dass Gott, um die Vielweiberei abzuschaffen, Umwege nehmen musste, merken nicht einmal, dass sie Gott, den sie sonst als allmächtig und als Schöpfer aller Dinge beschreiben, so auf eine Weise darstellen, aus der gefolgert werden muss, dass Gott eben nicht allmächtig ist. Stellt man ihnen die Frage: Hat Gott sich etwa vor den Menschen gefürchtet und deshalb dieses System nicht verboten? Konnte er den Wein, den Ehebruch, den Diebstahl verbieten, nicht aber das System der Vielweiberei, das nicht weniger schlecht ist als die genannten Straftaten? Aber das Risiko solche Fragen unbeantwortet lassen zu müssen, kümmert diese Leute nicht.

Abgesehen davon ist das, was hier mit „Gleichberechtigung" gemeint ist, nicht schwer zu verwirklichen, denn es geht dabei nicht um gegenseitige Zuneigung, um Liebe, Achtung und Partnerschaft. Es geht allein um materielle Dinge, um die Versorgung der Frauen mit Nahrungsmitteln und Kleidung (Sure 4, Vers 5) und es geht um den Geschlechtsverkehr. Al-Ghasali schreibt, dass Mohammed darauf hingewiesen habe, dass es keine Gleichberechtigung in den Gefühlen wie Liebe, Zuneigung und Lust geben kann.[102] Mohammeds genaue Einhaltung der Reihenfolge des mit seinen Frauen ausgeübten Geschlechtsverkehrs wird daher als Beweis für sein vorbildliches, edles und gerechtes Verhaltens gegenüber diesen genannt.[103] Dennoch war es Mohammed nicht einmal möglich, diese Form der „Gleichberechtigung" zu verwirklichen (vgl. S. 321-325).

Um von Mohammeds Leben voll von „edlem und gerechtem Verhalten" lernen zu können, müssen wir uns dieses Verhalten genauer ansehen. Weil Mohammed bis zu seinem 25. Lebensjahr sexuell enthaltsam blieb und seine Begierde auch in den 28 Jahren der monogamen Ehe mit der 15 Jahre älteren Chadidscha zügelte, wird er gepriesen als jemand, der von hohem moralischen Anspruch gewesen sei, als einzigartiges Beispiel in der Geschichte der Menschheit. Er soll keine jungen hübschen Frauen angesehen haben und heiratete auch keine weiteren Frauen.[104] Dies sollte, so meinen die Interpreten des Islams, doch ein ausreichender Beweis seiner Zustimmung zur monogamen Ehe sein. Erst später habe der Gesandte Gottes viele Frauen geheiratet, weil zum einen sein Stand als universeller Prophet dies erforderte und zum anderen, weil er viele Helfer benötigte, um seine universellen Gesetze kundzutun. In der Phase in Mekka wäre dies noch nicht nötig gewesen, da damals das Prinzip „Glaube nach Bekanntmachung" (tebliğ[105]) galt. Deshalb hat er in dieser ersten, 13 Jahre andauernden, Phase seines Prophetentums keine weiteren Frauen in seinen Harem aufgenommen. Der vom Diyanet ausgebildete Theologe Ali Riza

Demircan schreibt: „Aber nach seiner Übersiedlung nach Medina, als die heiligen Verse hintereinander kamen, brauchte er um so mehr Hilfe und erhöhte die Anzahl seiner Frauen.“[106] Die Frauen hätten dafür sorgen müssen, die Heiligen Gesetze, „welche die Personen und das Leben der Gesellschaft in jeder Hinsicht betreffen“,[107] bekannt zu machen. Wegen seiner Vorbildfunktion, der religiösen Maßstäbe, die er durch sein gesamtes Verhalten und das von ihm Gesagte setzte, habe Mohammed ununterbrochen beobachtet werden müssen. Auch die Tatsache, dass Mohammed Frauen heiratete, die sehr jung waren, um nicht zu sagen im Kindesalter, führt Demircan auf die Notwendigkeit zurück, dass diese Helfer verschiedensten Alters hätten sein müssen, da ein breitgefächertes Interesse an jedem Thema und Rückmeldung zu diesen Themen notwendig gewesen sei. Da solche Helfer Tag und Nacht mit Mohammed zusammen sein mussten, wer anderes konnten diese Helfer sein, als seine Frauen? Demircan: „Und es gab einen weiteren wichtigen Grund, warum diese Helfer seine Frauen sein mussten. Und dieser Grund war, dass die heiligen Gesetze […] zum Teil sexueller Natur waren.“ [108] Um zu verdeutlichen, wie unhaltbar diese Behauptung der Scharia-Anhänger, so auch die von Demircan, ist, reicht es aus, sich die auf die Frauen beziehenden Stellen des Korans ins Gedächtnis zu rufen und die Worte Mohammeds, der sagte: „Frauen sind von geringem Verstand und von geringem Glauben“. Wie soll die Frau dann bei der Bekanntmachung der Lehre des Islams, der heiligen Verse des Korans und der in ihnen enthaltenen Gesetze helfen? Zumal den Frauen als Zeugen nur halb soviel Wert beigemessen wird und die Nationen, die auf die Frauen hören, dem Untergang geweiht sind.

Genauso unhaltbar ist die Behauptung, dass seine monogame Ehe mit Chadidscha Beweis seiner Bevorzugung der Einehe gewesen sei. Da es kaum Informationen über Mohammeds Kindheit und Jugend gibt, können Aussagen hierzu nicht mit voller Gewissheit gemacht werden. Sicher ist nur, dass er zum Stamm der Quraisch gehörte, Vollwaise war, bei seinem Großvater und später bei seinem Onkel aufwuchs. Er hatte keinerlei Bedeutung unter seinen eigenen Leuten, besaß weder einen Beruf noch war er reich; kurzum, er war ein unbedeutender Viehhirte, keine Situation, in der er für eine Frau besonders attraktiv gewesen wäre. Sein Heiratsantrag an seine Cousine Umm Hani, die Tochter von Abu Talib, wurde abgelehnt. Ebenso wurde sein Heiratsantrag an seine Cousine Zaynab bint Dschahsch, die Tochter seiner Tante Umayma bint Abd al-Muttalib, von dieser und ihren Söhnen abgelehnt (Zaynab ist jene Frau, die Mohammed später doch noch ehelichen konnte, weil er ihren Mann Zayd ibn Harithah durch einen göttlichen Befehl zwang, sich von ihr zu trennen). Mohammeds Enthaltsamkeit in dieser Zeit war also eher eine unfreiwillige. Dann nahm Chadidscha ihn in ihre Dienste und heiratete ihn schließlich. Vielleicht hat Mohammed die über vierzig Jahre alte Chadidscha wegen ihres Reichtums geheiratet, Aussagen wie „Die Frau wird geheiratet […] wegen ihres Besitzes“[109] könnten als Hinweis darauf verstanden werden, aber Chadidscha war auch eine sehr lebendige Frau. Sie war bereits zwei Mal verheiratet gewesen und hatte genug Erfahrung, um den Wert eines jungen Mannes als Arbeitskraft und als Ehemann einzuschätzen. Sie war so reich, dass sie jeden Mann hätte heiraten können, aber sie wählte Mohammed: „Ich will dich heiraten. Denn ich weiß, dass wir entfernt verwandt sind und du ein reiner, vertrauenswürdiger und ernsthafter Mensch aus guter Sippe bist.“[110] Mohammed war mit Chadidscha verheiratet, bis sie starb. In dieser Zeit brauchte er kein Heer, er gründete keine Banden, um Überfälle auf die Karawanen aus Mekka zu verüben.[111] Er war von Chadidscha aber nicht nur finanziell sondern auch persönlich und gedanklich abhängig. Der Geschichtsschreiber Ibn Ishaq schreibt, dass Chadidscha ihm sehr behilflich war, sie habe ihm „Kraft und Schutz vor seinen Gegnern“ gegeben.[112] Vor allem aber lernte er durch sie Waraqah Ibn Nawfal[113] kennen, den Cousin Chadidschas. Waraqah war Christ, konnte hebräisch lesen und schreiben und gab ihm viele Informationen über die Thora und die Bibel. Chadidscha führte Mohammed zu ihm und ließ dort seine Träume nach der Bibel interpretieren.[114] Ohne Chadidscha hätte er nicht die Möglichkeit gehabt, von Christen und jüdischen Rabbis so viel über *Ahd-i Atik* [das Alte Testament] und *Ahd-i Cedid'e* [das Neue Testament] zu erfahren, um dieses Wissen für die Offenbarungen des Korans zu nutzen. Mohammed fand außerdem Zuflucht und Trost bei ihr. Durch ihr Ansehen und ihren Reichtum gab sie ihm Schutz und jedwede Unterstützung. Mohammeds Prophetie wurde von einigen angezweifelt und man sagte auch, dass es eigentlich Chadidscha, die auch *et-tahire* [die „Reine“] genannt wurde, sei, die ihm den Koran beibringe. Ein Vers des Koran bezieht sich auf den Vorwurf:

Sure 16, An-Naḥl (Die Biene), Vers 103
Wir wissen wohl, dass sie […] sagen: 'Es lehrt ihn [...] (ja) ein Mensch (was er als göttliche Offenbarung vorträgt)'

Zusammenfassend kann man also sagen: Es ist falsch, Mohammed für eine angebliche Beherrschung seiner außergewöhnlichen und „höchst männlichen“ Triebe zu bewundern. Ebenso ist es falsch, ihm anzudichten, dass er im Grunde von der Einehe überzeugt war. Denn seine Geschichte zeigt, dass er zunächst keine Frau finden konnte und es ihm später schlicht nicht möglich war, eine weitere Frau neben Chadidscha zu heiraten oder eine Sklavin zu beschlafen. Chadidscha hätte dies nicht akzeptiert und ihn vor die Tür gesetzt. Er musste in seiner Ehe mit ihr monogam leben.

Mohammeds Vielweiberei war sexuell bedingt – nicht sozial oder politisch

Außer den bisher angeführten Argumenten für die Vielweiberei (sexuelle Überaktivität des muslimischen, arabischen Mannes; Schutz der Gesellschaft vor Verfall der Sitten und Hurerei; Schutz vor Schaden durch Unfruchtbarkeit; Versorgung der Frauen) versuchen die Scharia-Anhänger die Vielweiberei auch damit zu erklären und zu rechtfertigen, dass Mohammed seine Ehen aus sozialen und aus politischen Erwägungen, um feindliche Stämme und Sippen an sich zu binden, geschlossen habe. Viele Gläubige sind davon überzeugt, dass alle seine Ehen, außer den Ehen mit Chadidscha und Aischa, aus Gefälligkeit und um andere zu erfreuen geschlossen worden seien[115] und dass die große Zahl der Ehen Mohammeds zustande gekommen sei, weil Mohammed aus Menschlichkeit, Hilfsbereitschaft, Mitgefühl und zum Schutz der Frauen gehandelt habe; die meisten seiner Ehefrauen seien alte und alleinstehenden Frauen gewesen.

Es heißt, Mohammed habe die Vielweiberei nach der Schlacht von Uhud eingeführt, weil viele Frauen ohne Männer blieben. Deshalb sei er mit gutem Beispiel vorangegangen und heiratete die Witwen Sauda bint Zam'a, Zaynab bint Chuzayma, Hind bint Abi Umayya (Umm Salama)[116], außerdem Hafsa bint Umar Ibn al-Chattab. Denjenigen, die behaupten, Mohammed habe Zaynab bint Chuzayma aus Mitgefühl und Menschlichkeit geheiratet,[117] sollte man zu bedenken geben, dass Zaynab keine bemitleidenswerte Witwe war, wie man sie sich vorstellt: arm, einsam und alt. Sie war eine 31-jährige Schönheit, also wesentlich jünger als Mohammed, und eine begehrte Frau, denn nach dem Tod ihres Mannes bekam sie viele Heiratsanträge.[118] Die Scharia-Anhänger scheinen bei ihrer Behauptung nicht zu berücksichtigen, dass eine so vielfach umworbene Frau keinen aus Mitleid gemachten oder als Trost gedachten Heiratsantrag Mohammeds brauchte.

Auch im Falle von Umm Salama vergessen die Glaubenden, dass sie außerordentlich schön gewesen sein soll, so schön, dass die Frauen im Harem Mohammeds über ihre Aufnahme getrauert haben.[119] Auch sie war weder zu bedauern, noch hätte sie der Hilfe bedurft; wäre sie nicht so schön gewesen, hätte Mohammed sie sicher nicht geheiratet.

Auch die Tochter von Umar Ibn Al-Chattab heiratete er nicht, weil er Umar gewinnen musste, sondern weil Hafsa ihm gefiel. Hafsa war mit Mohammeds Kampfgefährten Chunays ibn Hudhayfa verheiratet gewesen, der im Krieg von Uhud verwundet wurde und an seinen Verletzungen starb. Ihr Vater wollte die Witwe mit Usman Ibn Affan, einer der Gefährten des Propheten und der spätere dritte der Kalifen, verheiraten. Er sprach mit Usman, aber dieser war zurückhaltend und sagte, obwohl ihm Hafsa gefiel: „Es erscheint mir segensreicher, deine Tochter nicht zu heiraten." Daraufhin fragte Umar Abu Bakr, auch dieser hätte sie gern geheiratet, aber er schwieg. Einige Tage später hielt Mohammed um Hafsas Hand an und sie wurde die dritte Frau seines Harems. Usman und Abu Bakr hatten dem Vorschlag nicht zugestimmt, weil sie wussten, dass Mohammed sie begehrte.[120] Der Scharia-Anhänger kommentiert diese Überlieferung: „Hafsa war nach dem Tod ihres Mannes sehr traurig und ihr Vater Umar Ibn al-Chattab machte sich Sorgen um die verwitwete Tochter. Deshalb bot er Usman Ibn Affan an, diese zu heiraten. Doch dieser lehnte ab. Auch Abu Bakr lehnte ab. Mohammed nahm sie zur Frau. Abu Bakr erzählte später, dass er die Heirat abgelehnt habe, weil er gewusst habe, dass Mohammed Umars Tochter heiraten wollte."[121] Diese Erklärung mag Gläubigen, Scharia-Anhängern gefallen. Aber auch hier ging es nicht darum, dem Vater die Sorgen um die verwitwete Tochter abzunehmen. Mohammed hatte schon lange zuvor geplant, Hafsa zu heiraten, seine Freunde wussten davon und hatten es nicht gewagt, das Angebot von Hafsas Vater anzunehmen, zumal sie damit rechnen mussten, dass rechtzeitig ein Vers kommen und ihre Pläne zunichte machen könnte. Ganz davon abgesehen ist Hafsa selbst Objekt und wird wie ein Stück Vieh verschoben.

Die Scharia-Anhänger behaupten genauso, die Ehe mit Ramla bint Abu Sufyan (Umm Habiba) sei aus politischen Gründen geschlossen worden; Mohammed habe ihren Vater Abu Sufyan und die Quraisch gewinnen und sichern wollen, dass der Vertrag von Hudaibiyya geschlossen wird. Abu Sufyan war einer der wichtigsten Quraisch, ein „Feind des Islams" und kein Mann, der seine Meinung wegen der Ehe seiner Tochter ändert. Er sagte: „Man kann den Männern keinen Ring durch die Nase ziehen und sie so bei sich behalten."[122] Seine Tochter Umm Habiba hatte bereits gemeinsam mit ihrem ersten Mann den Islam angenommen.[123] Sie war derart gläubig, dass sie ihren Vater Abu Sufyan, der sie in Medina besuchte, bat, sich als Ungläubiger nicht auf den Diwan zu setzen, auf den sich auch

Mohammed setzen würde. Ihr Vater wurde daraufhin so wütend, dass er sagte: „Du gehörtest schon bei deiner Geburt zu den Verlierern",[124] und ihr Haus verließ. Er hielt an seiner Feindschaft gegen Mohammed so lange fest, bis er überzeugt war, nichts mehr tun zu können – in diesem Fall bis zur Eroberung Mekkas, als er gefangen genommen wurde und um sein Leben fürchten musste; erst dann konvertierte er zum Islam. Weil er ein guter Kommandant war, versprach Mohammed ihm große Anteile an der Kriegsbeute und nutzte ihn für seine Zwecke.

Die islamischen Gelehrten behaupten weiter, und ohne für immer rot zu werden, dass Mohammed die Jüdinnen Safiyya (*Banu Nadir)* und Rayhana (*Banu Qurayza)*, geheiratet habe, um die Juden für den Islam zu gewinnen und um Verträge abzuschließen.[125] Als er Saffiya und Rayhana heiratete, konnte er aber weder die Sympathie der Juden erlangen, noch war er in einer Situation, die einen Vertrag mit deren Stämmen erfordert hätte. Denn Mohammed hatte die Stämme dieser Frauen mit seinem 1400 Mann starken Heer in kürzester Zeit vernichtet, die überlebenden Männer ließ er hinrichten. Safiyya wurde auf dem Kriegszug gegen die *Banu Nadir* von Dihye, einem der engsten Gefährten Mohammeds, erbeutet.[126] Aber Mohammed fand sie ebenfalls schön und er beschlagnahmte sie für sich.[127] Safiyya war die Tochter von Huyayy ibn Akhtab, dem Führer der *Banu Nadir*, und einem der Wenigen, die vor Mohammeds erstem Kriegszug gegen den Stamm fliehen konnten; er fand Asyl in Chaibar, einer reichen Oase, die ca. 150 km nördlich von Medina lag und die hauptsächlich von Juden bewohnt war. Safiyya war frisch verheiratet mit Kinana ibn ar-Rabi', als Mohammed Chaibar angriff, um die *Banu Nadir* endgültig zu unterwerfen. Das Ziel des Krieges war es, seine Kämpfer mit reicher Beute zu beschenken und sein Ansehen, das durch den Vertrag von Hudaibiyya gelitten hatte, wieder herzustellen. Mohammed ließ, nachdem die Kampfhandlung beendet war, Safiyyas Vater und ihren Schwager vor ihren Augen töten. Ebenso ihren Mann, den er zuvor brutal foltern ließ, um das Versteck eines Schatzes zu erfahren.[128] Wie Sie sehen, konnte diese Ehe keinem Frieden dienen, es lassen sich keine sozialen Gründe dafür anführen und eine Freundschaft wurde dadurch auch nicht geschlossen. Wer das behauptet, oder dass durch diese Ehe irgendwelche Verträge abgeschlossen werden sollten, der betreibt Geschichtsfälschung. Der einzige Grund für die Inbesitznahme Safiyyas war ihre Schönheit, ja er fand sie so begehrenswert, dass er sofort mit ihr schlafen wollte. Die arme Frau rettete sich, indem sie sagte, dass sie sich fürchte, weil sie sich in der Nähe der ermordeten Juden befanden.[129] [Safiyya ist als „Zat'u Aynî Bâkîye" in die islamische

Geschichte eingegangen, was soviel bedeutet wie „Die mit den nie versiegenden Tränen". Anm. d. Hrsg.] Safiyya war tatsächlich eine so umwerfend schöne Frau, dass sogar die Gemeinschaft merkte, wie sehr Mohammed sich von ihr angezogen fühlte und dass er sich in sie verliebt hatte, was große Eifersucht weckte[130] (vgl. S. 249). Selbst diejenigen, die diese Ehe politisch begründen, kommen nicht umhin, ihre Schönheit zu preisen und somit in Widerspruch zu sich selbst zu geraten.[131] Abgesehen davon war Mohammed, nachdem er die Hoffnung, die Juden für den Islam zu gewinnen, verloren hatte, zu ihrem größten Feind geworden. Es ging ihm nicht mehr um politische Schulterschlüsse, er hatte nur noch ein Ziel: Die jüdischen Stämme zu vernichten und ihre Reichtümer zu beschlagnahmen.

Der Jüdin Rayhana bint Zayd ibn Amr erging es ebenso. Rayhana war bereits verheiratet, eine Liebesehe heißt es, und beide sollen sich versprochen haben, dass der andere nie wieder heirate, falls einer von ihnen stürbe. Mohammed und seine Anhänger griffen aufgrund einer Offenbarung (siehe Sure 33, Vers 26 und 27) den jüdischen Stamm *Banu Qurayza* an und töteten in weniger als einem Tag einen Teil des Stamms. Frauen und Kinder wurden versklavt und unter den Kriegern aufgeteilt. Mohammed nahm Rayhana als Kriegsbeute in seinen Harem auf. Es konnte nie wirklich geklärt werden, ob Mohammed sie zu seiner Ehefrau machte. Es heißt, dass sie eine Ehe mit ihm abgelehnt habe und mit dem Status einer Sklavin einverstanden gewesen sei.[132]

Dschuwayriyah soll er geheiratet haben, um die Sympathie ihres Vaters Al-Harith ibn Abi Dirar al-Mustalaqiyya, des Führers des Stammes der *Banu Mustaliq*, zu gewinnen und außerdem „um die Sklaverei aufzuheben", denn von muslimischen Theologen und Autoren wird behauptet, dass sein Verhalten im Falle des Krieges gegen die *Banu Mustaliq* ein Beleg dafür sei, dass Mohammed die Sklaverei habe abschaffen wollen. Mohammed hat die Sklaverei jedoch nie aufgehoben. Richtig ist, dass er die Sklaverei durch Sure 16, Vers 71 sogar gefestigt und ausgedrückt hat, dass es Gottes Wille sei, wer Besitz hat und wer nichts besitzt und daher als Unfreier leben muss. Richtig ist, dass Mohammed diejenigen, die den Krieg überlebt hatten, meist waren das Frauen und Kinder, gefangen nahm und versklavte. Weil er Dschuwayriyah zu seiner Frau machte, waren diese „Sklaven" somit seine Verwandten geworden und er war gezwungen, diese frei zu lassen.[133] Hätte Dschuwayriyah sich geweigert, seine Frau zu werden, wären sie und ihre Verwandten unfrei geblieben. Ibn Ishaq und andere Quellen berichten, dass viele Männer der *Banu Mustaliq* getötet wurden und Dschuwayriyah, als die Frauen unter den Kriegern Mohammeds verteilt wurden, zum Besitz von Sabit Ibn Qays geworden war. Ihr Vater Al-Harith habe sich an Mohammed gewandt und darum gebeten, ihre edle Abstammung und die Ehre seiner Tochter zu berücksichtigen und sie nicht einem einfachen Krieger zu geben. Mohammed bezahlte Sabit Ibn Qays einen Betrag und nahm die schöne Frau edler Herkunft in seinen Harem auf. Ihr Name wurde wahrscheinlich erst dann in Dschuwayriyah geändert, was soviel bedeutet wie „Haremsdienerchen".[134] Im Koran wird die Inbesitznahme von Frauen als Beute in folgendem Vers legitimiert, Frauen und Besitz werden gleichgesetzt:

Sure 33, Al-Ahzāb (Die Gruppen), Vers 50
Prophet! Wir haben dir zur Ehe erlaubt: deine (bisherigen) Gattinnen, denen du ihren Lohn [die *mahr*] *gegeben hast; was du* [...] *besitzt* [gemeint sind Sklavinnen], *(ein Besitz, der) dir von Gott (als Beute) zugewiesen (worden ist)*

Der Vers setzt sich fort mit der Regelung bezüglich der Frauen, die sich Mohammed „schenken" wollen:[135]

Sure 33, Al-Ahzāb (Die Gruppen), Vers 50
(weiter) eine (jede) gläubige Frau, wenn sie sich dem Propheten schenkt und er (seinerseits) sie heiraten will. Das [...] *gilt in Sonderheit für dich im Gegensatz zu den (anderen) Gläubigen. Wir wissen wohl, was wir ihnen hinsichtlich ihrer Gattinnen und ihres Besitzes (an Sklavinnen) zur Pflicht gemacht haben. (Die obige Verordnung ist eine Sonderregelung für dich) damit du dich nicht bedrückt zu fühlen brauchst (wenn du zusätzliche Rechte in Anspruch nimmst). Und Gott ist barmherzig und bereit zu vergeben*

Obwohl die Ehe von Maymuna bint al-Harith mit Mohammed auf Wunsch und Betreiben von Mohammeds Onkel Al-'Abbas zustande kam, wird von islamischen Kreisen gern erzählt, dass sie sich ihm geschenkt habe.[136] Maymuna bint al-Harith war die Schwägerin von Al-'Abbas und zuvor mit seinem Halbbruder Abu Rahim ibn Abd al-Uzza verheiratet gewesen. Ebenso falsch ist die Behauptung, dass Mohammed Maymuna aus politischen Gründen geheiratet habe. Die Überlieferung, die beschreibt, dass Mohammed sie nach der Eroberung von Mekka heiratete, und wegen seines Sieges ihren Namen von Burra in Maymuna, änderte, was soviel wie „gesegnet" bedeutet, belegt dies.[137] Mohammed hatte Mekka erobert und die Quraisch besiegt und auch sein Onkel Abbas hatte inzwischen den Islam angenommen. Deshalb war es gar nicht mehr nötig, die Freundschaft Al-'Abbas zu gewinnen. Die Ehe diente sicher dem Machtinteresse Al-'Abbas, aber dass

Mohammed die Frau aus politischen Gründen hätte heiraten müssen, ist nicht wahr, für ihn war es Maymunas Schönheit, die ausschlaggebend war.

Auch dass Mohammed die koptische Sklavin Maria aus politischen Gründen und nur gezwungenermaßen in seinen Harem aufgenommen hat, weil er Al-Muqawqis[138] nicht brüskieren wollte, der sie ihm geschenkt hatte, stimmt nicht. Denn geschenkt wurden ihm zwei Frauen, Maria und ihre Schwester Schirin. Laut At-Tabari gab er Schirin an Hasan bin Sabit, was er auch mit Maria hätte tun können, wenn ihre Schönheit nicht sein sexuelles Begehren erweckt hätte.[139]

Selbst wenn Mohammeds Ehen tatsächlich politische Gründe gehabt hätten, würde das nicht für Mohammed sprechen. Denn was ist das für ein Gesandter, der einerseits von einem allmächtigen Gott spricht, andererseits aus politischem Interesse zwei Dutzend Frauen heiraten muss und sie täglich reihum beschläft? Die angeblichen politischen oder sozialen Gründe wären so zugleich ein Zeichen dafür, dass Gott nicht genug Macht besessen hätte, um dafür zu sorgen, dass sich seine Religion auch ohne solche Kniffe Mohammeds hätte durchsetzen lassen. Als wäre Gott hilflos, unfähig andere Wege zu finden, die Menschen zu islamisieren, als den, ihre Frauen mit Mohammed zu verheiraten. Wenn der Gott, den Mohammed beschreibt, die Menschen nicht durch Liebe und Toleranz überzeugen kann, sondern solche Schläue anwenden, solche politische Kunststückchen vollführen muss, so stellt das keine besonders respektable Haltung dar, dann erhöht diese Auffassung Gott nicht. Und das ist, was die Scharia-Anhänger unfähig sind zu begreifen.

Auch von den Ehen mit Aischa und Sauda bint Zam'a wird behauptet, dass er sie aus politischen Gründen, um wichtige Männer aus seinem Umfeld an sich zu binden, geschlossen habe.[140] Aber auch diese Ehen haben weder mit Politik noch mit Sozialem zu tun. Es ist überliefert, dass Mohammed sich nach dem Tod Chadidschas einsam fühlte. Seine Tante väterlicherseits, Huvayla bint Hakim, besuchte ihn oft. Er fragte sie: „Huvayla, wen würdest du mir empfehlen zu heiraten? Ihr Frauen habt dabei viel Ahnung." Sie empfahl ihm, falls er eine Jungfrau möchte, Aischa und sonst die gläubige und ihm zugetane Witwe Sauda zu heiraten.[141] Seine Tante ging davon aus, dass er nur eine dieser Frauen wählen würde. Aber Mohammed bat sie darum, beide Ehen zu veranlassen. Natürlich hatte der Vater von Aischa bei dieser Heirat seine eigenen Interessen im Blick. Er war jedoch zunächst zurückhaltend, denn er sah Mohammed wegen ihrer religiösen Verbrüderung tatsächlich als einen leiblichen Bruder an.[142] Erst nachdem er verstand, dass die religiöse Verbrüderung kein Hindernis für eine Eheschließung zwischen seiner Tochter und Mohammed darstellte, und bei dem Gedanken an all die Vorteile, die er als Schwiegervater Mohammeds haben würde, gab er sehr gern nach. Zu Recht, wie sich bald herausstellen würde, denn Mohammed bestimmte ihn zu seinem rechtmäßigen Nachfolger, zum Kalifen.[143] Aber auch in diesem Falle lag kein Grund vor, Abu Bakr gewinnen zu müssen. Er war bereits Muslim und unterstützte Mohammed bei der Verbreitung des Islams.[144] Deshalb ist es für Mohammed keine politische und auch keine soziale Frage gewesen, Aischa zu heiraten, er heiratete sie, weil sie Jungfrau war.

Die Ehe mit Sauda, so die Behauptung, soll zwecks ihrer Versorgung und somit aus einem sozialen Grund geschlossen worden sein. Sie habe nach dem Tod ihres Mannes in Mekka mittellos gelebt und sei bereits über 50 Jahre alt gewesen, so dass sie sicher alleine geblieben wäre.[145] Bei genauerer Betrachtung sieht man schnell, dass diese Behauptung nicht richtig sein kann. Wie oben geschildert wurde die Heirat von Mohammeds Tante in die Wege geleitet, die Initiative ging also nicht von Mohammed aus. Und auch sein Mitleid konnte nicht geweckt gewesen sein, denn Sauda war in keiner bemitleidenswerten Situation. Wenn Sauda wirklich so alt und unattraktiv gewesen wäre, dann hätte Mohammed sie niemals geheiratet. Denn schließlich war es später ihr Alter, das ihn dazu bewog, sich von ihr zu trennen. Sauda muss also erst in den folgenden Jahren, nach der Heirat mit ihm, so gealtert sein, dass er sie als alte unter seinen jungen Frauen betrachtete und sie nun verstoßen wollte (*talâk*). Sie konnte sich vor der Verstoßung nur retten, indem sie ihren Platz in der „Reihe" der Frauen, ihr „Recht" auf sexuellen Verkehr mit dem Propheten, freiwillig an Aischa abgab.[146]

Dieser Liste kann die bereits erwähnte Geschichte seiner Heirat mit Zaynab bint Dschahsch, der Frau seines Adoptivsohnes, hinzugefügt werden. Allgemein wird behauptet, dass die Ehe mit Zaynab geschlossen worden sei, um „eine schlechte Tradition aus der Zeit der Dschahiliyya zu ändern". Er heiratete sie jedoch einzig wegen ihrer Schönheit. Durch diese Heirat änderte er auch keine schlechte Tradition vorislamischer Zeit, sondern wandelte eine gute Tradition in eine schlechte. In vorislamischer Zeit gab es ursprünglich keinen Unterschied zwischen dem leiblichen und dem adoptierten Kind: Zayd wurde von Mohammed adoptiert und hieß dann Zayd Ibn Mohammed. Im fünften Jahr der Auswanderung nach Medina ging Mohammed eines Tages zu seinem Adoptivsohn Zayd zu Besuch. Die Tür wurde von Zaynab geöffnet, die leicht bekleidet war. Als Mohammed sie so sah, weckte das sein altes Begehren, was er Zaynab auch zuflüsterte

(Mohammed hatte, bevor er Chadidscha heiratete, bei Zaynabs Familie um ihre Hand angehalten, die ihm verwehrt wurde, da er nur ein einfacher Hirte war). Nachdem Zaynab ihrem Mann das Geschehene berichtet hatte, ging Zayd zu Mohammed und teilte ihm mit, dass er seine Frau verstoßen werde. Aber die Bevölkerung war aufgebracht und man fragte sich hinter vorgehaltener Hand, wie es sein könne, dass Mohammed die Frau seines Sohnes heirate. In der muslimischen Tradition sind es die Juden und Unruhestifter, die schlecht über Mohammed reden:

Die Juden und die Unruhestifter begannen zu reden; sie sagten 'Mohammed hat die Frau seines Sohnes geheiratet'[147]

Daraufhin kam ein Vers [Sure 33, Verse 4-6], der besagte, dass die Adoptivsöhne mit dem Namen ihres Vaters zu rufen und die rechtlichen Regelungen der Dschahiliyya aufgehoben seien.

Das Gerede störte Mohammed, er fürchtete, seine Anhänger zu verlieren. Er versuchte die Wogen zu glätten, und gab Zayd den Rat: „Sei freundlich zu deiner Frau." Aber er konnte sie sich nicht aus dem Kopf schlagen. Da fiel ihm Gott ein, der das Schicksal aller Menschen bestimmt und all dies geschehen lässt, und dass es keinen Grund gibt, sich vor dem Gerede der Leute zu fürchten. Eine Offenbarung überkam ihn:

Sure 66, At-Taḥrīm (Das Verbot), Vers 1
Prophet! Warum erklärst du denn im Bestreben, deine Gattinnen zufriedenzustellen, für verboten, was Gott dir erlaubt hat? [...] *Aber Gott ist barmherzig und bereit zu vergeben*

Eine weitere Offenbarung zeigt, dass Mohammed sich auf den Willen und Wunsch Gottes stützen kann:[148]

Sure 33, Al-Ahzāb (Die Gruppen), Vers 37
Und (damals) als du zu demjenigen, dem sowohl Gott als auch du Gnade erwiesen hattest, (gemeint ist Said ibn Hāritha, der Freigelassene Mohammeds) sagtest: 'Behalte deine Gattin für dich und fürchte Gott!', und in dir geheimhieltest, was Gott (doch) offenkundig machen würde, und Angst vor den Menschen hattest, während du eher vor Gott Angst haben solltest! Als dann Said sein Geschäft mit ihr erledigt hatte (d. h. sich von ihr geschieden hatte), gaben wir sie dir zur Gattin, damit die Gläubigen sich (künftig) wegen (der Ehelichung) der Gattinnen ihrer Nennsöhne, wenn diese (w. sie) ihr Geschäft mit ihnen erledigt haben, nicht bedrückt fühlen sollten. Was Gott anordnet, wird (unweigerlich) ausgeführt.

Mohammed fügt sich also dem Befehl Gottes und nimmt die schöne Zaynab in seinen Harem. Dies kann in anerkannten Quellen wie Ibn Ishaq und Muhammad ibn Sa'd (784-845) nachgelesen werden. Das Ereignis wird auch bei At-Tabari in Form einer Überlieferung wiedergegeben. Aischa schildert, wie sehr sie diese „göttliche Erlaubnis" traf:

Als dieser Vers herabkam, war klar, dass sie sehr viel hübscher als wir war. Und zudem war diese Eheschließung eine große Ehre, denn es war Gottes Wunsch, den Propheten mit ihr zu verheiraten. Das betrübte mich zutiefst und ich sagte mir, dass Zeynep [Zaynab] *uns diese Ehre immer vorhalten wird.*[149]

Durch die Herabsendung von Sure 33, Vers 37 wurden also fortan die adoptierten Kinder nicht mehr als die leiblichen Kinder der Adoptiveltern betrachtet und mussten auch weiter den Namen ihrer leiblichen Eltern tragen. Ein Trick, der es Mohammed erlaubte, seine Heirat mit der Frau seines Sohnes zu legitimieren. Auf diese Sure stützen sich die Anhänger der Scharia, wenn sie die Frauen ihrer Adoptivsöhne heiraten wollen. Und obwohl es allein darum ging, Zaynab heiraten zu können, verdreht man das Ganze so, als ob es bei dieser Angelegenheit darum gegangen sei, eine vorislamische Tradition zu verbessern und eine Regelung zu schaffen, die moralisch besser sei und daher auch die Unterstützung Gottes erhalten habe.

Dieser Liste könnten noch weitere Beispiele hinzugefügt werden. Die Frauen sind bereits in den Kapiteln über die Kriterien bei der Auswahl einer Heiratskandidatin genannt, in denen es heißt, man solle vor allem schöne, junge, fruchtbare, edle und reiche Frauen heiraten, die sich an die ihnen vorgegebene Lebensweise des Islams, die Scharia, halten und in Gehorsam gegenüber Gott und dem Mann leben sollen. All die genannten Beispiele sollten zur Genüge belegen, dass die Ehen Mohammeds vor allem aus Begierde und wegen der Schönheit der Frauen geschlossen wurden. Die Scharia-Anhänger merken nicht, dass sie Mohammed durch ihre Begründung, er habe die Ehen aus politischen Gründen geschlossen, zugleich schaden. Einerseits behaupten sie, dass Gott jeden Schritt des Menschen bestimme, andererseits unterstellen sie dessen Propheten, er sehe politische Heiraten als erforderlich an – was die Ohnmacht Gottes bedeuten würde.

Mohammeds Frauen bildeten sozusagen „Lobbyfraktionen"; so gab es Streit z. B. zwischen Aischa und Hafsa, die beide die Interessen ihrer Väter Abu Bakr und Umar ibn al-Chattab vertraten. Seine Frau Umm Salama, die Tochter von Abi Umayya ibn al-Mughira, tendierte eher zu Fatimas und Alis Seite. Umm Habiba, die Tochter von Abu Sufyan, und Maymuna, die Tochter von al-Harith, bildeten eine „Fraktion". Die anderen Frauen unterstützten dabei mal Aischa, mal die anderen und schufen somit eine Atmosphäre der „Macht" und der „Opposition".[150] Schon von daher können diese Ehen höchstens mit sexueller Gier, mit einer „Sucht nach Frauen", erklärt werden, als dass sie politischem Feingefühl entsprangen.

Nicht zuletzt findet sich auch im Koran ein Hinweis darauf, dass der Grund seiner Ehen die Schönheit der Frauen war:

Sure 33, Al-Ahzāb (Die Gruppen), Vers 52
Künftig sind dir keine (weiteren) Frauen (zur Ehe) erlaubt, und (es ist dir) nicht (erlaubt, neue) Frauen (w. sie) gegen Gattinnen (die du bisher gehabt hast) einzutauschen, auch wenn ihre Schönheit dir gefallen sollte (und du sie deshalb gern heiraten würdest), ausgenommen was du (an Sklavinnen) besitzt. Gott paßt auf alles auf."

Berühmte Interpreten wie Al-Baidawi, Az-Zamachschari (1075-1144) und Dschalal ad-Din as-Suyuti (1445-1505) beurteilen diesen Vers unterschiedlich. Az-Zamachschari meint, dass dieser Vers eingesetzt wurde, um die vorislamische Tradition der Araber, die Ehefrauen untereinander auszutauschen, zu unterbinden, obwohl sich der Vers ganz offensichtlich an Mohammed selbst richtet. Andere Interpreten meinen, dass dieser Vers Mohammed, der damals neun Frauen hatte, hindern sollte, weitere Frauen zu heiraten. Wieder andere sind der Meinung, dass Gott, der den Gläubigen im Allgemeinen vier Frauen zuerkannt habe, jedoch bei Mohammed die Ausnahme einführte, so dass dieser mehr Frauen heiraten konnte, Mohammed mit diesem Vers Grenzen gesetzt habe. Zuletzt sind einige Interpreten der Meinung, dass dieser Vers dazu diente, Mohammed mitzuteilen, dass er keine weiteren Frauen anstelle derjenigen Frauen nehmen könne, von denen er sich trennte oder die gestorben waren. Fakt ist, dass in diesem Vers steht „auch wenn ihre Schönheit dir gefallen sollte" und dies zeigt, dass auch Gott den Grund für Mohammeds zahlreiche Ehen in der Schönheit der Frauen sieht.

Wie Sie gesehen haben, entbehrt der Mythos von Mohammed als einem Retter der Frauen und einem geschickten politischen Strategen jeglicher Grundlage. Die Behauptungen der Scharia-Anhänger dienen lediglich der Entschuldigung von Mohammeds Verhalten. Vor allem denjenigen, die meinen, dass er diese Ehen aus Gefälligkeit geschlossen habe, muss die Frage gestellt werden, wem Mohammed im Grunde gefällig war, als er zwei Dutzend Frauen in seinen Harem aufnahm und wen er mit all diesen Ehen erfreut hat. Auf diese Frage gibt es nur eine Antwort: allein sich selbst. Alle Frauen waren laut den muslimischen Quellen schöne und junge Frauen, so jung, dass man sagen kann, gemessen am Alter Mohammeds waren sie im Kindesalter. Die Jugend und Schönheit dieser Frauen macht es schwer zu glauben, dass Mohammed seine Ehen aus Gefälligkeit oder Menschlichkeit schloss.

Das Beispiel Mohammeds: Die Vielweiberei – Unglück und Unruhe stiftend

Das Leben eines Mannes mit vielen Frauen unter einem Dach ist für die Frauen nicht nur entwürdigend, sondern schafft auch für den Mann ein Klima der Unruhe und des Unglücks. Dies war auch in den Ehen Mohammeds, trotz der Unterstützung, die er behauptete durch Gott zu erhalten, nicht anders und man kann nicht behaupten, dass in seinem Harem Gleichheit und Gerechtigkeit geherrscht hätte. Viele dieser Streitigkeiten, die es in seinem Haus gab, sind in der Hadis-Literatur, so auch in den Veröffentlichungen des *Amtes für religiöse Angelegenheiten der Türkei* (Diyanet), einem verfassungsmäßigen Organ des türkischen Staates, geschildert (z. B. in dem 12 Bände umfassenden Werk, aus dem hier sehr häufig zitiert wird, dem *Sahih-i Buhârî Muhtasarı Tecrîd-i Sarîh Tercemesi ve Şerhi*.)

Mohammeds Bevorzugung einzelner Frauen war eine der Hauptursachen für den Streit unter den Frauen, die in rivalisierende Gruppen aufgeteilt waren. Die Auseinandersetzungen blieben auch der Gemeinschaft der Gläubigen nicht verborgen. Insbesondere Mohammeds Bevorzugung Aischas war unbestreitbar, was auch in mehreren Überlieferungen ausgedrückt ist, z. B. wenn er Aischa beschreibt: „Die Vollkommenheit Aischas ist (im Vergleich zu den Frauen meiner Gläubigen) wie die Vollkommenheit des *tirit*-Gerichts im Vergleich zu anderen Gerichten."[151] Die aus der Bevorzugung Aischas und der zeitweisen Bevorzugung neu in den Harem dazugekommener Frauen resultierenden Streitigkeiten müssen Mohammed sehr gestört haben. Seine Methoden, diesen ein Ende zu bereiten, führten jedoch zu noch mehr Unruhe. Es ist überliefert, dass die Gläubigen, die Mohammed Geschenke machen wollten, diese, weil sie seine Schwäche für Aischa kannten, Mohammed bevorzugt dann zukommen ließen, wenn er sich gerade bei ihr aufhielt. Auch darüber wurde gestritten, und die Frauen, die sich um Umm Salama geschart hatten, baten diese: „Sag dem Propheten, dass er dem Volk bekannt geben soll: 'Wer dem Propheten Geschenke übergeben lassen will, kann das in jedem Raum tun.'"[152] Umm Salama übermittelte diese Bitte bekam aber keine Antwort. Daher wiederholte sie die Bitte, bei jedem von Mohammeds weiteren Besuchen bei ihr. Mohammed wurde schließlich wütend und verbot ihr, etwas gegen Aischa zu sagen. Er setzte seine Frauen damit unter Druck, dass er behauptete, seine Offenbarungen vor allem bei Aischa zu empfangen: „Quält mich nicht wegen Aischa. Denn meine Eingebungen kommen unter der Decke von keiner anderen Frau als Aischa."[153] Eine Behauptung, durch die die Eifersucht und die Konflikte wohl eher noch zunahmen. Wie deutlich zu erkennen ist, suchte er keine Lösung, die die Frauen besänftigte und Frieden unter ihnen stiftete. Im Gegenteil, er selbst sorgte für Unruhe, dadurch, dass er die Eifersucht seiner Frauen provozierte. Die Frauen berichteten Fatima von ihrem Leid. Doch auch ihr gelang es nicht, ihren Vater umzustimmen. Daraufhin baten die Frauen Zaynab bint Dschahsch, da sie klug war und seine Verwandte [seine Cousine], es noch einmal zu versuchen. Zaynab ging zu Mohammed und bemerkte, dass Aischa bei ihm war. Sie sagte: „Gottes Gesandter, deine Frauen wollen Gottes Gerechtigkeit in Sachen Aischa." Danach wendete sie sich Aischa zu und ging so weit, dass sie Aischa anschrie und beleidigte. Mohammed, der in dieser Situation hätte eingreifen müssen, beschränkte sich darauf, die Frauen zu beobachten und Aischa, gespannt auf ihre Reaktion, anzublicken. Aischa antwortete ebenfalls sehr barsch und griff Zaynab an. Mohammed fand an ihrer Reaktion sogar Gefallen und kommentierte: „Aischa ist ganz die Tochter Abu Bakrs."[154]

Aber Mohammed quälte nicht nur die anderen Frauen mit seiner Vorliebe für Aischa. Auch Aischa verärgerte er damit, dass er Chadidscha lobte, was sie sehr eifersüchtig machte.[155] Sie hielt sich mit ihren Kommentaren nicht zurück: „Gottes Gesandter, was erwähnst du eine alte Frau, die ihre Zähne bereits verloren hat? Gott hat dir stattdessen segensreichere Frauen gegeben."[156] Aischa war auch eifersüchtig auf Zaynab bint Dschahsch, Hafsa, Safiyya und Maria. Es ist sogar überliefert, dass sie wegen ihrer Wut und Eifersucht Selbstmord begehen wollte: Einmal hatte das Los entschieden, dass es Aischa und Hafsa sein sollten, die Mohammed auf seinem Kriegszug begleiten würden, um ihm sexuell zu Diensten zu sein. Nachts ging Mohammed meist zu Aischa, so dass Hafsa sich eine List ausdachte. Sie schlug Aischa vor, die Plätze zu tauschen, unter dem Vorwand, einmal eine andere Aussicht haben zu wollen. Als Mohammed nachts zu Aischas Kamel kam, fand er Hafsa vor und schlief daher mit ihr. Als Aischa das bemerkte, war sie sehr getroffen und konnte ihre Wut kaum bezähmen. Da sie aber nichts sagen wollte, steckte sie ihre Füße in ein Dickicht und betete: „Ich will von Schlangen oder Skorpionen gestochen werden, um Gottes Gesandtem nichts sagen zu müssen."[157]

Besonders groß war das Gerede, als Mohammed im Bett seiner Ehefrau Hafsa mit seiner Sklavin Maria schlief, in einer Gemeinschaft, die auf Stand und „edle" Herkunft achtet, in der Ehefrauen über Unverheirateten und Unfreien stehen, ein nicht zu verzeihender Regelverstoß. Hafsa sprach über die von ihr empfundene Demütigung mit Aischa und der Vorfall wurde bekannt (siehe S. 139-140). Ein Gesichtsverlust, dem Mohammed nur mit dem Aufgebot all seiner männlichen Autorität entgegentreten konnte und man munkelte, er habe vor, all seine Frauen zu verstoßen (*talâk*).[158] Auch er litt unter diesem Streit, versuchte sich daher, seinen Frauen zu entziehen, und befriedigte seinen Trieb eine Zeit lang allein mit seinen Sklavinnen. Er rechnete damit, dass seine Frauen ihn anbetteln würden, dass er zurückkäme, was sie aber nicht taten. So bedrohte er sie mit Versen, die er, wie er behauptet, von Gott erhalten habe:

Sure 66, At-Taḥrīm (Das Verbot), Vers 5
Wenn er euch (Frauen) […] entläßt, wird sein Herr ihm vielleicht Gattinnen zum Tausch geben, die besser sind als ihr: Frauen, die den Islam angenommen haben, die gläubig sind, (Gott) demütig ergeben, bußfertig, fromm (w. Dienerinnen (Gottes)), asketisch(?) […] solche, die schon verheiratet waren oder … noch Jungfrauen sind

Und um Aischa und Hafsa daran zu hindern, Unruhe zu stiften, machte er folgenden Vers öffentlich:

Sure 66, At-Taḥrīm (Das Verbot), Vers 4
Wenn ihr beiden (Frauen) […] euch (reumütig) Gott wieder zuwendet (tut ihr gut daran). Euer Herz ist ja (vom rechten Weg) abgewichen. Wenn ihr jedoch gegen den Propheten (w. gegen ihn) zusammensteht (und glaubt, euren Willen durchsetzen zu können, werdet ihr nicht zum Ziel kommen). Gott ist ja sein Schutzherr. Und Gabriel, die Gläubigen (alle), soweit sie rechtschaffen sind, und überdies(?) die Engel werden (ihm) Helfer sein.

Mit diesen Drohungen, mit der Aussage, dass sie sich gegen Gottes Willen gestellt hätten, erschreckte er seine Frauen und zwang sie so, sich wieder mit ihm zu versöhnen und ihm zu gehorchen. Wie gewohnt besuchte er sie dann morgens und abends nach dem Gebet, um seine Begierde zu befriedigen.

Ein Beispiel für Mohammeds mangelnde Fähigkeit, alle Frauen gleich zu behandeln, und das Konkurrenzverhältnis unter den Frauen ist auch folgendes Geschehnis: Mohammed machte seiner Frau Zaynab bint Dschahsch ein Geschenk, das sie, warum auch immer, ablehnte und ihm zurückgab. Eine andere seiner Frauen sagte: „Siehst du, sie beleidigt dich!" Mohammed antwortete: „Es ist besser, von euch beleidigt zu werden als von Gott"[159] und verließ das Haus für einen Monat. Es waren nur zwei seiner Frauen wegen denen er gekränkt war, gestraft hat er aber alle, auch die, die unbeteiligt waren.

Ein weiteres Beispiel, das zeigt, wie viel Leid durch die Konkurrenzsituation, in der die Frauen in Mohammeds Harem lebten, entstand, ist ein, in muslimischen Kreisen sehr bekanntes, „Die Verleumdung" [arab. *al-ifk*] genanntes Ereignis. Zaynabs Schwester Hamne nutzte es, um Aischa als Konkurrentin ihrer Schwester auszustechen. Aischa hatte das Los gezogen, das bestimmte, welche von Mohammeds Frauen ihn zu gegebenem Zeitpunkt auf seinen Kriegszügen begleiten sollte. Da, wie wir gesehen haben, Mohammed der Überzeugung war, er verfüge über außergewöhnliche sexuelle Kraft, konnte er so gewiss sein, sein fast ständiges Bedürfnis nach Geschlechtsverkehr auf diese Weise auch während seines Krieges gegen die *Banu Mustaliq* befriedigen zu können. Aischa ritt in einem *mahmil* mit (einer Art Sänfte, die, rundum verhängt, auf dem Rücken eines Kamels befestigt wird). Als das Heer auf dem Rückweg nach Medina Halt machte, verließ Aischa ihren Platz, um ihre Notdurft zu verrichten [in manchen Varianten auch, weil sie eine verlorene Halskette suchte[160]]. Als sie zurückkehrte, stellte sie fest, dass das Heer ohne sie weitergezogen war und ihr Kameltreiber davon ausgegangen war, dass sie in ihrer Sänfte sei. Später erzählt sie: „Ich legte mich hin. Dann kam Safwan ibn al-Muattal vorbei [...] und sah, dass ich auf dem Boden lag. Da die Frauen sich damals noch nicht bedecken mussten, konnte er mein Gesicht sehen [...] Er kam mit seinem Kamel näher [...] Ich stieg auf sein Kamel [...] Gegen Morgen konnten wir das Heer wieder einholen." Ihre gemeinsame Ankunft versetzte die Gemeinschaft in Staunen und es entstand der Verdacht, Aischa habe ein Liebesverhältnis mit Safwan. Das Gerede wurde durch Hamne in Umlauf gebracht, die sich davon versprach, Zaynab einen Vorsprung in ihrem Konkurrenzkampf mit Aischa zu verschaffen. Einige von den *Banu Chasradsch*[161] förderten das Gerede und Mohammed war wütend. Einerseits war sein Stolz verletzt, seine Eifersucht quälte ihn und er verhielt sich Aischa gegenüber kühl. Andererseits wollte er Aischa zum Sprechen bringen und erfahren, was zwischen Safwan und ihr passiert war. Er bemühte sich tagelang, aber Aischa weinte jedes Mal und beteuerte ihre Unschuld. Mohammed glaubte ihr nicht. Er bedrängte auch ihre Eltern, sie sollten ihre Tochter zum Sprechen bringen. Ali, sein Schwiegersohn, empfahl ihm, Aischas Dienerin (Haremssklavin) zu befragen. Er fragte diese, ob sie an ihrer

Herrin etwas, „das Zweifel erweckt", bemerkt habe, aber erreichte nichts. Er versuchte es mit Zaynab und fragte sie: „Was weißt du über Aischa und was hast du bemerkt?" Aber auch wenn Zaynab Aischas Konkurrentin war, in diesem Falle nutzte sie die Situation nicht aus [sie weiß, dass Aischa sonst gesteinigt würde, Anm. d. Hrsg.] und sagt, dass sie nichts Verdächtiges bemerkt habe und: „Ich weiß nur Gutes über Aischa, sonst nichts."[162]

Trotz seiner Behauptung, jedes Geheimnis von Gott zu erfahren, kann Mohammed seltsamerweise nicht ergründen, was zwischen Aischa und Safwan geschah. Die einzige Aussage, zu der er fähig ist, ist die, dass Gott sich offenbar verspätet, einen Vers zu offenbaren. Obwohl Zaynabs Schwester Hamne verantwortlich war für die Verbreitung des Gerüchts, dass Aischa Unzucht mit Safwan begangen habe, griff Mohammed Abdallah ibn Ubayy von den *Banu Chasradsch* an, den er hasste und für einen Heuchler hielt. In seiner Freitagspredigt nach dem Gebet fragte er: „Wer will mir helfen, wer will die Rache üben an einem, der mich über die mir Nahestehenden quält?"[163] Der Führer der *Banu Aus* stand auf und antwortete: „Gottes Gesandter, ich werde euch helfen." Er war bereit, denjenigen, der das Gerücht verbreitet hatte, zu köpfen. Darauf entstand ein Streit zwischen den Stämmen *Aus* und *Chasradsch* und sie bereiteten sich auf einen bewaffneten Kampf vor, von dem sie Mohammed nur mit größter Mühe abhalten konnte.[164]

Es vergingen Tage und Mohammed litt darunter, fern von Aischa zu sein. Am dreißigsten Tag ging er in Aischas Haus und wollte sie zum Sprechen bringen: „Aischa, wenn das Gerede aus einer Lüge besteht, dann wird Gott dir beistehen. Wenn du dich aber der Sünde genähert hast, so bitte um Vergebung. Gott ist allmächtig, er vergibt dir." Aischa sagte, dass sie unschuldig sei und er als Gottes Gesandter bei Gott nachforschen und ihre Unschuld offenlegen solle. Mohammed verstand, dass er nichts erreichen konnte und antwortete: „Aischa, Gott hat dich bereits rein gesprochen. Er hat mir erzählt, dass du unschuldig bist." Darauf soll Sure 24, Verse 4-9 und 11-25 offenbart worden sein. Diese Verse besagen, dass das Gerede über den Ehebruch Aischas eine Verleumdung gewesen sei, da keine vier Zeugen vorgebracht wurden und dass die Verleumder bestraft werden.[165] Vor diesem Ereignis genügten im Allgemeinen zwei Zeugen (Sure 2, Vers 282), danach forderte er für den Beweis des Ehebruchs vier Zeugen (Sure 24, Vers 13). Aufgrund dieser Bestimmungen, die Verleumdung unter Strafe stellt, ließ er einige Menschen sogar ermorden, unter anderem seinen Dichter Hasan bin Sabit,[166] weil sie Aischa beschuldigt hatten. All das, um den Verdacht auszuräumen, dass Safwan und Aischa eventuell sexuell miteinander verkehrt hätten. Erst später, nachdem all diese Menschen ihre Strafen erhalten hatten, ließ Mohammed Ali nachforschen – weder Gott noch Mohammed kamen auf die Idee, das sofort zu tun –, und es stellte sich heraus, dass Safwan keine Manneskraft besaß und daher gar nichts zwischen ihm und Aischa gewesen sein konnte.[167] Zweifellos wäre es für alle besser gewesen, wenn er diese Konflikte nicht mit Versen, die er behauptete, von Gott erhalten zu haben, und die zudem verspätet kamen, zu lösen versucht hätte. All die Unannehmlichkeiten und Auseinandersetzungen wären den Menschen so erspart geblieben.

Wie Sie sehen, war Mohammed mit der Vielweiberei selbst überfordert und es war ihm nicht möglich, gerecht und weise mit seinen Frauen umzugehen. Das Ereignis *al-ifk* zeigt, das Mohammed Opfer seiner eigenen Eifersucht wurde, und dass er, durch das System der Vielweiberei und die Situation in seinem Harem entstandenen Konkurrenzkampf zwischen seinen Frauen, auch über andere Leid brachte. Er veranlasste, für ihn Rache zu üben und verursachte damit einen Streit zwischen zwei Stämmen, einige Menschen mussten sogar ihr Leben lassen. Aber es ist völlig natürlich, dass dieses unmenschliche System zu nichts Gutem führt.

Mohammeds Vielweiberei: „geheiligt“ durch Gottes Erlaubnis?

Muslimische Autoren versuchen Mohammeds Ehen den Anschein zu geben, „heilig“ zu sein. Dabei stützen sie sich auf die Aussage Mohammeds, dass er keine Frau ohne die Erlaubnis Gottes berührt habe. Alle seine Ehen – seine Ehe mit dem Kind Aischa, die er als ein über 50 Jahre alter Mann mit ihr vollzog, seine Ehe mit Zaynab, der Frau seines Adoptivsohnes, oder auch seine Ehe mit Safiyya, deren Mann er ermorden ließ – meinte Mohammed mit Gottes Erlaubnis geschlossen zu haben. Er behauptete, dass Gabriel ihm im Traum Aischas Bild gezeigt habe.[168] Und im Krieg gegen die Oase Chaibar, als er die Gefangene Safiyya an Ort und Stelle in sein Zelt nahm, um mit ihr geschlechtlich zu verkehren, sagte er am folgenden Morgen: „Ich habe mit keiner Frau ohne eine Offenbarung Gottes Geschlechtsverkehr gehabt.“[169] Ich erinnere an dieser Stelle auch an seinen Umgang mit Müleyke bint Ka‘b, deren Vater er laut Al-Waqidi (747-823) und anderen arabischen Quellen am Eroberungstag von Mekka mit eigenen Händen tötete, und sie danach beschlief.[170] Diese Grausamkeiten als Willen, als Befehl Gottes zu akzeptieren, hieße ein Gottesbild zu akzeptieren, das die Güte und Heiligkeit Gottes verneint, ja ablehnt. Einem normal denkenden Menschen, einem Menschen mit Gewissen, ist es unmöglich, einem solchen Verhalten zuzustimmen, es gar als „heilige" und als vorbildhafte Verhaltensweise eines Gesandten Gottes anzuerkennen. Wenn Mohammed wirklich meinte, dass er sein Sexualleben, wie die islamischen Quellen es überliefern, tatsächlich mit der Erlaubnis Gottes ausführte, dann merkte er entweder nicht, dass er damit das Verständnis von Gott verletzte und es herabsetzte, oder er glaubte, dass kein anderer es merken würde. Aber er irrte sich, denn als er wieder einmal behauptete, dass er seine Verbindungen mit seinen Frauen nur mit der Erlaubnis Gottes vollzogen habe, antwortete ihm Aischa: „Wie schnell doch Gott für die Befriedigung deiner sexuellen Begierde sorgt."[171]

Die muslimischen Autoren schielen auf die Beispiele der Propheten vor Mohammed. Durch den Vergleich mit Männern wie Salomo, Abraham, Jakob oder David, die noch mehr Frauen gehabt haben sollen (Moses soll 300, Salomo 700 Frauen gehabt haben), versuchen sie sein Verhalten zu legitimieren und zu entschuldigen. Allerdings haben die anderen Propheten Gott nicht degradiert, indem sie ihn als Mittel zum Zweck benutzten und ihr Sexualverhalten über ihn legitimierten. David z. B. verführt Bathseba, die Frau seines besten Freundes, erkennt später seinen Fehler und fleht Gott um Vergebung an. Bei Mohammed sehen wir kein solches Verhalten. Er nimmt seinem Adoptivsohn die Frau und legitimiert sein Verhalten über einen angeblichen „Befehl Gottes". Dasselbe gilt für die Enthauptung von Safiyyas Mann und Müleykes Vater. Auch durch die Behauptung, dass Mohammed seine Frauen aus politischen und sozialen Gründen geheiratet habe, versuchen die muslimischen Autoren, ihn als den anderen Propheten überlegen darzustellen.[172] Dieser Versuch ist nicht anders als unmoralisch zu nennen. Moses oder Salomos Anzahl an Frauen entschuldigt nicht Mohammed. Jeder Intellektuelle mit Zivilcourage hat die Pflicht, darauf aufmerksam zu machen[173] und Mohammeds Verhalten als das darzustellen, was es ist: ein dem Intellekt und jeglicher Moral widersprechendes Verhalten, das zu verurteilen ist und nicht als vorbildlich gelten kann.

In allen Ländern, in denen die Scharia regiert, gilt trotz alledem die Vielweiberei immer noch als heilig. Auch wenn einige Länder die Vielweiberei verboten oder eingeschränkt haben, konnte die Anwendung dieses Rechts und sein schlechter Einfluss nicht vollends überwunden werden. Unter den fast fünfzig Ländern, in denen eine muslimische Bevölkerung lebt, konnten nur vier Länder ein Verbot der Vielweiberei aussprechen: Türkei, Tunesien, Albanien und die muslimischen Gebiete in den Sowjet-Ländern [bezieht sich auf die Zeit vor dem Zerfall der Sowjetunion, Anm. d. Hrsg.]. Nur wenige Länder, wie Syrien, Marokko, Pakistan und der Irak [bezieht sich auf die Zeit vor dem Irak-Krieg; sowohl in den ehemaligen Ländern der Sowjetunion als auch im Irak kam es durch den neu erwachten Einfluss traditioneller und religiöser Kräfte mittlerweile zu gravierenden Rückschritten im Bereich der Frauenrechte, Anm. d. Hrsg.] führten eine Begrenzung ein, wie z. B. die Auflage, dass die Heirat weiterer Frauen durch ein Gericht bestätigt werden muss und dadurch die Zahl der Ehefrauen kontrolliert werden kann oder dass im Falle einer weiteren Heirat der ersten Frau das Recht auf Scheidung zuerkannt wird.

In den anderen vom Islam regierten Ländern wird die religiöse Tradition der Vielweiberei wie zur Zeit Mohammeds angewendet. In einigen von ihnen wird sogar den nichtmuslimischen Minderheiten erlaubt, in Vielweiberei zu leben. Das Parlament von Tansania führte 1970 die Vielweiberei nicht nur für die muslimische Bevölkerung, sondern auch für die christliche Bevölkerung ein; allerdings müssen die christlichen Männer das Einverständnis ihrer Frauen einholen, während die muslimischen Männer kein Einverständnis ihrer Frauen brauchen. Als die Regierung dieses Gesetz dem Parlament vorstellte, begründete sie es mit der Integration der Lebensgefühle beider Gemeinschaften [das meint, alle Religionsgemeinschaften sollen anerkannt werden und ihnen sollen die gleichen Rechte gegeben werden, Anm. d. Hrsg.]. Gegen diese unvorstellbare Logik protestierte niemand außer einigen Frauenorganisationen und christlichen Organisationen.[174]

Aber das Leid der Frauen findet bedauerlicherweise auch in den Ländern kein Ende, in denen die Vielweiberei verboten ist, denn die tief verwurzelten Traditionen haben oft mehr Gewicht als die Gesetze. Einige Beispiele: Die Türkei übernahm 1926 das Schweizer Zivilgesetzbuch und verbot somit die Vielweiberei. Dem seit 1400 Jahren angewandten System, das die Frauen entwürdigte und dem türkischen Mann die Gelegenheit gab, sich des Respekts gegenüber Frauen zu entledigen, wurde so ein schwerer Schlag versetzt. Die Einführung der Vielweiberei hat die Werte des türkischen Mannes zerstört und ihn glauben lassen, dass ihn die Ehe mit nur einer Frau unglücklich mache. So schrieb der osmanische Dichter Yusuf Nâbi (1642-1712): „Kann es ein größeres Unglück geben, als das Leben mit einer einzigen Frau und den Verzicht auf den Genuss vieler schöner Frauen?" Später schrieb der Dichter Enderûnlu Hüseyin Fâzıl Bey (gest. 1810), in Bewunderung für Nâbi: „Ich verstehe eines wirklich nicht. Wie können einige Dumme wollen, dass die Ehe auf eine Frau begrenzt werden soll? Die Frau kann schlechte Eigenschaften haben, vielleicht ist sie sehr eifersüchtig und kann deshalb ihren Mann in Ärger und Trauer stürzen. Deshalb muss der Mann das Anrecht auf eine andere Frau haben."[175] Die Scharia hat die Werte des türkischen Mannes so stark zerstört, dass er seine Einstellung trotz der Abschaffung der Scharia durch Atatürk im Jahr 1924 beibehielt. Er hat immer noch das Sagen, sieht die Frau immer noch als minderwertig an und hat das Recht, seine Ehefrau zu züchtigen. Auch die Vielweiberei gibt es, wenn auch inoffiziell, immer noch. Die Autorin Fatma Mansur Coşar schreibt über die Türkei: „Die Mehrehe ist immer noch gültig. In den Dörfern der ländlichen Gebiete und in kleineren Städten nehmen die Männer, wenn ihre gesetzlich angetraute Frau ihren sexuellen Ansprüchen nicht genügt oder wenn sie keinen Jungen zur Welt bringt, durch die religiöse Trauung eine weitere Frau. Die Zahl der auf diese Weise angeheirateten Frauen entspricht der wirtschaftlichen Situation der Männer. [Je reicher ein Mann ist, desto mehr Frauen hat er, da er sich diese und eine große Familie leisten kann. Die Zahl der Frauen wird so zu einer Angelegenheit des Prestiges. Die Anzahl der Frauen zeigt den Reichtum des Mannes und der Familie nach außen. Anm. d. Hrsg.] Die Kinder aus diesen religiösen Trauungen waren den Kindern aus der gesetzlichen Ehe nicht gleichgestellt. 1950 wurden acht Millionen Kinder durch einen Beschluss legalisiert […] Einerseits ist das System der Vielehe nicht zugelassen, andererseits existiert sie immer noch illegal und bringt den Frauen Unruhe und Streitereien."[176]

Tunesien verabschiedete 1956 ein Verbot der Vielweiberei. Es gab keine Proteste dagegen, dennoch fand keine Änderung der Tradition statt. Syrien verabschiedete 1953 ein Gesetz, das die Vielweiberei zwar nicht verbot, aber an Bedingungen knüpfte. Die Männer, die mehr als eine Frau heiraten wollen, beantragen einen Gerichtsbeschluss. Der Richter achtet dabei z. B. auf das Einkommen des Mannes. Das gleiche System wurde 1959 auch im Irak eingeführt. Marokko verabschiedete 1958 ein Gesetz, das regelt, dass die Vielweiberei nicht erlaubt ist, wenn befürchtet wird, dass es zu Ungerechtigkeit und Ungleichheit kommen könnte. Da aber die Begriffe Gerechtigkeit und Ungleichheit nicht definiert sind, und die Entscheidung darüber bei dem Richter liegt, konnte nicht sehr viel bewirkt werden.

Weil die Ordnung der Gesellschaft auf der Scharia beruht, auf der von Gott befohlenen Weise, auf seinem Weg, zu leben, bleibt der Frau in den islamisch regierten Ländern nichts anderes übrig, als sich mit der Vielweiberei einverstanden zu erklären und dieses die Persönlichkeit verletzende, leidvolle System zu ertragen. Die Gefolgsmänner der Religion und die Menschen, die als Intellektuelle gelten, spielten eine große Rolle dabei, die Frau von Bildung fern und ahnungslos zu halten, um dieses System fortzuführen. Es waren nicht viele, die den Mut fanden, ihre Kritik an diesem System auszudrücken, und die einen Weg aus der unglücklichen und schmerzvollen Situation für die muslimische Frau finden wollten.

Kritik der Vielweiberei in anderen Sprachen

In den seltenen Fällen, in denen Kritik an der Vielweiberei geäußert wurde, geschah dies oft in einer Sprache, die nicht die Muttersprache der Autoren war, oder so verschlüsselt, dass sie dem durchschnittlich gebildeten Muslim nicht verständlich war. Der ägyptische Autor Amin Qasim veröffentlichte im Jahr 1901 das Buch „Die neue Frau" [*al-mar' ah al-ǧadīdah*], in dem er dieses System als Respektlosigkeit gegenüber der Frau wenigstens halbwegs kritisiert, indem er darauf hinweist, dass keine Frau ihren Mann mit einer anderen Frau teilen möchte. Wenn der Mann eine weitere Frau heirate, verletze er damit die Gefühle seiner ersten Frau.[177] Zugleich lobt er jedoch das Leben Mohammeds, das dieser mit seinen zahlreichen Frauen führte, und den Koran sowie die Überlieferungen, die ein solches Leben empfehlen. [Sein Vorgehen zeigt die leider nötige Vorsicht, die man bei Kritik am Islam walten lassen muss. Allzuschnell gilt man als „abtrünnig" und wird dadurch zum Ausgestoßenen, im schlimmsten Falle zum Todeskandidaten. Anm. d. Hrsg.]

Der indische Autor Salahuddin Khuda Bukhsh (1877-1931) schrieb in seinen 1912 in englischer Sprache veröffentlichen *Essays Indian and Islamic*, dass die Vielweiberei das Familienverständnis entheilige und zu etwas Primitivem und Unmoralischem mache. Dieses System bilde die Ursache der Erniedrigung der menschlichen Seele, denn die Menschen, die auf diese Weise unter einem Dach leben, können keinen Respekt und keine Liebe füreinander empfinden.[178]

Die javanesische Prinzessin Raden Adjena Kartini (1879-1904) schreibt in einem ihrer Briefe an den holländischen Botschafter Jacques H. Abendanon:

Ich werde niemals lieben. Denn ich bin überzeugt, dass die Liebe vor allem Respekt bedingt. Dabei kann ich die männliche Nation [die Männer] *nicht respektieren. Wie soll ich einem Mann Respekt zollen, der, wenn er heiratet, Kinder zeugt und dann, weil er seiner Frau überdrüssig wird, einfach eine andere Frau dazu nimmt und laut Islam auch mit der zweiten Frau als verheiratet gilt? Die islamische Religion erlaubt die Ehe mit vier Frauen. Auch wenn das laut Islam eine gute Tat ist, bleibt es in meiner Religion eine Sünde. Denn ich sehe alles als eine Sünde, was dem menschlichen Wesen, meinen Geschlechtsgenossinnen, Leid zufügt. Sünde bedeutet alles, was dem Menschen und dem Tier weh tut. Können Sie sich den höllischen Schmerz der Frau vorstellen, deren Mann eine weitere Frau ins Haus bringt? Der Mann kann seine Frau foltern, sie schlecht behandeln. Wenn der Frau keine Freiheit zuerkannt ist, kann sie ihre Sorgen dem Himmel erzählen. Alles für den Mann, nichts für die Frau, das ist unser Gesetz und unser Brauch.*[179]

Der syrische Dichter Qabbani lässt die Frau in seinem Gedicht sprechen:

Du liebst mich? / Dann sag diese Wörter nicht mehr, ja? / Denn du bringst mich zum Lachen, / Du liebst mich, ist es so? / So wie du andere Frauen liebst, nicht wahr? / Du liebst mich? / Ich bin für dich nur ein schönes Gesicht, nicht wahr? / Wie so viele Gesichter in deinem bunten Buch, / Ein vergilbtes Blatt, das du beiseite wirfst / Oder wie eine Karte am Spieltisch / So wie die Karten, / die du eine nach der anderen nimmst und dann / wieder wegwirfst / Wenn du ein neues Spielzeug findest / Wirst du mich brechen und wegwerfen / Du willst, dass ich / Hinter den Wänden deines Harems / Wie in einem Grab verschwinde / Und ich, / ich suche dich, du Ausbeuter.[180]

Seltenes Vorkommen der Vielweiberei beseitigt nicht die negativen Auswirkungen dieses Systems

In einigen muslimischen Ländern, in denen die Vielweiberei nicht verboten wurde, hoffte man darauf, dass durch die schlechte wirtschaftliche Lage diese Form des Zusammenlebens erschwert und daher zurückgehen würde. Auch die jüngere Generation, die eine moderne Bildung erhalten hat, legt Wert darauf, mit nur einer Frau verheiratet zu sein. Man verlässt sich ebenso auf die in der jüngeren Generation populäre Interpretation, die besagt, dass die Verse des Korans die Vielweiberei erschwerten und so im Grunde unmöglich machten.[181]

Sich dieser optimistischen Sicht anzuschließen ist nicht möglich. Denn die Tatsache, dass diese Ehen seltener vorkommen, bedeutet nicht, dass dadurch ihr schlechter Einfluss auf die Gesellschaft geringer wäre. Solche Ehen wurden in den muslimischen Ländern ohnehin nie von der Mehrheit der Menschen praktiziert, sondern konnten nur von einer Minderheit, von den reichen und den machthabenden Schichten, praktiziert werden. So wurde anhand der Registratur der Stadt Bursa zur Zeit des Osmanischen

Reiches festgestellt, dass die Anzahl der polygamen Ehen damals nicht über zwei Prozent betrug.[182] Dass diese Zahl niedrig ausfällt, ist jedoch kein Beleg für ein würdevolleres und glücklicheres Leben der betroffenen Frauen. In vielen muslimischen Ländern liegt die Zahl der Mehrehen unter zehn Prozent, dennoch fühlt die Frau sich entwürdigt und muss sich den Wünschen und Befehlen, den Eigenarten ihres Mannes wie eine Sklavin fügen, nicht zuletzt, weil sie befürchten muss, dass der Mann eine weitere Frau nimmt. Wenn man bedenkt, dass sich in der Türkei, als einem Land, das die Vielweiberei verboten hat, die Frauen auf dem Land dennoch versklaven lassen, weil sie befürchten eine *kuma*, eine zweite Frau, ins Haus zu bekommen, dann kann man sich vorstellen, wie viel schlimmer die Situation der Frauen in den muslimischen Ländern ist, die diese Form der Ehe nicht verboten haben. Vor einer *kuma* müssen sich in diesen Ländern auch Frauen fürchten, die keinen Sohn gebären. Sie bekommen daher so lange Kinder, bis sie einen Jungen zur Welt bringen, was zu einem erhöhten Bevölkerungswachstum mit all seinen negativen Begleiterscheinungen führt.[183]

Wegen der geringen Zahl an Ehen, die in Form der Vielweiberei geführt werden, wurde diese in vielen Ländern nicht verboten und blieb, z. B. in Ägypten, weiterhin rechtlich bestehen. Tatsächlich scheiterten die Versuche, die Vielweiberei abzuschaffen, die man ab dem Jahr 1958 unternahm, so dass die Regierung 1966 ein Gesetz beschloss, um die Anwendung dieses Systems zu erschweren: So musste z. B. der Ehemann, der eine weitere Frau heiraten wollte, der ersten Frau in einem solchen Falle das Recht auf Scheidung einräumen. Dieses Gesetz wurde in der Öffentlichkeit und in religiösen Kreisen äußerst negativ aufgenommen und musste schließlich aufgrund des Widerstands der Al-Azhar zurückgenommen werden.[184] Der ägyptische Staatsmann Anwar as-Sadat eröffnete 1972 noch einmal den Kampf gegen das System der Vielweiberei, aber sah bald, dass er rechtlich nichts tun konnte; zu stark war die Scharia-Lobby.[185] All diese Misserfolge wurden mit der Begründung, dass es kaum polygame Ehen gebe, unter den Tisch gekehrt.

Bei uns, d. h. in der Türkei, ist die religiöse Trauung nach 1950 „wieder erwacht“, wenn es auch nur sehr wenige Ehen gibt, die in Form der Vielweiberei geführt werden. [Die religiöse Voraustrauung ist in Deutschland im Januar 2009 – von der Öffentlichkeit weitgehend unbemerkt – wieder gesetzlich erlaubt worden; damit ist auch die rein religiöse Heirat wieder möglich Anm. d. Hrsg.] Diese Ehen werden durch die Imame des Diyanet, dem vom Staat finanzierten *Amt für Religiöse Angelegenheiten der Türkei*, geschlossen und als durch das Wort Gottes und das Vorbild des Propheten geheiligte Institution betrachtet. Und unsere sogenannten „Intellektuellen", unsere „Gebildeten", setzen dem, wie auch bei anderen die Religion betreffenden Themen, nichts als Schweigen entgegen. So gibt es auch im Falle der Vielweiberei einzelne Personen, die so tun, als ob sie dieses System kritisierten, die aber verstummen, wenn es um die Grundlagen dieses Systems geht, nämlich um den Koran und um die Überlieferungen. Einige von ihnen schließen sich sogar den Autoren anderer islamischer Länder an, die das System der Vielweiberei zu legitimieren suchen. Die Konsequenz dieses Verhaltens ist, dass die muslimischen Länder, solange sie diese, die Würde der Menschen erniedrigende Institution nicht von Grund auf bekämpfen, niemals einen Weg finden werden, sich zu befreien.

Anmerkungen

1 Sahîh-i Buhârî [Diyanet-Ausgabe], Band 11 (1983, 7. Aufl.), S. 251

2 Hüccetü'l İslâm Gazâlî: İhyâu 'ulûmi'd-dîn Tercümesi (1975), Band 2, S. 60, *hadis* 73

3 Siehe Taberi: Milletler (1966), Band 2, S. 834-848. Für seine Ehefrauen siehe auch Tekin, Arif: Muhammed ve Kurmaylarının Hanımları [Die Frauen Mohammeds und seiner Kommandanten]. Istanbul 2001

4 Die Tochter des Stammesführers der *Banu Mustaliq*. Ihr Mann, Mustafa bin Safwan, wurde im Kampf gegen die Muslime getötet. Sie soll sehr gebildet gewesen sein. Ihr drohte die Versklavung, der sie nur entkam, indem sie Mohammeds Angebot, sie zu heiraten, annahm.

5 Eine Jüdin aus dem Stamm der *Banu Nadir*. Nach der Schlacht wurden alle männlichen Mitglieder des Stammes hingerichtet. Ihr Mann, der Hüter des Schatzes der *Banu Nadir* war, wurde gefoltert, um das Versteck zu erfahren, dann getötet. Noch auf der Rückreise beschlief Mohammed Safiyya. Sie wird in der muslimischen Tradition auch „Die Weinende" genannt.

6 Mohammed hat die Ehe mit Schenba wegen einer Erkrankung nicht vollzogen. Er verstieß Schenba, da sie sein Prophetentum in Zweifel zog, als sein Sohn Ibrahim erkrankte und starb.

7 Islamhistoriker schreiben von vier bis fünf Frauen dieses Namens. Je nach Überlieferung werden unterschiedliche Gründe angegeben, warum Mohammed die Frau verstieß (sie sei zwar schön, aber alt gewesen, die anderen Frauen seien eifersüchtig gewesen usw.).

8 Asma bint Numan verstieß er gleich, als er sah, dass sie auf ihrem Rücken Flecke, wahrscheinlich Muttermale, hatte.

„Es gibt verschiedene Angaben, warum sich Mohammed von ihr getrennt hat: (1) In der ersten Nacht lud Mohammed sie zu sich ins Bett ein. Sie erwiderte: „Komm selbst zu mir". Dies konnte er nicht ertragen. (2) Mohammeds Frauen waren eifersüchtig und hetzten die Frau gegen ihn auf. Daraufhin ärgerte sie Mohammed und er sprach die Scheidung aus. (3) Mohammed sah in der ersten Nacht eine Krankheit bei ihr." (Tekin, Arif: Muhammed ve Kurmaylarının Hanımları. Istanbul 2001, S. 155)

9 Eine Jüdin aus dem Stamm der *Banu Qurayza*. Sie soll außergewöhnlich schön gewesen sein. Ihr Mann und ihr Vater wurden in der Schlacht gegen den Stamm getötet. Es ist bis heute nicht geklärt, ob sie Mohammeds Sklavin blieb oder ob er sie geheiratet hat. Es heißt, dass sie es vorgezogen habe, Sklavin zu bleiben.

10 Ihr zweiter Mann starb in der Schlacht von Uhud. Sie starb bereits zwei oder acht Monate nach ihrer Verheiratung mit Mohammed. Aus der Familie Dschahsch heiratete Mohammed insgesamt drei Frauen: zunächst die Schwiegertochter, zwei Jahre später die Tochter Zaynab (die Frau seines Adoptivsohns Zayd) und schließlich Ümmi Habibe, die Frau eines weiteren Sohnes der Dschahsch-Familie. Vgl. Tekin, Muhammed ve Kurmaylarının Hanımları (2001), S. 108

11 Fatima, die Tochter von Şurayh, heiratete er, weil er dachte, dass sie jung und schön sei. Als er in der Hochzeitsnacht sah, dass sie älter war, verstieß er sie augenblicklich. Taberi: Milletler (1966), Band 2, S. 846

12 Khuda Bukhsh, Salahuddin: Essays Indian and Islamic. London 1912, S. 256-257

13 Vgl. Baladuri: Kitāb futūh al-buldān, hrsg. von M.J. de Goeje, Leiden 1866, S. 30, Ibn Hischam: Sīrat Muhammad rasūli ʻllāh, hrsg. von Ferdinand Wüstenfeld, Göttingen 1858-1860, S. 776; İbn Sa'd: Tabakat Al-Kabir (1967), Band 8, S. 17; Yakubi: Historiae, hrsg. von M.Th. Houtsma, Leiden 1883, Band 2, S. 142; Ibn'ül Esir: Ust al-Gaba, Band 5, S. 521; Ibn Mâcâ, Sun'a, Band 1, S. 644, Hamia Tarihu'l-Hamis, Diyarbakir, o.J., Band 1, S. 464

14 Sahîh-i Buhârî [Diyanet-Ausgabe], Band 9 (1986, 9. Aufl.), S. 378-379

15 Siehe İbn Hanbal: Musnad, Kairo 1928, Band 4, und Band 2, S. 248. Siehe auch İbn Hacerel Askalani: Fethül-bari, Kairo/Bulak, 1301, Band 7, S. 63

16 Die Hadisliteratur spricht an einigen Stellen dennoch von weiteren Frauen Alis. So habe Mohammed, als er seidene Stoffe geschenkt bekommen hatte, zu ihm gesagt: „Verteile diese unter deinen Frauen." Eine Überlieferung, in der Ali sagt: „Ich habe sie unter meinen Frauen aufgeteilt", wird von Islamgelehrten auf seine Mutter und die Tochter von Hamza bezogen. (Siehe Sahîh-i Buhârî [Diyanet-Ausgabe], Band 8 [1984, 7. Aufl.], S. 41, 42, *hadis* 1139.) Bedacht werden muss auch, dass Mohammeds Interesse an Fatima nicht sein Leben lang andauerte. Nach seiner Auswanderung nach Medina und dem Beginn der Kriege schwand auch sein Interesse an seinem Schwiegersohn, da dieser kein guter Soldat war. Möglicherweise hat Ali in dieser Zeit weitere Frauen in seinen Harem aufgenommen. Die Diyanet beteuert im Kommentar zu hadis 1139

(Sahîh-i Buhârî, Band 8), dass Ali zu Mohhameds Lebzeiten keine weiteren Frauen geehelicht habe.

17 Sahîh-i Buhârî [Diyanet-Ausgabe], Band 10 (1985, 7. Aufl.), S. 353, *hadis* 1641

18 Tekin, Muhammed ve Kurmaylarının Hanımları (2001), S. 171

19 Fatima Mernissi sagt: „Anscheinend wusste Mohammed, dass es für eine Frau sehr schmerzlich ist, ihren Mann mit mehreren anderen Frauen zu teilen." Mernissi: Beyond the veil (1975), S. 31

20 Taberi: Milletler (1966), Band 2, S. 463; İbn Sa'd: Tabakat Al-Kabir, Band 8, S. 81

21 İbn Sa'd: Tabakat Al-Kabir, Band 8, S. 66; Arif Tekin: Kur'an'da Kadin ve Hz. Muhammedin Hanimlari, Istanbul 2010, S. 154-155; Mohammad Al Ghazoli: Christ, Mohammad and I, hrsg. von David W. Daniels, Ontario 2007, S. 48; Bint Al-Shati: The Wives of the Prophet (1971), S. 137

22 Malik: Wives of the Prophet (1977), S. 158; Sahîh-i Buhârî [Diyanet-Ausgabe], Band 2 (1985, 8. Aufl.), S. 306-307. Erklärung der Überlieferung 241 über den Krieg von Chaibar, bei der Safiyya als Kriegsbeute genommen wurde. Unter der Erklärung 3 wird über die Anfeindungen und Reaktionen in Mohammeds Harem berichtet.

23 İbn Sa'd: Tabakat Al-Kabir, Band 8, S. 31, 80; İbn Hanbal: Musnad, Kairo 1928, Band 6, S. 68

24 Siehe Wayne S. Vucunich: „Islam in the Balkans", in: Religion in the Middle East, hrsg. von A.J. Arberry, Cambridge 1969, S. 243

25 El Saadawi, Nawal: Tschador. Bremen 1980, S. 167-173; siehe auch die Meldung der Konrad-Adenauer-Stiftung vom 22.2.2000, www.kas.de/wf/de/33.2083/ (Zugriff 6.7.2011)

26 Das Wort *Mu'tezile* hat sich aus dem Wortstamm *i'tezele* herausgebildet und bedeutet: „die sich trennten". *Mu'tezile* ist eine anerkannte Richtung innerhalb des Islam, manche Islamhistoriker nennen diese Richtung die „Rationalisten".

27 Maryam Jameelah (Cemile): Modernism (1968), S. 138

28 Aischa Abd al-Rahman veröffentlichte unter dem Pseudonym bint al-Schati. Aişe Abd al-Rahman: Al-Qur'an wa-t Tafsir al-'Asrî. Kairo 1970, S. 57, 58

29 Demircan: Cinsel Hayat (1986), Band II, S. 186

30 Ā'iša 'abd al-Raḥmān [Bint al-Šāti']: The Wives of the Prophet. Lahore 1971, S. 201-203

31 Ameer Ali Syed: The Spirit of Islam. Calcutta 1902 / London 1922, S. 222

32 Laut Hazleton bis ins 16. Jahrhundert. Siehe Hazleton: Israeli Women (1977), S. 45

33 „Bis heute" meint hier das 20 Jahrhundert. [Die Vielehe ist im sephardischen und orientalischen Judentum nach wie vor theologisch erlaubt. Durch Einwanderung in Länder wie Frankreich oder Kanada, in denen die Vielehe verboten ist, ist sie *de facto* abgeschafft. Auch in Israel ist es sephardischen

Juden, die bei Einwanderung polygam lebten, erlaubt, die bereits geschlossenen Ehen aufrecht zu erhalten, nicht aber weitere neue Ehen zu schließen. Anm. d. Hrsg.]

34 [Siehe Deschner, Karlheinz: Kriminalgeschichte des Christentums. Reinbek 1994. Band 4. Dagobert I. hatte, neben mehreren Kebsen, drei Königinnen (S. 234), Charibert I. hatte drei Königinnen (S. 116). Anm. d. Hrsg.]

35 Siehe Goitein, S. D.: Juifs et Arabes. Paris 1975, S. 218

36 Ameer Ali Syed: The Spirit of Islam. London 2003, S. 224; Wuttke, Adolf: Handbuch der christlichen Sittenlehre. Oxford 1862, S. 468.

37 Ā'iša 'abd al-Raḥmān [Bint al-Šāti']: The Wives of the Prophet. Lahore 1971, S. 14

38 Ā'iša 'abd al-Raḥmān [Bint al-Šāti']: The Wives of the Prophet, S. 14 (vgl. Absatz 1)

39 Ā'iša 'abd al-Raḥmān [Bint al-Šāti']: The Wives of the Prophet, S. 14

40 Ā'iša 'abd al-Raḥmān [Bint al-Šāti']: The Wives of the Prophet, S. 14

41 Ā'iša 'abd al-Raḥmān [Bint al-Šāti']: The Wives of the Prophet, S. 14-15

42 Mernissi: Beyond the veil (1975), S. 19-20

43 Mernissi: Beyond the veil (1975), S. 20. Allerdings schreibt sie, dass er seine Hand nach ihr ausstreckte, sie aber antwortete: „Ich begebe mich unter den Schutz Gottes". Vgl. auch Tekin: Muhammed ve Kurmaylarının Hanımları (2001), S. 155.

44 Mernissi: Beyond the veil (1975), S. 20

45 Diese Überlieferung geht auf Abu Usaid zurück. Sahîh-i Buhârî [Diyanet-Ausgabe], Band 11 (1983, 7. Aufl.), S. 342-346, *hadis* 1832; vgl. Mernissi Beyond the veil (1975), S. 20; siehe auch Das Leben Mohammeds, 2 Bände, von 'Abd al-Malik Ibn Hishām / Muḥammad Ibn Isḥāq, übersetzt von Gustav Weil, Band I, Stuttgart 1864, S. 343

46 Taberi: Milletler (1966), Band 2, S. 844, 845; Tekin: Muhammed ve Kurmaylarının Hanımları (2001), S. 163

47 Taberi: Milletler (1966), Band 2, S. 848; Arif Tekin, Muhammed ve Kurmaylari, Istanbul 2001

48 Auch Müleyke soll eine junge und schöne Frau gewesen sein. Eine von den Frauen in Mohammeds Harem griff sie an: „Schämst du dich nicht, mit dem Mann, der deinen Vater tötete, zu schlafen?" Müleyke mied Mohammed fortan und so beschloss er, sich von ihr zu trennen. Taberi: Milletler (1966), Band 2, S. 688-689

49 Wie auch bei den Juden konnte die Frau in der vorislamischen Zeit einen Ehevertrag aufsetzen lassen, in dem festgelegt wurde, dass ihr Mann keine weiteren Frauen heiraten darf. Vgl. Christine Schirrmacher / Ursula Spuler-Stegemann: Frauen und die Scharia, München 2004, S. 81-82: „Der Ehevertrag ist für die Frau von so großer Bedeutung, weil er im Konfliktfall in ihrer Hand zu einem rechtlich verbindlichen Dokument wird, dessen einzelne Bestimmungen

sie gerichtlich einklagen kann, sofern ihr Mann dagegen verstößt. Auf der anderen Seite kann sie alles, was sie versäumt hat, in ihren Ehevertrag aufzunehmen, später kaum mehr einfordern (wie die Erlaubnis zur Scheidung, falls der Ehemann eine Zweitfrau hinzunehmen möchte)." [Das Recht, einen Ehevertrag aufzusetzen, in den sie die Bedingung aufnehmen kann, dass der Mann keine weitere Frau heiraten darf, hat die muslimische Frau heute noch. Der größte Teil der Frauen kennt ihre Rechte aber nicht bzw. wird bewusst nicht über ihre Rechte aufgeklärt. Anm. d. Hrsg.]

50 Abul-Faraj al Isfahani: Kitab al-aghani, Band XVI, Beirut 1909, S. 102

51 Mernissi: Beyond the veil (1975), S. 32

52 Diese Angriffe fanden in Form von 45 Raubüberfällen (arab. *ġazwa*) und 29 Kriegen statt.

53 Nach Mohammeds Tod wurden unter Umar zahlreiche Kriege geführt, die den Abfall einzelner Stämme vom Islam und Nichtbefolgung seines Gesetzes verhindern sollten. Diese Kriege werden Ridda-Kriege genannt (arab. *ridda*, Abfall vom Islam).

54 Taberi: Milletler (1966), Band 2, S. 500; vgl. Hatemü'l Enbiyâ: Hazreti Mohamed ve Hayati (Diyanet-Ausgabe). Istanbul o.J., S. 300-311, Abschnitt Verrat der Banu Quraiza; vgl. Sahîh-i Buhârî [Diyanet-Ausgabe], Band 2 (1985, 8. Aufl.), S. 407, und Sahîh-i Buhârî [Diyanet-Ausgabe], Band 10 (1985, 7. Aufl.), S. 225-228

Diyanet weist in seinem Kommentar auf die Sure Ahsab im Koran hin. Zudem habe Mohamed die Entscheidung, was mit den Gefangenen geschehen soll, an Sa'd ibn Muaz delegiert. Dieser beschloss, dass die Männer umgebracht, die Frauen und Kinder verteilt werden sollten. Mohammed habe Sa'ds Urteil gelobt. Sa'd starb später an einer Pfeilwunde. Mohammed behauptete, dies zuvor von Engeln erfahren zu haben. Zudem sollen 70.000 Engel, die zuvor nie auf der Erde waren, zum Begräbnis von Sa'd auf die Erde gekommen sein.

55 Ameer (Amir Ali): The Spirit of Islam. London 1922, S. 222; Malik: Wives of the Prophet (1977), S. 1, 3, 135

56 Ameer (Amir Ali): The Spirit of Islam. London 1922, S. 198; Malik: Wives of the Prophet (1977), S. 108, 145

57 L. Beck / N. Keddie (Hrsg.), Women in the Muslim world (1978), S. 568

58 Hüccetü'l İslâm Gazâlî: İhyâu 'ulûmi'd-dîn Tercümesi (1975), Band 3, S. 492. „Von eurer Welt sind mir drei Dinge lieb gemacht worden: schöne Frauen, der Wohlgeruch und das Gebet (das mir zum Augenlicht wurde)." Mit „das mir zum Augenlicht wurde" meint er sinnbildlich, dass es ihm sehr wichtig ist. Siehe auch Hüccetü'l İslâm Gazâlî: İhyâu 'ulûmi'd-dîn Tercümesi (1975), Band 2, S. 82, 83

59 Demircan: Cinsel Hayat (1986), Band II, S. 223. Beispiele für seine Selbstdarstellung sind auch folgende Textstellen: Mohammed: „Ich bin der fehlerloseste Araber. Das Volk des Paradieses wird mit dem Akzent des Resul-i

Ekrem sprechen." Gazali: İhyâu 'ulûmi'd-dîn Tercümesi (1975), Band 2, S. 881. „Wir haben dich mit Erlaubnis Gottes als einen Einlader [zum Islam] und als eine Leuchte, die (heiligen) Schein verbreitet, geschickt" Sure 33 (Al-Ahzāb), Vers 46, Kur'ân-ı Kerîm ve Agıklamalı Meâli [Koran und Kommentar]. Ankara 1993, Türkiye Diyanet Vakfi [Verlag des Diyanet]]. „und damit du (die Menschen) zu Gott rufest – mit seiner Erlaubnis – und (ihnen) eine helle Leuchte seiest" Sure 33 (Al-Ahzāb), Vers 46.

60 Sahîh-i Buhârî [Diyanet-Ausgabe], Band 1 (1984, 8. Aufl.), S. 209, *hadis* 192

61 Demircan: Cinsel Hayat (1986), Band II, S. 222; siehe auch Sahîh-i Buhârî [Diyanet-Ausgabe], Band 1 (1984, 8. Aufl.), S. 208-209

62 Sahîh-i Buhârî [Diyanet-Ausgabe], Band 11 (1983, 7. Aufl.), S. 362, *hadis* 1835

63 Demircan: Cinsel Hayat (1986), Band II, S. 224

64 Yaşar Nuri Öztürk: Kendi Dilinden Son Peygamber (Kırk Hadis Serhi) [Der letzte Prophet berichtet in eigenen Worten]. İstanbul 1984, S. 59-65; siehe auch Demircan: Cinsel Hayat (1986), Band II, S. 224

65 İbni Asakir, Ebül Kasım Ali b. Hasan: Tarih'ü Medinet-i Dımaşk, Beirut 1996, Band 3, S. 127 und Band 39, S. 40-45; Ahmet bin Muhammed Kastalânî: Mevahib-i Ledüni, Beirut 1996, Band 1, S. 394

66 Barrentrapp, Franz: Die heilige Schrift des Alten Testaments. Frankfurt a.M. 1827, Band 3, S. 456

67 Sahîh-i Buhârî [Diyanet-Ausgabe], Band 1 (1984, 8. Aufl.), S. 221, *hadis* 207; Demircan: Cinsel Hayat (1986), Band I, S. 219. Aischa sagte: Wenn eine seiner Frauen ihre Tage bekommt, befiehlt er ihr, einen breiten Unterrock anzuziehen, dann berührt er ihre Brüste." Sahîh-i Buhârî [Diyanet-Ausgabe], Band 1 (1984, 8. Aufl.), S. 222. Siehe auch Demircan: Cinsel Hayat (1986), Band I, S. 18-220 und Band II, S. 222, 223

68 Hüccetü'l İslâm Gazâlî: İhyâu 'ulûmi'd-dîn Tercümesi (1975), Band 2, S. 82 [*keşkeş* und *herise* ist ein arabisches Gericht aus Getreide und Hühnerfleisch. Anm. d. Hrsg.]

69 Demircan: Cinsel Hayat (1986), Band 2, S. 325

70 Hüccetü'l İslâm Gazâlî: İhyâu 'ulûmi'd-dîn Tercümesi (1975), Band 2, S. 80

71 Als Mohammed die Ähnlichkeit mit Hasan feststellte, war dieser jedoch noch ein Kind. Anscheinend hat ihm Gott mitgeteilt, dass Hasan dieselbe Begierde haben würde. Die Scharia-Anhänger dürften darüber nicht staunen, denn sie selbst bezeugen, dass Mohammed in ständigem Kontakt mit Gott sei und alles wisse und erfahre.

72 Hüccetü'l İslâm Gazâlî: İhyâu 'ulûmi'd-dîn Tercümesi (1975), Band 2, S. 80

73 Nach dem Vorbild Hasans wendeten noch viele weitere Männern diesen Trick an. Ghasali gibt als Beispiel Mugiyre b. Shu'be an, der 80 Frauen geheiratet hatte. Ghasali liefert keine weiteren Informationen über Mugiyre, aber er fügt hinzu, dass unter den Sahabe-i Kiram (d.h. Gläubige, die Mohammed noch

miterlebt haben), es wenige gab, die vier Frauen hatten. Es gab auch viele mit zwei Frauen.Ghasali schreibt: „Wenn die Krankheit klar ist, wird die Medizin dementsprechend sein. Da das Ziel die Befriedigung der Begierde ist, muss man sich dementsprechend verhalten und mehr oder weniger nehmen.“ [Gemeint sind mehr oder weniger Frauen, Anm. d. Hrsg.] (Siehe Gazâlî: Hüccetü'l İslâm Gazâlî: İhyâu 'ulûmi'd-dîn Tercümesi [1975], Band 2, S. 81.) Viele arabische Scheichs praktizieren diese Methode heute noch.

74 Siehe auch Sahîh-i Buhârî [Diyanet-Ausgabe], Band 11 (1983, 7. Aufl.), S. 313, *hadis* 1818; İmam Nevevî: Riyâzü's Sâlihîn, İstanbul 1974, S. 232 und 1023; Ibn Hanbal, Al-Musnad, Kairo 1313, Band 3, S. 80; İbrahim Canan'ın: Kütüb-i Sitte Muhtasarı ve Şerhi, Ankara 2010, Band 10, *hadis* 3300

75 Sahîh-i Buhârî [Diyanet-Ausgabe], Band 1 (1984, 8. Aufl.), S. 209, *hadis* 192

76 Ghazzali's book of Counsel for kings: Nasihat al-muluk, übersetzt von F.R.C. Bagley, London 1964, S. 33

77 Hüccetü'l İslâm Gazâlî: İhyâu 'ulûmi'd-dîn Tercümesi (1975), Band 2, S. 79

78 Die Überlieferung geht auf Ebû Saidi'l-Hudri zurück. Sahîh-i Buhârî [Diyanet-Ausgabe], Band 1 (1984, 8. Aufl.), S. 156, *hadis* 139

79 Überlieferung von Abdullah ibn Omar, eines der *sahaba* (Gefährten des Propheten), Siehe Hüccetü'l İslâm Gazâlî: İhyâu 'ulûmi'd-dîn Tercümesi (1975), Band 2, S. 79

80 Sahîh-i Buhârî [Diyanet-Ausgabe], Band 11 (1983, 7. Aufl.), S. 315; *hadis* 1820

81 Sahîh-i Buhârî [Diyanet-Ausgabe], Band 11 (1983, 7. Aufl.), S. 13, *hadis* 1665, Fußnote 1, und Band 4 (1985, 8. Aufl.), S. 601

82 Sahîh-i Buhârî [Diyanet-Ausgabe], Band 4 (1985, 8. Aufl.), S. 601-604, *hadis* 683

83 Sahîh-i Buhârî [Diyanet-Ausgabe], Band 5 (1984, 7. Aufl.), S. 165; Sahîh-i Buhârî [Diyanet-Ausgabe], Band 4 (1985, 8. Aufl.), S. 601: „Er beschwerte sich, dass der Aischa-Tag spät kommt.“

84 Hüccetü'l İslâm Gazâlî: İhyâu 'ulûmi'd-dîn Tercümesi (1975), Band 2, S. 126

85 Ibn Hischam: Sīrat Mohammed rasūlillāh (1971), S. 98-99 (auf Englisch: The Life of Muhammed, Ibn Ishaq's Siretu Resulillah, übersetzt von A. Guillaume, Oxford 1980)

86 İbn Sa'd: Tabakat Al-Kabir, Band 2, S. 2 (Das Werk enthält Biographien früher muslimischer Autoritäten); Hüccetü'l İslâm Gazâlî: İhyâu 'ulûmi'd-dîn Tercümesi (1975), Band 2, S. 79

87 Hüccetü'l İslâm Gazâlî: İhyâu 'ulûmi'd-dîn Tercümesi (1975), Band 2, S. 79

88 İbn Nefis, Er-Risaletü'l-Kâmiliyye fi's-sîreti'n-nebeviyye, Istanbul 1306 AH, S. 52; in englischer Übersetzung: Ibn Al Nafis: The Treatise Relating to Kamil on the Life History of the Prophet. The Theologus Autodidactus of Ibn al Nafis, Oxford 1968, S. 51-52

89 Die sexuelle Kraft wurde damals von der arabischen Bevölkerung gutgeheißen. Als befremdlich wurde aber empfunden, dass er seine Schwächen nicht so weit zügeln zu können, dass er nicht auf die Heirat mit der Frau seines Adoptivsohnes verzichten konnte.

90 Hüccetü'l İslâm Gazâlî: İhyâu 'ulûmi'd-dîn Tercümesi (1975), Band 2, S. 82, 83

91 Muhyiddin-i Arabi: Fusûs Ül-Hikem. İstanbul (1981), 5. Auflage, S. 226

92 Muhyiddin-i Arabi: Fusûs Ül-Hikem. İstanbul (1981), 5. Auflage, S. 226

93 [Der Pantheismus bezeichnet die Auffassung, Gott sei eins mit dem Kosmos und der Natur und damit auch im Inneren des Menschen zu finden. Die Formulierung „Liebe zur Menschheit und zu Gott" kommt aus der Vorstellung Arabis, dass alles Sein, auch das Sein, das in mir ist, Gott ist. Wenn du die Menschheit liebst, liebst du folglich auch Gott. Anm. d. Hrsg.]

94 Demircan: Cinsel Hayat (1986), Band II, S. 224

95 Makhlouf: Changing Veils (1979), S. 443

96 Abbott, Nabia: Aishah: the Beloved of Mohammed. Chicago 1942, Band 8 [Nabia Abbott wurde 1897 in der Türkei geboren. Sie bereiste schon als Kind den Nahen Osten, lebte in Indien und dem Irak, später in den USA. Hier wurde sie 1933 zum ersten weiblichen Fakultätsmitglied des „Oriental Institute of the University of Chicago". Die Orientalistin und Lehrerin für Altarabisch spezialisierte sich auf die Erforschung früher islamischer Papyri. Sie veröffentlichte sieben Bücher und zahlreiche Artikel. Anm. d. Hrsg.]

97 Haykal, Muhammad H.: Hayatu Muhammed [Das Leben Mohammeds]. Kairo 1965, S. 318

98 Yaşar Nuri Öztürk: Kendi Dilinden Son Peygamber, (Kırk Hadîs Şerhi) [Der letzte Prophet berichtet in eigenen Worten]. İstanbul 1984, S. 62 und andere [Öztürk ist mittlerweile Professor und Gründungsdekan der im Jahr 1992 an der Universität Istanbul neu eingerichteten Theologischen Fakultät, die unter Atatürk im Jahr 1924 an den Universitäten der Türkei sämtlich geschlossen wurden. Er hält Vorträge über Islamische Philosophie in den USA und Europa. Anm. d. Hrsg.]

99 Ameer (Amir Ali): The Spirit of Islam. London 1922, S. 222, 241; Parveen, Shaukat Ali: Status of Women in the Modern World. A Study in the Feminist Movement in Turkey, Egypt, Iran, Pakistan,. Lahore 1975, S. 71; Malik: Wives of the Prophet (1977), S. 3, 7 90, 135; Abdul-Rauf: Islamic View (1977), S. 119

100 Sure 23 (Al-Mu'minūn), Verse 5 und 6: „und sich des Geschlechtsverkehrs enthalten (ihre Scham bewahren) 6 außer gegenüber ihren Gattinnen, oder was sie an Sklavinnen besitzen". Siehe auch Sure 70 (Al-Ma'āriğ), Verse 29-30

101 Charney, Jean Paul: Islamic Culture and Socio-Economic Change. Leiden 1971, S. 66-68

102 Hüccetü'l İslâm Gazâlî: İhyâu 'ulûmi'd-dîn Tercümesi. İstanbul 1975, Band 2, S. 125

103 Sahîh-i Buhârî [Diyanet-Ausgabe], Band 11 (1983, 7. Aufl.), S. 153 (Wenn Mohammed zu Aischa statt zu anderen Frauen gehen wollte, bat er immer um Erlaubnis.)

104 Haykal, Muhammad H.: Hayat Muhammed. Kairo 1965, S. 310-318; Malik: Wives of the Prophet (1977), S. 4; Hatemü'l Enbiyâ: Hazreti Mohamed ve Hayati (Diyanet-Ausgabe). Istanbul o.J., S. 48

105 [Laut Islam haben Propheten die Aufgabe des tebliğ, d.h. sie erhalten Wissen vom Allmächtigen und geben den Menschen die Grundsätze der Religion weiter, die auf diesem Wissen beruhen. Diese Weitergabe wird tebliğ genannt.]

106 Demircan: Cinsel Hayat (1986), Band 2, S. 218-219

107 Demircan: Cinsel Hayat (1986), Band 2, S. 218-219

108 Demircan: Cinsel Hayat (1986), Band 2, S. 219

109 Diese Überlieferung geht auf Abu Hurayrah zurück, wurde übertragen von Al-Buchari und Muslim. Hüccetü'l İslâm Gazâlî: İhyâu 'ulûmi'd-dîn Tercümesi. İstanbul 1975, Band 2, S. 100

110 Taberi: Milletler (1966), Band 2, S. 834-835; İbn İshak: Siyer. Hrsg. von Muhammed Hamidullah, Istanbul 1988, S. 133; Malik: Wives of the Prophet (1977), S. 91

111 Durch diese Beutetouren sicherte er sein Einkommen. İbn İshak: Siyer (1988), S. 133

112 İbn İshak: Siyer (1988), S. 307; The Life and Religion of Mohammad, 1850, S. 80-84; Haykal, Muhammad H.: Hayatu Muhammed (1965), S. 312

113 Zur Person Waraqah siehe: Taberi: Milletler (1966), Band 2, S. 98; Sahîh-i Buhârî [Diyanet-Ausgabe], Band 1 (1984, 8. Aufl.), S. 12 und Band 4 (1985, 8. Aufl.), S. 545. [Waraqah ibn Nawfal ibn Assad soll ein Anhänger der Ebioniten gewesen sein, einer Sekte von Judenchristen. Ibn Hisham: The Life of Muhammad, 3. Aufl., Band 1, Teil 2, S. 73. Anm. d. Hrsg.] Bei Buchari, Band 1, S. 12, heißt es: „Hadidscha verließ dann mit ihm das Haus und ging zu Waraqa Ibn Naufal Ibn Asad Ibn 'Abdu-l-'Uzza Ibn Qusayy; er war der Sohn ihres Onkels väterlicherseits, der in der Dschahiliyya zum Christentum übertrat; er pflegte – solange es Allah wollte – aus dem Evangelium in arabischer Sprache abzuschreiben; er war ein Greis, der später erblindet ist. Hadidscha sagte zu ihm: 'O Sohn meines Onkels, höre von dem Sohn deines Bruders, was er sagt!' Waraqa sagte dann zu ihm: 'O Sohn meines Bruders, was bringst du mit?' Hier berichtete ihm der Prophet, Allahs Segen und Friede auf ihm, was er gesehen hatte."

114 Sahîh-i Buhârî [Diyanet-Ausgabe], Band 1 (1984, 8. Aufl.), S. 12; Haykal, Muhammad H.: Hayatu Muhammed (1965), S. 85

115 Haykal, Muhammad H.: Hayatu Muhammed (1965), S. 315

116 Haykal, Muhammad H.: Hayatu Muhammed (1965), S. 312-320; Ameer (Amir Ali): The Spirit of Islam. London 1922, S. 237-238 („diese Hochzeiten

sind entstanden, um die Harmonie zwischen den verfeindeten Stämmen herzustellen“); Rida, Tefsir al-Mansur, Kairo, 1305, Band 4, S. 370

117 Malik: Wives of the Prophet (1977), S. 134

118 [Beschrieben in Tekin, Arif: Muhammed ve Kurmaylarının Hanımları, Kaynak Verlag Istanbul 2001. Anm. d. Hrsg.]

119 Bint Al-Shati: The Wives of the Prophet Muhammad. Piscataway 2006, S. 78

120 Umar erklärt: „Nachdem ich meine Tochter mit dem Propheten verheiratet hatte, sagte Abu Bakr zu mir: ‘Umar, vermutlich bist du gekränkt, weil ich deine Frage mit Schweigen beantwortete.’ Ich sagte ja. Abu Bakr antwortete: ‘Ich hätte dir antworten können, aber ich hatte die Verantwortung, das Geheimnis vom Gesandten Gottes nicht zu verraten; hätte er deine Tochter nicht gewollt, so hätte ich sie geheiratet’.“ Taberi: Milletler (1966), Band 1, S. 462. Siehe auch Sahîh-i Buhârî [Diyanet-Ausgabe], Band 10 (1985, 7. Aufl.), S. 159, *hadis* 1571

121 Sahîh-i Buhârî [Diyanet-Ausgabe], Band 10 (1985, 7. Aufl.), S. 159, *hadi*s 1571

122 Taberi: Milletler (1966), Band 2, S. 595; Bint Al-Shati: The Wives of the Prophet Muhammad (2006), S. 190
Der Vergleich eines Mannes mit einem Bären, dem ein Ring durch die Nase gezogen und dann das Tanzen beigebracht wird, galt damals als üble Beleidigung. Abu Sufyan meint mit seinem Ausspruch, dass er nach niemandes Musik tanzt.

123 Umm Habiba wanderte mit ihrem Mann nach Abessinien aus, wo dieser starb. Mohammed habe ihr daraufhin seinen Heiratsantrag überbringen lassen. Scharia-Anhänger behaupten, dass ihr erster Mann das Christentum angenommen habe und sie sich deshalb von ihm getrennt habe. Vgl. Bint Al-Shati: The Wives of the Prophet Muhammad (2006), S.185-199

124 Taberi: Milletler (1966), Band 2, S. 595

125 Mernissi, Beyond the Veil (1975), S. 21; Sahîh-i Buhârî [Diyanet-Ausgabe], Band 2 (1985, 8. Aufl.), S. 305

126 Sahîh-i Buhârî [Diyanet-Ausgabe], Band 2 (1985, 8. Aufl.), S. 301-306; Dihye bekam dann die Cousine von Safiyya.

127 Mernissi: Beyond the veil (1975), S. 21; Sahîh-i Buhârî [Diyanet-Ausgabe], Band 2 (1985, 8. Aufl.), S. 306-307

128 Taberi: Tarih-Taberi Tercemesi. İstanbul 1981, Band 2, S. 451, Hier wird auch berichtet, wie Kinana ibn ar-Rabi', der Ehemann Safiyyas, mit Feuer gefoltert wurde, um zu erfahren, wo das Versteck des Schatzes der Banu Nadir sei.

129 Sahîh-i Buhârî [Diyanet-Ausgabe], Band 2 (1985, 8. Aufl.), S. 309

130 Taberi: Tarih-Taberi Tercemesi. İstanbul 1981, („er nahm sie und ließ ihren Mann unter den Sklaven zurück“); Band 2, S. 451

131 Malik: Wives of the Prophet (1977), S. 158

132 Haykal, Muhammad H.: Hayatu Muhammed (1965), S. 340

133 Sahîh-i Buhârî [Diyanet-Ausgabe], Band 7 (1984, 7. Aufl.), S. 453, 454. Siehe auch Islam Ansiklopedisi Band 8, S. 146 von Turan Dursun

134 Sahîh-i Buhârî [Diyanet-Ausgabe], Band 7 (1984, 7. Aufl.), S. 453, *hadis* 1117; vgl. Bint Al-Shati: The Wives of the Prophet Muhammad (2006), S. 165

135 Siehe hierzu auch Sure 4, Vers 3 und 25

136 Bint Al-Shati: The Wives of the Prophet Muhammad (2006), S. 15

137 A Modern Arabic Biographie of Muhammad, S. 115

138 Es ist bisher nicht geklärt, ob es sich bei Al-Muqawqis um den Namen oder um den Titel einer Person handelt, wahrscheinlich letzteres. Die *Encyclopedia of Islam* schreibt „the individual who plays the leading part on the side of the Copts and Creeks at the Conquest of Egypt". Bosworth / Donzel / Heinrichs / Pellat (Hrsg.): Encyclopedia of Islam. Bd. VII, Mif-Naz, Leiden 1983

139 Kumar Narayan: Mohamed the Prophet of Islam, University of California 1978

140 Es wird diskutiert, ob er zuerst Aischa oder Sauda geheiratet hat. Aischa und Sauda heiratet Mohammed fast zum gleichen Zeitpunkt. Aischa soll, als er Sauda heiratete, erst 6 Jahre alt und daher noch nicht fähig gewesen sein, Geschlechtsverkehr zu haben. Taberi: Milletler (1966), Band 2, S. 825

141 Taberi, Tarih, (Annals), Band 1, S. 1768; İbn Hacer, El İsabe (1873), Band 4, S. 691; İbn Hanbal: Al-Musnad, Band 6, S. 210
Um Mohammeds Schwäche für Kindfrauen zu relativieren, schreiben viele islamische Geschichtsbücher, dass Sauda und Mohammed bei der Heirat um die 50 Jahre alt Jahre gewesen seien. Das scheint übertrieben zu sein. Denn sie waren 13 Jahre verheiratet und Sauda überlebte Mohammed um 40 Jahre als Witwe. Demnach müsste sie 103 Jahre alt geworden sein. Das ist weder in irgendeinem Buch vermerkt, noch für jene Zeit glaubwürdig. (Dazu siehe auch Arif Tekin, Kura´an´da Kadin ve Hz. Muhammed´in Hanimlari, Berfin Verlag, Istanbul, 2010, S. 137/138)

142 Daher antwortete er auf den Heiratsantrag Mohammeds: „Sind wir nicht Geschwister? Wie kannst du dich mit der Tochter deines Bruders verheiraten?" Daraufhin sagte Mohammed: „Wir sind Brüder der Religion. Es besteht kein Hindernis, deine Tochter zu heiraten." Sahîh-i Buhârî [Diyanet-Ausgabe], Band 11 (1983, 7. Aufl.), S. 258, *hadis* 1790

143 Sahîh-i Buhârî [Diyanet-Ausgabe], Band 12 (ohne Jahr, 8. Aufl.), S. 69, *hadis* 1915

144 Es war Abu Bakr, der verbreitete, dass Mohammed ein Prophet sei und Wunder vollbringen würde. Deshalb bekam er den zusätzlichen Namen *siddik* [arab. *siddiq*], „der die Wahrheit bestätigende". Siehe Sahîh-i Buhârî [Diyanet-Ausgabe], Band 10 (1985, 7. Aufl.), S. 59-60, *hadi*s 1550

145 Malik: Wives of the Prophet (1977), S. 108

146 Hüccetü'l İslâm Gazâlî: İhyâu 'ulûmi'd-dîn Tercümesi (1975), Band 2, S. 126; Sahîh-i Buhârî [Diyanet-Ausgabe], Band 5 (1984, 7. Aufl.), S. 165

147 Sahîh-i Buhârî [Diyanet-Ausgabe], Band 11 (1983, 7. Aufl.), S. 261

148 Mohammed und die Anhänger der Scharia wollen den Menschen vermitteln, dass Gott Mohammeds Freund sei; dabei wird auf Sure 15, Vers 95 hingewiesen: „Wir genügen dir […] gegenüber den Spöttern". Gott könne zugunsten von Mohammed Wunder bewirken und ihm dadurch helfen, seine Feinde zu besiegen. So finden wir eine Stelle bei Ibn Ishaq, in der berichtet wird, dass Al-Esved Al-Muttalib bin Asad Abû Zem Mohammed verspottete, worauf dieser Gott anrief und sagte: „Mein Gott, blende diesen Mann und zeig ihm die Leiche seines Sohnes." Gabriel, der von Gott beauftragt ist, diese Aufgabe auszuführen, kommt auf die Erde und stellt sich zu Mohammed. Als Abû Zem an ihnen vorbeigeht, wirft Gabriel einen grünen Ast in dessen Gesicht, wodurch der Mann sofort erblindet. Nach einer Weile kommen die anderen Spötter vorbei und auch sie werden von dem grünen Ast geblendet. Und so werden alle vernichtet. So verwirklicht Gott Mohammeds Wunsch und unterstützt ihn.

149 Taberi: Milletler (1966), Band 2, S. 463

150 Sahîh-i Buhârî [Diyanet-Ausgabe], Band 2 (1985, 8. Aufl.), S. 306; Sahîh-i Buhârî [Diyanet-Ausgabe], Band 11 (1983, 7. Aufl.), S. 362-363. Siehe auch Abbott, Nabia: Aishah: the Beloved of Mohammed. Chicago 1942, S. 15-18; Ā'iša 'abd al-Raḥmān [Bint al-Šāti']: The Wives of the Prophet. Lahore 1971, S. 92-96

151 Hüccetü'l İslâm Gazâlî: İhyâu 'ulûmi'd-dîn Tercümesi (1975), Band 2, S. 43 Bedir verlag; Sahîh-i Buhârî [Diyanet-Ausgabe], Band 9 (1986, 9. Aufl.), S. 148, 149, *hadis* 1391

152 Sahîh-i Buhârî [Diyanet-Ausgabe], Band 8 (1984, 7. Aufl.), S. 17-20, *hadis* 1130

153 Hüccetü'l İslâm Gazâlî: İhyâu 'ulûmi'd-dîn Tercümesi (1975), Band 2, S. 114; Sahîh-i Buhârî [Diyanet-Ausgabe], Band 9 (1986, 9. Aufl.), S. 407

154 Sahîh-i Buhârî [Diyanet-Ausgabe], Band 8 (1984, 7. Aufl.), S. 21, *hadis* 1130

155 Aischa: „Ich war eifersüchtig auf Chadidscha, denn er lobte sie sehr." Sahîh-i Buhârî [Diyanet-Ausgabe], Band 11 (1983, 7. Aufl.), S. 288-289; siehe auch Nevevî: Riyâzü Sâlihîn (1974), S. 267, *hadis* 343

156 Sahîh-i Buhârî [Diyanet-Ausgabe], Band 10 (1985, 7. Aufl.), S. 32, 33, *hadis* 1538

157 Sahîh-i Buhârî [Diyanet-Ausgabe], Band 11 (1983, 7. Aufl.), S. 315, 316, *hadis* 1820

158 Sahîh-i Buhârî [Diyanet-Ausgabe], Band 1 (1984, 8. Aufl.), S. 91, *hadis* 78

159 Hüccetü'l İslâm Gazâlî: İhyâu 'ulûmi'd-dîn Tercümesi (1975), S. 2, S. 128

160 Taberi: Milletler (1966), Band 2, S. 530; Sahîh-i Buhârî [Diyanet-Ausgabe], Band 8 (1984, 7. Aufl.), S. 85, *hadis* 1151

161 Ein in Medina (damals noch Yathrib) ansässiger Stamm, der, wie die *Aws* auch, Mohammed, nachdem er Mekka verlassen hatte, aufnahm.

162 Sahîh-i Buhârî [Diyanet-Ausgabe], Band 8 (1984, 7. Aufl.), S. 91 [Diese Aussage befindet sich unter der Erklärung der Überlieferung 1151, die sehr lang ist, weil die islamischen „Gelehrten" sich sehr viel Mühe geben, um den Skandal um Aischa zu rechtfertigen. Anm. der Hrsg.]

163 Sahîh-i Buhârî [Diyanet-Ausgabe], Band 8 (1984, 7. Aufl.), S. 85, *hadis* 1151

164 Sahîh-i Buhârî [Diyanet-Ausgabe], Band 8 (1984, 7. Aufl.), S. 85. Siehe auch Taberi: Milletler (1966), Band 2, S. 533

165 Siehe zum Thema auch Sahîh-i Buhârî [Diyanet-Ausgabe], Band 8 (1984, 7. Aufl.), S. 73-95, *hadis* 1151

166 [Mohammed beschäftigte zeitweise einen Dichter, der den Islam preisen sollte, da Poesie bei den Arabern sehr beliebt war. Anm. d. Hrsg.]

167 Siehe für diese Überlieferung von Aischa Taberi: Milletler (1966), Band 2, S. 530-540

168 Sahîh-i Buhârî [Diyanet-Ausgabe], Band 10 (1985, 7. Aufl.), S. 80, *hadis* 1554

169 Sahîh-i Buhârî [Diyanet-Ausgabe], Band 2 (1985, 8. Aufl.), S. 311

170 Auch Müleyke soll eine junge und schöne Frau gewesen sein. Eine von den Frauen in Mohammeds Harem griff sie an: „Schämst du dich nicht, mit dem Mann, der deinen Vater tötete, zu schlafen?" Müleyke mied Mohammed fortan und so beschloss er, sich von ihr zu trennen. Taberi: Milletler (1966), Band 2, S. 688-689; Tekin, Muhammed ve Kurmaylarının Hanımları (2001), S. 146

171 siehe Ibn Hanbal: Al-Musnad, Band 6, S. 158; siehe auch Sahîh-i Buhârî [Diyanet-Ausgabe], Band 11 (1983, 7. Aufl.), S. 152, *hadis* 1721

172 Haykal, Muhammad H.: Hayatu Muhammed. Kairo (1965), S. 316-318; Amin, Mohammed: The Sayings of Prophet Muhammad. Lahore 1961, S. 7-11; Malik: Wives of the Prophet (1977), S. 117

173 Es gibt im Westen viele Autoren, die das Christentum, die Bibel und das Leben der Propheten wissenschaftlich untersuchen und kritisch beleuchten. Im 18. Jahrhundert war das Thomas Paine (1737-1809) in seinem Werk *The age of reason*. Siehe auch Graham, Lloyd: Deceptions and Myths of the Bible. Secaucus, N.J. 1979; Levy, Leonard: Treason Against God: a History of the Offense of Blasphemy. New York 1981; Russell, Bertrand: Why I am Not a Christian. London 1970.

174 The New York Times, 30.3.1970. [In Tansania gehören 30-40% der christlichen Religion und 35% der muslimischen Religion an, auf Sansibar sind es 98%. Es gibt außerdem zahlreiche Anhänger und Anhängerinnen der alten Stammesreligionen. Anm. d. Hrsg.]

175 Fāẓil-bey: Livre des femmes (1875), S. 122

176 Mansur-Cosar, Fatma: Women in Turkish society. In: L. Beck / N. Keddie (Hrsg.), Women in the Muslim world, 3. Aufl., Harvard University Press 1980, S. 127-128

177 Qasim Amin lehnt in diesem Buch Al-mar' ah al-ğadīdah (1901) die Polygamie und das Schleierverbot ab. Die Veröffentlichung dieses Buches löste einen Sturm der Entrüstung aus.

178 Khuda Bukhsh, Salahuddin: Essays Indian and Islamic. London 1912, S. 95

179 Abendanon, Jacques Henry: Kartini, Raden Adjeng: Letters of A Javanese Princess. New York, 1920, S. 17; zu Raden Adjeng Kartini siehe auch Rappaport, Helen: Encyclopedia of Women Social Reformers, Band I, S. 351

180 Nizâr Kabbani: Yevmiyyat İmre'a Lâ-Mubaliyya. Beirut 1969, S. 50. Qabbānī verdammte die Männer, die Frauen diskriminierten. Er feierte die Frau in seinen Werken wie eine Heilige und sagte, durch sie habe er Gott erfahren. Zur englischen Übersetzung seiner Gedichte siehe Loya, Arieh: Poetry as a Social Document: The Social Position of the Arab Woman as Reflected in the Poetry of Nizar Qabbani. In: The Muslim World, January 1973, S. 39-52; Arieh Loya: Poetry as a Social Document: The Social Position of the Arab Woman as Reflected in the Poetry of Nizâr Qabbânî. In: International Journal of Middle East Studies 6 (1975), S. 481-494

181 L. Beck / N. Keddie (Hrsg.), Women in the Muslim world, 3. Aufl., Harvard University Press 1980, S. 263

182 L. Beck / N. Keddie (Hrsg.), Women in the Muslim world, 3. Aufl., 1980, S. 58

183 L. Beck / N. Keddie (Hrsg.), Women in the Muslim world, 3. Aufl., 1980, S. 127-128

184 Hopkins, Harry: Egypt, the Crucible: The unfinished Revolution of the arab world. Boston 1959, S. 375. [Die Al-Azhar ist die berühmteste Universität der arabisch-islamischen Welt, ihre Gelehrten waren besonders angesehen. Anm. d. Hrsg.]

185 Mahmud, Sayyid Fayyaz: A Short History of Islam. Oxford University Press, Pakistan Branch 1960, S. 105

Talâk – Die Verstoßung der Frau als weitere Waffe der Versklavung

Eine der erbarmungslosesten rechtlichen Regelungen, die durch die Scharia eingeführt wurde, um die absolute Herrschaft des Mannes zu sichern, ein Instrument der Erpressung, um die Frau zum Gehorsam zu zwingen und sie gefügig zu machen, ist das System des *talâk* [arab. *ṭalāq*]. Die Scharia – als Gesetz Gottes als heilig und daher als unantastbar betrachtet –, gibt dem Ehemann das alleinige Recht, die Scheidung auszusprechen bzw. die Frau zu verstoßen, indem er das Wort *talâk* ausspricht. Gott habe dieses Recht den Frauen vorenthalten, um die gesellschaftliche Ordnung aufrechtzuerhalten.

Ein Teil der Rechtsgelehrten ist der Meinung, die Scharia schreibe vor, dass die Verstoßung erst dann volle Rechtsgültigkeit erhält, nachdem der Mann sie zum dritten Mal ausgesprochen hat; durch diese Regelung soll vermieden werden, dass eine im Affekt, im Zorn ausgerufene Verstoßung sofort Rechtsgültigkeit erlangt. (Auch diese rechtliche Regelung wird oft als Recht, als Schutz der Frau dargestellt, im Ganzen gesehen bedeuten die Regelungen zur Verstoßung der Frau selbstverständlich eine vollständige Entrechtung der Frau.) Auch dürfe der Mann das dreimalige *talâk* nicht auf einmal aussprechen – ihrer Ansicht nach müssen die Eheleute tatsächlich dreimal geschieden und danach wieder zusammen gekommen sein [jeweils ohne den Vollzug des Geschlechtsverkehr mit einem neuen Ehemann; siehe das Kapitel zur *hülle*, S. 355-357. Anm. d. Hrsg.]. Laut einer Überlieferung von Zübeyr und Ebû Seleme Ibn Abdurrahman berichtete Aischa jedoch, dass Mohammed gesagt habe, es reiche aus, wenn der Mann einmal ausspreche: „Ich habe dich dreimal geschieden" [arab. *aṭ-ṭalāq bi ṯa*lā*ṯ*]. Im *Sahih al-Buchari* gibt es ein Kapitel über diese Form der Scheidung, das heißt „Dreimal geschieden in einem Mal ausgesprochen".[1]

Die Regelungen des *talâk* sind in Sure 2, Al-Baqara (Die Kuh), Verse 226-233 zu finden. In Vers 231 lesen wir:

Sure 2, Al-Baqara (Die Kuh), Vers 231
Und wenn ihr Frauen entlaßt, und sie dann ihren Termin (d. h. das Ende der Wartezeit) erreichen, dann behaltet sie in rechtlicher Weise oder gebt sie in rechtlicher Weise frei!

Der Mann, der einer Frau den *talâk* aussprechen will, braucht sich nicht an ein Gericht zu wenden, er muss keinen Prozess gegen seine Frau anstrengen, er muss keinen Grund angeben; ohne jede Beweisführung, ohne die Zustimmung oder Erlaubnis irgendeiner offiziellen Stelle kann er seine Frau samt ihrer Habseligkeiten hinauswerfen. (Er muss nur die Wartezeit von vier Monaten beachten und darf die *mahr* und Geschenke, die er der Frau gemacht hat, nicht zurückverlangen.[2]) Es reicht bereits aus, dass sie ihm nicht gefällt, dass sie einen körperlichen Makel hat, dass sie zu alt geworden ist, sie ihm keine Lust mehr bereitet, dass sie ihm nicht gehorsam dient oder sie ihm aus irgendeinem anderen Grund leid wurde. Der Mann kann auch einfach behaupten, dass es einer dieser Gründe sei; da er sich wie Mohammed verhält, gilt dies als „gerechtes“ Verhalten und ist daher anerkannt und sogar angesehen. Dieses absolute und erbarmungslose Recht des Mannes, dieses Recht, das eigentlich nicht „Recht“ sondern „Waffe“ genannt werden müsste, schwebt über der Frau wie das Schwert des Damokles, und zwingt sie dazu, sich dem Despotismus ihres Mannes zu fügen.

Mohammed behauptet also, dass es Gottes Wille sei, dass der Mann alleine entscheidet und er allein, und durch nur ein Wort aus seinem Munde, das Wort *talâk*, die Verstoßung ausspricht; er muss dabei nicht einmal ein Gericht bemühen. Sollte man die Frage stellen, warum dieses Vorgehen Gottes Wille sei, dann ist es leicht, die Antwort in der Logik Mohammeds zu finden, in seiner Behauptung, Gott habe die Frau bei ihrer Schöpfung mit einem geringen Verstand und mit geringer Religiosität ausgestattet, und der Behauptung, dass der Mann eine Stufe über ihr stehe (Sure 2, Vers 228). Diese Logik Mohammeds finden wir dann auch in weiteren arabischen Quellen wie bei Ibn an-Nafis, der in seinem Werk *al-risāla al-kāmiliyya fi 'l-sīra al-nabawiyya* schreibt: „Das Recht zur Scheidung und die Befugnis zur Scheidung wurden demjenigen zuerkannt, der unter den Parteien das Schariarecht anwenden kann, denn es geht hier um die juristische Anwendung, diese hat nur der Ehemann.“[3]

Die Denker der Scharia, die sich mit diesem Thema auseinandersetzen, sind der Meinung, dass die Frau „*fitrat seriu 'l-infial*“, d. h. von ihrer

„natürlichen Veranlagung“ her eher von ihren Gefühlen geleitet ist. Sie ist schneller niedergeschlagen, schneller gekränkt und streitet daher schneller. Insbesondere während ihrer Menstruation und während der Schwangerschaft wird sie in ihren Gefühlen sehr viel intensiver. Ihre „Emotionalität“ beeinträchtige ihre Vernunft, daher würde sie, erkenne man der Frau das Recht auf Aussprechen des *talâk* zu, dieses Recht, insbesondere in ihren „sensiblen Zeiten“, ohne Sinn und Verstand anwenden und es so missbrauchen.

Voller „Weisheit“ wird in den Erläuterungen, die wir in der Ausgabe des *Sahih al-Buchari* des Diyanet finden, darauf hingewiesen, dass eine Scheidung die Ehre und *ismet* (ihre Verbundenheit mit den moralischen Regeln, ihre Ehrlichkeit und Reinheit, Sündenlosigkeit, Schuldlosigkeit) der Frau schwer schädige und dass es gefährlich für die Zukunft der Frau sei, wenn der Mann, um die Ehe zu annullieren, „an den Türen des Gerichts“ vorsprechen müsse. Denn so würde ihr die Gründung einer neuen Familie unmöglich gemacht und ihr die Zukunft genommen. Um all das zu verhindern, sei die Verstoßung (*talâk*), trotz all ihrer schlechten Seiten, in das islamische Recht aufgenommen worden.[4] Diese vollkommen unlogische Argumentation – die die angebliche Ehrverletzung der Frau durch eine solche Scheidung erst herbeiführt, um diesen Umstand dann zu benutzen und zu behaupten, dass das muslimische Recht die Frau vor dieser Ehrverletzung bewahre – beweist, dass es hier selbstverständlich nicht um eine Rücksichtnahme auf die Frau und um ihren Schutz geht. Es geht darum, die Herrschaft des Mannes über die Frau zu sichern, darum, dem *efendi*, dem „Herrn“ der Frau, die Schande des Gesichtsverlusts zu ersparen und darum, die Ordnung der Gesellschaft aufrechtzuerhalten. [Eine Frau, die sich scheiden lässt, ist ein schlechtes Beispiel für andere Frauen. Sie beweist zudem, dass es in Gesellschaften, die sich vom religiösen Recht gelöst haben, möglich ist, sich zu befreien. Eine solche Frau entzieht sich der sexuellen Kontrolle. Es passiert, dass einer Frau, die sich hat scheiden lassen und nun ein zweites Mal heiratet, um deutlich zu machen, dass sich eine Scheidung für eine Frau nicht gehört, ihre fehlende Jungfräulichkeit zum Vorwurf gemacht wird – egal wie selbstverständlich es ist, dass eine bereits verheiratet gewesene Frau keine Jungfrau mehr ist, und egal welchen Alters diese Frau ist. Anm. d. Hrsg.]

Es fällt schwer, sich der Logik des Scharia-Anhängers anzuschließen und zu denken, Gott in seiner Güte habe dies der Frau zugemutet. Um Gott zu unterstellen, eine solche Bestimmung, die kein gerecht und vernünftig denkender Mensch akzeptieren kann, gewollt zu haben, muss einem die

Idee Gottes absolut fremd sein. Und dies scheint dem Scharia-Anhänger zu entsprechen, typisch für ihn zu sein. Mohammed setzte in den Koran zwar einige Verse, die besagen, das Gott die Scheidung nicht befürwortet, und er ermahnt dazu, die Frauen bei der Scheidung gut zu behandeln, beziehungsweise die *mahr* nicht einzubehalten (Sure 4, Verse 19-20), aber das sind lediglich Ermahnungen, keine Rechte. Es ist sinnlos, einer Partei alle Rechte zu geben und die andere Partei, die Frau, mit guten Ratschlägen abspeisen zu wollen, die ihr keinerlei rechtliche Handhabe geben. Das ist nichts anderes als ein hinterlistiges Vorgehen; wer so vorgeht, will den Verstand der Frau, ihre Sicht auf das Unrecht vernebeln. Eine Macht, der nicht juristisch Grenzen gesetzt sind, mit guten Ratschlägen lenken zu wollen, das hat keinen Sinn.

Der Koran erlaubt dem Mann auch, eine Frau gegen eine andere einzutauschen („Und wenn ihr eine Gattin an Stelle einer anderen eintauschen wollt“, Sure 4, Vers 20), regelt aber nicht, unter welchen Bedingungen der Mann dieses Recht hat. Die Frau kann treu und sorgsam dienend sein, der Mann hat stets das Recht, ihr nach seinem eigenen Gutdünken den *talâk* auszusprechen, sie gegen eine jüngere auszutauschen. Auch in Mohammeds Leben hat es solche Fälle der Willkür gegeben: Er wollte sich nach acht Jahren Ehe von seiner Frau Sauda freisprechen, weil er sie „zu alt“ fand, und seiner Frau Ghaziyya bint Dschabir ibn Hakim sprach er aus demselben Grund bereits in der ersten Nacht den *talâk* aus, da er den Geschlechtsverkehr mit älteren Frauen als ungesund empfand.[5] Auch Mohammeds Nachfolger, die Kalifen, die stolz sind, ihre Aufgabe darin zu sehen, den Islam zu schützen, haben sich 1400 Jahre lang an ihrem „Ideal“ Mohammed orientiert und sich ihrer „zu alt“ gewordenen Frauen entledigt. Denn die Verstoßungsformel *talâk* hilft die Regelung zur Begrenzung der Zahl der Ehefrauen auf vier zu umgehen, eine Gesetzeslücke, die in muslimischen Ländern heute noch genutzt wird. Auch der Gründer des heutigen Saudi-Arabiens, König Abd al-Aziz ibn Saud (1880-1953)[6] – er zählte sich zu den direkten Nachfahren Mohammeds – sagte: „Frauen über vierzig nutzen mir nichts (im Harem). Sobald eine Frau vierzig Jahre alt wird, spreche ich den *talâk* aus.“[7]

Durch die Verstoßung verdammte Mohammed seine ehemaligen Frauen zu einem Leben in Einsamkeit, denn er schuf die Regel, dass die Frauen, die in seinem Harem waren, nach seinem Tod keinen anderen Mann heiraten durften.[8] Außerdem behauptete er, dass die Frauen, von denen er sich frei gesprochen hatte, nicht mit dem Status einer Prophetenfrau in das Paradies eingehen würden [seine Frauen werden im Paradies die gleichen

Vorrechte genießen wie Mohammed, Anm. d. Hrsg.], selbst dann nicht, wenn sie nach der Ehe mit ihm keinen anderen Mann geheiratet haben sollten. Wegen seiner Eitelkeit und seiner Stellung als Prophet konnte er den Gedanken nicht zulassen, dass er durch einen anderen ersetzt würde.

Es ist nicht glaubwürdig, wenn Mohammed einerseits erzählt, Gott lehne die Scheidung ab, er andererseits aber seine Frauen aus den nichtigsten Gründen verstieß und eine Regelung schuf, die es Männern ermöglicht, jederzeit die eine Frau durch eine andere zu ersetzen. Die einzigen „erschwerenden" Bedingungen, die dem Mann auferlegt wurden, sind die, dass er zu seiner Frau freundlich sein soll und dass er Geschenke, die er ihr gemacht hat (z. B. den in Sure 4, Vers 20 erwähnten qinṭār, bzw. die *mahr*), nicht zurückfordern kann (Sure 2, Vers 229). [Dieser Vers regelt allerdings auch, dass sich die Frau in dieser Phase unter bestimmten Bedingungen loskaufen kann, was bedeutet, dass sie die *mahr* und ihre Geschenke wieder abgeben muss (siehe unten). Anm. d. Hrsg.] Außerdem soll der Mann eine viermonatige Frist einhalten, während der er das Recht hat, seine Frau wieder zurückzunehmen (Sure 2, Verse 226-227; diese viermonatige Frist dient in erster Linie dazu festzustellen, ob die Frau von ihrem Mann schwanger ist). Zuletzt soll der Mann die Frauen nicht „aus Schikane" behalten (Sure 4, Vers 231).

Die muslimischen Gelehrten und die Gläubigen, die ihre Fähigkeit zu denken abgeschaltet zu haben scheinen, loben Mohammed für seine angeblich „guten" und „gerechten" Ratschläge – denn auch hier wird der Eindruck erweckt, dass es in dieser Angelegenheit gerecht zuginge. Am Ende und über allem steht allerdings der Mann:

Sure 2 (Al-Baqara), Vers 228
Die Frauen, die entlassen sind, sollen ihrerseits drei Perioden abwarten. Und es ist ihnen nicht erlaubt, zu verheimlichen, was (etwa) Gott (als Frucht der vorausgegangenen Ehe) in ihrem Schoß geschaffen hat, wenn (anders) sie an Gott und den jüngsten Tag glauben. Und ihre Gatten haben ohne weiteres das Recht, sie darin (d. h. während der Wartezeit) zurückzunehmen, wenn sie eine Aussöhnung herbeiführen wollen. Die Frauen haben [...] *dasselbe zu beanspruchen, wozu sie* [...] *verpflichtet sind* [...] *Und die Männer stehen (bei alledem) eine Stufe über ihnen.*

Die Gelehrten und Gläubigen übersehen, dass Mohammed die Scheidung der einseitigen Macht des Mannes überlässt, statt sie an ein unabhängiges Gericht zu übergeben. Sure 2, Vers 228 zeigt auch, dass der Mann nicht nur die Macht hat, die Frau zu verstoßen, innerhalb der Wartefrist von vier Monaten kann er seine Frau auch jederzeit wieder zurücknehmen, ohne dass er die Frau um ihr Einverständnis bitten müsste.

Auch wenn Mohammed den gut gemeinten Rat gibt, in der Angelegenheit der Scheidung gerecht zu verfahren, so hat der Mann durch einen juristischen Trick – nämlich die Scheidung mit einem der durch das Vorbild Mohammeds anerkannten Scheidungsgründe (z. B. einem Makel an ihrem Körper, Alter, Krankheit oder Verweigerung des Geschlechtsverkehrs) zu begründen – die Möglichkeit, die von ihm gegebenen Geschenke bzw. die *mahr* zurückzunehmen. Dies verführt den Mann dazu, die Frau unter irgendeinem der anerkannten Vorwände vor die Tür zu setzen.

Die einzige Möglichkeit, die die Frau hat, sich von einem ihr das Leben vergiftenden Mann zu befreien, ist die, sich von ihm mit einem gewissen Betrag freizukaufen:

Sure 2, Al-Baqara (Die Kuh), Vers 229
Wenn aber zu befürchten ist, daß die beiden (im Fall der Aufrechterhaltung der Ehegemeinschaft) die Gebote Gottes nicht einhalten werden, ist es für sie keine Sünde, wenn die Frau sich mit einem gewissen Betrag loskauft.

Im islamischen Recht wird diese Regelung *hul* [arab. *ḫul'*] genannt.[9] Das bedeutet, dass die Frau bei Gericht eine Klage gegen ihren Mann erheben und dann eine Summe zahlen muss, damit ihr Mann den *talâk*, die Verstoßung, ausspricht. Auch hier ist sie also noch ihrem Mann ausgeliefert, denn wie wir gesehen haben, hat allein er das Recht, den *talâk* auszusprechen. Einer Überlieferung von Abu Hurayrah können wir entnehmen, dass Mohammed die *hul*-Regelung durch seine Aussage „Frauen, die sich durch *hul* trennen möchten, sind Heuchlerinnen, sie säen Zwietracht" gegen die Frauen gewendet hat.[10] Somit wird der Wunsch der Frau nach Scheidung, auch wenn er begründet ist und sie sich freikaufen möchte, d.h. sie eine vereinbarte Summe an den (Ehe-) Mann bezahlt, als nicht richtig (unangebracht, irrig, falsch) hingestellt. [Beide Zuschreibungen sind in der muslimischen theologischen Terminologie eng mit der Vorstellung fehlenden Glaubens verbunden. Anm. d. Hrsg.] Im Falle der *hul* bleibt es dem Mann außerdem freigestellt, ob er den Wunsch der Frau akzeptiert oder ablehnt. Wenn der Mann die Scheidung annimmt, steht es ihm frei, die Summe festzulegen, welche die Frau zahlen muss.[11] Auch wenn empfohlen wird, dass der Mann den Betrag nicht zu hoch ansetzen bzw. er nicht über die Höhe des Betrages hinausgehen soll, den er seiner Frau bei Schließung der Ehe bezahlte [*mahr*], sind die Frauen meist nicht in der Lage, einen solchen Betrag zu zahlen. Es gibt für sie dann keinen Weg aus der Ehe und keinen Weg, ihrem ungeliebten Mann zu entfliehen.

Den Weg der *hul* zu gehen, ist auch nur den Frauen vorbehalten, die eine anerkannte Begründung vorweisen können. Diese Gründe sind zum einen fehlender Unterhalt, vor allem aber Gründe, die in Zusammenhang mit der Gefährdung der Fortpflanzung und dem Bestehen der Gemeinschaft stehen. So hat die Frau das „Recht", eine Scheidung zu erwirken, wenn der Mann sie „sexuell vernachlässigt", wenn er impotent [türk. *innetli*] oder geistig behindert ist oder wenn er an einer ansteckenden Krankheit leidet (z. B. Lepra).[12] Bei Annullierung der Ehe wegen Impotenz erkennt das Gericht oft ein Jahr Behandlungszeit für den Mann an und danach heißt es noch lange nicht, dass das Gericht eine Scheidung ausspricht. (Für den Mann hingegen reicht bereits die Tatsache, dass die Frau ihn sexuell nicht befriedigt, als Scheidungsgrund aus.) Ähnlich werden weitere sexuelle Makel wie *cübb* (*mecbûb*), *hisâ* (*hısalı*) oder *şekz* (*şekaz*) bei der Scheidung gehandhabt. *Cübb* bedeutet, dass der Mann kein Geschlechtsorgan hat; *hisa* bedeutet, dass der Mann zwar einen Penis hat, aber keine Hoden, wenn er aber einen Hoden besitzt, gilt das schon nicht mehr als Scheidungsgrund; *şekz* bedeutet, dass der Mann, bevor er den Penis in die Vagina einführt, einen Orgasmus bekommt und sein Penis schlaff wird. Kann der Penis allerdings in die Vagina eingeführt werden, bekommt der Mann jedoch keinen Orgasmus, gilt auch das nicht als Scheidungsgrund. Kein Scheidungsgrund ist auch die Misshandlung der Frau, denn dem Mann ist das Recht gegeben, seine Frau zu züchtigen. Die Frau muss sich selbst dann freikaufen, wenn ihr Mann sie erwiesenermaßen brutal misshandelt; und selbst dann ist es der Mann, der entscheidet, ob er die Trennung akzeptiert und den *talâk* ausspricht oder nicht. Eine Frau, die sich aus einem nicht anerkannten Grund scheiden lässt, ist verdammt. Mohammed: „Eine Frau, die sich scheiden lassen will, ohne eine Entschuldigung zu haben, wird niemals das Paradies erlangen. Das Paradies bleibt ihr ewig verschlossen."[13]

Wie Sie sehen, wird auch im Falle des Scheidungsrechts nur der Anschein erweckt, dass die Frau über Rechte verfüge. Und selbst die wenigen die Scheidung betreffenden rechtlichen Regelungen, auf die sich die Frau beziehen könnte, gibt es nicht in allen Rechtsschulen des Islams. Deswegen kann es nur als lächerlich bezeichnet werden, wenn behauptet wird, der Islam erkenne der Frau ein Recht auf Scheidung zu. Nein, das Recht auf Scheidung hat der Mann, nicht aber die Frau. Ihr Schicksal hängt von einem einzigen Wort aus seinem Mund ab, dem Wort *talâk*.

Die alle Bereiche des Lebens betreffende Unbarmherzigkeit der Scharia geht so weit, dass ein Mann allerdings auch dazu gezwungen werden kann, sich von seiner Frau zu scheiden, selbst wenn er seine Frau liebt, nämlich dann, wenn sein Vater mit seiner Schwiegertochter unzufrieden ist. Bei Al-Ghasali finden wir folgende Aussage: „Die Sympathie des Schwiegervaters steht über dem Familienrecht."[14] Einer Überlieferung zufolge, die wir bei At-Tirmidhi finden, sagt Abdullah Ibn Umar: „Ich liebte meine Frau, aber mein Vater mochte sie nicht und befahl mir, mich von ihr zu trennen. Als ich das dem Gesandten Gottes erzählte, sagte dieser: 'Oh Sohn Omars, spreche deiner Frau den *talâk* aus.' Ich habe mich sofort von ihr freigesprochen."[15] Der „große" islamische Denker Al-Ghasali kommt aufgrund dieser Überlieferung zu folgendem Schluss: „Eine Frau, die ihren Mann quält, die Menschen verletzt, die ihrem Mann nahe stehen, wird angesehen, als habe sie einen Mord verübt. So ist eine unmoralische und religionsschwache Frau."[16] Aber würde Gott wirklich wollen, dass die Sympathie der Schwiegerväter schwerer wiegt, als die Liebe der Eheleute? Diese Fragen müssten sich die Islamgelehrten und Denker wie Al-Ghasali stellen; stattdessen nahmen sie ein solches Missverhältnis als Selbstverständlichkeit hin. Was aber, wenn der Ehemann sich von seiner Frau, trotz ihres „schlechten" Charakters nicht trennen möchte? Bei At-Tabari ist überliefert, dass Mohammed behauptete, dass unter den Personen, von denen Gott die Gebete nicht annehme, auch die seien, die eine Frau mit schlechtem Charakter haben und sie wissentlich behalten, statt sich von ihr zu trennen.[17] Auf diese Weise wird ein Mann, der sich Gott zuwenden will, gezwungen, seine Frau im Stich zu lassen, seine Familie zu zerstören. Ist es nicht aufrichtiger und schöner, eine Zweisamkeit zu erhalten, in der die Menschen einander mitsamt ihrer negativen Seiten annehmen und sich möglicherweise deshalb zum Positiven ändern? Gibt es etwas Seltsameres, als einen solchen Mann zur Scheidung zu zwingen? Solche Männer werden der Ideologie Mohammeds geopfert, die besagt, „begegnet Bösem mit Bösem".[18] Es ist eine Frage der Freiheit, ob zwei Menschen auf ihren eigenen Wunsch verantworten wollen, zusammenzuleben. Im Grunde dürften hier weder Gott, noch Mohammed, noch die (Groß)-Familie etwas zu sagen haben. Warum sollten sich Andere einmischen dürfen, wenn ein Mann mit einer Frau leben möchte, die einen „schlechten Charakter" hat? Und nicht zuletzt stellt sich die Frage, was unter einem „schlechten Charakter" zu verstehen ist? Je nach den Einstellungen der Befragten werden wir entsprechende ganz unterschiedliche und widersprüchliche Antworten bekommen. So wird für den Scharia-Anhänger eine unverschleierte Frau einen „schlechten Charakter" haben, was jedoch für freiheitlich denkende Menschen nicht im Geringsten mit einer schlechten Veranlagung zu tun hat.

Eine ungewöhnliche Art der Wiederheirat oder: „*hülle* – wie man die Frau zwingt, mit einem anderen Mann zu schlafen"

Eine Frau, die verstoßen wurde, kann sich nach Ablauf der Wartezeit mit ihrem Mann nicht ohne Weiteres wieder versöhnen. Auch dann, wenn er die Verstoßung bereut und sie als Fehler betrachtet, kann er sich nur dann wieder mit seiner Frau verheiraten, wenn diese zuvor einen anderen Mann geheiratet hat, mit ihrem neuen Ehemann die Ehe durch einen Geschlechtsakt vollzogen hat und sie dann von diesem neuen Ehemann wieder verstoßen wurde. Nur wenn all diese Bedingungen erfüllt sind, kann die Frau wieder zu ihrem ehemaligen Mann zurückkehren. Dieses System wird *talâk-i selâse* oder *hülle* [arab. *muhallil*] genannt. Die *hülle* ist eine im höchsten Maße menschenverachtende und erbarmunglose Strafe für die Frau, für sie zutiefst beschämend und der härteste Schlag gegen die soziale Einheit der Familie überhaupt. Der Koran sagt Folgendes darüber:

Sure 2, Al-Baqara (Die Kuh), Vers 229 und 230
Die Entlassung […] *ist zweimal.* […] *Und wenn der Mann* […] *entläßt, ist sie ihm künftig nicht* […] *erlaubt, bevor sie nicht (etwa) einen anderen Gatten heiratet. Falls dieser sie entläßt, ist es keine Sünde für die beiden* […] *wieder zueinanderzukommen*

Aischa überliefert, dass ein Mann namens Rifa'a in Wut seine Frau Tamima bint Wahb verstieß, indem er sagte: „Ich habe dich dreimal geschieden". Er bereute seinen Schritt und auch Tamima bint Wahb wollte wieder zu ihrem Mann zurück. Sie heiratete Abdurrahman Ibn Zubayr. Um zu ihrem Mann zurückgehen zu können, musste sie jedoch mit ihm geschlafen haben. Sie ging zu Mohammed: „Gottes Gesandter! Rifa'a verstieß mich mit *talâk*. Dann habe ich Abdurrahman geheiratet. Aber die Männlichkeit von Abdurrahman ist wie dieses Kleid, das hängt. Er kann seiner Pflicht als Mann nicht nachkommen." Mohammed hörte ihr zu und antwortete: „Ich glaube, du willst wieder zu deinem ehemaligen Mann zurück. Aber das kannst du nicht, bevor du nicht den Honig von Abdurrahman und Abdurrahman deinen Honig geschmeckt hat."[19] Es gilt also als Gottes Gebot, dass die Frau mit ihrem neuen Mann geschlafen haben muss, bevor sie wieder zu ihrem alten Mann zurückkehren kann. Doch auch wenn ihr die Rückkehr auf diese Weise ermöglicht ist, ist es fraglich, ob das Ehepaar wieder glücklich sein kann, denn solch ein Vorgehen ist sowohl für die Frau als auch für den Mann abstoßend. Für diese Paare wird das Leben danach gewiss nicht einfach.

Seit Jahrhunderten behaupten die Islamgelehrten, dass dieses Scheidungssystem, die Begrenzung durch das dreimalige Aussprechen und durch die *hülle*, dem Schutz der Frau diene und gegen die Ausbeutung der Frau in der vorislamischen Zeit errichtet worden sei. Das *Amt für Religiöse Angelegenheiten der Türkei* (Diyanet) schreibt, ohne diese Behauptung zu belegen: „In der vorislamischen Zeit konnte der Mann seine Frau unzählige Male durch talâk verstoßen und wieder heiraten. Dies stand der Gründung und Führung einer glücklichen, stabilen Familie entgegen. Außerdem war es für die Frau eine Qual. Die Frau kam damit in eine sehr schlechte Lage.“[20] Diejenigen, die die *hülle* verteidigen, vertreten eine primitive Logik, eine „Logik der Wüste“, wenn sie der Meinung sind, dass die *hülle* eine leichtfertige Verstoßung der Ehefrau verhindere und die Scheidung erschwere, da der Mann an die Konsequenz der *hülle*, nämlich, dass seine Frau mit einem anderen Mann schlafen wird, denken werde. Die Leidtragende aber ist die Frau, da auch hier wieder mit ihr verfahren wird wie mit einem Stück Vieh, sie ohne ihren Willen zu beachten, ein weiteres Mal verheiratet und beschlafen wird. Die Strafe richtet sich eigentlich nur insofern gegen den Mann, weil er sich mit seiner gekränkten Eitelkeit herumplagen muss, mit dem Gedanken, dass ein Anderer seine Frau beschlafen hat. Am härtesten trifft die *hülle* jedoch die Frau, über deren Körper die Angelegenheit ausgetragen wird. Sie ist es, die die Voreiligkeit und Gedankenlosigkeit ihres Mannes ausbaden muss! Ganz davon abgesehen ist nicht bewiesen, dass die Frau in der Angelegenheit der Scheidung in der vorislamischen Zeit derart benachteiligt war, wie immer noch und häufig behauptet wird. Da die Frau durch den Islam in vielen Dingen ihrer Rechte beraubt wurde, ist anzunehmen, das sich ihre Situation auch hier eher verschlechtert hat.

In der Türkei werden Eheschließung und Scheidung zwar gemäß dem aus der Schweiz übernommenen Zivilrecht behandelt, aber es gibt immer noch Ehen, die nach religiösen Regeln und daher illegal geschlossen werden [im Gegensatz zu Deutschland, in dem die religiöse Eheschließung seit Januar 2009 wieder erlaubt ist, Anm. d. Hrsg.] und daher auch durch das dreimalige Aussprechen des Wortes *talâk* geschieden werden. Alle religiösen Scheidungen gehen vom Ehemann aus. Die religiöse Heirat ermöglicht es auch, dass der Mann sich mehrere Frauen nimmt.

Viele unter den 40 Ländern, die Anfang der 1990er Jahre als islamisch galten, erschwerten diese Art von Scheidung, aber nur drei unter ihnen haben sie verboten. Seit etwa 1950 haben einige arabische Länder wie Ägypten, der Irak, der Sudan, Jordanien und Marokko, um sich der modernen Welt anzupassen und die Scheidung durch den talâk zu erschweren, die tatsächlich dreimalige Verstoßung zur Voraussetzung gemacht [der Geschlechtsverkehr als Voraussetzung für eine Wiederaufname der Ehe, falls gewünscht, ist selbstverständlich erst nach dem dritten und endgültigen *talâk* vorgeschrieben, Anm. d. Hrsg.], im Gegensatz zum einmaligen Aussprechen des dreimaligen talâk. In Ägypten, Algerien, im Süden des Jemen und in Marokko wird die durch den Mann ausgesprochene Scheidung eingeschränkt und die Frau hat das Recht, die Scheidung durch ein Gericht zu beantragen. In Marokko muss es der Mann durch einen Notar bestätigen lassen, wenn er den *talâk* ausspricht. In Ägypten, Pakistan und Bangladesh haben die Frauen, wenn auch eingeschränkt, die Möglichkeit, die Scheidung zu beantragen. [Die Angaben beziehen sich auf die 80er Jahre des letzten Jahrhunderts. Anm. d. Hrsg.]

Doch das Absurde ist die *hülle* selbst, und dass die Frau mit einem anderen Mann schlafen muss, nur weil der Mann, oft aus völlig irrelevanten Gründen, die Scheidungsformel ausgesprochen hat. Im Endeffekt sind dies zwar rechtliche Regelungen, die sich auf die Frau beziehen, von Freiheit und Selbstbestimmung, gar von einer Gleichberechtigung der Frau, kann jedoch auf keinen Fall die Rede sein, denn das Recht zur Scheidung hat allein der Mann. Dazu kommt, dass viele Frauen, weil sie nicht über ihre Rechte aufgeklärt werden, auch nicht wissen, dass es in einigen Ländern Gesetzesänderungen gegeben hat, die das Recht der Männer in Scheidungsangelegenheiten einschränken. Sie bleiben bei diesen Männern aufgrund des sozialen Drucks, den Familie und Gesellschaft ausüben, oder auch weil sie kein Geld haben, um sich freizukaufen (*hul*).

Anmerkungen

1 Sahîh-i Buhârî [Diyanet-Ausgabe], Band 2 (1985, 8. Aufl.), S. 347-354 und Band 11 (1983, 7. Aufl.), S. 328-370, dieser Aspekt auf S. 347 und 352, *hadis* 1830-1840. [Siehe zur rechtlichen Diskussion um den einmalig ausgesprochenen dreimaligen talâk auch: Das / Ende / Glassen u. a. (Hrsg.): Mitteilungen zur Sozial- und Kulturgeschichte der islamischen Welt (MISK), Band 10: Steinberg, Guido: Religion und Staat in Saudi-Arabien, die wahabbitischen Gelehrten 1902-1953. Würzburg 2002, S. 310, 311. Anm. d. Hrsg.]

2 Sure 2 (Al-Baqara), Verse 226-233

3 İbnu'n al-Nafis: Er-risaletü'l Kamiliye, Fis's-Sirret'in Neberiyye, Istanbul 1306 AH, S. 35; in englischer Übersetzung: Ibn Al Nafis: The Treatise Relating to Kamil on the Life History of the Prophet. The Theologus Autodidactus of Ibn al Nafis, Oxford 1968, S. 62; Sahîh-i Buhârî [Diyanet-Ausgabe], Band 11 (1983, 7. Aufl.), S. 328, Einleitung für den Abschnitt *talâk*.

4 Sahîh-i Buhârî [Diyanet-Ausgabe], Band 11 (1983, 7. Aufl.), S. 328-329

5 Gazali, Nasihat-ül Mülk (Devlet Baskanlarina). İstanbul 1969, S. 135

6 Siehe den Artikel des ägyptischen Journalisten Youssef M. Ibrahim: Confrontation in the Gulf: Man in the News; The Exiled Emir: Sheik Jaber al-Ahmad al-Jaber al-Sabah, in: The New York Times, 26.9.1990; Lacey, Robert: The Kingdom: Arabia & The House of Sa'ud. New York 1983, S. 90

Der kuweitische Scheich Jaber al-Ahmad al Jaber al Subah heiratete bisher 40 Frauen, die ihm 70 Kinder gebaren, indem er fortwährend eine Frau verstößt, um eine weitere zu heiraten.

7 Lacey, Robert: The Kingdom: Arabia & The House of Sa'ud, S. 90

8 Sahîh-i Buhârî [Diyanet-Ausgabe], Band 11 (1983, 7. Aufl.), S. 153, *hadis* 1722. Diese Bestimmung erließ Mohammed, als er hörte, dass Talha ibn Übeydullah gesagt haben soll, dass er Aischa heiraten werde, wenn Mohammed stirbt. Siehe den Kommentar zu der oben genannten *hadis*, S. 154, Kommentar Nr. 3.

9 Siehe auch Al-Khatib: Miskatu'l-Mesabih (Überlieferung von Abu Hurayra), Lahore 1960, S. 695; Hüccetü'l İslâm Gazâlî: İhyâu 'ulûmi'd-dîn Tercümesi (1975), Band 2, S. 143 [Al-Ghasali stützt sich dabei auf Sure 2 (Al- Baqara), Vers 229. Anm. d. Hrsg.]

10 Hüccetü'l İslâm Gazâlî: İhyâu 'ulûmi'd-dîn Tercümesi (1975) Band 2, S. 144

11 Hüccetü'l İslâm Gazâlî: İhyâu 'ulûmi'd-dîn Tercümesi (1975), Band 2, S. 144 Der Mann kann auch mehr Geld fordern, als er bezahlt hat. Siehe hierzu Gazali, İhyâu 'ulûmi'd-dîn Tercümesi (1975), Band 2, S. 143

12 Demircan: Cinsel Hayat (1986), Band I, S. 293-295, 298, 301. Siehe auch Sahîh-i Buhârî [Diyanet-Ausgabe], Band 11 (1983, 7. Aufl.), S. 349-361

13 Sahîh-i Buhârî [Diyanet-Ausgabe], Band 11 (1983, 7. Aufl.), S. 329

14 Hüccetü'l İslâm Gazâlî: İhyâu 'ulûmi'd-dîn Tercümesi (1975), Band 2, S. 142

15 Hüccetü'l İslâm Gazâlî: İhyâu 'ulûmi'd-dîn Tercümesi (1975), Band 2, S. 143

16 Al-Ghasali fügt diesem Kommentar noch an: „Der Vater muss wie der Heilige Umar ibn al-Chattab sein. Er darf seine Schwiegertochter nicht aus nichtigen Gründen ablehnen. Eine Frau, die ihren Mann quält und die Verwandten ihres Mannes provoziert, gilt als Mörderin. So ist eine unmoralische und von der Religion her schwache Frau." Siehe Hüccetü'l İslâm Gazâlî: İhyâu 'ulûmi'd-dîn Tercümesi (1975), Band 2, S. 143

17 Sahîh-i Buhârî [Diyanet-Ausgabe], Band 7 (1984, 7. Aufl.), S. 299

18 [Im Sinne von „Vergeltet Gleiches mit Gleichem". Anm. d. Hrsg.] Es gibt Koranverse, die das Vergeben und Versöhnen befehlen und die aus der Zeit der mekkanischen Periode stammen, in der Mohammed noch keine Macht besaß.

Nachdem er seine Macht ausgebaut hatte, gab er Bestimmungen heraus, welche die Idee der Wiedervergeltung vorschrieben (z. B. in Sure 2, Verse 178-179: „Ihr Gläubigen! Bei Totschlag ist euch die Wiedervergeltung vorgeschrieben" und in Sure 42, Vers 40). Auch die Überlieferungen zeichnen vor allem das Bild eines kriegerischen und rachsüchtigen Mohammed.

19 Sahîh-i Buhârî [Diyanet-Ausgabe], Band 11 (1983, 7. Aufl.), S. 346, 347, *hadis* 1834; Al-Kâtib: Miskatu'l-Meshabih. Lahore 1960, S. 633-634

20 Sahîh-i Buhârî [Diyanet-Ausgabe], Band 11 (1983, 7. Aufl.), S. 350

Die meisten Insassen der Hölle sind Frauen

Die Lebenssituation der Frauen im Diesseits, die – von Brutalität und Gefühllosigkeit geprägt – schon als Hölle bezeichnet werden kann, reicht dem System der Scharia nicht aus: auch im Jenseits soll die Frau in Unglück und Verlassenheit leben. Mohammed machte keinen Hehl daraus, dass die Frauen als solche für ihn grundsätzlich zum „Volk der Hölle" gehören. Zwar könnten die Frauen ins Paradies eingehen, aber nur wenn sie ihren Männern gehorsame, dienstbare, eben „gute" Frauen gewesen sind. So gelingt es, die Frauen über ihre Angst vor der Hölle in eine Rolle zu zwingen, in der sie besser auszubeuten sind. Es ist überliefert, dass Mohammed sagte: „Ich habe die Hölle gesehen; ich sah, dass die meisten des Volks der Hölle Frauen waren."[1] Eine andere Überlieferung von Usama zitiert Mohammed: „Ich stand am Tor des Paradieses. Da sah ich, die meisten, die ins Paradies eintraten, waren in Armut Lebende [...] Danach stand ich am Höllentor, die meisten der Eintretenden waren Frauen."[2] Von Imran Ibn Husain ist überliefert, dass Mohammed sagte: „Ich habe in der Miraç-Nacht [die Nacht der Himmelsreise Mohammeds] in die Hölle geschaut. Die meisten in der Hölle waren Frauen."[3] [Die frauenfeindlichen Überlieferungen werden in den deutschen Übersetzungen der Hadis-Literatur oft nicht aufgeführt, um deutsche Frauen, die zum Islam übertreten wollen, nicht abzuschrecken. Anm. d. Hrsg.]

Laut Abu Sa'id, einem Zeitgenossen Mohammeds, hatte dieser anscheinend überhaupt keine Hemmungen, den Frauen, auch den gläubigen, seine Ansichten mitten ins Gesicht zu sagen. Warum aber kommen gläubige Musliminnen in die Hölle? Die Antwort lautet: Weil Frauen generell, von Geburt an böse, intrigant und verschlagen sind. Frauen sind ihren Männern ungehorsam, sie sind aggressiv, verdammen sie, beklagen sich bei ihnen und sind so undankbar, „kein Wesen kann sie darin überbieten",[4] eine andere Überlieferung lautet: „Die Frauen […] verfluchen ihre Ehemänner. Sogar die, denen du die Welt schenkst, wenn sie etwas sehen, das ihnen nicht gefällt, schimpfen sie: 'Ich habe nie etwas Gutes von dir erhalten'."[5] Frauen kommen in die Hölle, weil sie süchtig nach Schmuck und weltlichen Dingen sind, weil sie mit geringem Verstand und mit geringer Religiosität erschaffen und weil sie „Unruhe stiftend" [türk. *fitnecilik*] sind.[6] Und bei diesen in diesem Buch behandelten Zuschreibungen handelt es sich nur um einige wenige von denen, die sich in den Werken der „Gelehrten" und in den religiösen Lehrbüchern des Diyanet finden. Aber es ist nicht frauentypisch, „unruhestiftend" und „undankbar" zu sein. Würde man mit wissenschaftlichen Methoden forschen und einen Vergleich anstellen, dann käme sicher heraus, dass die Undankbaren, die Unruhestifter der Menschheitsgeschichte, historisch gesehen die Männer sind.

Natürlich ist von jemandem wie Mohammed, der Frauen grundsätzlich negativ beurteilte, nichts Positives zu erwarten. Die muslimischen „Gelehrten", die Theologen stützen sich auf sein Urteil über die Frau, sie behandeln diese Themen in seinem Sinne und verbreiten sie unter den Menschen.[7] Sie erklären, dass die Aussage Mohammeds, die meisten der Bewohner der Hölle seien Frauen, im Grunde keine Erniedrigung der Frau darstelle, sondern dass diese Aussage lediglich dazu diene, die Frauen „anzuspornen", sie zum Guten zu führen. Warum aber werden die Männer nicht auf die gleiche Weise „angespornt"? Seltsamerweise kommen diese „Gelehrten" auch nicht auf die Idee zu fragen: „Warum müssen die Frauen in die Hölle, wenn doch Gott alle Wesen so erschafft, wie er möchte und Gott selbst die Frauen mit geringer Intelligenz und mit geringem Glauben ausgestattet hat?" Wieso bestraft Gott die Frauen für die Eigenschaften, die er ihnen selbst gegeben hat? Mohammed selbst nahm folgenden Vers in den Koran auf:

Sure 6, Al-'An'ām (Das Vieh), Vers 125
Und wenn Gott einen rechtleiten will, weitet er ihm die Brust für den Islam. Wenn er aber einen irreführen will, macht er ihm die Brust eng und bedrückt […] *So legt Gott die Unreinheit auf diejenigen, die nicht glauben (so daß sie verstockt bleiben).*

Auch in Sure 5, Vers 41 wird gesagt, dass Gott bestimme, wer Muslim wird und wer nicht. Wenn Gott hierfür verantwortlich ist, warum straft er dann alle anderen, die nicht dazu bestimmt sind, Muslime zu sein, mit der Hölle? Diese Gedanken sind mit der Vorstellung von einem gerechten und erhabenen Gott nicht zu vereinbaren. Wenn tatsächlich Gott selbst die Frauen minderwertig erschaffen haben soll, nur um sie dann in die Hölle zu werfen, dann muss gesagt werden, dass dieser Gott voller Willkür und ungerecht ist.

Frauen kommen ins Paradies, wenn ihre Männer zufrieden sind

Sie werden sich sicher fragen: „Wird denn keine Frau ins Paradies gelangen?" Die Antwort lautet: Doch, aber um dorthin zu gelangen, muss sie vor allem ihren Ehemann zufriedenstellen, seine Begierde befriedigen und ihm absoluten Gehorsam leisten.

All diejenigen, die sich in der Geschichte mit der Behauptung, sie seien „Gesandter Gottes" hervortaten, drohten den Menschen mit der Hölle und lockten sie mit dem Paradiesversprechen. Einige islamische Gelehrte verweisen auf die Tatsache, dass die christlichen Päpste, um ihre reichen, naiven und gläubigen Anhänger auszubeuten, den Schlüssel zum Paradies verkauften. Sie sind der Meinung, dies zeige, dass der Islam der richtige Weg sei, und preisen ihn, weil er solche Methoden nie gebraucht habe. Man muss jedoch sagen, dass die Methoden vielleicht unterschiedlich gewesen sein mögen, die Absicht im Kern jedoch dieselbe ist. So wurde im Islam zwar nicht der Schlüssel zum Paradies verkauft, aber im Koran hat Mohammed, um seine Anhänger für Kriege zu gewinnen, um sie auf Menschen zu hetzen, die an etwas anderes glaubten, um sie zu Mord an ihm unliebsamen Personen anzustiften,[8] um sie einem ausweglosen Schicksal, wie einem Leben in Armut und Hunger, gefügig zu machen, für ihre „Bemühung auf dem Wege Allahs" unvergleichlich schöne Paradiese versprochen. Es sind sieben an der Zahl (Sure 23, Vers 86), eines prächtiger als das andere, genannt: das Paradies *Adn* [Eden], das Paradies *Naim*, das Paradies *Firdevs*, *İlliyun*, das erhabene Paradies, usw.[9] Mohammed hat seine Anhänger auf ähnliche Weise hinters Licht geführt und in einer der Überlieferungen legt er – vielleicht versehentlich – seine wahren Gedanken über die Menschen offen, die ihm glauben und die seinem Wunsch gemäß die Befehle Gottes und des Propheten wortwörtlich und in blindem Gehorsam befolgen, indem er sagt, dass die meisten im Paradies „naive", „einfältige" Menschen seien.[10] Al-Ghasali hat im vierten Band „İhyâu 'ulûmi'd-dîn Tercümesi" einen Abschnitt über die Armen und Bettler, die ins Paradies kommen. Natürlich geht es um muslimische und gläubige Bettler, die sich über ihre Armut im Diesseits nicht beklagen, da sie wissen, was sie im Jenseits erwartet.[11]

Mit dem Paradies belohnt werden diejenigen, die Gott in jedem Moment erwähnen, die den Befehlen Gottes und des Propheten gehorchen, die „geduldig" sind:

Sure 15, Al-Ḥiǧr, Vers 45
„Die Gottesfürchtigen dagegen befinden sich (dereinst) in Gärten und an Quellen."

Sure 14, ‚Ibrāhīm (Abraham), Vers 23
„Diejenigen aber, die glauben und tun, was recht ist, dürfen in Gärten eingehen, in deren Niederungen [...] *Bäche fließen"*

Sure 18, Al-Kahf (Die Höhle), Vers 30 und 31
„Diejenigen (aber) die glauben und tun, was recht ist, – diejenigen, die recht handeln, bringen wir nicht um ihren Lohn. 31 Ihnen werden (dereinst) die Gärten von Eden zuteil, in deren Niederungen [...] Bäche fließen. Sie sind (dann) darin mit Armringen aus Gold geschmückt und in grüne Gewänder aus Sundus- und Istabraq-Brokat gekleidet und liegen (behaglich) auf Ruhebetten – ein trefflicher Lohn und guter Ruheplatz!"

Ich möchte noch einmal betonen, mit denen „die glauben und tun, was recht ist" sind die dem Propheten und den Befehlen des Korans Hörigen gemeint, diejenigen, die der Auffassung sind, wer nicht blind gehorcht, der glaubt nicht. Es sind dieselben, die auf den Befehl des Propheten hin gegen die „Ungläubigen" kämpften und kämpfen, dieselben, die dem Befehl Gottes gehorchen, die „Götzendiener" zu töten:

Sure 9, At-Tawba (Die Buße), Vers 5
„dann tötet die Heiden, wo (immer) ihr sie findet, greift sie, umzingelt sie und lauert ihnen überall auf! Wenn sie sich aber bekehren, das Gebet verrichten und die Almosensteuer geben, dann laßt sie ihres Weges ziehen! Gott ist barmherzig und bereit zu vergeben."

[Die „Ungläubigen" waren also vor die Wahl gestellt, den Islam anzunehmen oder sterben zu müssen. Anm. d. Hrsg.]

Sure 9, At-Tawba (Die Buße), Vers 29
„Kämpft gegen diejenigen, die nicht an Gott und den jüngsten Tag glauben und nicht verbieten (oder: für verboten erklären), was Gott und sein Gesandter verboten haben, und nicht der wahren Religion angehören"

Muslimische Kalifen und Führer haben die Institution Religion immer für ihre Interessen genutzt und das Versprechen vom Paradies bewusst eingesetzt. Das wichtigste Ziel der Gläubigen wurde nicht die Liebe zu den Menschen, Friede und Brüderlichkeit im Diesseits, sondern das wichtigste Ziel der Gläubigen wurde das Paradies mit seinen zahlreichen materiellen Versprechungen, mit seinem Luxus, seiner Schönheit, seinen Huris, mit den Gaben Gottes, die hier in einer Fülle dargeboten werden, die die wenigsten im Diesseits bereits in normalem Maße genießen durften, ja auf die sie als geduldig ans Paradies Glaubende verzichteten, da es das ihnen von Gott gegebene Schicksal war, in Armut zu leben. Auch die Huris im Paradies wurden zum Ziel für die Gläubigen. Dafür taten sie alles, begingen jeden Mord, jede unmoralische Tat. Eines der letzten Beispiele ist der arabische Scheich Abd al-Aziz ibn Saud (1880-1953), der gegen den Sultan revoltierte, um „dem Kern" [dem Fundament] des Islams treu zu bleiben und Hunderttausende von Menschen dafür opferte. Er sagte: „Uns wurden im Paradies 40 Huris versprochen. Aber meine Hoffnung und Vermutung ist, dass Gott mir wegen meiner Dienste für den Islam einen noch größeren Anteil an schönen Huris geben wird."[12]

Das Paradiesversprechen, das Mohammed gab, um Menschen zum Mord an Andersgläubigen oder den sogenannten „Ungläubigen" zu bewegen, sie gehorsam zu machen, gab er auch im Falle der Frauen, um sie zu versklaven, um sie ihrem Ehemann untertänigst dienen zu lassen und um sie dazu zu bringen, ihn sexuell zu befriedigen. Er predigte, dass die Frauen, die Gott und dem Propheten folgen, belohnt werden. Daher gehört auch die folgende Stelle des Korans zu den ganz wenigen, in denen Männer und Frauen angesprochen werden:

Sure 33, Al-Ahzāb (Die Gruppen), Vers 35 und 36
Was muslimische Männer und Frauen sind, Männer und Frauen, die gläubig, die (Gott) demütig ergeben, die wahrhaftig, die geduldig, die bescheiden sind, die Almosen geben, die fasten, die darauf achten, daß ihre Scham bedeckt ist [...] *(w. die ihre Scham bewahren) und die Gottes ohne Unterlaß (w. viel) gedenken* [...] *Wer gegen Gott und seinen Gesandten widerspenstig ist, ist (damit vom rechten Weg) offensichtlich abgeirrt*

Auch in Sure 43, Vers 69 und 70, in Sure 57, Vers 12 und anderen wird Männern und Frauen, die gehorchen, das Paradies versprochen.

Über das Paradiesversprechen sicherte Mohammed auch die Fortpflanzung der Gläubigen, denn wer kleine Kinder hat, gehe auf jeden Fall ins Paradies ein. Mohammed: „Am jüngsten Tag bleiben die kleinen Kinder am Paradiestor hartnäckig stehen und sie sagen, ich gehe nur mit meiner Mutter und meinem Vater ins Paradies. Dann wird befohlen: Lasst seine Eltern auch ins Paradies."[13]

Al-Baidawi vertrat die Meinung, dass Frauen wie Männer allgemein an ihren guten Taten und ihren Sünden gemessen und dementsprechend entweder ins Paradies oder in die Hölle kommen würden. Die Mehrheit der muslimischen Denker und Interpreten aber vertrat die Meinung, dass allein das Verhalten der Frau ihrem Mann gegenüber bewertet werde und bestimme, ob sie ins Paradies eingehe. Sie belegten dies mit den Befehlen des Propheten und Gottes.[14] Laut Mohammed ist für Gott nämlich nicht der Glaube der Frau ausschlaggebend, wie man auch daran sehen kann, dass der Mann das Recht erhielt, der Frau das Gebet in der Moschee und das Fasten zu verbieten. Wichtig ist, dass sie ihren Mann zufriedenstellt, ihn befriedigt. Wenn sie das nicht tut, dann helfen ihr auch ihre Gebete und ihr Fasten nicht. Bei At-Tirmidhi und Ibn Madscha finden wir folgende Überlieferung von Umm Salama: „der Gesandte Allahs sagte: ‘Jede Frau, die stirbt, und ihr Mann war mit ihr zufrieden, kommt ins Paradies’."[15] Noch deutlicher ist die Überlieferung, die Sahih Ibn Hibban (gest. 965) von Abu Hurayra weitergibt: „Wenn die Frau ihrem Mann gehorcht, kommt sie ins Paradies." Al-Ghasali kommentiert diese Überlieferung: „Wie man sieht, hat der Gesandte Gottes die Gehorsamkeit der Frau gegenüber ihrem Ehemann in die Bestimmungen des Islams aufgenommen."[16] Zu den weiteren „Bestimmungen des Islams" und Bedingungen für die Aufnahme ins Paradies scheint auch zu zählen, dass die Frau ihrem Mann sexuell zur Verfügung zu stehen hat, sie sich ihm anbietet, auch wenn er seine Frau nicht gerecht behandelt: „Soll ich euch nahebringen, welche Frauen ins Paradies kommen werden? Das sind Frauen, die auch wenn sie eine Ungerechtigkeit von ihrem Ehemann erfahren, sagen ‘Ich werde nicht einschlafen, bevor ich dich zufriedengestellt habe’."[17] Zu guter Letzt verbot Mohammed der Frau auch die Scheidung, indem er ihr drohte: „Eine Frau, die ohne anerkannte Entschuldigung die Scheidung will, kann niemals ins Paradies."[18]

Ich fasse zusammen: Eine Frau muss, um ins Paradies gelangen zu können, Dankbarkeit gegenüber Gott und ihrem Mann zeigen, darf sich nicht beklagen. Sie muss ihrem Mann wie eine Sklavin dienen, ihm den Rücken für seine religiösen Pflichten freihalten, wobei sie auf die Ausübung ihrer eigenen religiösen Pflichten notfalls zu verzichten hat. Sie muss dem Mann jederzeit ihren Körper zur Verfügung stellen, damit er sich an ihr befriedigen kann. Eine Frau sollte niemals auf die Idee kommen, sich scheiden zu lassen; selbst wenn sie unter den Ungerechtigkeiten und der Gewalt ihres Mannes leidet, ist es ihr nur dann erlaubt, sich scheiden zu lassen, wenn sie einen „anerkannten Grund" vorbringen kann, wenn also der gesunde Fortbestand der Gemeinde gefährdet ist.

Für die Frau gilt es, zwei Bedingungen zu erfüllen: Erstens muss sie die religiöse Gebote Gottes befolgen, zweitens ihrem Ehemann gehorchen und dessen Willkür, der sie völlig ausgeliefert ist, ertragen. Wenn eine Frau diese Forderungen erfüllt hat, kommt sie ins Paradies. Und dann? Nehmen wir an, dass die Frau diese Hürden überwunden hat, dass sie all diese Mühen auf sich genommen, auf ein eigenes Leben verzichtet hat und endlich ins Paradies eingeht, selbst an diesem Ort, der für den Genuss und die Befriedigung der Lüste geschaffen worden ist, wird sie nicht glücklich sein, sondern leiden.

Das Paradies – Ort der Lust für Männer, Ort des Leids für Frauen

Es gibt nichts im Koran, was muslimische Männer mehr fasziniert, ja sexuell erregt, als die Beschreibung des Paradieses. Es ist deutlich zu erkennen, dass in den Versen ein Ort geschildert wird, der ein „ewiges Glück" bereit hält, das gänzlich auf den Geschmack, die Begierde und Lust der Männer abgestimmt ist. Am allerfaszinierendsten sind für die Männer jedoch die Beschreibungen der Huris, der Paradiesjungfrauen und „reinen Gattinnen".

Sure 55, Ar-Raḥmān, (Der Barmherzige), Verse 46-78

Denen aber, die den Stand ihres Herrn (d. h. ihren Herrn(?) […] *fürchten, werden (dereinst) Gärten* […] *zuteil.* […] *56 Darin* […] *befinden sich (auch), die Augen (sittsam) niedergeschlagen, weibliche Wesen, die vor ihnen (d. h. vor den (männlichen) Insassen des Paradieses, denen sie nunmehr als Gattinnen zugewiesen werden) weder Mensch noch Dschinn entjungfert hat* […] *Sie sind (so strahlend schön) wie wenn sie (aus) Hyazinth und Korallen wären* […] *Außer ihnen* […] *gibt es (noch andere) Gärten* […] *saftig grüne (w. schwärzliche) (Gärten)* […] *Darin sind stark sprudelnde Quellen* […] *Darin sind (auch köstliche Früchte und Palmen und Granatapfelbäume.* […] *Darin* […] *befinden sich (auch) gute und schöne weibliche Wesen.* […] *Huris, in den Zelten abgesperrt (so daß sie den Blikken von Fremden entzogen sind).* […] *(Weibliche Wesen) die vor ihnen (d. h. vor den (männlichen) Insassen des Paradieses, denen sie nunmehr als Gattinnen zugewiesen werden) weder Mensch noch Dschinn entjungfert hat* […] *Sie (d. h. die Frommen, die in das Paradies eingegangen sind) liegen (darin behaglich) auf grünen Decken(?) und schönen 'Abqarī-*

Teppichen. […] *Voller Segen ist der Name deines Herrn des Erhabenen und Ehrwürdigen.*

Sure 37, Aṣ-Ṣāffāt (Die in Reih und Glied stehen), Verse 42-48
und sie [die Diener Gottes] *werden ehrenvoll aufgenommen 43 in den Gärten der Wonne 44 (und sind) auf Ruhebetten (gelagert), einander gegenüber, 45 während man mit einem Becher (voll) von Quellwasser (zum Beimischen?) unter ihnen die Runde macht, 46 einem silbernen(?) (w. weißen), aus dem zu trinken ein Genuß ist, 47 bei dem es keinen Schwindel(?) gibt, und von dem sie nicht betrunken werden. 48 Und sie haben großäugige (Huris) bei sich, die Augen (sittsam) niedergeschlagen, 49 (unberührt) (oder: makellos), als ob sie wohlverwahrte Eier wären.*

Sure 56, Al-Wāqi'a (Das Ereignis), Verse 11-38
Sie sind es, die (Gott) nahestehen 12 in den Gärten der Wonne. […] *Auf golddurchwirkten(?) Ruhebetten 16 liegen sie (behaglich) einander gegenüber, 17 während ewig junge Knaben unter ihnen die Runde machen 18 mit Humpen und Kannen (voll Wein?) und einem Becher (voll) von Quellwasser* […] *19 (mit einem Getränk) von dem sie weder Kopfweh bekommen noch betrunken machen (Variante: werden), 20 und (mit allerlei) Früchten, was (immer) sie wünschen* […] *21 und Fleisch von Geflügel, wonach (immer) sie Lust haben. 22 Und großäugige Huris* […] *23 (in ihrer Schönheit) wohlverwahrten Perlen zu vergleichen. 24 (Dies) zum Lohn für das, was sie (in ihrem Erdenleben) getan haben. 25 Sie hören darin (d. h. in den Gärten der Wonne) kein (leeres) Gerede und keine Versündigung*[19] *26 sondern nur das (Gruß)- wort, Heil! Heil!* […] *Sie befinden sich an Zizyphusbäumen, die der Dornen entblößt sind, 29 und dicht (mit Laub) besetzten Akazien(?)* […] *30 in weit reichendem Schatten, 31 an Wasser, das sich (über das Erdreich) ergießt, 32 mit vielen Früchten, 33 (die sie) ununterbrochen und unbehindert (zu ihrer Verfügung haben), 34 und dick gepolsterten (w. erhöhten) Betten. 35 (Und Huris stehen zu ihren Diensten.) Wir haben sie regelrecht geschaffen (w. entstehen lassen) 36 und sie zu Jungfrauen gemacht, 37 heiß liebend und gleichaltrig 38 (eigens) für die von der Rechten.*

In Sure 78, Vers 33 werden den Männern „gleichaltrige (Huris) mit schwellenden Brüsten" versprochen. All diese, das Paradies beschreibenden Verse des Korans zeigen, dass sie, von der Anrede bis zu den dort geschilderten sexuellen Phantasien, den Mann ansprechen. Sie spiegeln die Wünsche und Phantasien von Bauern und Beduinen, von Männern, die ihr Leben in der

Hitze der Wüste verbringen und sich nach einer Frau, nach Wasser, Flüssen, nie versiegenden Quellen, nach schattenspendendem Grün sehnen.

Auch die Überlieferungen widmen sich der Beschreibung des Paradieses mit großer Aufmerksamkeit. Mohammed berichtet von insgesamt sieben Paradiesen. Jedes Paradies wird so beschrieben, dass jedem muslimischen Mann, der gerne isst und gerne seinen Begierden und seiner Lust am Genuss folgt, schwindlig wird. Das unbeschreibbar schönste aller Paradiese sei das im siebten Himmel gelegene Paradies İlliyun. In dieses Paradies gelangen nur diejenigen, die nicht allein ihre Gebete verrichtet haben und geduldig waren, sondern die sich auch mit „ihrem Gut und mit ihrem Blut", also mit ihrem Besitz und mit ihrem Leben [im Krieg, z. B. in Sure 4, Vers 95. Anm. d. Hrsg.] für Gott eingesetzt haben.

Den größten Erfolg in seinem Bestreben, seine Anhänger zu ihm blind gehorchenden und für ihn kämpfenden Untertanen zu machen, hatte Mohammed, indem er den Gläubigen unvergleichlich schöne und anziehende Huris versprach. Wahrscheinlich gab er sich deshalb solch eine Mühe, die Beschreibung dieser Paradiesjungfrauen so weit wie möglich zu übertreiben. Während die irdischen Frauen aus einer Rippe des Mannes erschaffen wurden, sind die Huris aus noch vorzüglicherem Material geformt. Laut einer Überlieferung von İbn Masu'd werden die Huris wie folgt beschrieben:

Von den Zehen bis zu den Knien sind die Huris aus „Safran", von den Knien bis zu ihrem Busen aus misk,[20] *von ihrem Busen bis zum Hals aus Bernstein, vom Hals bis zum Kopf aus kafur*[21] [...] *erschaffen. Ihre Haut ist so weiß und durchscheinend, dass man ihnen 70 Kleider anziehen könnte und dennoch würde man das Innere ihrer Knochen sehen. Jede von ihnen hat Betten aus Narzissen und über tausend Dienstboten. Auf der Brust einer jeden Huri steht einer der Namen Gottes und des Ehemannes, dem sie gehört. Außerdem bleiben sie ewig Jungfrauen. Egal wie oft sie mit ihrem Mann verkehrt haben, jedes Mal schützen sie ihre Jungfräulichkeit. Deshalb bekommen sie keine Menstruation.*[22] *Sie kennen keine Krankheiten, sie husten nicht, sie niesen nicht, sie spucken nicht, sie werden nicht wütend, sie benutzen keine Flüche oder schlechten Wörter, sie stören ihre Männer nicht, sie sagen nur Angenehmes und sie sagen: „Wir leben ewig; wir sterben nie; wir leiden nie, wir lassen nie leiden; wir kennen keine Krankheiten; wir gehorchen ausnahmslos, wir sind mit allem zufrieden und niemals aggressiv."*[23]

Um seine Gefolgschaft an sich zu binden, soll Mohammed auf die Frage eines Anhängers, ob es auch Geschlechtsverkehr im Paradies gebe, Folgendes erzählt haben:

Die Bewohner des Paradieses werden an jedem Tag mehr Potenz bekommen als siebzig von euch zusammen. Ein Mann im Paradies wird fünfhundert Huris, viertausend Jungfrauen und achttausend Witwen heiraten. Jedes Vergnügen mit einer dieser Frauen wird länger dauern als sein Leben im Diesseits. Die Huris (gurren) singen: „Wir sind die schönen Huris für gute Männer" und „Wir sind ewig hier, wir sind ewige Gabe. Wir leiden nie. Wir sind folgsam, niemals beleidigt. Frohe Botschaft dem, für den wir erschaffen sind." [24]

Mohammed begnügte sich nicht damit, seine Anhänger über Sex und Frauen an sich zu binden. Al-Buchari gibt den Dialog Gottes mit Moses, wie ihn Mohammed erzählte, weiter: Er machte Moses zu seinem Zeugen und erzählte, dass Moses einst Gott gefragt habe, was diejenigen bekämen, die für die unterste Stufe des Paradieses vorgesehen seien. Gott habe geantwortet:

Die Bewohner dieser Stufe werden eingelassen, wenn die Hölle und das Paradies bereits bewohnt sind. Ihm [dem Menschen] *wird befohlen: „Geh ins Paradies." Er wird antworten: „Erhabener Gott, alle haben ihre Plätze schon, wie kann noch etwas für mich da sein?" Gott: „Wirst du zufrieden sein mit sovielen Gütern, wie ein König auf Erden besaß?" „Ich bin einverstanden, großer Gott", wird der Mensch antworten. Gott: „Soviel wird dir gehören und nochmal soviel und nochmal soviel..." Bei der fünften Wiederholung ruft der Mensch: „Ja, ich bin einverstanden." Gott: „Das alles gehört dir und zehnmal mehr. Alles, was du begehrst, alles, was dein Auge sieht und mag, alles gehört dir." Daraufhin fragt Moses: „Und was erwartet den Menschen, der die höheren Stufen des Paradieses erreicht?" Doch Gott gibt keine Auskunft: „Das hat kein Auge je gesehen, kein Ohr gehört, noch ist es je ins Herz eines Menschen eingeleuchtet."* [25]

Die höchste Stufe bleibt der Phantasie der Menschen überlassen, doch die anderen Stufen werden beschrieben.

Die gehorsam glaubenden Männer werden bei Eintritt in das Paradies in grünen Seidenbrokat gekleidet und von Gott selbst mit diesen Huris vermählt werden (Sure 44, Vers 53 und 54 und Sure 76, Vers 21), um sich dann sexuell mit ihnen zu vereinigen. Mohammed beschreibt, dass jeder muslimische Mann im Paradies so viel sexuelle Kraft verliehen bekommt, dass er in einer Nacht mit Hunderten von Huris Geschlechtsverkehr haben kann.[26] Jeder muslimische Mann wird in einem Monat tausend Huris heiraten können und jedes Mal wird es eine Jungfrau sein, mit der er schläft. Bei jedem Geschlechtsverkehr mit einer Huri wird er das Gefühl haben, dass dieser 70 Jahre lang andauert. Die Frauen des Paradieses werden den gläubigen Männern einer Abstufung entsprechend zugeteilt werden. Die unterste Stufe erhält 80.000 Dienstmädchen und 72 Frauen. Die Zahl der Frauen erhöht sich je nach Einstufung ihrer Rechtgläubigkeit. Demircan schreibt: Zweiundsiebzig Frauen für den Mann des untersten Ranges! Sie werden, um Geschlechtsverkehr zu haben, ein Zelt bekommen, das so groß ist wie der Abstand zwischen San'a und Al Jabriya. [...] Der Gläubige im Paradies wird seine Frau bei jedem Geschlechtsverkehr als Jungfrau vorfinden. Sein Geschlechtsorgan wird nicht erlöschen. Seine Frau wird keinen Schmerz empfinden. Es gibt für beide keinen Orgasmus. Er wird plötzlich erinnert: „Wir wissen, du und deine Partnerin, ihr werdet dies nicht satt haben, aber du hast noch weitere Frauen." Deshalb wird er aufhören und mit jeder einzelnen seiner Frauen Geschlechtsverkehr haben. Die Frauen im Paradies sind verliebt in ihre Männer, sie sind schüchtern und voller Begehren, flüstern während des Liebesaktes Liebeslieder, sie werden won ihren Männern innig geliebt.[27]

Im *Sahih Al-Buchari* lesen wir: „Im Paradies hat jeder Frauen, deren Körper so fein und durchscheinend sind, dass man durch ihr Fleisch hindurch ihr Knochenmark sehen kann",[28] und dass die Huris „Augen wie Gazellen" haben und neu knospende Brüste, die „noch fest sind".[29] Im den Huris gewidmeten Abschnitt „Kitab El-Hûru'l-İyn", steht, dass sie „große schwarze Augen", und „volle Lippen" haben, „das Weiße ihrer Augen ist sehr weiß, und das Schwarze sehr schwarz". Mohammed sagte auch, dass diese Mädchen den Raum zwischen der Welt und dem Paradies erhellen und mit schönen Düften füllen. Sie sind so schön, dass man bei ihrem Anblick ständig in Staunen versetzt ist.[30]

Jungfräulichkeit, „Reinheit", „Sittsamkeit" sind auch im Paradies entscheidende Eigenschaften einer Frau und Teil des Schönheitsideals des muslimischen Mannes. In Sure 55, Vers 56 lesen wir, dass die Huris ihre Augen sittsam niederschlagen, dass weder Mensch noch Dschinn sie je berührt, entjungfert haben. In Sure 2, Vers 25 wird offenbart, dass die Männer im Paradies „gereinigte" Frauen erhalten; damit ist gemeint, dass diese Frauen keine Menstruation bekommen.[31] Nach jedem Verkehr wird sich die Huri in eine Ecke zurückziehen und dort geduldig auf ihren Mann warten und diese Ecke ohne die Erlaubnis ihres Mannes niemals verlassen. Sie wird niemals eifersüchtig sein, niemals Fragen stellen wie „Warum hast du mich warten lassen?“, mit denen sie ihrem Mann zur Last fällt. Schließlich bringt Omar die oben bereits erwähnte „himmlische“ Phantasie auf den Punkt, indem er zu seiner Frau sagt: „Du bist wie ein Spielzeug im Haus. Wenn wir dich brauchen, spielen wir mit dir. Ansonsten musst du in der Ecke stehen.“ [32]

Der gläubige Mann wird also, da es im Paradies das Phänomen „Schlaf“ nicht gibt, sein jenseitiges ewiges Leben damit verbringen, ständig mit seinen wunderschönen und stets jungfräulichen Huris Geschlechtsverkehr zu haben, von dem jeder sich so anfühlt, als würde er 70 Jahre andauern und mit ihnen Gelage feiern, auf denen er, egal wieviel er trinkt, niemals betrunken sein wird. Was für „paradiesische“ Zustände.

Die Huris als eigentliche Frauen der Männer

Schöne Jungfrauen, Wein, der nicht betrunken macht (Sure 56, Vers 19), was würde ein Mann nicht alles tun, um in ein solches Paradies zu gelangen? Aber was soll eine Frau mit solch einem Paradies anfangen, denn was ist für sie besonders attraktiv an einer Jungfrau? Wenn man die Beschreibungen im Koran liest, kann man das Paradies weder als „Mutter“, noch als „gute“, „nützliche“ Frau, noch als „Jungfrau“ als angenehm, gar Glück bringend empfinden. Den Frauen wird nichts den im vorherigen Kapitel genannten Versprechungen Entsprechendes angepriesen. Ihnen sind keine hübschen, gut gebauten, großäugigen, nie alternden Jünglinge versprochen, in deren Armen sie liegen können, die ihnen in die Augen blicken und dort jeden ihrer Wünsche ablesen, die ihnen jederzeit zur Verfügung stehen, um ihnen sexuellen Genuss zu bereiten, der 70 Jahre andauert.

Im Gegenteil, das Paradies wird für die Frauen zur Hölle, denn es ist sicher nicht paradiesisch zu nennen, wenn sie den Mann, den sie vielleicht liebten, den sie ein Leben lang hegten und pflegten, den sie in jeder Hinsicht, auch sexuell, zufrieden stellten, im Paradies beim 70 Jahre andauernden Geschlechtsverkehr mit den ihn umschlingenden Huris beobachten dürfen. Auch die Zahl der Frauen, mit denen sie ihren Mann teilen muss, wird weit höher sein als je auf Erden. Hinzu kommt die unübertreffbare Schönheit der Paradiesjungfrauen, mit der sich irdische Frauen nicht messen können. Auch wenn den Ehefrauen im Paradies ihre Jugend und Schönheit wiedergegeben wird, denn im Paradies gibt es kein Altern, werden laut Al-Baidawi und anderen islamischen Gelehrten die weltlichen Frauen mit den Huris nicht gleichrangig sein. Sie bleiben einer andere „Schicht“

zugehörig.[33] [Auch im Paradies gibt es Stände und Schichten, sind nicht alle Menschen gleich. Anm. d. Hrsg.] Ins Paradies zu kommen, dürfte die Ehefrauen also weder glücklich machen, noch wäre dies ein Lohn für die aufrechte Ausübung des Glaubens an Gott für sie. Ganz im Gegenteil, es wird eine Qual für die Frauen sein und sie werden dort mehr leiden als auf Erden. Deshalb dürfen Sie Aussagen wie „Geht mit euren Gattinnen ins Paradies ein und ergötzt euch" (Sure 43, Vers 70) nicht ernst nehmen. Falls in einem Vers von Gattinnen die Rede ist, dann sind damit nicht die weltlichen Ehefrauen gemeint, sondern die Huris, die mit den Männern von Gott persönlich vermählt wurden:

Sure 52, Aṭ-Ṭūr (Der Berg Tūr), Vers 19 und 20
(Zu ihnen wird gesagt:) 'Eßt und trinkt und laßt es euch wohl bekommen! (Ihr erhaltet dies alles zum Lohn) für das, was ihr (in eurem Erdenleben) getan habt.' 20 Sie liegen (behaglich) auf Ruhebetten, die in Reihen angeordnet sind. Und wir geben ihnen großäugige Huris als Gattinnen

Es wäre falsch, aus der Tatsache, dass im Koran auch an einigen wenigen Stellen von Gattinnen die Rede ist, zu schließen, das gemeinsame Eheleben werde dort und in erfreulicherer Weise fortgeführt. Nein, im Paradies warten auf den muslimischen Mann schon ungeduldig seine eigentlichen Frauen, die schon immer seine Frauen waren und immer seine Frauen sein werden: die Huris, die körperlich wie charakterlich in jeder Weise dem Schönheitsideal des Mannes entsprechen.

Die ganze und große Undankbarkeit dieses Systems zeigt sich, wenn man sich bewusst macht, dass all diese Gaben, all diese Schönheit, dem Mann im Grunde erst durch seine Ehe im Diesseits ermöglicht wurde. Denn wie bereits erwähnt, gibt es im Islam keine Ehe*partner* oder Lebens*gefährten* in der Ehe. Ehefrau und Ehemann sind nur für einen begrenzten Zeitraum, nämlich für die Dauer des diesseitigen Lebens auf der Erde zusammen, der Mann ist während dieser Zeit nur „Gast" seiner Frau. Diese hat ihn wie eine Sklavin zu bewirten, sich um alle lästigen und anstrengenden Arbeiten zu kümmern, bis er in das Paradies eingeht. Abu Sulaiman ad-Darani (gest. um 830) sagt: „Eine gute Frau befriedigt ihren Mann, erledigt die Hausarbeiten und andere Arbeiten, damit er in Ruhe seiner Pflicht als Untertan Gottes nachgehen und in Ruhe beten kann."[34] Denn es ist seine Ehefrau, die dafür sorgt, dass er keine ihn an seinen religiösen Pflichten hindernde Schmutzarbeit verrichten muss. Sie befriedigt sein Begehren, was ihn vor Ablenkung schützt, und so kann er sich voll und ganz dem Gebet und der Hingabe an Gott widmen. Nur so gelangt der Mann überhaupt ins Paradies, um dann dort seinen eigentlichen Frauen, den Huris, zugeführt zu werden. Dass die Ehefrauen nicht als die eigentlichen Frauen des Mannes angesehen werden, ist besonders demütigend. Sie müssen es sich sogar gefallen lassen, falls sie ihrem Mann nicht bedingungslos gehorchen, aus dem Paradies herab von den Huris, die schon während dieser Zeit auf ihre Männer achten, gescholten und zurechtgewiesen zu werden; sie rufen: „Gott soll dein Leben verwirken, quäle diesen Mann nicht. Denn er ist dein Gast auf Erden. Bald wird er dich verlassen, um sich mit uns zu vereinigen."[35] Es heißt: „Wenn die Frau auf Erden den Mann nicht zufriedenstellt, werden seine Frauen im Jenseits sie verdammen."[36]

Auch die islamischen Gelehrten zerbrachen sich den Kopf und diskutierten über die Frauen, die ins Paradies kommen. Werden sie, falls sie ins Paradies gelangen, hier ihrem Ehemann begegnen oder nicht? Welchem ihrer Männer würden Frauen, die mehrmals verheiratet waren, im Paradies begegnen, welchem Mann begegnet die wieder verheiratete Witwe? Auf diese überaus wichtigen Fragen konnten die islamischen Denker 1400 Jahre lang keine befriedigende Antwort finden. Einige behaupteten, sie würde den letzten Mann wiedertreffen. Wieder andere meinten, die Frau würde den Besten ihrer Ehemänner wiedertreffen. Der Philosoph Muhammad Ibn al-'Arabi (1165-1240) meinte, Gott habe der Frau das Recht zuerkannt zu wählen, mit welchen Mann sie im Paradies zusammen sein will.

In dem Werk „Mukhtasar al-Tazkirat al Qurtubi" des ägyptischen Imam Abd Al-Wahhab Al-Sharani (1491-1565) findet sich eine Überlieferung von Umm Habiba, einer der Frauen Mohammeds. Sie fragte Mohammed: „Mit wem wird eine zweimal verheiratete Frau im Paradies zusammenkommen, wenn alle drei ins Paradies gerufen werden? Mit dem ersten oder dem letzten Mann?" Diese intelligente Frage beantwortete Mohammed: „Sie wird den Mann treffen, der sie auf Erden besser behandelt hat."[37] Die Überlieferung geht nicht weiter auf Umm Habibas kluge Frage ein und es bleibt offen, was geschieht, wenn die Ehefrau von beiden Männern in gleicher Weise behandelt wurde. Schu'ab Al-Iman gibt eine Überlieferung weiter, nach der Mohammed gesagt haben soll, die Frau werde bei dem Mann im Paradies sein, mit dem sie zuletzt verheiratet war. Deshalb sagte Al-Iman seiner Frau oft, wenn du mit mir im Paradies sein willst, darfst du nach meinem Tod nicht wieder heiraten.

Mögen sich die Gelehrten den Kopf zerbrechen, im Grunde erleichtert keine der Lösungen die Situation der Frau wirklich und es wird, bei diesen vorteilhaften, um nicht zu sagen „paradiesischen" Bedingungen für den Mann, ohne Bedeutung sein, auf welchen Mann sie letztendlich trifft, da nicht sicher ist, ob dieser sie oder seine eigentlichen Frauen, die Huris, wählen wird. Und müsste man nicht hoffnungslos naiv sein, um anzunehmen, dass ein Mann sich bei dem, was ihm im Paradies geboten wird, für seine irdische Ehefrau entscheidet, die diese himmlischen Fähigkeiten niemals haben wird? Es ist nicht anzunehmen, dass er die paradiesischen Genüsse und die sexuellen Angebote nicht in Anspruch nehmen wird. Was hätte sonst die ganze Beschreibung und Anpreisung für einen Sinn?

Die Ehrung der Eltern: Die Mutter Mohammeds schmort in der Hölle

Muslime betonen die hohe Stellung der Mütter im Islam und geben als Beispiel die positive Darstellung von Maria im Islam. Der Respekt gegenüber den Eltern wird hoch gehandelt und es gibt Verse und auch Überlieferungen, in denen Mohammed befiehlt, die Eltern, „Mutter und Vater", anständig und gut zu behandeln:

Sure 46, Al-'Aḥqāf (Die Dünen), Vers 15
Und wir haben dem Menschen anbefohlen, gegen seine Eltern gut zu sein. Seine Mutter hat ihn […] *mit Widerwillen* […] *getragen und mit Widerwillen zur Welt gebracht. Und seit sie ihn* […] *getragen hat, bis zu seiner Entwöhnung waren (oder: sind) es (insgesamt) dreißig Monate*

Sure 17, Al-'Isrā' (Die nächtliche Reise), Vers 23 und 24
Und zu den Eltern (sollst du) gut sein. Wenn eines von ihnen (Vater oder Mutter) oder (alle) beide bei dir (im Haus) hochbetagt geworden (und mit den Schwächen des Greisenalters behaftet) sind, dann sag nicht 'Pfui' zu ihnen und fahr sie nicht an, sondern sprich ehrerbietig zu ihnen, 24 und senke für sie in Barmherzigkeit den Flügel der (Selbst)erniedrigung […] *und sag: 'Herr! Erbarm dich ihrer (ebenso mitleidig) wie sie mich aufgezogen haben, als ich klein (und hilflos) war!'*

Ob man den Eltern mit Anstand begegnen muss oder nicht, scheint aber auch davon abzuhängen, ob diese an Gott und seinen Gesandten glauben:

Sure 29, Al-'Ankabūt (Die Spinne), Vers 8
Und wir haben den Menschen anbefohlen, gegen seine Eltern gut zu sein. Wenn sie dich aber bedrängen, du sollest mir (in meiner Göttlichkeit) etwas beigesellen, wovon du kein Wissen hast, dann gehorche ihnen nicht!

Viele Gläubige behaupten, dass Mohammed der erste und der letzte Prophet gewesen sei, der himmlische Belohnung für den Respekt und die Verehrung der Eltern versprach. Dabei sind auch diese Behauptungen nicht haltbar; weder sind diese Aussagen gemacht worden, um die Mutter zu verehren, sie zu „heiligen", noch ist Mohammed der einzige Prophet oder „heilige Mann", der dies forderte. Alle Propheten vor Mohammed, von Abraham bis Jesus, machten ähnliche Aussagen. Sogar Buddha, von dem man annimmt, dass er etwa 800 Jahre vor Mohammed gelebt hat, äußerte sich zum Thema und seine Aussagen über die Behandlung der Eltern sind wesentlich herzlicher und liebevoller.[38] Auch Elijah Muhammad (1897-1975), der Nachfolger von Wallace Fard[39], dem Gründers der *Nation of Islam*, predigte, die Eltern sollten respektiert und verehrt werden – und zwar 1300 Jahre nach Mohammed. Mohammed war also weder der erste noch der letzte Prophet und Verkünder des Islams, der dies predigte. Abgesehen davon muss man nicht Prophet sein, um zu verstehen, dass man seine Eltern anständig behandeln sollte.

Mohammed selbst blieb dieses Gefühl jedoch fremd. Er sprach nie über seine Mutter Amina bint Wahb und seinen Vater Abdallah, während er die Eltern anderer Propheten erwähnte. Er sagte, dass Gott die Verehrung der Mutter von Jesus und der Mutter von Moses wünsche und behauptete sogar, dass Gott die Herzen der vorislamischen Königinnen, z. B. das der Königin von Saba[40] oder das Asiyas, der Frau des Pharaos, geöffnet und sie so zu Musliminnen gemacht habe. Seiner eigenen Mutter ließ er keine solche Ehre zuteil werden. Ganz im Gegenteil, er behauptete, dass Gott ihm untersagt habe, eine Fürbitte für sie zu sprechen. Arabischen Quellen zufolge liegt die Ursache hierfür darin, dass seine Eltern als „Ungläubige", sein Vater als „Götzenanbeter",[41] seine Mutter eventuell als Jüdin,[42] gestorben sind. Aus demselben Grund vermied Mohammed es, für die Menschen zu beten, die ihn nach dem Tod seiner Eltern großgezogen hatten, wie sein Großvater Abd al-Muttalib und sein Onkel Abu Talib, der sich bis zum Schluss weigerte, den Islam anzunehmen, sowie seine Amme.

Quellen wie das Werk „Das Buch der Klassen" von Ibn Sa'd (gest. 845) oder „Lichter der Offenbarung und Geheimnisse der Deutung" [Anwār at-tanzīl wa-asrār at-ta'wīl] bestätigen, dass Mohammed nach der Eroberung von Mekka zwar das Grab seiner Muter besuchte, aber nicht für sie betete. Gott habe es ihm verboten, war seine Erklärung und er offenbarte Verse, die auch den anderen Gläubigen verboten, für ihre nichtmuslimischen Verwandten zu bitten. Viele Menschen hatten damals jüdische oder „heidnische" Eltern oder Großeltern und für sie war das eine harte Bestimmung.

Sure 9, At-Tawba (Die Buße), Vers 113
Der Prophet und diejenigen, die glauben, dürfen (Gott) nicht für die Heiden um Vergebung bitten – auch (nicht), wenn es Verwandte [...] *sein sollten –, nachdem ihnen (endgültig) klar geworden ist, daß sie* [...] *Insassen des Höllenbrandes sein werden.*

Einige Scharia-Anhänger meinen zwar, dass sich diese Offenbarung auf Abu Talib, den Onkel Mohammeds bezieht, aber sichere Quellen wie Al-Baidawi sagen, dass es hier um Mohammeds Mutter Amina geht.[43] Im „Buch der Klassen" schreibt Ibn Sa'd also Folgendes:

(Gottes Gesandter) besuchte das verwilderte Grab seiner Mutter. Das Volk stand um ihn herum. Er sagte weinend: „Das ist das Grab meiner Mutter. Ich habe Gott um Erlaubnis gebeten, dieses Grab zu besuchen. Gott erlaubte mir diesen Besuch. Als ich ihn aber um Erlaubnis bat, für sie eine Fürbitte zu sprechen [*mağfiret*, bedeutet von Gott zu erbitten, dass dieser Person alle Sünden erlassen werden und dass er/sie ins Paradies berufen wird], *erlaubte mir Gott das nicht.*[44]

Vielleicht werden Sie sich nach dem Lesen dieser Zeilen erstaunt fragen, ist das möglich? Warum kann ein Prophet, der gesagt haben soll „Das Paradies liegt unter den Füßen der Mütter", sich nicht für seine leibliche Mutter einsetzen und die Fürbitte um die Vergebung ihrer Sünden vortragen, nicht zuletzt, um anderen ein Vorbild zu sein? Warum sollte Gott ihm verbieten, für sie zu beten? Es ist unmöglich, darauf eine logische Antwort zu finden. Es sei denn, Sie wissen, was Intoleranz im Islam bedeuten kann. In diesem Fall aber können Sie keine positive Haltung gegenüber dem Islam und Gott haben.

Bekanntlich starb Mohammeds Vater Abdallah, noch bevor Mohammed auf die Welt kam, und seine Mutter, als Mohammed erst sechs Jahre alt war. Beide starben also, ohne je die Chance gehabt zu haben, etwas vom Islam auch nur erahnen zu können. Die Scharia-Anhänger mögen es nicht, wenn solche Dinge diskutiert werden, sie erinnern daran, dass man „schweigen und innehalten" solle. Der Gelehrte Umar ibn Ali al-Fâkihânî (gest. 734), der bekannte Autor von „Fecr-i Münîr", sagt, dass nur Gott der Erhabene alles wisse. Andere meinen, dass kein Muslim über die Eltern des Propheten eine Aussage treffen dürfe und es deshalb nicht angebracht sei, darüber zu sprechen. [All diese Aussagen beziehen sich auf das Gebot, den Islam nicht zu hinterfragen, bedingungslos zu glauben, Unlogisches nicht zu diskutieren. Wer es doch tut, offenbart, den Glauben (Iman) nicht wirklich verinnerlicht zu haben, gilt als ungläubig. Anm. d. Hrsg.]

Für die radikaleren Scharia-Anhänger ist der Gedanke, dass die Eltern ihres „Heiligen" Mohammed „Götzenanbeter", „Ungläubige" gewesen sein könnten, unerträglich. Sie werfen allen, die am Glauben von Mohammeds Eltern zweifeln, vor, selbst Ungläubige und Leugner zu sein. Auch Hulvânî (gest. 1064), der Autor von „Mevâkib", gehört zu dieser Gruppe und er schreibt, dass es eine große Qual für den Propheten sei, wenn seine Eltern so beschimpft werden, und man am Verstand desjenigen zweifeln müsse. Eine solche Aussage würde Unglauben [türk. *kûfr*, wörtlich „Undankbarkeit"] bedeuten.[45] Andere Autoren, wie auch Dschalal ad-Din as-Suyuti (1445-1505), behaupten einfach, dass die Eltern von Mohammed im Paradies wären.

Auch die Theorie, dass Mohammeds Eltern jüdischen Glaubens gewesen sein könnten, wird von Muslimen teilweise abgelehnt, und um dies zu untermauern, gelogen, „dass sich die Balken biegen": Es wird behauptet, dass die Mekkaner gar keine andere Religion [keinen Monotheismus, Anm. d. Hrsg.] gekannt hätten, dass alle Araber „Götzendiener" gewesen seien, an ihre Traditionen gebunden und nie neugierig auf andere Religionen; auch das Judentum sei nie von Medina nach Mekka übertragen worden. Amina sei nie nach Medina gegangen, wo die Juden lebten, mehr noch, sie sei nie aus dem Haus gegangen. Auch Abdallah, der Vater Mohammeds, sei nie mit dem Judentum in Berührung gekommen und nur, um dort Datteln zu pflücken, ein paar Tage nach Medina gegangen, wo er dann auch starb. Die Bevölkerung von Mekka könne man in der Zeit, die zwischen Jesus und Mohammed liegt, in drei Gruppen teilen: Ein Teil hätte an die Einheit Gottes geglaubt [Anhänger des Islams und des reinen Monotheismus, Anm. d. Hrsg.], der andere Teil nahm den Polytheismus an und betrieb „Götzendienst" und der dritte Teil der Bevölkerung hätte sich in „Gedankenlosigkeit", „Irrsinn" [gemeint ist die gänzliche Abkehr vom Glauben, Anm. d. Hrsg.] verirrt. Die Eltern von Mohammed aber seien nie Gottesleugner gewesen.[46] Damit wollen diese Autoren betonen, dass Mohammeds Eltern nie Kontakt zu Juden und Christen gehabt und auch keine andere Religion als den Islam anerkannt hätten. Um ihre Behauptung, Mohammeds Eltern seien schon immer Muslime gewesen, zu untermauern, verweisen die radikaleren Anhänger der Scharia auf die Äußerung Mohammeds, der Polytheismus und andere Religionen seien unrein, Mohammed aber habe gesagt: „Ich bin als Same eines reinen Vaters in die Gebärmutter einer reinen Mutter übergeben worden."[47]

Es ist sehr leicht, all diese Lügen und die oben angegebenen Behauptungen wie die, dass Amina Medina nie besucht hätte, zu entlarven. Um es kurz zusammenzufassen: Amina besuchte Medina jedes Jahr. Auf ihren Reisen, auf denen Mohammed sie als Kind begleitete, machte sie unterwegs Halt bei den *Banu Nadschar*, wo sie die Tante und den Onkel ihres verstorbenen Mannes besuchte.[48] Auf einer dieser Reisen, die um das Jahr 577 stattgefunden haben soll, starb sie in Al-Abwā', einem Ort, der zwischen Mekka und Medina liegt. Mohammed war zu diesem Zeitpunkt sechs Jahre alt und so zur Waise geworden, da sein Vater bereits zuvor im Alter von 25 Jahren in Medina gestorben war. In Medina und Mekka lebten zur damaligen Zeit durchaus Juden und Christen, wenn auch in relativ geringer Zahl. Von daher ist die Idee, seine Mutter könne Jüdin gewesen sein, nicht völlig abwegig. Im Geschichtswerk von Abu 'l-Ghasi Bahadur Khan (1603-1663) steht: „Der Vater von Mohammed war ein Götzendiener und wurde mit dem Namen Abdullah gerufen. Seine Mutter war jüdischer Herkunft und trug den Namen Amina."[49] Al-Baidawi schreibt in seinem Werk „Lichter der Offenbarung und Geheimnisse der Deutung" [Anwār at-tanzīl wa-asrār at-ta'wīl], dass die Fürbitte für Amina nicht erlaubt war, da sie Jüdin gewesen sei.[50] Er sucht anhand des folgenden Koranverses einen Vergleich zwischen Mohammed und Abraham zu ziehen:

Sure 9, At-Tawba (Die Buße), Vers 114
Und wenn (seinerzeit) Abraham für seinen (heidnischen) Vater um Verzeihung gebeten hat, so (hat er das) nur (getan), auf Grund eines Versprechens, das er ihm (vorher) gegeben hatte. Als ihm (nachträglich) klar wurde, daß er (d. h. sein Vater) ein Feind Gottes war, sagte er sich von ihm los. Abraham war empfindsam und mild.

Auch Mohammed habe, wie Abraham, Fürbitte für seinen Vater halten wollen, aber er habe, wie auch Abraham, akzeptiert, dass sein Vater ein Feind Gottes gewesen sei, und sich deshalb von ihm distanziert. Dadurch versucht Al-Baidawi eine Ähnlichkeit zwischen Mohammed und Abraham zu suggerieren.

Die Behauptung, Mohammeds Vater sei kein „Götzendiener" gewesen, ist sicher falsch. Bei Al-Buchari finden wir zumindest folgende Überlieferung: Jemand war zu Mohammed gekommen und fragte: „Sind meine Eltern im Paradies oder in der Hölle?" Mohammed antwortete: „In der Hölle". Der Mann geht. Mohammed ruft ihm noch hinterher: „Mein Vater und dein Vater, beide sind in der Hölle." [51] Nicht nur sein Vater, Mohammed selbst verehrte in seiner Jugend die „Götzen" Al-Ussa und Al-Lat. Nachdem er sich zum Propheten erklärt hatte, ließ er es sogar für kurze Zeit zu, dass man an Al-Ussa, Al-Lat und Manat, als Mittlerinnen zwischen

Gott und den Menschen, Fürbitten richten konnte. Das tat er wohl, um die Quraisch zu gewinnen. Kurz darauf erkannte er, dass er damit gegen sich selbst und seine Religion handelte, und nahm dies zurück (vgl. S. 132). Die Behandlung dieses Themas [der drei Göttinnen] können Sie in Al-Baidawis Werken, in At-Tabaris Werk „Geschichte der Nationen und Herrscher" sowie anderen arabischen Quellen mit Leichtigkeit finden.

Tatsächlich gibt es im Koran vier Frauen, die geehrt werden: die Mutter von Moses, die Schwester von Moses, die Frau des Pharaos und die Mutter von Jesus. In den folgenden Versen stärkt Gott, der das Schicksal der Menschen bestimmt, das Herz der Mutter von Moses, damit sie nicht traurig wird und macht sie zur Gläubigen:

Sure 28 (Al-Qaṣaṣ), Verse 7-11
Und wir gaben der Mutter Moses [...] *ein: 'Stille ihn* [...] *Und wenn du für ihn fürchtest* [...] *dann* [...] *leg ihn in das große Wasser* [...] *und hab keine Angst* [...] *und sei nicht traurig* [...] *Wir werden ihn dir zurückgeben und (später) zu einem Gesandten machen.'* [...] *Und das Herz der Mutter Moses war leer* [...] *Sie hätte beinahe* [...] *Meldung über ihn erstattet* [...] *wenn wir ihr nicht das Herz stark gemacht hätten, damit sie (weiter) zu den Gläubigen gehöre.*

Wie man sieht, konnte sich die Mutter von Moses einer besonderen Aufmerksamkeit Gottes erfreuen, der sogar Verse über sie auf die Erde sandte. Die Mutter von Moses wird zur heiligsten Mutter aller Mütter. Seltsam, dass dieser Gott, der das Herz dieser Frau stärkte und sie zu einer Gläubigen machte, nichts dergleichen für die Eltern von Mohammed, für dessen Mutter tut. Auch Asiya, der Frau des Pharaos (siehe Sure 66, Vers 11 und 12) und der Königin von Saba (Sure 27, Verse 28-44) stärkte er das Herz, gab ihnen Wissen und machte sie zu Musliminnen. Eine ganze Sure des Korans, die Sure *Maryam* (Sure 19), ist Maria, der Mutter des Propheten Jesus, gewidmet. In dieser Sure kommt ihr höchste Verehrung zu, in Vers 16 befiehlt Gott Mohammed: „Und gedenke in der Schrift der Maria!". In den zahlreichen Versen, in denen Maria genannt wird,[52] wird sie als heilig, als eine die ihre Scham bewahrt hat, als rein beschrieben. Von Mohammeds Mutter Amina ist an keiner Stelle des Korans die Rede. Wenn der Koran tatsächlich Gottes Worte enthalten sollte, dann muss man also annehmen, dass Gott im Besonderen eine Feindseligkeit gegen die Mutter und den Vater von Mohammed hegte. Sollten diese Worte aber Mohammed gehören, dann muss es Mohammed gewesen sein, der feindselig gegenüber seinen Eltern gewesen ist. In beiden Fällen spricht das nicht für den Islam.

Auch gibt es kaum Überlieferungen, die sich auf seine Eltern beziehen, während er seine Frauen Chadidscha und Aischa wie auch seine Tochter Fatima nennt und diese in Bezug zu den hochverehrten Frauen setzt. Mohammed soll laut Abu Musa gesagt haben: „Die meisten Männer haben die Vollkommenheit der Tugenden erreicht. Aber von den Frauen waren es nur Asiya, die Frau Pharaos, und Maria. Niemand außer diesen Frauen konnte die Vollkommenheit erreichen. Die Vollkommenheit Aischas ist (im Vergleich zu den Frauen meiner Gläubigen) wie die Vollkommenheit des *tirit*-Gerichts im Vergleich zu anderen Gerichten."[53] Und über Chadidscha: „Maria ist die segensreichste Frau ihrer Zeit auf der Welt. Von dieser Glaubensgemeinschaft ist Chadidscha die segensreichste."[54] Seine Tochter Fatima erklärt er zur Herrin der Paradiesfrauen. Angeblich habe er ihr, auf dem Totenbett liegend, ins Ohr geflüstert: „Frohe Botschaft sei mit dir, du bist die Herrin der Paradiesfrauen." Sie fragte: „Vor mir sind doch die Frau des Pharao und Maria, wie kann ich es sein?" Mohammed antwortete: „Asiya ist die Herrin ihrer Welt [ihrer Gemeinschaft], Maria die ihrer Welt und du deiner Welt."[55] Ich möchte an dieser Stelle daran erinnern, dass Mohammed, als er Maria und die Frau des Pharaos in den Koran aufnahm und ihre Verehrung befahl, nicht von Toleranz geleitet wurde und ihnen ihren Glauben beließ; nein, er erklärte alle diese Frauen zu Musliminnen (in Sure 3, Vers 42-44 wird z. B. Maria zur Muslimin gemacht). Dasselbe gilt auch für alle Propheten vor ihm: von Abraham bis Jesus habe Gott alle im Grunde schon von Anbeginn als Muslime geschaffen, und nur als solche – nicht aber als Juden, Christen, schon gar nicht als Anhänger einer anderen Religion – sind sie von Mohammed anerkannt.[56] Für Mohammed gibt es keine andere Religion: „als (einzig wahre) Religion gilt bei Gott der Islam" (Sure 3, Vers 19). Auch das Judentum und das Christentum akzeptierte er nur, weil er die beiden Religionen als ursprünglich muslimisch betrachtete. Sich selbst nennt er Abrahams Sohn und Jesu Bruder: „Ich bin das Gebet meines Vaters Abraham, die freudige Botschaft meines Bruders Jesus und der Traum meiner Mutter",[57] wobei er mit seiner Mutter nicht seine leibliche Mutter meint, sondern Maria, die Frau, die er im Koran in vielen Versen verehrt.

Auch wenn die Eltern Mohammeds „Götzenanbeter" gewesen sind, stellt sich die Frage, warum Mohammed für seine eigene Mutter und seinen eigenen Vater keine Fürbitte leistete, warum er Gott nicht darum bat, auch ihre Herzen „zu öffnen" und „rein" werden zu lassen [sie zu Muslimen zu machen. Anm. d. Hrsg.]. Die Antwort liegt auf der Hand: Er wollte damit die „Ungläubigen" unter Druck setzen und ihnen Angst machen; wer zu

Lebzeiten nicht zum Islam konvertiert, kann sich nach seinem Tod nicht durch die Fürbitte der Kinder oder sonstiger Dritter vor der Hölle retten. Nicht einmal der Prophet kann sie retten:

Sure 9, At-Tawba (Die Buße), Vers 113
Es kommt dem Propheten und den Gläubigen nicht zu, für die Götzendiener um Verzeihung zu flehen, und wären es selbst ihre nächsten Verwandten, nachdem ihnen deutlich geworden ist, daß jene Bewohner der Dschahim [der Hölle] *sind.*

Um das zu unterstreichen, machte er sogar seine eigene Mutter zum Beispiel. Als Mohammed ihr Grab besuchte, sagte er, dass dies an den Tod erinnere,[58] womit er aber nicht die Erinnerung an die Mutter und ihre Ehrung meinte. Seine Erinnerung an den Tod ist im Sinne einer Mahnung zu verstehen, die deutlich machen will, dass das Leben vergänglich ist, alle Menschen früher oder später sterben werden und sie daher gut beraten sind, wenn sie an Gott glauben und Mohammed und seinen Befehlen gehorchen.

Anmerkungen

1 Die *hadis* ist von Ibn Abbas überliefert. Sahîh-i Buhârî [Diyanet-Ausgabe], Band 1 (1984, 8. Aufl.), S. 41, *hadis* 27

2 İmam Nevevî: Riyâzü's Sâlihîn, İstanbul 1974, S. 216, Nr. 258. Siehe auch Sahîh-i Buhârî [Diyanet-Ausgabe], Band 11 (1983, 7. Aufl.), S. 314, *hadis* 1819

3 Sahîh-i Buhârî [Diyanet-Ausgabe], Band 9 (1986, 9. Aufl.), S. 40, *hadis* 1340

4 Fakir Muhammad Assad: The akhlak-i Jalaly. Übersetzt von W.F. Thompson, London 1938, S. 269

5 Sahîh-i Buhârî [Diyanet-Ausgabe], Band 1 (1984, 8. Aufl.), S. 41

6 Sahîh-i Buhârî [Diyanet-Ausgabe], Band 1 (1984, 8. Aufl.), S. 224; Band 3 (1983, 8. Aufl.), S. 183 („Denn sie sind meist Klötze für die Hölle." Auf die Frage einer Frau, warum: „Denn ihr beschwert euch sehr über eure Situation und seid undankbar gegenüber den Wohltaten und dem täglichen Brot eurer Männer."); Band 8 (1984, 7. Aufl.), S. 300, Band 9 (1986, 9. Aufl.), S. 40, *hadis* 1340

7 Zum Beispiel äußert sich Kurtubi zu diesem Thema im Sahîh-i Buhârî [Diyanet-Ausgabe], Band 9 (1986, 9. Aufl.), S. 40

8 Mohammed vernichtete die Menschen, die er als gefährlich ansah und die er mit dem Paradies nicht locken konnte, z. B. den Dichter Ka'b ibn al-Aschraf und die Dichterin Asma bint Marwan (siehe Kapitel IV).

9 Um seine Anhängerschaft zu vermehren, predigte er sogar, dass auch Diebe und Ehebrecher, wenn sie ihm und Gott glauben, ins Paradies kämen. Mohammed: „Ich begegnete Gebriel. Er sagte: 'Sag deinen Gläubigen die Freudenbotschaft, wer an Gott glaubt, ohne Bedingungen zu stellen, kommt ins Paradies.' Ich fragte: 'Auch wenn er ein Ehebrecher oder Dieb ist?' Diese Frage stellte ich dreimal. Gabriel sagte jedesmal: 'Ja, auch wenn er die Ehe bricht oder stiehlt, kommt er ins Paradies.' Zum Schluss sagte er: 'Auch wenn er Alkohol trinkt, kommt er ins Paradies.'" Hüccetü'l İslâm Gazâlî: İhyâu 'ulûmi'd-dîn Tercümesi (1975), Band 4, S. 997, *hadis* 763.

10 Sena: Hazreti Muhammed'in Felsefesi (1979), S. 121, 122; Hüccetü'l İslâm Gazâlî: İhyâu 'ulûmi'd-dîn Tercümesi (1975), Band 4, S. 352-372

11 Hüccetü'l İslâm Gazâlî: İhyâu 'ulûmi'd-dîn Tercümesi (1975), Band 4, S. 352-372.

12 [Scheich Abd al-Aziz ibn Saud wollte die Herrschaft der Saud errichten, damit der Islam in einer fundamentalistischen Ausprägung praktiziert werde. Sein Kampf begann 1901 und endete 1932 mit der Gründung von Saudi-Arabien. Dort ist die Lehre Wahhabs Staatsdoktrin. Der Staat Saudi-Arabien fördert weltweit wahhabitische und dogmatische sunnistische Bewegungen und Organisationen. In Saudi-Arabien existiert keine Religionsfreiheit, eine Sittenpolizei (mutawwi) wacht über die Einhaltung der Schariavorschriften. Zum Katalog der Strafen gehören auch Hinrichtung und Auspeitschung, die öffentlich vollzogen werden. Frauen ist es verboten, in der Öffentlichkeit alleine aufzutreten oder sich mit „fremden" Männern zu zeigen. Anm. d. Hrsg.]

Vgl. auch Lacey, Robert: The Kingdom: Arabia & The House of Sa'ud. New York 1983, S. 91

13 Hüccetü'l İslâm Gazâlî: İhyâu ‚ulûmi'd-dîn Tercümesi (1975), Band 2, S. 72-74

14 Hüccetü'l İslâm Gazâlî: İhyâu ‚ulûmi'd-dîn Tercümesi (1975), Band 2, S. 148

15 İmam Nevevî: Riyâzü's Sâlihîn, İstanbul 1974, Band 1, S. 233; Hüccetü'l İslâm Gazâlî: İhyâu 'ulûmi'd-dîn Tercümesi (1975), Band 2, S. 147, 148; Sahîh-i Buhârî [Diyanet-Ausgabe], Band 9 (1986, 9. Aufl.), S. 40, *hadis* 1340 („Die meisten im Paradies waren die Armen, die meisten in der Hölle die Frauen."). Im von den Diyanet-Theologen verfassten Kommentar finden wir die Begründung, dass Frauen ihren Männern nicht gehorchen, agressiv sind und weltliche Güter und Reichtümer wie Schmuck und Wohlstand mögen.

16 Hüccetü'l İslâm Gazâlî: İhyâu 'ulûmi'd-dîn Tercümesi (1975), Band 2, S. 148

Ibn Hibban, bekannt unter dem Namen Sahih ibn Hibban, hieß Abu Hatim Muhammad ibn Hibban ibn Ahmad al-Tamimi al-Busti; er war ein bekannter Kenner der schafiitischen Hadithen.

17 İbn-ü Hacer el-askalânî: El-Metâlibül-Aliye, siehe Demircan: Cinsel Hayat (1986), Band I, S. 234

18 Hüccetü'l İslâm Gazâlî: İhyâu 'ulûmi'd-dîn Tercümesi (1975), Band 2, S. 143-144

19 Auch in Sure 78, Vers 35 „sie hören darin (d. h. im Paradies) weder (leeres) Gerede noch die Behauptung, es sei Lüge (was als Offenbarung verkündet wird)"

20 [Gemeint ist Moschus; *musk* (engl.), *musc* (frz.), ein Duftstoff, der in seiner natürlichen Form in der Parfumherstellung von großer Bedeutung und sehr kostspielig war. In seiner Struktur ist Moschus den Pheromonen ähnlich, daher soll er aphrodisierend wirken. Moschus ist das Sekret aus der vor den Geschlechtsteilen liegenden Drüse des Moschusochsen. Heute kann der Duft synthetisch hergestellt werden. Anm. d. Hrsg.]

21 [Gemeint ist Kampfer, ein aus Rinde und Harz des Kampferbaums (Cinnamomum camphora) gewonnenes farbloses Pulver. Kampfer hat einen sehr starken holzig-eukalyptusartigen Duft. Er soll antiseptisch wirken. Anm. d. Hrsg.]

22 Huris können sogar, falls ihre Männer das wünschen, ein Kind innerhalb einer Stunde austragen. Hüccetü'l İslâm Gazâlî: İhyâu 'ulûmi'd-dîn Tercümesi (1975), Band 4, S. 984

23 Siehe Hüccetü'l İslâm Gazâlî: İhyâu 'ulûmi'd-dîn Tercümesi (1975), Band 4, S. 982

Ibn Mas'ud war ein wichtiger Gefährte Mohammeds. Viele seiner Überlieferungen sind in den Weken Taberis wiedergegeben.

24 Hüccetü'l İslâm Gazâlî: İhyâu 'ulûmi'd-dîn Tercümesi (1975), Band 4, S. 982

25 Sahîh-i Buhârî [Diyanet-Ausgabe], Band 2 (1985, 8. Aufl.), S. 847

26 Al-Kâtib: Miskatu'l-Meshabih, Band 2, S. 624; Demircan, Cinsel Hayat (1986), Band II, S. 298 („Ein Mann wird soviel Potenz bekommen wie 100 Männer.")

27 Hüccetü'l İslâm Gazâlî: İhyâu 'ulûmi'd-dîn Tercümesi (1975), Band 4, S. 976-989; Demircan: Cinsel Hayat (1986), Band 2, S. 290-296 (Eigenschaften der Huris)

28 Überliefert von Abu Hurayrah. Sahîh-i Buhârî [Diyanet-Ausgabe], Band 9 (1986, 9. Aufl.), S. 42, 43

29 Sahîh-i Buhârî [Diyanet-Ausgabe], Band 9 (1986, 9. Aufl.), S.43

30 Sahîh-i Buhârî [Diyanet-Ausgabe], Band 8 (1984, 7. Aufl.), S. 263, 264

31 Sahîh-i Buhârî [Diyanet-Ausgabe], Band 9 (1986, 9. Aufl.), S. 40

32 Hüccetü'l İslâm Gazâlî: İhyâu 'ulûmi'd-dîn Tercümesi (1975), Band 2, S. 118, 119]

33 Beyzavi: Envaru't-Tenzil, S. 585

34 Hüccetü'l İslâm Gazâlî: İhyâu 'ulûmi'd-dîn Tercümesi (1975), Band 2. S. 83

35 Hüccetü'l İslâm Gazâlî: İhyâu 'ulûmi'd-dîn Tercümesi (1975), Band 2, S. 155 [Mu'adh ibn Dschabal [...] berichtet, dass der Prophet [...] sagte: „Immer wenn eine Frau ihrem Mann im Diesseits Ärger und Qual verursacht, sagt eine seiner Gefährtinnen unter den Huris des Paradieses zu ihr: 'Möge Allah dir Schaden zufügen, bringe deinem Ehemann keinen Ärger, denn er ist nur dein Gast und wird dich bald verlassen, um sich uns im Paradies anzuschließen!'" (At-Tirmidhi). Dies ist ein guter Hadith (hasan) [Riyad us-Salihin Nr. 287]]

36 Siehe Überlieferungen von Tirmizi, Ibn Madscha und Al-Ghasali, Hüccetü'l İslâm Gazâlî: İhyâu 'ulûmi'd-dîn Tercümesi (1975), Band 2, S. 155

37 Şa'rabi (Sha'an): Mukhtasar al-Tazkirat. Kairo 1304, S. 105

38 Horner, Isaline B.: Women Under Primitive Buddhism, Laywomen and Almswomen. Delhi 1975, S. 8

39 [Wallace Fard, der als Verkörperung Allahs auftrat, entwickelte in den USA eine Form des Islams, dem Hunderte von *Black Muslims* folgten. Er behauptet, dass alle Schwarzen Muslime und das auserwählte Volk Gottes seien. In einer endzeitlichen Schlacht würden sie schließlich gegen die Weißen antreten. Anm. d. Hrsg.]

40 Laut Koran wurde sie angeblich vom Teufel verführt und war vom Islam abgefallen. Der Vogel Wiedehopf teilte das dem Propheten Salomo mit, worauf er Belkis in seinen Palast einlud (Sure 27 [An-Naml], Verse 20-45). Belkis war von dem Palast so beeindruckt, dass sie sich wieder zum Islam bekannte, indem sie ausrief: *„Herr! Ich habe gegen mich selber gefrevelt (indem ich ungläubig war). Ich ergebe mich nun zusammen mit Salomo dem Herrn der Menschen in aller Welt."*

41 Ein Ungläubiger fragte Mohammed, wo sein Vater im Jenseits sei. Mohammed antwortet: „In der Hölle. Dein Vater wie auch mein Vater sind in der Hölle". Sahîh-i Buhârî [Diyanet-Ausgabe], Band 4 (1985, 8. Aufl.), S. 537. Die Quelle dieser Überlieferung ist Anas ibn Malik und gilt als sahih, d. h. sicher.

42 Mohammed: „Ich habe Gott um Erlaubnis gebeten, um für meine Mutter eine Fürbitte auszusprechen, aber es wurde mir verwehrt." In der Fußnote bezieht sich Al-Buchari auf Suyuti und schreibt, dass Mohammed gesagt habe: „Mein Vater ist in der Hölle." Sahîh-i Buhârî [Diyanet-Ausgabe], Band 4 (1985, 8. Aufl.), S. 533-539 [Behandelt den Komplex Religion von Mohammeds Eltern. Anm. d. Hrsg.]

43 Sahîh-i Buhârî [Diyanet-Ausgabe], Band 4, S. 533, *hadis* 665 und S. 534

44 Sahîh-i Buhârî [Diyanet-Ausgabe], Band 4 (1985, 8. Aufl.), S. 536

45 Sahîh-i Buhârî [Diyanet-Ausgabe], Band 4, S. 530 (zitiert Hulvânî: Mevâkib) Shems-ûl Eimme Hulvânî (gest. 1064) lebte in Buchara und arbeitete über Überlieferungen.

46 Sahîh-i Buhârî [Diyanet-Ausgabe], Band 4 (1985, 8. Aufl.), S. 539

47 Sahîh-i Buhârî [Diyanet-Ausgabe], Band 4 (1985, 8. Aufl.), S. 546

48 Sahîh-i Buhârî [Diyanet-Ausgabe], Band 2 (1985, 8. Aufl.), S. 373; Band 4 (1985, 8. Aufl.), S. 543-545; Band 8 (1984, 7. Aufl.), S. 340

49 Siehe Sahîh-i Buhârî [Diyanet-Ausgabe], Band 4 (1985, 8. Aufl.), S. 533-539 [Behandelt das Thema der Religionszugehörigkeit von Mohammeds Eltern. Anm. d. Hrsg.]

50 In Al-Baidawi „Lichter der Offenbarung und Geheimnisse der Deutung“ [Anwār at-tanzīl wa-asrār at-ta'wīl] als Erläuterung zu Sure 9, Verse 113 und 114, in denen steht, dass es verboten ist, für Nichtmuslime Fürbitten zu beten, auch wenn es sich um Verwandte handelt. Bishop, Eric F. F. / Kaddal, Mohamed (tÜbersetzer): Chrestomathia Baidawiana, 'The light of inspiration and secret of interpretation', being a translation of the Chapter of Joseph (Sūrat Yūsuf) with the commentary of Nasir Id-Din al-Baidāwi. Oriental Studies, No. 1., Glasgow 1957. Sahîh-i Buhârî [Diyanet-Ausgabe], Band 4 (1985, 8. Aufl.), S. 533-539 [Behandelt das Thema der Religionszugehörigkeit von Mohammeds Eltern. Anm. d. Hrsg.]

51 Sahîh-i Buhârî [Diyanet-Ausgabe], Band 4 (1985, 8. Aufl.), S. 529, *hadis* 664 („Jedes neugeborene Kind kommt als Muslim [zur Welt]. Später machen die Eltern das Kind zum Juden, Nasrani, ungläubig...“), und S. 537, *hadis* 665

52 Maria wird z. B. auch in Sure 3, Vers 42; Sure 66, Vers 12; Sure 21, Vers 91; Sure 23, Vers 50, in Sure 5, Vers 17 genannt.

53 Sahîh-i Buhârî [Diyanet-Ausgabe], Band 9 (1985, 9. Aufl.), S. 148, 149, *hadis* 1391

54 Sahîh-i Buhârî [Diyanet-Ausgabe], Band 9 (1985, 9. Aufl.), S. 167, *hadis* 1395

55 Hüccetü'l İslâm Gazâlî: İhyâu 'ulûmi'd-dîn Tercümesi (1975), Band 4, S. 367

56 Siehe Sure 4, Verse 163 und 171; Sure 57, Verse 26, 27

57 Ohne Angabe einer Quelle. Es handelt sich um eine der Aussagen, die ständig zitiert werden, ebenfalls ohne Angabe einer Quelle, und daher unter Muslimen bekannt sind. Bei Al-Buchari: „Ich bin Jesus, dem Sohn Marias, auf der Welt der nächste. Im Grunde sind die Propheten Geschwister, haben den selben Vater aber verschiedene Mütter, ihre Religion ist die selbe.“ Sahîh-i Buhârî [Diyanet-Ausgabe], Band 9 (1986, 9. Aufl.), S. 180 *hadis* 1403

58 Sahîh-i Buhârî [Diyanet-Ausgabe], Band 4 (1985, 8. Aufl.), S. 536

IV. Den Geist von Hadramaut wecken – der einzige Weg, Rechte und Freiheit für die Frau zu erringen

Im Osten des Jemen trägt ein Ort den Namen Hadramaut. Dort lebte der Stamm der *Kinda*. Die arabischen Quellen, welche über die tödliche Erkrankung Mohammeds berichten, schreiben, dass die Frauen dort ungeduldig auf die Nachricht seines Todes warteten. Als sie die Nachricht erhielten, färbten sie ihre Nägel mit Henna, musizierten und tanzten dazu. Zu ihnen gesellten sich weitere Frauen aus den Dörfern des Hadramaut.[1] Der Grund ihrer Freude und Feier war nicht der Tod Mohammeds, sondern die Hoffnung, dass die Ära der Vernichtung der Freiheit der Frauen und ihrer Rechte zu Ende sei, ihre Hoffnung auf das Ende des Systems der Erniedrigung der Frauen. Denn sie wussten, dass die arabische Frau davor auf die Straße gehen konnte, dass sie sich kleiden konnte, wie sie wollte, dass sie Handel treiben konnte. Mohammed hatte das Ende aller Freiheiten und der Gleichberechtigung verursacht und die Frau zur Sklavin des Mannes gemacht. All die Suren, die die Erniedrigung und Unterdrückung der Frauen bedeuteten, wurden zu göttlicher Offenbarung.

Aber ihre Freude dauerte nicht lange, denn zwei Gläubige hatten das Geschehen beobachtet und dem Kalifen Abu Bakr mitgeteilt, dass diese Frauen, „Huren" und „Sängerinnen", den Tod Mohammeds feierten. Abu Bakr, wütend und voller Rachegedanken, befahl dem Statthalter von Hadramaut, Ibn Abi Umayya:

Zwei Untertanen Gottes wandten sich an mich und teilten mit, dass einige Frauen aus dem Jemen auf den Tod unseres Propheten geflucht haben. Sie haben gemeinsam mit Huren, Sängerinnen vom Stamm der Kinda ihre Finger mit Henna gefärbt, getrommelt, getanzt und sich somit gegenüber Gott und seinem Gesandten schuldig gemacht; sie haben gesündigt. Sobald meine Zeilen dich erreichen, setz dich auf dein Pferd, reite mit deinen Männern hin und schneide jeder einzelnen die Hand ab. Sollte jemand versuchen, sich dazwischen zu werfen, sag ihnen, dass sie sündigen und bring sie auf den rechten Weg. Bereuen Sie es, vergib ihnen und schenk ihnen ihr Leben; sollten sie es nicht bereuen, dann sprich mit ihnen nicht weiter und greif sie an. Gott schützt die Verräter nicht. Aber mein Urteil und mein Glaube ist, dass kein männlicher Untertan das schlechte Verhalten dieser Frauen verteidigen und dich hindern kann, diese verworfenen Frauen aus der islamischen Religion herauszureißen und sie wegzuwerfen wie die Flügel eines Ungeziefers.[2]

Um die Ausführung seines unbarmherzigen Befehls zu garantieren, fügt er hinzu:

İbn Abi Umayya, ich schwöre bei Gott, dass ich diese Pflicht sehr wohl selbst ausführen kann, aber dich dennoch mit dieser heiligen Aufgabe betraut habe, denn ich empfinde eine tiefe Freundschaft für dich. Indem ich dich damit beauftrage, wünsche ich dir eine große Belohnung von Gott. Und eins sollst du wissen, wenn Gott von der Erfüllung dieser Aufgabe [das Abschneiden der Hände der Frauen in Hadramaut und ihre Tötung] *durch deine Hände erfährt, wird er dir sämtliche Gunst und Gnade erweisen. Gott möge uns und dich mit Kraft versehen und die nächste Welt besser als diese erschaffen. Amen.*[3]

Wie man sieht, führt Abu Bakr die Methode Mohammeds fort, der die gleichen Befehle erteilte und seine Kritiker und Kritikerinnen töten ließ. Dazu gehört die Ermordung der Dichterin Asma bint Marwan, die nach dem Krieg in Badr Schmähgedichte über ihn verfasst hatte. Er fragte „Wer befreit mich von dieser Frau?" und versprach, dass derjenige, der sie tötet, Gottes besondere Gunst und Belohnung erhalten und ins Paradies eingehen werde. Ein Mann namens Umayra erklärte sich daraufhin bereit und erstach Asma. Nach dem Mord versammelte Mohammed das Volk in der Moschee und fragte Umayra öffentlich: „Hast du Asma, die Tochter von Mervan getötet?" Als dieser antwortete „Ja, ich habe sie getötet", erklärte Mohammed ihn zu einem ehrenvollen und tugendhaften Gläubigen und sagte: „Das ist ein Untertan, der Gott und dem Propheten dient."

Mit dem Ereignis in Hadramaut werden wir Zeuge einer ähnlichen Tat. Wegen der Versprechen von Abu Bakr ritt Ibn Abi Umayya sofort zum Ort des Geschehens, schnitt den Frauen die Hände ab, zog ihnen die Zähne, und tötete alle, die sich auf die Seite der Frauen stellten. Für sein Vorgehen wurde er zum vorbildlichen und tugendhaften Gläubigen erklärt. Diese grausame Tat wurde von einem Kalifen befohlen, der als gerechter und toleranter Mensch in die Geschichte einging. Und sie ist nur ein Beispiel für viele haarsträubenden Grausamkeiten innerhalb der islamischen Geschichte.

Es wurde behauptet, dass diese Frauen, die Mohammeds Tod gefeiert hatten, angeblich nicht mehr als ein paar unbedeutende „Huren“ gewesen sein sollen. Anhand der Informationen von Muhammad Ibn Habib sehen wir aber, dass es sich um Frauen gehandelt haben muss, deren Familien seit langem das Gebiet bewohnten und die bekannten Familien des Jemen angehört haben müssen, um Großmütter, Mütter und Töchter. Keine von ihnen war wohl eine Hure[4] oder hatte einen schlechten Leumund.[5]

Natürlich ging es den Frauen nicht um Mohammed, ihre Freude war keine Schadenfreude über seinen Tod. Ihnen ging es um das, was wohl bereits zum Zeitpunkt seines Todes für seinen Namen stand, die Entrechtung der Frau. Es ist bedauerlich, dass der Tod Mohammeds eine Hoffnung für die Frauen von Hadramaut, stellvertretend für jede freie arabische Frau, war. Bedauerlich ist vor allem aber auch, dass die Freude der Frauen für den arabischen Mann ein solche Gefahr darstellte, dass ihr mit dieser Brutalität begegnet werden musste. Es scheint, dass das Verhalten dieser wenigen Frauen als Revolte interpretiert wurde, als ob es sich um einen Staatsstreich gehandelt habe.

Die brutale Art Mohammeds, gegen seine Gégner vorzugehen, die nach seinem Tode vom ersten Kalifen Abu Bakr übernommen wurde, hatte zur Folge, dass das Geschehen von Hadramaut die erste und letzte Regung der Frauen im Namen ihrer Freiheit in einer muslimischen Gesellschaft wurde. Auch wenn ab dem 19. Jahrhundert unter dem Einfluss des Westens in den islamisch regierten Ländern die Frauenrechte diskutiert wurden, kann man das nicht als Widerstand oder als Frauenrechtsbewegung bezeichnen. Denn diese Bewegungen waren nicht so umfassend und grundlegend, als dass sie sich auch gegen das System der Scharia gerichtet hätte, das die Frauenrechte und ihre Freiheit vernichtet. Ganz im Gegenteil: Meist wird der Islam und die Scharia verteidigt, indem behauptet wird, dass die Unterdrückung der Frau nur darin begründet sei, dass der „wahre Islam“ nicht praktiziert werde.

Dabei ist gerade Hadramaut ein Symbol für die Vernichtung der Freiheit der Frau und ihrer Rechte, wie sie Mohammed propagierte. Die Idee von Hadramaut war die, sich wieder der vorislamischen Situation der Frau zuzuwenden, in der die Frau nicht Sklavin des Mannes, sondern Mensch war. Seit damals wurde dieser Gedanke in seiner Klarheit und Grundsätzlichkeit nicht wieder aufgegriffen.

Das Ereignis von Hadramaut aber wird, solange die Denker und die Intelligenz der islamischen Welt von Unwissenheit, Desinteresse und Mutlosigkeit beherrscht werden, der erste und letzte Kampf für die Frauenrechte bleiben. Solange die Frau der islamischen Welt nicht den Geist von Hadramaut weckt und ihn lebendig hält, wird sie niemals die Freiheit und die Würde, das Bewusstsein, eine eigenständige Persönlichkeit zu sein, erlangen.

Anmerkungen

1 Ibn Al-Ḥabīb: Kitāb al-muḥabbar (1942), S. 148 (Beeston, A.F.L.: The So-Called Harlots of Hadramaout. Oriens V, 1952 S. 16)

2 Ibn Al-Ḥabīb: Kitāb al-muḥabbar (1942), S. 148 (Beeston, The So-Called Harlots of Hadramaout [1952], S. 18)

3 Ibn Al-Ḥabīb: Kitāb al-muḥabbar (1942), S. 148 (Beeston, The So-Called Harlots of Hadramaout [1952], S. 18)

4 [Es wird vermutet, dass diese Frauen Priesterinnen waren, die im Rahmen ihres Amtes auch sogenannte „Kultprostitution" ausgeübt oder angeleitet haben. Diese Frauen waren als Priesterinnen und in ihrer Funktion als Kultprostituierte aber anerkannt und wurden nicht, wie in späteren Zeiten, geächtet. Anm. d. Hrsg.]

5 Ibn Al-Ḥabīb: Kitāb al-muḥabbar (1942), S. 148 (Beeston, The So-Called Harlots of Hadramaout [1952], S. 20)

Prof. Dr. İlhan Arsel

İlhan Arsel studierte von 1943 bis 1949 in Genf Jura; dort machte er auch sein Examen mit anschließender Promotion.

Über dreißig Jahre unterrichtete er an verschiedenen Universitäten, unter anderem Verfassungsrecht an der Universität Ankara. Nach der Revolution von 1960 wurde er in die aus zehn Personen bestehende Istanbuler Kommission berufen, die mit der Vorbereitung einer neuen Verfassung beauftragt wurde. Danach war er Mitglied der aus fünf Personen bestehenden Kommission für die Vorbereitung des Vorentwurfs der konstituierenden Nationalversammlung.

1966 wurde er von dem damaligen Präsidenten der Türkei, Cevdet Sunay, als Kontingentsenator in die Türkische Nationalversammlung einberufen. Kurz danach legte er dieses Amt nieder – er sah seine Pflicht als erfüllt an und keinen Grund dafür, weiterhin vom Volk finanziert zu werden – und ging zurück an die Juristische Fakultät der Universität Ankara.

1971 war er an der Inter-University Associate, New York als Berater und Wissenschaftler tätig. In der chronologischen, vierzehnbändigen Veröffentlichung *Constitutions of the Countries of the World* schrieb er die Abschnitte über Belgien und die Türkei.

1975 lehrte İlhan Arsel am Polizei-Institut, gab diese Stelle aber auf, da einige freiheitlich denkende Studenten aus dem Institut entfernt wurden. Seine Kündigung war ein Protest gegen die Kräfte, die dieses Institut in eine bestimmte politische Richtung lenken wollten.

1977 veröffentlichte İlhan Arsel sein Buch *Wir Professoren* und gab seine Professur an der Juristischen Fakultät Ankara auf. Sein Ziel war es, das Schweigen der Universitätsleitung und des Lehrkörpers öffentlich zu machen, da sich beide der gefährlichen Entwicklung des fundamentalistisch-religiösen Verständnisses des Islams in der Türkei und dessen zunehmendem Einfluss auf Recht und Gesellschaft nicht stellten.

Danach intensivierte er seine Forschungen. Er veröffentlichte über zwanzig Bücher in Türkisch, Französisch und Englisch.

Prof. Dr. İlhan Arsel ist bekannt für seine Forschung zur Scharia und ihren Folgen und für sein Engagement, ein freiheitliches Denken in unserem Leben, in unserem Alltag zu verankern.

Bibliographie İlhan Arsel

La Responsabilité politique ministérielle et la Chambre des Lords : Thèse de doctorat. Université de Genève, Faculté de droit, 1949

Türk Anayasa Hukukunun Umumî Esasları, Juristische Fakultät Ankara, 1955 (Allgemeine Grundlagen des türkischen Verfassungsrechts, Gründung der Republik)

Civil Litigation in Turkey. (Vergleich des türkischen und amerikanischen Rechts). Juristische Fakultäten der Universitäten Ankara und New York, Ankara 1957 (Hrsg., zusamen mit *Delmar Karlen*)

Amerikan Anayasasi ve Federal Yüksek Mahkeme, Ankara 1958 (Amerikanische Verfassung und Federal High Court [Bundesgerichtshof]

Türk Anayasa Hukuku, Juristische Fakultät der Universität Ankara, 1959 (Türkisches Verfassungsrecht)

Italyan Anayasa Hukuku, Juristische Fakultät der Universität Ankara, 1959 (Italienisches Verfassungsrecht)

Sosyal Devlet, Juristische Fakultät der Universität Ankara, 1969 (Sozialer Staat)

Anayasa Mahkemesinin bazi egilimleri üzerine görüsler ve Anayasa Mahkemesi Kararlarindan Özetler, 2. Auflage, Juristische Fakultät der Universität Ankara, 1970 (Ansichten über gewisse Tendenzen im Verfassungsgericht und Zusammenfassung aus den Urteilen des Verfassungsgerichts)

Belcika Anayasasi, The Oceana Publication New York, 1972 (Belgische Verfassung, in englischer Sprache)

Arap Milliyetçiliği ve Türkler, Erstveröffentlichung Juristische Fakultät der Ankara Universität, 1973, 2. Auflage Inkilap Verlag, Istanbul, ab 3. Auflage Kaynak Verlag, Istanbul, 1973 (Arabischer Nationalismus und Türken)

Devletin Anayasaya Ters Düsen Davranislari, Universität Ankara, 1974 (Verfassungswidriges Verhalten des Staates)

Şeriat Devletinden Laik Cumhuriyet'e, Erstveröffentlichung Universität Ankara, 1975, danach Kaynak Verlag, Istanbul (Vom Schariastaat zum laizistischen Republik)

Teokratik Devlet Anlayışından Demokratik Devlet Anlayışına, Erstveröffentlichung Theologische Fakultät der Ankara Universität, 1975, danach Kaynak Verlag, Istanbul (Vom Theokratischen Staatsverständnis zum demokratischen Staatsverständnis)

Toplumsal Geriliklerimizin Sorumluları Din Adamları, Ankara 1977 (Die Verantwortlichen für unsere Rückständigkeit: Die Gefolgsmänner der Religion)

Anayasa Hukuku: Demokrasi, Ankara, Doğuş Matbaacılık, Ankara 1964 Verfassungsrecht: Demokratie, Ankara

Biz Professörler, Erstauflage Dogan Druckerei, Selbstdruck, 1979, 2. Auflage Inkilap Verlag, Istanbul 1987, ab 3. Auflage Kaynak Verlag, Istanbul (Wir Professoren – über Professoren und ihren geistigen Stillstand)

Seriat ve Kadin, Erstauflage Şuşut Verlag, 1988, bis 2011 in 19 Auflagen erschienen (Scharia und die Frau)

Aydin ve „Aydin", Istanbul 1993 (Intellektueller und Intellektueller)

Diyanet'e Cevap (Kaynak Verlag), Istanbul 1996 (Antworten auf das Diyanet)

Turan Dursun'a Mektuplar (Kaynak Verlag), 1996 (Briefe an Turan Dursun)

Şeriat'tan Kıssalar (Masal'lar ve Hikaye'ler) I (Kaynak Verlag), 1996 (Auszüge aus der Scharia – Geschichten und Märchen)

Şeriat'tan Kıssalar (Masal'lar ve Hikaye'ler) II (Kaynak Verlag), 1997 (Auszüge aus der Scharia – Geschichten und Märchen)

Şeriat ve Kölelik (Kaynak Verlag), Istanbul 1997 (Scharia und Sklaverei)

Tevrat ve Incil'in Eleştirisi (Kaynak Verlag), 1997 (Kritik der Thora und der Bibel)

İslam'a Göre Diğer Dinler (Kaynak Verlag), 1999 (Andere Religionen laut Koran)

Kur'an'daki Kitaplılar, Kaynak Verlag. Istanbul 1999 (Die Schriftbesitzer im Koran) (auf Deutsch erschienen unter dem Titel *Juden und Christen im Koran*, Norderstedt, 2006)

Kur'an'ın Eleştirisi, Band I, Kaynak Verlag, Istanbul, 1999 (Kritik des Koran, Band I)

Muhammed'e Göre Muhammed (Kaynak Verlag), 2000 (Mohammed in Selbstaussagen)

Kuranin Elestirisi, Band II, Kaynak Verlag, 2001 (Kritik des Koran, Band II)

Kuranin Elestirisi, Band III, Kaynak Verlag, 2001 (Kritik des Koran, Band III)

Müslümanlık Sınavı, Kaynak Verlag, Istanbul 2002 (Islam-Test)

Şeriat, İnsan ve Akıl (Kaynak Verlag), 2005 (Scharia, Mensch und Intellekt)

Cahilliye, Kaynak Verlag, Istanbul, 2005 (Chahilliya – Zeit der Unwissenheit)

Şeriat ve Eşitsizlik, Kaynak Verlag, Istanbul, 2006 (Scharia und Ungleichheit)

Muhammedin Tanrı anlayışı, Kaynak Verlag, Istanbul, 2006 (Mohammeds Gottesverständnis)

Kuran'daki Tanrı: (Kaynak Verlag), Istanbul, 2007 (Gott im Koran: Mohammeds Gottesverständnis)

Şeriat'ın Getirdiği Hoşgörüsüzlük, Kaynak Verlag, Istanbul, 2008 (Intoleranz der Scharia)

Şeriatçıyla Mücadelenin El Kitabı, Kaynak Verlag, Istanbul, 2008 (Handbuch der Bekämpfung der Schariaanhänger)

Ali Dashti

23 Jahre. Die Karriere des Propheten Muhammad

Übersetzt und herausgegeben von Bahram Choubine und Judith West
3. Auflage, ISBN 3-86569-080-7, 344 Seiten, kartoniert, Euro 18,50

23 Jahre dauerte das Prophetentum von Muhammad, dem Begründer des Islam. Ali Dashti (1896-1981) zeichnet die Karriere des Religionsstifters aus einer kritischen Perspektive nach. Er entlarvt die Widersprüchlichkeiten und Ungereimtheiten der muslimischen „Offenbarung" und erklärt religiöse Phänomene auf rationale Art und Weise. Darüber hinaus zeigt er schonungslos das extremistische Potential des Islam auf, das sich heute politisch im „Fundamentalismus" niederschlägt.

Sadegh Hedayat

Karawane Islam. Eine Satire

Übersetzt und herausgegeben von Bahram Choubine und Judith West
ISBN 3-932710-20-7, 100 Seiten, Abbildungen, gebunden, Euro 13,50

Karawane Islam beschreibt in satirischer Weise einen Missionszug islamischer Prediger und Rechtsgelehrter nach Europa. Doch nach nur zwei Tagen hat sich die Gruppe in völligem Chaos aufgelöst, der Missionszug ist gescheitert. Zwei Jahre später begegnen wir den Protagonisten in Paris...
Sadegh Hedayat war fest davon überzeugt, dass die Völker des islamischen Kulturkreises sich nur dann emanzipieren könnten, wenn sie die Ideale der Aufklärung aufnähmen. Als einen wesentlichen Faktor für die Rückständigkeit seiner Heimat sah er den Islam und die Macht des Klerus an, gegen die sich seine spitze Feder immer wieder richtete.

Reza Ghaffari

Weinende Tulpen

Gefangen im Gottesstaat Iran
ISBN 3-932710-19-3, 271 Seiten, kartoniert, Euro 17,50

Als Gegner des Khomeini-Regimes wird Reza Ghaffari, Dozent an der Universität in Teheran, im Frühjahr 1983 verhaftet. Die nächsten sieben Jahre seines Lebens verbringt er in Gefängnissen der Islamischen Republik Iran.
Weinende Tulpen berichtet über diese Zeit hinter Gittern: von den ersten Verhören, den sadistischen Foltermethoden, der Verlegung in das berüchtigte Evin-Gefängnis. Ghaffari beschreibt die allgegenwärtige Gewalt, die Versuche des Regimes, die Identität der Inhaftierten zu zerstören, das Spitzelsystem und die daraus resultierende Atmosphäre permanenten Mißtrauens. Und er zeigt, wie die politischen Gefangenen versuchten, Widerstand zu leisten und einen Rest an Würde zu bewahren.

Colin Goldner

Dalai Lama – Fall eines Gottkönigs

Zweite, überarbeitete und erweiterte Auflage
ISBN 3-86569-021-1, 735 Seiten, Fotos, kartoniert, Euro 34.-

Der Dalai Lama genießt weltweit hohes Ansehen; der von ihm vertretene Buddhismus wird mit Gewaltfreiheit, Toleranz und spiritueller Weisheit in Verbindung gebracht. Colin Goldner wirft einen Blick hinter diese Fassade. Er zeichnet das Leben des 14. Dalai Lama aus einer kritischen Perspektive nach, von dessen „Entdeckung" als Zweieinhalbjähriger bis zu seinem Aufstieg zum Medienstar und zur Kultfigur der Esoterikszene.
Dabei zeigt sich: Tibet war unter der Herrschaft der Gelbmützen-Mönche keineswegs das „Paradies auf Erden", vielmehr ist die Geschichte des Lamaismus geprägt von Gewalt und Unterdrückung der Bevölkerung. Der tibetische Buddhismus zeichnet sich aus durch Dämonenglauben, den systematischen Missbrauch kleiner Kinder und frauenverachtende tantrische Rituale.

Franz Buggle

Denn sie wissen nicht, was sie glauben

Oder warum man redlicherweise nicht mehr Christ sein kann
Neuauflage 2012, ISBN 978-86569-077-7, 472 Seiten, kartoniert, Euro 24.-

Die Brisanz des Buches liegt in der Bestreitung der weitgehend (gerade auch bei „progressiven" Christen) akzeptierten Prämisse heutiger Kirchen- und Christentumskritik, dass zwar die Kirche mangelhaft sein möge, die Bibel aber als ethisches Fundament unverzichtbar sei. Franz Buggle zeigt dagegen, dass die Bibel als unabdingbare Basis aller christlichen Religiosität gravierende ethisch-humanitäre und psychologische Defizite aufweist.

Alfred Binder

Mythos Zen

ISBN 978-3-86569-057-9, 277 Seiten, kartoniert, Euro 18.-

Mythos Zen ist eine umfassende Analyse des Zen-Buddhismus, die dessen Lehre wie Praxis unter philosophischen, ethischen, historischen und psychologischen Gesichtspunkten kritisch beleuchtet. Die Studie entzaubert eine Welt- und Lebensanschauung, die in den vergangenen Jahrzehnten viele Intellektuelle und Künstler faszinierte und die New-Age-Bewegung stark beeinflusste. Ausführlich wird dargestellt, dass die populären Behauptungen falsch sind, Zen übersteige die Logik und sei mit dem gewöhnlichen Verstand nicht begreifbar. Auch die innige Kooperation der Institution Zen mit dem japanischen Faschismus und die Verwandlung der zen-buddhistischen Philosophie in eine den Faschismus legitimierende Ideologie wird beleuchtet.

Sarah Diehl (Hrsg.)

Deproduktion

Schwangerschaftsabbruch im internationalen Kontext

ISBN 3-86569-016-5, 260 Seiten, Abbildungen, kartoniert, Euro 17.-

Die Anthologie verbindet historische Begebenheiten, kulturwissenschaftliche Perspektiven und persönliche Erfahrungsberichte von Frauen, Aktivistinnen und Wissenschaftlerinnen aus Ländern mit unterschiedlichen gesetzlichen Regelungen und stellt die Selbstverständlichkeit in Frage, mit der Frauen moralisch, sozial und politisch immer noch ihre vollen reproduktiven Rechte und ihre körperliche Selbstbestimmung verwehrt werden. Anhand des Themas Schwangerschaftsabbruch wird eine Vielfalt gesellschaftlich relevanter Aspekte verhandelt, die Normvorstellungen über Weiblichkeit und die Reproduktionsarbeit von Frauen einer Kritik unterziehen.

Birgit Schmidt

Freundliche Frauen

Eine Kritik an der Juden- und Frauenfeindlichkeit des esoterischen Feminismus

ISBN 3-86569-020-3, 131 Seiten, kartoniert, Euro 12.-

Das weibliche Selbstverständnis speist sich heute aus anderen Quellen als noch vor 30 Jahren. Eine wachsende Zahl an Frauen gewinnt aus der Identifikation mit der Natur einen wesentlichen Teil ihrer Identität. Birgit Schmidt hat die „Große Göttin-Szene" kritisch unter die Lupe genommen. Sie analysiert die Verkürzungen und Denkfehler, die den esoterischen Öko-Feminismus prägen; sie verweist auf die Anschlussfähigkeit vieler Auffassungen an rechtes Gedankengut und warnt vor den immer wieder zutage tretenden antisemitischen Untertönen.

Simon Schneeberger

Fundamentalismus für Einsteiger

ISBN 978-3-86569-061-6, 197 Seiten, kartoniert, Euro 14.-

Werden Sie Fundamentalist, genießen Sie den Segen der Intoleranz! Denn dem Fundamentalismus gehört die Zukunft. Er ist der neue Megatrend schlechthin. Was er anzubieten hat, ist spektakulär: Eine Heilige Schrift genügt als Erklärung sämtlicher irdischer und außerirdischer Phänomene und zur Gestaltung unseres Lebens. Wozu Naturwissenschaften studieren, wenn das, was man wissen muss, auf wenigen Seiten in der Bibel geboten wird? Warum sich um Wirtschaft und Umwelt sorgen, wo doch für alles geoffenbarte Antworten existieren? Damit erfüllt der Fundamentalismus eines der höchsten Gütekriterien unserer Zeit, das der Effizienz.
Wer *Fundamentalismus für Einsteiger* für polemisch, satirisch und provokativ hält, könnte Recht haben – hat die Chance, Fundamentalist zu werden, aber verpasst.